Ficha Catalográfica

(Preparada na Editora)

R884e   Ruiz, André Luiz de Andrade, 1962-
Esculpindo o próprio destino / André Luiz de Andrade Ruiz / Lucius (Espírito). Araras, SP, 3ª edição, IDE, 2023.

608 p.

ISBN 978-65-86112-50-4

1. Romance 2. Espiritismo 3. Psicografia I. Título.

CDD-869.935
-133.9
-133.91

Índices para catálogo sistemático:

1. Romances: Século 21: Literatura brasileira 869.935
2. Espiritismo 133.9
3. Psicografia: Espiritismo 133.91

ANDRÉ LUIZ RUIZ

ROMANCE DO ESPÍRITO LUCIUS

ESCULPINDO O PRÓPRIO
DESTINO

SÉRIE TRANSIÇÃO

ide

ISBN 978-65-86112-50-4

3ª edição – dezembro/2023

Copyright © 2008,
Instituto de Difusão Espírita - IDE

Conselho Editorial:
Doralice Scanavini Volk
Wilson Frungilo Júnior

Produção e Coordenação:
Jairo Lorenzeti

Capa:
Samuel Carminatti Ferrari

Diagramação:
Maria Isabel Estéfano Rissi

Os direitos autorais desta obra pertencem ao INSTITUTO DE DIFUSÃO ESPÍRITA, por doação absolutamente gratuita do médium "André Luiz de Andrade Ruiz".

Parceiro de distribuição:
Instituto Beneficente Boa Nova
Fone: (17) 3531-4444
www.boanova.net
boanova@boanova.net

INSTITUTO DE DIFUSÃO ESPÍRITA - IDE
Rua Emílio Ferreira, 177 - Centro
CEP 13600-092 - Araras/SP - Brasil
Fones (19) 3543-2400 e 3541-5215
CNPJ 44.220.101/0001-43
Inscrição Estadual 182.010.405.118
www.ideeditora.com.br
editorial@ideeditora.com.br

Todos os direitos reservados. Nenhuma parte desta publicação pode ser reproduzida, armazenada ou transmitida, total ou parcialmente, por quaisquer métodos ou processos, sem autorização do detentor do copyright.

SUMÁRIO

1 - A suíte presidencial 7
2 - Leonor 15
3 - Oliveira e Eulália 26
4 - Os mecanismos da hipnose 41
5 - Começando o trabalho 50
6 - Pedindo a enfermidade ou criando a doença 64
7 - Explicando 73
8 - Os ambientes inferiores 82
9 - A rotina nas furnas 93
10 - A astúcia das trevas 101
11 - Encarando a si mesma 115
12 - O autoexame 129
13 - Atmosfera de cada enfermo 142
14 - O bem amparando o mal 153
15 - A seleção para o carnaval 166
16 - O carnaval 179
17 - A chuva 192
18 - Enquanto o pai trabalhava, seus filhos descansavam 202
19 - As furnas quase vazias 210
20 - Protegendo os encarnados de si próprios 227
21 - Recebendo ajuda de quase todos os lados 241
22 - Resolvendo um problema e criando três 255

23 - Prosseguindo as lutas 269
24 - O encontro redentor 285
25 - "Ajuda-te que o Céu te ajudará" 302
26 - A volta da folia 317
27 - Diante do Maioral 333
28 - Desdobramentos 349
29 - O culto, a missa e a reunião espírita 367
30 - O jogo mesquinho 384
31 - Coragem e decisão, doença e descoberta 400
32 - Agitação nos abismos e no parlamento 413
33 - As ações do bem e os verdadeiros objetivos do mal 427
34 - Bendito câncer 444
35 - Relembrando 462
36 - Misericórdia x justiça 475
37 - O reencontro 491
38 - Aproximando-se da luta derradeira 509
39 - O encontro do Maioral, Geroboão, e Caifás 521
40 - Cada qual em suas buscas 541
41 - Vencendo a prostituição 560
42 - Definindo novos rumos 575
43 - Esculpindo o próprio destino 587

1

A SUÍTE PRESIDENCIAL

Em tarefa de amparo e aprendizado espiritual naquele ambiente difícil, encontravam-se Jerônimo e Adelino, Espíritos enviados por Bezerra de Menezes para fortalecer Leonor, que se mantinha imóvel em um canto do recinto.

Sua expressão facial denotava a melancolia a esconder a preocupação que se enraizava em seu pensamento havia alguns dias.

O lugar não ajudava muito.

A conjugação fluídica desagradável produzia reações nauseantes em qualquer Espírito menos adestrado nos trabalhos de socorro às aflições humanas.

Várias salas, repletas de entidades desequilibradas acompanhando os vivos ali presentes.

Se analisados pelo estado mental em desequilíbrio, poder-se-ia dizer que o ambiente não diferia do de um sanatório. Espíritos enlouquecidos perambulavam por todos os lados, entrando em todos os compartimentos, procurando tocar nos humanos, gritando impropérios ou bradando maldições.

Se analisássemos o local pela leviandade dos presentes, poderíamos compará-lo a um mercado onde todos compareçam falando de seus interesses, comentando as frivolidades da vida e praguejando contra os sofrimentos e injustiças, entre piadas sussurradas e maldades proferidas com ares de respeito.

Não fugiam de suas observações as conversas dos desencarnados que, ali, na companhia de tantos encarnados de vibração similar, se faziam mais estimulados para darem vazão aos seus instintos grosseiros.

Não muito distante, entidade de aparência repulsiva se expressava sem pudores:

– Já chegou o seu ocupante da suíte presidencial? – gritava como quem se via responsável pela organização de importante evento.

– Já chegou, já chegou... está sendo preparado para entrar na suíte... – respondeu um outro, colocando a cabeça para fora da porta de pequeno quarto que dava acesso ao ambiente principal.

– Vamos logo, estamos todos esperando para assistir ao grande evento...

Os vivos no corpo jamais poderiam imaginar o que se passava ao seu redor.

E se a espera pela ocupação da chamada suíte presidencial era algo tão importante para aquela aglomeração de entidades viciosas e degeneradas, os demais compartimentos, já ocupados também, possuíam a sua plateia específica.

A algazarra, no entanto, era a marca comum, misturando-se os encarnados desatentos e invigilantes à multidão dos Espíritos maliciosos, usurpadores, interessados em extrair de cada fornecedor humano o melhor de suas forças.

O recinto e suas inúmeras salas e gabinetes estava repleto de vivos e mortos, homens e mulheres, nas manifestações da emoção desajustada, sem maiores ligações com as coisas superiores da existência.

Raros se postavam em atitude de consideração adequada à circunstância.

Muitos Espíritos curiosos eram atraídos para o local, como a assistirem a um bizarro espetáculo que os divertiria um pouco, dando novo tempero às monótonas ocupações persecutórias do mundo invisível sobre o mundo visível.

Outros vinham acompanhando os próprios encarnados como parasitas, a eles tão agregados que não se poderia dizer quem é que se alimentava das forças de quem.

Não tardou muito para que se completasse o quadro dantesco.

Com a algazarra própria das entidades inferiores congregadas em um único recinto, como se uma cerimônia ritualística fosse iniciada ao comando da mesma entidade de aparência desagradável, observou-se algo que os olhares humanos não acreditariam existir, se tivessem o desprazer de conseguir captar as imagens do mundo espiritual. O alvoroço de uma verdadeira multidão de duendes, mendigos, homens e mulheres dilacerados, Espíritos perdidos na devassidão, todos a formar dois vastos cordões no meio do qual o verdadeiro e importante cortejo passaria em direção à chamada suíte presidencial.

Enquanto tais entidades providenciavam a grotesca recepção, como se fossem dar passagem a importante autoridade que se fizera admirada por todos aqueles Espíritos pervertidos, outra gritaria tinha início, um pouco mais afastada do tal corredor principal, de onde choviam impropérios e ameaças, palavrões e xingamentos, contrastando com a obsequiosa e ridícula atenção dos outros Espíritos, demonstrando a certeza de que, na dimensão espiritual, dois grupos opostos estavam prestes a entrar em conflito.

Separando as duas turmas, encontravam-se Espíritos cuja aparência física grotesca e ameaçadora desestimulava qualquer tentativa de assalto por parte das entidades revoltadas que gritavam ofensas de longe.

Essa era a barreira que os mantinha mais afastados, não impedindo, entretanto, que permanecessem no local, esperando o momento adequado para uma maior aproximação.

Enquanto isso, a suíte presidencial ia sendo ocupada por toda a multidão das entidades curiosas que não desejava perder os detalhes daquele verdadeiro espetáculo sob suas vistas.

No ambiente material, suntuosa em suas apresentações, as acomodações físicas da suíte correspondiam aos seus qualificativos. Flores em profusão guarneciam a entrada. O local era revestido de granito polido e, aqui e ali, se podiam observar os cuidados nos mínimos detalhes. Bandejas com refrigerantes e biscoitos, café e chá para consumo abundante dos encarnados, temperatura regulada para afastar o calor excessivo, discretos serviçais em uniforme, oferecendo o melhor atendimento.

Enquanto isso, o cortejo espiritual continuava com seus rituais esdrúxulos, como a lembrar as antigas cerimônias do paganismo ancestral, com Espíritos travestidos de seres mitológicos, envergando peles de animais sagrados, carregando tochas acesas, fazendo-se anteceder pelos tocadores de tambores e pelos alucinados dançarinos e dançarinas, no desfile deprimente do estilo erotizante e libertino que caracterizavam as cerimônias desse tipo, tão comuns na antiga Roma pagã.

Não imaginavam os vivos o teor da bacanal espiritual que ocorria naquele recinto que, aos olhos dos encarnados, era uma luxuosa alcova destinada somente para pessoas ilustres e detentoras de recursos abundantes em condições de poder desfrutar de seu luxo e ostentação.

Ao mesmo tempo em que se alvoroçavam os desencarnados, vislumbrando o início do festival, os encarnados também eram convocados para a atitude adequada em vista do importante momento que se desenrolaria ante seus olhares.

Rapidamente fez-se o silêncio falsamente respeitoso no rico ambiente, transformando aquele já citado mercado humano em uma quase abadia religiosa.

Depois de conseguida a calmaria na efervescência dos vivos, seis homens vestidos de negro deixaram a pequena sala já referida carregando, cerimoniosamente, pesado esquife de madeira lavrada, passando entre os presentes e as inúmeras coroas de flores ali enfileiradas, antecedido e sucedido por guardas uniformizados em gala própria para o evento lutuoso, a fim de depositar o corpo frio no local preparado à recepção das homenagens funerárias no salão amplo e solene daquele prédio, especialmente edificado para o legislativo daquela cidade, transformado de improviso em velório do desencarnado ilustre, antes de seu sepultamento no cemitério não muito distante dali.

Diante dos olhos de todos estava o corpo físico de importante político da cidade, homem cuja vida fora marcada pelo discurso de honradez e correção, mas que, em realidade, encobria uma vida de desmandos, de crimes sórdidos, de corrupção indecente e toda sorte de delitos contra a honra e a dignidade do ser humano.

Tornara-se rico e poderoso naquela localidade para, logo depois, ao preço de alianças e interesses escusos, conchavos e ilegalidades, ganhar realce nacional.

Entretanto, nem sua riqueza material nem seus poderes políticos impediram que as forças da morte o arrastassem, colocando um fim em toda a longa série de equivocações e crimes mal disfarçados pelo manto da falsa dignidade.

Ao longo de sua vida pública, sua fama regional ampliara-se com o tempo, o que tornara muito concorrido o seu velório na Câmara Legislativa, sem se falar no público curioso que se acumulava fora do prédio, como a reclamar a possibilidade de uma última olhada no falecido.

Alguns chegavam como quem se despedia de um benfeitor.

Outros queriam ver se era verdade.

Muitos, no entanto, vociferavam impropérios mentais, no sarcasmo típico do rancoroso ser humano que, sem poder competir com o poder e a influência do falecido, agora destituído de todas as suas armas humanas, podia dar o troco, amaldiçoando-lhe o nome e desejando as piores coisas para a alma do defunto.

A "suíte presidencial", como os Espíritos inferiores se referiam à sala principal do prédio legislativo, fora, finalmente, ocupada pela principal estrela.

Aturdido e ainda preso ao corpo físico exposto ao olhar do povo, o Espírito do referido homem público era digno de compaixão de todos os que ali o observavam, perdido diante da confusão no meio da qual se encontrava, já que o pobre não sabia discernir entre o que acontecia no plano material, nas homenagens e discursos ridículos que os homens corruptos se prestam uns aos outros mescladas à bacanal festiva que o recebia no ambiente espiritual, mistura de festival erótico, galhofa coletiva e manifestação de protesto violento, tendo a sua figura como ponto central.

Via-se-lhe o desejo de sair dali. No entanto, os laços intensos que o prendiam ao corpo carnal ainda não permitiam a sua fuga.

Ao lado do caixão suntuoso, os familiares carnais se postavam esboçando falsa emoção, apenas para que pudessem sair nas fotografias de jornais ou fossem captados pelas câmaras de televisão que registrariam aquele evento jornalístico sem o menor respeito pela situação em si.

Entre uma e outra imagem, se podia observar a preocupação de alguns repórteres em obter entrevistas com os políticos vivos que haviam comparecido à cerimônia funerária e que, de uma certa forma, também se expunham para que fossem flagrados pelas lentes e conseguissem um bom espaço na mídia, além de aproveitarem a oportunidade para se fazerem notar, conhecer e divulgar suas ideias sobre os projetos de sua autoria.

A situação de Oliveira(*), o finado, era das piores.

Desacostumado à elevação de pensamentos e a orações verdadeiras, relegara suas obrigações espirituais às práticas ritualísticas da religião católica, a da maioria de seus eleitores, transferindo ao sacerdote as tarefas de garantir-lhe a entrada no paraíso enquanto que, através de concessões materiais e favores políticos agradáveis ao clero, selava essa sociedade de interesses inferiores, demonstrando aos religiosos que poderiam encontrar nele, Oliveira, um hábil aliado e um generoso fornecedor de favores.

Durante sua vida, esta havia sido a relação espiritual que o político desenvolvera com Deus, através da religião formal na qual via um trampolim para sua ascensão política e material. Aliado aos líderes religiosos mais importantes, criara um sistema de trocas e apoios através do qual usava o Reino de Deus para conquistar o Reino dos homens.

Trocavam-se, dessa forma, os interesses.

Oliveira garantia aos sacerdotes o reino do mundo e estes lhe prometiam o Reino dos Céus.

Agora, no entanto, nem a presença das inúmeras autoridades eclesiásticas de diversos níveis hierárquicos era capaz de facultar o acesso do finado aos bens do Espírito, já que, contrariamente a todas as suas expectativas, o que via diante de seus olhos atônitos e amedrontados era a surreal cerimônia de duendes deformados e entidades fantasmagóricas misturadas aos encarnados de forma tão íntima, que ele não sabia dizer quem era Espírito e quem era corpo.

Em seu pensamento despreparado para tal situação, perguntava por que as autoridades haviam permitido a entrada daquele tipo de

---

(*) Nome fictício. (Nota do Autor Espiritual)

gente horripilante no ambiente legislativo, o que era flagrantemente incompatível com a sala das sessões oficiais.

Dirigindo o olhar para o seu corpo estendido dentro do caixão, também se surpreendia perguntando o que fazia ele ali, dormindo no meio de tanto barulho? Quando seria declarada aberta a sessão? Mas por que seu corpo estava naquele estado?

Oliveira se perdia em conjecturas inapropriadas para um cérebro pouco afeiçoado às questões transcendentes. A cena era por demais reveladora. Estava diante do próprio velório. Tudo indicava a ocorrência funesta a atrapalhar seus planos mundanos.

Uma incoercível dor atingia seu cérebro espiritual obrigando-o a manter-se agarrado à borda do esquife para não cair ao solo.

Para cada antigo comparsa de partido político ele tinha uma expressão de desespero, gritada ao ouvido e não respondida pelo destinatário.

Oliveira entrava pelo caminho do delírio.

Arrastava-se do caixão para o local onde a esposa se encontrava sentada, tentando nela encontrar um pouco de amparo.

Ela, todavia, que havia muito tempo mantinha um casamento de aparências, acostumada ao estilo fútil e mentiroso de viver, não carregava nenhum sentimento elevado em relação ao marido. Ele nunca se fizera bem querer pela esposa e pelos inúmeros filhos e filhas. Atendia aos seus anseios consumistas como forma de compensar-lhe a aceitação de suas aventuras e escapadas com amantes mais jovens, sempre conseguidas através de assessores diretos e cúmplices de seus vícios sexuais, para orgias regadas a bebida cara.

Os filhos haviam sido relegados aos cuidados de criados e governantas, não possuindo maior laço de afeto com o genitor, de quem se mantinham próximos somente para o aproveitamento das benesses do cargo político e das vantagens do poder. Haviam crescido como delinquentezinhos burgueses acostumados a fazer tudo o que desejavam e esconderem-se atrás do pai poderoso que resolveria as suas encrencas.

O pai era apenas a caixa-forte, o fornecedor de dinheiro, o homem importante e nada mais.

Oliveira, pois, claudicava por entre políticos inescrupulosos que o apoiavam e que, agora, viam-se em dificuldades diante de negócios pendentes que ele deveria ter encaminhado, mas que estacionavam sem solução com a sua morte.

Os padres lastimavam a perda do grande aliado e pensavam, agora, como conseguir um outro importante respaldo para suas solicitações e interesses.

O coração de Oliveira estava estilhaçado pela surpresa, seu cérebro parecia explodir pela dor incessante e, segundo suas apressadas conclusões, somente o nada ou o desconhecido desesperador se abririam para ele.

Os olhos dos amigos espirituais, no entanto, não perdiam Leonor de vista, uma vez que lá estavam destacados por superiores espirituais a fim de auxiliar a pobre mulher nos momentos difíceis que se avizinhavam.

2

LEONOR

Eram interessantes as pessoas que se encontravam naquele arremedo de "homenagem" ao morto.

De um lado, criaturas inescrupulosas e interesseiras compondo a grande maioria, aquelas que desejavam se fazer notadas, ao mesmo tempo em que a qualidade de suas conversas era marcada por palavras malévolas que dançavam com facilidade da boca para o ouvido, entre as rodinhas e as saletas da instituição legislativa.

Os representantes das religiões tradicionais acorriam igualmente, disputando entre si o ensejo de assumirem a liderança "espiritual" daquele certame de vaidades.

Os parentes, indiferentes e frios, se mantinham atentos à função teatral de demonstrar a exterior e protocolar tristeza que seria digna de se esperar dos componentes do clã Oliveira, sem que isso significasse qualquer pensamento confortador ao Espírito do defunto, indicativo de saudade ou sentimento de perda em relação a ele.

De outro lado, o povo curioso diante do ocorrido a um homem público.

Um ou outro cidadão que ao longo da vida havia recebido algum benefício do político importante, alguém que se valera de seus contatos influentes, que obtivera vantagem graças às atenções do falecido, trazia até o ambiente uma réstia de gratidão, algum sentimento que diferisse da curiosidade vulgar.

Alguns anciãos que apoiaram a ascensão política de Oliveira lastimavam com sinceridade a sua perda física, certamente por desconhecerem o tamanho dos seus compromissos morais no exercício de suas responsabilidades coletivas, idealizando-o na imagem de homem que viam representado nos seus discursos inflamados, imaginando-o dotado de virtudes especiais, longe de suporem a sua transformação no político venal e corrupto, indiferente e desalmado que boa parte das pessoas sabia que ele era, de fato.

O restante dos visitantes correspondia a esse universo de desequilíbrio próprio dos homens no mundo de hoje.

No entanto, sentada no banco dos convidados, Leonor era uma peça quase que totalmente ignorada pela maioria dos presentes.

Recolhida ao local mais afastado do ambiente, sem qualquer realce oficial, a antiga amante de Oliveira ali estava, entendendo e aceitando a sua condição de mulher sem títulos sociais e que deveria manter-se no anonimato para não constranger os representantes do clube familiar do político finado.

A sua jornada de lágrimas começara muito tempo antes.

Quando Oliveira era jovem, pobre e sem qualificativos pessoais, Leonor, um pouco mais velha, conheceu-o e, da atração imediata nasceu um tórrido romance, tão comum a qualquer jovem de todos os tempos.

Essa união informal redundou no nascimento do primeiro filho do casal, que logo foi seguido por uma linda menina.

No entanto, ambicioso e astuto, Oliveira sabia que sua vida não poderia manter-se naquele padrão de pobreza e desimportância.

Desejava maiores voos em conquistas mais ousadas.

Assim, logo que nasceu a filha, abandonou Leonor à própria sorte, alegando que precisava mudar de cidade em busca de outro tipo de trabalho.

Sem se incomodar com as lágrimas da companheira com quem convivera durante poucos anos e de quem recebera o carinho espontâneo da amiga e parceira na dificuldade, Oliveira demandou cidade maior da mesma região, na qual ele poderia dar asas aos seus objetivos de fazer carreira em qualquer área que lhe garantisse sucesso.

Leonor não poderia acompanhá-lo porque não possuía os requisitos ou atributos femininos à altura de suas exigências.

Ela seria uma ótima esposa de pobre. No entanto, jamais poderia se tornar esposa de rico, de um homem importante como ele, Oliveira, tanto ambicionava ser.

Os filhos do casal receberam o esquecimento deliberado do pai que, em realidade, desejava romper as amarras com aquilo que ele já considerava passado, um passado que acabara e com o qual não deveria manter qualquer vínculo.

Leonor criara o casal de filhos no ardor da dificuldade.

Oliveira prosperara devido ao seu talento pessoal e aos golpes favoráveis do destino, segundo pensava em suas ideias pouco espiritualizadas.

Aproximara-se de rico negociante exercendo as funções de motorista e guarda-costas, o que lhe propiciava o indispensável salário mensal, além da manutenção de uma aparência física favorável aos olhares femininos.

Não tardou para que seus impulsos conquistadores se dirigissem para a filha única do patrão. A jovem Helena também simpatizara com o rapaz, e apesar da diferença de padrão social, um romance teve início entre ambos, ainda que longe dos olhares firmes e argutos dos pais da moça.

A competência, a seriedade, a retidão aparente de Oliveira puderam, enfim, cativar a sensibilidade dos pais de Helena, facilitando a oficialização do namoro e a adoção do motorista como membro definitivo da família.

Todavia, o rapaz jamais mencionou o relacionamento anterior e a paternidade sua em relação aos dois filhos que gerara com Leonor.

Helena ocupava o centro de seu mundo e de seus planos, porta aberta para o sucesso de seus empreendimentos de conquista.

Os pais da jovem estimulavam seus pendores de inteligência de forma que, com o apoio dos sogros, Oliveira deu seguimento à formação intelectual com o estudo nos diversos níveis, sempre com os melhores desempenhos e elogiosas vitórias, atraindo para si ainda mais a atenção de Helena e de seus pais.

O casamento não tardou, tendo sido realizado logo depois que

Oliveira conquistara o diploma de bacharel em Direito, carreira muito cobiçada por todos os que desejavam enveredar pelos caminhos da política.

O sogro passara a ver, no antigo motorista, o continuador de sua tradição de riqueza e o garantidor da felicidade de sua única filha.

As lutas comerciais e os interesses da família, agora depositados também, em parte, sobre seus ombros mais jovens, levaram os dois varões a se embrenharem por caminhos de luta na garantia de melhores condições para seus negócios.

Travaram contato com políticos da época a fim de garantirem maiores preços para as colheitas de suas fazendas, manipulando o mercado e exercendo pressões a fim de fazer subir o valor das mercadorias e, com isso, auferirem maiores lucros.

Empenhados nisso, surgiu a oportunidade de seu sogro ver-se erguido à condição de prefeito da cidade, colocando Oliveira como seu braço direito e iniciando seus primeiros contatos com os meandros difíceis do mundanismo político.

Leonor, por sua vez, ferida no afeto pelo abandono do pai de seus filhos, à custa de muito sacrifício, mantinha-se equilibrada sobre o tênue fio no qual procurava se manter entre a dignidade e o desespero.

Sem se deixar inclinar pelas sugestões da facilidade, na busca de dinheiro através da venda de prazeres, espremia-se entre o serviço doméstico do qual retirava pequeno salário e os problemas da educação do casal de filhos, que cresciam aos trancos e barrancos.

Leonor não tinha parentes próximos aos quais pudesse recorrer para ajudá-la na atenção indispensável com a prole.

Precisava contar com o auxílio de uma vizinha disponível que, por algum valor mísero que Leonor lhe oferecia, aceitara cuidar de seus filhos, o que fazia sempre com a má vontade daqueles nos quais o senso de amor ao próximo ainda não tocou o coração de forma verdadeira.

Assim, as crianças sempre eram maltratadas, apesar de entenderem os desafios maternos nos trabalhos exaustivos para a garantia do alimento diário e das roupinhas pobres.

O tempo passou.

Oliveira se tornou o chefe da família, com a morte do sogro, e Helena assumira a função de garantidora de sua integridade moral.

Com a modificação das situações no clã que adotara como seu, Oliveira conquistara, a um só golpe, a riqueza herdada por sua esposa e a posição política como sucessor do sogro nos negócios e conchavos.

Helena se mantinha afastada de tais cenários já que se dedicara a cuidar da mãe enferma, que ainda vivia, e dos filhos que ia gerando da união com o esposo.

As rotinas da família, no entanto, não atraíam a atenção de Oliveira, que relegava tal responsabilidade à vigilância da mulher, descuidando-se das tarefas de pai e, por fim, do carinho de esposo.

Cada vez mais envolvido nas lutas políticas, vira-se igualmente embriagado pelas seduções que a importância de sua figura facilitava, em decorrência do comportamento lascivo e oferecido de outras mulheres.

E uma sucessão de amantes jovens, moças exuberantes e insinuantes passou a viciar os padrões de sentimento e as condutas sexuais de Oliveira, descobrindo emoções mais fortes do que aquelas que sentia ao contato com Helena.

No entanto, jamais se permitiria deixar que tais aventuras se tornassem públicas, vindo a ferir a figura de bom marido e generoso pai, cultor dos padrões da família perfeita.

Suas infidelidades eram vividas sob a proteção de atentos ajudantes, alcoviteiros de plantão, que se prestavam a tais serviços para ganharem a confiança e a cumplicidade do importante homem de negócios que começava a enveredar pela carreira política.

A essa altura, a consciência de Oliveira se fez ouvir no sentido de buscar notícias de Leonor.

Entediado com o cortejo fácil de mulheres que se faziam pedaços de carne selvagem, submissas aos seus impulsos e servas de sua vontade, passadas mais de duas décadas de aventuras e sucesso financeiro, Oliveira sentiu saudades dos carinhos amigos de Leonor.

A solidão interior se torna maior quando o corpo, cansado de prazeres sem sentido, percebe que nenhuma das facilidades do sexo consegue alimentar as necessidades da alma.

Pensou nos filhos, de como já deveriam ter crescido...

Uma nostalgia entremeada de esperança e carência se apossou de sua emoção.

Através de um de seus ajudantes alcoviteiros, seus assessores para a depravação, Oliveira obteve notícias de sua antiga companheira.

Leonor não deveria conhecer muitos detalhes de sua vida privada.

Desejava marcar um encontro com a antiga companheira, depois de já ter decorrido tanto tempo de abandono.

Com os esforços empenhados por seu assessor para assuntos sexuais, Oliveira conseguiu encontrar-se com Leonor que, carregando no coração o antigo sentimento, apesar das dores do abandono e das feridas não cicatrizadas, aceitou encontrar-se com ele, buscando conhecer seu destino.

Desse reencontro, Oliveira retomou a esperança em ser feliz.

Relembrando os carinhos de Leonor que, aos seus olhos, continuava atraente como no passado, apesar do tempo decorrido, Oliveira inventou a estória de que vivia distante, em situação materialmente estável e que havia-se unido a uma pessoa, mas que o destino lhe garantira a posição de viúvo, com filhos a educar. Isso consumia suas preocupações e recursos, obrigando-o a passar seus dias entre seus negócios e compromissos de viagem.

Leonor o escutava, impressionada com a modificação de suas maneiras. Ela continuava a ser a simplória moça do ontem descomplicado que, agora, poderia voltar a se sentir querida por aquele homem.

No entanto, Oliveira precisava manter-se discreto e evasivo para não estragar aquele instante de enlevo para seus desejos de carinho.

Os filhos de Leonor não compareceram ao reencontro porque ela preferiu nada lhes revelar, já que ambos guardavam mágoa em relação ao pai, em virtude do abandono a que haviam sido relegados.

Desse reencontro reacenderam-se os carinhos e, sem saber que

Oliveira era homem casado, Leonor voltou a ter esperanças de recuperar a sua atenção e seu interesse.

Para Oliveira, no entanto, aquilo era apenas um pouco de alimento fresco no meio de tanto lixo emocional do qual ele se via obrigado a se servir, agora que sua vida leviana o estava empurrando cada vez mais para o lodaçal da devassidão.

Com essa aproximação, Oliveira buscou compensar Leonor e limpar um pouco a própria consciência, enegrecida pela culpa do abandono, oferecendo ajuda financeira para as suas necessidades mais prementes.

Leonor, que era muito simplória, ainda assim soube ter dignidade para recusar a oferta pecuniária. No entanto, lembrando-se da condição difícil dos próprios filhos, aventou a possibilidade de se conseguir estudo para ambos em outra cidade, o que permitiria que eles crescessem e, ao mesmo tempo, diminuiria as despesas da família.

Tocado em suas fibras íntimas pela nobre lembrança de Leonor e sabendo de seu dever paterno inafastável, Oliveira lhe prometeu conseguir trabalho e colocação em alguma escola para os filhos, sem que ele aparecesse como benfeitor. Ambos não haviam conseguido estudar adequadamente por lhes faltar condições financeiras para tanto. Perdiam-se em subempregos, de onde retiravam algum sustento.

Não desejava que os filhos, que nunca o haviam conhecido, se vissem surpreendidos com uma ajuda financeira que poderia parecer uma tentativa de comprar-lhes o tardio perdão.

Oliveira ajudaria o casal de filhos, mas sem aparecer.

Inventaram a história de que Leonor havia sido beneficiada por uma bolsa de estudos com direito a trabalho para um dos filhos.

Começariam com o mais velho, o filho varão e, mais tarde, fariam o mesmo com a menina.

Por causa disso, Oliveira e Leonor passaram a se encontrar mais vezes, aceitando ela esse relacionamento esporádico com a justificativa de que o antigo companheiro era homem compromissado e que precisava ausentar-se muitas vezes.

Ao lado dela, passiva e conformada, estava um Oliveira que

encontrara novamente um pouco de esperança e de luz afetiva, no mundo pardacento que vivia, ora ao lado de Helena, cada vez mais alheia aos carinhos de mulher pelo desfrute de uma vida de facilidades, ora ao lado de doidivanas sedutoras, interessadas no conteúdo de sua carteira.

No entanto, as sucessivas viagens de Oliveira à antiga cidade passaram a chamar a atenção de seus mais próximos colaboradores, tanto quanto dos que viviam na pequena comunidade que, despeitados como todos os miseráveis seres invejosos, notavam a presença do carro luxuoso à porta da humilde residência de Leonor e comentavam ter sido ela facilitada pela sorte, ao tornar-se a amante predileta de importante figurão da cidade grande.

Leonor não fazia ideia dos pensamentos de que era objeto e seguia com sua vidinha normal, feliz por ver que seus filhos ganhavam novas oportunidades.

Cada novidade que lhe acontecia era motivo para que os seus poucos amigos mais lenha colocassem nos maldosos comentários que faziam a seu respeito.

Sem entender o que acontecia, Leonor começara a ser hostilizada pelos seus antigos vizinhos, os quais passaram a lhe dispensar o tratamento que usavam para as prostitutas baratas ou as mulheres mantidas por homens casados, como suas amantes.

Na cidade grande também corria a notícia de que o Dr. Oliveira estava envolvido por linda e irresistível mulher, que oferecia ao apetite masculino os mais saborosos manjares afetivos, fisgando-o e dele extraindo todos os favores.

As invejas de lado a lado produziam a sua teia de maldades e calúnias, único instrumento que os invejosos possuem para darem vazão aos seus recalques e frustrações.

* * *

O velório continuava.

Observando as ocorrências no mundo invisível, Adelino e Jerônimo estavam incumbidos de acompanhar essas relações que envolviam tais personagens num drama de algumas décadas, agora que a desencarnação de Oliveira o reconduzira ao mundo da Verdade, ainda que os que chegam, em geral, não estejam lá muito dispostos a encarar a Verdade como deveriam, imaginando que, deste lado, as ilusões continuam a ter curso regular, como na Terra.

Ambos, como Espíritos devotados ao resgate de entidades desajustadas moral e emocionalmente quando se veem reconduzidas ao mundo invisível, depois de uma vida de desmandos e abusos, acompanhavam aquele caso havia algum tempo, tratando de envolver os pupilos encarnados nos alertas necessários para a proteção quanto a quedas que se poderiam evitar, advertindo-os através da boa intuição a fim de que pudessem reparar certos delitos anteriormente praticados e, desse modo, retirarem-se da presente encarnação carregando melhores frutos para o futuro.

Com um comentário que não guardava nenhum tom de crítica, disse Adelino:

– Infelizmente, Jerônimo, apesar de nossos esforços, Oliveira está longe de ser considerado um cumpridor das mais singelas obrigações, no campo da responsabilidade afetiva.

Em resposta, Jerônimo afirmou, sereno:

– Longe de ser considerado um fiel discípulo do bem, Adelino, você sabe que todos eles estão crescendo, mesmo que tenham escolhido o adubo das lágrimas no terreno dos ferimentos, como já aconteceu conosco também, quando tínhamos menos experiência.

Nossa conduta, nesta pequena tarefa, não é a de obtermos resultados imediatos.

Todos somos jornadeiros do amanhã, usados por Deus e pelo carinho do Divino Mestre, como os seareiros que sabem que as sementes atiradas ao chão não nascem do dia para a noite. Se para a sua germinação são necessárias semanas ou meses até que completem o ciclo que lhes é próprio na natureza nas rotinas humanas, do mesmo modo a eclosão das sementes divinas pede o trabalho árduo dos anos, das décadas e dos séculos.

No entanto, da mesma forma que uma semente não eclodiria a contento e no tempo adequado caso fosse abandonada pelo agricultor, sem adubo, sem proteção, sem água, nossa função, como agricultores de Deus, é a de garantir a tais sementes e solos as melhores condições, para que surjam no tempo certo de cada um, produzindo de acordo com a riqueza de seus genes celestiais, já que todos somos grãos do celeiro de Deus.

A palavra justa de Jerônimo, sem afetação ou pose de sapiência, denotava a sua condição de instrutor, equilibrado e sereno, sabendo ser amigo e professor ao mesmo tempo.

– Agora que a desencarnação de Oliveira se deu, temos o dever ampliado no atendimento à sua condição de desajustado do equilíbrio, além das atenções devidas ao estado de Leonor que, em conexão com seus compromissos do passado, começa a trilhar o testemunho do câncer, que cobrará dela o equilíbrio e exigirá determinação e fé nas lutas redentoras – falou Jerônimo, dando continuidade aos esclarecimentos do caso.

– Alguns encarnados costumam dizer que as dores menores parece atraírem dores maiores – comentou Adelino, admirado.

– Isso é só impressão de quem, como acontece com boa parte dos encarnados, só vê a vida pela óptica do mundo perecível.

Quando desejam comprar coisas sem terem recursos para tanto, os encarnados se desgastam em sacrifícios, em renúncias, em vigílias, em dois, três empregos, trabalhando finais de semana e feriados, tudo para aumentarem as reservas financeiras que lhes garantirão uma melhoria de posição material.

Nesse objetivo, todas as sobrecargas que se impõem, aumentando o peso de suas tarefas, de suas lutas, não são encaradas por eles como males, problemas ou castigos.

São a antessala da vitória, a cujo gozo poderão fazer jus tanto mais depressa quanto maior tenha sido o esforço e a renúncia que fizeram, espontaneamente, para alcançá-la.

Essa é a questão do ponto de vista pelo qual encaramos os problemas que surgem..

Quanto modificamos o ponto de observação das coisas, os problemas se modificam.

Veja este exemplo:

Alguém está atrasado para um compromisso importante e, no trânsito, um caminhão surge à sua frente impedindo que ele deslize pela velocidade alucinante e imprudente que está acostumado a implementar em seu veículo.

Naturalmente, o apressado condutor esbravejará contra o motorista que cortou o seu impulso audaz.

Talvez, nervoso, até desfira um xingamento contra o outro que, manobrando o pesado caminhão, criou o obstáculo para o avanço rápido.

No entanto, imaginemos que, logo mais adiante, na primeira curva do caminho, esse mesmo motorista imprudente e apressado seja defrontado com uma fiscalização policial que está parando os veículos em velocidade excessiva.

Graças à ajudazinha que o caminhão lhe deu, involuntária mesmo, ele conseguiu se livrar da fiscalização que o reteria por muito mais tempo e que lhe imporia pesada sanção por excesso de velocidade e por condução perigosa do veículo.

Aí é que entendemos a mudança do ponto de vista em relação às coisas que parecem nos contrariar os caprichos ou os momentos felizes. O motorista certamente pensará :

– Ufa... que sorte eu tive... se não fosse esse bendito caminhão na minha frente, eu teria sido pego pelos guardas e recebido uma multa das grandes...

Isso é que está acontecendo com Leonor.

Aos nossos olhos, ela é a pedra preciosa que está recebendo os cortes do buril que vai lapidar sua forma e conferir-lhe o brilho especial como criatura de Deus na Terra.

E desse embate, esperamos que ela possa assimilar todas as lições que a farão uma criatura ainda melhor, em uma condição muito mais favorável do que a de Oliveira, um irmão que se deixou alucinar pelas vantagens da vida e que, como iremos ver, estará colhendo amargas lições na sua chegada ao pórtico da Vida Espiritual.

3

OLIVEIRA E EULÁLIA

Jerônimo e Adelino estavam em tarefa de socorro e aprendizado com finalidade de amparo aos irmãos encarnados, tanto através da sustentação em suas lutas quanto por meio das lições que elucidam as dúvidas e se tornam instrumento de alerta para os companheiros de humanidade que ainda não precisaram enfrentá-las diretamente na própria carne.

Dessa maneira, a observação dos dois problemas pessoais – o de Leonor e, agora, o de Oliveira – exigia de ambos a avaliação de condutas adequadas a cada caso, obrigando-os, inclusive, a procurar maiores detalhes do estado geral de Oliveira e sua condição de recém-chegado ao Mundo dos Espíritos.

Como já se falou antes, Oliveira surgia perante a avaliação do mundo invisível como um demente, perdido de si mesmo, aparvalhado diante da morte que, de inopino, sem aviso ou preparo maiores, ceifou-lhe a vida quando, em seus planos, ainda haveria algumas décadas para que seus desmandos e abusos pudessem continuar a ser tecidos.

O local do velório, absolutamente inapropriado para tal prática, já que aquela casa legislativa não primava por qualquer elevação vibratória por parte dos humanos, piorava muito a situação do Espírito em desajuste.

Todavia, Oliveira estava de tal forma enredado nas tramas políticas inferiores, nas negociatas baixas, nos prejuízos coletivos causados por sua nefasta existência como um dos péssimos representantes do povo, que mesmo que o velório se desse na mais elevada das câmaras funerárias, tal circunstância em nada o auxiliaria no equilíbrio vibratório.

Acostumado às belezas exteriores, às roupas bem cortadas, trajes cerimoniosos, lugares de destaque, perfumes caros, Oliveira não entendia que força misteriosa tivera o poder de confundir-lhe os sentidos, vendo-se em corpos duplicados, aquele que parecia dormir circundado por flores e a veste vibratória que usava agora, perfeita cópia de sua roupagem de carne.

Efetivamente, perfeita cópia não seria a melhor expressão para sua forma.

Verdadeiramente, ao seu olhar tratava-se, ambas, da mesma pessoa, a que repousava no esquife e aquela que ele via em si próprio. No entanto, a forma de seu Espírito se apresentava corroída pela incidência constante dos maus pensamentos, sentimentos e atitudes. Algo semelhante a um ácido corrosivo que o houvesse deformado, revelando a vileza de sua alma.

Aos nossos olhares, o antigo político asselvajado nas negociatas inteligentes e astutas era visto com a aparência degenerada, ainda que seu contorno geral guardasse certa similitude com o corpo físico.

As posturas morais da alma durante a vida, suas condutas mentais, emocionais e materiais modelam a veste espiritual, espécie de roupa sutil de que o Espírito é revestido quando volta ao mundo invisível. Daí, sua aparência na outra vida poder ser mais bela, nobre e exuberante do que a do corpo de carne ou o contrário, como acontecia com Oliveira, vítima de seus desajustes na Terra.

Seu corpo vibratório era a fantasmagórica cópia do modelo orgânico em decomposição.

Suas formas faciais, reproduzindo o modo astuto do lobo que lhe caracterizara a atitude na política humana, assemelhavam-no aos animais predadores da família dos lupinos, das hienas ou dos chacais, numa simbiose estranha que demonstrava as suas inclinações mentais mais diretas e o centro de suas preocupações durante o estágio de vida na superfície do globo.

Astúcia, venalidade e planejamento meticuloso de golpes e mais golpes haviam produzido em sua mente a fixação inferior, determinando a modificação morfológica e fixando a aparência em função da concentração psicológica mais dominante em sua personalidade.

Oliveira começava a dar sinais de desespero quando tentava entender o ocorrido. Procurara o refúgio dos antigos companheiros de partido, mas encontrou os comparsas de outrora citando-lhe o nome de forma irônica, pejorativa ou gozadora, recebendo o pesado impacto dos pensamentos e comentários, que lhe caíam sobre o crânio espiritual como tijoladas desnorteadoras.

Tentou refugiar-se junto à esposa Helena, sem sucesso.

Seus filhos igualmente não lhe ofereciam a menor demonstração de entendimento ou gratidão.

Em seus pensamentos, que eram sintonizados diretamente pelos Espíritos amigos em face do poder de penetração que já possuíam, clamores angustiosos se sucediam.

Exigências eram gritadas a plenos pulmões para caírem no vazio ou para produzirem as gargalhadas irônicas, sem que ele entendesse de onde vinham.

Vendo-lhe o estado íntimo alterado, o organizador invisível daquele conclave deprimente dirigiu-se ao recém-desencarnado, dizendo-lhe:

– Calma, deputado... calma... logo o Grande Comandante vai chegar.

– Dá um sossega-leão nele... – gritava um ajudante mais ousado...

E a gargalhada prosseguia.

– Não podemos desrespeitá-lo, meus amigos – tornava o organizador. – O doutorzinho foi nosso braço direito por muito tempo aí no mundo e graças às suas atividades é que ele se tornou credor da grande honra de ser recebido pelo nosso Maioral em pessoa.

– Uau! O Poderoso vai estar aqui hoje? – perguntaram-se os membros espirituais daquela orgia mal organizada.

– Não deve demorar. Segundo me informaram, seu cortejo já estava se dirigindo a este local.

Enquanto Jerônimo se mantinha postado junto de Leonor, envolvendo-a em uma atmosfera de forças equilibrantes, buscando isolá-la de toda a balbúrdia ali reinante, Adelino seguia próximo, observando a cena.

– Eu já vi uma coisa dessas outrora, Adelino – exclamou o amigo devotado, comentando suas experiências anteriores para apaziguar os pensamentos do companheiro.

– Já havia tido notícias de tais cortejos, mas nunca tive a oportunidade de vê-lo pessoalmente – respondeu Adelino.

– É verdade que não se trata de procissões muito comuns nestas paragens. No entanto, entidades de padrão inferior se sentem muito atraídas por esse tipo de exibição. Pelo que pude avaliar em nossos estudos anteriores, o culto às cerimônias retumbantes e imponentes é típico do estado inferiorizado da alma, no exercício de suas arraigadas ligações egoísticas, no anseio de realce e de intimidação através da demonstração da própria importância.

Na dimensão espiritual exterior podia-se ouvir o aumento dos ruídos a indicarem a aproximação de um grande contingente de seres, trazendo os tambores e instrumentos que se pareciam com cornetas das bandas humanas, em melodia estridente, dissonante e irritante.

Qualquer um que tivesse acuidade visual para o mundo dos Espíritos podia observar a atmosfera circundante sem as dificuldades causadas por paredes ou obstáculos da dimensão material. Assim, os dois enviados do Bem podiam divisar o contingente desajustado dos Espíritos que acompanhavam aquele que seria o astro principal da malsinada procissão.

Oliveira não conseguia entender o que o esperava.

Um laço de energia o mantinha preso ao corpo de carne que já dava mostras de acelerada desagregação.

Interrompida a circulação sanguínea, um dos sistemas responsáveis pela vitalidade e abastecimento de todo o cosmo orgânico, as células imediatamente começavam a entrar em colapso sucessivo, em uma verdadeira cadeia de eventos que, qual cascata ininterrupta, abria espaço para que os agentes microscópicos da vida, até então contidos pelos sistemas de defesa organizados, fossem liberados em verdadeira enxurrada avassaladora, vendo-se livres para o grande banquete na festa do apodrecimento que eles iriam encenar, transformando os tecidos e dando curso aos eventos naturais da transformação da matéria.

No entanto, não apenas as forças biológicas estavam em jogo.

As energias represadas pelo corpo, na forma do princípio vital acumulado, correspondiam a outra fonte de alimentos para almas esfaimadas que, debruçando-se sobre o cadáver, buscavam sugar as emanações tonificantes que os tecidos liberavam nos processos de desagregação.

Assim, enquanto Oliveira tentava manter-se dono de si mesmo, muitas vezes precisava disputar com entidades sugadoras um espaço na beirada do esquife funerário, gritando que aquele corpo devia ser respeitado, que o corpo era ele e que os outros não podiam se portar daquela forma já que ele, Oliveira, era autoridade importante, tinha amigos influentes e que, se necessário, falaria com o Presidente para colocar todos na cadeia.

Nada adiantava...

Com um solavanco, uma ou outra entidade mais animalizada do que o falecido o expulsava, atirando-o ao longe. Os terríveis vampirizadores de fluido vital que devoravam as emanações energéticas como os seres carnívoros que disputam as carcaças em decomposição ali estavam, violentos e decididos a não arredarem pé.

Mesmo entre eles, a disputa produzia desajustes que beiravam o conflito, cada qual mostrando-se mais violento buscando a intimidação dos demais.

Apesar dessa bagunça, o organizador da "cerimônia", com seu modo leviano, querendo demonstrar um certo controle da situação e não aparentar o temor que também sentia em relação a tais Espíritos vampirizadores, dirigiu-se ao aflito falecido com certa intimidade, dizendo-lhe:

– Calma aí, chefia... quer dizer... senhor deputado... logo o senhor já estará sendo recebido pelo nosso Mestre.

Vendo-se reconhecido na importância política de seu cargo por aquele desconhecido que, mesmo desrespeitosamente, a ele se dirigia chamando-o de "deputado", Oliveira retrucou, imperativo:

— Até que enfim, um lacaio a me dar explicações, reconhecendo-me neste antro de devassidão.

— Aqui estou para servi-lo, senhor... – disse, ironicamente, Moreira.

— Saberei recompensar sua atenção, quem sabe eu o nomeie para assessor de meu gabinete pessoal...

— É, acho que esse emprego vai chegar um pouco tarde para nós dois... mas mesmo assim, fico-lhe agradecido.

— Mas você pode me responder o que está se passando? Eu enlouqueci ou acabei entrando em uma orgia dessas onde a droga corre solta e não percebi?

Vendo que Oliveira ainda não tinha entendido o que lhe acontecera, ou, o que era mais provável, se recusava a aceitar que tinha morrido, Moreira procurou ser claro, preparando-o para a nova etapa, à sua maneira.

— Ora, meu chapa... você virou presunto...

— Co... como é? Meu chapa uma ova... você esqueceu quem sou eu? – replicou Oliveira, mais incomodado com a intimidade do que com a revelação de que já fazia parte dos mortos.

— É isso mesmo, meu. Você virou presunto, bateu com as dez, e se antes as pessoas se dirigiam a você como "Sua Excelência o Deputado Oliveira", saiba que, agora, você não passa do ilustre DEFUNTADO Oliveira...

— EEEEuuuuuuu? Defunto? Ora, meu rapaz, você é que endoidou... Não está falando comigo? Como que você fala com alguém que já teria morrido?

— Se preferir outra palavra, temos muitas... bacalhau de porta de venda, bilhete vencido, manequim de funerária, alegria dos coveiros, melhor aluno do spa esquelético, anoréxico compulsório, festival dos bigatos...

— Cala a boca, seu atrevido... – esbravejou o deputado.

– Acabou o seu poder aqui, ô bacana. Se manca, autoridade. Você já não é mais chapa branca... é lápide branca. Se está com dúvida e ainda não se tocou de que tudo ficou diferente, vem aqui comigo.

Moreira, então, arrastou Oliveira para a parte do *hall* de entrada dominado por um espelho.

– Diz pra mim, excelentíssimo senhor anônimo, o que é que está vendo no espelho?

Assustado com a ausência de seu reflexo no espelho de cristal ali fixado como parte da decoração, Oliveira empalideceu ainda mais e, se Moreira não o segurasse com os braços, perderia o controle.

– Vamos lá, Excelentíssimo Defuntado... é a hora da verdade. Toda esta festança é para você tanto da parte dos "caveiras vestidas" quanto da dos caveiras sem roupa.

Sua missão foi tão bem desempenhada, que a sua chegada está cercada de toda esta pompa, de tal forma que até a nós foi permitido participar de sua fama e aproveitar a festa para nossa diversão também. Que mal há nisso?

Você falou de orgias. O que é que desejava no seu velório? Não se lembra das muitas orgias que compartilhamos juntos? Os motéis, as mansões, as mulheronas turbinadas, as alegrias da vida, meu amigo...

Nada melhor para esperá-lo por aqui, não acha? A não ser que, depois de ter morrido na carne, também tenha morrido em "Vossa Excelência" o desejo por essas coisas... Será que você perdeu o corpo e perdeu a vontade?

Sem esperar mais explicações de Moreira, ainda que cambaleante pelo turbilhão que lhe invadia a mente, Oliveira voltou para as proximidades de seu corpo que, a duras penas, tentava defender, já sentindo os efeitos da perda de energias vitalizantes.

No íntimo das entidades amigas que acompanhavam tudo aquilo à distância, tentando amparar o recém-chegado através das orações, a compaixão acompanhava aquela cena dantesca para os olhares do Espírito.

Oliveira era um irmão merecedor de alguma ajuda, apesar de ter sido um péssimo irmão para os outros semelhantes.

Jerônimo e Adelino se encontravam ali para atender Leonor, mas, por causa dela, também se viam na condição de enviados do Bem, a ajudarem onde a necessidade se apresentasse, guardadas as necessidades de cada um, o merecimento acumulado e os objetivos mais importantes a serem buscados. E como a Sublime Misericórdia não descansa nunca, sempre procura amparar os filhos, por pior que eles tenham-se demonstrado nas experiências da vida. Ao unir-se com entidades de tão inferior padrão vibratório, Oliveira era, agora, acolhido inicialmente por esse mesmo tipo de sócio de suas aventuras materiais.

Entretanto, como o Amor está sempre pronto a vencer as distâncias e a penetrar nos piores antros, os dois benfeitores, que se achavam em oração silenciosa a certa distância das cenas ora descritas, começaram a observar o surgimento de uma massa de energias luminescentes, como se uma nuvem houvesse descido do alto e penetrado naquele antro.

Acostumado a estes tipos de situação, como experimentado instrutor espiritual, Jerônimo se acercou daquele aglomerado fluídico para dar as boas-vindas à entidade que nele se fazia visível lentamente.

Depois de acolhê-la, respeitosamente, o instrutor acompanhou simpática senhora de nome Eulália, uma das genitoras de Oliveira, desencarnada há alguns séculos e que lhe hipotecara todo o afeto maternal desde a longínqua Europa, nos albores do Renascimento, quando ambos puderam conviver como mãe e filho.

Depois dos cumprimentos de praxe, puseram-se em conversação fraterna.

– É uma pena que meu filho tenha escolhido esse tipo de vida, a impor-lhe a desencarnação prematura como forma de evitar males piores, tanto para os outros quanto para ele mesmo.

Entendendo a afirmativa serena, ainda que mesclada da natural melancolia da mãe que reconhece a falência moral do próprio filho amado, Jerônimo acrescentou, fazendo as devidas apresentações e explicando a Adelino quem era a simpática e luminosa entidade:

– Eulália é devotada servidora de nossas instituições espirituais, nas quais granjeou méritos reconhecidos e se fez credora de todas as atenções de nossos superiores, porquanto é difícil encontrar aquele que não foi ajudado por suas abnegadas mãos ou por suas palavras generosas, que elevam a alma de qualquer um.

Eulália, sem afetação, denotando natural humildade, respondeu:

– Ora, querido Jerônimo, procuro ser a boa amiga de todos, sobretudo dos irmãos que me ajudaram diante de minhas necessidades. Jerônimo mesmo é um a quem muito devo. Suas palavras têm a doçura de sua alma. Natural, portanto, todo o tipo de exageros.

Entendendo que o caso de Oliveira era doloroso para ela, o instrutor explicou:

– Eulália empenhou-se perante as autoridades espirituais superiores, juntamente com Oliveira, a fim de obterem a autorização indispensável para o renascimento do filho amado na presente existência que acaba de terminar, baseados na necessidade de correção do passado remoto.

Em outras épocas, ambos aproveitaram-se do poder como instrumento de usurpação pessoal, carreando para seus Espíritos muitos débitos que, com o esforço hercúleo de muitas vidas, Eulália conseguiu saldar, entre suores e lágrimas, renúncias e tarefas missionárias.

Seu filho de então, Oliveira, escolheu a permanência nas mesmas estradas viciosas. Sempre que se via livre da influência materna, voltava às mesmas táticas, aos vícios repetidos, às maneiras perniciosas que o faziam prisioneiro de suas próprias criações extravagantes. Com isso, assumiu importante função em uma organização trevosa, composta de Espíritos infelizes, alguns de cujos membros vocês estão vendo neste velório. Passando a ser protegido pelo seu Maioral que, constantemente, o tem hipnotizado nas inúmeras voltas à vida física, usaram-no de forma direta, explorando suas fraquezas e facilitando as ocorrências que o possam encaminhar para as tentações nas quais fatalmente cederá novamente, por ser-lhe deficiente a vontade.

Não fora suficiente o amparo espiritual generoso que, por vezes sucessivas, empenhou-se em conseguir-lhe pais devotados, tutores sábios e generosos, professores inspiradores e amigos.

Tão logo se via afastado de tais berços luminosos, regressava ao tugúrio trevoso de si mesmo, ajustando-se às forças perniciosas com as quais se associara para o desfrute das emoções sem sentido, nas insanidades de todos os matizes.

Eulália aceitou regressar dos cumes luminosos aos quais já pôde se elevar para embrenhar-se no viscoso abismo em busca da alma desgarrada de seu afeto.

No entanto, não foi suficiente a Oliveira ter recebido a honra de ser-lhe filho novamente na atual reencarnação. Terminada a sua jornada física na Terra, Eulália solicitou a oportunidade de continuar a influenciá-lo no Bem, o que não foi difícil de se conseguir, graças aos seus atributos e méritos como Espírito esclarecido.

Com isso, como entidade generosa e maternal, tentou ajudá-lo a manter-se junto de Leonor nos períodos iniciais da vida familiar, já que quando a morte física transferiu-a de plano, Oliveira e Leonor estavam unidos, à espera do primeiro filho.

Sem poder se manter fisicamente próxima e sabendo das fragilidades de caráter de que era dotado, Eulália empenhou-se para que aceitasse corrigir-se através de apagada existência como operário que, honestamente, ganharia o pão de cada dia e poderia sentir a alegria de uma esposa carinhosa entre os filhos que lhe requisitariam o carinho.

A rotina de cada dia lhe permitiria redirecionar seus pensamentos, seus esforços no caminho da retidão, martelando o caráter tíbio como se costuma fazer com o ferro em brasa para modelá-lo ou para dar-lhe melhor têmpera.

As dificuldades materiais seriam o calor necessário, as lutas constantes, a marreta que o fustigaria, e o carinho da família corresponderia à água fria e dadivosa que atenuaria os sacrifícios de cada hora.

Esse planejamento fora aceito por Oliveira que, em Espírito, reconhecia suas deficiências de caráter, acatando os conselhos dos nossos mentores espirituais superiores, já que Eulália se manteria ao seu lado, mesmo depois da desencarnação, além de tudo fazer para favorecê-lo no enfrentamento dos obstáculos e dificuldades do caminho.

Todavia, voltar à Terra e entrar em contato com os fatores sedutores, este sim era o verdadeiro desafio. Diante da retomada da velha roupagem física, os impulsos de grandeza, novamente estimulados pelos antigos sócios de orgias e viciações, fizeram o estrago nos planos superiores de evolução pelo Bem.

Envolvido pelas entidades escuras que com ele se haviam consorciado desde os antigos tempos medievais, Oliveira optou por outros caminhos, desprezando os exemplos de seus pais, o carinho da companheira, as necessidades de seus dois filhinhos e partiu para o desconhecido, de braços dados com as entidades trevosas, que tudo arranjaram para que o caminho fácil o levasse aos antigos certames do crime mal disfarçado pelas canetas de ouro, pela oratória imponente, pelos títulos que a cultura e a posição lhe confeririam ao longo dos anos.

Retornando à velha estrada de erros, Eulália procurou organizar-lhe os passos de forma que, ainda que como um membro proeminente da sociedade, representando os interesses da coletividade, Oliveira pudesse trilhar outros rumos, atuando diferentemente de outrora e, com isso, viesse a reparar os antigos desmandos, corrigindo as deformações morais que cultivara em outras épocas.

A mulher rica que escolheu não era a companhia adequada, e o sogro, comprometido com os valores do mundo, não corresponderia ao homem mais preparado para ajudá-lo a sair da encarnação com algum tipo de valor espiritual.

No entanto, Eulália continuou a manobrar suas forças no sentido de encaminhar os passos do filho querido. Tentou influenciar no processo reencarnatório de seus sucessores, ajudando Helena a conceber e a receber em seu seio aqueles Espíritos que, desde a longínqua Itália dos Médicis, com ele haviam-se envolvido nas orgias e quedas morais, nos esforços de fazer com que Oliveira ajudasse seus antigos sócios a se renovarem.

No entanto, a aproximação de tais Espíritos parecia exercer sobre Oliveira uma repulsa instintiva, sentindo que eles representavam um peso a dificultar seus planos de fama e crescimento.

Então, usando como desculpa a responsabilidade paternal na manutenção da família, embrenhou-se ainda mais nos negócios, relegando os rebentos aos cuidados de Helena que, da mesma forma, bafejada pela riqueza do genitor e pelas facilidades da vida, confiou-os à criação de babás ou pajens, bem pagas, mas pouco amorosas, não criando vínculos de amor verdadeiro, de gratidão e carinho que fossem capazes de atenuar as ligações deletérias do passado existentes entre eles.

Cresceram como estranhos ricos, amolecidos pelo conforto exagerado, bem remunerados por presentes e frivolidades, acostumados a se venderem aos seus pais em troca de favores e viagens.

Os filhos varões se perdiam em noitadas libertinas e vinham se desgastando no uso de tóxicos, no exacerbar das emoções, ao passo que a filha mais jovem era uma cópia perfeita das manequins de lojas chiques, maneira pela qual se acostumam algumas mulheres a se mostrarem superiores às amigas que as invejam.

Para atender-lhes aos caprichos incontáveis, Oliveira designara assessores políticos que se incumbiriam de fazer-lhes os desejos mais diversos, ao mesmo tempo em que mantinha um grupo de advogados a seu soldo para a solução dos desatinos juvenis, tidos como aventuras normais da idade, fossem elas solucionadas por abortos, por pagamentos de suborno a delegados ou a autoridades diversas ou, ainda, pela influenciação política para o abafamento dos escândalos.

Tudo estava seguindo pelos trilhos do desastre repetido, agora agravado pelas concessões avantajadas de que Oliveira fora objeto no mundo espiritual.

Enquanto escutava em silêncio, Eulália abanava a cabeça, como a confirmar as palavras de Jerônimo.

E para dar mais autenticidade às revelações, poupando os esforços verbais do instrutor, Eulália continuou, depois de breve pausa daquele:

– Sim, as coisas iam pelos caminhos do desastre.

Envolvido com as más companhias e com as forças titânicas da escuridão, meu filho se permitiu toda a sorte de conluios e negociatas, fosse para obter mais dinheiro para seus cada vez mais avolumados gastos e caprichos, fosse para conseguir apoio para sua carreira política, sempre dependente de financiamentos, favores e conchavos.

Enlameou-se ainda mais, acobertando delitos de todos os tipos, votando a favor de propostas notadamente prejudiciais ao povo sofrido, vendendo seu mandato pelo valor ínfimo de sua consciência. Em todos os dias, no entanto, estava ao seu lado, buscando inspirá-lo a mudar de vida. Muitas vezes, aproveitei-me de cerimônias religiosas às quais ele acorria sem nenhuma elevação, para fazê-lo pensar sobre a própria existência, inoculando-lhe ideias sobre a transitoriedade da vida, sobre a inadiável prestação de contas perante a Verdade e sobre a responsabilidade pessoal diante dos erros cometidos.

Fazia-o imaginar, através de quadros mentais que projetava em seu pensamento, o que sentiria se eu o visse praticando todos aqueles crimes, lembranças estas que eram as únicas que o faziam se arrepiar intensamente.

No entanto, o cipoal das tentações já o havia enrolado em tantos prazeres e brilhos intensos que, para recusá-los se fazia necessária uma coragem ainda maior do que aquela que Oliveira teve para conquistá-los.

Como repelir deliberadamente aquela lama dourada que, por sua própria vontade ele próprio buscara com tanta avidez?

Como se livrar dos compromissos criminosos e dos cúmplices, depois que se brindou ao sucesso do crime sobre o cadáver das próprias vítimas?

E Oliveira se deixou arrastar novamente para o abismo de erros ainda piores do que os antigos, já que, hoje, a sua abrangência é ainda mais ampla do que naqueles tempos.

Assim, ainda que me tenha sido possível, pela misericórdia divina, acompanhar-lhe o regresso ao mundo espiritual, aqui estou apenas como aquela que sofre por amar e ora a Deus pelo filho amado, sem poder intervir diretamente a seu benefício.

E, revelando algo extremamente surpreendente para todos, Jerônimo acrescentou:

– Sim, meus amigos, porquanto Eulália, observando os desmandos sucessivos do filho descabeçado, tanto quanto os rumos dolorosos que se avolumavam em seu roteiro de vida, tendo sido uma das importantes fiadoras do regresso de Oliveira ao corpo físico na última encarnação, não titubeou em movimentar suas forças e interpor suas luminosas solicitações em favor dele visando abreviar seus dias no corpo carnal para que as dores futuras pudessem ser menores para ele mesmo.

– Ela...?

Adelino ia perguntar, surpreendido, quando Jerônimo, entrevendo-lhe a dúvida, afirmou por antecipação:

– Sim, meu irmão, Eulália obteve dos nossos superiores a concessão autorizadora da ruptura dos laços físicos do corpo mal utilizado de Oliveira, a benefício dele mesmo, antecipando-lhe a morte física para o Bem de todos.

Tendo observado suas condutas desajustadas a produzirem o mal não apenas para seus semelhantes, mas, notadamente para ele, os governantes superiores, ao concederem tal medida extrema, levaram em consideração que, se a própria coletividade se fazia credora desse alívio, uma vez que já havia sofrido suficientemente em dores e necessidades pelo desatino de tê-lo conduzido ao cargo público que vinha sendo tão mal utilizado, ele também deveria ser poupado de maiores prejuízos pessoais, na estrada de desmandos que já lhe garantiria sofrimento reparador por vários séculos do porvir.

Assim, ordem superior foi externada para que os Espíritos responsáveis pelos processos de desencarnação se incumbissem de proceder a ruptura dos principais laços que o mantinham preso ao organismo físico, mas que, por questão pedagógica, lhe fosse garantida a experiência de recolher todos os efeitos imediatos de sua vida dissoluta e irresponsável acumulados sobre si mesmo, impedindo-se todo amparo direto pelo qual ele não se fizera credor.

Da mesma forma, tal decreto espiritual para o caso Oliveira determinou que se cuidasse de oferecer todo amparo aos irmãos que se agregaram aos passos do fracassado político na Terra e que acabaram prejudicados em seus caminhos pela ação nefasta daquele filho de Deus que não assumiu suas funções como prometera fazer.

Por isso, Leonor e seus dois filhos, tanto quanto Helena e seus herdeiros, deveriam ser amparados da forma mais adequada que a lei do Universo o permitisse, sem violentarmos suas escolhas nem impedirmos que as experiências amargas os ensinassem a trilhar outras estradas menos perigosas ou mentirosas do que aquelas que Oliveira tinha escolhido.

E olhando-nos com um brilho especial no olhar, rematou:

— É por isso que estamos aqui, irmãos. Unidos a Eulália para tentarmos curar ou remediar onde o desatino dos homens abandonou e feriu.

Num gesto de carinho verdadeiro e estimulante, Eulália, com suas mãos, uniu-se aos dois irmãos, num momento de emoção coletiva, inspirados sob as leis de Deus e o Amor sublime de Jesus, dizendo:

— Que aprendamos a amar apesar de tudo, a esquecer o Mal e ver sempre o Bem, a nunca recusarmos o apoio a quem precise e, não importa quem seja ele, nosso amigo ou nosso adversário, vê-lo como Filho de Deus, antes de tudo, credor do mesmo Amor que o Pai dedica a todos nós.

Luzes faiscantes se projetavam de seu peito e penetravam todos naquele instante de emoção.

Parecia que, a partir dali, os três Espíritos estavam unidos como se fizessem parte de um único organismo.

E as circunstâncias mostrariam que isso seria mais do que uma mera impressão, apenas.

4

OS MECANISMOS DA HIPNOSE

Não tardou muito para que o ambiente do velório fosse invadido pela horda de entidades inferiores que constituíam o cortejo do ser infeliz que a liderava, relembrando os antigos desfiles pagãos com os quais os romanos homenageavam seus deuses, depois das vitórias obtidas sobre os povos distantes.

Em nossa dimensão vibratória, as paredes não eram obstáculo para a passagem da caravana grotesca que vinha em busca de um de seus mais importantes membros, recentemente desencarnado no mundo dos homens importantes e insensatos.

Depois da entrada de todos os dançarinos e faunos despidos, agitando instrumentos musicais e tocando seus tambores primitivos em ritmo enervante, o carro principal interrompeu seu percurso bem diante da câmara ardente, na sala principal onde o corpo se encontrava.

Trazia em seu topo uma grande escultura em forma de trono e estava tão apinhado de entidades lascivas, viciosas e despidas, que fazia lembrar um carro alegórico tão próprio dos cortejos carnavalescos.

Sentado em tal cadeira ornamentada pelo mau gosto do estilo abrutalhado dos selvagens conquistadores, mesclando símbolos mágicos com crânios e ossos entrecruzados, a entidade infeliz que ali se mantinha no comando daquela procissão tenebrosa trazia a aparência típica dos Espíritos dementados, descritos na literatura terrena como a representação da figura infernal.

Olhos esfogueados denunciavam a sua astúcia, e os demais componentes da caravana serviam, claramente, para intimidar a qualquer um que, menos atento às leis universais, pudesse imaginar a existência real de um ser lendário, votado perpetuamente ao mal.

Acercando-se de Adelino, Jerônimo comentou, discretamente:

– Veja, meu irmão, as técnicas que tais Espíritos trevosos utilizam para intimidar as mentes mais desavisadas ou invigilantes.

– Sim, Jerônimo. São imagens que podem impressionar às mentes mais desprevenidas, produzindo o terror e, com base na culpa acumulada na consciência, o processo hipnótico se torna mais fácil.

– Isso mesmo, meu amigo. Já estive em outras circunstâncias parecidas com esta, atendendo a tarefas de auxílio e, invariavelmente, as entidades trevosas sempre recorrem a este tipo de imagem, por saberem que as almas que apresentam consciência culpada por crimes ocultos, acabam reconhecendo as próprias culpas em busca da tão esperada punição que as liberte do peso dos erros cometidos.

– Trazemos todos o pior tribunal em nós mesmos, não é, instrutor?

– Perfeitamente, meu irmão. Nossa consciência não precisa de outros juízes mais honrados ou mais duros.

Somos capazes de, esquecendo os alvitres dessa voz interior, atirarmo-nos às piores ações. No entanto, não conseguiremos fugir do fogo interior que, tanto no corpo carnal quanto fora dele, nos chamará à realidade de nós mesmos, traduzindo-se em elemento de evolução indispensável.

Para os que cultivam a consciência como quem recebe os convites amorosos de um jardim inspirador, a estrada será sempre menos difícil.

Todavia, para os que fogem de si mesmos, há sempre um longo e doloroso caminho para voltar à própria identidade, ocasião em que a misericórdia de Deus atua, em geral, para diminuir o efeito das autocondenações com as quais os homens alucinados pretendem se fustigar num processo de vingança contra si próprios.

Entendendo o rumo da conversa como uma troca de experiências a beneficiar o aprendizado sobre as questões da ação espiritual trevosa, Adelino indagou:

— Em todas as vezes que você presenciou cortejos parecidos, tais entidades perversas usavam das imagens como indução hipnótica?

— A rigor sim, meu amigo. A porta visual é uma das mais marcantes para o processo do conhecimento, pelo conjunto de informações que possibilita.

A mente cria imagens nas chamadas formas-pensamento, e os processos imaginativos que a criatura desenvolve em seu dia a dia estão intrinsecamente ligados à visualização que seja capaz de produzir.

Assim, Adelino, o centro visual ocupa grande parte do cérebro físico, sendo dos mais complexos e intrincados no estudo e no funcionamento.

Conhecendo as necessidades de cada pessoa, no desejo de buscar informações visuais, de conhecer através das imagens, de identificar as coisas belas ou de conectar-se com o que é grotesco, as instituições humanas se empenham em veicular imagens estimulantes daquilo que, sabem elas, facilitarão a conquista de maiores clientes, de maiores interessados, de pessoas que se deixam arrastar pelas sutis sugestões visuais.

Não se trata somente de publicidade comercial.

É uma forma de modelar opiniões, conseguir impor ideias, gerar tendências, espalhar conceitos, vulgarizar conclusões.

As imagens são responsáveis por uma imensa ordem de conquistas positivas na evolução humana tanto quanto têm sido instrumento de destruição e de atraso para a agremiação terrena, na exata medida em que os responsáveis pelo controle de todos estes elementos, deles se servem para enriquecer fomentando discórdias, para enfraquecer idealismos semeando desconfianças, para infundir dependências no caráter mais tíbio, através do cultivo de vícios e atitudes inferiores que temos observado ao longo do último século, desde o advento da televisão.

Da mesma maneira que os encarnados compreendem o seu poder, os Espíritos também o conhecem. Particularmente no caso de Oliveira, a referida entidade que se apresenta sob esse manto ilusório do deus das trevas sabe o efeito intimidador que essa imagem representa no subconsciente das criaturas, desde cedo amedrontadas pelos pais, pelos sacerdotes, pelos religiosos de várias denominações, com as ameaças do maligno.

Vamos ver o efeito que ele vai ter sobre nosso pobre Oliveira.

Calaram-se para melhor observar.

A entrada do cortejo grotesco não alterou a rotina calculada das ações dos encarnados. No entanto, no plano espiritual estabeleceu-se um silêncio tumular.

Somente os gemidos das entidades apinhadas no carro alegórico, a se contorcerem em trejeitos erotizantes, eram os sons que se escutavam.

Oliveira estivera perambulando como um bêbado, entre o caixão, que era alvo dos Espíritos vampirizadores, e os amigos de partido, que eram seus companheiros no crime e na devassidão, nos quais não encontrava senão indiferença ou pensamentos de baixo teor a seu próprio respeito.

O velho político, despido de todas as pompas e poderes mundanos era, agora, um trapo moral, uma simples vítima de seu próprio destino. Observara Leonor sentada à distância e, esfomeado de afeto, acercou-se dela como a suplicar uma carícia ao seu Espírito perdido.

No entanto, ainda que Leonor fosse a única que, em verdade, mantinha um sentimento de elevação a seu respeito, entidades amigas da sofrida mulher estabeleceram um halo vibratório protetor a fim de que o antigo e indiferente amante não se aproximasse demasiadamente, para não impregná-la com seus fluidos deletérios, próprios dos Espíritos que se deixaram arrastar pelas futilidades e perversidades da vida.

Leonor se mantinha em silêncio, pensativa, encadeando as lembranças do passado e as preces de sua fé.

Eram estas as únicas que Oliveira recebia, como gotas de água no imenso incêndio da floresta de suas ilusões.

No entanto, com a chegada do cortejo espiritual, Oliveira voltou a ser colocado no centro das atenções dos invisíveis que o buscavam.

Solene gonzo soou aos ouvidos da turba, seguido de estridente toque de cornetas.

Então, Moreira, o organizador da cerimônia, gritou, imperativo:

— Que se aproxime o Deputado Oliveira.

Chamado de forma tão direta e sem querer entender o que se passava, já que ainda não tinha se dado conta do que o esperava, Oliveira assumiu os antigos ares de importância e seguiu na direção do chamamento.

Moreira, o organizador do cortejo funerário que terminaria com a chegada do Maioral, dirigindo-se ao velho colaborador dos planos inferiores, exclamou:

— Por fim chegou o seu dia, Oliveira. Longos anos de serviço prestados fazem você merecedor do reconhecimento que não deve mais tardar.

Ao escutar aquelas palavras enaltecedoras de tudo quanto de errado fizera, um sorriso de satisfação bailou nos lábios do antigo político, ainda que julgasse estranho que tal saudação lhe fosse dirigida por um ser, assim, tão repulsivo.

No entanto, pelo menos alguém lhe correspondia ao anseio de reconhecimento ou se fazia mais amistoso, a reconhecer a sua importância e os grandes "esforços" realizados ao longo de várias décadas de tarefas políticas e administrativas.

— Finalmente alguém se digna reconhecer-me nesta reunião de loucos, na qual todos reverenciam meu corpo adormecido.

— Já lhe disse que você está morto, Oliveira – falou Moreira, com uma gargalhada de sarcasmo.

Aquela informação, mais uma vez repetida, explicava tudo, ainda que, ao aceitá-la como verdadeira, uma outra grande onda de temores se cristalizasse em sua alma. Oliveira empalideceu e, trêmulo, perguntou:

— Então, se estou morto como diz, seria você o representante de Deus que me receberia no mundo dos mortos, como sempre me garantiram os sacerdotes de minha fé? Afinal, sempre os atendi em seus reclamos, contando com as intercessões que poderiam fazer a meu benefício.

Ouvindo a palavra confusa e duvidosa de Oliveira, a entidade arrogante respondeu:

– Claro, meu amigo. Estamos aqui atendendo a todas as solicitações dos nossos representantes no sacerdócio do mundo. Eles também haverão de receber idêntica recepção, talvez até mais luxuosa do que a sua. No entanto, tudo o que você pôde fazer por esses homens que se travestem de religiosos para se consumirem em luxo, poder, orgia e outras coisas, reverteu em seu benefício. Tanto é assim, que o próprio Maioral se dignou vir até aqui para recebê-lo.

Falando dessa forma, Moreira, como o organizador da cerimônia, apontou seus braços para o alto do veículo que se encontrava às suas costas.

Oliveira, acompanhando o longo braço esquelético daquele Espírito repelente, endereçou o olhar confuso para o ponto indicado e, num instante, cruzou com a faiscante e perversa mirada do importante soberano ali postado.

No mesmo instante, a figura do demônio brotou ao redor do Espírito do político, obedecendo ao impulso de seu pensamento. Induzido pela visão de seus olhos de Espírito, a mente de Oliveira encontrou nos recônditos arquivos de sua alma as inúmeras referências a satanás, ao inferno e seus demônios cruéis.

Imenso choque vibratório tomou-lhe as fibras da alma e, imaginando-se credor das belezas do paraíso, nas promessas infantis e ilusórias que havia recebido de sacerdotes venais e interesseiros, Oliveira desejou fugir apavorado.

– Não... o diabo não... eu não fiz nada para merecer essa recepção... – gritava em desespero.

– Ora, Oliveira, que falta de gratidão é esta? Pois nosso senhor vem até você, em pessoa, e é assim que o recebe?

Quantas vezes, sua figura de político não recorreu a ele? Quantas negociatas suas não contaram com o apoio e proteção do Maioral para que acabasse recoberto do ouro do mundo? Quantas vezes você defendeu nossos princípios e abraçou nossos projetos, influenciando pessoas, corrompendo interesses para que nossos planos acabassem vitoriosos?

Como pode dizer, agora, que não conhece, que não deseja ser recebido pelo nosso mais importante representante?

Oliveira estava chumbado ao solo, incapaz de se mover para qualquer lado.

Era o efeito da hipnose produzida pela aparência da entidade perversa repercutindo na alma culpada do político que, por mais que pretendesse se apresentar como um homem de bem, honrado e cumpridor de seus deveres morais, não passara de um falsário, de um estelionatário da pior espécie, de um corruptor da verdade.

Vendo que Oliveira tremia sem nada dizer, a entidade maligna que se fazia passar pelo próprio Lúcifer, adotando as aparências que as pinturas humanas já puderam criar a seu respeito, dirigiu-se a ele, trovejante:

— Aqui estou, meu dileto discípulo. Agradecido pelos seus serviços, vim honrar sua fidelidade para levá-lo comigo ao lugar especial que corresponde aos seus méritos.

A voz tonitruante ecoava no recinto e imobilizaria qualquer Espírito que não estivesse fora da sua sintonia vibratória. Isso porque as palavras eram acompanhadas de um magnetismo que penetrava o interior das entidades, reforçando suas tendências e amplificando o medo daquele que parecia uma força maior do que a de Deus.

Oliveira não tinha como fugir.

Mãos firmes o ergueram do chão e o colocaram no carro de perversões, no qual o político devasso encontrou as mesmas entidades lascivas que se uniam a ele nas orgias de que participava ou patrocinava. Num misto de prazer e horror, tais Espíritos tinham corpos exuberantes e bem torneados, mas o rosto era o de velhas e desgastadas bruxas, emaranhando-se ao derredor de Oliveira, que delas tentava fugir em vão.

— Vem, meu queridinho... — dizia uma, puxando-o para o corpo exuberante.

— Ele é meu, primeiro... — reclamava outra, enlaçando-o com as coxas ao mesmo tempo em que os lábios, que mal ocultavam a boca desdentada e a baba viscosa procuravam os do recém-chegado, para as trocas de antigas sensações.

Oliveira se debatia, em desespero.

Sem saber a quem recorrer e se lembrando dos favores conseguidos para os clérigos de sua religião, gritou, quase louco:

– Bispo, bispo... um bispo, pelo amor de Deus, tire-me daqui... está havendo um engano terrível... socorro...

Não tardou para que uma entidade trajada à moda dos sacerdotes viesse até ele e, com ar jocoso, respondesse:

– Aqui estou, meu filho. Estivemos juntos por longos anos aí na Terra... você não se lembra? Eu sou Lourenço... o padre de suas confissões nos primeiros anos de representante do povo... lembra-se?

Fazendo um esforço, no desespero de seus pensamentos, Oliveira respondeu:

– Sim... padre Lourenço... o das meninas?

– Sim, meu filho... você me contava seus podres e nós os dividíamos, depois, em momentos de prazer. Lembra como foram bons aqueles encontros?

Mais perdido, ainda, Oliveira respondeu:

– Mas padre, estou nas mãos do Satanás por coisas ligadas a tais perversões... pedi ajuda a Deus e ele me mandou o senhor?

– Sim, meu filho... Não foi com o seu apoio importante que consegui subir na hierarquia da Igreja também? Estivemos juntos em tantas horas, que o nosso senhor me recolheu no seu carro para que eu pudesse servir, novamente, como confessor de suas fraquezas... com a vantagem de já podermos desfrutar dos nossos desejos aqui mesmo...

Gritando, desesperado, Oliveira se desequilibrava, dizendo:

– Mas padre, é o inferno... é o inferno... é o demônio,... são os diabos...

Não é isso que eu pedi nem foi isso que os bispos me diziam que eu iria encontrar...

Não é para o inferno que eu quero ir...

Vendo a dor do antigo comparsa, Lourenço afagou-lhe os cabelos e respondeu, ironicamente:

– Agora, Oliveira, não reclame de seu destino... se o inferno não era o local que você desejava encontrar depois de morto, então não o deveria ter escolhido para viver enquanto vivo.

Ao som estridente dos gonzos e clarinadas metálicas, tambores e flautas, a caravana retomou sua jornada mergulhando solo adentro, na direção dos ambientes trevosos nos quais entidades daquele tipo se misturavam na organização daquilo que chamavam de "Império dos Dragões".

Oliveira se viu arrastado pelo padrão vibratório que adotara durante sua vida e, no velório de seu corpo somente os vermes se faziam, agora, ainda mais vorazes na renovação da vida, transformando a podridão humana em alimento para a fome das vidas microscópicas.

Também na Casa Legislativa, chegara a hora de dar início ao processo funerário que levaria o corpo à sua última morada.

Não faltaram rezas oficiais, cânticos religiosos, corais e madrigais lamentosos, música triste, crepes e carros enlutados, abluição levada a cabo por sacerdotes, a espalharem água benta pelo corpo, pelo ataúde e, depois, no interior da própria cova, como se isso viesse a fazer alguma diferença para o Espírito do falecido deputado que, a estas alturas, se encontrava bem longe dali, junto daquele que o arrastara em seu cortejo, em obediência às leis de sintonia vibratória que atuam sobre todos os encarnados e desencarnados. Aproveitando-se da confusão reinante no local, momentos antes da partida para as furnas inferiores, Eulália despediu-se rapidamente dos amigos espirituais, adensou-se na forma simples e pobre que a fazia semelhante a qualquer das entidades que compunham aquela funesta procissão e tomou o mesmo destino de Oliveira.

5

COMEÇANDO O TRABALHO

Com o deslocamento do cortejo espiritual que carregou a alma desajustada de Oliveira, acompanhado pelo Espírito da nobre Eulália, que se fizera passar por um dos integrantes que seguiriam a procissão sem maiores dificuldades, ajustando sua aparência e forma, luminosidade e maneiras às necessárias contingências específicas do momento, Jerônimo e Adelino preparavam-se para voltar aos cuidados junto de Leonor.

Impressionado, entretanto, com a disposição da genitora do falecido em embrenhar-se nos núcleos trevosos, Adelino ponderou:

– Mas não seria expôr-se a muitos riscos atuar como a nossa irmã Eulália se dispôs a fazer?

Entendendo a perplexidade do companheiro, o instrutor Jerônimo esclareceu:

– Sabe, Adelino, a capacidade do Amor Verdadeiro surpreende a todos os que, como nós, ainda somos aprendizes nessa matéria. Como você pôde constatar, sem ser uma das almas pervertidas a participar do festim, Eulália se apagou na beleza, nas vibrações de elevação já conquistadas, vestindo-se de simplicidade e, se você conseguiu perceber, até mesmo de uma certa deselegância na forma a fim de não causar tanto espanto entre os integrantes da alucinada turba. Isso é uma necessidade e uma imposição das circunstâncias, se deseja estar com eles, seguindo o ser amado até o seu destino.

Por enquanto, todos estão tão alienados, que não notarão a sua participação no cortejo sinistro. Mais tarde, chegando ao destino, entretanto, é que os riscos se tornam maiores, uma vez que nos territórios umbralinos para onde se dirigem nossos amigos, existem papéis específicos para cada um e grupos de entidades que se relacionam com maior intimidade.

Aí, então, é que o Amor ganha contornos ainda mais importantes como escudo de defesa e de auxílio aos que ali estagiam.

Por enquanto, você se admira de sua coragem para seguir o filho de outrora, mas, até aqui, é apenas atrelar-se ao cortejo dos loucos. Mais tarde, no entanto, será estar no hospício e viver por lá por algum tempo.

Só quem consegue amar como Eulália já é capaz, amparada pelos exemplos do Divino Amigo, esquecendo-se de si própria, rasgando os preconceitos e se dispondo a compreender de forma ilimitada as necessidades alheias, recebe a autorização das autoridades superiores para mergulhar nesses antros sombrios e regressar vitoriosa, apesar dos volumosos desafios e riscos de fracassar.

E o que é mais grave, é ter que estar no meio dos alucinados sem comungar de suas práticas e sem se entregar aos seus desatinos.

Disfarçar-se para ajudar a todos sem denunciar-se com discursos ou atos inoportunos ou suspeitos é uma arte superior.

Às vezes, Adelino, uma expressão facial de susto ou de repulsa é suficiente para demonstrar a verdadeira intenção do missionário nas trevas, dificultando-lhe a estada nessa região e abortando a tarefa por um descuido do trabalhador.

Ouvindo as orientações, Adelino respondeu:

— Mas isso quer dizer que Eulália terá de fazer as maldades que eles fazem para que não levante suspeitas a respeito de sua verdadeira intenção?

— Não seria lícito, Adelino, imaginar que o Bem fizesse o Mal para enganar os maldosos. Saber o limite da ação e discernir o que fazer nos momentos cruciais é o que distingue estes trabalhadores especiais de todos os outros, servos do Bem ainda incapacitados de mergulhar nas profundezas onde impera a ignorância e a perversidade.

No entanto, em vez de acumpliciar-se com tais práticas a fim de granjear simpatias para sua causa, o servo do Bem procura outros caminhos, sondando os corações descontentes, alegando desconhecimento das técnicas obsessivas ou usando artifícios que venham a transformar o momento difícil a benefício de todos.

Em qualquer tempo, todavia, vendo-se defrontada por circunstância adversa e intransponível, Eulália poderá recorrer à oração e retomar seus potenciais irradiantes, acendendo verdadeira estrela no ambiente dominado pelas trevas. Isso a protegerá da ação coletiva, mas, a partir daí, ela se denunciará como representante do Bem, não tendo mais como passar desapercebida ou ser aceita pela turba desavisada.

O trabalhador em missão de reerguimento ou socorro que mergulha nas trevas deverá saber que estará dependendo do Criador e de si mesmo para superar qualquer evento imprevisto. E se preza a tarefa que solicitou, deverá estar atento para não revelar-se antes do tempo, a fim de não atrapalhar o sucesso da empresa socorrista.

O tempo, todavia, pedia atitude em favor da assistida em foco.

Com o velório encerrado e os diversos veículos rumando em fila até o campo santo, a antiga amante de Oliveira viu-se relegada ao esquecimento, não lhe restando outra opção que não a de tomar o rumo de casa.

Havia muito tempo passara a viver em modesta residência alugada em cidade próxima.

Sem qualquer prestígio e quase como uma intrusa naquele ambiente de falsas afetividades, sua alma sentia a opressão vibratória dos conflitos emocionais que envolveram o Espírito do falecido companheiro, além de receber as suas emanações fluídicas mais desajustadas em virtude de ser, o seu afeto sincero e doce, o único oásis disponível ao falecido para saciar sua sede de esperanças.

Apesar de protegida pelo escudo de energias que impedia a aproximação direta de Oliveira, Leonor não deixara de receber os reflexos negativos de toda aquela cerimônia hipócrita e dos funestos agentes espirituais que ali atuaram.

Uma dor de cabeça se impusera desde as primeiras horas de sua estada na improvisada câmara funerária.

Alguns dos presentes, conhecedores da sua íntima ligação pessoal com falecido, enviavam-lhe dardos mentais de contrariedade, de julgamento mesquinho e condenação cruel, sem conhecerem o drama que os envolvia.

Quase ninguém fazia ideia dos longos anos de solidão, da frustração do abandono, do amargor na criação dos filhos sem o amparo daquele homem que, agora, era pranteado como o virtuoso representante do povo.

Nos pensamentos vulgares daqueles que condenam nos outros as torpezas que refletem as suas próprias fraquezas morais, Leonor era vista como a aproveitadora, como uma ave agourenta que retornava do passado para ver se haviam sobrado restos da carcaça a fim de devorá-la, retirando algum quinhão, aproveitando-se daquele momento de despedida.

Raros dos assistentes do funeral poderiam imaginar que a sua presença significava, apenas, a solidariedade final ao homem que ela amara um dia e que, com todos os defeitos de caráter e fraquezas morais, representara, no ontem distante, o ideal de companheiro que um dia a fizera feliz e a quem se entregara no sonho de alcançar, igualmente, a felicidade.

Somente ao sair do ambiente por uma porta lateral, sem que ninguém se dignasse dirigir-lhe a palavra, é que Leonor pôde sentir uma melhoria geral em seu estado ao contato com o ar fresco da via pública, apesar da persistente dor de cabeça.

Ao mesmo tempo, os dois amigos invisíveis a seguiam, buscando oferecer-lhe amparo fraterno, sabedores de que sua jornada física estava às vésperas da aspereza moral, do testemunho espiritual.

Como se disse, ambos cumpriam uma missão de amparo em favor da pobre mulher, em decorrência de seus méritos pessoais, conquistados graças aos heroicos exemplos de coragem e fé em Deus, sobretudo aqueles vividos no silêncio de sua pobreza responsável, de sua solidão resignada, dos sacrifícios de mulher e mãe abandonada pelo homem frágil, sonhador e ambicioso. Ali se encontravam para garantir-lhe os dias vindouros, dentro das melhores intuições e forças, além de buscarem amparar-lhe todos os caminhos, inclusive acerca das necessidades materiais da vida.

Dirigira-se a pobre mulher, desalentada e sozinha, ao local onde o ônibus que a conduziria até sua casa já estava estacionado, aguardando o horário da saída e, tomando assento, deixou-se levar pelas meditações enquanto, logo a seguir, começava o veículo a rodar, em direção ao seu destino.

Foi quando Jerônimo e Adelino se acercaram de simpático Espírito que se mantinha próximo dela na luta para sustentar-lhe as forças depois da saída do velório.

Como todos os encarnados, Leonor também contava com a companhia do Espírito generoso que a ela se ligara na condição de Protetor invisível para a jornada evolutiva e que sempre lhe favorecera com todos os recursos que estavam disponíveis.

Isso porque cada vida humana é um plano celeste, e sobre todos os encarnados paira a preocupação Augusta e Majestosa de Deus, para que cada alma esteja municiada com todos os recursos que a permitam passar pelas horas desafiadoras e vencer as próprias limitações.

Assim, o Protetor espiritual destacado para velar pela reencarnação de Leonor e que atendia pelo nome de Cristiano conhecia profundamente a personalidade e o caráter de sua protegida e, a fim de desempenhar plenamente as tarefas protetoras que lhe haviam sido designadas há muitas décadas, solicitara os reforços necessários ao atendimento de suas necessidades, principalmente na questão da saúde física, já que a insidiosa enfermidade, contraída nos idos do pretérito, estava prestes a dar seus primeiros sinais exteriores.

Foi a partir das requisições espirituais lançadas pelo Protetor de Leonor tempos antes, que foram assinaladas as tarefas de cooperação de Jerônimo e Adelino em favor dela, o que permitiria a oportunidade de aprendizado geral.

Jerônimo possuía a responsabilidade de comando sobre os procedimentos necessários à cooperação com Cristiano, notadamente pela sua larga experiência em atendimentos como aquele.

Mantinha-se em contato direto com o Dr. Bezerra de Menezes, a quem se ligava desde longa data pelos laços do respeito e da admiração e que funcionava como apoio fluídico e inspiração para a tarefa.

Além disso, Jerônimo possuía os conhecimentos aprofundados

não apenas pelo estudo das leis espirituais, mas, principalmente, pela vasta folha de serviços nas regiões inferiores, exercitando a medicina da alma.

Já Adelino era o companheiro de jornada e se encontrava exercitando suas faculdades espirituais ao contato direto com as lutas na experiência dos encarnados, ampliando seus conhecimentos médicos, buscando começar a praticar os elevados conceitos da medicina da alma sobre a tão desequilibrada estrutura mental dos homens, aprofundando conhecimentos sobre os mecanismos da dor-instrução, da dor-auxílio, elementos ainda tão mal compreendidos pelo ser encarnado.

Ao mesmo tempo, Adelino era detentor do conhecimento técnico da medicina do corpo em busca das lições que lhe granjeariam qualificação mais ampla para o entendimento da medicina espiritual.

Assim, acercaram-se de Cristiano, apresentando-se como a resposta às suas solicitações de apoio.

Gentil e espontâneo, encontraram no novo amigo a simpatia que lhe caracterizava a personalidade.

– Agradeço a atenção de vocês ao caso de nossa irmã – disse ele. – Como devem estar informados, o processo cancerígeno já se encontra instalado fisicamente há algum tempo, ainda que a enfermidade já se achasse registrada nas matrizes perispirituais de nossa amiga para os necessários reajustes no tempo certo.

Como responsável pelo grupo, Jerônimo se incumbiu de tecer os primeiros comentários acerca do caso.

– Sim, Cristiano, é sempre uma grande satisfação quando podemos ser úteis a algum irmão ou irmã que sofre. No entanto, ouso afirmar que a sua solicitação se torna sem sentido, diante do imenso amor e do grau de generosidade de sua alma que, na condição de Protetor designado anteriormente para a reencarnação de Leonor, tem demonstrado os dotes de verdadeiro sacerdote do Bem em favor da tutelada, como nós mesmos pudemos constatar quando estudávamos o seu caso específico.

Sem enveredar pelas trilhas da lisonja ou da falsa modéstia, Cristiano respondeu, cortesmente:

– Agradeço as palavras de reconhecimento, que considero verdadeiras apenas na parte do imenso apreço que possuo por Leonor.

No restante, não podemos nos esquecer que todos fazemos parte da imensa família dos necessitados e quando podemos contar com mais apoios na luta, como forma de garantir aos nossos tutelados maiores esperanças e forças, por que deveríamos dispensar semelhantes fontes de bênçãos?

Além do mais, trata-se de tarefa complexa cujos contornos, talvez, ainda não tenham divisado por completo, mas que, à medida que os dias se sucederem, poderão se revelar intrincados e delicados na abordagem e no tratamento.

Infelizmente, os encarnados só enxergam o clássico "palmo de nariz", deixando de lado todas as implicações de suas escolhas ou condutas.

Daí ser tão importante o concurso de almas amigas que, além de tudo, nos enriquecerão os momentos com a companhia serena e tornarão menos áspero o caminho de orientar, de amparar, de auxiliar aqueles encarnados que, em geral, desprezam nossos conselhos, repudiam nossas sugestões, riem de nossos alvitres para, logo mais, chorarem pelas consequências de seus atos insensatos.

É, Jerônimo, sem me lastimar desta função que, em realidade, exerço por amor legítimo, poucos imaginam como é áspera a jornada do Espírito Protetor. Como você vê, aqueles que nos colocamos nesta empreitada, estamos longe de sermos anjos como, poeticamente, costumam nos chamar. No entanto, depois de algum tempo nesta atividade, posso dizer que entendo o motivo pelo qual a tradição religiosa atribui a tais entidades essa qualificação angelical.

Sorrimos diante da modesta referência e, aproveitando esse instante, Jerônimo fez-se mais específico, falando da determinação do próprio Bezerra de Menezes para o acompanhamento do caso Leonor, além de apresentar Adelino como o médico amigo que o acompanhava com funções de auxiliar no tratamento de sua protegida como para desenvolvimento de sua experiência médica direta com os integrantes do mundo dos encarnados.

– Quanto mais recorro aos recursos do Cristo, mais me admiro de sua misericórdia e bondade. Solicitei o auxílio de um outro irmão e a Soberana Compreensão atende, em resposta, com dois trabalhadores do Bem para a ampliação do ensinamento em todos os sentidos.

Isso só aumenta a minha gratidão para com o Senhor e para com vocês que não são, para mim, apenas companheiros, mas, realmente, instrutores a me ajudarem com os conhecimentos específicos de medicina que me fogem e com a possibilidade de transformar em bênçãos alentadoras as lágrimas de uma cancerosa, que começa a sua "via crucis" sem imaginar como estará sendo objeto dos cuidados dos Espíritos amigos, que se devotarão ao seu caso específico na condição de representantes da Compaixão de Deus.

Concordando com Cristiano, Adelino complementou:

– E muitos pensam que foram abandonados pelo Pai quando identificam as primeiras manifestações cancerígenas em seu organismo...

– Quase ninguém imagina que, muito antes de eclodir a enfermidade, as preocupações de Deus já estão procurando entregar-lhe o amparo indispensável para que a aspereza da prova ou da expiação possa encontrar o analgésico do acompanhamento dos Espíritos amigos – completou Jerônimo.

O ônibus chegara ao destino e Leonor, sem imaginar a presença invisível, descera em direção à sua modesta vivenda, passando antes na farmácia para a aquisição de um comprimido para combater a cefaleia.

– Aqui começaremos nossa ação – afirmou Jerônimo, com a simplicidade daquele que educa sem impor.

Observando o ambiente da farmácia, identificou em sua parede lateral um cartaz que orientava a mulher na realização dos exames rotineiros para a constatação de tumorações na glândula mamária.

Tratava-se de uma campanha de educação que alguns institutos governamentais ou privados promoviam para que, através do ensinamento, as pessoas pudessem estar atentas para si mesmas, observando as modificações do organismo e ajudando os médicos na detecção precoce de inúmeros distúrbios.

* * *

Poucas pessoas, queridos leitores, se dispõem a observá-los nos diversos locais onde estão expostos ou nos anúncios que os veiculam como um noticiário importante e que pode ser a diferença entre o tratamento eficaz e a doença insidiosa e fatal.

Identificamos que o desinteresse da maioria impede que as informações ali contidas possam ser assimiladas pelos verdadeiros interessados.

E se você se pergunta o que Deus está fazendo no sentido de amparar as pessoas nas diversas enfermidades tão cruéis que se alastram, observe quantas coisas existem para chamar a atenção dos seres humanos em tal sentido.

Não basta, apenas, favorecer a descoberta de medicações ou de terapias importantes a serem implementadas no cosmo orgânico através de drogas ou de cirurgias.

Deus está mais atento do que pensamos. Através de seus emissários fiéis, está inspirando pessoas para que ajudem seus semelhantes no diagnóstico precoce, informando a ignorância para que esta não seja uma aliada da enfermidade.

Folhetos, cartazes, propagandas de todos os tipos, alertas, matérias na imprensa, entrevistas, cursos, tudo está sendo produzido para ampliar o conhecimento dos fatos, diminuindo os riscos.

Mas...

Como dá trabalho a leitura de algum informativo, tanto quanto não gostamos de estudar as matérias dos diversos cursos de formação que existem na Terra, deixamos passar as inúmeras oportunidades pelas quais o Amor de Deus nos visita constantemente.

Você já pensou que, longe de nós, alguém está preocupado com os detalhes que poderão nos ser úteis na superação de inúmeros problemas.

Um pequeno papel, um folheto de alerta, um cartaz ilustrado que ensine a observar melhor o funcionamento de nosso organismo, as reações de nossos corpos... tudo isso está sendo objeto das preocupações de alguém que, prestando tal serviço, atua como destacado elemento na grande engrenagem da vida para diminuir as dores e aflições dos semelhantes.

No entanto, preocupados em adquirir o cortador de unhas, a cápsula para a dor de cabeça momentânea, o xampu para os cabelos ou a tinta para mudar-lhes a coloração, os seres humanos desprezam esses chamamentos silenciosos que poderiam evitar-lhes muitos e amargos sofrimentos.

* * *

Leonor buscara a farmácia para a aquisição de analgésico comum.

Adelino, aproveitando-se da situação, entendendo a indicação de Jerônimo quanto ao início do atendimento socorrista, acercou-se da senhora e, colocando seus lábios próximo do ouvido dela, sussurrou-lhe, imperativa e docemente:

— Olhe para o lado e leia o cartaz...

A primeira frase não produziu maior efeito na senhora.

— Vamos, Leonor... olhe para a parede e leia o cartaz.

Novo jato luminoso penetrou-lhe o cérebro, como se as palavras de Adelino não fossem apenas impulsos mentais, mas, em realidade, verdadeira fonte de luz que dilacerava as barreiras escuras que se achavam acumuladas no interior do cérebro físico da irmã e que, inclusive, produziam-lhe as dores de que se via vitimada até aquele momento.

Ao lado dela, afixado na parede à sua esquerda, o referido informativo trazia uma figura feminina com o seio à mostra, ensinando como se deveria proceder para o autoexame de mama, na busca de algum tipo de nódulo.

— Veja, Leonor, olhe que cartaz interessante bem ao seu lado – insistiu o médico espiritual.

Enquanto Adelino se esforçava para ajudar a senhora, o balconista se acercou para o atendimento, sendo informado de que necessitava de um remédio para o combate à dor de cabeça.

E como tivesse de esperar o retorno do rapaz, seus olhos iniciaram o tão esperado passeio pelas paredes do estabelecimento até que se fixaram no tão importante informativo sobre o câncer de mama.

Aquele busto desnudo e os diversos quadros explicativos atraíram-lhe a curiosidade, mas viciada pela malícia do mundo, imaginou tratar-se de uma propaganda pornográfica, coisa imprópria para ser colocada na parede de uma farmácia.

Sem desejar ler o conteúdo do cartaz, Leonor esperou a volta do funcionário e cobrou-lhe explicações assim que ele retornou ao balcão:

– Ora, Luiz... onde já se viu colocar um cartaz de filme imoral aqui dentro da farmácia... era só o que faltava... não basta toda a pouca vergonha que a gente tem de ver por aí, mesmo na televisão, e, agora, até aqui, onde a gente procura um pouco de esperança, tem de ver essas coisas imorais...

Percebendo que ela se referia ao anúncio na parede, Luiz deu uma risadinha e perguntou:

– A senhora está falando do cartaz, não é?

– Da aspirina é que não é, né, Luiz... é claro que é dessa indecência que o dono da farmácia deixou que pendurassem aqui dentro.

– Outras pessoas também reclamaram, dona Leonor, mas é porque não leram o cartaz... não se trata de filme pornográfico não... é um cartaz que explica para as mulheres sobre uma doença que é das mais graves no corpo feminino e que se for percebida logo, pode ser combatida com bastante sucesso.

Envergonhada pela revelação e pela educada explicação do rapaz, Leonor contestou, interessada:

– Ah! É isso?... Mas que doença é essa, meu filho? Eu sou mulher e preciso saber mais sobre essas coisas... é alguma praga que está se espalhando por aí, que nem a gripe? Tem a ver com o pernilongo?

Sorrindo diante da ingenuidade da cliente, Luiz respondeu:

– Não, dona Leonor... é o câncer no seio. Muitas mulheres vão descobrir que ele está instalado em si mesma depois de muito tempo, quando ele já se espalhou para muitos outros órgãos.

– Nossa, eu tinha uma amiga que morreu disso, alguns anos atrás.

— É, muitas mulheres acabam sofrendo e morrendo por não saberem nada sobre os métodos de prevenção ou de identificação precoces da doença. E como a senhora pode ver no cartaz, quanto mais passa o tempo, mais a mulher deve estar atenta para os sintomas, de forma a se proteger nos estágios iniciais da doença.

E enquanto o rapaz ia falando, Leonor parecia absorver-lhe os ensinamentos.

Sabendo que as pessoas preferem mais escutar do que ler, porque é mais fácil receber os ensinamentos sem que se tenha o trabalho de ir buscá-los, Adelino se aproximou de Luiz e passou a infundir-lhe o estímulo para que se ampliasse em explicações, aproveitando o momento de fraco movimento na farmácia.

Desejando ser útil como era de seu feitio, o rapaz, influenciado pela generosa solicitude do Espírito amigo que o inspirava, abordou várias questões ligadas aos riscos, às práticas nocivas e às formas de tratamento.

Natural que Leonor se visse despertada na curiosidade.

Enquanto o rapaz falava, sob os auspícios de Adelino, os outros dois amigos invisíveis, Cristiano e Jerônimo, a envolviam em fluidos luminosos, reabastecendo-a com forças mais puras e, aplicando energias na área afetada pela dor de cabeça, favorecendo a assimilação das informações e a semeadura dos ensinamentos que o balconista do estabelecimento estava lhe passando.

Graças à transfusão de energias, a cabeça de Leonor foi aliviada por completo, ficando livre do incômodo, o que facilitaria a absorção das notícias e ensinamentos que Luiz lhe transmitia, com riqueza de detalhes.

— Nossa, Luiz, nunca ninguém me falou nada disso. Se não fosse você me dizer estas coisas, eu nem ia saber que o caso era grave. Será que as pessoas não estão exagerando um pouco nesse negócio? Tem tanta gente que prefere criar noticiário de desespero, falando que vai faltar água potável para que as pessoas corram ao supermercado para comprarem todo o estoque de garrafas de água que lá está e, por fim, a escassez prometida não aparece...

— Sabe, dona Leonor, como trabalhador nesta farmácia, estou

sempre em contato com muita gente doente e, assim, posso lhe dizer que os casos de câncer em mulheres são muito numerosos. Não é fantasia de governo ou de empresa farmacêutica para vender remédio ou para fazer propaganda.

Olhando para o rapaz, pensativa, Leonor exclamou:

– Puxa vida, e eu que estava pensando que isso era filme pornográfico, Luiz... desculpe a ignorância, meu filho. Isso não é filme pornográfico, Luiz. Isso é filme de terror mesmo – disse ela, dando uma risadinha amarela.

O rapaz sorriu em resposta, colocando o comprimido na sacolinha e encaminhando a cliente para o caixa.

– O que é isso? – perguntou Leonor.

– Ora, dona Leonor – respondeu, pacientemente, o rapaz, acostumado a clientes com memória fraca – é o seu remédio... para dor de cabeça... lembra?

– Dor de cabeça? Ah... é verdade... – exclamou ao recordar-se de que havia entrado ali para adquirir o analgésico. Mas sabe de uma coisa, Luiz, a sua conversa foi tão agradável, que eu nem havia-me dado conta de que a dor tinha passado, como passou, quase que por milagre.

– Puxa, que bom, dona Leonor. É sempre importante que a gente não tome remédio sem precisar, não é?

– É isso mesmo... pena que não posso levar esse cartaz para casa, porque eu ia gostar de ler com mais calma.

– Ora, não seja por isso... A empresa que fez o cartaz, também produziu vários folhetos explicativos sobre o câncer de mama, e a senhora pode levar um para estudar melhor as informações.

– Nossa, que maravilha meu filho. E quanto custa?

– Não custa nada, dona Leonor. O mais importante é que a senhora entenda bem como fazer a proteção contra tais ocorrências.

– Posso levar dois, então? Vou dar um para minha filha...

– Claro, eles estão aí é para serem distribuídos.

– Obrigada, Luiz... que Deus o abençoe pelos ensinamentos que me deu hoje...

– De nada, dona Leonor, estamos sempre aqui para atendê-la no que for necessário.

Despediram-se e, assim, a primeira tarefa dos amigos invisíveis estava cumprida.

Leonor levara consigo as informações necessárias para dar início ao tratamento pessoal da enfermidade que já se encontrava em desenvolvimento no seu íntimo, mas que, somente com a avaliação mais meticulosa, poderia ser identificada a contento, dentro dos recursos da modernidade, na prevenção e tratamento das doenças.

Os amigos de sua alma e a ação direta que realizaram sobre ela souberam aproveitar aquele pequenino pedaço de papel que algum desconhecido tinha-se preocupado em produzir com a finalidade de ajudar seu semelhante.

Leonor tomou o rumo de casa, colocando os folhetos dentro da bolsa para que pudesse lê-los mais tarde.

Enquanto caminhava, intrigava-se com o misterioso desaparecimento da dor de cabeça, durante a conversa na farmácia.

– Coisas de Deus ou do capeta?... – perguntava para si mesma, nas explicações toscas que dava para certos eventos não compreendidos racionalmente, por lhe faltarem noções espirituais para o entendimento das ações do mundo invisível.

E lá se foram todos para a sua casinha, a ampará-la desde o início de suas lutas.

6

PEDINDO A ENFERMIDADE OU CRIANDO A DOENÇA

Ao chegar em casa, Leonor foi guardar seus poucos pertences e, dando curso a antigo hábito, procurou o banho rápido para livrar-se do mau agouro – como costumava fazer sempre que chegava de velórios ou cemitérios.

Depois, providenciou algo para comer e, aproveitando a hora da novela, postou-se diante da televisão para desfrutar da pouca diversão ao seu alcance.

Correram rápidos os minutos e a presença espiritual dos amigos invisíveis naquela moradia não seria tão importante até que se apresentassem os momentos do repouso de Leonor.

Convidados, então, por Cristiano, fomos visitar uma casa das proximidades, onde residia uma mulher muito nervosa, que não se dava com ninguém graças aos seus comportamentos inferiores na fiscalização indébita da vida alheia.

Conceição não possuía mais de 40 anos, mas trazia a alma aviltada pelo pensamento fixo na censura e no julgamento do semelhante.

Mais do que fiscalizar os passos da vizinhança, comentava com um a vida do outro, espalhando o veneno da crítica, da calúnia ou da maldade, com o qual muita gente gosta de se alimentar, principalmente quando está em jogo a reputação dos outros.

Isso fazia de sua casa um verdadeiro pardieiro espiritual.

Entidades inferiores de todos os matizes ali se aglomeravam, sobretudo para estimular na sua comparsa os pensamentos lascivos, as imagens enganadoras, as conclusões torpes.

Conceição não precisava trabalhar porque vivia sob os auspícios financeiros de antigo amante de quem extorquia seu sustento em troca do seu silêncio e da garantia de sossego familiar. Afinal, era um homem casado. Além disso, filha única e órfã de pai e mãe, recebia também uma pensão herdada do pai, velho militar reformado que lhe havia deixado o benefício completo.

Conceição não desarmava as lentes com que pretendia identificar nos outros as mesmas atitudes clandestinas que lhe marcavam a vida, vendo amantes por todos os lados, imaginando safadezas e maldades nas mais singelas situações.

Não podia ver uma vizinha chegando em casa fora de hora sem imaginar que havia algo por detrás daquela atitude não rotineira.

Se um carro diferente estacionasse diante de alguma das casas que se encontravam sob a sua fiscalização, aquilo era suficiente para levantar as suspeitas de que se tratava de um caso novo, um novo pretendente ou amante.

E se o veículo estivesse sendo conduzido por pessoa do mesmo sexo, o passageiro que descia era encarado por Conceição como sério candidato ao rol dos homossexuais.

– Onde já se viu? Homem trazendo homem para casa... isso é coisa de namorado... depois vai querer convencer todo mundo que é só amizade... a mim é que não, jacaré... – esse era o teor dos pensamentos mais comuns daquela infeliz.

Às vezes, para melhor enfronhar-se nos assuntos, Conceição se fazia de boazinha e prestativa, surpreendendo as pessoas com oferecimentos e favores, bolinhos e doces que entregava de um lado para conquistar espaço nos corações inocentes dos que conviviam naquela vizinhança.

A bondade natural das pessoas, muitas vezes, se recusava a ver em Conceição o vulcão de maldades que se ocultava sob a sua aparente bonomia.

No entanto, Conceição era uma alma horripilante.

Sentindo a natural curiosidade dos Espíritos amigos que o acompanhavam à visita ao lar da vizinha, estranha ao caso de Leonor, Cristiano adiantou:

– Nossa irmã é a mais desditosa de todas as pessoas que residem nesta região.

Como podem perceber, trata-se de uma alucinada enferma que outra coisa não faz que se ocupar dos fatos e circunstâncias que envolvem a rotina dos vizinhos, alimentando-se de malícia, suposições e conclusões com as quais vai edificando o castelo dos próprios equívocos.

Encontrando sempre alguém que aceite escutá-la, já que existem muitas pessoas que se permitem esse mesmo padrão de sintonia mental, Conceição se sente como um jornal de novidades com seus leitores fixos, pessoas que sempre a buscam para se atualizarem nos assuntos baixos e torpezas do dia.

Observando a atenção, prosseguiu, esclarecedor:

– Vocês podem estar pensando onde se encontra o Espírito Protetor amigo que a deveria ajudar na superação de suas fraquezas. Em verdade, ele está afastado da função por determinação superior, uma vez que sua tutelada em nada se dispunha a escutá-lo. Depois de décadas buscando ampará-la no rumo do Bem, os Espíritos que nos dirigem as tarefas deliberaram dispensar, temporariamente, o nobre e abnegado instrutor de tão ingrata atividade, tarefa que ele buscava desempenhar com o maior zelo de sua alma.

Conversávamos várias vezes e a sua frustração era dolorosa de se ver.

Nunca deixara de amar a mulher astuta que tinha sob sua proteção. Não obstante, ela construíra tantas intrigas entre os vizinhos, tantas maldades e conflitos nos corações que lhe compartilham o mesmo espaço social que, por algum tempo, Conceição perdera o privilégio de se ver amparada por tal protetor.

Entendendo o caso delicado, perguntou Adelino:

– Quer dizer que Conceição perdeu a proteção?

– Não, meu amigo. Quer dizer que, de algum tempo para cá, ela está sob a proteção de si mesma.

Essa condição a ajudará a recolher nela própria os resultados de tudo aquilo que esteja semeando no caminho dos outros, por se tratar de efeito que corresponde diretamente ao seu campo de merecimentos.

O próprio Jesus nos ensinou que nos seria dado segundo nossas obras.

Desde então, Conceição está na condição da própria guardiã para que aprenda as lições amargas de tudo quanto esteja fazendo na vida dos demais.

Observem como ela é meticulosa.

Cristiano, então, calou-se para que pudessem melhor observar.

Para surpresa geral, Conceição retirou da gaveta um surrado caderno no qual fazia maliciosas anotações.

Convidados a se aproximarem, constataram o teor de seus pensamentos, sem invadir a privacidade de seus escritos.

– A velhota devassa chegou mais tarde do que de costume. Afinal, hoje foi o dia de enterrar o velho e importante amante... Que idiota foi essa otária... Acho que está imaginando que vai ser canonizada por ter aguentado todos estes anos sem exigir nada em troca.

Depois vai querer bancar a honesta pra cima dos outros...

Pra cima de mim não, jacaré...

Eu tenho tudo aqui anotadinho... seus horários, seus encontros, as visitas do amante, até mesmo as roupas novas que ela usava depois que ele a vinha ver...

Sim... lá estavam detalhadas todas as informações sobre os vizinhos para os quais sua fiscalização se dirigia, perseguidora.

Era um exercício minucioso e vil no qual Conceição destilava toda a inferioridade moral que a caracterizava.

Quem a visse na rua, sempre discreta e vestida à moda tradicional, não imaginava que ela fosse a serpente venenosa que era, com o perdão que os ofídios merecem.

Vários cadernos se amontoavam em gavetas, sempre revistos para a constatação e comprovação de suas suspeitas.

Ali estavam descritas as brigas dos vizinhos, as discussões noturnas, os horários suspeitos, os encontros clandestinos, as gravidezes inesperadas, os possíveis pais daquele futuro filho, os namoros e rompimentos, as trocas sexuais entre parceiros, esposas traindo maridos com maridos de suas vizinhas, entre outras torpezas mal disfarçadas.

– Desde que ela se viu sem a proteção da entidade amiga – continuava Cristiano – passo por aqui para dar uma olhada. Não me coloco no lugar da entidade benfazeja que se afastou, mesmo porque respeito o zelo dos Espíritos Superiores na educação de Conceição. No entanto, tenho por ela um interesse de irmão e, quando a ocasião me permite, converso com alguns dos Espíritos inferiores que ficam por aqui, explorando a pobre mulher.

Se a seu próprio benefício a proteção espiritual foi afastada, isso não quer dizer que a gente não possa ajudar as entidades obsessoras que aqui se coloquem, procurando lhes dar uma palavra de amizade, tentando fazer com que vejam a impropriedade de estarem em tão má companhia quanto a de Conceição.

Com isso, já consegui afastar deste ambiente mais de vinte entidades sofridas que, aceitando meus alvitres, foram encaminhadas para tratamento espiritual.

Logicamente que comunico aos meus superiores todas as atividades que aqui realizo para que não afronte as determinações espirituais que nos dirigem.

O esforço no Bem de todos não pode prescindir da Obediência às determinações superiores.

Além do mais, os outros moradores não merecem receber toda a carga de vibrações nocivas que Conceição destila, nas palavras insinuadoras com as quais vai espalhando o seu veneno.

Vendo que o caso de Conceição nos despertava o interesse, Cristiano arrematou:

– E se vocês observarem com a atenção médica que caracteriza seus Espíritos, conhecedores mais aprofundados dos mistérios do corpo, poderão ver que algo estranho está acontecendo com a pobre irmã.

Tratava-se, obviamente, do campo de ação de Adelino que,

aproximando-se da infeliz, realizou rápida ausculta de seu campo vibratório e de seu organismo físico.

– Sim, meu caro Cristiano, você tem razão.

Já se iniciou o mecanismo de assimilação orgânica das mazelas da alma.

Nossa irmã se encontra desequilibrada de tal maneira, que o organismo carnal não consegue mais manter o padrão de funcionamento adequado ao equilíbrio das células, obedientes aos rigores dos campos de energia espiritual que organizam a forma física.

Com o pensamento a se perder no mal, nas construções mentais desajustadas, nossa irmã comprometeu o controle dos campos energéticos que orientam a multiplicação das células que, sem direção, passaram a responder à estimulação maldosa e a se multiplicarem sem equilíbrio, ao redor dos núcleos orgânicos mais vulneráveis.

Quando a fortaleza orgânica não é mais protegida pelo efetivo proprietário, que se relaxa na manutenção de suas defesas, que não se mantém vigilante contra os ataques do inimigo, que não repara os danos causados pelo desgaste do tempo nas paredes de seu castelo, instalam-se os adversários, passando através de todas as brechas que encontram.

Quando o responsável pela vigilância aceita o mal que vem de fora e o coloca no centro da própria fortaleza, alimentando-o com suas construções mentais, o mal interior cresce e passa a destruir a própria moradia íntima, expondo o dono do edifício a verdadeira ruína.

Inegavelmente, Conceição também está sofrendo dos males que atingem Leonor, só que localizados na área uterina.

Ouvindo a posição de médico espiritual a confirmar suas suspeitas, Cristiano acenou com a cabeça em sinal de entendimento.

Para ensinar algo mais a respeito desse assunto, Adelino continuou explicando:

– Tanto Leonor quanto Conceição estão desenvolvendo a mesma enfermidade.

No entanto, se na forma elas são parecidas, decorrentes da multiplicação desordenada das células em áreas de tumoração maligna, na essência, trata-se de doenças diferentes.

A de Leonor é um processo de reparação do pretérito, ajustada perante a Lei do Universo como forma de construção da nova personalidade, do novo Eu interior.

Leonor, com isso, será testada em suas convicções, fortalecida em suas lutas e apoiada em suas determinações, desde que estas sejam voltadas para o Bem pessoal e coletivo.

Nela, os motivos do pretérito funcionam como alerta para a correção de rota, para a reconstrução individual, para o aproveitamento da vida em tarefas enobrecedoras que possam transformar todas as coisas. Além disso, é também uma das maneiras pelas quais Leonor encontrará o perdão para si própria, uma vez que suas atitudes equivocadas de anteriores existências já puderam ser corrigidas pelo acolhimento de suas vítimas e encaminhamento aos rumos novos. Já não pesam sobre ela os clamores dolorosos daqueles a quem feriu, a pedirem vingança ou a solicitar da Justiça a punição para o maldoso.

O que resta é o desejo da própria Leonor expresso na sua solicitação pessoal para que tal enfermidade viesse visitá-la como a sábia conselheira, o espinho na carne que fará despertar para a Verdade a alma que precisa se valer do trabalho para a cura Verdadeira.

Leonor pretende retificar seu caráter para sempre, como um enfermo solicita a cauterização da ferida purulenta através do ferro incandescente que promove a definitiva cicatrização.

Observando a atenção de seus ouvintes, depois de breve pausa, Adelino continuou:

– Já com Conceição, as coisas são diferentes.

Pelo que pude observar no aprofundamento da anamnese de sua alma, trata-se de Espírito inferiorizado e inconsequente, em processo de amadurecimento lento para o qual a enfermidade cancerosa não se fazia um impositivo nesta vida.

Suas condutas como cortesã em época recuada deveriam ser corrigidas através de uma vida solitária que a fizesse meditar. Pela existência sem amparo, sem atrativos físicos mais relevantes, sem parentes com quem conviver, Conceição começaria a colher os frutos amargos de alguns séculos de intrigas palacianas, de abusos sexuais, de excessos de todos os tipos. Forçada pela vida a estar isolada, deveria meditar nas antigas inclinações e, longe de escolher o retorno aos mesmos palcos e cenários, retirar da fome de afeto as forças para ir buscar o afeto dos aflitos do mundo, aproveitando-se da posição de equilíbrio financeiro de que dispõe.

Sua tarefa seria a de consolar os desditosos da vida, que a procurariam na figura de crianças sem mãe, de velhos abandonados, de enfermos da afeição à espera de mão amiga e protetora.

Por isso, a Providência Divina a localizou neste ambiente simples, onde sua casinha faz divisa com todos os tipos de dor.

Pela observação de sua vibração íntima e da estrutura celular sob minha visão direta neste rápido exame, Conceição não necessitaria de nenhuma enfermidade cruel e desafiadora. Apesar de seu passado de crimes, foi-lhe facultado um corpo saudável, sem desajustes maiores, a fim de que a saúde se lhe apresentasse como o tesouro indispensável para o cumprimento das primeiras etapas de elevação espiritual, depois do largo tempo no lamaçal da insensatez.

Entretanto, apesar do equilíbrio do corpo, os desajustes vibratórios continuariam presentes em seu Espírito comprometido com o erro e a devassidão.

Dessa forma, estando livre para escolher o próprio rumo no Bem, poderia eleger o trabalho em favor de todos e manter-se sadia. Todavia, não resistiu ao antigo clima de cupidez, lascívia, malícia e maledicência, enveredando para as mesmas rotinas inferiores da corte de outrora quando, entre cetins e rendas, destilava os venenos morais e materiais com os quais ia tirando de seu caminho as possíveis concorrentes.

Em decorrência das leis naturais que governam a vida, quando o Amor não é o agente principal de nossos atos, nossos defeitos acabam se transformando em fatores desequilibrantes de nossa atmosfera vibratória, repercutindo na harmonia dos processos de multiplicação celular, que se veem comprometidos pelo desajuste do administrador daquele organismo.

Assim, trazendo de seu passado as matrizes dos vícios desenvolvidos, revividos a cada instante pelas condutas levianas de agora, Conceição estabeleceu para si mesma a resposta orgânica que poderia ter evitado, na criação das condições favoráveis à eclosão da moléstia cancerosa pelo tipo de alimento mental e emocional que adotou como comida para a própria alma na presente experiência carnal.

Comendo lixo mental e emocional todos os dias, não seria natural que as células adoecessem?

A indagação de Adelino era muito elucidativa na demonstração da lógica das coisas.

Queria ele dizer que, apesar dos dois casos serem semelhantes na estrutura íntima da enfermidade, eram diferentes na sua causalidade e, dessa forma, na maneira de tratamento e combate.

As horas se faziam avançadas e todos voltariam ao caso de Conceição em momento oportuno.

Agora, depois de lançarem uma oração sincera na direção de Conceição, deveriam regressar ao ambiente de Leonor no qual, depois do tempo dedicado à distração televisiva, a nossa amiga se preparava para o descanso noturno.

Foi com agradável surpresa que as entidades amigas testemunharam a sua contrição diante da oração preparatória que lhe facilitaria o repouso.

Longos anos de dores morais haviam esculpido em sua alma a necessária docilidade e a indispensável fé em Deus que, naquele momento, muito a ajudariam para as asperezas do caminho, virtudes estas que poderiam facultar-lhe o acesso direto aos analgésicos e fortificantes Divinos, no enfrentamento de tais desafios.

Acompanharam a sua emocionada oração, na qual seus pensamentos foram direcionados ao antigo companheiro que, naquele dia, havia regressado ao mundo da Verdade. O amor que devotara, um dia, a Oliveira, ainda marcava com luz o coração de Leonor e, dessa forma, talvez ela fosse a única que, naquela noite, oraria em seu favor, de forma sincera e verdadeira.

Sensibilizados diante do testemunho anônimo do afeto puro e sincero, apesar de suas dores íntimas, uniram-se todos em preces solicitando forças diante do caminho que trilhariam juntos pelos meses que viriam, para a ampliação do entendimento e, sobretudo, para mais compreenderem e penetrarem a Bondade do Criador.

A prece os aproximava intensamente do Espírito de Leonor que, em breves minutos, seria recolhido pelas generosas mãos do companheiro Cristiano, seu devotado Espírito Protetor.

7

EXPLICANDO

Como você pode entender, queridos leitores, estamos diante de dois casos aparentemente semelhantes, mas que, na sua essência, eram extremamente diferentes: a enfermidade planejada como um processo de purificação espiritual a ajudar o encarnado na sua própria transformação e a enfermidade provocada pelos desajustes mentais e emocionais daquele que não precisaria passar pelo cadinho da dor física.

Como relação ao primeiro tipo de sofrimento reparador, encontraremos esclarecimento preciso em uma obra de realçado valor, da qual extraímos o trecho que segue:

"Não podemos olvidar que a imprudência e o ócio se responsabilizam por múltiplas enfermidades, como sejam os desastres circulatórios provenientes da gula, as infecções tomadas à carência de higiene, os desequilíbrios nervosos nascidos da toxicomania e a exaustão decorrente de excessos vários.

De modo geral, porém, a etiologia das moléstias perduráveis, que afligem o corpo físico e o dilaceram, guardam no corpo espiritual as suas causas profundas.

A recordação dessa ou daquela falta grave, mormente daquelas que jazem recalcadas no Espírito, sem que o desabafo e a corrigenda funcionem por válvula de alívio às chagas ocultas do arrependimento, cria na mente um estado anômalo que podemos classificar de "zona de remorso", em torno da qual a onda viva e contínua do pensamento passa a enovelar-se em circuito fechado sobre si mesma, com reflexo permanente na parte do veículo fisiopsicossomático ligada à lembrança das pessoas e circunstâncias associadas ao erro de nossa autoria.

Estabelecida a ideia fixa sobre esse "nódulo de forças mentais desequilibradas", é indispensável que acontecimentos reparadores se nos contraponham ao modo enfermiço de ser, para que nos sintamos exonerados desse ou daquele fardo íntimo, ou exatamente, redimidos perante a Lei.

Essas enquistações de energias profundas, no imo de nossa alma, expressando as chamadas dívidas cármicas, por se filiarem a causas infelizes que nós mesmos plasmamos na senda do destino, são perfeitamente transferíveis de uma existência para outra. Isso porque, se nos comprometemos diante da Lei Divina em qualquer idade da nossa vida responsável, é lógico venhamos a resgatar as nossas obrigações em qualquer tempo, dentro das mesmas circunstâncias nas quais patrocinamos a ofensa em prejuízo dos outros.

É assim que o remorso provoca distonias diversas em nossas forças recônditas, desarticulando as sinergias do corpo espiritual, criando predisposições mórbidas para essa ou aquela enfermidade, entendendo-se, ainda, que essas desarmonias são, algumas vezes, singularmente agravadas pelo assédio vindicativo dos seres a quem ferimos, quando imanizados a nós em processos de obsessão. Todavia, ainda mesmo quando sejamos perdoados pelas vítimas de nossa insânia, detemos conosco os resíduos mentais da culpa, qual depósito de lodo no fundo de calma piscina, e que, um dia, virão à tona de nossa existência, para a necessária expunção, à medida que se nos acentue o devotamento à higiene moral." (vide *EVOLUÇÃO EM DOIS MUNDOS*, segunda parte, cap. 19, pelo Espírito André Luiz através dos médiuns Francisco Cândido Xavier e Waldo Vieira, FEB.)

Como podemos ver, leitores amigos, a enfermidade de Leonor guardava profundas raízes em sua estrutura espiritual que, diante dos momentos vividos na presente encarnação, puderam começar a ser arrancadas, exteriorizadas por meio da tumoração em crescimento, intimamente conectada com as solicitações da própria reencarnante, antes do renascimento.

Ajustada às necessidades de evolução espiritual, solicitara o surgimento da enfermidade no corpo a servir-lhe como um dreno da consciência de culpa, da chamada "zona do remorso", ferindo a área orgânica que estivera vinculada aos seus desacertos do passado, principalmente nos abusos da sensualidade que acompanham os seres humanos ao longo dos séculos.

Essas chamadas predisposições mórbidas, como se podem entender, não correspondem a ações malignas de um Deus Vingador, mas, ao contrário, portas de depuração que estão franqueadas ao interesse de qualquer Espírito candidato ao autoperdão através do enfrentamento de seus débitos pretéritos que tenham maculado a zona da consciência.

Entendamos, assim, que em nada nos confortaria sermos acolhidos a nobre recinto festivo no qual todos estivessem ricamente trajados enquanto que nós mesmos ostentássemos apenas andrajos a nos cobrirem a nudez.

Ainda que recebidos na festa, nos sentiríamos deslocados diante dos demais convidados, evidentemente superiores em relação a nós mesmos.

Certamente, procuraríamos a primeira porta para deixar o local, antes de nos deixarmos massacrar pela vergonha de não nos apresentarmos convenientemente vestidos.

O mesmo se dá em relação à nossa condição de equilíbrio e aparência espiritual.

Como nós somos o resultado do que já fizemos, de nada nos aliviará a consciência o fato de estarmos rodeados de entidades sublimes, mantendo vivos em nosso interior os miasmas escuros e pestilentos que demonstram a nossa inferioridade evidente.

É isso o que leva os Espíritos que se conscientizam de sua real condição a solicitarem oportunidades desafiadoras mediante as quais serão modeladas novas formas para sua própria alma, através das duras disciplinas da renúncia e do acrisolamento físico e moral, com o desenvolvimento de novas e mais amplas virtudes e o combate dos antigos e inconvenientes defeitos.

Esse era o fundamento da enfermidade de Leonor, solicitação de sua própria consciência lúcida durante os processos de preparação do corpo carnal para o regresso na atual existência.

Da mesma forma, em face de sua postura firme e distinta diante de todos os sacrifícios a que foi conduzida pelos caminhos da vida, Leonor se manteve credora do amparo sublime dos amigos que a sustentaram desde a partida para os novos passos de crescimento terrestre.

Entidades generosas jamais a perderam de vista, acompanharam os momentos dolorosos do abandono, as frustrações em relação aos seus sonhos de mulher, a impossibilidade de encontrar facilidades na vida, reduzida à condição de trabalhadora incansável para a manutenção dos filhos.

Ao lado desses companheiros invisíveis, outras entidades amigas renascidas na carne no mesmo período também correspondiam a amigos antigos que, como filho e filha viriam unir-se ao redor de suas necessidades e poderiam se entreajudar para que se tornassem menos ásperas as lutas da estrada.

Enfrentando a provação que as contingências lhe haviam apresentado sem claudicações mais significativas, Leonor estava ingressando nas últimas décadas da existência carnal, ocasião em que poderia dar o derradeiro e mais contundente demonstrativo de confiança em Deus, paciência diante do desconhecido e entendimento de que todos precisamos enfrentar os diversos fantasmas que vão se sucedendo com a finalidade de iluminar o mundo íntimo, afastando esses espectros da culpa e nos tornando melhores.

Por isso é que os Espíritos estavam ali ao seu lado, ombreando com Cristiano as tarefas de amparo espiritual nos momentos de lutas acerbas que se aproximavam.

Em verdade, com a morte de Oliveira, a própria Leonor sentiu-se invadida por uma melancolia, como se tivesse perdido a verdadeira e secreta razão para viver.

Seu coração se devotava secretamente à figura daquele homem maduro que, em sua mente de antiga companheira, continuava a ser o simpático e atraente rapaz, cheio de sonhos e promessas.

Por isso, também, não suportara seguir até o cemitério para acompanhar a cerimônia de enterramento. Isso correspondia a enterrar a própria razão de viver. Não foi ao campo santo para guardar na memória, apenas, as lembranças do pai dos seus filhos com o qual convivera no passado.

No entanto, para sua alma, a vida parecia que tinha perdido o tempero. Mesmo que não tivesse mais esperanças de reatar os antigos laços afetivos com o famoso político ostentando a condição de sua esposa, a figura do líder popularesco, as notícias que obtinha dele através dos noticiários variados, a ideia de que já lhe havia compartilhado o mesmo leito, as visitas esporádicas dos últimos anos, as palavras de afeto que trocavam, serviam de consolo para que seu Amor pelo homem do mundo continuasse pulsando sigilosamente em seu coração.

Coisa estranha é o sentimento.

Quando da ruptura, no passado, Leonor sofrera profundamente.

Chegara mesmo a odiá-lo nos primeiros anos da separação.

Prometera esquecê-lo para sempre.

No entanto...

O afeto que ainda pulsava, somente naquele dia funesto de seu sepultamento havia sido, realmente, atingido.

Oliveira já não mais existia. Não haveria mais sentido em esperar por um telefonema, por uma breve cartinha, por uma palavra de intimidade que lembrasse os velhos tempos.

As visitas se haviam espaçado cada vez mais nos últimos tempos, mas, de uma forma ou de outra, Oliveira sempre fazia chegar às suas mãos alguma mostra de sua lembrança. Talvez fosse uma maneira de sinalizar seu arrependimento pelo que fizera. Talvez fosse um jeito de receber dela o único carinho verdadeiro com que ele podia contar.

Não importava o motivo.

Para Leonor, parecera que, com a morte de Oliveira, a sua trajetória na Terra também estava sendo colocada em cheque.

Amava os filhos, lembrava-se deles constantemente. No entanto, ambos já tinham seguido seus rumos na vida, restando-lhe somente o passado para preencher seu presente.

E quanto ao seu futuro, sua idade lhe aconselhava o entendimento de que o tempo já vivido era maior do que o tempo que lhe restava viver. Não ousava mais medir seu futuro em décadas. Com boa vontade, passara a medi-lo em anos.

Logo, logo, a enfermidade e o medo a fariam começar a medi-lo em meses.

***

Já o câncer de Conceição era provocado por outras causas.

A fofoqueira moradora das redondezas renascera sem trazer, em sua ficha de destino, a doença cruel como coisa do "destino".

Não obstante esse fator positivo na edificação de um novo amanhã através de um hoje bem aproveitado no Bem, encontramos Conceição forjando o câncer que já se encontrava instalado em seu corpo com o teor dos pensamentos e sentimentos.

Desarticulada a base equilibrante da mente limpa e sintonizada com as coisas elevadas, afastada das noções de um Deus ativo, dentro de si, Conceição se permitira invadir seara espinhosa, na qual seu próprio comportamento abriria as portas para a eclosão de todo tipo de desajuste orgânico, semelhante ao que acontece com o motor de um veículo novo que, apesar de encontrar-se em perfeito estado, recebe os maus tratos do motorista, o descuido com a lubrificação, a falta da manutenção preventiva, exposto aos excessos de todos os tipos até que, por fim, desajusta-se por completo e se torna imprestável para funcionar.

Com os destemperos constantes, Conceição se permitira enveredar pela senda dolorosa dos quadros enfermiços.

Assim, consultando a mesma obra já citada anteriormente, (vide EVOLUÇÃO EM DOIS MUNDOS, segunda parte, cap.20) encontraremos os claros e elucidativos ensinamentos:

"Excetuados os quadros infecciosos pelos quais se responsabiliza a ausência da higiene comum, as depressões criadas em nós por nós mesmos, nos domínios do abuso de nossas forças, seja adulterando as trocas vitais do cosmo orgânico pela rendição ao desequilíbrio, seja estabelecendo perturbações em prejuízo dos outros, plasmam, nos tecidos fisiopsicossomáticos que nos constituem o veículo de expressão, determinados campos de rutura na harmonia celular.

Verificada a disfunção, toda a zona atingida pelo desajustamento se torna passível de invasão microbiana, qual praça desguarnecida, porque as sentinelas naturais não dispõem de bases necessárias à ação regeneradora que lhes compete, permanecendo, muitas vezes, em derredor do ponto lesado, buscando delimitar-lhe a presença ou jugular-lhe a expansão.

Desarticulado, pois, o trabalho sinérgico das células nesse ou naquele tecido, aí se interpõem as unidades mórbidas, quais as do câncer, que, nesta doença, imprimem acelerado ritmo de crescimento a certos agrupamentos celulares, entre as células sãs do órgão em que se instalem, causando tumorações invasoras e metastáticas, compreendendo-se, porém, que a mutação, no início, obedeceu à determinada distonia, originária da mente, cujas vibrações sobre as células desorganizadas tiveram o efeito das projeções de raios X ou de irradiações ultravioletas, em aplicações impróprias. Emerge, então, a moléstia por estado secundário em largos processos de desgaste ou devastação, pela desarmonia a que compele a usina orgânica, a esgotar-se, debalde, na tarefa ingente da própria reabilitação no plano carnal, quando o enfermo, sem atitude de renovação moral, sem humildade e paciência, espírito de serviço e devotamento ao bem, não consegue assimilar as correntes benéficas do Amor Divino que circulam, incessantes, em torno de todas as criaturas, por intermédio de agentes distintos e inumeráveis, a todas estimulando, para o máximo aproveitamento da existência na Terra."

Vemos então, queridos leitores, que as desagregações mentais abrem brechas nos processos biológicos, desajustando as respostas do sistema imunológico a permitirem o assédio de elementos perturbadores no campo celular, elementos estes que, em sua grande maioria, já se acham inoculados no próprio campo físico, devidamente controlados pelas defesas naturais do organismo.

Sem o controle adequado dos processos de combate aos agentes invasores, o organismo tenta contê-los, organizando barreiras ao redor dos respectivos agressores. Sem o apoio mental e emocional do principal interessado, no entanto, tais esforços são absolutamente inócuos. Em geral, a ação do encarnado não é outra senão a de alimentar os próprios agentes agressores de seu campo celular, infundindo vibrações de rancor, ódio, desejo de vingança, ausência de perdão, arrogância agressiva, dificultando ainda mais a atividade de defesa dos mecanismos biológicos que lutam para preservar sua harmonia.

Não se faz tardar, nesse campo doloroso, a multiplicação desajustada dos grupos de células produzindo as tumorações tão temidas que, num crescendo, podem abarcar todo o órgão onde se instalaram inicialmente ou, ainda, espalharem-se para outros sítios corporais.

Pode você estar perguntando, então, como é que se poderia fazer para, uma vez instalado esse caos no organismo daquele que se fez enfermo por invigilância de sua parte, reajustar-se, lutar para recompor seu equilíbrio?

Essa possibilidade é perfeitamente palpável para aquele que entende a causa de sua moléstia e está desejoso de conseguir superá-la, através do ataque à principal fonte da enfermidade. Continua explicando o Espírito André Luiz, na mesma obra:

"Quando o doente, porém, adota comportamento favorável a si mesmo, pela simpatia que instila no próximo, as forças físicas encontram sólido apoio nas radiações de solidariedade e reconhecimento que absorve de quantos lhe recolhem o auxílio direto ou indireto, conseguindo circunscrever a disfunção aos neoplasmas benignos, que ainda respondem à influência organizadora dos tecidos adjacentes.

(...)

Não será lícito, porém, esquecer que o bem constante gera o bem constante e que, mantida a nossa movimentação infatigável no bem, todo o mal por nós amontoado se atenua, gradativamente, desaparecendo ao impacto das vibrações de auxílio, nascidas, a nosso favor, em todos aqueles aos quais dirijamos a mensagem de entendimento e amor puro, sem necessidade expressa de recorrermos ao concurso da enfermidade para eliminar os resquícios de treva que, eventualmente, se nos incorporem, ainda, ao fundo mental.

Amparo aos outros cria amparo a nós próprios, motivo por que os princípios de Jesus, desterrando de nós animalidade e orgulho, vaidade e cobiça, crueldade e avareza, e exortando-nos à simplicidade e à humildade, à fraternidade sem limites e ao perdão incondicional, estabelecem, quando observados, a imunologia perfeita em nossa vida interior, fortalecendo-nos o poder da mente na autodefensiva contra todos os elementos destruidores e degradantes que nos cercam e articulando-nos a possibilidades imprescindíveis à evolução para Deus."

Como se pode ver, todas as enfermidades estão à espera do verdadeiro e principal médico, a aceitar o papel de reformador de seus hábitos, disciplinador de suas inclinações inferiores e construtor de um novo futuro.

Somos, todos nós, leitores queridos, os agentes e pacientes na esfera da criação e combate às enfermidades.

Quando não entendemos que carregamos parcela da Divindade Criadora do Bem habitando nosso ser, empenhamo-nos na criação dos desajustes da inferioridade a produzirem doenças variadas.

Descubramos o potencial criador da harmonia, da beleza, do otimismo, em plena sintonia com as Forças Superiores da Vida e, então, não mais necessitaremos ser os trágicos herdeiros de nossas criações degeneradas.

"Vós sois deuses..." (Jo, 10, 34)

Você já ouviu isso em algum momento de sua vida, não é?

8

OS AMBIENTES INFERIORES

Enquanto Adelino, Jerônimo e Cristiano se mantinham atendendo às necessidades de orientação de Leonor, prestes a deixar o corpo carnal, durante o repouso físico diário, Eulália estava às voltas com a situação de Oliveira.

Depois que a caravana trevosa deixou o recinto da Assembleia Legislativa, o longo e desconjuntado cortejo dirigiu-se às furnas existentes abaixo da superfície, no interior da Crosta terrestre, na qual entidades de incipiente evolução se localizam, fugindo da claridade solar e melhor se ocultando para as práticas do mal.

Para Eulália, Espírito adestrado na vivência do Bem, em longos anos de sofrimento junto a tais comunidades, servindo por Amor Verdadeiro aos irmãos de jornada, aquele ambiente não era novidade.

✳✳✳

Não nos referimos aqui, no entanto, queridos leitores, a qualquer cenário infernal criado na mente humana pelos tradicionais caminhos religiosos.

Há séculos, as visões da região trevosa abaixo da superfície terrena levou os que por lá andaram a representar esse reino como algo hermético, governado por divindades eternamente votadas à prática do mal e de onde jamais se poderia sair.

Certamente que tais conceitos tétricos infundiam medo nos crentes e leitores das escrituras e foram assim construídos ou interpretados com a finalidade de apavorar qualquer indivíduo para que se afastasse do comportamento moral inadequado que o pudesse levar para esse ambiente amedrontador.

No entanto, apesar de tudo, com o amadurecimento mental e moral do ser humano, tais cenários de perseguição infinita tem produzido a descrença nas velhas fórmulas artificiosas que, se no passado, foram úteis para bloquear o impulso inferior pelo medo que infundiam, atualmente outra coisa não têm feito do que manter na incredulidade os que já pensam e questionam os velhos e mofados conceitos infantis, levando alguns a se afastarem da religião por não acreditarem mais nessas ameaças, enquanto que a outros não é capaz de deter no impulso para o mal ou para os excessos.

O esforço do Mundo Espiritual é o de informar que as regiões inferiores estão povoadas por uma infinidade de entidades primitivas ou semiprimitivas, a caminho do aperfeiçoamento e da transformação em seres melhores.

Nada se encontra estático na Criação, a não ser a mente endurecida e preconceituosa de certas pessoas que, em pleno século da cultura e do conhecimento, se mantêm cristalizadas nos velhos conceitos infernais, de diabos e demônios, de forças inferiores condenadas pela eternidade, renunciando ao exercício da razão lógica por uma questão de tradição familiar, de acomodamento mental e de conveniência pessoal.

Entre tais criaturas, encontramos clérigos e leigos, doutos e incultos, de todas as classes sociais e de todas as religiões.

Em verdade, é preciso estar aberto para compreender que o Mundo conhecido não se restringe ao quintal de sua casa, nem à rua onde você vive, muito menos à sua cidade ou ao seu País.

Quando Cristóvão Colombo deixou a civilização europeia e embrenhou-se oceano adentro, os homens de seu tempo diziam que iriam cair no abismo dos confins do mundo quando o oceano terminasse ou que seriam tragados por dragões ou serpentes do mar que lhe destruiriam a frota.

Depois de muito navegar, no entanto, sem se deixar arrastar por tais presságios catastróficos, conhecendo as leis que seus antagonistas – tidos como sábios – desconheciam ou não aceitavam, eis que aporta à Terra Firme, sem abismos ou seres marinhos aterrorizadores a lhe impedirem a navegação.

Assim, queridos leitores, esteja de coração aberto e pensamento livre para entender que a vida se expande para outros rincões muito mais vastos do que aqueles que seus olhos ou pensamentos puderam conceber.

Já pensou que sobre seu corpo milhares de vidas se alimentam de sua pele sem que você, sequer, suponha?

Parasitas de todos os tipos coexistem com as secreções de suas glândulas sudoríparas, nadam nas mucosas de sua boca ou garganta, alojam-se nos canais auditivos alimentando-se da cera ali depositada, embrenham-se na floresta de fios de cabelo que protegem sua cabeça e, ainda assim, os neurônios não supõem que sobre estes fios caminham ácaros e seres microscópicos e que, apesar de serem ignorados pelo ser pensante, continuam vivendo às suas custas, comendo-lhe a pele morta, as secreções oleosas ou extraindo-lhe parte do próprio sangue.

Se não nos acostumamos a pensar sobre os próprios parasitas externos, ainda menos nos permitimos imaginar a ação dos 100 trilhões de bactérias ou vírus que habitam as, aproximadamente, 10 trilhões de células que constroem nosso corpo.

E se o homem desconhece tantas coisas existentes nele mesmo e que podem ser observadas, identificadas e até fotografadas, por que negar a possibilidade de existência de vida em outros níveis, em dimensões diferentes e, como no caso, não apenas na esfera visível da superfície do planeta, mas, também sob ela, sem que isso venha a ser a representação do inferno com seus diabos e com Lúcifer dirigindo estas coisas com "autoridade divina"?

Eulália acompanhava a caravana que se embrenhara na descida íngreme para o subterrâneo vibratório, só que em dimensão vibratória diferente daquela que se encontra quando se envia uma sonda perfuradora.

Não pense que tais ambientes são apenas a expressão geológica de rochas ou maciços impenetráveis. Ao contrário, na dimensão espiritual, encontram-se ambientes vastos, modelados pelas mentes primitivas na forma de comunidades desajustadas de bandidos, onde impera a lei do mais forte e do mais atemorizador.

Não é de se estranhar que, dessa maneira, as formas físicas de tais habitantes não possam ser harmoniosas ou belas já que o ambiente onde se desenvolvem tais dramas é pautado pela inclemência da ignorância e do medo.

Oliveira fora arrebatado por tais entidades com as quais havia-se consorciado através dos atos de submissão e conivência que desenvolveu em decorrência do poder político e das funções públicas que não soube honrar.

Como tais forças asselvajadas se alimentam das construções vingativas e inferiores da mente humana, seus representantes se associam aos encarnados que melhor lhes favoreçam os planos, dando-lhes a proteção de suas hordas e ajustando-os ao sistema de pagamentos na moeda dos prazeres que os mantém assalariados nos mais torpes desejos e sensações.

Como boa parte dos seres encarnados anseia por poder, respeito e superioridade em relação ao seu semelhante, fica muito fácil que tais forças abrutalhadas encontrem representantes que se coloquem a serviço de seus impulsos negativos, usando a riqueza que o poder facilita, a ostentação que alimenta o orgulho e a ambição desmedida para domesticar os ideais nobres que poderiam, com facilidade, elevar qualquer criatura na ordem humana a que se filia à condição da angelitude.

Nos círculos terrenos, as relações políticas e governamentais ainda são, em grande parcela, dominadas por entidades ligadas à antiga ordem inferior que dominava a Terra nos seus primórdios evolutivos.

Não porque tais áreas estejam patrocinadas pelo Mal. Mas, apesar de todo o amparo constante das forças elevadas da vida, os seus representantes se recusam, sistematicamente, a se afinizar com as Elevadas Inspirações que fluem do Governo Universal, convidando os administradores humanos a cumprirem seus deveres diante das necessidades do povo que dizem representar.

Como se fazem surdos aos chamamentos da responsabilidade pública e da consciência tranquila, encontram o caminho fácil do desfrute das benesses, as tentações generalizadas, os convites mal disfarçados e as posturas ilícitas fantasiadas de medidas virtuosas.

Aqueles raros que se mantêm fiéis à consciência e não aceitam ser açambarcados pelos insidiosos representantes das forças inferiores se veem obrigados a escolher alguns dos seguintes caminhos: ou se afastam desse antro de perversidades e negócios escusos, ou são afastados por algum tipo de violência clandestina ou, por fim, são colocados no ostracismo pelos próprios pares, que os temem por saber que são mais difíceis de se corromperem.

Nada mais ameaçador para um meio político devasso do que um político honesto em seu seio, que não aceite as chamadas "regras do jogo", que não se vergue diante das tentações materiais, morais, emocionais ou sexuais, através das quais as entidades inferiores os buscam para dirigir-lhes a vontade pelo jogo de interesses ou pela exploração de sua vaidade.

Assim, as casas políticas de todos os níveis são, em realidade, o ponto intermediário da ação superior e inferior, no qual se encontra a zona limite entre as esperanças e as inspirações luminosas que chegam do Alto para promoverem as influências superiores e, ao mesmo tempo, da ação inferior em que se localizam os caminhos magnéticos que as ligam diretamente ao fundo trevoso, no qual se ocultam as mais perigosas inteligências, os mais astutos representantes, manipuladores das debilidades humanas e de onde se originam as mais perigosas manifestações delinquentes, responsáveis por atrasar o progresso de uma coletividade como um todo.

Por isso, as inúmeras bancadas políticas não se diferenciarem, aos olhos dos Espíritos, em siglas, denominações ou princípios específicos, como acontece perante as conveniências dos encarnados, no jogo da política.

Para os Nobres Espíritos que acompanham essas realidades é facilmente observável quais são os parlamentares encarnados que se posicionam em ligação mais íntima com as forças luminosas que vertem dos planos superiores e, ao contrário, quais aqueles que se apresentam apenas com as aparências da virtude, mas, em realidade, se mantêm assalariados pelas forças inferiores, às quais servem segundo suas tendências e interesses pessoais.

Por esse motivo, o cortejo que conduzira Oliveira havia estado na referida Assembleia como se tivesse ido a um ambiente muito familiar, de onde rumara solo adentro, para o berço acolhedor de outra infinidade de políticos e agentes públicos corruptos, magistrados venais ou arbitrários, dos religiosos depravados e interesseiros, dos homens importantes que usaram de sua temporária vida na superfície da Terra para espalharem as ideias do atraso, para se fazerem exóticos e esbanjadores de fortunas, para consumirem as esperanças dos famintos, dos indefesos, dos doentes, dos analfabetos, dos crentes, dos infantes.

Outro tipo de homem público cuja responsabilidade espiritual é imensa e cujo destino não costuma ser muito elevado é o que pertence à classe dos religiosos. Aliás, a respeito dos representantes eclesiásticos de todas as denominações, vale lembrar as referências aos ambientes de castigo que a antiga tradição religiosa descrevia, fornecendo aos sacerdotes corruptos de todos os credos as mais rigorosas punições, acima, até, daquelas que, destinadas aos infratores de outras categorias de delito, já lhes eram duras e de difícil suportação.

Os delitos religiosos já eram especificamente punidos desde o longínquo passado, como contam as tristes cenas sobre o chamado "INFERNO PAGÃO" cuja descrição chega aos dias atuais pela obra dos antigos poetas, Homero e Virgílio, quanto pela de Fénelon, em seu "Telêmaco".

Nesta obra, lavrada na forma direta e clara da prosa, encontra-se a descrição das condições e sofrimentos de cada tipo de infrator, demonstrando como os antigos entendiam a sorte dos culpados e distinguiam os gêneros de erros em relação direta com o gênero de punições que os esperavam no depois da morte.

Vale relembrar a seguinte passagem desse clássico autor, na qual vem realçada a responsabilidade dos homens públicos e, particularmente, dos religiosos:

"Telêmaco, secretamente influenciado por Minerva, entrou sem temor nesse abismo. Percebeu de início um grande número de homens que haviam vivido nas mais baixas condições e que eram punidos por haverem buscado as riquezas por meio de fraudes, de traições e de crueldades. Notou ali muitos ímpios e hipócritas que fingindo amar a religião, dela se haviam servido como um bom pretexto para satisfazer as suas ambições, aproveitando-se da credulidade alheia. Esses homens que haviam abusado da própria virtude, embora sendo ela o mais valioso dom dos deuses, eram punidos como os piores entre os celerados.

Os filhos que haviam matado pais e mães, as esposas que haviam manchado suas mãos no sangue dos próprios maridos, os traidores que haviam entregue a pátria violando todos os juramentos sofriam penas menos cruéis do que esses hipócritas. Os três juízes dos infernos assim determinaram, e eis as suas razões: esses hipócritas, não se contentando de ser maus como os demais ímpios, querem ainda passar por bons e fazem por sua falsa virtude que os homens não mais queiram acreditar na virtude verdadeira. Os deuses, dos quais eles se serviram, tornando-os desprezíveis para os homens, sentem prazer ao empregar todo o seu poder para vingar-se dos seus insultos."

* * *

Nessa realidade objetiva que envolvia o caso "Oliveira", também se encontravam naturalmente colocados os seus antigos comparsas de partido, os seus cabos eleitorais e testemunhas de suas tramoias e fraudes, os magistrados venais que o protegeram com sentenças injustas em troca dos favores que Oliveira advogou em favor deles próprios ou de seus familiares diretos. Além deles, ali também eram encontrados muitos dos religiosos que o seguiram no mesmo caminho dos interesses mundanos, agora relegados ao sofrimento cruel da pesada responsabilidade da prevaricação.

Como estes, lá se encontravam também as mulheres e homens que se prestavam às práticas sexuais aberrativas e estimulantes das fraquezas, verdadeiras armas controladas pelas entidades que se diziam governantes do abismo, visando comprometer os políticos e autoridades humanas através da debilidade sexual que lhes marcasse o caráter, sendo que tais Espíritos mantinham a aparência de répteis cobertos por grossa camada de escamas que modelavam um corpo que parecia escultural e provocante.

O cortejo era horripilante para qualquer encarnado que pense que tudo sabe somente porque já entendeu a lei de causa e efeito ou as relações existentes entre as diversas vidas já vividas.

Para Eulália, entretanto, tal experiência era encarada com firmeza, já que estava treinada para manter-se forte e, ao mesmo tempo, neutra. Diante dos mais tenebrosos quadros que ali viesse a presenciar, saberia ter força para controlar a vontade e não se entregar ao medo e, ao mesmo tempo, cultivava a neutralidade diante das dores múltiplas para que não se entregasse precipitadamente à compaixão que comprometeria a sua tarefa, denunciando a sua missão secreta de resgate.

Dessa forma, sem procurar forçar as situações buscando a proximidade do antigo filho, fez-se serva apagada, como se não passasse dessas desprezíveis e ignorantes entidades usadas por outras mais inteligentes em seus serviços pessoais.

Deveria integrar-se a qualquer grupo de escravos que funcionavam no chamado "Palácio do Governo", aglomerado de buracos e grutas escuras, mantidas iluminadas por tocheiros fumegantes de horrível aspecto e odor, onde o Maioral, aquele Espírito grotesco que se mantinha sobre o carro alegórico de barbáries, imperava sobre suas vítimas hipnotizadas ou dominadas pelo medo e pela culpa.

Oliveira, pelo que pudera observar, havia sido levado para afastada cavidade, na qual ficaria retido como um convidado-prisioneiro, servido por essas lascivas mulheres com a finalidade de amolentarem o seu caráter e fazê-lo ainda mais viciado nas baixas emoções que o preparariam para submeter-se ao comando do Maioral.

Eulália sabia que os primeiros momentos no chamado Palácio seriam os mais perigosos. Por isso, mantinha baixa a cabeça e procurava seguir os outros servos, verdadeiro exército que parecia autômato, teleguiado por forças superiores à sua vontade.

Naturalmente eram Espíritos de homens e mulheres cuja culpa e remorso haviam aberto a porta da alma às punições que, segundo imaginavam, lhes estavam sendo desferidas por seres satânicos, dentro do merecido inferno que a consciência lhes apontava, facilitadas pela interpretação equivocada das religiões tradicionais.

Sabendo-se devedores pelos inúmeros erros cometidos em vida, aceitavam submeter-se às punições que lhes eram apresentadas na forma de trabalhos forçados, a eles submetidos sem se revoltarem ou protestarem, como acontece com o preso que se resigna diante da pena.

Estabelecida a brecha da culpa e da falsa ideia de punição divina, esse mecanismo era usado pelos inteligentes gênios trevosos, aprofundando em cada um a noção da culpa e a justiça do sofrimento para pagamento de suas dívidas, fazendo deles servos obedientes e submissos.

E como a maioria não entendia das verdadeiras leis do mundo espiritual, não possuindo, assim, meios de se opor a tais argumentos, se deixavam arrastar para as furnas como escravos dóceis, cumprindo as rotinas estafantes, sempre sob a vigilância atenta dos integrantes da equipe disciplinadora, fiscais da punição.

Nenhuma palavra sobre a misericórdia divina, nenhuma menção ao perdão do Criador, nenhuma ideia sobre a reparação do mal.

Tudo era sofrimento e obediência cega, sob pena de maiores punições.

Eulália ajustara-se ao cortejo funesto dos enceguecidos pela culpa e pela consciência pesada sem, contudo, fazer parte desse grupo de robôs.

Ajustara a forma ao padrão dos escravos e se mantinha atuante no serviço.

A sua vantagem era a de que, conhecendo o mecanismo que ali mantinha tudo funcionando, poderia afastar certas dificuldades do caminho, ao mesmo tempo em que não seria questionada pelos demais escravos caso necessitasse tomar alguma atitude direta.

Assim, passou a servir como transportadora de comida para as diversas câmaras onde jaziam as entidades daquele antro, entregues a todo tipo de devassidão.

As câmaras se sucediam abrindo-se em ambientes variados e todos eles eram ocupados por seres que tinham alguma função na estranha coletividade.

Assim, havia as câmaras destinadas à exploração sexual dos encarnados, nas quais entidades perversas de antigos libertinos expunham e demonstravam aos seus novos discípulos as técnicas de abordagem, de influenciação, de sedução e envolvimento, incluídas aí, de maneira explícita, todas as técnicas de satisfação dos desejos físicos de homens e mulheres como importantes ferramentas para se atingirem os objetivos pretendidos.

Em outras câmaras, encontravam-se aqueles que tratavam de desenvolver a astúcia dos Espíritos, através dos métodos hipnóticos que faziam ressaltar-lhes a ambição e o desejo de riquezas, a multiplicação dos tesouros e a busca por confortos e prazeres fáceis.

Outras, ainda, apresentavam instrutores violentos, que trabalhavam em seus alunos os instintos agressivos que estimulariam nos encarnados "de cima" os desejos por drogas, por disputas e desavenças.

Todas essas "salas" tinham de ser abastecidas de alimento e

um líquido que atenderia à sede dos presentes, mas que em nada se assemelhava à água conhecida pelos homens.

Era um composto pastoso na forma de suco que, em vez de frutas ou folhas, era composto por minerais daquela região inferior, despertando com sua ação magnético-química as emoções mais adequadas para cada caso específico.

Assim, cada bandeja continha uma beberagem própria, destinada a um tipo especial de câmara e fazia parte integrante do sistema de influenciação e modelagem das entidades que eram submetidas ao treinamento para as tarefas de perseguição e influenciação no mundo dos "de cima".

Todavia, não existia câmara mais temível do que aquela composta por Espíritos que tinham a tarefa de planejar as estratégias inferiores.

Se nas outras, as entidades eram grosseiras, moralmente débeis ou com aparência repulsiva, aqui, tais Espíritos não se faziam agressivos ou ameaçadores. Ao contrário, apresentavam até certo teor de cortesia, sem, contudo, se aproximarem de qualquer sentimento de generosidade que, por óbvios motivos, estava absolutamente fora dos propósitos daquela universidade do crime.

Os planejadores trevosos eram frios e calculistas, de olhar devassador e sua malícia sabia identificar a menor brecha no pensamento e sentimento dos que a eles se dirigiam.

Trabalhavam para estabelecer as linhas de ação das demais entidades, como uma espécie de conselheiros ou estrategistas do Mal, servindo o Maioral em todas as suas empreitadas.

Era aí que estavam as inteligências mais brilhantes do grupamento, aquelas que foram mais desenvolvidas na Terra e que, por suas formas ardilosas, minuciosas e organizadas, eram representadas por políticos experientes, magistrados sagazes, religiosos astutos, empresários maléficos.

Essa câmara costumava ser evitada por um grande número de servos porque infundia verdadeiro terror na alma dos que ali penetravam.

Seus representantes se vestiam de negro, com largos capuzes onde ocultavam seus rostos e de onde só se identificava o contorno dos olhos, como felinos na noite.

Era a câmara mais próxima do governante daquelas paragens que os tinha como conselheiros diretos. A serviço deles estava uma rede de Espíritos espiões que acompanhavam os encarnados em suas diversas atividades diárias, observando-lhes os pensamentos, os planos mais secretos, filmando suas práticas, suas conversas, seus desejos, suas manifestações afetivas, dando ênfase para aqueles que revelassem mais as suas fraquezas de caráter, nas quais as fragilidades pessoais pudessem sem exploradas pelas artimanhas dos que desejavam fazê-los cair em suas garras.

Em cada um desses ambientes específicos existia um responsável que se fazia cercar de ajudantes de sua confiança, como se aquilo fosse uma Universidade com diversas matérias ministradas em cursos de formação ou de DEFORMAÇÃO do caráter, com finalidades específicas de prosseguirem as perturbações da humanidade.

Eulália se abstinha de ingressar na sala dos Planejadores, limitando-se a encontrar caminho fácil entre os infelizes das outras câmaras.

Sabia, ainda, que naquele meio de desesperados, havia muitos que não pensavam em ali permanecer para sempre, mas, amedrontados, não ousavam perguntar aos seus superiores quando seria possível se libertarem daquelas cadeias de perseguição.

Sempre que algum deles ousava dar sinais de rebeldia ou insatisfação, era punido severamente, para intimidação dos demais.

Apesar disso, entre os corredores rochosos e passagens escuras, Eulália seguia atenta visando encontrar nos olhares de alguém o vestígio de alguma melancolia, de alguma lágrima que pudesse indicar transformação interior.

Isso permitiria conseguir algum tipo de apoio no seio dos próprios escravos que, por numerosos que fossem, não conseguiam ser total e constantemente fiscalizados pelos Espíritos que administravam o Palácio do Governo.

A nobre entidade disfarçada de escrava não se limitaria a ajudar apenas o filho querido. Em sua noção de devoção à obra divina, desejava amparar tantos quantos lhe fosse possível, para que encontrassem um novo caminho que os tirasse daquele antro.

Era o Bem que sabia e sabe aguardar o momento para neutralizar o mal, seja onde e como este se apresentar.

9

A ROTINA NAS FURNAS

Desde que chegara ao local, Oliveira estava envolvido pelo pavor mais profundo que sua alma podia se recordar.

Em momento algum de sua vida, sua imaginação havia sido tão prolífica que o fizesse vislumbrar algo semelhante ao que estava vivendo. Sua vontade era a de acordar e reconhecer-se dentro de um pesadelo interminável que, por fim, se desvanecesse e as coisas voltassem a ser como antes.

Nada que fizesse, no entanto, o tirava daquele estado.

Ao seu redor, a câmara que lhe havia sido destinada era a expressão do mau gosto completo.

Paredes rochosas e escuras, iluminadas pelos mesmos tipos de iluminação fumarenta e de péssimo odor aumentavam a atmosfera fantasmagórica.

– Como é possível que eu esteja aqui? – monologava consigo mesmo. – Isto parece o inferno. Eu sempre fiz tudo aquilo que o Bispo me pediu... como posso ter vindo parar aqui? Não é justo que isso aconteça comigo, um homem probo, cumpridor de seus deveres, defensor do povo, devotado à causa pública por várias décadas...

Suas palavras se mesclavam ao ensurdecedor ruído do ambiente, onde gritos de prazer, gargalhadas de ironia ou medo e vozerio desajustado eram a tônica, impregnando a atmosfera com os piores miasmas.

– Socorro, tirem-me daqui... chamem as autoridades... está havendo um engano...

Sua voz ecoava pelas cavernas ruidosas, como um grito de louco no vasto ambiente do sanatório.

Não tardou, entretanto, para que entidades sedutoras, destacadas pela direção daqueles domínios, se acercassem da entrada e penetrassem na câmara bem guardada.

– Olá, Oliveirinha... estamos aqui para consolá-lo... – falou uma delas, semidespida e horrenda, envolvendo-o com seus braços esqueléticos. – O Chefe mandou atendê-lo em todas as necessidades. Lembra-se de nossas orgias? Estamos com saudades das aventuras emocionantes. Por isso, viemos para preencher seus momentos aqui na nova casa. Vamos... relaxe... entregue-se a nós... tudo vai ficar bem.

Oliveira não tinha como escapar das entidades envolventes que, certamente, já eram sócias em suas aventuras desde os seus tempos de poderoso deputado.

Vendo que Oliveira não correspondia às suas investidas, a mais astuta acionou uma espécie de campainha que emitia um ruído característico, ordenando à sentinela que assomou à porta:

– Providencie absinto.

– Sim... mandarei trazer... quantos copos?

– Cinco... um para cada um de nós.

– Está bem...

A ordem foi repassada para os locais adequados e não tardou para que uma escrava levasse os cinco recipientes contendo uma bebida extremamente tóxica e euforizante.

Assim que chegou com a encomenda, entrou na alcova medonha onde quatro entidades femininas extremamente lascivas e insinuantes preparavam-se para alimentar em Oliveira a sua ânsia de fortes emoções ligadas ao erotismo, fraqueza de caráter que elas bem conheciam na alma daquele político decaído.

A escrava mal entregou os recipientes e foi expulsa da câmara, de onde saiu o mais rápido que podia já que a ação das almas vampirizadoras desestimulava qualquer demora.

Lá dentro, não foi difícil fazer com que Oliveira ingerisse o conteúdo do frasco que produziria nele um afrouxamento de todos os sentidos e defesas.

Não tardou para que o medo fosse substituído pela satisfação com que o recém-chegado demonstrava a aceitação das carícias, não mais importando que se tratasse de entidades repulsivas, mescla de cadáveres e modelos.

Passados poucos minutos, a antiga e familiar orgia se instalara na alcova onde o medo, há poucos instantes, era o sentimento predominante.

Como que narcotizado pela substância ingerida, Oliveira perdera o controle de suas emoções e permitira que o mais grotesco de si mesmo fosse exteriorizado. Aos seus olhos, aquilo já não era mais semelhante ao inferno. Era o próprio paraíso, garantindo aos seus integrantes todos os prazeres físicos a que fazem jus os homens generosos.

Aquelas bruxas já não eram mais repugnantes. Ao contrário, a distorção de suas percepções o fazia identificá-las como exuberantes representantes do sexo oposto, provocadoras e instigadoras de sua volúpia.

Oliveira, então, entregou-se às antigas aventuras, as mesmas que vivera na Terra na companhia de jovens de carne e osso, cuja estética física era linda e extremamente agradável, mas que, em suas almas, os mesmos germens do desequilíbrio as tornavam muito semelhantes às entidades que ali estavam.

Permaneceram nesse intercâmbio por largas horas, produzindo o desgaste de todas as forças vitais que o recém-chegado pudesse manter ainda em sua atmosfera espiritual.

Era assim que Oliveira era domesticado. Usando de suas fraquezas morais e de seus equívocos de comportamento, as entidades se faziam dominadoras e controladoras de suas reações.

Quando tudo foi terminado, o pobre homem foi deixado entregue ao abatimento, como um verdadeiro farrapo, que não daria trabalho por mais um bom período.

Com esse procedimento, Oliveira era preparado para continuar servindo ao Maioral, adequando-se aos padrões espirituais inferiores daquele círculo.

Ao longe, Eulália observava o movimento.

Pretendendo desvendar as condições de seu pupilo, acercou-se da escrava que havia transportado o absinto até a alcova e, aproveitando-se da gritaria que dela se podia escutar, comentou:

– Mas o que é aquilo que você levou para dentro do quarto do prazer?

Observando ao redor para não ser flagrada conversando com outra escrava por algum dos vigilantes impertinentes, a outra respondeu:

– Ora, mulher, parece que você não conhece esses truques? Nunca provou o negócio?

– Não... – respondeu Eulália, reticente – eu trabalhava em outro setor.

– É um veneno que dá prazer – respondeu a outra, arrastando-a para um canto, onde um nicho nas rochas as protegeria de qualquer olhar indiscreto da vigilância.

– Como assim?

– Aqui entre nós, é uma substância que se bebe para liberar geral. Só com solicitação expressa das feiticeiras é que podemos servi-la. Fica guardada sob os cuidados atentos de zumbis que parecem máquinas insensíveis. Estão programados para só obedecerem a certos "administradores" – como estes demônios querem ser chamados.

– E produz tais reações de euforia tão fortes assim? – indagou Eulália para aproveitar a conversa, rara naquelas paragens.

– Você nem imagina. Até entre os escravos existe um mercado negro de absinto, no qual algumas gotas valem uma preciosidade.

– Ora, mas como é que o escravo consegue o tal elixir, se tudo é tão controlado?

– Claro que não dá para roubar litros da droga. No entanto, não se esqueça de que, depois que termina a bagunça, alguém tem de limpar a alcova. Quando isso acontece, os responsáveis ordenam que um de nós faça o serviço sujo. É nessa hora que aproveitamos a chance e recolhemos os restos mínimos que ficaram no fundo dos copos que as feiticeiras usaram, já que não se dão muito ao trabalho de fiscalizarem essas minúcias.

– Sim, entendo...

– E então, levamos pequenos recipientes escondidos em nossos farrapos e, quando não há muita vigilância, guardamos os restos.

– E depois? O que é feito disso?

– Ora, mulher... isso é prazer engarrafado... você não entende? A gente negocia entre nós e podemos encontrar um pouco de alívio até mesmo no inferno... Mas se os diabos nos pegam, estamos perdidos. É um dos crimes que mais gravemente são apenados com açoites e sofrimentos.

Escutando com atenção, procurando extrair o máximo daquele encontro, Eulália perguntou:

– Mas esse negócio não faz mal para quem toma?

– Tirando as feiticeiras que parecem curtidas nesse veneno, todos os outros que o bebem passam pela euforia inicial que se transforma, depois, em um profundo abatimento, um cansaço que parece que o corpo pesa milhares de quilos. Dá uma fome e sede desesperadoras.

– Só umas gotinhas já dão esse efeito e essa reação?

– Sim... mas neste caso, a dose pequena não é tão nociva quanto um copão cheio como aquele que essas bruxas e o imbecil do recém-chegado acabaram de tomar.

Hoje vai ser uma festa para nós, já que, daqui a pouco, alguém vai ter de ir lá para limpar tudo e, pelo volume de bebida disponível, tenho certeza de que vai sobrar quase meio copo do elixir...

– O que acontece depois com quem acorda com essas reações? Vocês tomam alguma outra coisa que neutralize o efeito do veneno, a fim de que os guardas não percebam?

– Bem, apesar de ser em menor dosagem, não podemos demonstrar que o tomamos e, assim, raspamos uma pedra que há em alguns lugares e tomamos o pó misturado com o lodo que temos para beber. Isso nos mantém menos afetados pelo tóxico. Em relação ao idiota que está lá dentro, por ser dos importantes, certamente alguém vai levar comida e água para que ele se recupere.

E para que não levantasse qualquer suspeita sobre suas intenções, Eulália comentou:

— Credo, precisa ter muito mau gosto para aguentar aquelas feiticeiras...

— É... você não viu nada ainda. Por aqui, as coisas ficam ainda piores quando o Maioral resolve patrocinar suas orgias. Sai demônio de tudo quanto é buraco e a gente tem de atender a todas as exigências.

Vendo que não havia mais tempo para continuarem falando sem correrem riscos de serem descobertas, ambas se despediram rapidamente e prometeram voltar a conversar. Antes de se afastarem, entretanto, Eulália comentou:

— Eu gostaria de entregar a comida ao novo visitante porque tenho curiosidade para conhecer aquele buraco e ver o que as feiticeiras fizeram com ele. Como faço isso?

— Fique perto de Drômio. Ele é o cara que manda a gente trabalhar. Não pode ver ninguém por perto que já arruma algo para essa escrava fazer. Mas tome cuidado, porque o diabo adora uma escrava nova. Fica esperta porque ele é insuportável.

Agradecendo pela informação, Eulália prometeu que iria tomar cuidados especiais para não correr riscos em sua tentativa de aproximação do filho querido.

Não foi difícil descobrir onde o gerenciador dos horrores permanecia incumbido de atender às exigências dos diversos ocupantes das infindáveis alcovas.

Aquele recinto parecia um armazém estranho, com recipientes que lembravam o vidro terreno, caixas com ervas, pedras de cores diferentes que eram raspadas para a preparação de bebidas específicas, e, do lado de fora do balcão – se assim se pudesse exprimir para o entendimento do leitor – permaneciam os escravos amontoados, prontos para atender-lhe as determinações.

Para cada tarefa, Drômio recrutava um dos que estavam à vista e enviava ao destino, carregando a encomenda.

— Você aí, velhota, vai logo ao tugúrio dos lutadores que eles precisam de mais bebida. Leve isso aqui – disse ele, estendendo a bandeja rústica lotada com recipientes repletos de um líquido viscoso esverdeado.

Não demorou muito, nova ordem para um escravo jovem que se mostrava extremamente abatido.

– Ei, você, caveirinha atraente... o chefe dos lupanares está precisando de ajuda para demonstrar como despertar os desejos homossexuais nos imbecis lá "de cima". Você já é experiente nessas coisas. Vai logo e aproveite para levar o "elixir" – como eles se referiam à bebida alienante que costumavam ingerir para a liberação dos desejos libidinosos mais ocultos.

Dessa forma, sucediam-se as missões, que não podiam ser recusadas nem questionadas.

Eulália, de longe, procurou observar como era a mecânica de trabalho daquele local específico e percebeu que somente se ficasse por perto é que poderia ter a chance de ser escalada para ir até a cela onde Oliveira estava acomodado.

Para isso, precisava correr o risco de ser enviada a outros lugares, caso Drômio lhe ordenasse.

Dissimulando sua observação com a realização de alguma tarefa corriqueira como a de recolher resíduos das rochas circundantes, Eulália estabeleceu um plano pessoal para tentar aproximar-se de Oliveira, sem riscos de ser identificada ou de ser escalada para outro tipo de trabalho.

Viu uma passagem que deveria ser usada por qualquer um que fosse transportar algo para a caverna onde seu filho estava recolhido.

Postou-se, então, nesse caminho, com um instrumento que lembrava a talhadeira humana, escavando as paredes como se estivesse recolhendo amostras de pedras coloridas. Isso impediria que sua presença levantasse suspeitas em algum fiscal ou guarda.

Certamente, mais cedo ou mais tarde, teria oportunidade de observar alguém com a missão de alimentar o filho perdido.

Esperaria quanto fosse necessário.

Eulália, naquelas condições, não poderia recorrer nem mesmo à prece, na exaltação de sua alma ao contato com a Divindade, pois isso a denunciaria e impossibilitaria a sua permanência incógnita naquele ambiente.

Precisava comportar-se como uma qualquer, atrelada às rotinas perniciosas daquele ambiente sem, no entanto, se deixar levar pelas maldades que ali se faziam de forma natural e sem qualquer preocupação com o bem-estar dos outros.

Não podia usar expressões que demonstrassem compaixão, nem conduzir-se de forma suspeita. Por isso, não poderia solicitar autorização especial para levar as coisas para o filho. Por que uma escrava se candidataria ao trabalho naquelas furnas, solicitando algum tipo de tarefa? Isso já era suficiente para os olhares maliciosos dos guardas.

Ela precisava contar apenas consigo mesma, suportando as agruras daquele ambiente, os desafios e riscos da tarefa, sem nem mesmo se valer de uma prece para se abastecer de energias benéficas.

Era imperativo que se mantivesse o mais apagada possível nas forças radiantes que lhe ornavam o Espírito evoluído.

Essa seria a melhor maneira de acercar-se de Oliveira. No entanto, em seu íntimo, sentia que Drômio carecia de sua ação direta. Quem sabe, tão cruel e indiferente, pudesse acabar também ajudado, resgatado das teias da ignorância que o mantinham arraigado às esferas subcrostais.

# 10

A ASTÚCIA DAS TREVAS

Eulália permaneceu naquela posição por longo tempo, não tendo conseguido agir como desejava. Entretanto, começara a entender qual era a rotina daquele local, com as tarefas distribuídas naquele entreposto de perseguição e impiedade comandado por Drômio, espalhando os escravos com seus carregamentos tóxicos para todos os lados e mantendo a intimidação de tantos Espíritos que, por causa da culpa, aceitavam passivamente tais sofrimentos.

Não lhe foi possível esperar mais tempo naquele sítio, porque um dos Espíritos trevosos que tinha a função de fiscalizar os demais, aproximou-se dela com palavras rudes, ordenando que se dirigisse ao local das reuniões.

Para Eulália, aquilo era novidade.

Um salão de reuniões no ambiente tenebroso das furnas deveria ser algo patético.

Mantendo controle sobre suas atitudes, Eulália abaixou a cabeça, submissa e, sem saber para onde ir, procurou acercar-se do posto central de distribuição de serviços onde Drômio se mantinha, autoritário.

Sua ideia era estar junto de outros escravos para que observasse suas condutas e os seguisse até o referido salão de reuniões.

E foi exatamente isso o que aconteceu. Todos haviam sido convocados para o encontro no qual o Maioral, o supremo governante daquele antro, iria dirigir-se aos seus súditos.

Mecanicamente conduzidos por outros Espíritos ignorantes e

perversos cuja astúcia febricitava em seus olhares, a maioria se arrastava por passagens estreitas, corredores escuros e malcheirosos, numa longa caravana que ia engrossando à medida que todos iam descendo mais e mais naquele ambiente cavernoso.

Enquanto isso, um alarido ia se fazendo mais audível a cada instante, indicativo de que se aproximavam de um recinto densamente ocupado por público inquieto.

Estalidos de chicotes, pequenas explosões, vozerio pesado, demonstravam que haviam chegado ao "centro de convenções".

Para surpresa da mãe de Oliveira, tratava-se de uma vasta cavidade de tamanho descomunal, com o teto em forma de abóbada, paredes de pedra rústica na qual pobre vegetação, assemelhando-se ao lodo, era a única decoração existente.

O odor do ambiente era insuportável para qualquer um que não estivesse no padrão de sintonia dos que ali viviam normalmente.

Para todos eles, no entanto, o ambiente parecia não causar nenhuma estranheza nem repulsa, acostumados a enxergar apenas o que lhes interessava ou fixar suas ideias somente nas próprias angústias, numa forma de fuga da realidade objetiva.

Em determinada saliência rochosa do salão, encontrava-se postado aquele carro alegórico que servia de trono para a entidade considerada dirigente daquele grupo de alucinados cultivadores da maldade.

Ali se representava todo o tipo de perversidade, promiscuidade, devassidão que se poderia imaginar. Ao lado do trono, as mesmas felinas feiticeiras, como se fossem enfeites carnais a atraírem a atenção dos alucinados que, mais abaixo, desferiam frases de baixo calão, enaltecendo aquelas mulheres perdidas.

Estranho sinal soou no ambiente, assustando e ensurdecendo a multidão, num indicativo de que o principal comandante daqueles sítios estaria prestes a chegar.

O silêncio se fez, espontâneo e, como previsto, o esperado líder penetrou no recinto usando pequena passarela sustentada pelos braços fortes de entidades de seu séquito pessoal que ostentavam em descomunal tamanho, desaconselhando qualquer tentativa de aproximação do Maioral.

Seu andar compassado ao ritmo dos tambores rudimentares e dos estridentes instrumentos que anunciavam a sua chegada causava arrepios de pavor em todos, não faltando aqueles que, amedrontados ao extremo, se ajoelhavam onde estavam, fugindo de seu penetrante olhar e, ao mesmo tempo, demonstrando submissão, o que muito agradava aos que dirigiam daquele antro. Mas a maioria que assim procedia estava mesmo buscando ocultar o próprio pavor.

Gritos de saudação ecoaram pelo recinto, numa eclosão de brados e vivas. Eram evocações partidas de seus asseclas mais chegados, infiltrados na turba hipnotizada. Iluminado por um sem número de archotes e trípodes nos quais uma espécie de betume negro ia sendo consumido, a fumaça dos agentes narcotizantes que nasciam das brasas criava uma espécie de véu escuro e translúcido que se concentrava à meia altura entre as cabeças dos presentes e o teto da cava, completando o aspecto sinistro do ambiente.

Apenas os que dirigiam os trabalhos de perseguição e que estavam em plena atividade em seus postos não estavam presentes. Todos os demais lá se haviam aglomerado, o que dava bem para visualizar o volume de entidades espremidas naquele lugar, que podia ser contado em mais de cinquenta mil Espíritos inferiores dos diversos tipos. Além destes, os Espíritos mais ligados ao Maioral administravam outros antros como aquele, sob a supervisão direta do Líder Maior, fazendo com que inúmeras outras subsidiárias do Mal estivessem diretamente subordinadas às suas ordens, como um tirano que governasse inúmeras coletividades com mão de ferro.

Naquele recinto especial, para que todos pudessem escutar, existia um sistema de transmissão da voz, comparável aos primeiros alto-falantes produzidos pelos homens da superfície, mas com uma eficiência bastante alta, ao mesmo tempo em que um sistema de projeção desenvolvido por inteligências ali sediadas e que dominavam as técnicas específicas, aplicando-as aos materiais daquele subnível, haviam transformado parte da abóbada em uma vasta tela sobre a qual iriam projetar o que o Maioral desejasse, a fim de melhor impressionar e intimidar.

A um sinal seu, toda a turba se calou, fazendo cessar os gritos de exaltação.

Utilizando-se dos mecanismos elétricos de retransmissão, a voz do Maioral parecia fazer tremer as próprias pedras do lugar.

– Aqui estou para os que aceitaram permanecer fiéis ao seu líder verdadeiro, recusando as ilusões da mentira do Cordeiro. Venho aqui para lhes trazer um presente, fiéis súditos da Verdade – começou dizendo, arrogante, desejando fazer-se generoso.

Todos os que aceitam servir com fidelidade são recompensados com o desfrute de prazeres muito maiores do que o merecimento de cada um. E para vocês outros, que se encontram escravizados aos próprios erros e que sabem não merecerem outra coisa senão as furnas escuras e o trabalho penoso, estendo as concessões, ousando beneficiar até mesmo os réprobos, os culpados, os miseráveis escravos com os favores de algum momento de gozo.

Suas palavras iam criando uma atmosfera de ansiedade em todos os presentes.

A manipulação das consciências era o instrumento eficaz que aquela entidade lúcida usava como quem conhece a reação dos seres infantilizados pelo medo e pela ignorância.

Falava primeiro aos seus servidores fiéis, desejosos de desfrute dos prazeres ao extremo do desgaste, como prêmio por sua fidelidade incansável, acenando com a concessão de todas as prendas esperadas. Logo depois, se dirigia aos demais, os escravos que ali estavam como punição para seus pecados e que, apesar de serem condenados, receberiam também a oportunidade de saciarem suas ânsias, mantendo acesas neles todas as inclinações inferiores que marcavam seus Espíritos.

As entidades trevosas, que conhecem os mecanismos de funcionamento do complexo de culpa, identificam não só a necessidade de punição que a consciência do culpado reclama para si ou aceita passivamente como o pagamento justo para suas condutas nocivas. Além disso, reconhece a necessidade de induzir esse mesmo indivíduo a continuar agindo de maneira nociva, exercitando suas fraquezas, fazendo com que suas inclinações negativas se mantenham vívidas em seus sentimentos, favorecendo ao devasso a oportunidade de exercitar a devassidão, ao criminoso, o momento para continuar cometendo o crime, ao viciado, a fonte de prazer que alimente a sua atração pelos vícios variados.

Isso porque, com o tempo, sob o peso da punição áspera dos trabalhos forçados que aceitou em tão dura e infeliz região, poderia acontecer que, depois de longo processo de penitência, a alma escravizada acabasse se considerando suficientemente punida em relação aos erros cometidos.

Isso criaria um estado de tensão entre o ambiente de perversidade e escravidão em que aceitara viver e o desejo de sair daquele local, buscando melhor posição, deflagrando guerra aberta entre o seu desejo de evoluir e a administração daquele túmulo de esperanças, sabedora de que deveria reprimir no nascedouro todo tipo de aspiração de melhoria no íntimo de qualquer entidade infeliz ali radicada.

Por isso, ao favorecer que os próprios culpados pudessem ter espaço para a vivência de suas paixões, em todos os âmbitos de sua fraqueza, o Maioral garantia nova carga de erros e culpas para ser usada no processo de intimidação das consciências ali dominadas e reprimidas.

Continuaria, dessa forma, a manipular cada alma que se embrenhasse no exercício dos antigos comportamentos asselvajados, usando justamente essa conduta selvagem para exercer o direito de justiceiro sobre elas.

– Vocês verão como sou complacente e generoso, concedendo a todos, culpados ou trabalhadores devotados, as benesses tão almejadas.

Então, ao seu sinal, ligou-se o projetor de imagens que, valendo-se de recanto próprio no teto da caverna que facilitava a visualização geral, passou a exibir o que seria importante trazer à lembrança dos presentes.

E as cenas começaram a se suceder, num processo de rememoração e retroalimentação de todas as mais perversas emoções guardadas em cada um.

Para surpresa de Eulália, começaram a se suceder imagens obtidas na superfície da Terra, tendo os próprios homens e mulheres como protagonistas.

De início, o aparelho apresentou imagens de riquezas luxuriantes, joias exuberantes em vitrines adornadas, mulheres usando pingentes e braceletes de diamantes e outras pedras coloridas, homens ricos cortejados por belas fêmeas, a se exibirem em trajes sumários ou transparentes, como numa propaganda direta e sem censura sobre todos os sonhos dos que assistiam.

Mais adiante, a cena foi transportada para uma festa repleta de comida saborosa, regada a bebida de variado tipo, tudo isso com a participação dos encarnados em todos os lances.

Era um encontro natural da alta sociedade humana, mas como se alguém tivesse entrado no recinto com uma câmera escondida, logo as cenas começaram a trazer imagens excitantes, induzindo os pensamentos dos assistentes.

Enquanto alguns se mantinham degustando o alimento saboroso, mulher exuberante que parecia ser a dona da casa era filmada por essa câmera em atitude de intimidade com um jovem convidado, em local mais afastado dos olhares indiscretos, realizando desejos escusos e de há muito anelados, mas que não poderiam alongar-se no tempo. A excitação era intensa e os gritos dos assistentes na caverna demonstravam bem o efeito de tais imagens no psiquismo de cada um.

Outra cena se sucedia. O esposo da referida dama, observando a ausência da mulher, procedia de igual forma com espevitada moça que procurava aventuras irresponsáveis e, com a desculpa de levá-la até o toalete, percebendo o estado de semiembriaguêz e a sensualidade da jovem, deixou-se arrastar pelo desejo e fechou-se no *closet* com a moça que, astuta cultivadora de fortes emoções, aceitou sem oposição participar da aventura sexual improvisada.

Aos poucos, a festa ia se transformando, por força do ambiente lúbrico e da ação da bebida alcoólica fácil, assumindo a atmosfera de uma verdadeira orgia, na qual as câmeras manipuladas pelas entidades inferiores captavam não apenas a participação dos encarnados, mas, de forma muito clara, o envolvimento das entidades pervertidas, que se atiravam sobre os encarnados e suas emanações vibratórias de baixo teor, como um faminto se atira sobre a comida.

Mais um pouco e a imagem fazia renascer na plateia semialucinada as lembranças das aventuras febris vivenciadas por homens e mulheres nas ruas de uma cidade, quando o Sol se despede e a noite avança. Prostituição de todos os tipos, relacionamentos violentos, consumo de drogas, envolvimentos homossexuais, casas de tolerância, jogos onde o prazer fácil era a única busca dos envolvidos.

E isso não ocorria somente nos locais preparados para esse tipo de atividade. As cenas retratavam eventos que aconteciam dentro de lares de pessoas consideradas honradas e sérias, mas que, nas horas de penumbra, se revelavam em sua essência devassa e promíscua.

Naturalmente que estas cenas não representavam a maioria das famílias na Terra, composta de criaturas cientes de seus valores morais, empenhadas no esforço de superar suas inclinações viciosas. No entanto, o enfoque das imagens era construído de tal forma que, para aqueles que assistiam aos fatos ali estampados, parecia que o mundo se transformara em um imenso bordel sem regras e sem limites, o que era muito conveniente a todos os que ali estavam, porque procuravam aliviar-se de suas culpas através do que viam, o discurso silencioso que lhes justificava o comportamento inadequado com o argumento fácil de que não eram só eles que gostavam daquele tipo de comportamento, mas, ao contrário, TODO MUNDO FAZIA AS MESMAS COISAS.

Interrompendo a exibição quase pornográfica, o Maioral dirigiu-se aos presentes para reforçar suas reações:

– Viram como são os nossos amigos lá de cima?

Sem ousarem levantar a voz por receio de punições, permitiram que Goreb continuasse, provocativo:

– Parecem homens honestos, chefes de família, mulheres dignas... mas não perdem uma oportunidade para se entregarem ao vício que carregam nas veias, traindo seus compromissos, trocando seus ideais por qualquer excitação.

– Isso mesmo... – gritou alguém escondido pela multidão... – ELES SÃO OS DEMÔNIOS... eles sabem o que é bom...

Aproveitando a deixa, o Maioral continuou:

– Sim, eles sabem o que é bom e vocês não se esqueceram também, não é?

Os gritos começaram a surgir, eufóricos:

— Sim... nós não esquecemos também... nós queremos também... nós gostamos disso...

Parecia que aqueles escravos mumificados pela culpa e pelo medo tinham tomado algum elixir especial que pudesse trazer à tona as emoções que a culpa tinha arrefecido, que o peso da punição tinha intimidado.

Agora, estavam como um animal enjaulado que ganha a liberdade para poder voltar a devorar a carne crua.

Vendo o efeito positivo de suas ações, o Maioral continuou, depois de impor silêncio com o estridente som da campainha:

— Agora temos coisas a fazer que garantam para todos nós os mesmos direitos que os homens lá de cima exercitam.

Vocês querem desfrutar desses prazeres, relembrando as sensações mais agradáveis ao contato com os que têm carne?

A pergunta caiu nos ouvidos daquelas feras enjauladas como uma fagulha num barril de pólvora.

— Sim... queremos..., queremos muito, é o que nos alimenta a alma... – gritavam, desordenadamente.

O alarido voltou a perturbar ainda mais o ambiente, como era do agrado do líder.

Parecia que tudo aquilo estava coordenado para os objetivos trevosos que ele iria, aos poucos, deixando entrever com sua fala.

Nova campainha e novo silêncio para ouvirem a palavra do Maioral. No entanto, foram as imagens que voltaram a iluminar a parede do ambiente cavernoso.

Surgiam, agora, os preparativos para o carnaval. Pessoas se bronzeando, modelos se esculpindo em academias, spas, clínicas de lipoaspiração, tudo sendo preparado para a grande orgia coletiva promovida pela insanidade daqueles que pensavam que a vida era resumida a algumas noites de euforia e libidinagem.

O ambiente dos bailes, as chamadas da televisão exibindo mulheres dançando em trajes sumários, a exuberância das cores, a criação do clima de permissividade, tudo era notícia favorável para que a sede de prazer explodisse no âmago de cada integrante alucinado.

Imagens de antigos carnavais, nudez abundante, cenas de bailes onde, nos camarotes, os ricos contratam mulheres, homens, travestis, para transformá-los em objetos de seus prazeres numa arena sexual e pervertida, visões grotescas e indutoras de sensações luxuriantes compunham aquele prato de devassidão, tão ao estilo da chamada "NORMALIDADE HUMANA" e tão adequada para o intercâmbio com as forças trevosas que escravizam as consciências dos que se permitem tais envolvimentos, cedo ou tarde.

A maioria dos escravos, ali detidos em regime de autopunição, carregava em seu ser as marcas das mesmas tentações que lhes haviam sido apresentadas para alimentar-lhes o "homem velho", sedento de prazeres.

– Queremos carnaval... queremos prazer, queremos bebida, queremos sexo... – ouvia-se todo o tipo de gritos e súplicas dos presentes que, agora, eram estimulados pelos guardas a darem vazão às negras inclinações de suas almas, profundamente viciadas.

Longo tempo decorreu entre as imagens que se sucediam e os gritos e solicitações da maioria que a elas assistia.

Quando as imagens cessaram, o líder astuto falou, pausadamente:

– Sim, reconheço que todos vocês possuem gosto apurado e que, de uma certa forma, têm o direito de voltarem a viver essas emoções de alguma maneira.

– Sim... grande Sacerdote, sim, generoso governante...

– Mas precisamos revelar-lhes um plano que tem a finalidade de prendê-los e tirar-lhes a possibilidade desse desfrute.

Provocada na curiosidade com a revelação perigosa, a turba calou-se esperando as palavras seguintes do Maioral:

– Sim... meus súditos... devo preveni-los de que há um plano dos Enviados do Cordeiro, esses falsos virtuosos, esses representantes da traição e da perversidade disfarçados de bonzinhos, para prendê-los em suas teias.

Como acontece em todos os anos, boa parte de nossos companheiros não consegue regressar de suas justas aventuras porque caem nas redes que essas inteligências criminosas criam para nós.

Envolvidos pelo prazer, estimulados pela nossa companhia, os homens e mulheres deixam-se arrastar pela euforia e, com isso, muitos de nossos melhores servos acabam fisgados pelo útero de alguma dessas pervertidas. Quando conseguimos agir a tempo, obtemos o resgate de nossos protegidos, induzindo os lá de cima a extraírem aquele bolinho de carne de suas entranhas, como forma de arrombar a cadeia e salvar o nosso favorito, nela aprisionado. Se não fizermos isso, perdemos a sua ajuda aqui ao nosso lado por longos anos. Nestas épocas de orgias coletivas, muitos que precisavam ficar por aqui acabam fisgados por essa armadilha.

Vocês querem correr esse risco?

Vendo a pergunta no ar, esperando a manifestação da maioria, muitos se anteciparam aos berros:

– Queremos prazer, não queremos voltar lá pra cima...

– Desejamos gozo sem prisão, sem trabalho, sem compromissos...

– Malditos representantes do Cordeiro... que nunca nos deixam em paz...

Agitavam-se os presentes diante das reveladas estratégias do Bem, no sentido de ajudar as criaturas a se erguerem nos processos evolutivos.

Não entendiam as coisas pelo lado da Verdade. Como ociosos de séculos e séculos de irresponsabilidade e prazer, não desejavam regressar ao recomeço, com tudo aquilo que as experiências reencarnacionistas impunham aos acomodados gozadores.

Então, o Maioral continuou:

– No entanto, meus amigos, a minha sabedoria e generosidade estão vigilantes, a fim de garantir a todos as possibilidades do gozo aliadas à liberdade de não precisarem ficar presos aos cárceres pesados da carne.

A um gesto, a imagem do telão voltou a apresentar cenas para conhecimento coletivo.

Agora, longe dos salões de baile e das orgias coletivas, o ambiente estampado era outro.

Luxo e sobriedade pareciam ser a tônica daqueles lugares, ainda que se observasse uma mescla de luminosidade e escuridão em todos os ambientes.

Salões acarpetados, poltronas confortáveis, pessoas bem vestidas, homens e mulheres ocupados em ir e vir por largos corredores, afluxo constante de pessoas.

Sob os olhares atentos, apresentava-se o panorama dos gabinetes de trabalho e salões de reuniões e deliberações dos representantes do povo na capital federal do país.

Todo tipo de entidade era visto por ali. E se à vista dos encarnados não existia diferença entre os diversos homens e mulheres que perambulavam por aqueles corredores e câmaras de discussão, aos olhares espirituais era muito fácil observar quem estava manipulado pelas sombras e quem procurava trilhar seus passos pela correção da consciência luminosa, aliando-se à claridade.

Entidades astutas, maliciosas e inteligentemente perversas, compostas dos antigos políticos, dos religiosos de todos os matizes interessados no reino da Terra, autoridades venais e corruptoras, todos entreteciam uma rede de influências que procurava manipular não apenas os ocupantes de cargos públicos, mas de forma muito mais intensa, os satélites que os orbitavam, na figura de assessores, estagiários, amigos e lobistas, funcionários e agentes partidários que estivessem disponíveis para o assédio inferior.

Fora das dependências dos palácios administrativos, vasto emaranhado de prazeres e vícios, orgias e tentações se construía, como acontecia nos antigos impérios do passado, onde os comensais menos favorecidos viviam à espera de uma oportunidade favorável que pudessem usar para alavancá-los da miséria para a estabilidade financeira.

Diversas candidatas a amantes, provocadoras e sedutoras, sonhavam em escavar uma oportunidade de se verem nas proximidades de um político qualquer a fim de abrirem caminho para suas carreiras sociais.

A preocupação com a ética e com os costumes é artigo de luxo nesses ambientes infestados de maus pensamentos e nos quais a fraqueza humana é objeto de todo o tipo de barganha e tentação.

No entanto, se esse era o lado escuro do local, podia-se observar em toda parte, a presença luminosa de entidades superiores que, mais do que em qualquer outra parte, ali se aglomeravam procurando auxiliar os homens, representantes do povo, a conseguirem materializar medidas que beneficiassem as parcelas sociais e promovessem o progresso da nacionalidade, no âmbito dos valores humanos mais elevados.

Eram a fonte de inspiração que se ligava a qualquer político ou trabalhador daqueles palácios a fim de que as causas humanas não se amesquinhassem, para que o idealismo não morresse sufocado aos excessos de facilidades, confortos e tentações materiais.

Luz exuberante descia do Alto sobre todos os postos de trabalho do governo da Nação, numa forma de ajudar o bom pensamento e a boa intenção a ganhar amplitude e chegar à materialidade das boas leis, geradoras de bem-estar social e de Justiça para todos.

Entretanto, cabia a cada um se ajustar ao tipo de vibração que lhe fosse adequada ao caráter e aos verdadeiros intentos mais íntimos.

– O que vocês estão vendo é o local de onde virá a solução para nossos problemas, para nos libertarmos da sanha desses defensores do Cordeiro e para ampliarmos o rol de prazeres que nos esteja garantido sobre a Terra que nos pertence.

Sim, daqui vai se originar aquilo que representa para todos nós a carta de alforria, a liberação de nossos direitos à diversão, ao gozo, a tudo de bom e que não pertence só aos "lá de cima".

O silêncio tumular da multidão aguardava a continuidade das revelações do Maioral.

– Nessas salas luxuosas nós estamos manipulando as coisas para que seja aprovada a lei que nos dê liberdade. A lei do VENTRE LIVRE...

Sim, meus súditos. Com a lei que garante a liberdade do ventre, poderemos salvar com mais facilidade todos os nossos amigos que ficaram retidos em um corpo indesejado no útero da mulher.

Além do mais, isso garantirá que homens e mulheres possam se atirar com maior ímpeto a todo tipo de aventura, requintando a forma de nos divertirmos, sem precisarmos mais ficar restringidos a certas práticas que empobrecem o prazer animal da maioria dos lá de cima.

Imaginem poder fazer sexo sem qualquer cuidado, por medo de engravidar. Imagine poder ter liberdade para se entregar a todo tipo de homem e, sem qualquer dificuldade, manter o ventre livre de enroscos?

E quando algum de nossos excitados amigos ou escravos estiver desfrutando do prazer imediato junto aos alucinados que nos fornecem a parcela mais saborosa da euforia, não precisaremos mais temer a imantação aos tecidos uterinos, de onde eles não poderiam se safar até o nascimento do corpo ou, então, até que conseguíssemos induzir a futura mãe a extrair o indesejado corpo que crescia em seu íntimo.

Agora não. Com a lei do Ventre Livre não teremos mais problemas nem preocupações.

Será fácil conseguir mais prazeres e obter as vantagens sem tantos esforços ou sofrimentos para nosso grupo.

Por isso, estamos recrutando a todos não apenas para que se divirtam no carnaval que se aproxima, mas, com maior ímpeto, se atirem sobre as pessoas, principalmente as mulheres mais jovens, que as influenciem, que as alimentem com a ideia de terem o Ventre Livre, de serem donas de seu corpo, de poderem desfrutar do sexo sem medos, sem limites e de que, quando desejarem, extraiam de seu interior a gravidez não esperada.

Isso garantirá nossa maior mobilidade no meio da sociedade, sem sermos vítimas da ação desses malditos representantes daquele Covarde que se deixou crucificar como um frouxo.

Só assim vocês estarão garantindo o direito a muitos carnavais, provando o que há de melhor e requintando as sensações, sem os riscos da prisão carnal.

Esse é o objetivo de nosso encontro. Convocá-los para uma grande mobilização a favor da aprovação da lei que garante o Ventre Livre, através do aborto...

Hipnotizados pelo raciocínio astuto do Maioral, o coro, em uníssono, se fez escutar:

– Aborto... Liberdade... Ventre Livre...!!!!!!!!!!!!!! – os urros selvagens se escutavam por toda parte, ecoando naquelas paredes.

Carnaval, sexo, aborto e liberdade... esses são nossos direitos.

＊

A turba havia sido chamada a tal esforço e, com base nas suas próprias imperfeições morais, passaria a defender o crime como se isso lhe fosse a garantia de um direito, esquecendo-se de que somente através do renascimento é que suas dores pessoais diminuiriam.

O Maioral sabia dos efeitos nocivos da reencarnação que tirava de seu controle as almas que, mais tarde, poderiam não mais retornar ao seu covil.

Com a luta pela aprovação da legislação que garantia o aborto indiscriminado, as entidades trevosas desejavam garantir, também, a manutenção do controle de seus escravos, como a mão de obra barata disponível para todos os trabalhos que a ignorância e o mal patrocinam no caminho dos homens.

Além do mais, a facilitação da destruição da vida tornaria ainda maiores os conflitos no coração e pensamento dos encarnados, fustigados pela infração à lei de Amor que todos carregam em seu íntimo, abrindo brecha para as perseguições e obsessões que usam a culpa como porta de entrada no mundo das fragilidades humanas.

Geraria promiscuidade ainda maior do que aquela que já existe sem a liberação do procedimento abortivo indiscriminado, tornaria as mulheres menos sensíveis, facilitaria a instalação de inúmeras doenças físicas em futuras existências corpóreas e corresponderia a um retrocesso evolutivo para os membros daquele grupo social que escolhessem tal caminho ou que se omitissem na luta contra a sua implantação.

11

ENCARANDO A SI MESMA

Não tardou para que Leonor acordasse do outro lado da vida, ainda confundida como acontece à maioria das pessoas, carente de ensinamentos espirituais, em decorrência da falta de treino para o despertamento consciente do Espírito.

Sua alma estava envolvida pelas preocupações do dia agitado que tivera, muito atrelada à lembrança de Oliveira e seu velório, recordando os momentos que viveram juntos bem como os sonhos desfeitos pelas escolhas do antigo companheiro.

Em sua alma, o vazio mais profundo dominava e, tão logo se reconheceu no mundo invisível, dirigiu-se a Cristiano com maior intimidade, como se o mesmo fizesse parte da família na condição paternal.

– Querido paizinho... e agora, como é que vou ficar?

Atendendo à sua iniciativa verbal, Cristiano se acercou de Leonor semiconsciente, afagou-lhe os cabelos e respondeu, gentilmente:

– Ora, minha filha, como você se valeu nas horas difíceis, ao longo de toda uma vida de solidão e lutas?

– É... o apoio de Deus...

– Sim, Leonor, jamais lhe faltou o amparo superior e, ainda mais neste instante. O Criador sabe das necessidades das criaturas.

Vendo que suas palavras produziam uma modificação positiva nos padrões vibratórios da protegida, Cristiano aproveitou o momento favorável e realizou as apresentações dos outros novos amigos.

— Tenho novos companheiros que estão aqui, Leonor, justamente a serviço do Amor de Deus, para ajudá-la na superação destes momentos delicados pelos quais você começa a passar.

Cristiano, então, apontou-lhe o instrutor, informando:

— Este é Jerônimo, professor de todos nós e que está aqui como irmão que oferece seu conhecimento e seu amor para nos ajudar e fortalecer seu Espírito, minha filha.

E este outro é Adelino, médico que domina o saber na área da medicina humana e que está aprofundando seus estudos na companhia de Jerônimo para entender as relações profundas entre o Espírito e a carne, em matéria de equilíbrio e doença.

Leonor sorriu agradecida, exprimindo-se com simplicidade:

— Ah! Como é bom a gente saber que Deus não se esquece de nós num momento tão doloroso para minha alma, paizinho.

— E agora, Leonor, está pronta para passearmos? Precisamos conversar com você para explicar-lhe algumas coisas, mas iremos fazer isso em outro lugar.

Sorrindo para expressar sua aprovação, Leonor foi amparada por ele e por Jerônimo e, acompanhados por Adelino, seguiram para belo parque que se localizava às margens de vasto lago que conferia um pouco de umidade e frescor ao ambiente físico daquela cidade.

Não se tratava de região no plano espiritual por onde os mentores espirituais e a recém-desligada do corpo carnal poderiam excursionar .

O estado de consciência de Leonor não permitiria que ela fosse levada a planos mais sutis já que mantinha seus pensamentos dominados pela perda de Oliveira, fazendo com que sua alma estivesse desajustada em relação à leveza indispensável para realizações mais arrojadas, nas dimensões invisíveis.

Além disso, como iriam ferir assunto muito importante em sua trajetória de Espírito, não seria recomendável que estivesse envolvida pelo encantamento natural de que se vê tomada a alma quando é transportada para dimensões tão diferentes daquelas onde está acostumada a viver.

Assim, Cristiano conduziu a todos para o ambiente junto à

natureza que, tocada de encantos noturnos na atmosfera espiritual, poderia também revelar-se inspiradora e agradável, ajudando que os entendimentos de Espírito a Espírito se fizessem com maior grau de lucidez por parte da paciente.

Muitas outras almas procuravam aquele rincão para os momentos de sono, vivenciando agradáveis momentos entre os arvoredos, a brisa da madrugada e as emanações da natureza, um verdadeiro tonificante para o Espírito, recompondo-o em toda a extensão de suas necessidades, se houver sintonia de sua parte.

Caminhavam por entre os arbustos quando Leonor arriscou uma consideração mais direta:

— Puxa, paizinho, o senhor falou que se trata de um professor e um médico, não?

— Sim, minha filha...

— E por falar em médico, me recordei de uma descoberta que acabei de fazer, quando voltava para casa, depois do velório.

Pretendendo deixar que o assunto surgisse naturalmente, Cristiano manteve o silêncio de quem aguarda a continuidade do relato.

— Bem, é que passei na farmácia procurando um remédio para dor de cabeça e o rapaz acabou me explicando sobre uma doença que as mulheres estão propensas a desenvolver com a idade.

— Sim, filha, você se refere ao câncer de mama, não é?

— Isso mesmo, paizinho.

Logo de início pensei que fosse outra coisa, mas o Luiz me falou que o cartaz era para ensinar a fazer um exame a fim de descobrirmos o caroço o mais cedo possível.

E o que me deixou preocupada foram duas coisas:

A primeira é que a Jurandira, minha amiga de muito tempo, há uns três anos encontrou um negócio desses no seio direito. Mas como não se importou com o caso, não fez nada para ver o que era. Com os meses, passou a sentir dores na região e, indo ao médico, constatou que o bolo de carne tinha crescido muito e já se espalhava para outras partes do corpo. Fez cirurgia, retirou o seio, mas não durou muito tempo. Um ano e meio depois de ter descoberto o caroço, morreu.

A segunda coisa, paizinho, é que outro dia eu senti umas pontadas na mesma região, mas não dei muita importância para isso. Aliás, tinha até me esquecido da Jurandira.

Observava Cristiano que os mecanismos cármicos programados por Leonor antes do renascimento estavam ativando a sua preocupação com o momento marcado para o início de seu testemunho nesta área. Então, respondeu:

– Sabe, filha, a bondade de Deus usa muitos meios para alertar os filhos amados e, inspirados por Jesus, muitos estudiosos, pesquisadores, interessados no bem da humanidade, estão empenhados em alertar as pessoas sobre o risco do câncer no seio.

E foi por isso que você acabou interessada nessa ocorrência e que, recordando-se de Jurandira, passou a meditar sobre as suas próprias dores ou sintomas.

Leonor se mantinha atenta, agora mais equilibrada pelas forças aspiradas do ambiente e das plantas que rodeavam os quatro, o que facilitou que Cristiano inserisse os dois novos amigos na conversa, dizendo:

– Em verdade, Leonor, todos nós já a acompanhávamos desde muito antes e, destinados a prestar todo o concurso necessário a você, Adelino ajudou-a a ver o cartaz na farmácia e intuiu o jovem rapaz para que lhe explicasse os mecanismos da doença.

Interessada, a senhora, meio sem jeito, procurou o olhar de Adelino e, com a liberdade que Cristiano lhe conferia nessas excursões, perguntou:

– Doutor, o senhor que é médico e entendido nas doenças do nosso corpo, por favor, será que pode me ajudar com aquela dorzinha que eu senti?

Observando que Leonor, por si mesma, estava dirigindo-se para o ponto principal da conversa e não desejando antecipar as informações, Adelino olhou para o instrutor Jerônimo, como que a pedir-lhe orientações de como ferir o assunto sem assustar a alma de Leonor.

Profundo conhecedor da alma humana, Jerônimo veio em auxílio de Adelino e, em seu lugar, respondeu à pergunta da simpática mulher:

— Sabe, minha filha, todos nós somos protegidos por Deus muito antes de supormos que esteja se ocupando com nossas dificuldades.

Sempre que nos conectamos ao Pai para pedir, devemos nos lembrar que Ele já fez o que era necessário para nos ajudar a superar os problemas de que precisarmos para o amadurecimento e evolução de nosso Espírito. Assim, Leonor, se estamos precisando sair da ociosidade, da preguiça, muitas vezes necessitamos de problemas que nos incomodem a fim de que, fustigados pelas adversidades da vida, nos compenetremos da necessidade de ir em busca de trabalho honesto. Claro que ao preguiçoso, o trabalho parece mais um castigo e, dessa forma, é muito compreensível que a oração desse indivíduo seja aquela que solicite a manutenção de seus antigos privilégios, liberando-o da obrigação de trabalhar. No entanto, Deus não pode atender a tais pedidos que, justamente, comprometeriam toda a capacidade de superar a si mesmo. Somente lutando contra as necessidades, aprendendo a ser útil na produção de coisas ou bens e no desenvolvimento de sua inteligência e sua capacidade de aprender que esse indivíduo preguiçoso progredirá.

Então, Deus garantiu a ele a lucidez do pensamento, a força das pernas, a capacidade do organismo, os recursos da alma, recursos que o ajudem a colocar tudo isso em ação e obter o que seja o mínimo necessário para viver.

E isso acontece com cada um de nós. Além de tais amparos diretos, Deus nos envia entidades amigas que nos inspirem bons pensamentos, boas decisões e coragem para a luta que se aproxima.

Se o preguiçoso, então, desiste de ser relapso, de ser acomodado em suas antigas práticas, acatando a necessidade de superar seu ócio e ganhar o pão de cada dia através do trabalho, ele próprio descobrirá um novo mundo, onde haverá muitas coisas lindas esperando por aquele que sair de si mesmo e se transformar em um agente do Amor Verdadeiro, em vez de ser, tão somente, um roedor das estruturas da vida.

Leonor ouvia atenta e curiosa, imaginando como a bondade de Deus era muito mais ampla do que poderia imaginar.

Aproveitando o assunto, Jerônimo cuidou de tocar o foco das tarefas de todos eles.

— Como você pode ver, Deus não se esqueceu de você também, minha amiga.

Não apenas por causa de Oliveira que, como sabemos, já está sendo encaminhado para onde seus passos o levaram ao longo da vida, para a escola do aprendizado necessário ao seu tipo de ignorância.

Mas também por causa dessa dor que você se queixou a Cristiano.

Tanto eu como Adelino somos médicos em estágios diferentes da medicina.

E nos cumpre ajudá-la a enfrentar e a superar os desafios que começam a surgir em sua estrada, não para que você seja derrotada por eles, mas para que não se esqueça de que Deus a preparou para vencer qualquer dor ou dificuldade.

Silenciando para deixar Leonor assimilar melhor suas palavras, Jerônimo completou:

— Agora que você entendeu a solicitude do Pai para com todos os seus filhos, Adelino já pode responder à sua pergunta.

Adelino acercou-se de Leonor e começou a responder-lhe:

— Sabe, querida irmã, todos nós programamos experiências em nossas vidas, através das quais superaremos limites, construiremos coisas mais belas ou apagaremos do nosso passado as nódoas que insistem em tirar a nossa paz interior.

Assim, antes de você renascer, sua alma solicitou a oportunidade de reparar antigos débitos na área da sexualidade desajustada e que haviam produzido muitos danos para outras criaturas. Recordando-se de seu ontem de deslizes, em vida remota, você deparou-se com as práticas da venda do corpo, usado como instrumento de sedução e exibido como mercadoria para a cobiça dos que pudessem oferecer o melhor preço.

Com essa prática, a exibição fácil do seio robusto do antigo organismo induziu ao desequilíbrio inúmeros homens que, despreparados para o autocontrole, se atiravam aos seus pés, sonhando em possuí-la e desfrutar dos prazeres emocionantes da aventura sexual leviana.

Para todos os que você aceitava, sem considerar que se tratava de irmãos comprometidos com outras mulheres, chefes de família, pais ou membros importantes da comunidade, seu objetivo era o de obter ganho fácil, ao mesmo tempo em que ia construindo uma rede de influências e relacionamentos que a favorecessem em momentos difíceis, mesmo que fosse através da chantagem.

De sua consciência indelével, podemos extrair as cenas mais claras e fiéis acerca de tudo quanto você produziu na vida alheia pelas facilidades da beleza física, notadamente no campo da harmonia das formas no busto generoso e sedutor.

Em vez de colocá-lo a serviço da maternidade enobrecedora, você o transformou em arma de ataque e corrupção moral, marcando, desde então, o encontro inadiável com a reparação de todo o mal praticado.

Entre os mais intimamente ligados a tais abusos, encontramos aquele que você conheceu, nesta vida, pelo nome de Oliveira, que naquela época remota se uniu à mulher experiente na condição de macho faminto em busca de prazeres multiplicados, viciando-se nos centros da sexualidade desregrada.

Arrastou por séculos essa dependência que não conseguiu fazer migrar da esfera da atração carnal para o Amor mais sublimado, nem mesmo quando, nesta vida presente, o destino os reaproximou novamente.

Encantado com suas formas juvenis, rememorou as emoções intensas experimentadas em sua companhia, mas amolecido nas fibras do caráter pelos vícios enraizados naquele período, preferiu as facilidades e os convites do sucesso ao trabalho árduo de reerguimento moral ao seu lado. Dessa maneira, vocês haviam construído um núcleo de crescimento moral através da reunião, num mesmo ambiente, dos amantes do passado, cúmplices e competidores no afeto da mesma fêmea.

A presença de competidores, agora como filhos, inclinou a embarcação emocional de Oliveira na direção da fuga e da procura de novas oportunidades, relegando-a ao esquecimento e às inúmeras dificuldades que, de uma forma sábia, testaram seu caráter arrependido e encaminharam suas preocupações para a trilha saudável da responsabilidade maternal, obrigada a conquistar o respeito de si mesma de uma outra maneira que não a prostituição, lutando para obter o pão de cada dia para os próprios filhos e para si mesma.

Não havia espaço em sua mente para a condição simultânea e ambígua de mãe e meretriz. Isso serviu de defesa ao seu Espírito que começava o árduo caminho da luta moral, sem odiar aquele que a abandonou e sem abandonar aqueles que, um dia, você também explorara, criando sonhos e estimulando sensações viciosas ao extremo.

Mantida na rota segura do bom proceder, seus compromissos espirituais seguiam na direção planejada e, dessa maneira, o amparo superior estava sempre perfeitamente conectado com seus anseios e necessidades.

No entanto, restava em sua consciência a nódoa do delito que ligava as glândulas mamárias, sagradas para a sustentação da vida recém-nascida, às práticas sedutoras adotadas por você de maneira inadequada.

Assim, segundo seus próprios desejos, consta da programação da presente vida física, o resgate dos desajustes do passado através da tumoração cancerosa que vem transferir para o corpo carnal os detritos acumulados na região respectiva, ali imantados pelos pensamentos cobiçosos, pela fixação mental na sua utilização errônea, pela transformação deles em força deletéria, causadora da infelicidade de muitos semelhantes.

Você programou, com a autorização superior, a limpeza de sua consciência e de seu perispírito através da enfermidade respectiva que lhe possibilitará demonstrar a sua efetiva conscientização a respeito das responsabilidades para com o corpo na Terra.

Sem esse tipo de testemunho pessoal, ainda poderia restar em sua mente algum resquício de leviandade, contaminando seu caminho nos séculos vindouros.

Por isso, Leonor, é que estamos aqui.

Tocada pela palavra esclarecedora de Adelino, impregnada de vibrações amorosas e suaves, Leonor relembrava do grau de responsabilidades para com os testes solicitados antes de sua encarnação, envolvida por uma onda de lágrimas serenas, que rolavam pela face sem causarem estragos ao seu equilíbrio íntimo.

Levada pelos quadros mentais que Adelino ia revelando, por instantes Leonor se transformara naquela mulher exuberante de séculos atrás, apresentando os traços marcantes dos corpos invejados e os trejeitos típicos das mulheres que aviltam os sentimentos verdadeiros, para transformá-los em valores econômicos. Certa arrogância em suas posturas dava bem o tom do quanto ainda existia daquela mulher de outrora na pobre Leonor de hoje.

Era preciso expurgar da alma os traços que a faziam parecer-se, em Espírito, com a mesma criatura que tanto mal havia espalhado entre os que cruzaram seu caminho.

Entre tudo o que se podia vislumbrar, entretanto, a região torácica sobressaía à atenção imediata.

Por mais que desejasse ocultar, a sede geradora dos desequilíbrios mais marcantes jazia transformada em um ambiente apodrecido. A área do busto era a expressão da noite trevosa e sinistra.

Cada seio se apresentava aos olhos espirituais assemelhando-se a uma couve-flor escura, marcada por protuberâncias que roubavam às glândulas mamárias, o contorno suave e delicado com os quais se caracterizam costumeiramente, quando em equilíbrio magnético.

Com superfícies rígidas, endurecidas como se feitas de pedra, os seios ostentavam os desajustes construídos pela mente fixada nos prazeres excessivos e aviltantes, escravizadores de outras pessoas, podendo-se dizer, sem qualquer dúvida, que eram a parcela decisivamente mais enferma do perispírito de Leonor.

Cabia, assim, drenar tais desajustes para a carne mais densa, liberando-se a consciência feminina das acusações ou culpas que acumulara ao longo de todo o tempo em que tais partes íntimas foram usadas visando apenas a remuneração da sensação que produziam nos outros.

Entendendo os motivos e sentindo em si mesma essas alterações, Leonor levou por instantes a mão ao peito, como a defender-se de intensa dor que passara a sentir na região, agora transformada em razão das recordações vívidas que lhe pulsavam no âmago do Ser.

Constatou, então, que sua mão tocara região dilacerada e pastosa, chamando-lhe a atenção para o estado geral em que se encontrava.

Um grito de horror saltou de sua garganta, como alguém que se assusta diante de uma cena de terror.

Amparada por Jerônimo e Cristiano, Leonor se acalmou um pouco, mas, intensamente assustada, exclamou:

– Livrem-me desses vermes horríveis, por Amor de Deus...

– Calma, filha – exclamou Cristiano. – Eles são apenas as criações de sua mente, lembrando-se de seu estado pretérito. Atestam o estado de degeneração de sua consciência espiritual ligada à área da sexualidade, envolvendo diretamente o mau uso das glândulas que guarnecem o tabernáculo do sentimento. Isso mesmo, Leonor. Tais glândulas são importantíssimas para a vida, tanto que estão conectadas intrinsecamente ao coração e à emoção verdadeira. Não é possível desajustá-las ou vilipendiá-las sem ferir diretamente o equilíbrio afetivo.

Os mecanismos hormonais envolvidos na produção do leite materno, quando da amamentação do recém-nascido, tem determinante ligação com o afeto, com a relação emocional e visual entre a mãe e o filho que lhe suga o peito generoso.

Afeto puro que sai do coração espiritual na forma de estímulo carinhoso e comanda a produção dos elementos indispensáveis ao processo indutor do aleitamento.

Com o desajuste desse centro afetivo, você produziu a enfermidade do afeto que precisa ser drenada para a obtenção do reequilíbrio, da mesma forma que é preciso drenar o lodo que invade uma casa depois do vendaval a fim de reconduzi-la à harmonia e à limpeza.

Não se consegue colorir novamente as paredes nem limpar os móveis se o solo se encontra empapado de lodo e lama.

E por isso, filha, chegou para sua alma o tão esperado instante do trabalho de limpeza através do próprio perdão.

Daí a preocupação do Pai em enviar até você almas tão abnegadas, que estarão amparando suas lutas doravante, sem que exista qualquer ideia de que esteja relegada ao esquecimento.

Entendendo o que se fazia importante naquela hora, Leonor, titubeante, acentuou:

— Que... que... quer... di... zer... que EU... VOU... SER UMA CAN... CANCEROSA... TAMBÉM?

Visando reajustar sua posição mental para os fins a que se destinava a doença física, o instrutor Jerônimo tomou-lhe o rosto entre as mãos, com muito carinho, olhando-a com um sorriso de amor diretamente nos olhos e respondeu:

— Não, Leonor. Você está se preparando para DEIXAR DE SER A CANCEROSA QUE, ATÉ HOJE, TEM SIDO.

Seu corpo adoecerá... mas seu Espírito recobrará a saúde para sempre.

Sabendo que em sua alma, surpreendida pelas revelações, Leonor necessitava assimilar as palavras ouvidas, Jerônimo deixou passar os minutos para, logo depois, acrescentar, enfaticamente:

— Olhe para si mesma, Leonor. O que está vendo?

Titubeante, ela respondeu:

— Um corpo podre, com bichos andando por dentro e por fora.

— Pois então, filha. Você acha que isso está bom do jeito que se encontra?

Relutante, mas corajosa, afirmou a mulher:

— Claro que não. Isso é horrível para qualquer um...

— Essa é a doença da qual você irá se libertar pelo esforço da luta. Enfrente-a como o lavrador que combate a praga de lagartas que lhe assolou a plantação. Salve as plantinhas tenras do ataque voraz. Lute com determinação e constância para que cada dia represente uma vitória sobre si mesma, no extermínio desses vermes que você enxerga em sua própria estrutura.

— Mas eu posso morrer dessa doença — respondeu Leonor raciocinando como qualquer encarnado.

— Não, minha filha. Doentes e sadios irão morrer no corpo, mas nunca deixarão de viver. Voltarão para cá onde estamos, na dimensão da Verdade e terão de se defrontar com as doenças que trouxeram da

Terra pelos maus costumes e atitudes que tiveram. Não será melhor, então, fazermos uma faxina bem feita naquilo que não vai durar para sempre e chegarmos aqui brilhando?

Pensando sobre o assunto, Leonor respondeu, timidamente:

– É... pensando desse modo, até que me parece algo positivo.

– Além do mais, minha filha, a morte não é produto da doença ainda que possa ser produzida por ela. A morte é a extinção do tônus vital que a enfermidade pode induzir, mas, em verdade, a morte pode acontecer com ou sem a doença.

Há pessoas que, em plena saúde, estão se matando mais rapidamente do que muitos cancerosos que lutam para manter suas vidas e seguirem adiante.

É a resposta interior que vai contar a seu benefício, Leonor. Ninguém nos garante que você chegou ao fim da linha porque descobriu que uma tumoração está crescendo dentro de você. Viva intensamente cada dia, busque a alegria de viver, trabalhe no Bem, abasteça-se de DEUS em tudo o que fizer. Descubra que aquele que se alimenta das forças sublimes do Criador, através do ideal que constrói um mundo novo, consegue fazer milagres que o mais competente dos médicos e o mais potente dos remédios estão longe de conseguirem.

Não comece a luta imaginando que é o caixão que a estará esperando ao final.

Aliás, vale lembrar que, desde o dia em que nascemos, deveríamos nos preparar para o dia do regresso. Mas você pode dar exemplos de nobreza, de coragem, de integridade da fé, de fortaleza moral, reerguendo os que estão ao seu lado, os abatidos que cruzarem seu caminho, restabelecendo o ânimo de muitos aflitos só pela observação de sua conduta diante da doença do corpo.

Lembre-se, a doença está deixando de ser do Espírito e sendo transferida para as estruturas perecíveis da matéria.

Você está ficando saudável, Leonor.

Estaremos ao seu lado, todos os dias, pelo tempo que o Senhor nos autorizar e pela receptividade que sua alma nos conceder.

Se você desistir, nós não poderemos violentar a sua vontade e, então, teremos que ir embora como dois derrotados, derrotados pelo seu desânimo.

Vamos nos unir, porque a Bondade de Deus não deseja a sua destruição, nem o sofrimento do corpo. Vamos transformar tudo isso em saúde para os outros e, certamente, o Criador saberá vislumbrar novas tarefas para sua vida física, não sendo difícil que a sua transformação interior, onde se radica o foco do desequilíbrio, modifique o panorama do exterior, acelerando o processo de cura física.

Sare logo por dentro, Leonor, que o câncer de fora acaba mais depressa.

Emocionada com as exortações do instrutor Jerônimo, Leonor, agora, chorava de esperança, confiante na bondade de Deus, raciocinando que se os cancerosos devessem morrer, o Criador não teria autorizado a descoberta de procedimentos terapêuticos, de cirurgias, de remédios químicos que viessem a ajudar o combate da enfermidade.

Se tudo isso era possível, era porque Deus também estava interessado em que os homens se reajustassem moralmente, buscando aprender a fazer a faxina interior e a se esforçarem na prática do Bem, apesar de suas próprias dificuldades.

Se Deus era tão bom, nenhuma doença poderia ser tão má assim.

Nenhum câncer era maior do que o Amor de Deus, a sublime quimioterapia da alma, a radioterapia da Esperança. Lembrou-se da luta pelo amparo dos filhos, pela sua criação, pelos sacrifícios como empregada humilde na casa de gente rica, pelas dores anônimas que superou para que seu carinho pelos pequenos pudesse transformar-se em pão, leite, roupa limpa e escola e o quanto Deus a auxiliara ao longo de tantas décadas.

Ao pensar dessa maneira, a aparência de Leonor foi se transformando novamente. Sem se dar conta, à medida que o otimismo retomava o controle de seus pensamentos e sentimentos, o corpo dilacerado foi sendo renovado por uma nova estrutura, agora carregando o coração de uma luz brilhante e clara que iluminou pequena área ao redor do grupo espiritual.

Vendo a luz aumentar ao seu redor, Leonor assustou-se imaginando que o dia começava a clarear e que se fazia necessário regressar ao corpo.

Observando a sua inocência diante do referido fenômeno luminoso, Cristiano sorriu e lhe disse:

– Não é o dia que começa a clarear, minha filha. Olhe bem para você mesma...

Encantada, então, Leonor passara a perceber as irradiações que pulsavam de seu coração, iluminando o pequeno campo em sua volta e, mais comovida ainda, ajoelhou-se na relva, com vergonha de si própria.

Os três amigos ajoelharam-se com ela e Jerônimo, feliz com a sua aceitação, lhe disse, em tom carinhoso:

– Esta é a sua alvorada, minha filha. É você que começa a amanhecer para a Verdade e para o próprio Perdão.

Agradeçamos a Deus por este momento tão especial em nossas vidas.

E ali, entre os braços do arvoredo que filtravam a luz das estrelas do infinito, Cristiano elevou a oração com a qual dava graças pela Soberana Solicitude que permitia que os condenados se libertassem, que os caídos se levantassem, que os sujos se limpassem, que os fracos se tornassem fortes e que os doentes da alma encontrassem a cura definitiva.

12

O AUTOEXAME

Ao amanhecer, Leonor foi trazida por seus amigos espirituais para o corpo carnal, preparada para as descobertas que dariam início à nova fase de sua existência, aquela na qual sua alma iniciaria o trabalho mais importante para a recuperação da própria confiança.

Lentamente reacoplada ao organismo, seu despertar foi suave e sem sobressaltos.

Uma sensação de coragem e paz interior, confiança e alegria davam-lhe a ideia de que poderia vencer todos os obstáculos que lhe surgissem dali por diante.

Tinha uma vaga noção de ter sido levada a um grande parque onde as estrelas fulguravam no firmamento e nesse ambiente exuberante encontrara-se com velhos conhecidos, tendo sido por eles aconselhada. Não saberia dizer qual o teor dos conselhos, nem poderia identificá-los pelo nome. Apenas lhe restava a impressão firme de que eram seus amigos e na presença deles se sentia segura e confiante.

Tentou reter na memória os lances mais emocionantes do encontro, ao mesmo tempo em que os Espíritos amigos, presentes no seu quarto, a envolviam em doces vibrações para que tais lembranças pudessem ficar cristalizadas de maneira indelével em sua memória.

Leonor desejaria manter-se naquele estado de alma para sempre, mas as rotinas do dia esperavam por ela.

Assim que se moveu no leito procurando erguer o corpo, ao movimento dos braços sentiu estranha pontada na região do seio direito.

Esta pequena dor já fora identificada há alguns meses, mas sem maiores preocupações para seu pensamento, que a havia atribuído ao esforço físico que tivera trazendo para casa algumas sacolas de supermercado próximo.

No entanto, depois daquela noite de sono e ainda que não se recordasse claramente dos avisos preparatórios, Leonor imediatamente relacionou a dor à conversa que tivera na farmácia, aos ensinamentos do rapaz que a presenteara com alguns informativos sobre o câncer de mama.

Preocupada com as reações de seu organismo, imediatamente buscou em sua bolsa próxima os referidos papéis e, acendendo o abajur, passou a lê-los com atenção.

Informando-se sobre o diagnóstico precoce, através da apalpação correta da glândula mamária, entendeu como poderia fazer em si mesma as primeiras averiguações sobre a existência ou não de algum nódulo suspeito.

Como era seu costume banhar-se logo depois de despertar no novo dia, levou consigo o folheto para o banheiro e, passo a passo, realizou a primeira verificação direta, com a atenção necessária para a constatação de alguma mudança na estrutura do local apalpado.

Quando realizou o exame no seio direito, surpresa, pôde notar a presença de uma área enrijecida, de pequena dimensão, mas que não se deslocava com os movimentos realizados durante a apalpação.

Tal área coincidia com aquela que vinha apresentando as pequenas fisgadas e que ela atribuía ao exercício físico ou ao esforço inusual.

Voltou ao folheto e continuou lendo as orientações. Realizou os autoexames conforme se descrevia na orientação para o diagnóstico precoce e, ao final, não lhe ficaram dúvidas sobre a possibilidade real de aquilo se tratar de uma suspeita de câncer.

No mesmo instante, foi acometida de uma crise de choro.

Relembrou de sua amiga Jurandira, das horas difíceis que teve que enfrentar, das sessões de quimioterapia, da perda dos cabelos, tudo isso voltou à sua mente como um relâmpago desesperador.

– Ai, meu Deus... eu estava tão bem agora mesmo... por que isso está acontecendo agora comigo? Que mal eu Lhe fiz, meu Pai? Por que você está me castigando tanto assim?

As palavras eram pronunciadas no meio da torrente de lágrimas e do quase descontrole com que Leonor extravasava sua angústia.

Em sua alma, passava o filme com a recordação dos rudes momentos de aflição desde a juventude. A perda do homem amado, o abandono, as necessidades materiais, o serviço duro para a criação dos filhos, as renúncias constantes, o reencontro com o companheiro do passado e, por fim, a sua morte, já não seriam suficientes para que Deus se desse por satisfeito com a taça de amargores que ela sorvera durante toda a vida?

Essas indagações, em tom de desabafo e confissão, eram testemunhadas pelos amigos invisíveis que ali se encontravam ao seu lado para ampará-la na hora delicada.

Apesar de todos os anúncios prévios, de todas as orientações conscientizadoras, de todo o apoio que lhe fora franqueado por parte do mundo espiritual, era compreensível que, reassumindo o controle do mundo físico vestindo o traje de células, Leonor não se modificasse de uma hora para outra.

Reagiria como uma pessoa inserida no contexto da desinformação, do descontrole emocional, do medo do desconhecido, como acontecia com a maioria das pessoas.

Assim, os amigos invisíveis sabiam que era necessário dar-lhe espaço na exteriorização dessas emoções, com a finalidade da drenagem nervosa, primeiro estágio da modificação interior da alma, no caminho do crescimento e da descoberta de si mesma.

Longos minutos correram entre a constatação do nódulo mamário e a conversão da descoberta em lágrimas e imprecações contra Deus, como se o Criador houvesse sido o responsável pelos deslizes do passado que originaram a enfermidade da alma, agora canalizada para os tecidos orgânicos.

Quando se acomodou no mesmo leito de onde havia saído, caída em prostração sobre o travesseiro que lhe servia de único amigo para a hora difícil, Cristiano se aproximou mais de sua tutelada e, tocando seus centros de percepção espiritual, aplicou-lhe passes magnéticos calmantes, ao mesmo tempo em que a auxiliava na reformulação dos pensamentos.

Sua palavra paternal penetrava a acústica espiritual de Leonor como jatos luminosos que combatiam as imagens escuras e negativas que o cérebro de sua protegida produzia, ao imaginar as dolorosas consequências da doença que se anunciava.

Seu descontrole em nada auxiliava no combate à doença. As imagens tristes e pessimistas que a envolviam, funcionavam como uma camada de densa fuligem, contaminando sua estrutura magnética como se ela estivesse rodeada por uma bolha de fumaça escura de odor nauseante, produto do seu medo, de sua revolta imediata, de seu desajuste emocional, de sua imprecação contra a fonte de todas as bênçãos.

※※※

Por desconhecer a natureza dos fluidos, na estrutura de sua modelagem e de sua neutralização, a maioria dos homens e mulheres do mundo ingere medicação química comprada na farmácia a peso de ouro com a qual buscam combater a enfermidade, mas alimenta a doença que carrega em si mesmo com o fluxo de pensamentos medrosos, rebeldes, insensatos, produzindo e se alimentando das formas-pensamento que povoam o seu universo vibratório como verdadeiros corrosivos fluídicos.

A Doutrina Espírita apresenta muitas páginas explicativas sobre tais qualidades e particularidades dos fluidos, valendo a referência ao Capítulo XIV da obra A GÊNESE, de Allan Kardec, IDE, que em seus parágrafos 15, 16 e 18 ensina:

"15. Sendo os fluidos o veículo do pensamento, este age sobre os fluidos como o som age sobre o ar; eles nos trazem o pensamento como o ar nos traz o som. Pode-se dizer, pois, com toda a verdade, que há, nestes fluidos, ondas e raios de pensamento que se cruzam sem se confundirem, como há no ar ondas e raios sonoros.

Há mais: O pensamento, criando imagens fluídicas, se reflete no envoltório perispiritual como num vidro; aí toma corpo e se fotografa de alguma sorte. Que um homem, por exemplo, tenha a ideia de matar um outro, por impassível que seja o seu corpo material, seu corpo fluídico é colocado em ação pelo pensamento, do qual reproduz todas as nuanças; ele executa fluidicamente o gesto, o ato que tem o desejo de cumprir; o pensamento cria a imagem da vítima e a cena inteira se desenha, como num quadro, tal como está em seu Espírito.

É assim que os movimentos mais secretos da alma repercutem no envoltório fluídico; que uma alma pode ler em outra alma como num livro e ver o que não é perceptível aos olhos do corpo. Contudo, vendo a intenção, ela pode pressentir o cumprimento do ato, que lhe será a sequência, mas não pode determinar o momento em que se cumprirá, nem precisar-lhe os detalhes, nem mesmo afirmar que ocorrerá, porque circunstâncias posteriores podem modificar os planos e mudar as disposições. Ela não pode ver o que não está ainda no pensamento. O que outra alma vê é a preocupação habitual do indivíduo, seus desejos, seus projetos, seus propósitos bons ou maus."

16. (...)Desde o instante que estes fluidos são o veículo do pensamento, que o pensamento pode modificar-lhes as propriedades, é evidente que eles devem estar impregnados de qualidades boas ou más dos pensamentos que os colocam em vibração, modificados pela pureza ou pela impureza dos sentimentos. Os maus pensamentos corrompem os fluidos espirituais, como os miasmas deletérios corrompem o ar respirável. Os fluidos que cercam ou que projetam os maus Espíritos são, pois, viciados, ao passo que aqueles que recebem a influência dos bons Espíritos são tão puros quanto o comporta o grau da perfeição moral destes.

(...)

18. Sendo os homens os Espíritos encarnados, eles têm, em parte, as atribuições da vida espiritual, porque vivem desta vida quanto da vida corpórea: primeiro, durante o sono e, frequentemente, no estado de vigília. O Espírito, em se encarnando, conserva o seu perispírito com as qualidades que lhe são próprias e que, como se sabe, não está circunscrito pelo corpo, mas irradia todo ao redor e o envolve como de uma atmosfera fluídica.

Pela sua união íntima com o corpo, o perispírito (*corpo vibratório que é a veste do Espírito e que modela ou plasma o corpo de carne, mantendo a integridade deste durante a vida física*) desempenha um papel preponderante no organismo; pela sua expansão, coloca o Espírito encarnado em relação mais direta com os Espíritos livres, e também com os Espíritos encarnados. (Texto grifado é nosso.)

O pensamento do Espírito encarnado age sobre os fluidos espirituais como o dos Espíritos desencarnados; ele se transmite de Espírito a Espírito pela mesma via, e, segundo seja bom ou mau, saneia ou vicia os fluidos circundantes.

Se os fluidos ambientes são modificados pela projeção dos pensamentos do Espírito, seu envoltório perispiritual, que é parte constituinte de seu ser, que recebe diretamente e de maneira permanente a impressão de seus pensamentos, deve mais ainda carregar a marca de suas qualidades boas ou más. Os fluidos viciados pelos eflúvios dos maus Espíritos podem se depurar pelo distanciamento destes, mas o seu perispírito será sempre o que é, enquanto o próprio Espírito não se modificar.

Sendo o perispírito dos encarnados de uma natureza idêntica à dos fluidos espirituais, assimila-os com facilidade, como uma esponja se embebe de líquido. Estes fluidos têm, sobre o perispírito, uma ação tanto mais direta que, por sua expansão e sua irradiação, se confunde com eles.

Estes fluidos agindo sobre o perispírito, este, por sua vez, reage sobre o organismo material, com o qual está em contato molecular. Se os eflúvios são de boa natureza, o corpo sente-lhes uma impressão salutar; se são maus, a impressão é penosa; se os fluidos maus são permanentes e enérgicos, eles podem determinar desordens físicas: certas doenças não têm outra causa.

(...)

20. O pensamento produz, pois, uma espécie de efeito físico que reage sobre o moral. É o que só o Espiritismo poderia fazer compreender. (...)"

Assim, queridos leitores, o estudo das características dos fluidos pode ser extremamente benéfico a todos os que desejam vencer o adversário usando armas eficientes para isso, em vez de ajudar o inimigo com atitudes mentais que outra coisa não fazem do que permitir-lhe o avanço ainda mais acelerado.

Era isso tudo o que estava em jogo naquele modesto quarto onde Leonor, abatida, emitia pensamentos de tal natureza inferiores, que vergastavam-lhe o corpo carnal, acelerando o assédio da enfermidade, ao passo que os amigos invisíveis se esforçavam para limpar-lhe o campo fluídico a fim de que a inalação desse conteúdo deletério não produzisse ainda mais sofrimentos.

※ ※ ※

Cristiano começara, assim, a delicada operação de influenciação positiva nos centros cerebrais e emocionais de Leonor, enquanto que Jerônimo, através de passes magnéticos, extraía da atmosfera vibratória, que se projetava ao redor do corpo da enferma aquela capa escura e vaporosa que isolava a pobre mulher de qualquer auxílio renovador que lhe fosse aplicado.

Necessário, pois, o trabalho duplo da limpeza externa e da renovação da fonte originária de toda "fuligem", sediada no pensamento de Leonor.

De nada seria eficaz o trabalho exterior da faxina vibratória se a fonte continuasse a emitir a fumarenta camada de energias. Por esse motivo, o trabalho conjugado de Cristiano e Jerônimo, a atuar nas duas frentes, produzindo os benefícios adequados no devido tempo.

Também por esses motivos é que ambos só se dispuseram ao auxílio direto depois que Leonor exteriorizou a maior parte da carga de desesperos e imprecações, o que forneceria maior eficácia ao empenho do mundo invisível, atuando depois de esgotadas as forças negativas provenientes dos pensamentos desregrados da doente.

Agir antes seria o mesmo que desejar lavar uma casa constantemente invadida pela enxurrada lodacenta.

Era preciso esperar que a inundação inferior cessasse, até mesmo pelo cansaço nervoso, para depois atuar em seu próprio benefício.

Longas horas foram gastas na modificação do panorama geral da enferma.

Depois do choque inicial e da reação explosiva que misturava o medo, a indignação, a revolta mesmo, o desgaste nervoso precisava ser compensado para o reequilíbrio do centro do pensamento.

Assim, identificando-lhe o cansaço, como acontece com o lutador que gasta sua raiva nos primeiros embates, mas que vai se incapacitando para a resistência pelo escassear das energias que o sustentem, os instrutores espirituais drenaram as manifestações deletérias originadas da sua mente em desalinho e, quando o momento se apresentou favorável, induziram-na novamente ao sono reparador.

O descanso, ainda que breve, seria uma forma de dar trégua ao cérebro em curto circuito de pavor, ao mesmo tempo em que Leonor voltaria a sentir a presença dos mesmos amigos da madrugada, voltando ao contato com a Esperança que a havia abastecido horas antes.

Assim que saiu do corpo no ambiente do quarto modesto, encontrou Cristiano ao seu lado.

Correu para ele, como uma criança apavorada busca o colo aconchegante do pai.

– Paizinho... paizinho, socorre-me... estou com câncer – dizia, entre assustada e chorosa.

– Calma, minha filha, estamos aqui há um bom tempo, preparando sua alma para este momento.

– Mas essa doença mata – dizia Leonor, agoniada com a tranquilidade do Espírito amigo.

– Ora, Leonor, a vida é indestrutível. Raciocine com base na eternidade da vida e você verá que não é necessário todo este desespero, filha.

– Mas, paizinho, estou só, sem ninguém que me ajude nesta hora. Se Oliveira ainda estivesse por aqui...

– Você nunca está sozinha, Leonor. Nunca esteve e nunca estará. Não se recorda dos amigos que lhe apresentei? Dois médicos que, juntamente comigo, estão cuidando de você antes mesmo que seu exame apontasse para o pequeno nódulo no seio!

Deus está sempre conosco, filha, ainda que não entenda isso neste momento de descoberta. Além do mais, você é muito mais forte do que pensa, Leonor.

Acariciando suas mãos aflitas, continuou:

– Quem foi que superou todas as lutas de uma vida de dificuldades e abandono?

Se Oliveira foi testado em sua capacidade realizadora no campo da tarefa pública, do serviço ao povo, dos deveres morais e materiais como embaixador dos miseráveis, você foi testada na capacidade de resistência, de perseverança, de coragem, minha filha.

E esteja certa de que você é uma vitoriosa.

Este momento é o coroamento de suas lutas, Leonor. Não se trata de punição, mas de honra ao seu caráter íntegro, ao seu espírito audaz, à sua capacidade pessoal de enfrentar todos os obstáculos sem perder a fé.

Não significa derrota antecipada, nem certeza de insucesso.

Cada pensamento negativo é mais danoso do que o pequeno nódulo que está no seu corpo. E enquanto a matéria orgânica está se esforçando para combater o invasor sutil, que pensar do inteligente administrador físico que se empenha em favorecer o crescimento do mal?

Suas células sadias estão organizando a resistência heroica. Seria justo que você, a comandante do exército celular, traísse tal disposição de resistência e se aliasse ao invasor para ajudá-lo a consolidar suas bases?

Vamos, Leonor. Tudo ao seu redor é presença divina convidando ao reerguimento.

Lembra-se da farmácia? Do jovem balconista que a atendeu de forma tão interessada e cortês? Do cartaz na parede e dos folhetos que lhe foram entregues?

Tudo isso, filha, são mensagens de Deus preocupado com você para que sua atenção fosse conduzida ao foco do pequeno problema a fim de que acabasse detectado em tempo de ser sanado.

Além do mais, pesquisadores do mundo todo estão desenvolvendo tratamentos para combater o agente agressor. Hospitais estão aparelhados para cirurgias salvadoras, médicos se qualificam para corrigir as disfunções do organismo, garantindo o máximo da qualidade de vida para os pacientes. Medicações se colocam à disposição para reforçarem as linhas de defesa, apoiando as células batalhadoras com novos recursos para o combate. Procedimentos cirúrgicos avançados garantem a recomposição estética para os casos de extirpação mamária, próteses amparam a forma para ajudar as mulheres na adaptação à nova estrutura física, nos testemunhos que visam reorientar os impulsos da vaidade para os caminhos da resignação e da paciência.

Profissionais desenvolvem estudos e terapias psicológicas para readaptar a mulher à sua realidade, buscando motivá-la para a vida, acendendo os ideais realizadores de outras áreas de sua alma que estavam empalidecidos ou acomodados até então, envolvidas pelos caprichos consumistas, pelas tolices da vida material.

Religiões abrem espaço para a consolação superior e os enfermos as procuram como os filhos que regressam à Casa do Pai depois de longo período de insanidades. A solidariedade faz cada doente perceber que existe um outro mundo, onde outros seres humanos sofrem dores ainda mais profundas do que as dele próprio, entendendo que a vida não é o guarda-roupa cor-de-rosa, o espelho enganoso, a passarela das vaidades.

Livros ensinam a superar os próprios limites e relatam histórias de heróis anônimos que, no silêncio de suas vidas, não venceram apenas as doenças, as mutilações necessárias, as disfunções resultantes dos processos terapêuticos, mas venceram a si mesmos, no medo que sentiam.

Como achar que tudo está perdido, minha filha?

Como desistir antes que a luta tenha começado?

Como se esquecer de nós, que estamos ao seu lado, sem nos esquecermos um só instante de você?

Ao som das frases de Cristiano, Leonor ia retornando à calma confiante dos primeiros momentos de despertamento naquele dia.

O fluxo de ideias se normalizou e novas imagens surgiam à sua volta.

Claras, positivas, otimistas, transformando o panorama espiritual que emanava de sua alma e se cristalizava em seu perispírito diante dos olhos dos amigos invisíveis, tanto quanto acontecera quando Adelino a fizera regressar ao passado para o entendimento das causas da doença no presente.

Retemperada para a luta, Cristiano aplicou-lhe energias na área da lembrança, na região do perispírito, ao mesmo tempo em que Adelino se concentrava sobre a região do córtex cerebral, estimulando os terminais celulares do órgão usado pela mente para arquivar as lembranças do sono, de forma que, ao retornar ao corpo, a Leonor consciente pudesse manter a impressão positiva dos conselhos ouvidos de Cristiano, ajudando a preservar o estado geral de equilíbrio para a melhoria das funções do organismo como um todo.

O cérebro, estimulado pelos fluidos que Adelino aplicava, passara a brilhar como uma caixa preciosa, talhada em cristal à luz do sol. Assim, quando Leonor, em Espírito, foi trazida por seu protetor espiritual para a recolocação junto à máquina orgânica, a acoplagem da mente ao cérebro se deu em uma atmosfera vibratória muito intensa, facilitando a transferência dos conselhos recebidos espiritualmente para a memória física do nível consciente.

Em breve, Leonor despertava do breve sono, guardando outra disposição interna. Sua angústia ainda dava sinais de existência, mas, agora, a lembrança de que estivera nos braços de um pai amoroso e conselheiro, falando-lhe ao coração com palavras positivas atenuava as reações descontroladas e, mais serena, reergueu-se para ler novamente o folheto que, em outra parte de suas linhas, informava ao paciente que nem todos os nódulos indicam a presença de câncer, que existiam certas formações nodulares que podiam ser confundidas com tumoração, mas que, ao contrário, não se tratava de formas malignas e sim de edificações benignas e sem perigo. No entanto, tal diagnóstico só poderia ser dado com exatidão por algum médico especializado, através de exames que deveriam ser realizados segundo suas indicações.

Lendo melhor o folheto, Leonor defrontou-se com a ressalva que, até aquele momento, não havia notado.

– Ora, nem tudo está perdido – falou ela para si mesma.

Pode ser que isso não seja câncer, como está escrito aqui. E eu já estou me matando antes do tempo. Que burra que sou, mesmo.

Vamos lá, Leonor, respire fundo, cabeça para cima, sorriso na cara e vida para a frente, porque é o médico que vai te ajudar.

Leonor conversava consigo mesma, com base nas lembranças intuídas da conversa com Cristiano.

– Mas e se for câncer?

Ora, Leonor, se for, a gente vai lutar contra ele e, como está escrito aqui no folheto, ele TEM CURA. E você vai se curar, oras. Vai ser mais uma cicatriz que vou carregar para provar a Deus que minha vida não foi um mar de rosas... teve alguns espinhos também.

E enquanto monologava em voz alta, ia sentindo mais força e uma capacidade de reação que a fazia menos vulnerável ao pior de todos os cânceres que existe:

O câncer que se chama MEDO!

– Ora, raios, onde será que eu pus o telefone do médico?

* * *

Leonor não se lembrava de que, apesar de estar buscando a ajuda indispensável do médico humano, era a paciente atendida por dois especialistas em medicina do mundo espiritual, além do amoroso Cristiano, outro médico da emoção, que a conhecia profundamente e a sustentava há décadas nas lutas contra as adversidades.

Era Deus atuando em favor de seus filhos, muito antes que os próprios filhos imaginassem que iriam precisar de sua ajuda.

Recordando amorável conselho de Deus e do Cristo, através da palavra sábia de um de seus mais inspirados representantes espirituais, entregamos a você, queridos leitores, que pode estar, agora, na condição de enfermo de qualquer doença, seja do corpo ou da alma, do afeto ou da consciência, enfermidade curável ou de difícil solução, o conselho sábio de Emmanuel, através do médium Francisco Cândido Xavier, na mensagem endereçada ao seu coração:

"O AUXÍLIO VIRÁ

O problema que te preocupa talvez te pareça excessivamente amargo ao coração. E tão amargo que talvez não possas comentá-lo, de pronto.

Às vezes, a sombra interior é tamanha que tens a ideia de haver perdido o próprio rumo.

Entretanto, não esmoreças.

Abraça o dever que a vida te assinala.

Serve e ora.

A prece te renovará energias.

O trabalho te auxiliará.

Deus não nos abandona.

Faze silêncio e não te queixes.

Alegra-te e espera, porque o Céu te socorrerá. Por meios que desconheces, Deus permanece agindo."

(Recados do Além, cap. 49, IDEAL.)

13

ATMOSFERA DE CADA ENFERMO

Assustada, mas procurando se manter em equilíbrio, Leonor encontrou o telefone do médico que poderia ajudá-la na avaliação do seu estado de saúde, iniciando o longo trajeto da luta contra esse obstáculo que desafia a fé das criaturas e as convida ao melhoramento de si mesmas.

A consulta foi marcada para umas três semanas depois, tempo longo para a espera de quem precisa saber se está ou não sob o assédio da enfermidade de que se suspeitava.

Depois da primeira semana, que passou entre pensamentos de preocupação, trabalhos manuais, a televisão e as raras saídas de casa, Leonor viu que não suportaria esse estado de coisas e que teria dificuldades de permanecer calma sem o apoio de alguém. Decidiu, então, romper o silêncio e pedir ajuda, mesmo que de maneira discreta a fim de não produzir alarde ou mais problemas.

Como não gostaria de estar sozinha nos momentos difíceis por que estava prestes a passar, ligou para sua filha, Rosimeire, que se encontrava empregada em um trabalho que lhe fora conseguido através da intervenção velada de Oliveira, usando as influências que possuía.

Tanto ela como o outro filho, Clodoaldo, viviam na capital, cidade próxima na qual tinha acontecido o sepultamento do deputado, desenvolvendo seus trabalhos profissionais e formando-se culturalmente, na dupla jornada dos que precisam custear os próprios estudos.

O telefonema de Leonor foi uma surpresa para a filha que,

imediatamente, se colocou à disposição da mãe para acompanhá-la, alegando que estava com tempo livre e ficaria muito feliz em passar alguns dias na companhia dela.

Leonor não sabia direito qual era a atividade de Rosimeire na cidade grande, mas dela sempre recebia a ajuda mensal para as despesas mais pesadas, enquanto que Clodoaldo não tinha muito tempo para se ocupar com os problemas da mãe.

Ela e o filho mantinham um relacionamento telefônico esporádico, ainda que não muito caloroso, principalmente depois que o rapaz começara a namorar jovem que provinha de família aquinhoada, tradicional e importante na cidade.

Parece que Clodoaldo não desejava dar a conhecer a própria mãe, mulher pobre e inculta, àqueles que lhe mereciam a atenção especial, particularmente à namorada a quem desejava conduzir ao altar assim que conseguisse melhorar suas condições financeiras.

Nenhum dos dois filhos de Leonor sabia que a mãe havia-se empenhado junto a Oliveira para conseguir-lhes uma colocação digna, nem que o político conhecido era o pai indiferente que os abandonara ainda em tenra idade.

Ambos cresceram sem saberem quem era o genitor porque Leonor se envergonhava da própria situação e não desejava que os filhos tivessem a menor ideia sobre o homem que fora corresponsável pela concepção de ambos.

Sobretudo, Leonor temia que as duas crianças acabassem se interessando pela posição bem mais confortável do pai e a deixassem no abandono, preferindo transferir-se para uma vida mais faustosa.

Ela sabia que, mesmo que tivesse passado por momentos de dificuldade, o ser humano é muito vulnerável às tentações do conforto, do *status*, da facilidade, relegando ao esquecimento todos os sacrifícios, os momentos duros, e do próprio orgulho se, com isso, puder conquistar alguma significativa vantagem financeira.

Como Leonor nada possuía para oferecer além da simples casinha alugada e do trabalho honesto, mas humilde com o qual conseguira manter a família sem a ajuda do companheiro indiferente, resolveu ocultar a verdade porque não queria correr o risco de perder a companhia dos filhos.

Com isso, Clodoaldo se dedicara ao trabalho desde cedo, envergonhando-se da situação humilhante de quase pobreza e guardando no coração a mágoa de não conhecer o próprio pai.

Para evitar maiores problemas, Leonor inventara um nome fictício para o pai e afirmara para os dois filhos que ele havia partido para uma terra distante, aventurando-se na companhia de outra mulher e os deixara sozinhos, sem nunca mais aparecer nem mandar notícias.

Desejava marcar o sentimento dos dois com a nódoa do abandono paterno para que em seus corações nunca houvesse espaço para o nascimento de qualquer laço de afetividade entre eles e o genitor.

No entanto, Clodoaldo se ressentia da ausência do pai, desejando sempre conhecer detalhes de sua vida, como era ele, se havia alguma fotografia, para que lado poderia ter ido, perguntas que irritavam profundamente Leonor e eram respondidas com a rispidez típica de quem quer encurtar o assunto.

Rosimeire, ao contrário, não se interessava pelo antigo companheiro de Leonor.

Entendendo a dor do coração feminino relegado à solidão na presença de duas crianças e, praticamente, entregue ao abandono material, a filha sempre se esforçara para ajudar a mãe, tudo fazendo para corresponder-lhe às expectativas, cuidando do irmão nas horas de ausência da responsável pelo lar, arrumando a pequena casa, esquentando a comida, velando para que as coisas pudessem caminhar como seria melhor para todos e, no fundo, guardando a admiração pelo esforço dela e o desejo de, um dia, retirá-la da condição de pobreza.

A filha sonhava em retribuir à mãezinha, algo do muito que dela recebera em forma de sacrifícios silenciosos, renúncias doloridas, lágrimas contidas e sonhos não realizados.

No fundo, Rosimeire sabia que o coração de Leonor era profundamente sulcado pelas mágoas afetivas, pelas dores do abandono e, diferentemente de Clodoaldo, não se interessava em obter notícias do pai, nem desejava conhecê-lo, o que a levava a repreender o irmão para que parasse de ser tão inoportuno com tais referências ou pedidos de informação.

O coração de Leonor mantinha profundos laços de afinidade com Clodoaldo porque o menino representava a figura paterna em todos os detalhes, na semelhança física que se desdobrava aos seus olhos argutos de mulher apaixonada, ainda que cheia de rancores.

Estar perto de Clodoaldo era como ter Oliveira ao seu lado novamente. No entanto, apesar de sentir tal afinidade, sabia que o rapaz não se interessava tanto por ela quanto pelo destino do desconhecido genitor, conduta esta que feria o orgulho de mulher devotada e mãe heroica.

Com Rosimeire, Leonor não sentia profunda ligação, uma vez que, como mulher, a filha não despertava na mãe as mesmas emoções que a semelhança de Clodoaldo fazia rememorar.

Apesar de ter sempre muito carinho por ambos, não era difícil perceber que era ao filho que Leonor oferecia mais o seu carinho espontâneo.

Com a filha, havia um certo clima de concorrência que não existia em relação ao menino.

Rosimeire sentia estas coisas, mas seguia calada, sempre tentando tudo fazer para auxiliar a mãezinha sacrificada e, com isso, conquistar a sua confiança.

E agora que a dor física começava a rondar a casa materna, ela estaria presente, ainda mais depois que, inexplicavelmente, há poucos dias, havia sido demitida do emprego, sem qualquer explicação.

Acontece que, sem saber que Oliveira era seu pai e que fora o responsável por sua colocação em trabalho junto a pessoas que lhe deviam favores, não imaginara que sua demissão estava conectada à morte do político influente como efeito direto. Morto o credor, morta a dívida.

Assim, o responsável direto pela manutenção do compromisso de trabalho se vira liberado daquele gasto, optando pela demissão imediata sem levar em consideração a capacidade da jovem e as suas necessidades naquele mundo caro e tão disputado como costuma ser toda capital ou cidade importante.

Demitida, Rosimeire não sabia como conduzir-se e, aflita, também procurava não sobrecarregar a mãezinha com tais preocupações.

Certamente conseguiria outro emprego a tempo para não deixar de cooperar com a manutenção das despesas de Leonor, compromisso que se impusera a si mesma com a religiosidade devotada da filha responsável e grata.

Quando o telefonema da mãe a encontrou, estava, pois, desempregada, vivendo com os recursos que conseguira economizar ao longo do trabalho, mas, agora, livre para dar a assistência emocional ao coração abatido dela.

De igual sorte, a doença da mãe chegara em hora muito difícil, sobretudo para quem acabara de perder a colocação profissional que a permitia custear os compromissos mais emergentes.

E chegara em momento tão delicado que, apesar de estar carente, esperando consolo diante da demissão inexplicada, Rosimeire preferiu ocultá-la, para que o estado emocional de Leonor não acabasse ainda mais prejudicado pela aflição causada decorrente da notícia do seu desemprego em momento tão crucial.

Para todos os efeitos, segundo pensava Rosimeire, diria que estava em férias, com tempo disponível para ajudar a mãe até que arrumasse uma maneira de contar-lhe a verdade.

Necessitava dar um rumo em sua vida, já que sua manutenção na cidade grande exigiria o gasto dos recursos que economizara, valores estes que fariam falta no caso de se confirmar a enfermidade da genitora.

Anteviu, então, a necessidade de, em breve, devolver o apartamento em que residia, suspendendo o curso de inglês que fazia à noite para melhor qualificar-se nas funções de secretária que sonhava exercer de forma plena, um dia.

Todas estas decisões, contudo, deveria deixar para mais adiante, procurando, primeiramente, atender às necessidades de Leonor e ver como as solucionaria posteriormente.

Clodoaldo foi informado de sua volta para casa, sem que Rosimeire lhe comentasse o insucesso profissional, mantendo a notícia das férias.

Muito atarefado no escritório de projetos e obras, onde trabalhava para conseguir terminar a faculdade de engenharia que cursava no último semestre, o jovem desculpou-se com a irmã por não poder acompanhá-la, pedindo para que Leonor o esperasse em breve, na visita que faria assim que as provas finais o permitissem.

Acostumada às poucas atenções do filhos, Leonor não estranharia essa desculpa reconhecendo, como toda boa mãe reconhece, que o filho precisava mesmo estudar para terminar o curso.

Rosimeire, no entanto, acompanhando o afastamento do irmão havia algum tempo, não lhe repreendeu a conduta de forma direta, mas não deixou de ressaltar quão positiva seria a sua visita para servir de apoio à mãe, em hora tão delicada.

Assim, dois dias depois do telefonema, Leonor recebia Rosimeire em sua casinha, na qual as camas dos filhos continuavam a ocupar o quarto extra que havia ali, lembrança dos tempos em que ambos estavam sob a sua vista e cuidados mais diretos.

O abraço da primogênita em hora tão frágil de sua vida correspondeu a uma injeção de ânimo, que somente quem passa por tais dificuldades sabe avaliar com exatidão.

Rosimeire encontrou Leonor algo abatida, depois de mais de uma semana naquele calvário de medo e incerteza, esperando pela consulta do médico.

A conversa entre as duas fez-se mais aberta e direta do que pelo telefone, contando Leonor todos os detalhes da descoberta, da leitura do folheto, da lembrança de Jurandira em seus estados cancerígenos avançados.

Rosimeire escutava com atenção e procurava apoiar a mãe necessitada de esperanças, falando-lhe coisas positivas, dizendo que aquilo não haveria de ser nada, que muitas mulheres passavam por situações como aquela, com suspeita de enfermidades que não se confirmavam depois dos exames, terminando o problema com alguma cirurgia simples ou, até mesmo, com simples punção no local.

As palavras da filha eram alimento para sua alma, para sua alegria, vencendo as horas densas que teria pela frente até o dia da consulta.

Rosimeire passou a realizar os pequenos serviços da casa, ampliando os cuidados para com Leonor até mesmo à confecção do almoço, sob os protestos da mãe.

— Escute aqui, filha, eu não estou inválida, não – dizia ela, meio contrariada.

— Claro que não, mãe. Mas é que eu fiquei tanto tempo longe de casa, que gostaria de me sentir de volta ao velho lar, onde sempre me dedicava ao trabalho de fazer comida quando a senhora estava fora, lembra?

— Como esquecer estas coisas, Rosi – como a mãe a chamava na intimidade.

— Então sente-se aí e vá cortando a batata enquanto a gente conversa...

E assim as horas iam passando.

Sem se aperceberem do que ocorria fora de suas vidas, não se deram conta de que Conceição, a vizinha bisbilhoteira, continuava com sua tarefa de fiscalização do que não lhe competia.

— Ora, primeiro, a velhota não sai mais de casa. Agora, a filha, que há muito não aparecia chega para ver a mãe. Hummmmmmm... aí tem coisa, jacaré...

E enquanto falava sozinha, escrevia em seu caderno de informações secretas, levantando as diversas suspeitas possíveis.

A filha poderia estar grávida, a mãe poderia estar doente, as duas coisas, a menina poderia ter brigado com o marido ou amante e voltado para casa – tudo eram hipóteses negativas que brotavam de sua cabeça "cheia de vazio", ocupada por preocupações inúteis e mesquinhas, alimentando com isso as forças negativas que já a estavam consumindo.

— Mas não é que a menina se transformou numa mulher linda! – anotava em seu caderninho. – Com aquele corpão, tenho certeza de que deve estar muito bem de vida lá na cidade grande, cheia de homens ricos, louquinhos por uma aventura e uma perversão...

Ela não tinha limites, e suas observações bem retratavam o teor de seus maiores problemas, ou seja, a afetividade e a sexualidade frustradas, apesar de possuir inteligência e cultura para pensar de outra maneira.

Sua vida, pois, era um sorvedouro de más vibrações, sua casa era um ambiente pernicioso onde, como um campo aberto ao ataque das entidades nocivas, as forças escuras e pestilentas afinizadas com ela fizeram morada, convidadas pela dona da casa a compartilharem suas fraquezas e vícios.

Como já se disse anteriormente, Conceição era explorada em todos os momentos por tais influências.

Sua mente, divorciada dos princípios elevados que a defenderiam de tais ataques, aceitava todo o tipo de sugestão inferior, tendo sempre muito espaço para as coisas feias, para a malícia, para as imagens dissolutas e provocantes com que ela poluía o seu mundo mental.

Não imaginava que, em decorrência da criação desse tipo de ambiente, sua moradia se transformava em um prostíbulo, frequentado por todo padrão de entidades promíscuas, ali encontrando a atmosfera propícia para a realização de suas orgias invisíveis aos olhos humanos, mas tão reais a qualquer um dos Espíritos nelas envolvidos.

Conceição fornecia as forças vitais para a sustentação dessas festividades espirituais. Isso quando, igualmente, não tomava parte ativa nas bacanais dos Espíritos nas horas de seu repouso carnal ou nos momentos em que, excitada por imagens pornográficas que assistia em seu vídeo, por revistas indecentes que colecionava às escondidas trazidas pelo amante que a visitava, ambos se entregavam às aventuras da sexualidade animalizada.

No entanto, mesmo quando o amante se ausentasse por mais tempo, ela se submetia a tais sessões de erotismo desgastante quase que diariamente, sempre com a desculpa de que precisava manter acesa a chama para quando o amante viesse a fim de não decepcioná-lo, além de procurar devolver-lhe em prazer os valores financeiros que o homem gastava para atender suas exigências e caprichos.

Por tudo isso, a acompanhá-la estavam os Espíritos que com ela se afinizavam, transformando-a em um fantoche ou joguete de tais sensações, ainda muito próprias de entidades inferiorizadas.

Como não pensava em outra coisa a não ser nas perversidades que vivenciava, na imaginação fértil para as tentações, nos sonhos de deleite que cultivava sozinha ou acompanhada, na inércia das mãos no trabalho digno, da ausência de leituras positivas e enobrecedoras dos ideais, Conceição fixara todas as suas preocupações nos prazeres da área genital, motivando com isso a concentração de forças deletérias em tal região, imantada por Espíritos maliciosos que ali também encontravam satisfação para seus prazeres desenfreados, determinando, com isso, a eclosão de processo tumoral na cavidade uterina pela repetição incessante de experiências pouco elevadas e pela fixação mental inferior que produzia para servir como seu próprio alimento.

Como seus pensamentos giravam em torno dessas ideias dominantes, piorados pelas condutas delituosas envolvendo a sexualidade, além do fato de ocupar-se em tempo integral das mesmas suposições maliciosas sobre a vida alheia, os tecidos orgânicos sobre os quais eram desferidas as descargas descontroladas da emoção passaram a assimilar o desajuste da alma de tal maneira que, em sintonia com as entidades que se valiam desse centro de energias para o abastecimento de suas forças, o câncer uterino desabrochou, insidioso.

Essa rotina de vida desajustada, diga-se de passagem, não era fruto apenas da influência da televisão, nem fora aprendida na escola ou na família.

Conceição era um Espírito comprometido na questão afetiva e sexual que, trazendo tais problemas para a nova existência, estava tendo a oportunidade de se corrigir através do serviço ao semelhante, no amparo à crianças alijadas do coração materno, dos pequenos que procurassem a segurança da professora distinta que a educa em bases sólidas para o futuro.

Quaisquer atividades que Conceição desenvolvesse na área do atendimento às carências humanas seria bandeira de nobreza que ergueria para o futuro, em consonância com suas necessidades de corrigenda e recuperação moral.

Entretanto, o tempo passara e sua vida se transformara em um venenoso curso de inutilidades para si e maldades para os outros.

E os cadernos se multiplicavam em suas gavetas, todos rigorosamente identificados pelas datas, numerados e encapados, com o arquivo de tudo o que se passara na vizinhança nos últimos anos, sob o seu ponto de vista e interpretação.

Vendo que o interior da cavidade uterina começava a alterar-se, as entidades luxuriosas e malévolas tudo fizeram para adiar a descoberta de tais males, tendo trazido até a sua casinha Espíritos de ex-médicos que, na Terra, quando encarnados, deslustraram a medicina através da prática de abortos clandestinos, para que eles avaliassem o estado da mulher que lhes servia de pasto para os prazeres proibidos.

Não exigiam que ele a curasse, mas que o indigno representante do saber médico fizesse alguma coisa para adiar a descoberta da doença a fim de que continuasse a fazer parte das festividades e bacanais ali promovidas às suas custas.

Trazendo eflúvios anestesiantes entre seus apetrechos médicos, aplicava-os sobre o tumor, neutralizando as reações do organismo que fizessem Conceição sentir incômodos que a alarmassem e, por isso, fossem prejudiciais aos interesses da turba viciada.

Além disso, elementos magnéticos semelhantes aos usados pelas feiticeiras no covil onde Oliveira estava sendo domesticado também eram usados para conferir à água pura os qualificativos excitantes e afrodisíacos parecidos com aquele absinto que se usava nas regiões inferiores.

Isso alimentaria o desejo de Conceição por mais aventuras, mantendo alucinada a sua mente a afastando-a das preocupações consigo mesma.

Esse mecanismo já vinha sendo implementado há algum tempo por tais entidades.

Conceição, assim, era a responsável direta por tudo o que estava lhe acontecendo, ficando privada, por sua escolha, da proteção espiritual amiga que, depois de tudo ter feito para conscientizá-la dos princípios mais nobres, como valores imperecíveis que a acompanhariam por onde fosse, acabou por entregá-la si mesma.

As entidades indignas que se aglomeravam em sua casa nada mais eram do que seu comensais, seus convidados, seus sócios, seus cupinchas, todos eles dependentes da aceitação e do acolhimento que Conceição lhes oferecia.

Agora, juntos há alguns anos, todos funcionavam como uma equipe harmonizada, cada qual fazendo o seu papel e desfrutando de suas regalias junto à fonte dos prazeres.

Nenhum deles, entretanto, estaria ao seu lado quando o desenvolvimento da enfermidade a reduzisse a um amontoado de células em desajuste, quando, então, não haveria mais desejo sexual ativo, quando os cabelos enfraquecessem e caíssem, quando o amante a abandonasse definitivamente, quando ninguém se importasse com sua vida.

Seria apenas o trapo velho e apodrecido à espera do caminhão de lixo que o transportaria para a última morada.

Mas enquanto isso não acontecia, todos se amontoavam sobre seus ombros, sobre seu corpo voluptuoso, sobre seus pensamentos inferiores e suas observações bisbilhoteiras, ajudando-a com a inspiração de variadas torpezas e dos pensamentos maldosos sobre a vida dos outros.

Conceição nunca imaginaria o que estava esperando por ela, tanto na vida física quanto na vida espiritual, quando Deus a requisitasse para a avaliação das próprias contas.

O tempo, entretanto, deveria dar o seu veredicto para cada um dos envolvidos na questão.

***

Por isso, leitores queridos, não importando qual tipo de enfermidade ou problema que cada um dos vivos na carne ou vivos na alma possuam, o bisturi de Cronos* vai abrir os tecidos apodrecidos pelo câncer da mentira, da falsidade, da calúnia, extraindo seus tumores para expô-los à luz da Verdade a fim de que sequem para sempre e liberem a alma que escravizam.

Nenhum dos homens tem a opção de fugir deles.

Todos, no entanto, têm a escolha de serem médicos de si mesmos.

(*) Divindade grega que personifica o Tempo (Nota da Editora)

14

O BEM AMPARANDO O MAL

A reunião trevosa ocorrida nas furnas terminara em clima de exaltação do vício e em excitação geral com a convocação do Maioral para a cruzada a favor de seus planos nefastos, ironicamente batizados de VENTRE LIVRE, referindo-se à lei que garantiria legitimidade aos atos de irresponsabilidade sexual e suas consequências na maternidade.

Além do mais, criara no íntimo de todos a expectativa referente ao desfrute ilimitado dos prazeres e gozos tão comuns em períodos carnavalescos, quando os encarnados invigilantes se dispensam de maiores cuidados e se permitem os maiores desatinos, como se houvesse uma licença coletiva para a devassidão, considerada, então, natural e aceitável.

Explorando o imaginário popular permeado de fraquezas de caráter em função da pouca evolução da maioria dos encarnados, as entidades igualmente inferiorizadas se alvoroçavam toda vez que sentiam a aproximação de época destinada a tais excessos.

Invocavam seus direitos de diversão e, acolhidos pelas tendências humanas, vinham à superfície terrena milhões de Espíritos que habitavam as regiões inferiores, como se, nesse período, fossem convidados pelos homens a participarem de seus excessos, ironicamente denominados de diversão.

Álcool, drogas, sexo, desregramentos, excessos, violência, escuridão noturna, fantasias exageradas, sonhos de grandeza e de poder, num desfile de frustrações e ansiedades muito característicos da alma recalcada, liberada pelas convenções sociais para extravasar tais recalques na forma de devaneios e ilusões de grandeza mentirosa.

Essas diversas facetas, reunidas em um mesmo período de tempo, correspondiam e correspondem ao momento mais importante requisitado por tais entidades como um direito de uso e abuso junto aos homens e mulheres da Terra, que se desculpam com a justificativa de que é uma só vez ao longo de todo o ano.

Os comentários efusivos e descontrolados dos escravos e demais Espíritos ligados ao antro perverso se somavam ao afrouxamento da severa vigilância dos guardas e fiscais sobre todos, porque os próprios sentinelas também estavam contagiados pela ideia de deixarem aquele refúgio na direção da realização de seus excessos como o trabalhador das minas subterrâneas que deseja voltar à luz do Sol.

Eulália seguia com a turba pelos corredores estreitos, pedregosos e escuros, voltando ao ambiente no qual esperava pela oportunidade de se encontrar com Oliveira.

Os comentários não eram diferentes nas diversas rodinhas. Em época nenhuma se poderia encontrar, naquele ambiente tão penoso, uma atmosfera que se assemelhasse à felicidade dos humanos da superfície, isto se se pudesse denominar de felicidade o desejo de praticar o mal com liberdade. Era quase uma euforia juvenil.

Ao chegar ao seu posto, Eulália observou que as atenções de todos estavam divididas entre os comentários exaltados e os planos dos infelizes que estagiavam naquelas furnas. Nem mesmo os responsáveis estavam atentos às rotinas de vigília.

Vendo que dificilmente teria outra chance, Eulália discretamente dirigiu-se para a caverna ocupada por Oliveira, temporariamente desguarnecida.

Não havia nenhum Espírito velando à entrada e, assim, poderia entrar ali por alguns momentos.

Penetrou rapidamente porque sabia que não teria muito tempo para permanecer naquele local sem levantar suspeitas.

O interior da cela era deprimente.

A ação das feiticeiras e os efeitos degradantes do absinto reduziram Oliveira a um fantasma de sinistro aspecto, como alguém que definha diante de cruel doença, mas que, apesar disso, continua vivo indefinidamente.

Não habituado às disciplinas do pensamento elevado e cultivador dos prazeres inferiores com os quais viciou as forças de sua alma, afrouxando o controle sobre as próprias decisões, entregou-se por gosto às orgias de sempre, imaginando que aquilo corresponderia a um prêmio por boa conduta, como costumava acontecer na face do mundo.

Eulália precisou controlar-se para que a compaixão não a denunciasse.

Aproximou-se do filho de outrora, tomou-o nos braços e constatou que, por mais que tentasse falar com ele, não seria entendida nem conseguiria facilitar sua recuperação.

Limitou-se a atuar magneticamente em seus centros cerebrais, afastando uma substância pestilenta e muito tóxica que era produzida pela bebida ingerida e que tinha a finalidade de tirar-lhe a consciência e favorecer a hipnose através da narcose amolecedora das fibras da vontade.

Ao mesmo tempo, Eulália repetia aos seus ouvidos espirituais as palavras doces que só o coração maternal sabe dizer, apesar dos desatinos do filho infeliz.

Ela sabia que, mesmo naquele estado de semi-inconsciência, tais cantigas amorosas penetrariam em seu Espírito, fazendo despertar em seu Eu mais profundo, lembranças ou saudades de coisas boas, facilitando a implantação de um campo favorável em seus pensamentos ao mesmo tempo em que poderia ajudá-lo a reagir contra a ação das feiticeiras.

Elas regressariam ao local para nova sessão de controle mental através do exercício do prazer excessivo, a mesma técnica que utilizam na Terra para dominar pessoas, para influir e controlar o sentimento e as atitudes de homens e mulheres que se deixam conduzir através dos despenhadeiros da inconsequência, da droga, do vício e do prazer desmedido.

No entanto, graças ao trabalho de Eulália, as entidades vampirizadoras se surpreenderiam ao constatar que sua vítima não assimilara as primeiras doses do nocivo elixir e, dessa forma, deveriam recomeçar o trabalho.

Isso daria a Oliveira mais tempo para se defender ou, pelo menos, tornar mais difícil seu arrastamento ao despenhadeiro da insanidade completa, quando seria reduzido a mero joguete das mesmas forças com que sintonizara em sua carreira de político rasteiro, homem devasso e cidadão indigno.

Rápidos minutos transcorreram e Eulália sabia da necessidade de sair dali rapidamente enquanto a euforia das novidades continuasse dominando as atenções de todos.

Recompôs Oliveira, que se achava despido inteiramente, colocando-o em lugar mais confortável e estudou o local ao redor vasculhando as rochas para o caso de necessitar esconder-se em caso de algum imprevisto, ao mesmo tempo em que, valendo-se de alguma das diversas reentrâncias pedregosas ali existentes, ocultou os detritos retirados da mente de Oliveira, algo parecido com o lodo pastoso e fétido.

Não poderia carregar isso consigo ao sair. Preparou-se, pois, para voltar às rotinas de trabalho.

Observou o ambiente externo e, cuidadosamente, deixou a câmara, não tendo sido percebida por nenhum dos circundantes que, conforme ela calculara, ainda comentavam as boas notícias recebidas na grande reunião.

Saiu e procurou um lugar mais afastado do burburinho intenso onde se recuperaria do desgaste energético que sofrera com o atendimento efetivado junto ao filho querido.

Naquele ambiente tão desarmonioso e desguarnecido de qualquer bom pensamento, as forças de próprio Espírito tinham que lhe bastar para os serviços fraternos que precisasse realizar, não podendo buscar a Usina Divina através das invocações ou preces a fim de não se expor, o que redundaria no fim de sua tarefa naquelas paragens.

O desgaste de energias era ainda mais brutal ao se levar em consideração a tensão nervosa, a preocupação com a descoberta, a necessidade de controle mental vigoroso para não agir conforme as naturais inclinações da bondade e da comiseração.

Eulália necessitava descansar algum tempo e, para fazer isso, relembrou do pequeno desvão no qual havia recebido as primeiras instruções de escrava com quem trocara algumas palavras sobre as rotinas daquele sítio.

Entre as diversas cavernas ali existentes, cada uma usada por um tipo de atividade degradante, por fim conseguiu conduzir-se ao ponto mencionado, onde se recolheria da vista mais direta dos fiscais e guardas e, por algum tempo, através dos mecanismos da concentração do pensamento, da respiração e do repouso, economizaria energias para se reabastecer.

Acomodou-se e, na escuridão reinante, entregou-se a rápido sono, maneira pela qual sabia que as energias mais celeremente se reconstituiriam.

Não sabia dizer quanto tempo estava assim quando foi despertada desse breve transe por um toque suave em seu ombro.

Dedos longos e ossudos traziam-na à realidade e a voz doce e incomum naquelas paragens chegou aos seus ouvidos:

– Filha, tome este líquido. É um suco de ervas que brotam aqui nestes lugares de dor e ignorância, mas que servem para tonificar os trabalhadores do Bem que aqui estagiam nos sacrifícios pessoais, em nome do Amor indestrutível.

Aquelas palavras tão inusitadas para o ambiente caíram-lhe nos ouvidos como um orvalho no rigor do deserto.

Sem conseguir entender o que se passava, Eulália sacudiu a cabeça como quem deseja acordar totalmente para melhor atinar sobre o que estava acontecendo à sua volta.

– Não se espante, minha filha. Bem se vê que deve ser a primeira vez que você mergulha sozinha nestas paragens – falou o ancião escondido sob as vestes rotas e sujas de vil escravo.

– Sim. Jamais imaginei que existissem bons demônios.

– A própria palavra demônio, filha, quer dizer gênio inspirador, que pode ser tanto do bem quanto do mal, conforme os antigos gregos bem a entendiam. No entanto, sabe você que não estamos no meio dos diabos das antigas tradições judaicas ou cristãs.

– É verdade, meu bom amigo... – falou Eulália mais controlada. – Sua palavra generosa é o melhor presente que recebo neste local de angústia e aflição.

Sentindo o momento favorável, Eulália queria mais informações:

— Mas quem é o senhor? E que coisa é esta que acabei de ingerir e que permitiu que me refizesse mais rápido?

— Ora, eu sou um igual a você. Esta bebida é derivada de humilde erva aqui existente, a qual denominamos "Mensageira Celeste". Naturalmente que este é o nome que nós, trabalhadores do Bem nas furnas do Mal, usamos para nosso entendimento, já que os demais Espíritos não lhe conhecem nem valorizam as propriedades. Por acaso, você imaginaria que o Criador estaria despreocupado do que sucede nestes ambientes infelizes? Para sustentar seus enviados, as inteligências superiores colocaram aqui mesmo o alimento indispensável para abastecer os perseverantes soldados do Amor que, momentaneamente, precisam privar-se das forças do Amor para bem servirem aos objetivos do Amor.

Surpresa, Eulália não sabia o que dizer. Seus olhos encheram-se de lágrimas, diante da Bondade Superior que, conhecendo as necessidades dos Espíritos que ali mergulhavam para amparar seus semelhantes transviados, facilitara a obra com a localização de fonte de forças para o retempero indispensável e recomposição dos desgastes brutais das próprias energias.

— Meu nome é Aristeu e aqui me encontro com o mesmo objetivo que o seu, acredito.

— Eu me chamo Eulália e, pelo que suponho, você também veio amparar um ente querido.

— Sim. Eulália, tenho vários entes queridos aqui localizados, aos quais procuro ajudar conforme me seja possível. Já me encontro neste serviço há mais de dois anos, ainda que aqui embaixo, a gente não tenha como contar os dias e as noites.

— E como você sabe quanto tempo faz? – indagou Eulália, curiosa.

— É que a gente consegue sair daqui, de vez em quando, sem ser notado.

Você esteve na reunião e escutou a preparação para o ataque tenebroso que vão fazer, mais uma vez, sobre os invigilantes encarnados.

Essa é uma das vezes em que saímos daqui. No entanto, depois que você fica um bom tempo por estes ambientes, vai descobrindo algumas coisas interessantes que escapam da vigilância dos fiscais.

Lembrando-se da conversação com a outra escrava, Eulália completou:

— Sim, existe o tráfico de absinto, que é vendido aqui como em um mercado negro...

— Isso mesmo... aqui há tráfico de tudo o que se consegue surrupiar da vista dos chamados "responsáveis".

Também pudera... você não deve se esquecer qual é o tipo de gente que vem aqui para baixo, não é?

No antro dos espertos, dos estelionatários, dos mentirosos, dos astutos, como evitar que a corrupção se instale? Isso é "o pão nosso de cada dia" por aqui e, de alguma forma, nos ajuda a atingirmos nossos objetivos. Há sempre alguém disposto a trocar informação por algum favor ou alguma coisa.

Entendendo como as coisas funcionavam ali, Eulália perguntou, curiosa:

— Mas que coisa a gente pode ter para dar em troca da ajuda dos outros aqui neste lugar?

— Nosso conhecimento sobre estes segredinhos e sucos me tem ajudado muito, além de fazer bem aos que o provam.

— Puxa, tinha-me esquecido disso.

— Sim, Eulália, quando necessário, oferecemos aos nossos irmãos pequenos presentes para que acordem, ainda que com base no interesse imediato, nos ajudando a ajudar os outros e ajudando a si mesmos, porquanto a sensação de prazer que sentirão ao ingerir pequena porção deste líquido marcará profundamente a sua realidade íntima, fazendo-os relembrarem de suas origens divinas.

E olhando para os lados, como a ver se não havia escuta indiscreta, Aristeu completou:

— Não pense você que eu sou o único por aqui. Temos vários que precisam ocultar-se, mas que, pelos comportamentos menos agressivos, podemos nos identificar e ajudar de uma forma ou de outra. Agora que o carnaval se aproxima, estaremos mais à vontade porque a maioria debanda para cima e estas furnas ficam bem mais livres para que os que ficaram possam agir com maior liberdade.

Você está melhor?

Sentindo que Aristeu não poderia permanecer muito tempo ali, Eulália sorriu e respondeu afirmativamente, desejando saber, entretanto, como é que ele a havia identificado.

– Bem, Eulália, depois de um tempo por aqui, a gente desenvolve um olho clínico para identificar potenciais emissários do Bem disfarçados.

Sua falta de agressividade imediata, sua passividade, sua submissão, seus olhares curiosos, corresponderam para nós à senha identificadora, ainda que isso continue a passar desapercebido pelos outros Espíritos, pouco atentos ou pouco preparados para entender sutilezas.

Esse é outro fator que nos ajuda. No meio dos brutamontes, a sensibilidade não é identificada facilmente e, dessa forma, criamos um processo de triagem que raramente erra em suas conclusões.

Além do mais, passamos a observar as atitudes do possível emissário e, no seu caso, pude ver seu interesse pelo recém-chegado, coisa muito pouco comum nestas paragens.

Observando-a discretamente, percebi sua entrada na caverna respectiva e, entendendo o que se passava, imaginei que o desgaste energético a faria vulnerável, ocasião em que preparei este copo para o caso de você necessitar.

Vi seu corpo arquejar quando da saída da furna e logo concluí que estava aqui em tarefa de auxílio.

Segui seus passos e, assim que a ocasião se fez propícia, tratei de vir em seu socorro, sem despertar suspeitas nos outros.

Os fiscais e os guardas são muito astutos e estão atentos a qualquer deslize de nossa parte.

Às vezes, temos que nos fazer passar por ensandecidos, falando coisas despropositadas, preferindo o caminho da aparente confusão mental ao da agressividade aterrorizadora, por conflitar demais com nossa compreensão espiritual da vida.

Posso dizer, figuradamente, que teremos de nos fazer passar por demônios sem usar a sua maldade como marca registrada.

Assim, melhor parecermos alucinados vez ou outra do que nos candidatar às maldades tão características dos que aqui estagiam. Por isso, ser melhor chegarmos como escravos dóceis e hipnotizados para o trabalho pesado do que aportarmos por aqui na degradante condição de agentes do mal.

Os fiscais e os representantes diretos do Maioral possuem recursos de penetração magnética que podem atingir o interior da maioria dos que aqui estão. Quando acontecer de submeterem você ao exame de vibrações, mantenha o pensamento confuso, misture as coisas, pense em assuntos variados, embaralhe as ideias, visualize cenas grotescas como quem se recorda de acidentes, de massacres cruéis. Isso ajudará a despistar o aparelho de ausculta, impedindo que nos descubram com facilidade.

Nossa regra é a de que, em caso extremo, cada um deve bastar-se por si mesmo, a fim de não comprometer as diversas missões socorristas aqui mergulhadas. Nenhum de nós denuncia os outros e, da mesma forma, nenhum pode defender seu irmão que tenha sido descoberto, a não ser que aceite revelar-se a si mesmo também e abreviar sua missão neste ambiente. Em situações como essa, uma vez revelada a verdadeira função do trabalhador, cada um deverá defender-se com a oração fervorosa porquanto são o Criador e o Divino Mestre os responsáveis por todas estas medidas de amparo, inclusive por atender aos próprios socorristas nas horas delicadas.

Dando a entender que precisavam ir, Aristeu lhe disse, combinando novo encontro:

– Vamos nos manter discretos e esperar até que o carnaval se aproxime. Quando isso acontecer e as filas dos candidatos aos prazeres se fizerem volumosas, fique mais para o final, oferecendo seu lugar para os outros porque os que administram este lugar sabem que, precisando ficar aqui um grupo mínimo de trabalhadores para manter os serviços de vigilância em andamento, ordenam aos que ficam no fim da fila que aqui permaneçam, como uma punição por não terem demonstrado interesse pela busca dos prazeres.

Quando isso acontecer com você, proteste, diga que queria sair, peça para ir, a fim de não levantar suspeitas. Isso produzirá no fiscal a convicção de que você deve ficar mesmo, obedecendo-lhe a ordem, já que todos eles não suportam ser defrontados por rebeldias.

Assim, conseguimos manipulá-los usando as mesmas armas que eles usam para atacar os humanos.

Nessa ocasião, conseguiremos nos reunir com maior facilidade.

Quem sabe, então, não logremos salvar alguns de nossos queridos da sanha persecutória de seus asseclas distraídos.

Ah! Já ia me esquecendo de avisá-la: Tome cuidado com Drômio. Ele é o mais qualificado ajudante do Maioral por estes lados. Sempre astuto e alerta, sabe ler o interior dos servos. Por isso, sempre que estiver na presença dele, olhe para o chão como se estivesse intimidada ou reverente.

Se ele exigir seu olhar face a face, esteja certa de que irá penetrar em seu ser para vasculhar as imagens ali armazenadas. Por isso, relembre de coisas ruins, coisas tristes que você passou, traga do fundo de suas lembranças os detalhes de dores profundas, amarguras, lágrimas, a fim de que ele identifique apenas coisas desagradáveis, sem levantar suspeitas.

Como se trata de um Espírito muito inferiorizado nas sensações, procurará transmitir-lhe também todas as emoções conturbadas que lhe povoam a alma e que ele exercita constantemente com as entidades desprevenidas que aqui estagiam e que lhe aceitam o assédio para poderem ter acesso a algumas regalias. Suas protegidas levam uma vida de rainha, sobretudo no desfrute do absinto.

Acredito que será muito difícil que algum dos nossos consiga levar sua tarefa adiante caso Drômio se coloque em seu caminho, ocasião em que ou nos descobrirá a intenção ou teremos que nos opor aos seus intentos revelando nossa condição de trabalhadores do Bem.

Cuidado com ele.

Apertaram as mãos, felizes por terem-se encontrado naquele lugar tão doloroso e solitário para o coração idealista e deixaram acertado o novo plano para ser implantado dentro de alguns dias, quando a volúpia carnavalesca iria facilitar o trabalho do bem nas entranhas da maldade.

Já mais renovada, Eulália saiu do local e regressou à rotina de não fazer nada importante, mas fazendo parecer que estava trabalhando muito.

As últimas advertências de Aristeu, no entanto, caíram-lhe como presságios perigosos já que sentira a mesma coisa quando estivera nas proximidades do lugar de onde Drômio controlava a remessa dos produtos alucinógenos aos diversos destinos.

Tratava-se ele de um Espírito em tristes condições de entendimento, viciado nas mais torpes sensações, transformado em vampiro dos prazeres que precisava alimentar constantemente para sentir-se abastecido.

Certamente, contudo, em seu íntimo havia a Centelha Divina pulsando, a marca original do Criador e, pensando dessa maneira, Eulália mantinha o medo afastado de suas cogitações, já que no íntimo do trabalhador do Bem que se embrenha num meio como aquele não deve haver espaço para o medo, tanto quanto um enfermeiro não pode temer o contato com o sangue ou com os doentes.

Não iria tardar para que as feiticeiras voltassem ao quarto de Oliveira para ministrar-lhe a segunda dosagem das toxinas com as quais terminariam a jornada de domínio de sua vontade.

Tão "talentoso" na arte política Oliveira havia-se demonstrado, tão astuto, matreiro e sagaz, que o Maioral determinara atendimento especial para que ele se tornasse um dos mais poderosos obsessores dos políticos ainda na carne, trabalhando como poderoso agente influenciador na questão da lei que se planejava editar e que era conhecida por eles como a LEI DO VENTRE LIVRE.

***

Ninguém melhor que os irresponsáveis políticos, os homens sem caráter e as inteligências promíscuas para defender uma lei que autorizava a prática indiscriminada do aborto, facilitando também a prática indiscriminada de tudo que se relacionasse ao sexo irresponsável.

Não lhes bastava todos os recursos químicos ou mecânicos de contenção da gravidez. O prazer deveria ser vivenciado sem as preocupações da consciência lúcida, podendo-se resolver as indesejáveis consequências com os procedimentos ambulatoriais seguros, extirpando a vida indefesa com a justificativa de que se poderia livrar o útero dos indesejáveis intrusos.

Oliveira, então, deveria ser hipnotizado com base na satisfação dos prazeres ignóbeis da sexualidade, a fim de que se mantivesse como ardoroso defensor de suas práticas libidinosas, influenciando os demais representantes do povo com as intuições inferiores que se casassem com as inclinações íntimas próprias dos homens públicos levianos, abrindo espaço em suas mentes para que o comércio das emoções fortes fosse protegido pela a aprovação de tal recurso legal.

O Maioral iria usar Oliveira como um torpedo para afundar qualquer nau de decência, qualquer navio de virtudes ou valores, fazendo-o singrar debaixo da superfície do oceano da Verdade para, afundando quaisquer esforços de esclarecer as consciências e de garantir o direito à vida aos que dela tanto necessitam, levar o contexto social a julgar natural e plausível recorrer-se às indústrias do homicídio para se garantir à leviandade o *status* de normalidade.

Ninguém melhor do que a velha raposa, o velho aliado de tantos anos a representar, agora como um lobista do além, os interesses dos Espíritos inferiores, interessados na continuação de seu império de devassidão e facilidades junto aos encarnados.

E as feiticeiras, as mesmas entidades que compunham o séquito pervertido de Drômio com quem se mantinham em particular e íntimo conúbio, seriam as armas de domesticação do aviltado político, degenerado pelas práticas tão comuns na arena mesquinha dos homens atuais, que, com raras e nobilíssimas exceções, brigam nos parlamentos durante os dias defendendo teses e projetos, mas, durante as noites, se encontram nos bordéis e casas de licenciosidade, onde decidem as áreas de influência que compartilharão e selam acordos de mútua cooperação para a concretização de seus objetivos pessoais de crescimento no dinheiro ou no poder.

Infelizmente, apesar dos exemplos de nobreza herdados de políticos decentes de todos os tempos, a pouca afeição dos homens aos objetivos elevados da nobre atividade Política tem transformado pessoas em abutres do povo, que com o discurso de salvá-lo das agruras e dificuldades, se fartam de suas entranhas. Bradam contra a fome de milhões, mas furtam a merenda escolar, desviam recursos para suas contas pessoais usando o sofrimento alheio como palanque ou ribalta oportunista. Como dependem da dor do povo, tudo fazem para tratar dela sem extirpá-la, como o médico astuto que trata do rico enfermo sem nunca curá-lo para que não perca o lucrativo cliente.

Tais concepções inferiores, enraizadas em todos os âmbitos do exercício público, encontra apoio nas ações mesquinhas das entidades inferiores que despacham de suas hordas, almas teleguiadas para o exercício de tais funções, colocando nos postos chaves da sociedade humana aqueles que mais se afinem com seus conceitos pervertidos.

Nada mais perigoso para o meio político corrupto e indigno do que um homem honesto e íntegro.

No ambiente das negociatas, o homem honesto é mais perigoso do que as epidemias, do que os bandidos, do que a escassez de alimentos.

O homem que age com base em princípios tem uma espinha reta que não se deixa levar pelas seduções, caras ou baratas, que compram consciências e cumplicidades. Não se vergam ante qualquer vantagem que lhes custe o preço da consciência tranquila.

Por este motivo, o político honrado é visto como uma ameaça pelos seus pares, sobretudo por aqueles nos quais foi sufocado, sob o peso do ouro, os ideais que carregavam na alma, nos tempos em que sonhavam melhorar o mundo com o melhor dos seus esforços.

Infelizmente, o tempo passa e boa parte dos idealistas começa a empenhar os melhores esforços para melhorar o próprio mundo.

Dessa maneira, perigoso para a estrutura corrompida onde se encontre inserido, o homem probo, em quaisquer das atividades públicas coletivas que exerça, fatalmente acaba reduzido a quatro destinos:

Ou se corrompe como a maioria acaba se permitindo,

Ou é isolado pela maioria corrupta que o considera uma ameaça,

Ou poderá, em alguns casos, vir a ocorrer até sério risco de vida por aqueles que não conseguiram corrompê-lo e que têm seus negócios prejudicados por sua postura de seriedade e correção.

Ou se afasta daquilo que não conseguiu modificar com seus esforços ou exemplos.

Oliveira estava recebendo o pagamento pelos inúmeros anos de sua fidelidade à indignidade pública. Sua trajetória de sofrimento estava longe de terminar, apesar dos esforços do Bem e do Amor em tentar ajudar os que chafurdaram na lama da inconsequência e das leviandades.

15

A SELEÇÃO PARA O CARNAVAL

À medida que o tempo ia passando e a aproximação das comemorações carnavalescas na superfície da Terra mobilizava as energias primitivas do instinto, a repercussão nos ambientes inferiores era visível.

Aumentavam-se as tensões no relacionamento das entidades atrasadas já que havia muitos querendo embarcar nos comboios do prazer, mas não havia lugares para todos na excursão.

Ninguém queria ficar nas zonas inferiores e, entre as inúmeras discussões acaloradas que aconteciam nos diversos ambientes, os que não se sentiam prestigiados com as concessões da liberdade se indignavam.

Isso acontecia porque mesmo os níveis vibratórios inferiores devem obedecer aos fatores de contenção impostos pelas inteligências superiores, assim definidos para a proteção dos próprios encarnados, além do fato de os Espíritos astutos que, temporariamente, exercem as funções de liderança trevosa também precisam manter em funcionamento as estruturas de seu ambiente inferior, restringindo a saída de entidades rumo à superfície, como uma empresa que não se pode dar ao luxo de interromper a produção dando férias a todos os seus funcionários.

Assim, a saída dos componentes daquele agrupamento inferior em época carnavalesca estava na dependência das concessões do Maioral e de outros Espíritos que, seus aliados ou representantes, administravam outros agrupamentos semelhantes em outras regiões.

Em linhas gerais, quatro grandes grupos poderiam subir para o desfrute tão esperado: o dos alunos e professores, o dos privilegiados ou favoritos, o dos soldados e agentes solapadores e, por fim, o dos aprovados no teste da maldade.

Os alunos dos cursos obsessivos, de influenciação dos encarnados, dos produtores de males generalizados tinham preferência na aproximação dos encarnados nesse período de festas mundanas porque, sobre eles, poderiam experimentar suas táticas, entendendo os mecanismos da sintonia negativa, utilizando-se das fraquezas e da invigilância dos vivos no corpo.

A caravana dos Espíritos infelizes estava organizada primeiramente segundo este critério.

Era como uma escola que garantia aos alunos mais aplicados o direito de excursionar na região a fim de fazerem seus exercícios de campo, um laboratório avançado e muito estimulante, o que redundaria, igualmente, na alimentação de sua inferioridade ao se aproveitarem das forças humanas que se desgastavam nos excessos, abastecendo-se de baixas emoções e estimulados pelas sensações inferiores dos próprios humanos.

Aí se consorciavam os líderes dos diversos grupos, como as feiticeiras, os religiosos, os viciados, os sexólatras. Além deles, os zumbis teleguiados pela hipnose eram a uma espécie muito útil a todos os outros grupos porquanto poderiam ser usados como implantes fluídicos na atmosfera vibratória dos encarnados invigilantes, produzindo neles a drenagem de energias ou a imantação negativa de longo curso, piorando suas inclinações ou o estado geral de seu organismo dia a dia e, ao longo de meses ou até anos, arrastariam o encarnado para o fundo do poço.

Os Espíritos agitadores, os planejadores, os delinquentes, todos eram privilegiados pelo Maioral nas oportunidades de deixarem os limites do abismo e atirarem-se na superfície.

Cursos rápidos de estímulo e condutas básicas eram ministrados pelos Espíritos mais hábeis no controle de massas com a finalidade de recordar aos membros da caravana a necessidade da adoção de certos cuidados para que não se vissem enredados nas teias do Cordeiro. Isso porque, da mesma maneira, em épocas como essa, se multiplicavam na superfície os esforços de instituições de beneficência, de vigílias, que visavam a elevação do Espírito através da oração, de reuniões de trabalho no Bem, no intuito de contrabalançar as forças negativas, o que corresponderia a uma séria ameaça aos habitantes das furnas.

Assim, os Espíritos perversos mais experientes se dirigiam a grupos volumosos de entidades autorizadas a participar da excursão, informando-os de como deveriam evitar as "armadilhas" que poderiam estar esperando por eles na superfície e que, caso algum fosse fisgado, a ordem era a de que os demais deveriam abandoná-lo a fim de não acabarem também presos às forças do Cordeiro, impedidos de regressar ao ambiente trevoso.

Como segundo grupo, estava o daqueles que haviam sido agraciados pelo Maioral com o prêmio pelos serviços prestados à causa defendida, a causa do desajuste e do desencaminho. Nesta área se encontravam, principalmente, os que atuavam no âmbito da juventude, facilitando-lhes o acesso aos vícios o mais cedo possível, tanto quanto aqueles que amparavam os trabalhos dos produtores, vendedores e entregadores de drogas múltiplas, mensageiros do terror que, manipulando a inexperiência ou a curiosidade, eram responsáveis pelo maior número de novos membros do abismo inferior. O grupo que mais crescia na zona subterrânea era o dos envolvidos com entorpecentes, já previamente preparados para as sessões de manipulação hipnóticas porque eram, dentre os DOENTES DA VONTADE, os mais vulneráveis. Assim, todos os trabalhadores trevosos que a isso se dedicavam eram tidos como privilegiados, como de primeira linha.

Graças a tais serviços de sedução ou persuasão, estes Espíritos adquiriam méritos relevantes junto ao Maioral e, como uma espécie de exército de elite, gozavam dos privilégios mais desejados pelos membros do clã negativo.

Além destes dois grandes grupos de Espíritos que comporiam o cortejo, também tinham autorização para subirem os pertencentes ao terceiro grupo, o dos Soldados e Solapadores, responsáveis pela vigilância, defesa e fiscalização, dotados de armas eletromagnéticas que poderiam usar tanto para se defender quanto para atacar os emissários do Cordeiro caso estes se interpusessem no caminho dos súditos do abismo com a finalidade de convertê-los.

Esses fiscais e guardas, portanto, não teriam o direito de gozo, mas, ao contrário, deveriam atuar como vigilantes dos membros do cortejo que a eles poderiam recorrer em quaisquer situações mais delicadas ou difíceis.

Entre estes, com atividades de vigilância e ataque, estavam aqueles Espíritos dedicados ao ataque às instituições religiosas no mundo, aos seus frequentadores e dirigentes. Aliás, estes Espíritos saíam do abismo antes mesmo do início das festividades, com a missão de preparar o terreno favorável, incutindo nas mentes dos líderes religiosos imprevidentes que, possuindo direito de descanso, era mais que justo que fechassem as casas de oração e se entregassem ao desfrute de alguns dias de folga junto ao mar, na montanha, no interior ou mesmo em casa, ficando todo esse tempo sem maiores compromissos com o Bem.

Tais entidades eram tão eficientes no que faziam que, todos os anos, ao redor de oitenta por cento das instituições espíritas, que correspondiam à maior ameaça às forças trevosas, fechavam suas atividades no período carnavalesco sob os mais esdrúxulos argumentos.

A intuição negativa era tão bem acolhida por aqueles que a ela deveriam estar atentos no rechaço de suas investidas, que os Espíritos nobres, empenhados na organização de frentes de trabalho para o acolhimento de entidades infelizes, viam seus esforços comprometidos pela deserção inoportuna de muitas instituições benemerentes e de trabalhadores invigilantes, que se julgavam no direito de descansar, como se já não tivessem descansado por tantos e tantos séculos, na inércia e no descaso para com a transformação de si mesmos através da prática do Bem.

Por isso, dirigentes humanos que deveriam manter-se firmes no leme da tarefa que lhes fora confiada, em vez de convocar os trabalhadores à Obra intensa de amparar os mais necessitados dentre os necessitados, cerravam fileiras com os inertes, com as desculpas mais injustificáveis, interrompendo delituosamente o intercâmbio entre os dois mundos e desconectando da ação fluídica específica a usina de energias humanas representadas pela mediunidade, tão essencial aos atendimentos espirituais de emergência no amparo aos Espíritos desiludidos ou cansados do mal.

Esses trabalhadores trevosos, como os batedores que se antecipavam à chegada do exército, tinham a autorização para estarem na superfície bem antes dos outros, realizando o trabalho de solapagem das defesas do Bem, garantindo maior espaço às entidades que chegariam das furnas, que poderiam se movimentar nos ambientes humanos sem muitas ameaças representadas pelas chamadas "armadilhas magnéticas" da mediunidade atuante na casa espírita.

Neutralizadas as perigosas armadilhas, retirada a maior parte das barreiras vibratórias do caminho, todos os que emergissem poderiam ter maiores garantias de sucesso.

Outros núcleos religiosos, ainda que muito importantes nas práticas do bem e nos retiros de elevação que realizavam, não eram tão temidos pelas inteligências inferiores como os grupos espíritas, porque não dispunham do conhecimento claro das leis espirituais e não sabiam usar os mecanismos da ação magnética com a capacidade de direcioná-la nos rumos adequados, como o permitia o entendimento espírita.

Assim, outros núcleos religiosos não representavam tanta ameaça como os centros espíritas e, assim, não exigiam maior atenção, bastando que os egressos do abismo não se acercassem de suas reuniões.

Já no caso dos espíritas e de suas atividades mediúnicas, a ação das entidades superiores, através dos campos magnéticos criados para o amparo por atacado a quem necessitasse ou procurasse ajuda, era vista pelos astutos representantes da treva como um ataque às suas posições, ataque que merecia uma atitude de combate direto.

Por isso, entre tais agentes do abismo se encontravam Espíritos especialistas em hipnose e psicologia humana, acercando-se dos encarnados membros de tais agremiações para conseguir infundir-lhes ideias contrárias ao dever de vigilância, fazendo-os sensíveis às sugestões do "tirar férias", do "descanso merecido", ou ainda, que essa era uma época muito imprópria para o trabalho em função das energias densas que estavam em jogo, fato este que aconselhava uma interrupção das atividades espíritas para que ela não fosse torpedeada pelo imenso emaranhado de fluidos em conflito na superfície da Terra.

Não importava qual fosse o argumento, o resultado pretendido era o de fechar o trabalho.

Isso porque, como sabiam os dirigentes inferiores, nos lugares onde a atividade espiritual não era interrompida, a concentração de forças do Bem era superlativamente tão intensa, que o seu poder ampliado poderia ser usado para desmagnetizar construções mentais inferiores e reconduzir ao bom senso ou à lucidez aqueles hipnotizados que se acercassem de seu foco luminoso, mesmo sem nele penetrar.

A fulgurância dessas casas espíritas ativas era tão resplandecente que, na visão das entidades infelizes, acostumadas ao tenebroso panorama da furna, aquilo já era um prenúncio do Paraíso.

Inclusive muitas lideranças trevosas, no passado, haviam desistido de suas tarefas persecutórias pelo contato com as vibrações espirituais de Esperança e Consolação que pulsavam ao redor das instituições religiosas que se mantinham vigilantes e eficazes no trabalho do Bem.

Alguns adormeciam, outros se entregavam, envergonhados, outros suplicavam a autorização para ingressarem confessando-se cansados daquele tipo de vida insensata.

E essas coisas eram muito malvistas pelos líderes dos ambientes inferiores. Relegados ao governo da escuridão subcrostal, tais Espíritos empenhavam-se na influência negativa sobre os humanos a fim de corrompê-los, implantando o deboche, a descrença, o descrédito, no seio de todas as religiões.

Tentavam fazer com que elas se tornassem competidoras entre si de tal forma que, ao se duelarem, perdiam o foco principal da implantação do Reino de Amor no coração das criaturas.

Egoísmo, Vaidade, Ambição, Desejo de Poder, eram ferramentas que tais Espíritos astutos sabiam manipular para manter os homens nas suas picuinhas ridículas, esquecidos de seguir adiante até o destino final.

Para este trabalho exigiam-se, portanto, Espíritos muito talentosos e sagazes, capacitados para entender os meandros humanos e estimular aquilo que mais facilmente redundasse na suspensão dos trabalhos espirituais da instituição que lhes era a maior ameaça aos interesses escusos.

Por fim, além destes, havia os do quarto grupo, o dos que, igualmente, pleiteavam o direito de se divertirem exigindo o ingresso no *show* que os homens organizavam anualmente.

Para que as entidades coordenadoras dessa caravana pudessem autorizar o candidato a que participasse da viagem, entretanto, era necessário submeter o infeliz a um exame de suas "qualidades negativas", ocasião em que se media o teor vibratório de energia que pulsava em sua consciência, a fim de só permitir a saída daqueles que não apresentassem maior risco de escapar, evitando o regresso aos domínios inferiores.

Os dirigentes das sombras sabiam que sob seus domínios estavam não apenas entidades maldosas, firmemente atreladas aos conceitos inferiores. Havia, também, muitos que eram mais vítimas do arrependimento do que de ódio e que, por isso, qualquer consolação que os fizesse voltar a ter esperanças poderia fazê-los renegar a sua ligação com o abismo.

Essa fraca vontade na prática do mal demonstrava que estes não poderiam ser deixados sozinhos, para que não tentassem fugir do rumo traçado pelos que os dominavam com base na consciência pesada.

Outros existiam que, no íntimo, apesar de saberem que haviam feito coisas erradas, não desejavam permanecer naquele antro por toda a eternidade, conforme lhes era ensinado assim que chegavam.

Já detentores de um raciocínio mais claro, aceitavam o fato de que mereciam sofrer pelos erros que haviam cometido. No entanto, sentiam que não mereceriam o sofrimento eterno.

Só não sabiam como fazer para deixarem aquele antro de dor multiplicada. Ignorantes do poder da prece, haviam sido convencidos de que não adiantaria valer-se dela, porque as orações dos condenados não podiam mais ser acolhidas como o demonstravam diversas passagens bíblicas que eram usadas, igualmente, para a lavagem cerebral que os governantes trevosos imprimiam sobre a mente dos ingênuos.

– Do mesmo jeito que a Noé foi dito que, depois de fechada a arca, não deveria mais abri-la para atender aos rogadores de última hora, desesperados por causa da enchente, também para vocês que aqui chegaram, a porta da arca está fechada como garante a Escritura. Somos os condenados do mundo superior e, dessa forma, nenhuma oração deve ser elevada a quem quer que seja porquanto ela não pode sair destas paredes de pedra.

A multidão dos aflitos ia escutando aqueles conceitos aparentemente sábios, deixando de usar a única coisa que poderia ajudá-la a sair daquela condição.

A oração era a última esperança que precisava ser morta e, com argumentos religiosos, as inteligências trevosas iam enganando os menos capacitados ao pensamento ou os que mais culpa sentiam das atitudes errôneas que tiveram, mantendo-os no mesmo estágio da autopunição.

Por isso, os dirigentes sabiam que não poderiam descuidar da vigilância, colocando esse tipo de entidade ombro a ombro com os encarnados na superfície da Terra porque, enquanto que os viciados iriam dirigir-se aos diversos antros que os atraíam como o ímã atrai o ferro, estes carentes da esperança talvez procurassem entes queridos, o aconselhamento de algum padre, a companhia de algum homem honesto poderia ajudá-los, mostrando a verdade das coisas e fazendo com que a consciência despertasse da longa noite da ignorância, retomando o controle de suas próprias escolhas.

A grande turba alienada deveria, assim, permanecer no subsolo para servir aos que a dirigiam, àqueles que retiravam o prazer de serem atendidos em seus desejos de destruição, gozo e prazer.

Desta maneira, aqueles que não se encontravam entre os privilegiados pelas atividades específicas que já desempenhavam ou que se preparavam para começar, deveriam submeter-se ao controlador de emissões para avaliação do grau de ódio ou de viciação que traziam pulsando nas emanações pessoais, única oportunidade de conseguirem o alvará de liberdade para estarem no meio dos "caveira vestida" para o desfrute da festa anual.

Como se pode ver, era um trabalho árduo.

Drômio, contando com a confiança do Maioral, era o responsável pela avaliação dos candidatos à excursão na superfície, utilizando o seu aparelho para medir as vibrações inferiores dos que pleiteavam o acesso e ver se tinham maldade suficientemente cultivada. Outras vezes, usava esse mesmo poder para negociar a concessão, trocando-a por favores variados, sobretudo em matéria de excitação sexual.

A fila para tais exames era muito concorrida, e aqueles que dela não fizessem parte, ao demonstrarem desinteresse pela volta à antiga vida de prazeres, eram vistos com suspeição, colocados sob vigilância severa porque poderiam se tratar de "anjos disfarçados", conforme se qualificavam, naquele ambiente, os Espíritos missionários que se aventurassem a penetrar ali de maneira incógnita.

Por isso, tanto os que estavam ali por gosto ou escolha pessoal quanto os que nela realmente estavam em tarefas ocultas de amparo, viam-se obrigados a passar pelo detector de vibrações, que assinalaria o seu estado magnético como condição prévia para a autorização do passeio à superfície.

Poder-se-ia dizer que as furnas estavam em verdadeiro alvoroço.

Um furor insano, como aqueles que ocorrem nos instantes que

antecedem o início de algum jogo esportivo, excitando as torcidas e os atletas.

A agitação dos níveis subterrâneos repercutia, inclusive, nas entidades atrasadas que ficavam na superfície, como carrapatos fluídicos ou perseguidores dos humanos. Sentiam que a população negativa que explorava os homens se decuplicaria nestas ocasiões. Por isso, deveriam eles também apertar o cerco sobre suas vítimas antes do que ter de permanecer em constante conflito de interesses com entidades ainda mais violentas, abrutalhadas e alucinadas que, em breve, chegariam por todos os lados.

Vindos das cavas subterrâneas, chegavam à tona com a ansiedade dos loucos, a euforia dos pervertidos e a fome dos ursos.

Nada de delicadezas, nada de bons modos, nada de respeito aos domínios já estabelecidos.

Os comensais da superfície tinham de se aproveitar de suas vítimas fluídicas ao máximo, antes da chegada da turba, sob pena de terem de se colocar em verdadeira guerra para manter o seu domínio sobre o encarnado disponível.

Assim, entre os próprios Espíritos trevosos havia conflitos terríveis, cada qual tentando manter seu império sobre os corpos físicos de que se serviam, tudo isso sem que o encarnado tivesse a menor ideia de que ele, com seus vícios, era o centro dessas disputas, como a carniça que é estraçalhada pelos urubus, coiotes, chacais, hienas, cada um desejando levar a sua parte no tétrico festim.

Cada alma autorizada a viajar para cima recebia uma marca energética que era decalcada na região do pulso. Como não estavam acostumados à claridade, deixariam as furnas como os morcegos, ao cair da noite, permanecendo toda a madrugada na companhia dos encarnados nos diversos ambientes e situações de prazer e, ao amanhecer, com raras exceções, todos mergulhavam nos buracos da superfície, neles permanecendo ocultos como ratos nas tocas, até que a noite regressasse.

As furnas profundas ficariam ocupadas apenas pelos não autorizados, pelos prisioneiros detidos em caráter de punição e por alguns dos fiscais que deveriam se sacrificar para que os outros pudessem desfrutar dos prazeres volumosos.

Ainda assim, existia um rodízio entre eles mesmos, para que todos os guardas e fiscais pudessem, ao menos em duas noites, aproveitar a fonte de energias deletérias.

Aristeu, seus amigos e Eulália deveriam entrar na fila e submeterem-se ao aparelho que Drômio manipulava.

Desse exame sairiam os que fossem autorizados a deixar o ambiente escuro.

Graças aos métodos de mesclar as ideias, as vibrações de Aristeu e de outros que compunham o seu grupo secreto não foram identificadas pelo aparelho, que os catalogou com baixo nível de maldade e alto nível de sofrimento.

Isso só foi possível porque os pensamentos foram dirigidos para os momentos tristes que já haviam vivido no passado, suas lutas, suas angústias e, daí, a identificação de sofrimento no leitor vibratório.

Eram, justamente, aqueles que não poderiam ser autorizados a excursionar na superfície porquanto, certamente, corriam o risco de não regressar ao término dos festejos.

Ao se verem impedidos de subir, Aristeu protestou, certamente para não levantar suspeitas dos astutos observadores:

– Mas que palhaçada é essa... – disse em tom de indignação. –Eu e meus amigos estamos planejando há tanto tempo esse passeio para voltarmos a nos alimentar das entranhas dos carnais, e isso nos é impedido? Com quem temos de falar para protestar contra essa arbitrariedade?

– Cala a boca, seu verme insolente, antes que eu te mande pôr a ferros – vociferou Drômio, reagindo com violência, como era a intenção de Aristeu. Você e sua corja de escravos não merecem subir. São uns molengas, uns aparvalhados, uns moscas-mortas.

Quando se candidatarem a ser diabos mesmo, então poderão pleitear alguma coisa. E agora podem ir passando, que tenho mais o que fazer...

Diante da ordem do chefe, alguns guardas atiçaram seus pontiagudos bastões contra eles, empurrando-os para a frente. Haviam conseguido ficar no abismo sem levantar suspeitas maiores.

Eulália estava logo atrás deles, na fila, para ser examinada.

À sua chegada, o mesmo processo e a mesma conclusão: baixo nível de maldade e alto teor de sofrimento.

Drômio, malicioso e atrevido, olhou para Eulália com os olhos do lobo curioso, desejando confirmar com sua mirada o resultado do próprio aparelho.

Eulália olhava para baixo quando escutou:

– Olhe para mim, escrava miserável...

A voz penetrante de Drômio cravou-se em seus ouvidos e, nessa hora, nem a lembrança das palavras de Aristeu, a alertá-la para a impropriedade da fixação de seus olhares foi capaz de impedir que isso acontecesse.

Apesar de sua aparência pouco atraente, naqueles andrajos imundos sob os quais se ocultava, Eulália possuía a nobreza no olhar, própria dos Espíritos amadurecidos.

Sabia que não poderia apresentar-se como era e, então, sem lhe ocorrer ideia melhor, pensou em Drômio, vendo-o como um Espírito cansado daquela farsa, entediado dos prazeres sempre iguais e sempre consumidores de sua alma, imaginando as suas próprias angústias íntimas e, não podendo fugir, ofereceu o olhar calmo ao exame do perverso Espírito.

Drômio procurou penetrar-lhe o âmago por alguns instantes. Conturbado e aturdido com o que pudera ver, rompeu aquele momento de concentração e, indignado, vociferou:

– Que tipo de bruxa é você?

– Como, meu senhor?

– Sim, mulher, que tipo de feiticeira você é?

– Por que diz isso, ó grande Chefe dos súditos do Maioral?

– Olho para você e me vejo a mim mesmo no fundo de seu ser. Isso só pode ser magia sua, porquanto não me consta que nos tenhamos conhecido.

Mantendo o silêncio por não saber o que dizer, assim ficou diante daquele Espírito malicioso.

– Você não vai subir porque não sei o que esta visão significa. Por isso, ficará trabalhando por aqui.

Depois que nossas festas passarem, conversaremos melhor porque quero aprofundar essa pesquisa dentro de você.

Falando algo para um guarda próximo, Drômio ordenou que ela fosse identificada com uma pulseira especial para que não se perdesse no meio dos demais.

As averiguações prosseguiram enquanto que os que não haviam sido autorizados a participar das orgias se reuniam em cantos escuros para lamentarem a exclusão. Só os membros missionários das furnas, heróis anônimos que sabiam que aquela seria a melhor oportunidade que teriam para realizar seus planos sem tantos opositores estavam felizes e tinham motivos para comemorar.

No entanto, mesmo assim deveriam ter cuidado para manifestarem suas alegrias, já que aquele ambiente estava cheio de olhos indiscretos e bocas traiçoeiras, justamente desejosas de conseguir os favores do Maioral ou do Chefe para negociarem um passeio na superfície.

Apesar de surpresa com a identificação especial que lhe haviam colocado, Eulália se mantinha em sua função apagada, carregando objetos, arrumando coisas, servindo da forma como lhe ordenavam, sempre numa atmosfera de aparente inconsciência, como se estivesse robotizada sob as forças que diziam ou pensavam dirigir aquele ambiente.

No dia seguinte, aconteceria a grande migração.

Tendo o Maioral à frente, todos sairiam da dimensão escura e chegariam à luminosa superfície, espécie da sonhada migração dos presos do inferno, deixando suas dependências na direção da luminosidade.

No entanto, o que tais entidades sonhavam conseguir não era aquilo que um Paraíso celestial poderia oferecer.

Era o que as insanidades humanas possibilitariam.

Essa viagem, entretanto, não era tão simples como se poderia pensar. Para chegarem à superfície, deveriam esperar que os dirigentes da dimensão superior lhes autorizassem a passagem.

✻ ✻ ✻

Sim, prezado leitor, o mal não atua por conta própria ou sem controle. Está sempre vigiado pelo Bem que, sem poder evitar que os vivos tenham a companhia mais desejada para suas delinquentes fantasias de prazer, ao menos procura atenuar ou dimensionar os ataques inferiores, reduzindo-os a uma proporção que seja adequada e compatível ao processo educativo do ser humano.

Aqueles que representam as forças do Bem sabem que o ser humano precisará aprender a escolher melhor e, assim, não podem isentá-lo de suas opções, devendo permitir, em certa medida, que aquilo que é de seu interesse no exercício do livre-arbítrio lhe seja garantido, incluindo aí as consequências do mal que semear para si mesmo.

Tudo é aprendizado no amadurecimento dos seres. E quando as entidades trevosas pensam que estão ganhando terreno, não se apercebem de que, quanto mais cooperem nas desgraças da vida humana, mais rapidamente também ajudam para que o homem desperte do marasmo e da sonolência na busca do remédio para suas aflições junto à luz do entendimento.

Nada ilude a sabedoria divina de tal sorte que, no esforço construtivo do Bem, o próprio Mal – que é a decorrência da ignorância – tem sido um importante aliado da nova era, agindo na aceleração do despertamento, na conscientização dos iludidos e no esclarecimento dos confusos.

Quando todos os maldosos se deparam com as más consequências de seus atos, logo pensam em mudar de escolhas, mudando o rumo de suas vidas.

Por isso é que se faz tão importante a oportunidade do renascimento.

Inumeráveis vidas, como incessantes oportunidades de reerguimento para os que acordam dos pesadelos de uma experiência inconsequente e gozadora.

Pense nisso, você também, a seu próprio respeito.

Ninguém ilude a lei. E seja pelo caminho do Amor seja pelo da Dor, todos nós caminharemos para a frente.

16

O CARNAVAL

A demora da consulta médica de Leonor também fora motivada pela aproximação do Carnaval, período em que os profissionais se aproveitam dos dias de feriado para poderem descansar com suas famílias ou realizar passeios mais longos.

Além disso, também se observava que, em períodos de festas como esta, havia um decréscimo da demanda no atendimento de consultórios, clínicas, postos de saúde pública, tudo por causa do acercamento da diversão, fazendo com que as pessoas "deixassem para ficar doentes" em outro período do ano.

As notícias da televisão mostravam os preparativos dos diversos clubes, sobretudo nos grandes centros do país, criando-se a expectativa de que, naqueles quatro dias, todos os problemas do mundo seriam resolvidos pela exacerbação das emoções, pelo exercício dos prazeres, com as pessoas licenciadas pela sociedade para darem vazão aos mais baixos instintos, duramente contidos ao longo do ano inteiro.

As conversas giravam ao redor de tais temáticas, com uma corrida a lojas especializadas, a supermercados e similares para a aquisição dos produtos euforizantes, estimulantes, etc.

No mercado ilícito, as tragédias produzidas pelas drogas mais agressivas ia ganhando espaço, não apenas na área do consumo desenfreado, como também nas disputas pelo comando dos recursos por ela produzidos para os que a vendiam.

Oportunidade como essa era só uma vez por ano...

Os seres humanos tinham, nessa época, uma excelente oportunidade para se permitirem as aventuras mais escabrosas. Facilitando o encontro dos corpos sob a desculpa da diversão, boa parte da juventude, afastada dos princípios mais elevados do viver, agia em consonância com os modismos em voga defendidos pela "maioria das pessoas", abusando da bebida, dos encontros casuais, expondo-se às aventuras do sexo irresponsável, atraídos como mariposas para a chama das tentações nas quais, fatalmente, de uma forma ou de outra, acabariam queimando mais do que as próprias asas.

Outros seres, interessados nos ganhos financeiros a qualquer custo, tratavam de abastecer os mercados com produtos proibidos, remédios excitantes, bebidas poderosas, apetrechos de interesse para todo tipo de desejo. Com isso, garantiam o alto fluxo de dinheiro que os melhor aquinhoados da sorte nunca se inibirão em gastar, desde que isso lhes garanta o acesso aos "prazeres da vida".

Os controles desse mercado punham em conflito não apenas os integrantes de gangues nos diversos bairros periféricos, como também os responsáveis pela fiscalização e prevenção de tais delitos, os empresários espertalhões que intermediavam as transações ou eram os responsáveis finais pelos lucros desse comércio espúrio.

Membros da administração pública se misturavam aos infelizes traficantes na partilha dos lucros da sanha criminosa, sem nunca se encontrarem pessoalmente, mas sempre se controlando por mecanismos de violência e ameaça nos quais a única senha que era obedecida era "o dinheiro ou a vida".

Por cima desse cenário tétrico, organizavam-se as agremiações carnavalescas, com os seus diversos grupos e famílias, clãs ou coletividades, para os quais o desejo sincero de brincar o carnaval, muitas vezes, era a expressão de seu sonho mais puro, numa disputa pela supremacia de sua agremiação.

Luzes, realce, ritmo e poder seduziam os integrantes das diversas escolas e blocos, todos empenhados em competir num certame que em nada modificaria suas vidas, ainda que, explorando o devaneio dos ingênuos, tornaria mais milionários alguns espertalhões que os manipulavam e se enriqueciam com as vantagens mercantis desse evento, que se transformara em *Show* internacional.

Disputas por turistas, indicações de hotéis, prostituição de luxo, agenciadores de mulheres, jovens insinuantes desejando ganhar a vida em moeda internacional, aparecendo na televisão graças à exposição de seus corpos despidos no esforço de se conseguir um contrato milionário. Tudo isso era encontrado por baixo da chamada "festa popular", na qual boa parte dos populares sonhava em ser Rei por alguns minutos, ser Barão ou Princesa, ser estrela ou astro aplaudido pela multidão, enquanto os verdadeiros reis, barões e membros da nobreza seguiam acumulando milhões às custas das ilusões.

Do outro lado da vida, igualmente, aproveitando-se das emanações mentais dos encarnados, os fluidos densos que se entrecruzavam na atmosfera tornavam-na mais insuportável.

Observando o ambiente dos grandes centros, as forças negativas que eram produzidas pelos encarnados davam ao cenário espiritual os contornos de verdadeira festa no abismo.

Em nenhuma época do ano se encontrava tanta perversidade e tamanha nocividade ao redor dos vivos quanto nesse período, em que boa parte deles se entregava aos excessos, descuidando-se do equilíbrio ou da vigilância mental.

Esse afrouxamento das linhas de defesa do ser encarnado tornava-o importante associado dos desencarnados em todo tipo de excesso, fosse na área da perversidade violenta, caracterizada por furtos, homicídios, agressões e brigas, fosse na dimensão do descontrole químico, da ingestão dos excitantes, na prática das aberrações.

Para todos os que se encontravam habitando o mesmo nível vibratório, reunidos na superfície terrena sob o signo da irresponsabilidade, tal promiscuidade seria nociva, aprofundando-se ainda mais os processos obsessivos, as perseguições e os dramas reencarnatórios, sempre marcados pelo desajuste da alma em sintonia com outras almas desajustadas em igual frequência.

Além disso, esta atmosfera não favorecia apenas as perturbações entre os encarnados e desencarnados que estagiavam na mesma faixa vibratória representada pelo espaço físico dos homens. Também era propícia para a invasão das entidades mergulhadas nas furnas e abismos subcrostais, emergindo dos bueiros, esgotos ou passagens, como seres tétricos a invadirem a casa humana desguarnecida ou aberta para eles.

Ao lado desse panorama desagradável de se observar, a Bondade Divina estava a postos, através da ação da Espiritualidade Superior, coordenando grupos de socorro, equipes de salvamento, organizações de esclarecimento, postos de orientação, tudo na superfície da Terra, em logradouros variados como praças, becos, pontes, avenidas, além de igrejas e casas de oração das diversas religiões, sendo estes os ambientes mais propícios para esse tipo de socorro tão urgente.

Estas ações socorristas não aconteciam apenas nos ambientes turbulentos dos grandes centros, onde os desmandos costumam sempre ser mais danosos para os próprios encarnados.

Em todas as cidades havia entidades responsáveis pelo desenvolvimento dessas ações da caridade, organizadas pelos governadores invisíveis daquele agrupamento social, implementando projetos de prevenção e socorro para as diversas situações que envolveriam os moradores daquela comunidade em período tão especial de suas rotinas, tão propenso a produzir sofrimento e dor generalizados.

Como as maiores e mais volumosas desgraças eram e são aquelas dos grandes aglomerados, neles se concentrava um maior contingente de nobres missionários espirituais, lutando para que a insanidade dos encarnados fosse contida.

Não agiam com violência ou imposição. Ofereciam oportunidades aos que chegavam das furnas, do mesmo modo que as apresentavam aos que já estavam aferrados à companhia dos homens de carne, convidando-os à conversação fraterna, proporcionando tratamento para suas dores, ouvindo suas angústias, dialogando sem julgar suas condutas inferiores, explicando-lhes os engodos nos quais estavam incorrendo e as tristes consequências para eles próprios.

Tais entidades amigas se revestiam de uma luminosidade diversa da do próprio ambiente, facilmente identificáveis como agentes do Bem pelos integrantes da malta espiritual desajustada, servidores que se achavam no cumprimento da missão consoladora sem se descuidarem da proteção necessária contra os ataques dos grupos de Espíritos ensandecidos, hipnotizados por entidades malévolas para servirem de armas de agressão contra as equipes de servidores da Boa Nova.

Como representantes da Esperança, estas nobres Entidades não se valiam de nenhum procedimento repressor ou intimidador, no que discrepava totalmente dos representantes das trevas, que se notabilizavam pelas técnicas de amedrontamento ou ameaças, hipnose profunda e alienação, nos processos de adestramento negativo que desenvolviam junto aos que compunham seu numeroso contingente.

Os dois grupos tinham suas técnicas de ação específica. Por este motivo é que os "de baixo" eram alertados pelos seus chefes para que não se envolvessem em conversas com os "de cima", caso estes desejassem se aproximar.

Não deveriam acercar-se porque os representantes do Cordeiro, como eram chamados servos de Jesus, eram astutos na utilização de sortilégios e magias com a finalidade de iludir os incautos, afastando-os do caminho escolhido e arrebatando-os para suas colônias. Esta cantilena, longamente repetida pelos instrutores da sombra, repercutia no íntimo dos mais frágeis e de consciência mais culpada, prevenindo-os contra qualquer acercamento dos representantes do mundo espiritual superior.

Naturalmente que os que vinham das furnas não podiam fiscalizar centenas de milhares de outras entidades que estavam sob seu comando. Por isso, valiam-se de tais mecanismos para domesticar seus subordinados, como o homem costuma fazer com os animais em adestramento.

Já os Espíritos missionários do Bem se colocavam de maneira pacífica, oferecendo ajuda a quem a desejasse aceitar ou solicitar, sem obrigar qualquer Espírito a atuar contra a própria vontade. Espalhavam-se pelas ruas e quadras diversas, reforçando os postos de atendimento ou os núcleos de ajuda estratégica nos quais ofereceriam amparo, alimento e energia para o refazimento dos que o desejassem.

Nestas ocasiões, graças à combinação de esclarecimento com carinho, estes Espíritos amigos conseguiam devolver esperanças a milhares de entidades cansadas de sofrer, já desanimadas por integrarem uma organização terrorista que não lhes garantia perspectiva alguma que não fosse a do sofrimento.

Quanto mais se acercava a data da grande festa, mais densas se tornavam as emanações ao redor dos encarnados, sobretudo nas grandes cidades para onde se voltavam as maiores atenções, ao mesmo tempo em que a realização de inúmeros bailes pré-carnavalescos ia dando o combustível necessário para atiçarem-se as labaredas do grande incêndio que, logo mais, irromperia na comunidade. As entidades negativas iriam começar a surgir na superfície, vindas das dimensões vibratórias inferiores, como pipocas pulando na panela, salpicando em todos os lugares e ampliando a concorrência invisível junto aos encarnados mais invigilantes.

Pressionados por tais assédios constantes, aumentava-se consideravelmente o consumo de drogas e bebidas, agitando-se o psiquismo dos homens e predispondo-os aos voos da imaginação.

Regados a propagandas televisivas insinuantes, emoldurando esse sinistro quadro, os integrantes das comunidades humanas seriam bombardeados por insistentes chamamentos provocantes, estimuladores de quedas morais, traições, e excessos no consumo de químicos variados que não se viam normalmente no dia a dia.

A ingestão alcoólica, conjugada às influências espirituais, acelerava a ação das substâncias responsáveis pelo exercício da agressividade, numa verdadeira e caótica sopa emocional.

Solidarizando-se ao esforço dos Espíritos Superiores, Adelino, Cristiano e Jerônimo, haviam-se engajado nas tarefas de amparo dos encarnados daquela comunidade, tanto quanto todo Espírito de boa vontade que dispusesse de alguma parte de seu tempo se apresentara aos diversos postos de acolhimento e distribuição de serviços que o plano espiritual coordenava.

Ligado a Leonor pelos fios energéticos do pensamento, Cristiano seguiria exercendo o controle mínimo sobre a atmosfera mental da protegida, ainda que à distância, regressando à sua presença imediatamente caso se apresentasse a necessidade. Ao mesmo tempo, como Rosimeire representava uma excelente companhia para a sua pupila, isso dava ao Espírito protetor a suficiente liberdade no âmbito de suas responsabilidades específicas, para se oferecer como colaborador em qualquer missão ou tarefa junto aos encarnados.

Empenhados os três em uma das turmas de socorro, Jerônimo encontrou-se com o generoso Médico dos Pobres, aquele cujo espírito de devotamento e amor aos semelhantes havia-lhe permitido tornar-se mais do que o cirurgião dos corpos ou o zelador da sua saúde e equilíbrio. Lá estava o Dr. Adolfo Bezerra de Menezes em pessoa, comandando com sua generosidade os trabalhos de amparo aos sofredores, estabelecendo prioridades e compondo soluções que somente a alma que já detém a capacitação do Amar bem desenvolvida sabe idealizar em consonância com os ditames do Universo para aquele agrupamento de seres tão atrasados.

Essa visão mais ampla e sábia a respeito de todos os defeitos humanos, temperada pela ótica do entendimento verdadeiro, dava ao Médico dos Pobres a autoridade moral sobre as enfermidades, inclusive sobre a oferta dos recursos para cada caso, detalhadamente descritos em relatórios e em aparelhos muito mais potentes do que os mais potentes da medicina moderna.

Dr. Bezerra mantinha-se calmo no meio da confusão natural do ambiente, balbúrdia esta produzida pela ação ruidosa das caravanas de Espíritos inferiores. Nada lhe tirava o foco da atenção acerca das inúmeras frentes de ação.

Jerônimo se acercou com o pequeno grupo, saudando-o com respeito e carinho:

– Querido doutor, estamos aqui para prestar nosso concurso humilde no que seja necessário.

– Ora, Jerônimo, que boas notícias meu filho. Fico muito feliz em poder tê-los ao nosso lado em tão salutar tarefa. Você sabe o quanto me atraem as criaturas perdidas nos abismos e, dessa forma, enquanto boa parte da humanidade se permite usar o lazer para se desencaminhar, nós multiplicamos nossos esforços para que diminuam seus desatinos.

E nessa faina, todos os braços e corações disponíveis ainda são poucos.

Felicitados pela palavra fraterna daquela alma quase sem tempo para as formalidades ritualísticas da apresentação, Jerônimo aduziu, sorridente:

– Bem, Dr. Bezerra, o senhor manda e nós realizamos, se tivermos capacidade para isso, empenhando nossa maior boa vontade.

Ainda que premido pela exiguidade de tempo para demonstrações mais efusivas, Bezerra respondeu:

– Teremos, sim, coisas importantes para atender, sem dúvida.

Antes, porém, acho que vocês estão vinculados ao assunto de nossa irmãzinha Leonor, não?

– Sim, doutor, aquele caso sobre o qual conversamos há algum tempo, para o qual o senhor nos indicou, a mim e a Adelino, que o acompanhássemos.

– Pois então, como está o desenvolvimento do tumor?

Surpreso com o tamanho da memória daquele Espírito tão ocupado com tantas coisas, Jerônimo respondeu:

– Está começando a ser detectado pelos exames superficiais. Agora, nossa irmã começa a peregrinação junto aos médicos e exames e, pelos nossos cálculos, dentro de aproximadamente um mês nossa irmã deverá se submeter à coleta de materiais para a biópsia.

– Sim, Jerônimo. Já designei alguns amigos de nossa confiança para que cuidem dos detalhes junto aos médicos que atenderão este caso, para que nossa Leonor tenha as melhores oportunidades para reconquistar a saúde plena, tanto do corpo quanto da alma.

Jerônimo jamais imaginara que o Dr. Bezerra acompanhava aquele caso tão de perto, o que motivou o seu emocionado agradecimento.

– Ora, meu filho, alguns séculos trabalhando com a saúde, me fizeram um pouco conhecido em alguns hospitais da Terra, notadamente do nosso Brasil. Além do mais, a fama indevida que cobre o meu antigo nome na nossa pátria, me obriga a movimentar imensos recursos dos tesouros celestes para que todos possam saborear, segundo seus merecimentos, a vasta parcela da bondade sublime do Pai que está disponível para todos nós.

Sorrindo com a expressão suave do Médico dos Pobres, Jerônimo abanou a cabeça afirmativamente, completando:

– Sim, querido doutor, a sua influência é muito mais ampla do que podemos imaginar, sobretudo no que diz respeito à representação do Amor junto aos que sofrem.

– Pois todos estamos precisando desse Amor, Jerônimo, e assim, aqui não vai faltar trabalho para vocês.

Disporão, por acaso, dos quatro dias para as atividades? E em caso afirmativo, estariam dispostos ao sacrifício?

Confirmando com o olhar a opinião dos outros dois amigos, respondeu pelo grupo afirmativamente, não sem antes deixar clara a plena disposição para os sacrifícios que fossem necessários.

– Bem, meu filho, se a tarefa é vasta, nem todos os operários estão preparados para tudo. Como em uma grande construção, há os que planejam e os que executam. E dentre os que executam, há os que dirigem e os que auxiliam a execução.

Daí ser tão importante podermos contar com entidades com a sua experiência, capacitadas para qualquer desafio sem perderem o equilíbrio.

Estes momentos são muito duros para todos, sobretudo para aqueles que podem ingressar nos diversos ambientes e testemunhar toda a sorte de ocorrências, às vezes as mais grotescas ou violentas.

Por isso, gostaria que você e nossos dois irmãos pudessem atender o caso Clotilde, num momento delicado de sua existência.

Trazendo-os para acolhedor ambiente de uma das tendas brancas armadas no local, estendeu um amplo documento sobre distinta mesa usada para servir de base ou apoio ao estudo dos diversos casos e asseverou:

– Bem, Clotilde está muito comprometida com os problemas que está enfrentando.

A sua falta de religião e as facilidades da vida a estão consumindo no sorvedouro das drogas e, nestes momentos, açoitada moralmente por frustração afetiva, está se perdendo ainda mais.

Já tentou de tudo.

Sua estrutura emocional declinou depois que se entregou fisicamente ao próprio irmão Leandro, rapaz de bela figura e caráter leviano que, no vigor da juventude, encantado pela beleza física florescente de Clotilde, envolveu-a numa teia de desejos e provocações que culminaram com a queda da jovem em seus braços, entontecida pelos vapores do álcool e pela excitação dos hormônios em ebulição.

Depois da primeira intimidade, ambos se viram cada vez mais escravizados pelos desejos, naturalmente amplificados pela natureza proibida com que são rotulados pela sociedade, coisa que, ao contrário, apenas serve para estimular a sua vivência e a sua repetição insaciável.

A cada novo encontro, mais excitação e, logo depois, maior culpa.

Juras de afastamento duravam apenas alguns dias, logo vencidas pela lembrança dos momentos em que, como corpos bem talhados, ambos se prestavam aos encontros da emoção imatura sob a sombra da repreensão da própria consciência.

Aos dois, no entanto, imantou-se a turba dos desocupados à procura de emoções baratas, aumentando-lhes o assédio à sexualidade, o que motiva em ambos a insatisfação constante e o anelo para novos encontros clandestinos.

Até agora estamos conseguindo contornar os piores efeitos de tais ligações íntimas, representados pela gravidez indesejada entre irmãos consanguíneos, a produzir os tristes resquícios da má-formação fetal, isso sem mencionarmos as dores familiares.

Ouvindo com atenção, os três se sentiam tocados pela dor daquele casal.

Clotilde e o irmão Leandro, jovens com pouca diferença de idade, eram fustigados pelos desejos incontidos estimulados por entidades astutas e provocadoras, a unirem seus tentáculos fluídicos às suas zonas genésicas, aumentando neles os desejos eróticos, pressionando musculaturas ou reproduzindo imagens em seus pensamentos pela indução externa.

Por lhes faltarem a proteção do raciocínio lógico e o lastro dos princípios éticos ou dos valores mais elevados, ambos acabaram aceitando como curiosa experiência aquilo que, fatalmente, se lhes transformaria em tormento da consciência, agravado, depois, pelo peso dos sócios invisíveis.

– E agora – continuou Bezerra –, neste período de festas, ambos estão envolvidos em um projeto de viagem, algo que parece muito comum aos de sua idade, mas que, em realidade, está encobrindo uma tragédia mais dolorosa.

Sem conseguir viver sem o irmão que a domina emocional e sexualmente, Clotilde também não aceita a condição de amante do rapaz, nem suporta, sem desequilibrar-se, a ideia de ver Leandro a trocá-la por outra jovem qualquer, dessas que são tão fáceis e abundantes nos dias que correm.

Assim, combinaram o plano de informar aos parentes que irão viajar com amigos, mas, em realidade, tudo organizaram para que se tratasse de uma viagem de prazer, uma espécie de lua de mel.

No entanto, pressionada pelos pensamentos obsessivos que a dominam e escravizam, Clotilde pretende, depois das efusivas intimidades que já estão decalcadas na tela mental de ambos, ministrar veneno ao jovem companheiro e, imediatamente após, bebê-lo também, encerrando esse capítulo de suas vidas pelas trágicas portas do homicídio seguido do suicídio.

O relato do Dr. Bezerra seguia sereno, ainda que entrecortado de angustiada expectativa acerca do destino dos dois jovens.

Ninguém ousava interromper.

– Assim, meus filhos, necessitamos de amparo para que estes dois irmãos não venham a se projetar no despenhadeiro criminoso de tão graves cometimentos.

Ainda que se mantenham amantes por agora, é imprescindível que sejam seguidos de perto para que a intenção homicida que está sendo estimulada pelas entidades que aos dois se agregaram – uma espécie de cobradores e sócios de outras existências, desejosos de trazê-los da viagem terrena para o plano invisível antes do tempo previsto – não se concretize.

Estava pensando em solicitar a ajuda de algumas outras entidades amigas, mas apresentando-me a oferta de vocês, não vejo ninguém melhor qualificado para conseguir tal intento.

Emocionados, os três se viram convidados ao esforço.

Jerônimo, interpretando o sentimento dos amigos, respondeu:

– Nosso oferecimento, querido doutor, não foi a expressão formal de boas intenções incapazes de se converterem em atos. Ao contrário, muito nos estimula essa possibilidade, sobretudo quando estamos aprendendo a cada passo, vivenciando as relações humanas como elas são e não como nós ou as leis divinas gostaríamos que fossem. Além disso, este caso nos dá bem a ideia do número de problemas aos quais o senhor e outras entidades devotadas estão expostos.

— Apenas trabalho do Amor, meus filhos. E se lhes apraz ajudar, acredito que não devam se demorar, porquanto ambos já estão no veículo, em direção ao seu destino. Estão transitando pelas vias de acesso que vai levá-los à rodovia com destino ao litoral.

Seria muito instrutivo que vocês os acompanhassem desde a viagem, uma medida estratégica importante para que os Espíritos infelizes que os assessoram não se antecipem produzindo algum acidente que venha a privá-los da vida física. E lembrem-se de que nossa função não é a de impedir que se relacionem sexualmente. É a de tentar evitar que se matem.

Agradecidos pelo carinho, os três tomaram o rumo que lhes fora apontado pelo generoso médico a fim de acompanharem os eventos dos próximos dias na vida do jovem casal.

Enquanto isso, o Dr. Bezerra se informava com seus auxiliares a respeito dos boletins meteorológicos.

Suas preocupações se ampliavam para diversas áreas além da medicina, nelas incluída a das condições atmosféricas.

Depois de solicitar os mapas detalhados sobre as previsões, indagou do ajudante ligado a tais medidas:

— Já foram respondidas nossas indagações, prezado Gustavo?

— Ainda não chegaram respostas, doutor. No entanto, acredito que, em nosso próximo contato, já teremos equacionada a questão da precipitação esperada.

— Sim, meu filho. Nesta jornada, todos os recursos devem ser utilizados para que as condições gerais sejam as menos favoráveis à prática dos atos delituosos.

Os homens não imaginam o benefício vibratório que um aguaceiro pode produzir, lavando não apenas as ruas e calçadas, telhados e casas, mas, sobretudo, limpando a atmosfera circundante, diminuindo as ansiedades euforizantes, abrandando o calor excessivo em todas as áreas.

Foi por esse motivo que solicitamos aos departamentos responsáveis por tais eventos que fossem providenciadas essas ocorrências, como auxiliares de nossos esforços na diminuição dos conflitos, ainda que isso viesse a frustrar as expectativas de uma parte dos foliões imprevidentes.

É preferível ter a fantasia molhada do que a alma corrompida.

E nesse sentido, algumas gotas benditas que o Céu nos faculte como chuva podem evitar oceanos de lágrimas decorrentes dos efeitos dolorosos das atitudes pouco meditadas ou controladas.

As forças do Bem continuavam a trabalhar freneticamente em favor das almas envolvidas no drama da vida porque, em mais algumas horas, seria inaugurado mais um período de diversão regado a excessos e abusos, tão socialmente aceito e almejado, mas tão pouco conhecido em seus danosos efeitos para todos os que nele perdem seus freios morais, tudo se permitindo e tudo fazendo como se houvesse uma licença para a insensatez.

Ia começar o Carnaval.

17

A CHUVA

Por um lado, as entidades que vinham das dimensões inferiores se agitavam para chegar à superfície pelos caminhos que lhes eram abertos segundo as permissões dos Espíritos superiores, que, vibratoriamente, desobstruíam certas passagens para que o Maioral e seus asseclas pudessem atingir o nível do ambiente dos encarnados. Por outro, na superfície da crosta, o trabalho se encontrava em estágio muito acelerado, principalmente no que dizia respeito aos atendimentos da misericórdia, oferecidos aos que chegassem das furnas ou abismos, colocando-se em contato com os vivos "de cima".

※ ※ ※

Poderia você, queridos leitores, perguntar qual o motivo que levava os Espíritos mais elevados a permitir que tais entidades tão daninhas pudessem eclodir do subterrâneo para atirar-se ao encalço do encarnado, piorando-lhe o estado mental e psíquico, emocional e físico.

Essa indagação é concebível quando nos falte a noção dos princípios superiores da Justiça e da Misericórdia.

Quando, entretanto, passamos a compreender tais mecanismos sem as ideias pequeninas, próprias da ignorância das Leis do Universo, descobrimos que a grandeza de Deus se incomoda com a evolução de todos os seus filhos, não importando em que estágio de crescimento se encontrem.

Por tal motivo, se o avolumar de entidades inferiores pode ser interpretado como um aumento do risco ao qual os encarnados estão expostos, por outro lado, a chegada de todas elas atendia à convocação psíquica partida dos próprios vivos, ansiosos por se arrastarem aos precipícios da libertinagem e dos excessos, com a desculpa da diversão.

Além do mais, isso consistia numa importantíssima oportunidade de trazer os infelizes seres dos abismos até a superfície, algo como se permitir que os encarcerados nas masmorras pudessem ver a luz do Sol.

Acessar a superfície da Terra corresponderia, no caso deles, a uma simbólica e temporária elevação de nível vibratório, impulsionada pelos seus próprios desejos, ainda que interessados em se manterem viciosos ou em prejudicar seus companheiros humanos.

Seria similar às concessões que se fazem aos presidiários para que possam voltar ao convívio social em datas festivas, com o compromisso de regressarem à cadeia para a retomada da pena.

Mesmo que a vinda desses Espíritos fosse motivada pela obsessão ou vampirização dos seus irmãos de carne e osso, os Espíritos Superiores a admitiam, como oportunidade preciosa de renovação para o Bem, para que provassem néctar amargo das próprias escolhas, uma das formas que a pedagogia do Universo usa para reencaminhar os delituosos ou invigilantes.

Por isso, a resposta mais correta para esse tipo de questionamento ingênuo é a de que Deus permite isso para ajudar os encarnados através das próprias dores e para resgatar os outros irmãos aflitos no mal, capazes de saírem de seus buracos e, assim, facilitar o atendimento de suas necessidades pelo contato com o Amor espontâneo, consolando nas suas aflições e semeando novas esperanças em seus Espíritos atribulados.

Então, na visão da Misericórdia, aquele instante representava a oportunidade preciosa de amparo aos que, no resto dos dias, se ocultavam da luz, dificultando, inclusive, o acesso dos missionários até seus antros de perversidade, coisa que só se fazia possível nos casos de infiltração sub-reptícia, disfarçada, como maneira de transportar para o âmago daquele ambiente infeliz a gota da esperança.

No entanto, nestes casos, o efeito era sempre mais limitado e menos luminoso do que o sucesso obtido quando os agentes trevosos deixavam seus feudos bem guardados para se aventurarem na superfície, ao contato com os vícios humanos e com as generosas virtudes que se preparavam para esperá-los, cara a cara.

Da imperfeição dos encarnados, a Misericórdia se valia para retirar os possíveis frutos doces que se originariam desse contato de Espíritos ignorantes ou rebeldes com o Bem.

As entidades trabalhadoras do Amor Celeste, assim, se esmeravam nesse período para não perder qualquer oportunidade de salvação ou resgate, mesmo que tivessem de fazer vistas grossas a todo o tipo de perversidade que unia encarnados e Espíritos.

O carnaval não se originava das furnas umbralinas nem nos trevosos subterrâneos vibratórios. Era fruto da ansiedade dos que habitavam o corpo carnal, desejosos de dar vazão aos seus instintos mais inferiores ou sonhos reprimidos.

A esse chamamento, atendiam todos os que se alegravam com as mesmas coisas propostas, nas diversas áreas em que se expressavam as emoções em ebulição.

Já os Espíritos Superiores ofereciam as oportunidades para que aqueles que estivessem cansados, arrependidos ou que dessem quaisquer sinais de cansaço espiritual pudessem amparados por mãos amigas, interessadas na restauração do equilíbrio.

Assim, ainda que as leis de causa e efeito continuassem a valer em todos os rincões do Universo, os trabalhadores da Esperança tinham autorização para estender o benefício generoso até mesmo aos que não o merecessem, mas que, apesar disso, o estivessem solicitando ou aceitando espontaneamente.

Não se tratava, apenas, de um movimento patrocinado pela Justiça para salvar somente os inocentes das astutas mãos dos carrascos.

Era esforço salvacionista a recuperar qualquer um que assim o desejasse, de forma clara ou indireta, recolhendo a todos e encaminhando-os aos ambientes de tratamento de emergência, nos quais seriam melhor avaliadas as suas condições e levados para os locais apropriados para a germinação de suas novas inclinações ou para o acrisolamento de novos sentimentos.

E isso era muito positivo, principalmente por se considerar que, na euforia e na busca de um sem número de oportunidades de entrosamento com os vivos, tais Espíritos se afastariam da vigilância direta de seus chefes, vigias ou fiscais, ficando mais livres do controle de seus algozes diretos.

Como todos estavam desejosos de aproveitar, cada um cuidava de si e de seus interesses, não havendo muito tempo para o exercício das supervisões ou das tarefas de intimidação que tão bem eram coordenadas pelos Espíritos líderes, entre os quais o próprio Drômio, no ambiente das furnas.

Com isso, as entidades amistosas poderiam acercar-se mais diretamente, no ambiente livre da superfície, facilitando o trabalho de envolvimento com que o Amor resgataria inumeráveis seres perdidos, vítimas do medo, da culpa ou da hipnose negativa.

No fundo, tanto o Maioral quanto seus seguidores sofriam de uma mescla de sentimentos contraditórios, misturando o desejo do prazer e dominação com o medo da própria transformação.

No entanto, cada carnaval, todos os anos, era momento de euforia, de curtição e oportunidade de sustentar o império da ignorância por mais tempo, através de mecanismo muito simples.

O calor estimulava a bebida e a nudez.

A bebida fazia perder o controle racional e a nudez convidava à liberação da animalidade instintiva.

A perda do controle racional e a liberação dos baixos instintos levava o indivíduo à rememoração das mais primitivas sensações, deixando-se arrastar para os excessos da crueldade, da insanidade, do crime e da violência sem medida.

Isso tudo era coordenado pelos líderes trevosos, atrelados aos seus representantes no mundo físico, que se valiam dos diversos estímulos visuais, produzindo os efeitos devastadores na evolução de cada um dos que sintonizavam com esse teatro dos horrores coberto de purpurina, confete e serpentina, o que corresponderia ao adiamento de sua evolução por vários séculos e mantendo os infratores neste mesmo ambiente vibratório.

Se você, querido leitor, entender as forças envolvidas nesse panorama, observará que se trata de uma verdadeira guerra patrocinada pelas forças inferiores a fim de não perder adeptos.

* * *

O Dr. Bezerra, dessa forma, se ocupava também com as medidas da Espiritualidade Superior no sentido de atenuar os efeitos nefastos decorrentes dos excessos, através de ocorrências atmosféricas que propiciassem o banho frio indispensável para a diminuição do calor e dos ânimos.

Depois que os três amigos voluntários do Bem saíram no atendimento do drama de Clotilde, não tardou muito para que a resposta chegasse às mãos do benemérito campeão da caridade, o Médico dos Pobres.

– Doutor, as ponderações endereçadas aos planos superiores foram respondidas adequadamente, segundo as necessidades do ambiente.

– Graças a Deus, Gustavo.

– Sim, doutor, segundo a resposta, os arquitetos dos elementos estão providenciando a necessária modificação atmosférica para que, em questão de algumas horas, a medida possa chegar aos núcleos que mais dela necessitem.

– Isso será muito positivo, ainda que seja considerado motivo de tristeza para muitos foliões.

Pretendendo explicar as razões de tal medida, Bezerra continuou:

– Acontece, Gustavo, que o aguaceiro atenua os efeitos do calor, diminuindo a propensão para a ingestão de alcoólicos, a exaltação da nudez, abrandando as exigências emocionais e diminuindo os resultados danosos a curto prazo.

Certamente que haverá os encarnados que não se deixarão levar pelo esfriamento que a chuva propicia. No entanto, em boa parte dos menos avisados, dos mais ingênuos do que maus, dos curiosos e irresponsáveis, a água gelada que cai do céu corresponderá a um vigoroso desestímulo à realização dos excessos, produzindo a atenuação dos piores instintos ou desejos.

Além do mais, desaconselharia muitos a deixarem suas casas no rumo da rua ou das festas coletivas realizadas em clubes, diminuindo a frequência e baixando o teor pestilento das emissões mentais.

Aliás, com a explosão elétrica de raios e relâmpagos, boa parte desses miasmas mentais acaba transfundido e drenado para os bueiros, impedindo que sejam usados como alimentos pelos seres provenientes das zonas inferiores.

Representará, neste caso, benefício muito mais avantajado do que, apenas, tratar-se de doação de água às plantas e à Terra.

Entendendo que o Dr. Bezerra não poderia alongar-se nas explicações, Gustavo passou-lhe o documento sucinto no qual a resposta superior informava, com minúcias de detalhes, o período em que se promoveria a alteração dos elementos, avisando-o para que concentrasse o pleno potencial de seus esforços no resgate intensivo, já que muitos Espíritos que se alojavam na superfície da Terra, em companhia dos encarnados, sequer tinha a ideia de que havia perdido o corpo carnal, amedrontando-se diante da chuva intensa como acontece com qualquer vivo, o que faria com que buscassem refúgio em qualquer local que parecesse acolhedor, fossem casas, logradouros públicos, prédios vazios ou não.

Isso permitira que os Espíritos trabalhadores do Bem se organizassem em tais lugares, oferecendo acolhimento para os vagabundos da alma, mendigos do Espírito, seres que deixaram a vida carnal em tal estado de insensatez, que acreditavam-se dotados de um corpo físico.

Segundo as anotações sob suas vistas, a deliberação superior ampliara ao máximo o perímetro de incidência do fenômeno atmosférico, para abarcar outras regiões do país que se beneficiariam de semelhante medida, além de tornar o volume de precipitação mais intenso e demorado em determinados períodos, desestimulando nos encarnados quaisquer intentos de prosseguirem em seus propósitos aventurescos.

A precipitação atmosférica havia sido providenciada para durar todo o período das festas populares, mais ou menos intensamente segundo as necessidades de cada região e os objetivos do mundo espiritual, sendo certo que estariam presentes também durante os tão esperados desfiles das grandes agremiações carnavalescas, na noite e na madrugada.

Além do mais, os Espíritos Superiores que eram responsáveis pela liberação dos caminhos de acesso das entidades trevosas as direcionariam diretamente para os locais onde se concentrava a maior parte dos missionários do Bem, estrategicamente localizados nos pontos de saída dos seres egressos das furnas inferiores, fazendo coincidir a chegada deles com a chuva mais densa.

Pegos de surpresa, isso os confundiria, obrigando-os a agir de forma diferente daquela tão esperada, já que não conseguiriam encontrar sintonia abundante com os encarnados graças ao esfriamento da euforia dos vivos seja na exploração do erotismo, seja no abuso da bebida ou na vivência de situações de violência e agressividade.

Os recém-chegados seriam surpreendidos pelo aguaceiro assim que colocassem suas cabeças na dimensão dos encarnados, obrigando-os, igualmente, a procurar abrigo ou a ficarem atontados por não saberem o que fazer.

Era este outro recurso do Mundo Superior para ajudar os Missionários da Esperança no acolhimento desses Espíritos infelizes, retirando dos vivos o máximo de tomadas mentais para que menor fosse o número de conexões inferiores aproveitadas pelos ditos irmãos da treva.

E assim, efetivamente, ocorreu.

As passarelas públicas estavam repletas, os carros alegóricos estacionados, as filas de foliões já preparadas, os ingredientes alcoólicos para a alienação já devidamente gelados e distribuídos, tudo em seus lugares.

Enquanto isso, a chuva, que desde a tarde já dera indicativos de sua presença, agora, na escuridão do céu, se fazia notar pelos relâmpagos esporádicos que, ao longe, demonstravam a formação de nuvens agitadas que, pela velocidade do deslocamento, chegariam brevemente ao local dos festejos.

Os amantes do carnaval apostavam, no entanto, que se trataria de uma chuva de verão, passageira e aliviadora do calor, uma forma de manter o entusiasmo dos foliões e do público.

No entanto, não importavam os argumentos dos locutores, as palavras esperançosas dos integrantes das escolas, a ação do público desejoso de prestigiar a sua agremiação predileta. As nuvens seguiam alternando o clarão que se intensificava com o ruído surdo e abafado dos trovões que se faziam ouvir cada vez mais intensos.

O tempo já encoberto da tarde ia se agravando quando a primeira agremiação iniciou seu desfile, colocando todas as suas energias para contagiar o público, como se o mundo tivesse parado naquele momento e nada mais existisse.

O clima quente da rua fora substituído pelas rajadas úmidas, arrancando penas das fantasias, desequilibrando pessoas nos diversos carros alegóricos, arrancando abanadores das mãos do público.

A escola continuou a descer, tentando fazer de conta que nada estava acontecendo, e o público, ansioso para vislumbrar toda a beleza de suas alas, firmou pé na arquibancada, fingindo que aquilo não passava de aragem inocente.

A chuva, que começara discreta, apertou inclemente, obrigando os espectadores a improvisarem proteção ou a se afastarem em busca de abrigo mais adequado.

A bateria e seus instrumentos disputavam a atmosfera com os ruídos da chuva, abafados pelos trovões e pelos plásticos protetores que alguns instrumentistas colocavam sobre o couro dos instrumentos de percussão, para evitar a intensa umidade.

A chuva derrubava alegorias, adereços, molhava as fantasias e esfriava os ânimos.

Por fim, os próprios locutores que transmitiam o carnaval pelas diversas redes de televisão perderam o ímpeto e se revezavam entre as notícias do desfile carnavalesco e as inúmeras chamadas informando sobre as condições do tempo e da tormenta que caía sobre o lugar, lavando o asfalto.

Os homens, entretanto, não imaginavam que tais eventos da natureza eram medidas providenciadas pelos planos superiores para o saneamento da psicosfera extremamente densificada do ambiente dos encarnados, piorada com a chegada dos seus sócios em perversidades e excessos, nem quantos benefícios tinham sido garantidos pela sua ocorrência.

No mundo invisível, como se previra, o movimento fora amplificado pelo evento chuvoso, uma vez que inumeráveis entidades que acompanhavam os encarnados ou que, curiosas, se aboletavam nas arquibancadas, sintonizadas com os mesmos desejos e emoções do público, saíram a buscar refúgio seco, ambiente protegido da ventania e da chuva. Muitos deles, encontrando o abrigo, ao mesmo tempo, identificavam a presença de Espíritos generosos que os acolhiam, como se fossem simpáticos enfermeiros que atendessem a uma ocorrência sinistra, mobilizados para um grande resgate.

Várias entidades aflitas recebiam bebida ou alimentação agradável, outras encontravam conforto para seus ferimentos, atendimento fraterno, surpreendendo-se com tamanhas atenções.

Qualquer tipo de ambiente ou abrigo físico que tais Espíritos procurassem já estava guarnecido por uma equipe de trabalhadores invisíveis generosos que se incumbia de dar-lhes o carinho necessário assim que chegassem.

Os mais desconfiados ficavam ao longe, sem se aproximarem. No entanto, vendo como eram tratados os demais, logo perdiam o medo e aceitavam receber os mesmos benefícios.

E era muito engraçado escutar seus comentários:

– Puxa, não teve a farra que a gente queria, mas nessa chuvarada, até que a Prefeitura está fazendo um ótimo serviço, não? – falava um dos infelizes ao seu companheiro, que devorava um prato de sopa.

– É isso mesmo... foi bom terem eleito aquele homem... quem mais poderia pensar em preparar estes restaurantes tão limpinhos pro povão?

– E é tudo de graça... você viu?

– Sim... pelo menos até agora, ninguém apresentou a conta pra gente.

– Tem médico, enfermeiro, padioleiro, remédio... nossa, nunca pensei que a cidade estivesse tão organizada pra atender a gente.

– É que vem muito turista, do mundo inteiro... Então, eles têm que caprichar para fazer uma boa aparência "pros estranjas"...

Cada um tinha um comentário diferente para justificar aquele atendimento, mas de quase nenhum se ouviu referência ao estado de desencarnado que era natural a todos eles.

Nem os Espíritos atendentes tinham a intenção de doutriná-los acerca de seus estados pessoais.

Haveria hora suficiente para que eles mesmos, inteligentes e amadurecidos pelo sofrimento, pudessem fazer esse mesmo questionamento e chegar, por suas próprias observações, a essa conclusão.

Naquele momento, o importante era dar-lhes carinho, todo o carinho que Jesus havia aconselhado que tivéssemos para com o menor de nossos irmãos.

Não era a hora da Verdade.

Aquela era a hora da afetividade, através da qual a hora da Realidade chegaria menos dolorosa para cada um, envolta no algodão da Misericórdia.

18

ENQUANTO O PAI TRABALHAVA, SEUS FILHOS DESCANSAVAM

Embora as leis da natureza representem o emaranhado de forças que regulam os fenômenos atmosféricos obedecendo às influências variadas, é importante não se perder de vista o entendimento de que tudo está sob o controle das inteligências que dirigem a vida na Terra, que têm o poder de agir num sentido ou em outro para que os efeitos necessários sejam obtidos, acelerando os processos evolutivos aos quais a humanidade está submetida, como acontece com um proprietário de terras que se valha dos cursos d'água que cortem a sua propriedade para adequá-los às suas próprias necessidades.

Por isso, não deve causar espanto a ninguém o fato de os Espíritos Superiores, quando julguem necessário, providenciarem a ocorrência de fenômenos como chuvas, tormentas ou outras alterações naturais, com as quais se consegue ajudar em um sentido ou em outro.

Se buscarmos as orientações espirituais contidas em *O Livro dos Espíritos,* aprenderemos, a partir de sua questão 536, que os grandes eventos da natureza, aqueles que se podem considerar como perturbação dos elementos, acontecem com a permissão superior e não somente motivados por causas fortuitas das forças telúricas.

Esses fatos físicos, aliás, também podem ser ocasionados ou induzidos pelo próprio homem, no caso das perturbações gerais produzidas por sua ingerência nas estruturas do planeta, gerando os efeitos de compensação através dos quais a própria natureza busca retomar o equilíbrio que lhe é próprio.

Compreende-se, então, que existem ocorrências que representam a expressão das leis naturais que seguem o seu curso espontaneamente, quanto aquelas desencadeadas pela ingerência do habitante planetário e as determinadas pelas inteligências espirituais que governam o orbe terrestre no sentido de acelerar o progresso e a elevação da humanidade.

A compreensão de que existem leis naturais que contemplem a ação dos Diretores Espirituais no sentido de melhor encaminhar os passos humanos nos afasta da antiga compreensão de uma natureza entregue aos caprichos e iras de deuses temperamentais, a atirarem coriscos para todos os lados, sacudir a terra e soprarem ventanias sem motivo.

No entanto, desde essa época, as pessoas demonstravam a ideia inata da natural intervenção de forças superiores na estrutura geológica ou atmosférica.

Ainda hoje é muito comum que as pessoas atribuam certas tragédias físicas produzidas pelos elementos como "castigo de Deus", quando, por exemplo, acontece a destrutiva erupção de um vulcão sobre uma populosa cidade.

Não ocorre aos homens, entretanto, se perguntarem por que resolveram construir suas casas nas fraldas da perigosa montanha, ainda mesmo depois que a ciência detectou o seu potencial destruidor.

A realidade da Vida pela compreensão das leis espirituais é muito mais rica do que a Mitologia dos povos antigos e contém mais ensinamentos do que qualquer interpretação leviana, sempre mais ligada aos prejuízos materiais imediatos decorrentes de tais tragédias do que a uma noção exata dos superiores desígnios.

Sim. A mão Divina dirige todas as coisas e possui mecanismos de atuação direta sobre todos os fenômenos da natureza, seja para que eles ocorram segundo o encadeamento natural de seus fatores determinantes, seja para alterar-lhe a intensidade, a natureza, a direção, canalizando-lhe os efeitos num sentido ora menos danoso, ora mais destruidor, segundo as necessidades evolutivas de cada comunidade.

A ignorância dos homens a respeito desse mecanismo não é argumento suficiente para impedir que as coisas sigam seu curso, tanto quanto as reclamações dos maus alunos não impedem que sejam submetidos aos exames escolares que avaliarão a sua competência ou atestarão a sua mediocridade.

Em geral, os medíocres não suportam testes nos quais a sua incipiente capacidade será revelada pelos resultados objetivos.

O entendimento a respeito deste assunto, pode ser encontrado no próprio *O Livro dos Espíritos,* a partir da questão número 728, onde há a explicação de por que se faz necessária, de tempos em tempos, a destruição. Ali entenderemos que existe uma Lei Espiritual dirigindo essa necessidade, ao mesmo tempo que limitando a sua ocorrência.

E quando se aborda, na questão 737, entende-se por que existem flagelos destruidores atingindo a Humanidade, explicação que demonstra a Sabedoria daqueles que, efetivamente, governam a Terra:

"737 – Com que objetivo Deus atinge a Humanidade por meio de flagelos destruidores?

Resposta – Para fazê-la avançar mais depressa. Não vos dissemos que a destruição é necessária para a regeneração moral dos Espíritos, que adquirem, a cada nova existência, um novo grau de perfeição? É preciso ver o fim para lhe apreciar os resultados. Não os julgais senão sob o vosso ponto de vista pessoal e os chamais de flagelos por causa do prejuízo que vos ocasionam. Mas esses transtornos são, frequentemente, necessários para fazer alcançar, mais prontamente, uma ordem melhor de coisas e, em alguns anos, o que exigiria séculos."

Pode-se, então, compreender o quanto a Humanidade está sob a segura direção das Potências Superiores, os Divinos Prepostos a governarem cada destino humano com a lucidez de quem está administrando Bens Celestes, individualizados em cada criatura.

Muitos perguntarão por que Deus não empregaria, para o aprimoramento das criaturas, outros meios que não os flagelos destruidores, partindo do pressuposto de que tais medidas drásticas se pareceriam a uma solução emergencial e improvisada, incompatíveis com o padrão divino.

E a resposta da pergunta 738 nos sacia a curiosidade, respondendo:

"Sim, e o emprega todos os dias, visto que deu a cada um os

meios de progredir pelo conhecimento do bem e do mal. É que o homem não aproveita, é preciso castigá-lo em seu orgulho e fazê-lo sentir sua fraqueza".

Dentre todos os ensinamentos espirituais acima e outros que não caberia aqui transcrever, mas que devem ser buscados pelo interessado em aprender sobre tais questões, o que mais deve ser objeto de nossa reflexão é o fato de que tudo está sob o governo do Criador, incluindo aí as forças da natureza que, segundo as necessidades evolutivas, podem ser acionadas para atuarem num sentido ou noutro, mas sempre a benefício dos seres encarnados, pelos desafios que lhes imponham, pelas dores que produzam, pelas limitações que anunciem ou pela ação inibidora de desregramentos que favoreça, como foi o caso da chuva, providenciada pela ação direta das entidades responsáveis pelo equilíbrio vibratório do ambiente terrestre.

Assim, é muito fácil a tais Espíritos Sábios valerem-se das leis da natureza com a finalidade de manipular os elementos e produzir as alterações climáticas regionais ou locais, segundo os objetivos almejados.

Imaginemos um grande aglomerado de pequeninas peças retangulares, todas colocadas em pé umas ao lado das outras, como se vê em alguns certames de derrubada de peças de dominó.

Os elementos atmosféricos podem ser entendidos como inumeráveis pequeninas peças de dominó, dispostas umas ao lado das outras esperando o momento adequado para serem derrubadas.

A derrubada de uma única peça pode iniciar a reação longa e surpreendente que venha, por fim, a atuar em todas as outras milhões de pequeninas peças.

Agora, se em vários lugares, pequenas peças são derrubadas simultaneamente, numa direção preestabelecida, com objetivos determinados, a ação pequena do começo se transforma num efeito em cadeia que tem o rumo e a intensidade da intenção dos que o fomentaram no início.

Se observarmos que a reação nuclear gerada pela bomba atômica não carece de mais do que uma pequena fração de matéria própria para esse fim, cujos átomos são estimulados a interagir uns com os outros numa reação em cadeia explosiva e destruidora, poderemos imaginar que tal reação, controlada pela inteligência, pode ser usada para certos e específicos trabalhos, como acontece na radioterapia curativa.

O cientista não manipula os elétrons um a um, mas, por conhecer-lhes as interações, as peculiaridades elétricas, os comportamentos em diversas condições, dirige-os para os objetivos desejados.

No plano espiritual, portanto, a ação das entidades espirituais sobre os amplos fenômenos naturais não demanda, senão, uma reduzida quantidade de energias ou de material ectoplásmico, fornecido pelos próprios encarnados para que, manipulados convenientemente, se consiga, graças à planificação das inteligência superiores, os efeitos desejados segundo os projetos espirituais de intervenção no mundo corpóreo.

Compreendendo a ação dos governadores invisíveis sobre as suas comunidades, entenderemos que a conjugação de forças sobre as massas de elementos atmosféricos acumulados poderá desencadear uma ação direcionada e, de certa maneira, controlada pela reação em sentido contrário, como a técnica conhecida no combate a incêndios pelo nome de fogo de encontro.

Quando se manipulam tais conjuntos aleatórios e caóticos, os Espíritos que são incumbidos de planejar e executar tais ações estudam a amplitude, a intensidade e a duração de tais fenômenos, providenciando os materiais energéticos desencadeadores da derrubada das pequeninas peças do dominó atmosférico, que passam a se entrechocarem no sentido e na intensidade previstas, pelo tempo aproximado que fora planejado, ocasião em que são acionadas as forças contrárias que venham contrabalançar o processo e neutralizá-lo.

Assim, querido leitor, não deve causar espanto a informação de que a grande zona de mau tempo se originara nos gabinetes superiores, responsáveis pela coordenação dos movimentos evolutivos, com vistas não somente ao desestímulo da insensatez humana, como também voltadas para facilitar o trabalho de resgate das inumeráveis hordas de entidades provenientes das zonas inferiores, para cujo objetivo os grandes contingentes de entidades generosas já estavam dispostos e atuantes.

Se, pois, para as entidades sofredoras, o carnaval era a festa do abuso e dos prazeres, para os trabalhadores do Bem era também uma Festa, mas de Esperança, de Amparo, de Oportunidade de Serviço intensivo e perseverante, ainda que exaustivo e desafiador.

No ambiente dos trabalhadores do Bem, essa não era uma época trevosa, afastando os bons do contato com os maus.

Ao contrário.

Milhões de voluntários espirituais, todos os anos, se organizam para poderem estender suas mãos fraternas na direção dos aflitos que chegam em busca de prazeres ou da revivescência de seus vícios.

Em todos os centros urbanos, dos mais populosos aos mais modestos, os dirigentes espirituais de cada comunidade transformam as rotinas de trabalho em uma verdadeira empreitada de resgate, uma ação em larga escala para ajudar os mais necessitados de esperança, Espíritos mais perdidos do que maus.

E para os maus, realmente, nada pode ser mais perturbador do que encontrar a Bondade pela frente, bondade que não o teme, não o afronta nem foge de sua presença asquerosa.

Isso porque a Maldade sabe como enfrentar a maldade, sabe como produzir a maldade, sabe como alimentar a maldade, sabe como usar a maldade... no entanto, a Maldade não sabe como se conduzir diante da Bondade.

Por isso, a época do Carnaval era vista com tamanho respeito pelos Espíritos Superiores, permitindo a vinda de tantas entidades ao convívio dos homens, mas com a finalidade de tê-los mais perto a fim de receberem maior amparo.

Era de se esperar que essa elevada compreensão do Amor em ação fosse compartilhada pelos religiosos encarnados, como um comportamento natural e lógico decorrente do entendimento das funções do Bem na superfície do Mundo.

No entanto, ao contrário do que se esperaria, os trabalhadores invisíveis que se mantinham na luta de resgate, enfrentando todos os tipos de recém-chegados, em vez de poderem contar com o trabalho de todos os encarnados sustentando-lhes o esforço por meio de orações ou das reuniões mediúnicas, pouco conseguiam junto às agremiações religiosas de todos os tipos, notadamente as espíritas, aquelas que mais poderiam cooperar justamente pela possibilidade do intercâmbio mediúnico ou da atuação como pronto-socorro aberto e em funcionamento intensivo.

Enquanto os Espíritos heroicos atendiam às mais diversas necessidades, pouquíssimas igrejas e centros espíritas se encontravam abertos e em funcionamento para que pudessem ser usados como UTIs, afastando as entidades mais dementadas do centro da demência, garantindo-lhes um ambiente de paz, serenidade e oração.

Usando dos mais variados estratagemas, boa parte das instituições religiosas se mantinha fechada nestas ocasiões, alegando assédio das trevas, perturbações vibratórias intransponíveis, dificuldades de sintonia com as forças do Bem, numa demonstração de absurdo desconhecimento das leis espirituais.

Na verdade, o que se observava era que boa parte de seus integrantes almejava desfrutar os dias de folga longe dos trabalhos espíritas ou religiosos, usando as justificativas da pressão psíquica das entidades inferiores para induzirem dirigentes omissos, irresponsáveis ou ambos, a aceitarem a conveniente sugestão da fuga dos deveres, sobretudo nos momentos em que a guerra se tornava mais acirrada.

Pseudoconhecedores das leis espirituais, esqueciam-se das lutas dos primeiros cristãos, do testemunho de renúncia que o próprio Cristo exemplificara ao enfrentar todas as armadilhas da ignorância para semear a bondade no seio dos ignorantes, mesmo sendo consumido por eles. Os modernos cristãos, ainda que qualificando-se como Soldados da Luz, alegavam a densidade das trevas para apagarem as lamparinas, as velas, os candeeiros e ocultarem-se na noite.

Conduta anacrônica das pessoas cujos conhecimentos, por serem mais vastos e mais abrangentes, mais responsabilidades teriam na manutenção das tarefas religiosas e espirituais, como cooperadores do hercúleo esforço das equipes espirituais devotadas e luminosas.

Apenas de longe em longe, algumas instituições se prestavam ao apoio vibratório tão importante no tratamento das inúmeras entidades recém-recolhidas, cooperando com o ambiente de paz, de elevação mental, de oração ou mesmo favorecendo o intercâmbio mediúnico para ajudar no esclarecimento de tais Espíritos infelizes e enceguecidos.

Mas como se falou nos capítulos anteriores, tais dirigentes haviam cedido às injunções intuitivas dos Espíritos sabotadores, aquelas entidades inferiores que tinham a tarefa de preparar o terreno antes da chegada das hordas inferiores, através da interrupção do maior número de serviços da fé esclarecida, da sintonia com o Bem e do espírito de devotamento.

Ainda que seja compreensível o desejo e a possibilidade de muitos trabalhadores de descansarem em períodos de feriado prolongado, não se deveria deixar a casa de oração entregue aos mosquitos e às sombras da inação, porquanto também ali se encontra o campo de batalha do Bem, que não deve ser desguarnecido dos verdadeiros soldados dispostos a defendê-lo, mesmo à custa do sacrifício dos próprios desejos.

Afinal de contas, querido leitor, todos estão estagiando na Terra, um planeta de expiação e provas, exatamente porque se têm permitido longos períodos de descanso, fazendo, não apenas feriados prolongados, mas reencarnações de inutilidades emendadas umas às outras pelo fio da omissão e pelo mau uso do tempo disponível.

Enquanto lá fora, o próprio Criador providenciava até mesmo as medidas atmosféricas com as quais buscava favorecer a melhora dos homens através da chuva benfazeja, em boa parte das instituições religiosas que se erguiam em Seu nome na Terra não havia qualquer indício de apoio ao esforço do Pai, restando, apenas, a porta fechada e o aviso de que os trabalhos seriam retomados depois do Carnaval.

19

AS FURNAS QUASE VAZIAS

Depois que se iniciou o certame festivo na crosta, com a migração da maioria dos que se abrigavam naqueles abismos sob o comando do Maioral, o ambiente inferior se tornou menos opressivo, facilitando o trabalho dos abnegados heróis da renúncia e do anonimato que, igual aos que se empenhavam no atendimento da superfície, se embrenharam nas profundezas com a finalidade de levar o Amor aos mais apartados lugares, superando os mais atrozes obstáculos e riscos, usando o sentimento elevado e a fé em Deus como os únicos recursos para a própria defesa.

Drômio e os demais assistentes do Maioral estavam unidos ao chefe supremo, na supervisão do festejo carnavalesco de onde retiravam as densas vibrações e o alimento fluídico para abastecer seus baixos instintos, da mesma forma que estimulavam seus súditos a se refestelarem nessas aventuras para que se fizessem ainda mais viciados, afastando deles todos os esforços de renovação.

Além do mais, esta horda de entidades maléficas tentava cercar as poucas instituições religiosas abertas que ofereciam o seu apoio espiritual, com a finalidade de intimidar a aproximação de outros Espíritos necessitados que desejassem receber a ajuda disponível.

Nos ambientes inferiores, Eulália agregara-se ao pequeno grupo de Aristeu cujos integrantes, agora menos policiados pelos vigilantes trevosos, podiam conversar com maior liberdade, uma vez que as furnas só estavam guardadas por alguns poucos vigilantes e, ainda assim, descontentes por terem sido deixados para trás.

Todos os trabalhadores do bem ali reunidos sabiam que o tempo de que dispunham para agir era precioso, de forma que deveriam aproveitá-lo ao máximo.

Discretos e fraternos, o apoio recíproco reforçava a disposição para o exercício da renúncia em favor dos seres amados que estagiavam naquele antro e isso alimentava a alegria do serviço.

As entidades amigas com tarefas secretas naquele ambiente chegavam a quase vinte, fato este que ampliava em seus corações a confiança em Deus e a certeza de que tudo deveria prosseguir, agora com cada um procurando amparar os menos esclarecidos.

Tomando a palavra, Aristeu ponderou:

– Agora, meus irmãos, temos mais espaço de ação. No entanto, isso pode ser bom aos nossos propósitos, como pode tornar-se um risco para nossos objetivos, uma vez que, se formos descuidados, acabaremos descobertos antes do tempo devido.

– Sim – respondeu um outro trabalhador do Bem, ao seu lado –, nossas tarefas nos impõem essa disciplina férrea, sem a qual perderemos a árvore antes que ela frutifique adequadamente.

– Por isso – retornou Aristeu –, devemos priorizar nossas atividades nestes quatro dias de "liberdade". Nossos mais infelizes irmãos, aqueles que têm a tarefa de dominar estas paragens por algum tempo, não fazem ideia de nossa presença aqui embaixo, ainda que saibam que deve haver "penetras", como eles costumam chamar os servos de Jesus. No entanto, se nos expusermos demasiadamente, os que ficaram podem convocar os superiores e, em breve, teremos muitos problemas para podermos prosseguir em nossa missão. Não nos esqueçamos de que, se podemos sair daqui a qualquer momento pela força da oração, deixaríamos para trás a semeadura mal começada e perderíamos todo o trabalho.

Acho interessante nos dividirmos em pequenos grupos, para não despertarmos a atenção indevida e, assim, agirmos em diversas frentes.

Aqueles que estão aqui com missões específicas, deverão dedicar-se a elas e, em tudo o que se fizer necessário, nós os ajudaremos.

Quantos de vocês se acham nessa condição?

Respondendo à sua pergunta, dos dezoito, quatro deles ali

estavam para atendimentos específicos, enquanto que os outros quatorze lá se mantinham como trabalhadores em favor de todos os irmãos perdidos, sem, contudo, uma ligação especial com um deles em particular.

– Muito bem. Estaremos então bem ajustados se ampararmos os quatro companheiros generosos que, por Amor a seus entes queridos aqui mergulharam, enquanto que, depois de nos empenharmos no apoio a estes amigos, nos dedicaremos aos outros que aqui se acham atontados pela ignorância e pela hipnose.

Havia, portanto, quatro tarefas distintas para serem realizadas pelos integrantes desse anônimo grupamento socorrista. Um deles era um chefe de família devasso que abandonara suas responsabilidades ao trocar o abraço dos filhos pelos braços sedutores de mulheres voluptuosas, sustentadas por seus recursos, e das quais recebia a satisfação para a sexualidade desregrada. Deixando-se embriagar pelo abuso das forças criadoras, transformadas em sorvedouro de prazer, estava há mais de quinze anos envolvido nas garras das vampiras. Quem se ocupava dele era o antigo genitor, homem honrado, que tudo fizera para orientar o filho quanto à correção das condutas e que, agora, buscava-o novamente na tentativa de reerguê-lo. O segundo era um malfeitor, um assassino e traficante de entorpecentes, que se dedicara a conseguir dinheiro à custa da desgraça alheia, igualmente influenciado por entidades que se justapunham aos seus pensamentos, insuflando as suas tendências negativas. Vivia naquele antro como alienado, a serviço do Maioral, há mais de dez anos e era o objeto das preocupações da avozinha por quem nutria verdadeira veneração, protegendo-a de todos os males quando ambos ainda estavam sobre a Terra, encarnados.

A terceira era uma parteira assassina que, quando encarnada na Terra, havia-se dedicado à expulsão de corpos em desenvolvimento do útero de mulheres desajuizadas, iludidas, amedrontadas ou indiferentes, atividade criminosa desempenhada com facilidade graças à sua condição de médica formada e que, por isso, se apresentava ante as pacientes como cooperadora para facilitar a reorganização de suas vidas, a solução adequada para seus problemas. Estava naquele lugar havia mais de vinte anos, e um antigo professor procurava ampará-la, uma vez que se candidatava a recebê-la como filha deficiente na próxima existência de ambos.

O último caso era o de Eulália, mãe de Oliveira, o mais importante dos quatro, nos planos do Maioral, devido à amplitude de sua influência política, pelas interferências que poderia realizar junto aos que compunham o seu grupo de sócios nos delitos contra a sociedade.

Assim, Aristeu dividiu os quatorze trabalhadores em quatro grupos, reconhecendo que, no caso de Oliveira, agiriam somente Eulália e ele próprio, uma vez que o infeliz político era mantido sob severa vigilância de servos profundamente hipnotizados e de algumas das próprias feiticeiras vampirizadoras do sexo, que se revezavam entre as aventuras da superfície e as responsabilidades de mantê-lo sob sua influência.

Seguindo as orientações de Aristeu, que por sua experiência naquele ambiente conhecia melhor os mecanismos de ação e as rotinas daquelas paragens, os grupos foram orientados a se acercarem discretamente, levando alimento para as sentinelas em seus postos, ao mesmo tempo em que estenderiam o amparo necessário aos tutelados do Amor, buscando o entendimento direto com eles, não importando o quanto isso pudesse demorar.

Os vigilantes que guarneciam três deles eram daqueles cuja insatisfação era patente pela impaciência e irritação exteriorizadas, originadas do fato de não poderem desfrutar das aventuras do carnaval.

Seria, então, mais fácil estabelecer contato com essas sentinelas por causa da frustração de seus interesses.

Depois de conseguirem chegar aos três, os integrantes do grupo ajudariam na ruptura dos fios magnéticos que enredavam o centro cerebral de cada um deles, facilitando a libertação dos mais fortes liames que os alienavam, o que permitiria que entendessem alguma coisa e se dispusessem a sair dali.

De nada adiantaria violentá-los, arrastando-os à força para fora, uma vez que o estado mental de cada um, fora das cavernas, dependeria muito de sua adesão ao projeto de elevação pessoal. Se um deles não tivesse o desejo de sair dali, modificando-se com alguma réstia de esperança, com algum desejo de melhorar ou, ainda, com um pouco de arrependimento sincero, ele não conseguiria sustentar-se em um outro ambiente umbralino menos denso do que aquele, além do fato de se sentir perdido e amedrontado na nova dimensão para onde seria conduzido.

Tão inferior era o estado vibratório de cada um, notadamente da médica abortadeira, que não conseguiriam ingressar em qualquer colônia espiritual ou hospital do mundo invisível. Precisariam estagiar em ambientes escuros e sombrios dos níveis vibratórios ligados à crosta terrestre, ainda que sob a proteção dos Espíritos amigos que os amparariam, ocultando-os da procura desenfreada das entidades ignorantes, que tudo fariam para resgatá-los novamente para os buracos de onde haviam sido retirados.

Para que isso pudesse ocorrer, no entanto, como já se disse, imprescindível que as próprias entidades envolvidas demonstrassem algum desejo de renovação, algum tipo de arrependimento ou de cansaço do mal a que estavam expostas. Esse seria o trabalho dos grupos agora formados, no amparo às missões específicas do velho pai, da avozinha devotada e do professor compassivo.

Quanto a Oliveira, Aristeu e Eulália trabalhariam de outra forma, já que a astúcia das feiticeiras não permitiria erros nem se deixariam elas iludir.

Ajustando-se para a tarefa, Aristeu apresentou seu plano.

– Veja, Eulália, nosso Oliveira está profundamente envolvido pelas vibrações hipnóticas que as vampiras reforçam a cada tempo, realimentando-o e consolidando a alienação temporária para usá-la mais adiante, segundo seus projetos.

– Isso mesmo, Aristeu. Já percebi que de nada adiantou minha primeira estada em sua cela. Todo o trabalho que se fez foi perdido para a ação determinada dessas irmãzinhas.

– No caso de Oliveira, minha irmã, não poderemos descuidar na ação decisiva que nos cabe.

Acho que devemos nos valer de todos os recursos para retirá-lo daqui, aproveitando a maré favorável destes dias, sobretudo porque quando Drômio regressar, como já pudemos ver, desejará entrevistar-se pessoalmente com você e, nessas condições, será muito difícil que não descubra seus propósitos.

Observando que Aristeu estava coberto de razão, diante da

experiência ali acumulada por longos períodos de serviço silencioso, Eulália ponderou:

– Concordo com seu ponto de vista, Aristeu, mas não se esqueça de que estou identificada com esta pulseira e, para onde me dirija carregando Oliveira, poderei ser rastreada por Drômio, que nos encontrará os dois.

– Isso não acontecerá se modificarmos essa situação.

– Como assim? – perguntou ela.

Pegando em seu pulso, Aristeu fechou os olhos e, empenhando todas as forças do próprio perispírito, direcionadas para aquele objeto forjado pelas inteligências inferiores para a identificação de seus prisioneiros suspeitos, concentrou-se na pulseira de identificação que, depois de alguns instantes, abriu-se ligeiramente, permitindo tanto que Eulália tivesse seu braço liberado quanto que Aristeu a instalasse em seu próprio pulso.

– Mas Aristeu, agora é você que Drômio vai encontrar e procurar, meu amigo.

– Ora, Eulália, isso aqui é só um adereço, um brinquedo que esses irmãozinhos levam a sério. Transferindo-o de braço, ao mesmo tempo em que não alertamos Drômio antes do tempo, permitiremos que você e Oliveira estejam em lugar seguro sem que os farejadores consigam identificá-los.

– Mas eles irão encontrar a você e poderão fazer-lhe muito mal.

– Ora, Eulália, não se esqueça de que sou veterano por aqui e que Deus é meu protetor tanto quanto deles.

Além do mais, estou há muito tempo desejando ter um encontro direto com esse representante do Maioral e, dessa forma, isso virá bem a calhar, já que sua ira poderá ser defrontada pelo meu desejo de proteger você e Oliveira. Afinal, Eulália, não posso permanecer neste ambiente tão pesado sem me permitir alguma emoção porque, se for assim, até o inferno, se inferno existisse, ficaria tão monótono como o paraíso.

Agradecida e emocionada pela disposição do companheiro, a mãezinha do político entregou a Aristeu a condução do processo de liberação de Oliveira, uma vez que, como ela própria compreendia agora, Deus atuava até mesmo nos antros mais perversos, estendendo Suas mãos através de servos generosos como aquele amigo do Bem, experiente e discreto, para o resgate dos mais infelizes e ignorantes.

— Aproveitaremos, Eulália, a hora favorável em que a feiticeira de plantão se ausenta em direção à superfície, deixando Oliveira sob os cuidados do vigilante de confiança de Drômio, ali postado para garantir a segurança da prisão enquanto espera a chegada da outra feiticeira alucinada.

— Entre a saída de uma e a chegada da outra, nos entenderemos com o guarda e retiraremos Oliveira, inconsciente, para ocultá-lo fora daqui.

— Mas eu não sei onde poderemos nos abrigar da perseguição deles. Supunha que Oliveira aceitaria meus braços maternais e se deixaria conduzir, feliz, para lugares mais claros, onde o abrigaria entre mãos amigas.

— Sim, isso seria possível se as condições emocionais e mentais de Oliveira fossem outras, Eulália. No entanto, quando trabalhamos aqui nestes antros, aprendemos que nem tudo funciona conforme nós planejamos. É preciso abrir espaço para alguma improvisação que, dentro da sabedoria inesgotável de Deus e do Divino Mestre, também corresponde a formas de ajudar segundo as circunstâncias o permitam.

Não se trata de falta de planejamento de sua parte, mas, sim, de ausência de vontade e de cooperação da parte de Oliveira.

Caso não o mantivéssemos alienado, ele próprio enviaria sinais que permitiriam facilmente a sua localização e resgate por Drômio ou pelo próprio Maioral, que tem, em Oliveira, importante trunfo para seus planos a respeito da malfadada Lei do Ventre Livre.

Por isso, não poderemos alterar o seu grau de consciência esperando dele alguma cooperação favorável, já que não está em condições psicológicas de nos ver como seus benfeitores.

Além do mais, seu filho está tão envolvido por fluidos materiais e desajustados, que não teria condições de migrar de imediato para zonas mais elevadas ou menos densas, precisando fazer isso à maneira dos mergulhadores que, depois de longos e profundos mergulhos, só podem regressar à superfície paulatinamente, fazendo longos estágios de despoluição dos gases tóxicos do sangue, ao longo do caminho.

Se não for assim, correm risco de morrer.

Ou então, precisam ser resgatados nas profundezas por câmaras pressurizadas que os transportarão à superfície, mas que, a partir daí, se convertem em verdadeiros cárceres de onde não poderão sair senão depois que se despojaram das misturas gasosas que inalaram para suportarem as profundezas aquáticas.

Se no caso dos mergulhadores estamos tratando com pessoas conscientes e lúcidas, informadas a respeito da necessidade de suportarem a câmara de descompressão a benefício deles mesmos, no caso de seu filho não contaríamos com tal entendimento de sua parte, já que não está revestido de capacidade de raciocínio lógico nem de compreensão das leis espirituais. Se você o levasse para ambientes mais elevados, precisaria mantê-lo encarcerado em quarto escuro, despido de qualquer conforto, impedindo-o de sair para acompanhá-la em passeios, em conversações e em aprendizagem até que se reequilibrasse. Naturalmente que se revoltaria contra tais medidas, insatisfeito em ser mantido como refém pela própria mãe que, apesar de dizer amá-lo, o impediria de desfrutar de orgias tão ao seu gosto, como acontece quando se entrega às feiticeiras e que lhe são tão agradáveis aos vícios de caráter.

Fora daqui, ainda que em outro local dos níveis inferiores, vocês, ao menos, poderão gozar de mais tempo e condições de fazer Oliveira retornar à consciência lentamente, seja pelo desgaste de suas energias adulteradas, não reabastecidas pelos seus perseguidores astutos, seja pelos cuidados que vai receber de suas mãos zelosas.

Eulália compreendeu a exatidão de tais ponderações e, conformando-se aos conselhos de Aristeu, acrescentou:

– Bem, meu amigo, estaremos sob seus cuidados até que nos vejamos em segurança. Agradeço-lhe o carinho.

– Não se preocupe com as condições de proteção. Conheço, fora daqui, um abrigo adequado a ambos, administrado por um amigo querido que, mesmo sendo entidade tosca e de pouca evolução, é devotado trabalhador do Bem, disposto a atender-me as solicitações. É prestativo cooperador em inúmeros casos como o de Oliveira.

Lá vocês estarão bem amparados pelo tempo necessário ao encaminhamento do caso de seu filho, Eulália.

Observando a rotina do ambiente, puderam posicionar-se com precisão para a avaliação do momento adequado.

– Se não estiver equivocado, dentro de poucos minutos, a irmã vampirizadora deixará a câmara de Oliveira e irá endereçar-se à superfície. Desde esse momento, teremos aproximadamente uma hora para resgatarmos nosso irmão e levá-lo ao seu novo destino.

Eulália acenou com a cabeça e dispôs-se a acompanhar o amigo na incursão até o local onde o filho retomara a posição de perturbado mental, algo semelhante ao drogado que perde a consciência da realidade.

Aristeu cuidaria do vigilante, ao qual ofereceria um pouco de uma substância extraída das plantas que cresciam timidamente por entre os desvãos rochosos, como se fosse um copo do tão cobiçado absinto, dizendo que o mesmo lhe havia sido destinado pelos administradores ausentes como forma de compensação por sua fidelidade na guarda do prisioneiro.

Tal beberagem, em vez de produzir a exaltação que o absinto gerava, favorecia o afrouxamento da atenção, o relaxamento e o sono, o que lhes facilitaria o ingresso na cela sem maiores dificuldades.

Dessa forma, tão logo a feiticeira deixou o local, recomendando enfaticamente ao vigilante que redobrasse a atenção sobre o preso, Aristeu dirigiu-se ao desconfiado guarda portando o recipiente já mencionado.

– O que você quer, maldito? – falou o guarda, irascível.

– Meu senhor Gobi, estou cumprindo ordens de nosso chefe Drômio.

– Ora, de que adianta para mim ser considerado por ele mesmo como seu braço direito? Nestas horas deve estar bêbado de tanta luxúria. Ainda assim deseja mandar em mim, usando escravos? Isso é o cúmulo da ousadia. Saia daqui, seu verme. Fora!

Dizendo isso, preparava-se para estalar o chicote sobre Aristeu que, submisso, demonstrava que ia obedecer às suas ordens agressivas. No entanto, antes de sair, terminou de se explicar:

— Engana-se, nobre Gobi, a respeito das ordens do nosso chefe. Preocupado com sua tarefa tão essencial na guarda do prisioneiro, que o impede do prazer usufruído pela maioria, Drômio destinou-lhe generosa dose de absinto encarregando-me de entregá-lo. Naturalmente que o senhor não está obrigado a aceitá-la, mas, neste caso, posso regressar ao depósito levando a dose que lhe fora destinada como prêmio pelo seu sacrifício e dá-la a outro vigilante.

Escutando aquela revelação, desanuviou-se o semblante do guarda, provocado pela generosa oferta.

— Ora, escravo, por que você não falou logo do que se tratava? Por fim, o nobre Drômio, chefe justo e honrado, me reconheceu o sacrifício. Assim, passe pra cá logo esse negócio e saia da minha frente, seu miserável...

— Pois não, meu senhor... – respondeu Aristeu, percebendo a volúpia com que o soldado de guarda ingeria o líquido.

O efeito esperado pelo vigilante era o da exaltação, da eclosão eufórica, da sensação de satisfação prazerosa. No entanto, o que passou a sentir, depois de alguns instantes, foi uma espécie de bem-estar, acompanhado por um torpor suave, algo que não sentia há muito tempo e que lhe parecia ainda mais desejável do que o próprio absinto.

Percebendo que não conseguiria manter-se de pé por muito tempo, olhou à sua volta e, observando que não havia mais ninguém, encostou-se nas saliências próximas onde se aninhou para desfrutar do sono avassalador que o assaltou.

Adormecido, abriu espaço para a ação de Eulália e Aristeu.

Entraram ambos na câmara, que estava mais imunda do que as pocilgas mal cuidadas, onde os porcos se refestelam na ingestão de lavagem.

Recolheram Oliveira inconsciente e desnudo, cobrindo-o com trapos que Eulália carregava especificamente para esse fim.

Rapidamente, saíram sem ruídos, levando a preciosa carga por estreitas passagens, tortuosos caminhos que Aristeu conhecia e que permitiam a saída daquelas furnas sem maiores problemas, ainda mais em época de tantas brechas na segurança.

Não tardou para que estivessem fora desses buracos infectos, mais próximos da superfície, mas em zona tão escura quanto aqueles abismos.

No entanto, ali podiam caminhar mais livremente, sem a opressão do enclausuramento, sendo guiados por Aristeu até determinado rincão apartado, perdido no meio da treva densa, nebulosa e estranha, onde se localizava pequeno rancho de galhos amarrados uns aos outros, improvisados em moradia rústica. Ali se abrigava o citado irmão que atendia Aristeu em necessidades como aquela.

Bóris era seu nome. Uma espécie de assobio parecido com um pássaro ou animal da região era a senha que permitiu que ele atendesse rapidamente, abrindo a porta de galhos e recebendo os dois dentro da choupana.

Internamente, Bóris havia tratado de preencher todos os desvãos com substância lodosa a fim isolar o interior, para não ser identificado pelos que se achassem do lado de fora.

– Que bom revê-lo, meu amigo – falou Aristeu, cordialmente.

– Eu também acho, meu senhor... isto aqui é muito chato enquanto o senhor está trabalhando.

– Ora, Bóris, falando assim, parece que só eu é quem trabalha por aqui.

– E não é?

– Claro que não, meu amigo. Quantas vezes já lhe disse que nós dois trabalhamos juntos e que, se você não estivesse aqui, eu não poderia estar lá embaixo.

– É, o senhor sempre fala isso – respondeu, meio sem jeito, o pobre, mas simpático Espírito.

– Pois então, eu trouxe algo para que a rotina não o entedie.

– Oba... trabalho... que bom, meu senhor...

– Sim, Bóris, tenho aqui duas preciosidades que precisam muito de você. Aliás, não só precisam como dependerão de sua proteção para conseguirem chegar aos seus destinos.

— Pode deixar, meu senhor. Os seus amigos são meus amigos.

— Eu tenho certeza, Bóris. Já existem muitos amigos que passaram por aqui, recebendo seus cuidados e que estão orando por nossas modestas tarefas, dispostos a nos ajudar na transformação de nossas vidas.

— Eu gosto daqui... meu senhor.

— Claro, eu também gosto, meu amigo.

— Não quero ir embora nem deixar o senhor... quero ficar perto... o senhor me ajuda e eu ajudo o senhor...

— Isso mesmo, Bóris, estaremos sempre juntos — respondeu Aristeu, emocionado pela sinceridade e pelo carinho infantil daquela alma.

Agora, preciso que você esteja atento, cuidando deles, que estão muito cansados e sujos, dando comida, descanso, apoio e proteção. Prepare-se para as buscas dos guardas malucos, porque eles não vão gostar de saber que os dois fugiram.

Escutando as palavras de Aristeu, Bóris sorriu e bateu palmas, dizendo:

— Oba, senhor, aventura da boa... adoro enganar aqueles trouxas... pode deixar comigo que não vai faltar nada para meus novos amiguinhos e eles não serão encontrados pelos otários... quer dizer... pelos meus irmãozinhos menos favorecidos... como o senhor quer que eu os chame,... desculpe...

Observando o esforço de transformação de Bóris, Aristeu sorriu e acrescentou:

— Isto mesmo, meu amigo, eles são nossos irmãozinhos infelizes, menos favorecidos pela compreensão das leis divinas, mas que, um dia, também entenderão todas as coisas.

Estou certo de que você fará o melhor por eles e por mim. Virei de vez em quando para ver como estão.

Conto com você do mesmo jeito que você conta comigo, meu amigo.

Estendeu as mãos e apertou as de Boris, que se sentiu orgulhoso pela confiança que Aristeu lhe demonstrava.

– Agora tenho de voltar para que tudo possa seguir seu curso.

– Está bem, meu senhor. Vá em paz que nós ficaremos em paz!

Aristeu afagou o rosto feliz de Eulália e a cabeça pendida de Oliveira que, em seus braços, compunham ambos a imagem imortalizada em pedra por Michelangelo, a da mãe carregando nos braços o filho morto.

Só que, neste caso, ao invés, a melhor denominação que se lhe poderia atribuir não seria a de *A Pietà*, e sim *La Esperanza*.

Aristeu regressava aos antros inferiores, à espera dos desdobramentos da fuga do principal prisioneiro daquelas paragens.

Não muito tempo depois, chegava a feiticeira infeliz para atender ao seu turno junto a Oliveira. Vinha, no entanto, tão desajustada, tão alucinada e intoxicada pelos eflúvios inalados nas diversas orgias das quais participara que, de início, não notara qualquer mudança.

Procurou uma câmara vazia e prostrou-se em seu interior, na qual se entregou ao sono pesado, espécie de período de hibernação para reabastecimento de suas energias desgastadas pelos excessos junto dos encarnados, ao mesmo tempo em que, recolhendo parte das forças vitais que eles emitiam, as recebia carregadas dos tóxicos e alucinógenos típicos do período carnavalesco, repercutindo sobre sua estrutura da mesma maneira como repercutiam sobre o corpo carnal dos foliões abusados.

Somente depois de longas horas é que a perversa entidade se recuperaria para a continuidade da tarefa junto de Oliveira, coisa que não mais seria possível pela inexplicável ausência dele.

Nesse meio tempo, o pobre Gobi já havia recuperado a lucidez e, apesar de seu estado grotesco e abjeto, percebera que dormira no posto, o que era considerado um grave e imperdoável delito.

Assustado, procurou certificar-se de que tudo estava bem no

interior da câmara do preso. No entanto, para aumentar ainda mais seu desespero, identificou-a vazia, o que tornava sua invigilância absurdamente mais grave.

A pobre entidade foi tomada pelo desespero próprio dos que já anteveem as desgraças a que estará sujeito, sem saber se denunciava a fuga aos seus superiores e se incriminava, ou se fugia de suas funções o mais rápido possível, já que a violência dos seus chefes em relação às sentinelas invigilantes era famosa.

Compreendendo o destino doloroso que esperava pelo infeliz, Aristeu observava a sua angústia mal disfarçada.

Procurando ajudá-lo, a nobre entidade se acercou, dizendo:

– Ora, senhor Gobi, por que este estado tão agitado? Por acaso, o presente de Drômio não lhe caiu bem?

– Cale-se, escravo. Estou nervoso... só isso...

– Nervoso por que? Nada aconteceu de especial...

– Ora, isso não é da sua conta.

– Posso chamar nosso chefe Drômio para que ele o escute...

Diante da insinuação, o guarda se fez ainda mais agitado e respondeu, tentando parecer cordial:

– Cale a sua boca, já disse... não é necessário... dispenso sua sugestão.

– É... – disse Aristeu, reticente... – Drômio não ia mesmo gostar de saber que o prisioneiro fugiu...

– Como?... então você também está sabendo? Maldição... estou perdido... tenho que encontrá-lo... vamos, diga para onde ele foi...

– Infelizmente não sei, meu senhor... eu estive arrumando a sua cela para a chegada da próxima exploradora e notei que ele não estava mais lá. Saí, então, rapidamente, para que não pensassem que eu tinha alguma coisa a ver com seu desaparecimento.

No entanto, reconheço que o senhor está numa situação muito perigosa.

Vendo que o escravo era ponderado em suas falas, o soldado

perdeu a pose de importante que dava a si mesmo e, encostando-se na parede rochosa, falou como se estivesse conversando consigo mesmo:

— Diabos dos infernos... isso é uma desgraça... assim que a próxima bruxa chegar, estou perdido...

— Já chegou... – respondeu Aristeu, com o nítido desejo de gerar nele maior inquietação, necessária para poder ajudá-lo.

— O quê? A desgraçada já está aqui?

— Sim, meu senhor. A sua sorte foi que ela chegou tão esgotada pelas orgias lá de cima, que estatelou-se em outra gruta e dormiu como uma morta.

— Estou perdido... preciso fugir daqui.

Esse era o momento propício esperado por Aristeu.

— Senhor, não tenho nada com essa história toda, mas se puder ajudá-lo, conheço uma saída daqui que pouca gente conhece.

— Ora, então um escravo esperto por aqui... ainda bem que estou com sorte...

Aceito a sua sugestão porque já vi os sofrimentos a que são submetidos os que cometem o deslize que cometi...

Vamos, me leve.

Vendo a ansiedade do soldado invigilante, Aristeu respondeu-lhe, com seriedade e doçura:

— Bem, meu filho, só posso levá-lo por esse caminho se você aceitar nunca mais voltar para cá.

— Ora, está louco, escravo? Acha que quererei voltar para isto aqui? Estou preso há muito tempo e não achava outra saída. Nunca mais pretendo retornar aqui. Tenho medo, entretanto, que me encontrem lá fora e me aprisionem novamente.

Aí sim, será a desgraça completa. Serei preso junto com aqueles que eu mesmo prendia.

Observando seus temores, a boa alma o tranquilizou, dizendo:

— Nada tema, meu amigo. Se você deseja sair daqui para sempre, poderemos seguir sem receio porque, em realidade, nunca mais irão encontrar você a não ser que o deseje.

Não pense mais neste lugar, não imagine as coisas que aconteceriam com você, não coloque seus pensamentos em nenhum ser que aqui ficou.

Se agir assim, eles não saberão onde você está. Mas se ficar pensando no que deixou para trás, será muito fácil rastreá-lo e identificar onde você se encontra.

Entendendo que Aristeu deveria saber de muitas coisas que ele próprio não sabia, o pobre soldado resignou-se a tal advertência, dizendo:

– Eu posso ser um demônio, mas não sou burro... Se há uma saída daqui, nunca mais desejo pensar no que ficou para trás. Sobretudo se isso me fizer voltar para cá.

– Então vamos, meu amigo.

Aristeu segurou em seu braço, que se fez dócil diante do toque do novo amigo.

O chicote caiu ao solo e o soldado despiu-se das pesadas armaduras e correias que cercavam seu corpo abrutalhado, deixando-se conduzir como uma criança medrosa pelas mãos seguras e firmes do pai amorável.

A entidade amiga conseguia retirar daquele buraco mais um Espírito necessitado que encaminharia, agora, aos postos de socorro que existem nas regiões umbralinas, espécie de estágio preparatório para futuras reencarnações destinadas a entidades pouco elevadas e muito comprometidas com o vício e o mal.

No entanto, ainda que estes postos de socorro estivessem localizados em zonas escuras do astral próximo dos homens, assemelhavam-se a um paraíso se comparados ao ambiente de onde o pobre Espírito fugia para sempre.

Aristeu, devotado servidor dos abismos, tinha autoridade para trazer das furnas diretamente para tais postos socorristas os Espíritos resgatados pela sua dedicação, onde seriam asilados, atendidos e amparados.

Diferentemente de Oliveira, que não podia ser aquinhoado por tal benefício, Gobi, apesar de ignorante e mau, já apresentava sinais de cansaço ou de tédio pelo mal ali experimentado durante longas décadas, o que facilitaria a sua modificação mais rápida, além do fato de ter dado os primeiros passos no rumo do exercício da vontade, libertando-se da escravização mental de seus superiores, ainda que tal deliberação houvesse sido estimulada pelo medo das represálias que receberia quando da descoberta da fuga de Oliveira.

O certo é que Gobi não teria mais onde se ocultar porque, fora do posto de socorro, estaria sendo sempre procurado pelos seus despóticos senhores.

Assim, por força das circunstâncias, foi premido a mudar de vida e de rumo, encontrando em Aristeu a oportunidade de deixar, de uma vez para sempre, aquele tipo de vida infeliz e inconsequente.

Não imaginava o que o esperava em ambientes menos densos, onde, em alguns dias, a bondade faria coisas que a maldade não havia conseguido fazer em séculos ou milênios de tentativas.

Descobriria que, sem látegos, absintos, intimidações, castigos ou ameaças, o carinho seria mais poderoso transformador do que quaisquer outros tipos de táticas ou terapêuticas, conquistando sua alma em vez de escravizá-la por hipnoses ou punições, correntes ou cadeias.

Era isso, exatamente, o que o Maioral, Drômio e os seus asseclas tanto temiam.

Eles próprios não saberiam como reagir à convocação do Amor que, sem violências, tudo transforma pela Esperança, pela Alegria de Viver e pela compaixão com que atende a todas as dores.

O Mal sempre teve medo. Essa é a sua fragilidade, o seu calcanhar de Aquiles.

O Mal sempre teve pavor do Bem!

20

PROTEGENDO OS ENCARNADOS DE SI PRÓPRIOS

Jerônimo, Adelino e Cristiano aceitaram a incumbência que lhes fora proposta por Bezerra e, de imediato, deixaram o perímetro da cidade onde aconteceria o espetáculo carnavalesco, seguindo o casal Clotilde e Leandro rumo ao destino que tinham planejado.

O veículo que os transportava não estava carregado somente de objetos e malas. Um grande contingente de Espíritos lascivos, interessados nas colheitas vibratórias provenientes da excitação sexual os acompanhava, sentados onde fosse possível, dentro e fora do automóvel.

Acompanhando-os à distância, os três Espíritos amigos observavam a maneira de agir de tais entidades que, envolvendo o casal, projetavam sobre ele imagens provocantes, sussurravam em suas mentes frases provocadoras, pouco se importando com as condições emocionais de Clotilde, cujo intento homicida e suicida também era perfeitamente identificável através das imagens que surgiam à sua volta, estampadas em seu campo vibratório.

Facilmente legível para os Espíritos, esse campo energético que envolve o Espírito do encarnado é a expressão viva de seus sentimentos e pensamentos mais singelos, ganhando vida própria e demonstrando a verdade a respeito de seu estado íntimo.

Os três protetores tanto vislumbravam as imagens que Clotilde produzia, ao imaginar diversas hipóteses para a prática delituosa do duplo envenenamento quanto observavam que, a cada uma delas, as entidades inferiores gargalhavam de prazer, divertindo-se com a angústia interior da jovem, dando-lhe sugestões para variantes, estimulando-a a fim de imprimir maior emoção ao trágico ato que pretendia realizar.

Pouco lhes importava o fato de Clotilde e Leandro perecerem em função do envenenamento.

As entidades amigas que seguiam à distância se condoíam daquele drama. No entanto, os dois jovens não estavam acompanhados apenas pelos obsessores. Seus Espíritos protetores os seguiam de perto. Através de um sinal telepático emitido por Jerônimo, eis que os dois amigos invisíveis do casal deixaram as proximidades do veículo que rolava, rápido, pela estrada, e se acercaram do grupo designado por Bezerra para auxiliar no amparo.

Sem delongas, foram feitas as apresentações:

– Sou Jerônimo, e estes são Adelino e Cristiano, seus irmãos, para servi-los no que for necessário.

Estampando alegria no rosto, Márcio falou a Custódio:

– Eu não lhe disse, Custódio, que Jesus iria mandar alguém?

– Sim, Márcio, Ele está sempre ouvindo nossos pedidos.

E dirigindo-se a Jerônimo, Márcio respondeu:

– Graças damos a Deus, Jerônimo, por tê-los enviado a bom tempo. Eu sou Márcio, protetor de Clotilde e este é Custódio, o amigo inseparável de Leandro.

– Obrigado pelo acolhimento que nos dão, irmãos no Bem. Estamos aqui a pedido do Dr. Bezerra de Menezes, que nos contou o caso dos jovens e nos pediu que ajudássemos no que fosse possível.

– Puxa vida, veja só quem foi que Jesus acionou para que nossas preces pudessem ser respondidas, Custódio. O próprio Médico dos Pobres está encarregado de nos amparar.

Compreendendo a surpresa dos dois, Jerônimo complementou:

– Sim, Márcio, o doutor Bezerra em pessoa nos solicitou o concurso neste caso, informando-nos dos detalhes que o cercam e é por isso que viemos. Entretanto, sabemos que vocês são os guardiães dos jovens e não desejamos invadir-lhes o campo de ação. Somos apenas irmãos que colaborarão no que for necessário, segundo o critério de vocês.

– Não se preocupe com isso, Jerônimo. Nós estamos na infeliz posição daqueles que tentam proteger os encarnados de si próprios, mas se veem impotentes por causa da sintonia inadequada em que ambos se acham.

Há vários meses temos tentado de tudo para trazê-los à razão, notadamente Leandro, mas a vida farta, as aventuras fáceis e as emoções fortes fizeram com que se ligasse aos pensamentos inferiores, no exercício de seus supostos "direitos" de jovem.

Assim, enveredou pela tortuosa estrada das sensações desenfreadas, levando consigo a infeliz Clotilde que, igualmente desmiolada e sem bases religiosas para apoiá-la nas horas difíceis, verteu a primeira dose e não conseguiu mais parar de embriagar-se em tais prazeres. Carente de afeto, encontrou em Leandro o ideal de rapaz e não consegue mais imaginar sua vida sem a sua companhia.

Como o irmão está percebendo o seu apego demasiado, sem desejar romper de imediato o relacionamento que também o abastece de prazer físico, demonstrou em conversas corriqueiras que não ficariam juntos para sempre, o que levou Clotilde ao desespero íntimo.

Assim, ainda que soubesse disfarçar bem o seu estado de angústia, a irmã se preparou para encerrar este triste capítulo de suas vidas, mantendo-o sob o seu domínio ainda que como um cadáver.

Leandro nem desconfia de suas intenções. Gozador, está feliz em poder passar alguns dias em companhia da exuberante mulher que pensa amá-lo desmedidamente.

Para o rapaz, tudo é lucro. Nada de mais, então, permitir-se esse período na companhia daquela que lhe motiva o prazer sexual, sem imaginar que cada vez que se envolvem intimamente, aumentam a ligação fluídica desajustada e mais difícil se torna o afastamento.

Custódio, o Espírito protetor do rapaz, depois da introdução feita por Márcio, continuou:

– Venho tentando dissuadir o jovem desses contatos, conversando com ele durante o sono, falando-lhe das responsabilidades de irmão, do respeito para com o afeto alheio, mas apesar de me escutar, logo que volta ao corpo se embriaga novamente nas aventuras fáceis e não modifica o comportamento.

Amolecido nas fibras do caráter e da vontade por um estilo de vida que não lhe exige nenhum tipo de luta para conquistar objetivos, já que procede de família abastada, sem juízo, Leandro não vê problemas maiores nestes relacionamentos e cataloga como normais estes jogos da sexualidade, no meio dos quais a juventude se vê envolvida, num toma-lá-dá-cá sem fim.

Apelei para outras táticas, tentando fazer com que o rapaz se apaixonasse por alguma moça que o completasse afetivamente. No entanto, isso foi mais difícil porque não havia muita moça em condição de assumir esse posto. A maioria era tão amalucada quanto o próprio Leandro, jogando do mesmo modo, brincando com o sentimento alheio, tentando descontar nos outros as frustrações afetivas acumuladas, procurando apenas curtir momentos em vez de construir futuros.

Não seguindo meus conselhos de forma séria, Leandro envolveu-se com duas esbeltas garotas sem que uma soubesse da existência da outra. Num primeiro momento, a beleza, o físico, o modo de ser, pareceram produzir nele algum tipo de reação favorável ao afastamento dos carinhos de Clotilde. No entanto, como esse relacionamento duplo não iria ajudar a nenhum deles, mas bem ao contrário, só tornaria mais trágica a situação, atuei fazendo com que as duas com quem Leandro estava se relacionando simultaneamente descobrissem a sua conduta pouco leal, e tratarem de se afastar, devolvendo-o à solidão e aos braços de Clotilde.

O problema só se aprofundava, dia a dia, o que nos levou a solicitar a Jesus que nos enviasse amparo especial, já que o número de entidades levianas que estavam se imantando aos dois se avolumara sobremaneira e Clotilde passara a imaginar o ato criminoso que vocês conhecem. Tanto eu quanto Márcio achamos prudente solicitar ajuda para que, amparados por mais irmãos, pudéssemos fazer algo em favor de todos, tanto os dois jovens quanto os Espíritos que os exploram.

Reconheceram, tanto Jerônimo quanto Adelino, como deveria

ser sofrida a tarefa de Espírito protetor, ao mesmo tempo em que Cristiano, o protetor de Leonor, se acercava dos dois amigos para lhes hipotecar sua compreensão.

– Eu também sou protetor de uma irmã encarnada e posso imaginar a dificuldade de ambos, uma vez que também me vi compelido a solicitar de Jesus as medidas urgentes para o atendimento das emergências de minha protegida.

– Como Deus é bom para conosco, não é, Cristiano?

Vendo que seria necessário dar curso à ação socorrista, Jerônimo indagou:

– Bem, Custódio, estamos aqui para servi-los. Que pensa você que se deva fazer?

– Veja bem, querido Jerônimo. Eu e Márcio estamos fazendo o que podemos, mas não temos sido bem sucedidos. Por isso, como as coisas ameaçam ficar mais graves, solicitamos a ajuda. Assim, se o Mestre enviou vocês, cremos que devem possuir a autonomia de ação indispensável para agir com liberdade e, quem sabe, juntos todos, consigamos reverter o processo. Dessa forma, creio que somos nós, eu e Márcio, quem deveremos estar à disposição de vocês para o que se fizer necessário, garantindo-lhes a independência plena para que façam aquilo que julgarem adequado.

A única coisa que acho necessário fazer, com urgência, é afastar o veneno das mãos de Clotilde.

Observando a fraternidade espontânea de ambos os protetores, Jerônimo agradeceu e continuou:

– Trabalharemos juntos, então, queridos irmãos. Realmente, se faz necessário afastar Clotilde do frasco corrosivo. Você sabe me dizer onde ele está guardado?

– Sim... – respondeu Márcio. – Ela o guardou dentro da própria bolsa para que esteja sob a sua vigilância constante.

– Ótimo. Vamos preparar as coisas para que a primeira parte do nosso plano possa ocorrer de forma a nos dar mais tempo para trabalharmos o restante.

No entanto, não bastará que consigamos um meio de frustrar-lhe o uso do veneno, uma vez que ela poderá se valer de qualquer outro tipo de mecanismo para matar o irmão e a si mesma.

Depois de nos livrarmos do primeiro risco, deveremos ajudar a modificar as disposições de ambos.

Observando os dois no interior do veículo, Jerônimo, através de seus elevados recursos mentais, passou a consultar-se com Espíritos responsáveis pela rodovia, recebendo informações gerais sobre o tráfego, as condições da estrada, os postos de abastecimento, a existência de patrulhas policiais.

Não demorou mais que alguns minutos para que, com o planejamento realizado, Jerônimo atribuísse funções a cada um dos amigos da caravana socorrista.

– Custódio, acerque-se de Leandro e facilite as coisas para que ele e Clotilde se distraiam um pouco falando das coisas boas que já passaram juntos. Preciso que Leandro relaxe a atenção no trânsito. Ao mesmo tempo, Márcio, você estimulará o carinho de Clotilde para que ela envolva o irmão em palavras doces. Vocês não deverão se preocupar em criar clima de sensualidade, nem seria adequado que o fizessem, uma vez que estamos buscando ajudá-los a vencer tais tendências. No entanto, observarão que bastarão algumas palavras de carinho entre eles para que ambos assumam o clima e, depois, eles se incendeiem por si mesmos.

Jerônimo sabia que, em um período de feriados prolongados, o trânsito intenso, aliado às más condições daquela rodovia, exigiam dos motoristas redobrada atenção.

No entanto, para a concretização dos planos espirituais, a distração passageira do condutor seria necessária para os fins desejados.

Logo que receberam suas determinações, os dois protetores se dirigiram aos protegidos com a finalidade acima mencionada, enquanto que os outros três Espíritos se subdividiram para a continuidade das tarefas.

Jerônimo encarregou Cristiano de ir até o próximo posto de abastecimento a fim de encontrar a pessoa adequada para a etapa final do projeto, enquanto que ele e Adelino permaneceriam em determinado trecho da estrada a fim de ajudar o motorista no momento preciso.

Assim, montada a Operação Socorro e ativados os seus realizadores invisíveis, bastava, agora, esperar que os jovens mordessem a isca.

Leandro vinha atento ao trânsito intenso enquanto Clotilde fazia seus planos trevosos, imaginando as diversas situações envolvendo o frasco de veneno.

No entanto, assim que ambos receberam a influência de Custódio e Márcio, deram outro curso aos seus pensamentos.

O rapaz recordou-se da beleza da jovem irmã e, sem saber por que, lhe disse:

— Clô, você está muito linda, querida. Tenho sorte de não haver um outro concorrente disputando-a comigo.

A palavra doce de Leandro despertou Clotilde do torpor homicida/suicida em que se enredava. Ao mesmo tempo, Márcio se fez sentir em seus pensamentos, recordando à jovem como o rapaz sabia ser galante, tão ao gosto das mulheres de todos os tempos.

Alimentando esse momento de carinho espontâneo, a jovem voltou à vida e respondeu:

— Nada de mais, Lê. Estou assim pra te agradar. Que bom que gostou. Pensei que não tivesse notado.

Carinhosamente, encostou sua cabeça no ombro do rapaz.

Estimulado pelo acercamento da jovem, Leandro passou a fazer-lhe carinho, e ambos começaram a conversar sobre intimidades picantes, sobre as aventuras já vividas, sobre como cada um deles era estimulante para o outro.

Jerônimo tinha razão.

Bastou que Custódio e Márcio dessem o primeiro impulso no sentido da intuição carinhosa, do pensamento bom de um para com o outro, que os dois assumiram atitudes de sedução, canalizando a boa intuição para o veio da sexualidade, a maneira viciada pela qual eles e a maioria das pessoas imaginam poder demonstrar carinho ou afeto.

A conversa tornou-se mais calorosa e, apesar do trânsito intenso, ambos passaram a se envolver na excitação verbal e mental, perdendo

Leandro a devida concentração na direção do veículo por partilhá-la, agora, com Clotilde ao seu lado.

Andaram alguns quilômetros nesse estado, sendo monitorados à distância pela mente firme de Jerônimo, que escolhera determinado trecho da estrada para se posicionar visando o desdobramento dos próximos passos.

Como previra, Leandro colocara seu veículo na faixa de rolamento mais à direita, onde o tráfego é mais lento, para poder compartilhar os momentos de excitação de forma menos perigosa.

Não sabia ele, que não tardaria chegar a uma região bastante esburacada, cheia de saliências e reentrâncias do asfalto, prejudicando significativamente os pneus do veículo caso não se desacelerasse adequadamente.

Leandro confiava em sua destreza como condutor jovem e experiente, mas a sua desatenção, comprometida entre o volante e a mulher ao seu lado, cooperaria para a distração necessária à concretização dos planos dos invisíveis amigos.

Enquanto o casal se perdia agora na euforia da troca afetiva, o motorista não percebeu a chegada da região esburacada e, assustado e afoito, viu o veículo sacolejar para todos os lados, retomando, assustado, o controle da direção a tempo de impedir que se desgovernasse ou saísse da pista de rolamento.

Batidas e mais batidas, pulos e pancadas interromperam o idílico romance, fazendo cair as malas, desarrumar os objetos e empalidecer os avermelhados rostos pelo susto e pelo medo de sofrerem algum acidente mais grave.

Leandro reduziu drasticamente a marcha, coisa que teria de acontecer obrigatoriamente, porque dois dos pneus de seu veículo se danificaram.

Vendo que não conseguiriam prosseguir, deu seta para o acostamento e parou o carro.

– Você está bem, Clô?

– Sim, querido... que susto... deixa eu me arrumar primeiro... o que será que aconteceu?

— Acho que furou algum pneu.

Saindo do carro, Leandro constatou que não teria como prosseguir, mesmo que usasse o estepe, uma vez que ainda restaria o outro danificado.

— Vamos ter de chamar o guincho, Clô.

— Puxa, Lê, é tão grave assim?

— Não é grave. Apenas que estouraram dois pneus e nós só temos um estepe.

— Mas dá pra gente continuar, se consertarmos?

— Claro, querida. Isso tudo é culpa sua, sua demoninha quente... acha que eu não quero terminar o que a gente começou? Vou chamar o reboque.

Orgulhosa com o galanteio, por alguns instantes Clotilde esqueceu que queria envenenar aquele homem tão empolgante e que a completava tão perfeitamente.

Jerônimo aproximou-se de Leandro e sugeriu-lhe a procura pelo posto de abastecimento mais próximo. Usando o telefone celular, conectou a polícia rodoviária que, em questão de quinze minutos, fez uma de suas viaturas chegar até o local, acionando o reboque para levar o veículo ao posto de gasolina, onde a borracharia se incumbiria de consertar os danos.

Em quarenta minutos, os dois jovens estavam sentados na lanchonete tomando um suco, enquanto esperavam o conserto.

Foi então que Clotilde desejou ir ao banheiro, levando consigo a bolsa que continha o veneno.

Como toda mulher vaidosa, procurou ajustar a maquiagem, melhorar a figura, ficar mais bonita para seguir com o joguinho de sedução.

Não observou, entretanto, os riscos a que estava exposta.

Em uma época tão movimentada, os postos, suas lanchonetes e sanitários estavam sempre muito cheios, tanto de turistas, viajantes, quanto de oportunistas, punguistas, golpistas. E fora essa a missão de Cristiano.

Deveria ele encontrar alguma mulher que estivesse tratando de furtar bolsas de outras distraídas, e não haveria melhor local para isso do que o banheiro, onde a maioria delas se encanta com o espelho e se distrai de suas carteiras ou objetos de valor.

Não foi difícil identificar, pelas emissões vibratórias, aquelas moças com pensamentos infelizes, o que facilitou o trabalho de Cristiano.

Acercando-se do sanitário feminino, identificou duas mulheres que ali desenvolviam o velho golpe do "uma distrai e a outra ataca" – duas espertalhonas que integravam uma quadrilha que costumava assaltar viajantes distraídos, realizando pequenos roubos e se perdendo na multidão, quando não poderiam mais ser encontradas.

Nem mesmo as câmeras de vigilância poderiam flagrá-las, já que agiam nos sanitários onde tais aparatos de filmagem, por óbvios motivos, não estavam instalados.

Quando Clotilde entrou, Cristiano acercou-se de uma delas e sugeriu que prestasse atenção em sua bolsa.

Bastou que a sugestão caísse em sua mente para que a mais astuta dentre as duas fixasse os olhos naquela jovem sonhadora, enlevada pelas emoções recentemente vivenciadas, preocupada com sua figura feminina mais do que com a sua carteira, e fizesse um sinal para a comparsa, indicando a próxima vítima.

Para Clotilde, seu mundo girava em torno de Leandro e, naquele momento, não haveria qualquer perigo que pudesse atingi-la. Estava feliz com as emoções experimentadas, ainda que tivessem redundado no pequeno acidente.

Clotilde colocou a bolsa ao seu lado, na pia de um banheiro bastante concorrido em função do volume de mulheres fazendo a mesma coisa.

Ao mesmo tempo, abrindo-a, retirou o estojo de maquiagem rápida e passou a retocar o rosto, imaginando Leandro a cada nova pincelada.

Não tardou e uma desconhecida acercou-se dela, disputando um pedaço do espelho, dizendo:

– Puxa vida, como a mulherada sofre para ficar bonita, não é mesmo?

— É uma escravidão que vale a pena – respondeu Clotilde, querendo ser simpática.

Não percebia ela que, enquanto a primeira puxava conversa, a sua comparsa, a mais astuta, insinuava-se para surrupiar-lhe a bolsa colocada sobre a pia sem qualquer vigilância.

Mais alguns minutos de conversa inocente, mais algumas pinceladas de pó na maquiagem e Clotilde se cientificava do sumiço de sua bolsa.

Não havia muito dinheiro em seu interior, já que ela carregava seus recursos em outro local. Apenas alguns documentos, objetos pessoais e, como já se sabe, o frasco de veneno que se parecia com um pequeno vidro de perfume.

— Minha bolsa... roubaram minha bolsa – gritava a jovem, alertando todo o banheiro feminino para a presença de ladras.

— Eu não vi nada... – falou a mulher que conversava com ela.

— Sim.. eu tinha colocado minha bolsa aqui ao meu lado... e agora não está mais...

— Puxa vida!... – falou outra. – A gente não pode piscar que as coisas desaparecem... Deus me livre... nem no banheiro a gente está tranquila...

Tomada pelo susto, Clotilde saiu rapidamente do sanitário, procurando Leandro para relatar-lhe o ocorrido.

— Lê, Lê, me ajude.

— O que aconteceu, querida?

— Acabei de ser roubada... Levaram minha bolsa... malditas mulheres...

— Calma, Clô, calma.

— O que tinha lá dentro? Havia muito dinheiro? – perguntou o rapaz, tentando levar as coisas pelo caminho racional.

Sem pensar muito, dominada pela raiva e pelo susto, ela respondeu:

— Não... não tinha muito, uns trocados, minhas pinturas... alguns documentos.

— Tinha talão de cheque, cartão de crédito?

— Não, eu não ando com isso na bolsa...

— Que mais que tinha?

— Ora, tinha chave de casa, meus óculos de sol e o frasco de ve...

Quando ia dizer, lembrou-se de que não poderia revelar o conteúdo ao próprio futuro envenenado. Então, emendou, mais controlada:

— Um frasco de verniz para unha e outro de esmalte...

Entendendo que não se tratava de nada grave, Leandro abraçou Clotilde e disse-lhe:

— Ora, querida, não é nada sério. Deixe isso pra lá. Não quero que nada estrague nosso feriado. Vamos ver se o carro está pronto?

Voltando à paixão por aquele homem que a dominava por completo, sentindo o contato do braço forte que tanto desejava, relaxou a tensão, sorriu e respondeu:

— Tudo bem, Lê. Quando a gente chegar lá eu compro outro esmalte e outro verniz.

Vamos... eu também estou louquinha pra retomar a viagem... — falou, maliciosa.

Pagaram o conserto do veículo e retomaram o rumo.

Enquanto isso, os Espíritos amigos que haviam movido céus e terras para, em um trabalho conjunto, conseguirem afastar os dois do primeiro risco de tragédia, respiravam aliviados, reunindo-se novamente para acompanhá-los.

Quando chegaram ao destino, por fim, os três Espíritos enviados por Bezerra se dedicariam a conversar com as entidades inferiores que os seguiam, fazendo-se visíveis e amigáveis com o intuito de diminuir a pressão vibratória sobre Clotilde e Leandro, dois adultos que, apesar de irmãos de sangue, já tinham discernimento suficiente para saber o que faziam, mas que, por isso mesmo, podiam ser manipulados com facilidade pelas entidades que os estimulavam naquilo que ambos tinham de mais frágil.

Necessário, portanto, que os Espíritos inferiores fossem apartados da ação incisiva que vinham exercendo sobre o casal a fim de que Leandro e Clotilde, menos pressionados, pudessem receber a influência de Custódio e Márcio e, quem sabe, repensarem os caminhos para depois do carnaval.

Várias entidades, assustadas pela presença do trio luminoso que se adensara para poder ser visto pela turma de agitadores da emoção, ficaram petrificadas com a aparição, ao mesmo tempo enérgica e suave.

Algumas, envergonhadas de seus atos, permaneceram para escutar imaginando que haviam sido descobertas por anjos de Deus, dos quais não adiantaria fugir.

A maioria, no entanto, amedrontada e arrogante, debochada e indiferente, saiu correndo, gritando:

— Bruxaria, são os bruxos, vamos fugir, eles querem nos prender. Vamos, corram... eles são astutos, cruéis... vamos sugar outros pervertidos que estão por aí à nossa disposição. Não nos faltam devassos para que nos alimentemos de prazer...

Assim, de uma forma ou de outra, o ambiente se desanuviou da turba alucinada que contava explorar os dois pobres moços, iludidos com as emoções carnais e imaginando-se adultos o suficiente para dirigirem as próprias vidas.

Mal sabiam que estavam sendo monitorados em todos os detalhes para que, como crianças brincando com fogo, não saíssem mais queimados do que imaginavam.

Os dias que se seguiriam, garantiriam uma razoável estabilidade ao casal que, não deixando de se entregar aos contatos sexuais, puderam fazê-lo sem aquela volúpia insaciável, mesclando a sensação física com momentos de carinho, de amizade, de conversa inocente, de brincadeira de irmão.

Isso fazia parte da necessária adaptação positiva que o mundo espiritual necessitava para ajudá-los a não se afundarem mais ainda nos tormentos da culpa.

Clotilde vibrava como mulher apaixonada, desejando unir-se para sempre ao homem de sua vida, enquanto que Leandro passara a sentir um carinho muito intenso por ela, entendendo o quanto a jovem se ligava a ele, emocional e fisicamente.

Entendera que não adiantaria falar com a irmã sobre sua dependência afetiva naquela hora. Já havia feito o que não deveria, indo sozinho com Clotilde para essa viagem. Agora, conforme lhe intuíam seus amigos invisíveis, deveria ajudá-la a não perder o equilíbrio, demonstrando-lhe carinho sincero, ainda que não pudesse se esquivar dos contatos da intimidade, coisa que, em realidade, ele próprio também não desejava, tal o furor sexual que sentia no extravasar das emoções ao contato com o corpo da própria irmã.

Isso seria um problema para resolver depois da viagem, quando voltassem vivos desse encontro.

E graças ao amparo dos amigos invisíveis, Clotilde desistiu da ideia criminosa ao sentir o desejo másculo de Leandro, seu interesse por ela, além do fato de que, graças à ação de seu protetor Márcio, seus sentimentos puderam ser endereçados para o lado positivo de um amor que, mesmo tido por ilegítimo, era suficientemente forte para superar o desejo de destruição.

Finalmente, aquele feriado não teria como resultado a tragédia para ambos.

Haviam sido protegidos adequadamente contra si mesmos.

21

RECEBENDO AJUDA DE QUASE TODOS OS LADOS

Por fim, chegara o dia em que Leonor seria submetida à consulta com o médico responsável pela avaliação do nódulo que descobrira.

Em companhia da filha Rosimeire e dos Espíritos amigos que davam sustentação ao seu caso pessoal, além de Cristiano, seu protetor, Leonor não conseguia disfarçar a preocupação que carregava na alma.

Diante do profissional estava uma mulher emocionalmente fragilizada, com os naturais temores que cercam qualquer pessoa leiga diante da perspectiva de uma doença tão temida na sociedade atual..

Levada ao exame de raio X, logo se conseguiu uma melhor definição da massa estranha a crescer no interior de seu seio direito.

– Bem, dona Leonor – falou sem muitos rodeios o médico, habituado a tais quadros –, a radiografia revela, realmente, a presença de um corpo estranho no interior da mama direita, coisa que pode ser diagnosticada de muitas maneiras.

Como, entretanto, o raio X não é conclusivo, teremos de realizar outros exames mais detalhados.

Consultando os compromissos de outros profissionais que se associavam a ele naquele consultório, afirmou ser possível a realização do exame de ultra-sonografia no mesmo dia. Dispondo de tempo para isso, Rosimeire apoiou a decisão da mãe no sentido de realizar tudo o que fosse possível naquela mesma oportunidade.

– Bem, doutor, se o senhor acha que é importante... – falou Leonor, temerosa, esperando do médico algum comentário tranquilizador a respeito de seu mal.

Sem a sensibilidade desenvolvida para a compreensão de tais angústias e acostumado a sucessivos diagnósticos negativos todas as semanas, respondeu secamente, o médico:

– É melhor mesmo, dona Leonor. O nódulo pode ser benigno ou maligno. Não me parece uma calcificação ou algum tipo de displasia. A ocorrência de tais corpos estranhos é algo comum em mulheres de sua idade. O que precisamos é saber se pode ser câncer ou se não passa de algum espessamento de tecido. Além do exame ultrassonográfico, precisaremos fazer uma coleta de material para biópsia. É um procedimento importante em casos como o seu e a resposta não demora muito para chegar, nos dando a certeza sobre o diagnóstico.

– Tudo bem, doutor – respondeu Rosimeire, diante do mutismo de sua mãe. – Nós iremos fazer tudo o que for necessário. O senhor sabe dizer se o convênio de minha mãe cobre esta coleta de material para biópsia?

– Bem, os planos atuais parece que cobrem vários destes procedimentos. O que é preciso saber é se ela não está ainda no período de carência.

O que pode acontecer é que, talvez, para algum procedimento cirúrgico a carência ainda não tenha sido superada, o que a obrigará a adiar o procedimento ou a pagar por ele.

Rosimeire sabia que esses detalhes deveriam ser pesquisados depois, junto à empresa de convênios médicos. Deixou, então, esse assunto de lado, para que se concentrassem no exame de ultrassom.

Dona Leonor foi levada a um ambiente apropriado para o procedimento, mas, em seu interior, a angústia a invadia.

A cada passo, recordava de sua amiga que, anos antes, fora vitimada por um câncer de mama, tendo enfrentado as mesmas etapas do diagnóstico e, depois, do tratamento. Lembrava-se de Jurandira nas primeiras idas ao médico, à mercê dos horários do serviço público, sempre precisando esperar em filas intermináveis, dependendo da boa vontade de atendentes ou funcionários burocratas e frios, levantando antes do nascer do Sol e não tendo hora para voltar para casa.

Suas lembranças sobre Jurandira tornavam mais delicadas as suas emoções, uma vez que, obviamente, não podia fugir da recordação do sofrimento da amiga e das tristes ocorrências que a envolveram, com a mutilação cirúrgica e, depois, a multiplicação das células e a eclosão de novos focos em outras partes do corpo, que redundaram na sua desencarnação.

Ela, Leonor, ainda estava podendo contar com o carinho e a assistência da filha que, com algum recurso disponível e com sua preocupação, mesmo morando em outra cidade, havia-se interessado por ela, contratando um seguro médico, coisa que, nesta hora, se fazia tão importante.

Graças à insistência de Rosimeire, Leonor cedera à necessidade de ter um plano de saúde privado a fim de não ficar exposta à precariedade do serviço público, tendo contratado um que, sem ser o mais completo, garantia-lhe consultas médicas, exames laboratoriais e outros necessários, mas, em função de sua idade, impunha carências mais amplas.

Aí se encontrava a questão das cirurgias.

Quando foram os exames admissionais do convênio médico, não se constatara nenhum nódulo mamário.

— Fique calma, dona Leonor — falou, mansamente, a funcionária que iria realizar os exames. — Todos os dias nós fazemos dezenas de procedimentos como estes e encontramos muitos que não são cânceres. Não fique nervosa à toa.

— Ah! Minha filha, obrigada por sua palavra de ânimo. É que a gente nunca precisou fazer nada disso... sabe... é falta de hábito. Além do mais, as lembranças nos pioram a vida. Eu tive uma amiga que sofria desse negócio no mesmo lugar e, agora, lembro-me de seu sofrimento até o final.

— Mas isso não é bom de se ficar pensando, dona Leonor. A gente ainda não sabe o que é e, quando soubermos, existem muitos recursos na medicina para o tratamento.

Vamos pensar em coisas boas sempre, porque se for coisa boa, não há motivo para se abater com antecedência, e se a coisa não for lá tão favorável, teremos procedimentos na medicina que podem garantir à pessoa uma excelente qualidade de vida.

Sentindo que a enfermeira estava procurando distraí-la com carinho e generosidade, ela respondeu:

— Sabe, minha filha, escutar você falando assim comigo é quase tomar um remédio de esperança. Eu sei que não está dizendo que isso não é câncer, mas a sua posição confiante diante de qualquer hipótese, me ajuda muito a olhar as coisas de outra forma.

— Claro, dona Leonor. Todos precisamos nos lembrar de que quando a gente descobre o problema, isso não deve ser encarado como a desgraça que muitos interpretam.

Basta que pensemos: Ora, antes de hoje, antes de saber do tumor ou do nódulo, ele já existia ali dentro e eu estava bem feliz curtindo minha vida. Agora que eu sei, nada mudou. Apenas que, para minha sorte, posso saber de sua existência e começar a combatê-lo diretamente.

Combater de frente, dona Leonor, significa mais da metade da vitória que todos desejam.

O que acontece é que nós, os levianos de todas as horas, vivemos como se nunca estivéssemos doentes e, quando descobrimos a enfermidade, escolhemos morrer antes mesmo de lutarmos contra ela.

Dentro desse ambiente, a medicina perde todos os seus recursos, já que as pessoas acabam se condenando apesar de tudo o que poderia ser feito a seu favor.

Vendo que Leonor a escutava com redobrada atenção, a enfermeira Cláudia continuou:

— Há pessoas que poderiam viver muitos anos com o tratamento adequado, mas que a gente vê definhar, definhar, amedrontadas, morrendo poucos meses depois que descobriram a enfermidade.

Não me canso de explicar a todos os que atendemos aqui, que a nossa disposição mental acerca do equilíbrio orgânico é essencial não só para que a enfermidade seja combatida, mas para que os próprios remédios, químicos ou não, encontrem campo adequado para produzirem seus efeitos.

Quando nos abatemos, quando nos desesperamos, quando não imaginamos coisas boas à nossa volta, continuamos no caminho do autoenvenenamento, destruindo as células boas, danificando os tecidos saudáveis e piorando nosso estado geral.

E então, não há remédio que dê jeito.

A conversa de Cláudia acalmara um pouco a angústia de Leonor.

Ao redor da jovem, um halo de luz radiante expandia a sua energia, envolvendo a atmosfera sombria da doente, pouco acostumada às disciplinas do Espírito, piorada, agora, pela possibilidade do adoecimento grave.

Aquele exame correspondia ao batismo de fogo na luta contra a doença, saindo de seu mundinho de emoções acomodadas a fim de transformar seus dias em uma sala de aula de Esperança e Fé.

Cláudia era funcionária da clínica, mas, ao mesmo tempo, compreendia as realidades espirituais porque atendia como voluntária em uma instituição espírita dedicada ao socorro dos enfermos de todas as espécies.

Conhecedora da importância da modificação da atmosfera íntima, através de pensamentos novos e sentimentos superiores, tudo fazia para tentar ajudar os pacientes mais vulneráveis a se apoiarem a si próprios nas lutas contra os desafios transitórios.

Observando que a jovem falava com segurança, a senhora ousou perguntar-lhe mais coisas, enquanto o exame era preparado e o médico responsável não havia chegado:

– Cláudia, como você trabalha neste lugar onde muitos cancerosos chegam, você já viu alguém melhorar e sarar, minha filha?

A enfermeira entendeu a necessidade de Leonor, diante do desafio que começava. E longe de fingir estatísticas ou de inventar informações, respondeu sorridente:

– Ora, dona Leonor, se aqui não existisse a cura, eu não iria ficar perdendo meu tempo. Seria apenas questão de dias, semanas ou meses. Então, não suportaria ficar amiga de pacientes, enchê-los de otimismo, passar a gostar de cada um deles para, logo mais, ter de ir ao seu enterro.

Claro que há muita gente que sara da enfermidade. No entanto, preciso alertá-la de uma coisa.

Isto aqui é só um estágio, como quando a gente começa a trabalhar em alguma profissão e não tem experiência. Todo este processo, segundo eu entendo, é um estágio de testes para nossa fé, nossa paciência, nossa confiança em Deus e nosso desejo de sermos Bons.

Já vi muita gente com doenças muito inofensivas deixarem a vida em poucos dias por complicações de todos os tipos, ao mesmo tempo em que catalogo centenas de casos de pessoas que pareciam portadoras de enfermidades incuráveis, mas que, entendendo este momento de testes, souberam manter-se em equilíbrio e, por isso, ajudaram o tratamento e o organismo, que reagiu favoravelmente, dando apoio ao combate feito pelos medicamentos, pela cirurgia, sem se descuidarem das orações. Assim, fizeram a diferença na sua melhora, debelando a enfermidade tida por incurável.

E não estou falando somente de câncer, não.

Impressionada com as palavras da enfermeira, Leonor não desejava que ela interrompesse a conversa por nada neste mundo.

Sabendo que não tinham muito tempo, Cláudia procurava ser rápida em suas informações:

– Há muitos que vêm aqui sem vontade de viver e, então, morrem de qualquer coisa, até mesmo de medo.

Mas conheço pessoas que, muito doentes, estavam empenhadas em fazer o Bem, em amparar os amigos, os necessitados, em ajudar os próprios companheiros de doença, em superar as próprias limitações, de tal maneira que passaram pelo estágio da doença, do tratamento, da recuperação e, por fim, estão livres para realizarem seus sonhos e ideais.

Uma coisa muito interessante, dona Leonor, é que os pacientes que se demonstram sinceramente religiosos, trabalhadores do Bem em qualquer terreno do Amor ao Próximo, reagem com muito mais rapidez ao tratamento que lhes é administrado.

Parece que o fazer o Bem, o sentir Alegria de Viver, o demonstrar solidariedade ao próximo, melhora suas forças, aumenta as defesas de seu organismo e a enfermidade exerce menor império sobre eles.

Naturalmente que, mesmo assim, alguns deles perderam a vida física. No entanto, é inegável que, mesmo no final de sua jornada, conseguiram chegar a isso com serenidade, com galhardia, com paz interior, servindo de exemplo aos frouxos da vida, os homens e mulheres que não podem sentir nenhum estrepe no dedo, nenhuma dorzinha qualquer que já se entregam ao abatimento, às reclamações e às blasfêmias.

Por fim, chegou o médico para o início do procedimento e a conversa precisou ser encerrada.

Depois de alguns minutos de exames, observações e captação de imagens, os contornos do nódulo não aliviaram as expectativas do especialista.

As dimensões indicavam um volume além do normal para um diagnóstico benigno.

No entanto, a função do exame não era revelar à paciente ser ou não câncer, mas, sim, preparar um relatório, um laudo e entregá-lo ao colega que o havia requisitado e estava atendendo a enferma.

Terminado o procedimento, enquanto as descrições técnicas iam sendo lançadas, de um lado, Cláudia limpava a paciente, preparando-a para receber as suas roupas de volta.

– Filha, suas palavras me ajudaram muito. Nunca ninguém havia me falado sobre esse assunto e, com suas explicações, acho que tenho um caminho a trilhar que seja diferente do que Jurandira encontrou.

– Claro, dona Leonor. Cada um é um. No entanto, a regra do Otimismo vale para todos nós. Não se esqueça da oração, das suas ligações com Deus e da prática do Bem.

Sempre que a senhora precisar, estarei aqui para ajudá-la no que for necessário.

Emocionada com o carinho de Cláudia, Leonor agradeceu, perguntando:

– Quanto tempo faz que você trabalha com esse tipo de problema, Cláudia?

– Faz mais de quinze anos, dona Leonor. O que estou dizendo à senhora é fruto de observações que venho fazendo durante todo este tempo. Além do mais, atendo como voluntária em outro local, uma instituição religiosa que presta auxílio a sofredores de todos os tipos, onde aprendi o poder da oração, no tratamento das inúmeras doenças.

– Jura, filha? Existe um lugar assim?

– Claro que existe, dona Leonor. Ou a senhora pensa que Deus se esquece de seus filhos, enquanto eles fazem crescer tumores, doenças e dores?

Isso tudo não pode ser presente de Deus aos filhos que Ele ama. Nossas doenças são frutos de nossas escolhas, mas, apesar disso, como Pai amoroso, Deus inspira seus filhos para que se entreajudem, para que se amparem mutuamente, tudo fazendo para impedir que aqueles que não encontrem o apoio dos profissionais neste mundo fiquem órfãos da Esperança.

Lá onde trabalho, observamos as coisas de outro prisma. Temos atendimentos médicos normais, dentro das técnicas oficiais mas, ao mesmo tempo, empregamos terapias energéticas nos pacientes que a aceitem, além do fato de procurarmos ter para com todos, um carinho parecido com aquele que dedicamos aos nossos entes mais queridos.

Não é uma instituição muito grande, mas ali aprendemos o quão importantes e terapêuticos são a solidariedade, o respeito, a consideração e o afeto no tratamento de todas as doenças.

Muito empolgada com esse novo mundo de revelações, Leonor considerou:

– Puxa, que coisa boa, Cláudia. Somente agora que estou com este problema é que parei para pensar quanta falta faz um lugar onde os doentes encontrem mais do que diagnósticos frios, médicos desalmados, pessoas burocráticas que só estão esperando o término de seus horários para irem embora, colocando-nos para fora.

Falando assim, me recordo de Jesus, minha filha. Aquele que nunca recusou um atendimento, que nunca deixou de falar ao coração dos que o procuravam, que jamais se queixou de canseira, de fome, de pobreza para estender suas mãos.

Emocionadas pela lembrança espontânea, Leonor, já vestida, abraçou Cláudia que, com o mesmo carinho, retribuiu-lhe o abraço informando, com naturalidade e sem fanatismos:

– Olha, dona Leonor, esta instituição em que ajudo é uma organização espírita, seguidora dos ensinamentos de Jesus através da obra editada por Allan Kardec. Lá, tudo é feito com o mais sincero desejo de que os doentes melhorem e se encontrem, que os sadios não adoeçam e que todos nós aprendamos a progredir no rumo da saúde da Alma.

Se um dia a senhora precisar de nós, vou deixar meu telefone para que possa me encontrar.

E antes de encaminhar a enferma à sala de espera, no aguardo do atendimento com o médico que definiria melhor o seu caso, passou o telefone pessoal e o da instituição onde trabalhava, deixando seu sorriso de otimismo e confiança como marca de sua despedida.

Leonor agarrou aquele papelzinho e guardou-o bem em sua bolsa, pensando consigo mesma:

– Minha Santa Genoveva... e eu que sempre achei que estes espíritas fossem coisa do demônio...

Que Deus proteja esta moça porque parecia que era o próprio Pai que falava comigo através dela. Quanta paz eu encontrei em suas palavras...

Enquanto se sentava na sala, ao lado de sua filha Rosimeire, para quem iria revelar parte de seu diálogo com Cláudia, nem imaginava que ao seu lado estava Cristiano, seu protetor, sorridente e confiante, feliz por poder observar o efeito positivo das palavras da enfermeira generosa. Nem haviam imaginado que, a envolvê-las com boas intuições e energias luminosas estavam Adelino e Jerônimo, empenhados na transformação dos sentimentos e do entendimento da doente para que aquele estágio na dor não se tornasse poço lodacento de medo, de desânimo, de angústia, como costuma acontecer com a maioria das criaturas que se descobrem enfermas.

Era indispensável despertá-la para uma nova forma de entender as coisas, alterando suas disposições íntimas para que suas forças, canalizadas para rumos superiores, renunciassem ao processo da autopiedade, da destruição voluntária, da perda do viço, reações negativas que manteriam arraigadas à Terra as suas respostas físicas e espirituais.

E não haveria melhor maneira de fazê-lo do que transferindo seus temores para a esperança da melhora, não com promessas descabidas e infantis, mas com coerência e profundidade de quem tinha experiência de anos de atendimento a milhares de sofredores.

Jerônimo fecundara o pensamento e a emoção de Cláudia com as intuições que exortavam a Fé Viva, a luta para a superação de todas as barreiras, a convicção de sua própria capacidade, orientando Leonor para rumos seguros que só podem ser outros, os fundamentados na Verdade representada por Jesus.

Ensinara, um dia, o Divino Amigo, que Ele era o Caminho, a Verdade e a Vida.

Não importava que os homens tivessem de trilhar os espinheirais que semearam um dia, através do desencanto, da desilusão, da doença ou da queda colhidos no presente. Interessava que procurassem esse Jesus amigo, esse Ser especial que garantia, não a irresponsabilidade, não a fuga dos deveres, mas, sim, a certeza de que, indo no caminho que ele exemplificou, fazendo as coisas que pediu, superando as lutas com as forças, encontrariam esse Caminho Seguro para a vitória, porque embasado na Verdade da Lei do Amor que rege todas as coisas no Universo.

Por isso, garantia Ele a Vida indestrutível, a Vida plena, a Vida que não é, somente, a expressão de pobres células que se agitam no interior dos tecidos do corpo, mas, sim, o Hálito de Deus, o Sopro Divino, a Essência do Criador de que os homens são feitos.

Cláudia, naquele momento, era médium do Bem, sem saber o quanto Jerônimo a usava para passar a Leonor aqueles tão importantes conceitos para os momentos difíceis que se acercavam, rapidamente, em seu panorama pessoal.

Por sua vez, Adelino criava campo favorável no pensamento de Leonor para que cada ensinamento, cada exortação, cada advertência não fosse encarada com a superficialidade como se interpretam as conversações fúteis de cada instante, com os desconhecidos que nos cruzem os caminhos.

A enferma precisava guardar aquelas informações como tesouros ou sementes luminosas que desabrochariam no momento adequado, ajudando-a a encontrar o necessário alento para a superação de si mesma.

Adelino ampliava a circulação cerebral para favorecer a oxigenação dos neurônios e de todos os componentes que dão apoio à lucidez, à memória, à atenção para o aprendizado.

Além do mais, atuava fluidicamente facilitando que ocorresse a maior aproximação vibratória possível entre cérebro físico e mente, para que não se perdessem as riquezas daquele colóquio, para que os antigos preconceitos religiosos fossem diminuídos, como espectros sombrios que são afastados pelo clarão do Sol revelador e amigo.

Mais do que isso, Adelino acionava as forças emocionais dos centros cardíaco e coronário para que a sensibilidade de Leonor/Espírito se impusesse à sensibilidade pouco adestrada da Leonor/Corpo, constantemente bombardeada pelas exigências materiais, pelas opiniões alheias, pelos conceitos e reações das pessoas.

Saber ser firme em convicções íntimas alicerçadas nas próprias emoções e certezas garantiria a Leonor reforços energéticos para enfrentar os olhares de piedade, de escárnio, de curiosidade de quantos viessem a lhe conhecer a situação pessoal.

Por isso, Adelino acionava os recursos magnéticos de que dispunha para que as forças emocionais dos centros de energia respectivos estivessem soberanamente equilibradas para que nada viesse a derrubar suas certezas e decisões.

Parecia que Leonor havia descoberto um outro mundo de belezas e esperanças nascido daquela singela conversa com Cláudia. Isso porque as palavras da moça não era escutadas apenas pelos ouvidos da doente. Como suas energias estavam canalizadas para os centros da emoção, cada ideia verbalizada pela enfermeira vinha carregada do tônus energético positivo, aumentado pelo influxo que Jerônimo lhe imprimia, potencializando sua força e, por fim, era agasalhado nos centros emocionais de Leonor, mais abertos e predispostos a tais alimentos saudáveis.

Leonor, depois daquele entendimento, parecia ter-se convertido em outra pessoa. Deixara aquela atmosfera frágil e amedrontada, tímida e duvidosa e,ainda que não houvesse se transformado em uma audaciosa guerreira, passara a ter coragem para lutar.

Saberia colocar confiança na possibilidade de melhorar, combatendo o medo de ser vitimada por uma enfermidade ameaçadora, contra a qual, na visão dos leigos, havia pouca perspectiva de salvação.

As palavras da enfermeira, antes de qualquer medicação ou terapêutica, haviam sido a primeira forma de tratamento, a primeira quimioterapia, melhor chamada de AFETOTERAPIA, predisponente à eficácia de qualquer outro tipo de atendimento da rotina médica ou farmacêutica.

Leonor foi atendida pelo médico especialista que começara a

acompanhar o seu caso logo a seguir, quando ficou sabendo que seria indispensável a realização da punção local para a confirmação do diagnóstico e, caso o resultado fosse positivo para o câncer, não deveria adiar a cirurgia para que não se perdessem as oportunidades de cura.

Rosimeire temia pela reação da mãezinha, que sempre fora muito débil para notícias como aquelas.

No entanto, para sua surpresa, apesar de pálida, encontrou-a com palavras de alento, dizendo:

– Tudo bem, doutor. Vamos ver como fazemos para realizar os exames e, se for grave, o senhor decide que caminho devemos tomar.

– Isso é muito importante para a senhora, dona Leonor.

O tempo é um fator essencial para ganharmos a guerra contra esta doença.

Quanto mais rápido agirmos, mais chances temos.

Imaginando que a ação cirúrgica ensejaria a extirpação de uma das mamas, Leonor considerou, tentando fazer graça:

– A vantagem, doutor, é que não estou na fase de amamentação. Isso me permite realizar a cirurgia sem prejuízos para ninguém.

Admirando o visivelmente forçado bom humor da senhora, o médico notou como estava empenhada em não se abater, respondendo, então, sorrindo:

– Bem, dona Leonor, se é possível retirar o que não é saudável, poderemos refazer as coisas de uma forma muito mais bonita, porque, para a cirurgia plástica de hoje, quase não existem mais barreiras.

– Pena que a cirurgia plástica não possa alterar a minha data de nascimento, não é, doutor?

– É, dona Leonor, pena que isso não possa acontecer nem com a minha também... – respondeu, alegremente, o médico.

– Vamos, Rosi... temos muitas medidas a tomar.

Levantando-se, estendeu as mãos ao facultativo, agradecida, dizendo que, em breve, voltaria para definir o prosseguimento do tratamento.

Precisariam pesquisar a disponibilidade do convênio médico, a realização do exame mais profundo e, se fosse o caso, da cirurgia necessária.

Tinham de avaliar seus recursos disponíveis, além de se comunicarem com o filho, Clodoaldo, que precisava ser informado das condições da mãe, além de saberem se poderiam contar com o seu apoio pessoal e financeiro caso faltassem valores para os exames finais e para a cirurgia.

Era verdade que o filho não se mantinha muito ligado nas necessidades da genitora, como acontece com todos os que partem para a construção de suas próprias vidas, esquecendo-se de olhar para aqueles que os sustentaram ao longo de todo o trajeto.

Clodoaldo estava nesse enlevo com suas conquistas pessoais, tanto na questão da faculdade em ponto de encerramento, quanto na edificação de seu futuro afetivo na companhia de jovem de abastada família, fatores estes que o impediam de se permitir voos na área da compaixão, da caridade para com os menos felizes da vida, ainda que sua própria mãe se achasse nessas condições.

Naturalmente que tentava ocultar isso dos demais. Não queria perder a pose de filho preocupado com seus pais. Entretanto, o tom de sua voz sempre se alterava quando precisava falar com a irmã a respeito da mãezinha.

Ele nunca se questionava sobre o dinheiro que gastava em jantares, festas ou viagens com a noiva. No entanto, nunca estava em boas condições quando Rosimeire lhe solicitava a ajuda financeira para cobrir alguns gastos emergenciais de Leonor. Mesmo o convênio médico só fora possível porque Rosimeire assumira todos os gastos, recusando-se a voltar a pedir a Clodoaldo qualquer ajuda, depois que ele se mostrara grosseiro e incomodado com a solicitação de apoio para as necessidades de alguém que se encaminhava para o fim da vida.

Na época da contratação do plano de saúde, havia tido uma conversa com ele, de quem escutou:

– Mas a mãe não precisa de convênio médico, Rosi. Sempre esteve bem de saúde. Isso é dar dinheiro para os ricos, para os médicos, para o sistema de saúde.

Agora eu não posso fazer nada. Estou na reta final da faculdade e não disponho de dinheiro sobrando.

Respondendo ao irmão, na época em que pretendia seu auxílio, Rosimeire ponderou:

– Mas você não pode dispor de metade da mensalidade, pelo menos? Ora, Clodô, o que são sessenta reais pra você?

– Só eu sei o que este valor é para mim, Rosi. Eu não amolo você nunca para pedir dinheiro... por que você sempre me telefona para falar desses assuntos?

– Tudo bem, meu irmão. Eu pensei que a mãe fosse nossa e não apenas minha. Eu vou fazer o que posso. Depois a gente conversa. Um beijo.

Esta havia sido a última conversa sobre o assunto do convênio médico.

Clodoaldo, agora, teria de ser informado sobre as condições de Leonor, gostasse ou não gostasse, tivesse ou não recursos para colaborar.

22

RESOLVENDO UM PROBLEMA E CRIANDO TRÊS

Procurando o atendimento do convênio médico, Rosi confirmou que não poderia realizar os necessários procedimentos investigatórios antes de terminar a carência do plano de saúde, o que levaria mais de três meses.

Se desejasse submeter sua mãe aos exames cirúrgicos precisaria pagar do próprio bolso.

O exame que serviria para a coleta de material para a biópsia visando a confirmação da natureza do nódulo até que não era lá muito caro. No entanto, se a cirurgia se fizesse necessária, seu custo seria exorbitante, não possuindo a mínima condição de ser realizada.

Pensou, então, em proceder por etapas.

Pagariam pelo primeiro exame e, depois de seu resultado, estudariam o que fazer.

No entanto, não deixaria de comunicar a Clodoaldo sobre as necessidades de Leonor, transferindo-lhe parte da responsabilidade, ainda que ele tivesse as melhores desculpas do mundo para eximir-se do dever filial.

Diante das perspectivas pouco alvissareiras no que tangia à economia familiar, Rosimeire sabia que deveria poupar sua mãe dessas notícias, além de evitar revelar-lhe a indiferença do próprio filho a seu respeito, uma vez que tudo isso tornaria mais intensas a sua já grande angústia.

Rosimeire procurou deixar a mãezinha tranquila, dizendo-lhe

que tudo estava bem, que estava encaminhando os papéis e que, dentro de alguns dias, já poderiam realizar o exame solicitado pelo médico em caráter de urgência, dada a imperiosa necessidade de rapidez no diagnóstico, que representava medida importantíssima na vitória contra a enfermidade.

A filha sabia que os recursos que lhe sobrariam seriam capazes de garantir o pagamento das despesas da casa, não alcançando, no entanto, o montante para a cobertura da cirurgia principal, atacando o problema no seio direito.

Mesmo esse gasto com o exame seria delicado diante do fato de Rosimeire não estar trabalhando, nem receber qualquer recurso financeiro.

Necessitava de ocupação remunerada. No entanto, pesava-lhe a situação da mãe, carente de atenção em hora tão delicada e, acima de tudo, desconhecedora do desemprego da filha.

Vendo a situação delicada, resolveu organizar a própria vida de forma definitiva.

– Mãe, aproveitarei estes dois dias até o seu exame e vou à minha cidade resolver algumas pendências.

– Mas filha, você não pode ficar comigo durante todo o seu período de férias?

– Posso, mãe, mas o que acontece é que, se o exame indicar a necessidade da cirurgia, ficarei por aqui sem data para ir embora. Então, é melhor que eu resolva tudo por lá, devolva o apartamento, acerte as coisas no emprego e, depois, estarei livre para permanecer com você até que tudo esteja resolvido.

– Mas entregando o apartamento, você vai ficar sem lugar para voltar.

– Ora, mãe, está me mandando embora tão cedo? Eu não posso ficar aqui no meu quarto?

– Ora, filha, não é isso que quis dizer. Este quarto, esta casa é sua e de seu irmão. Você pode ficar aqui para sempre, se quiser. É que não queria que meu problema alterasse toda a sua vida, toda a sua rotina, afinal você tem os seus compromissos...

– Você, mãe, é o meu maior compromisso. Enquanto não estiver boa, nada é mais importante para mim.

Emocionada, Leonor abraçou-a como nunca antes fizera e, alisando seus longos cabelos, agradeceu-lhe o carinho espontâneo, enquanto lutava para não desabar em lágrimas.

– Que bom que você vai estar comigo, Rosi.

Seu irmão está sempre tão ocupado, tão cheio de serviço, de provas, de exames, que não sei o que seria de mim se precisasse esperar por ele.

– Ora, mãe, deixa o Clodô tranquilo por lá, porque, nessa hora, homem só serve para pagar conta e dar palpite errado.

Vamos cuidar desse probleminha nós duas e, se pelo menos ele pagar uma parte das contas, já estaremos aliviadas.

Sorriram, enquanto Rosi pensava que, pelo que conhecia de Clodoaldo, até mesmo para pagar algumas contas seria difícil poder contar com ele.

No entanto, o mais importante era resolver as pendências e mudar-se definitivamente para a casa de sua mãe.

Assim, rapidamente arrumou suas coisas e, no mesmo dia, tomou o rumo mencionado para ultimar a entrega do imóvel que havia ficado pendente.

Procurou a imobiliária explicando o seu problema pessoal, fazendo a devolução das chaves imediatamente. Como não possuía muita coisa, guardou tudo o que era mais valioso em caixas de papelão ou sacos plásticos, doou os poucos móveis para alguns amigos que residiam no mesmo prédio e deixou tudo pronto para poder pegar o ônibus de regresso.

Antes, porém, foi em busca de uma saída financeira alternativa, caso tivessem de pagar pela cirurgia, em face da carência ainda não superada.

Recordou-se de seu chefe no antigo trabalho, homem abastado e que, apesar de ser negociante muito ocupado, sempre lhe parecera uma pessoa digna e respeitosa.

Além do mais, poderia rever os antigos companheiros de atividade, matar um pouco as saudades depois daqueles meses de afastamento.

Rosi foi, então, até a antiga empresa, na qual exercera as funções de auxiliar de secretária, para tentar avistar-se com o antigo patrão.

Em sua mente, a doença da mãe era o principal e único objetivo a ser enfrentado, sobretudo em caso de cirurgia com cujo custo não conseguiriam arcar.

O ambiente de trabalho não havia mudado muito. As atividades volumosas, os compromissos administrativos, os telefonemas, as pautas de reuniões, tudo estava como antes, naquela empresa de comunicação e marketing responsável por organizar estratégias de campanhas políticas, de fazer propaganda de empresas em lançamento de novos produtos.

O proprietário, homem ainda jovem, empreendedor e bem postado na vida, era cobiçado por todo tipo de mulheres, tendo-as, facilmente, a seu dispor.

Rosi jamais deixara de notar o estilo garboso do seu patrão, ainda que ele jamais lhe tivesse endereçado qualquer tipo de insinuação indiscreta.

É que para o empresário, o envolvimento com funcionárias era indigno de sua condição de patrão, mantendo todas a segura distância. Mesmo quando a beleza de uma delas era mais saliente, Rodrigo evitava o contato, deixando claro os limites para a intimidade dentro da empresa, desaprovando, até mesmo, os namoricos entre os próprios empregados.

Todavia, fora dali, Rodrigo era um homem de seu tempo, alternando a responsabilidade familiar que já lhe pesava nos ombros, com inúmeros encontros clandestinos, nos quais se entregava aos prazeres físicos, sem peso na consciência.

Necessitando estar na companhia de seus clientes, homens importantes, ricos e empreendedores, não conseguira furtar-se de acompanhá-los a festas suspeitas, aceitando convites para jantares regados a boa comida, boa bebida e boa companhia feminina, pagos a peso de ouro com a finalidade de propiciar a satisfação do ego infantil da maioria dos homens que se julgam muito importantes.

Assim, isso tudo fazia parte do jogo político e econômico de sua atividade profissional, oportunidades de negócio para aumentar-lhe a renda do escritório, com a conquista de polpudas contas de publicidade de empresas privadas ou de políticos interessados em reeleições. Além disso, tinha acesso ao dinheiro público que lhe era repassado através dos esquemas clandestinos que iam fazendo com que ficasse cada vez mais atolado em negociatas e alianças suspeitas e perigosas.

Rosi não conhecia esse lado clandestino e pecaminoso do homem que lhe parecia tão correto no trabalho.

Isso estimulou em sua mente a ideia de procurá-lo para pedir algum tipo de ajuda emergencial, a título de empréstimo.

Assim que chegou à empresa, já no final da tarde, foi informada de que Rodrigo estava em uma reunião, mas que dentro de uma hora, já poderia atendê-la.

Como exercera funções de auxiliar de secretária por um bom tempo, os empregados que a conheciam acolheram-na com intimidade e cortesia, ajudando a conseguir a entrevista com Rodrigo como uma despedida diante da mudança de cidade que a jovem realizaria.

Rosi permaneceu esperando na sala principal, sem observar que a noite estava chegando rapidamente.

Só pensava em conseguir algum tipo de apoio para a solução das dificuldades da própria mãe.

Quando terminou a reunião, as pessoas se despediram de Rodrigo e o deixaram sozinho. O final do expediente tornava mais vazio o escritório e a secretária informou o patrão a respeito de Rosi.

Rodrigo já a havia visto do interior da sala onde se reunia, uma vez que as divisórias eram de vidro.

Aquela moça não lhe parecia estranha.

Rosi estava vestida normalmente, sem qualquer ousadia, mas seu ar preocupado, seus longos cabelos e seu porte jovem e viçoso logo atraíram o olhar do homem de negócios, que nem se recordava de que ela o servira até meses antes, como auxiliar de secretária.

Naturalmente que, quando contratada pelo escritório, ela se trajava mais formalmente, impedindo que se revelasse ao olhar masculino a sua aparência simpática e atraente. Agora, livre da uniformização imposta pela profissão, tinha a atmosfera suavizada, sem os rigores da rotina do trabalho.

Rodrigo intrigara-se com a presença daquela jovem esbelta e atraente, aparentemente livre para sucumbir às suas investidas.

Nem quando ela foi anunciada pela secretária, Rodrigo recordara tratar-se da antiga funcionária.

– Boa tarde, senhor Rodrigo – falou Rosi, pretendendo ser o mais simpática e delicada possível.

– Boa tarde, Rosimeire. Parece que nos conhecemos de algum lugar...

De onde poderia ser? – perguntou, intrigado, com algum ar de mistério.

Compreendendo que ela era absolutamente indiferente para o antigo patrão, Rosi, num relance, imaginou quão impróprio seria pedir-lhe algum tipo de ajuda.

Envergonhada por ter ido até lá por imaginar, equivocadamente, que o seu antigo chefe poderia lembrar-se dela, não sabia, agora, o que dizer.

– Nos conhecemos em alguma reunião da Secretaria de Obras? Ou teria sido em alguma recepção de empresários?

Rodrigo arriscava as hipóteses, tentando ganhar tempo para descobrir de onde conhecia aquela moça tão atraente, supondo que ela fosse uma dessas mulheres, dessas mercadorias tão cobiçadas nas festas de arromba das quais participava.

Não era a primeira vez que era procurado por mulheres interessadas em chantageá-lo, depois de participarem de recepções a homens importantes ou festas oficiais como acompanhantes ou prostitutas de luxo. Aliás, essa era uma das estratégias mais comuns. Envolver-se fisicamente com homens influentes para conseguir uma posição na administração ou um lugar na folha de pagamento de suas empresas.

Mas Rodrigo não se lembrava da jovem em nenhuma das recordações de suas leviandades.

– Não, senhor Rodrigo, nunca estive nessas reuniões oficiais. Eu fui sua funcionária até cinco meses atrás. Trabalhei aqui, como auxiliar de secretária. Certamente que minhas funções pouco importantes não poderiam ser relembradas por alguém tão requisitado como o senhor. No entanto, é daqui mesmo que nos conhecemos.

Vendo a gafe que acabara de cometer, uma atitude quase desrespeitosa em relação a uma pessoa com quem convivera por tanto tempo, Rodrigo bateu na testa, desculpando-se:

– Ora, que grosseria a minha, Rosimeire. Claro, você trabalhou aqui como auxiliar da Fernanda. Isso mesmo. Aliás, você era indicação do deputado Oliveira, não é mesmo?

– Deputado Oliveira? Não conheço, não senhor.

– Como não, Rosimeire. Graças à solicitação do deputado, falecido há menos de um ano, é que nós a empregamos aqui, sim.

– Mas eu nunca ouvi falar desse homem, senhor Rodrigo. Quem é ele?

A ignorância da moça fez Rodrigo recordar-se de que aquele ajuste de emprego fora uma forma de compensar Oliveira pelos muitos favores dele recebidos, como político que abrira caminhos para que a sua empresa conseguisse contratos milionários em diversas áreas da atividade governamental.

Provavelmente ela não saberia de nada. Era um negócio entre ele e o político, como costumava acontecer constantemente naquele ambiente regado a conchavos, trocas e múltiplas influências.

Naquela cidade, a mais inocente de todas as prostituições era a dos corpos.

A bandalheira moral, as trocas de favores, a ruptura de todos os contornos éticos tornava a maioria dos importantes representantes do povo e dos homens de negócios, corruptores, aliciadores, alcoviteiros, caluniadores profissionais, assassinos ocultos.

– Não se importe com isso, não, Rosimeire. Agora sei que você foi minha funcionária. Isso é o que importa.

Agora, então, colocava ele todos os seus neurônios trabalhando para adivinhar o que poderia ter motivado aquela inusitada entrevista, logo passando a supor que, como funcionária, ela pretendia reclamar algum direito não quitado por ocasião da demissão.

Viciado nas negociatas, na malícia das conversas, sempre tentava estar um passo adiante do seu interlocutor, presumindo suas estratégias, analisando seus próximos movimentos e, com isso, tentando safar-se de tudo o que corresponderia a uma armadilha.

– E então, Rosimeire, como vai você?

– Vou mais ou menos, senhor Rodrigo.

Esta resposta da moça confirmou suas avaliações anteriores.

Provavelmente o procurava para realizar alguma chantagem ou ameaça para extorquir-lhe dinheiro. Colocando em ação todo o seu arsenal de maldades, antes que a moça pudesse dizer o que não ia bem, de maneira astuta e cruel passou a despejar sobre ela todo o tipo de informação que estava armazenada em sua mente, para mostrar quão precária seria qualquer solicitação clandestina.

– Bem, Rosimeire, então acho necessário contar-lhe algo que, pelo que pude observar, até hoje você ignora.

Você foi acolhida neste escritório por solicitação de um político influente, que nos indicou seu nome para atender a algum compromisso pessoal que mantinha com alguém. Assim, seu emprego aqui foi mantido enquanto Oliveira estava vivo. Parece que o velho político tinha os seus rabos de saia e precisava atender uma ou outra exigência feminina para acalmar-lhe os ânimos.

Por aqui é muito comum esse tipo de coisa. Mulheres vivem tentando ser fecundadas por homens importantes para, logo depois, deles solicitarem pensões volumosas, sob pena de irem à imprensa denunciá-los como devassos, como exploradores. Creio que aconteceu isso com Oliveira que, apesar de já mais velho, não deve ter fugido à regra. Assim, Rosimeire, você esteve empregada neste tempo que aqui trabalhou na condição de alguém que já foi beneficiada pela caridade de Oliveira e pela nossa boa vontade em atender ao pedido dele, pagando seu salário e os encargos dele decorrentes.

Grosseiro, Rodrigo não se preocupava em ser delicado ou sutil nas palavras.

Ainda que a beleza de Rosimeire o atraísse sobremaneira, desejava desestimular nela qualquer tipo de ataque, atacando antes com força redobrada.

— Agora, se a sua visita tem a intenção de me chantagear como costuma acontecer com muitas moças, quero dizer-lhe que não caio nessa. Talvez você pense que sua posição de ex-funcionária lhe tenha garantido direitos que estejam pendentes de quitação. No entanto, nossos advogados trabalhistas sempre nos cercaram com todos os cuidados indispensáveis para que não ficássemos vulneráveis a quaisquer tentativas de indenização, o que me autoriza a dizer que, se você desejar processar o escritório visando obter mais dinheiro, pode fazê-lo quando quiser, porque não conseguirá tirar qualquer centavo além do que já lhe foi pago.

Rosimeire estava estarrecida.

Não havia falado nada sobre o que a levara até ali, mas a consciência pesada daquele homem estava revelando coisas inusitadas e inimagináveis a respeito de sua própria história.

Quem seria esse Oliveira, será que tinha alguma ligação com o seu passado?

Ela já ouvira falar desse homem importante nos noticiários de televisão, de rádio ou jornal. Mas que ligação poderia ter com ele?

Quem o teria usado para solicitar a sua colocação profissional naquele escritório?

Por que a atitude grosseira de Rodrigo que, como seu chefe, sempre lhe pareceu uma pessoa respeitável e decente?

Tudo isso fervilhava em seus pensamentos, atordoando-a diante da avalanche de informações e intimidações.

Imaginando que o aparvalhamento da moça era decorrência de sua estratégia de ataque, Rodrigo continuou:

— Pois então, Rosimeire, suas intenções não podem prosperar, a não ser que você deseje se ver tragada em uma teia de interesses que envolvem pessoas graúdas, homens importantes, além do fato de você ter-se beneficiado do trabalho que lhe oferecemos, recebendo o salário justo. É muito fácil conseguir quem confirme a notícia de que

Oliveira mantinha um relacionamento com você, na condição de jovem amante da velha raposa, circunstância essa que teria motivado o seu emprego aqui em minha empresa para disfarçar a ajuda financeira que lhe repassava.

Sim, porque nós a colocamos na rua uma vez que o falecimento do deputado nos privou dos recursos que ele nos enviava para que pagássemos o seu salário mensalmente. Como não sabíamos qual a sua ligação com ele, para não nos comprometermos com alguém cujo passado desconhecíamos, optamos por demiti-la assim que se constatou o encerramento de nossas responsabilidades morais para com os favores que devíamos a Oliveira.

Aquelas insinuações estavam chegando ao limite da aceitação.

Rosimeire, apesar de não entender nada do que estava acontecendo, supôs que ela própria era alvo de um jogo de interesses, originado em pessoas importantes e perigosas, capazes de qualquer coisa para se livrarem de responsabilidades ou ameaças.

Rodrigo estava agindo como o criminoso que tem que ocultar os verdadeiros crimes realçando possíveis ou imaginados delitos ou culpas de seus supostos acusadores.

Não imaginava que Rosimeire fosse uma jovem desconhecedora de seu passado, das atitudes de Oliveira para a obtenção do modesto emprego que, segundo ela mesma sempre pensara, havia conseguido por seus próprios méritos pessoais e não por ação clandestina ou favor de algum político corrupto.

Ferida em seu caráter austero e justo, Rosimeire levantou-se, surpreendendo Rodrigo, pouco afeiçoado a mulheres de caráter.

– Senhor Rodrigo, agradeço-lhe o seu tempo que, reconheço, é muito escasso para as boas coisas. Lamento o incômodo que lhe causei e afirmo que tudo o que acaba de me dizer, não é de meu conhecimento.

Só para que não paire nenhuma dúvida acerca de minha vinda até aqui, lhe informo que o procurei porque sempre o imaginei um homem probo, correto e admirável. Vejo agora que ambos erramos em nossos julgamentos.

E se vim aqui, baseada nessa figura imaginária, foi porque supus poder encontrar algum amparo em sua pessoa. Vivo com minha mãe pobre e desassistida, abandonada por um pai que não conheci, e que se esforçou para criar dois filhos com o empenho da própria saúde. Acontece que, recentemente, constatou-se um câncer de mama para o qual necessitará de atendimento médico-cirúrgico de urgência.

Graças ao meu trabalho aqui, pude contratar-lhe um seguro médico que, infelizmente, possui um prazo de carência que só permitirá a cirurgia urgente dentro de longos três meses.

Assim, imaginei procurar algum amparo em sua aparente generosidade, como um homem de Bem cuja dignidade pudesse compreender o momento difícil que estamos passando e, quem sabe, fosse capaz de nos auxiliar de alguma forma.

Lamento ter-me equivocado ao procurá-lo como homem de Bem.

A dignidade ferida e a lembrança das angústias maternas fizeram brotar as lágrimas, que caíam sem impedimentos, como gotas de cristal que molhavam o tapete grosso da sala.

Rodrigo, a princípio, escutara as palavras de Rosimeire com um ar de sarcasmo.

No entanto, com o suceder das frases, verdadeiras estiletadas em seu caráter vaidoso, a demonstração de boa fé da jovem contrastava com a sua atitude vil e mesquinha, fazendo com que se envergonhasse de suas palavras que o apequenavam.

– Infelizmente, senhor Rodrigo, procurando um homem de Bem, encontrei apenas um homem de bens, o que é muito diferente.

Mais uma vez, repudio e nego qualquer ligação pessoal com esse Oliveira indecente e não sei como é que ele, sem falar comigo e sem minha autorização convenceu-o a me empregar. Só sei que é um corrupto, ou foi. E garanto que se ele fosse o último dos homens da face da Terra, mesmo assim jamais me acercaria para lhe pedir qualquer coisa.

Mais uma vez, desculpe minha ingenuidade em procurá-lo.

Retornarei hoje mesmo para a casa de minha mãe e, doravante, esteja tranquilo, pois o senhor nunca mais vai me encontrar.

Obrigada.

E sem esperar pela resposta do espantado ex-chefe, Rosimeire levantou-se decidida e foi em direção à porta.

Rodrigo tentou fazer alguma coisa para impedir que a conversa terminasse daquela forma.

Saltou da cadeira e foi na mesma direção.

– Desculpe, Rosimeire. Reconheço que não me conduzi como um cavalheiro... na presença de uma dama.

– Certamente, senhor Rodrigo, o senhor está afeiçoado a outro tipo de dama.

Não sabe identificar a diferença, infelizmente.

Rodrigo, realmente, não costumava deparar-se com mulheres daquela estirpe e isso o magnetizava ainda mais, causando-lhe um verdadeiro reboliço na emoção.

Tentava dificultar-lhe a saída, procurando alongar o assunto.

– Venha, Rosimeire, vamos conversar sobre sua mãe. Eu conheço gente importante, que pode fazer a cirurgia dela sem cobrar nada... Volte, vamos conversar.

Desculpe minha imperdoável grosseria. Eu me penitencio por ter feito tão equivocado juízo a seu respeito.

Rosimeire não era grosseira nem mal educada. No entanto, não desejava deixar qualquer dúvida acerca de sua decência e correção, contrastantes com o caráter leviano de seu ex-chefe, agora em situação de inferioridade.

– Sabe, senhor Rodrigo, já não se trata mais de todo o seu poder de influência, nem da saúde de minha mãe. É uma questão de diferença de caráter e que, pelo que pudemos constatar aqui, em nosso caso, são muito discrepantes.

A sua generosidade, agora, é motivada pela vergonha de se ter revelado mesquinho e maldoso ao me julgar precipitadamente.

Se o senhor me tivesse escutado e só me oferecesse a atenção de seu tempo precioso, recusando-me qualquer amparo nesta hora difícil, compreenderia a sua impossibilidade e continuaria admirando-o como um homem decente. Agora, entretanto, as coisas não são bem assim. O senhor se revelou através de suas próprias palavras.

Não tenho ódio ou rancor a seu respeito. Lastimo que a imagem que tinha acerca de suas virtudes e que me animou a vir até aqui na condição de pedinte, infelizmente, não correspondesse à verdade.

Só isso.

Pediu licença para sair com um gesto silencioso e deixou para trás o ambiente pesado que se formara naquela luxuosa sala, ao mesmo tempo em que Rodrigo se via desnudado por si próprio, apequenado por seus vícios e surpreendido por suas reações originadas na consciência de culpa.

Rosimeire marcara sua personalidade naquela tarde, como nenhuma outra mulher o havia feito, até então.

Jovem e atraente, mais do que uma fêmea audaciosa e astuta, ela se mostrara íntegra e decente, coisa rara nos meios por onde Rodrigo circulava.

Naquela noite, o homem de negócios não conseguiu dormir. Sua mente girava entre a figura da moça e a indecência dele próprio.

Rosimeire, por sua vez, ao sair do local, deu curso às lágrimas copiosas, agora que a liberdade permitia que o vulcão que trazia no peito expelisse as lavas comburentes do sentimento ferido.

A mente escaldante abrasava seu equilíbrio fazendo doer sua cabeça, como se uma bomba fosse explodir em seu interior.

Oliveira, emprego, intervenção do político a benefício dela, pagamento de salário, tudo isso era muito estranho, mas, ao mesmo tempo, fazia algum sentido diante do mistério de sua vida pessoal, num passado pouco explicado.

No entanto, a única pessoa que poderia revelar alguma coisa era Leonor, cujo estado de saúde desestimulava em Rosimeire qualquer tipo de indagação.

Por hora deveria engolir todos os seus questionamentos, protegendo a saúde de sua mãe, esperando o momento adequado para conseguir maiores indícios daquelas suspeitas tão estranhas.

A volta para casa, naquela noite, fora muito agoniada. Estava sofrendo muito com tudo aquilo que havia descoberto e mais ainda com aquilo que ainda não sabia.

O que fora buscar como tentativa de solucionar as dificuldades financeiras que se avizinhavam, acabou por se transformar em nova fonte de inquietações. Qual seria a ligação dela com Oliveira? Quem teria se valido de seu nome para conseguir aquele emprego?

E um problema mais sério do que supunha, porque Rodrigo não conseguiria esquecê-la, buscando todos os meios a partir daquele dia para encontrá-la, imaginando a possibilidade de tê-la em seus braços de homem, domando aquela fera atraente e redimindo-se diante dela. Não lhe importava ser casado com outra, uma dessas tão volúveis e abundantes mulheres caça-níqueis que pululam em grandes centros em busca de uma posição vantajosa e segura, ao lado de um homem que lhe pague as despesas nos caprichos mais esdrúxulos.

A esposa de Rodrigo estava longe de ter a qualidade moral que Rosimeire demonstrara naquele breve encontro.

Essa constatação produzia em Rodrigo ainda mais interesse em possuir a ex-funcionária.

Poucas mulheres tinham tido a audácia de serem tão altaneiras e independentes em relação a ele como Rosimeire o fora naquele dia.

Essa imagem, constantemente repetida em sua memória, passara a escravizá-lo desse dia em diante.

Dera ordens para que seus funcionários de confiança descobrissem o paradeiro da jovem, como vivia, etc. Desejava saber tudo que fosse possível e se relacionasse com Rosimeire, mantendo toda essa investigação no mais absoluto sigilo.

Distante dali, Rosimeire continuava sem recursos para resolver a questão de sua mãe, carregava no pensamento as ideias conflitantes sobre o enigma Oliveira e nem suspeitava da confusão emocional que fizera brotar em Rodrigo, nem de que estava sendo objeto de tal busca sigilosa.

23

PROSSEGUINDO AS LUTAS

Rosimeire voltara para casa, carregando algumas caixas e sacos que não escaparam dos indiscretos olhares de Conceição, a vizinha fiscal da vida alheia.

– Minha nossa, quanta coisa que a filha da velha está trazendo... ou comprou muita coisa nova, o que significa que está nadando em dinheiro, ou está se mudando para a casa da mãe, o que pode significar ter perdido o emprego ou ter-se separado.

Mistério... mistério... – falava sozinha, enquanto observava com atenção, interessada em descobrir a causa da modificação de rotina na vida de Leonor.

Apesar de não ter qualquer intimidade com a vizinha, Conceição logo trataria de anotar tudo em seu caderninho, o que era seu verdadeiro motivo de viver, e arrumaria uma forma de se aproximar de Rosimeire para obter mais detalhes.

Logo planejou oferecer ajuda no transporte dos objetos, para conseguir informações: deixando o interior de sua casa ganhou a rua, aproximando-se do táxi que trazia o porta-malas aberto.

– Rosi, Rosimeire... você precisa de ajuda? Estou aqui para o que for necessário... – disse, astuta, Conceição.

Sabedora da má fama da mulher, a respeito da qual Leonor já a havia prevenido, Rosimeire procurou ser simpática, mas evasiva:

– Não, dona Conceição, eu dou conta disso sozinha mesmo.

– Puxa vida, quanta compra... vocês devem estar renovando a casa, não é?

A moça constatou rapidamente que a mulher viera à cata de informações para saciar a sua curiosidade. Então, respondeu:

– Não senhora... são encomendas que meu irmão enviou, coisas que ele não quer mais e que vamos guardar por aqui.

– Ah! Sim... Clodoaldo está terminando a faculdade... deve estar se desfazendo das coisas que não prestam mais... quem sabe não vai casar logo e precisa renovar o guarda-roupas, não é, Rosimeire?

Cada frase de Conceição era uma tentativa de escavar novas notícias ou obter mais informações, uma espetada da curiosidade insaciável da mulher.

Como a interlocutora nada respondesse, a vizinha continuou falando em busca de mais informações:

– Faz tempo que não vejo Leonor... ela está bem?

– Sim, dona Conceição. Mamãe está muito bem. Estamos passando estes dias de minhas férias tão entretidas em colocar nossos assuntos em dia, que quase não saímos de casa.

– Ah! Você está passeando em férias, então? Mas qual é mesmo o seu trabalho? Pelo que me recordo, há uns quatro anos você foi para a cidade grande ganhar a vida por lá, não é?

E esse "ganhar a vida" vinha envolto na dúbia entonação que tanto poderia significar obter honestamente o pão de cada dia como se entregar ao caminho fácil da prostituição para conseguir o sustento.

Aliás, isso era e é muito comum na vida de muitas jovens que, em busca de recursos rápidos, afastam-se de casa em direção a cidades maiores nas quais se ocultam no anonimato e enveredam por todo tipo de vida dupla.

Como Conceição era uma dessas mulheres levianas e volúveis, que só pensava em coisas negativas ou proibidas, mas que mantinha as aparências da virtude, sempre considerava as coisas pelo lado malicioso. Por isso, ninguém lhe tirava da cabeça que Rosimeire, jovem, bonita, vistosa, preferira seguir por tais caminhos tortuosos, escolhendo a vida fácil da cidade grande, cheia de atrativos para mulheres disponíveis e aventureiras, do que se embrenhar pelo caminho do trabalho honrado de alguma profissão regular.

A indiscrição da vizinha começava a irritar Rosimeire, mas controlando o desejo de lhe dizer alguns desaforos, contestou:

– Eu trabalho como auxiliar em um escritório de propaganda, dona Conceição.

– Ah! Que bom, Rosimeire! Pensei que você fosse secretária. Afinal, bonita e inteligente como você sempre foi, esse cargo não deveria ser difícil para ser conseguido com seu "talento".

Mais uma vez o veneno da segunda intenção feria o teor da conversa da fofoqueira.

– Sabe, dona Conceição, um dia eu serei secretária executiva porque estava estudando para me tornar isso. No entanto, por hora, estarei com minha mãezinha por um tempo, antes de voltar às aulas de secretariado.

– Ora, Rosimeire, e precisa ter aulas para ser secretária? Não é só sentar, cruzar as pernas com uma saia curta e anotar o que o chefe dita?

– A senhora me desculpe, mas tenho que ir ajudar minha mãe a colocar tudo isso em ordem. Depois lhe explico melhor o que faz uma secretária.

Pagou o taxista, despediu-se da vizinha e entrou em casa, quase em uma erupção vulcânica de raiva.

– Mas que mulherzinha petulante – exclamou para a mãe, sentada à mesa da cozinha.

– O que foi, minha filha? Vai me dizer que Conceição a pegou para Cristo hoje?

– Ora, mãe, aquilo não é uma mulher, é uma cobra com pernas.

– Eu bem que falei, Rosimeire.

Ela não perde a oportunidade para se meter na vida dos outros ou para procurar informações sobre tudo o que acontece. Esteja certa de que tudo o que nós fazemos ela especula e vigia. Daí, deve estar ardendo de curiosidade para saber por que você está aqui, que caixas são estas, por que eu não tenho saído de casa.

Vendo como a mãe conhecia a mulher profundamente, Rosimeire exclamou:

– Nossa, mãe, parece que a senhora escutou a gente conversando lá fora. Tudo isso foi coisa que a cascavel veio tentar tirar de mim.

Falou sobre as caixas, queria saber o que era, perguntou o que eu fazia na cidade grande, quis insinuar que eu tinha ido para lá ganhar a vida de maneira desonesta, desejou saber qual era minha profissão... nossa... não parava mais de dar palpites e provocar.

Sorrindo calmamente, Leonor aconselhou:

– Não se faça inimiga dessa mulher porque ela não é do tipo que seja bom termos como adversária declarada. No entanto, filha, não se meta em amizade ou conversa sobre qualquer tema mais sério, porque ela não deixará isso passar em branco. Não tardará para que outras pessoas do bairro fiquem sabendo de tudo, com as mentiras que costuma contar, as distorções que a sua língua fofoqueira sabe fazer para criar temperos fictícios nas notícias que coleciona.

– Mas nunca ninguém fez nada contra ela? Isso é um absurdo, mãe.

Rosimeire estava indignada, porquanto na cidade grande isso era coisa muito difícil de encontrar. Lá não havia tempo para que uns se metessem na vida dos outros, pelo menos daquela maneira.

– Sabe, Rosi, por aqui a gente não tem muita coisa para fazer e, para essas pessoas levianas, cuidar da vida alheia é uma atividade, quase uma profissão, já que daí retiram informações estimulantes para a imaginação criativa e maliciosa.

Muita gente por aqui faz a mesma coisa contra ela, seguindo seus passos e imaginando coisas a seu respeito. Já me disseram que ela é amante de um homem casado que a sustenta, porque não pode se livrar dela para sempre, uma vez que cometeu a besteira de começar um relacionamento sexual espúrio e tem receio de que ela venha a revelar isso à sua esposa, comprometendo a sua reputação e a harmonia da família.

Não sei se isso é verdade. No entanto, de vez em quando, vem alguém misterioso que fica aí por algumas horas e, depois, vai embora.

Dizem que é o pobre coitado do amante que lhe traz o dinheiro para seus caprichos ou que manda alguém para fazê-lo.

A língua de Conceição é um estilete. E em uma cidade pequena como a nossa, filha, as coisas funcionam diferentemente do que numa cidade grande.

Mas deixe isso de lado e me conte: como foram as coisas por lá?

Retornando à vida normal, Rosimeire passou a revelar à mãe os detalhes de sua viagem, sem falar nada da conversa que tivera com o antigo patrão e as suspeitas que passavam a incomodar seu Espírito em relação ao enigma Oliveira.

Isso, contudo, não deixava de ser um ponto de incerteza e de curiosidade, que fustigaria sua alma pelos próximos meses, e até que conseguisse entender o motivo por lhe ter sido concedido o emprego por interferência do famoso e corrupto político.

Aliás, à boca pequena, o citado representante do povo era conhecido pelas atrocidades variadas, muitas vezes aumentadas ou inventadas pela maldade humana, numa maneira de referirem-se à sua personalidade intimidadora, a produzir temores dignos de fazer tremer qualquer um que o tivesse como adversário, como oponente.

Notícias corriam entre os membros da comunidade, que falavam das inúmeras sentenças de morte por ele decretadas, ordens que eram cumpridas por seus comparsas ou apaniguados, capatazes e bajuladores, sempre à espera de recompensas ou da gratidão do famoso político.

Limpezas de arquivo eram realizadas com o assassinato misterioso dos que eram entraves em seu caminho. Alianças entre empresários, homens de influência, autoridades regionais e eleitores fanáticos que se organizavam como que em uma milícia a seu serviço eram as peças, as engrenagens desse modo de ação graças ao qual Oliveira garantira a longa influência no ambiente de sua base eleitoral.

Por isso, Rosimeire não se sentia confortável ao se ver envolvida com esse tipo de gente, sem que os detalhes lhe fossem explicados com clareza.

Talvez a única pessoa que poderia ajudá-la nesse esclarecimento fosse sua mãe, mas suas condições gerais não aconselhariam uma saraivada de perguntas e pressões que, fatalmente, a feririam tanto quanto a própria doença.

Conceição retornara para casa, entre contrariada e feliz.

A contrariedade era fundada no fato de não ter conseguido muita informação clara, percebendo que Rosimeire não se abria de maneira inocente como era de se esperar. Certamente já havia recebido instruções de como se comportar em relação a ela e isso irritava a pobre mulher que, dessa forma, tinha certeza de que os que a cercavam procuravam evitá-la, o que aumentava sua raiva contra todos.

– Certamente os que têm culpa no cartório não gostam de se ver desnudados. Quem tem coisa para esconder tem medo de quem procura a verdade como eu.

Mas sua felicidade se fundava no fato de ter descoberto que, realmente, alguma coisa de grave acontecia com Leonor.

Aqueles objetos trazidos não eram coisas de homem, já que em algumas caixas percebera, de relance, peças de roupa feminina, apetrechos de mulher que não podiam pertencer a Clodoaldo.

Além do mais, a própria moça lhe informara que abandonara o curso de Secretária para poder estar na companhia materna. Ora, ninguém deixava de estudar para voltar para casa a fim de gastar seu tempo colocando a conversa em dia se isso não fosse necessário ou indispensável.

Por essa linha de raciocínio, Conceição calculou que alguma coisa mais grave envolvendo Leonor se tornava mais do que uma suspeita e, sim, uma forte probabilidade.

– Alguma coisa está acontecendo com Leonor para que a filha esteja aqui. E eu não duvido nada de que, em alguns dias, Clodoaldo também apareça.

Se ele vier, isso é a prova cabal de minhas suspeitas. Até lá, vou ficar de tocaia, observando para não perder nada. Para cima de mim é que não, jacaré...

O que Conceição não sabia, era que o câncer que semeara em seu organismo, alimentado por suas vibrações degeneradas, ia ganhando volume e se fazendo mais pernicioso à medida que os sentimentos inferiores e a maldade acumulada em seus pensamentos iam fornecendo abastecimento para a multiplicação de mais células cancerígenas.

Como estava localizado na região uterina, uma estrutura física de teor elástico, envolvido por uma cavidade que lhe conferia certo espaço para o crescimento tranquilo, não havia produzido ainda alguma reação orgânica que levasse a suspeitar de sua existência.

Dessa forma, o seu câncer físico tinha alimento e espaço para seguir se avolumando, na mesma dinâmica em que se avolumavam os seus pensamentos inferiores, sempre geradores de mais alimento pernicioso que, num círculo vicioso, favorecia o crescimento da tumoração, sem contar que células cancerígenas escapavam do tumor principal, levando raízes de novos focos para outros centros orgânicos nos quais iam se fixando lentamente.

Jamais a fofoqueira iria imaginar que o veneno que destilava era a causa do próprio envenenamento.

※※※

Alguns dias depois, com os recursos que Rosimeire dispunha, Leonor voltou à clínica para realizar a punção que retiraria pequena porção do tecido suspeito para a análise definidora de sua natureza.

Lá estava Cláudia, novamente. A enfermeira amiga se recordou de Leonor e, com o sorriso costumeiro, procurava infundir-lhe ânimo para a nova etapa do tratamento, isso porque, o procedimento cirúrgico exigiria anestesia e outras técnicas que, naturalmente, assustariam um leigo.

– Que bom que a senhora voltou logo, dona Leonor. Em casos como o seu, quanto mais rápido for o tratamento, mais depressa tudo passa e a pessoa se vê livre do problema.

– Ora, minha boa amiga, pois você se lembra de mim, ainda?

– Como não, dona Leonor?

– Mas são tantas as pessoas que passam por aqui que achei que meu caso não seria mais do que um no meio de tantos.

– Sabe, dona Leonor, às vezes a gente se perde mesmo no meio de tantas pessoas. Mas eu sempre procuro manter minha atenção naquelas que sinto que poderão superar as dificuldades da doença com as forças que possuem, a fim de acompanhar o seu caso e confirmar as minhas teorias. Por isso não me esqueci da senhora.

– Você acha mesmo que eu tenho chance de sair dessa?

– Estou dizendo, dona Leonor, que se não fosse por isso, eu não teria me ocupado tanto de recordar seu caso e fixar a senhora como uma referência para minhas lembranças.

– Puxa, Cláudia, como é bom falar com você, minha filha.

– Obrigado, dona Leonor. Mas o mais importante é a senhora não deixar o tempo passar nem se entregar ao abatimento nestas horas.

– É o que tenho tentado fazer desde que conversamos, há alguns dias.

Não demorou muito para que o procedimento, simples, mas delicado, fosse realizado com a presença do médico, auxiliado pela enfermeira simpática.

Recebendo os cuidados finais depois do atendimento, Leonor pretendia alongar um pouco o contato com a auxiliar do médico.

Então, puxou conversa, dizendo:

– Eu não me esqueci que você falou sobre uma instituição na qual você trabalha como voluntária, não é mesmo?

– Sim, dona Leonor. Trata-se de uma entidade espírita que procura amparar os aflitos e que, na área médica, também atende os que estão doentes do corpo naquilo que, realmente, lhe seja possível ajudar.

– Mas isso fica aqui em nossa cidade?

– Sim, não é muito distante. Está localizada em um bairro fora do centro, mas é fácil de ser encontrada.

Prevendo as dificuldades eventuais que poderiam surgir com a questão do convênio médico, Leonor seguiu com a pesquisa:

– Mas lá vocês não atendem casos como o meu, não é? É mais pra coisinhas simples, suponho.

– Bem, lá a gente tem de tudo um pouco. Como se trata de uma pequena instituição no atendimento de enfermidades, naturalmente que não pode realizar cirurgias de grande envergadura, porque não dispõe de todo o arsenal de aparelhos e suportes indispensáveis ao atendimento adequado. Não podemos nos esquecer de que o serviço médico demanda responsabilidade no atendimento por parte daqueles que a ele se dediquem. Além disso, não podem manter o serviço na base do voluntariado, já que os compromissos com a saúde humana exigem seriedade, frequência, continuidade, o que só se consegue com a contratação de pessoas para exercer tais funções.

– Entendo...

– Mas ainda assim, conheço casos como o seu que receberam tratamento cirúrgico e acompanhamento médico em nossa instituição.

– Quer dizer que isso, então, é possível?

– Sim, dependendo das condições gerais de vagas e da circunstância de cada caso. Às vezes acontece até fora dali, através dos médicos generosos que lá trabalham e encaminham a pessoa para outros lugares melhor aparelhados.

– Sabe o que acontece, Cláudia, não poderei me submeter ao procedimento cirúrgico utilizando-me do convênio porque, como minha filha explicou, não foi cumprida a carência para esse tipo de intervenção. Então, como ainda faltam pouco mais de três meses para esse evento chegar, não poderei operar com o amparo do plano de saúde antes desse tempo.

– Ah! dona Leonor, mas seria muito importante que isso acontecesse para que as perspectivas de melhora fossem maiores e a recuperação ocorresse mais célere.

– Eu sei, Cláudia. Por isso, estamos vendo se conseguimos recursos para fazer a operação por nossa conta, mas o custo dela é exorbitante. Já vi que não teremos condições, ainda que meu outro filho se disponha a ajudar.

– Realmente, dona Leonor, o custo de tais atendimentos cirúrgicos não é pequeno e envolve não apenas a cirurgia em si, mas, também, os procedimentos de recuperação, os remédios, o material usado, o anestesista, os exames prévios e pós-cirúrgicos, a internação com os seus gastos específicos, além dos atendimentos de enfermagem... tudo isso junto fica muito caro.

– Assim, filha, estou preocupada com o destino de meu caso porque não gostaria de adiar a operação, caso seja essa a indicação para a solução do problema que me aflige, mas não sei como fazer. Pensei em recorrer a algum tipo de instituição como essa a que você se refere para solicitar o amparo emergencial.

Quando chegou a este ponto do diálogo, Leonor não resistiu e se entregou à emoção própria da fragilidade de quem está sem o amparo imprescindível e que não tem a quem solicitar muita ajuda.

Lembrou-se dos filhos, principalmente de Clodoaldo que, à distância, nem remotamente imaginava o que significava encontrar um caroço dentro de seu corpo. Estava tão empolgado com a sua faculdade, com o seu noivado, com a sua vida pessoal, que pouca atenção dava às condições maternas, considerando que todas as necessidades da mãe repercutiam como problemas em seu caminho de crescimento.

A mudança de Clodoaldo para a cidade grande havia afastado seu interesse e sua memória de tudo o que Leonor havia enfrentado para criá-lo. Assim, com o tempo, as ligações telefônicas foram se espaçando a tal ponto, que a mãe percebera o desejo do outrora filho predileto em não se aprofundar nos seus problemas pessoais, exatamente para não ter que ajudá-la a resolver essas questões.

Ao mesmo tempo, relembrou o carinho de Rosimeire, a filha que jamais contara com o peso maior de seu afeto.

Era verdade que, como mãe, nunca fora indiferente para com nenhum dos dois filhos. No entanto, também era verdade que desde a infância de ambos sempre se inclinara na direção de Clodoaldo, relegando Rosimeire a um segundo plano. Sua afinidade com o rapaz era muito clara, até então.

Agora, todavia, Leonor se sentia envergonhada com a conduta do passado, ao perceber que somente a filha lhe hipotecava carinho espontâneo, preocupação sincera e desvelo real.

A dedicação de Rosi, contrariando todas as suas expectativas, aumentara desde o tempo em que a moça saíra de casa, indo em busca do trabalho que lhe fora arrumado na capital.

Graças à filha, desde essa época, as dificuldades materiais não foram maiores nem os sacrifícios mais dolorosos. Agora, então, se não fosse a companhia da jovem, ela mesma não saberia como sobreviver ao desespero da enfermidade. Somente quando se viu vitimada pelo câncer é que entendeu a importância de se ter uma família, ou alguém que pudesse ser considerado como família.

Não apenas pelo abrigo material de que necessitaria nessas horas, mas antes e acima disso, pelo consolo carinhoso, pela palavra de otimismo, pela conversa leve e bem humorada sobre as coisas do dia, modos de se afastar a preocupação com coisas infelizes como uma doença dessa ordem.

Isso foi sendo sentido pelo coração de Leonor que, numa mistura de gratidão e arrependimento, mais valor dava agora à Rosi do que em qualquer época de sua vida, considerando a sua amizade como a grande conquista nascida de tão dolorosa situação de saúde.

Com tudo isso em sua mente, Leonor desejava muito que Cláudia conhecesse Rosimeire. Prestes a deixarem o local, pediu à enfermeira que a acompanhasse até a sala de espera onde a filha permanecera aguardando o final do procedimento.

– Esta é Rosi, minha filha querida – disse Leonor, apresentando-a à Cláudia, que se aproximava.

– Muito prazer, Rosimeire – disse, estendendo a mão.

– O prazer é meu, Cláudia. Mamãe comentou muito a seu respeito nestes dias e quero agradecer-lhe pessoalmente por todo o carinho que nos endereçou desde o primeiro dia.

– Isso não é nada, já que não há nenhum valor especial naquilo que fazemos por querer bem as pessoas. É algo prazeroso.

Quem está passando por um problema como esse costuma ficar com as esperanças abatidas e eu, que convivo com isso todas as horas do dia, todos os dias da semana, posso cooperar para tirar de suas mentes o fantasma do desespero, o medo do fim de tudo, coisas que sei não serem assim.

Rosi percebia a sinceridade nas palavras da enfermeira e, dessa forma, tudo fez para alargar aquela conversação rápida.

– Mamãe me disse que você trabalha em outro local como voluntária. É isso mesmo?

– Sim, Rosi. Fora daqui, me dedico por amor aos irmãos de sofrimento. Não que seja um trabalho muito grande ou importante. No entanto, serve para alimentar com esperanças o coração de pessoas que estão com medo de viver, ou melhor, medo de morrer.

– É, eu posso imaginar como isso é sério. A gente nunca se prepara para as coisas da morte, achando sempre que ela nunca vai chegar para nós.

– E nesse sentido – respondeu Cláudia –, posso lhe afiançar que se conhecêssemos as leis espirituais que dirigem nossos destinos, não haveria uma piora do nível do sofrimento pelo medo do desconhecido. É por isso que, sem procurar transformar suas crenças, me empenho tanto em falar com as pessoas acerca da Esperança, do Otimismo, do Bom Pensamento, do trabalho no Bem, porque sem isso, já estamos doentes há muito tempo, mesmo que nossos corpos tenham a aparência saudável.

Sentindo o interesse de ambas naquela conversa, Cláudia continuou, discreta e serena:

– Todos somos filhos de Deus e, nesse sentido, não posso conceber um Pai que saia por aí a distribuir ferimentos, furúnculos, tumores, doenças por todos os lados como presentes especiais do coração paterno ao corpo dos filhos.

Já pensou em uma coisa dessas?

Veja sua mãezinha, Rosi. Apesar de doente, desejou me trazer até aqui para conhecer sua querida filha, que tão boas coisas lhe tem propiciado pela forma carinhosa que vem atendendo às suas necessidades mínimas.

Como imaginar que Deus, Soberano Criador de todas as coisas, fosse menos preocupado, menos carinhoso, menos devotado do que qualquer um de nós, imperfeitos e devedores?

Assim, não está correta essa visão de que as doenças tenham origem na vontade divina, segundo minha compreensão das coisas do Espírito.

Entendendo que aquilo correspondia a uma dúvida que sempre a intrigara, mas que ali não seria possível aprofundar a questão, Rosi respondeu:

– Tudo o que você está me dizendo não me é estranho, Cláudia. No entanto, não sei como solucionar esta questão.

– Somente pelo entendimento das leis espirituais, Rosi, é que encontramos a chave para a compreensão e a solução de tais dificuldades.

– Mas como fazer para encontrarmos esses caminhos ou entendermos essas leis? Tudo é tão nebuloso na vida, passa tão depressa e a gente, quando percebe, já está na hora de morrer!

– Sabe, minha amiga, antiga história que ouvi há tempos me ensinou algo interessante a esse respeito.

Certo homem escutara dizer que existiam pérolas preciosas no mar.

Desejoso de encontrá-las, empreendeu longa jornada até a distante praia mais próxima. Caminhou a pé dias a fio até que, por fim, chegou e avistou, ao longe, o contorno do continente e as franjas espumosas das ondas que quebravam suavemente nas areias claras.

Acelerou o passo, emocionado, porque suas ambições estavam na raiz de sua motivação exploratória. Desejava encontrar a riqueza das pérolas que, diziam alguns, existiam no mar.

Chegou até a areia e, sem perda de tempo, dirigiu-se para a arrebentação onde as espumas se confundiam com as ondas.

Dobrou-se sobre os joelhos e começou a vasculhar a área que cobria seus pés em busca das pérolas.

Nada encontrou. Frustrada a primeira busca, embrenhou-se um pouco mais adiante, colocando-se com água até o joelho e revirou o fundo arenoso em busca da tão preciosa joia.

Por horas e horas ali ficou entre as espumas e as ondas tentando agarrar o tão sonhado tesouro.

Cansado, lavou as mãos na última onda que estourava nos pés que se retiravam da água e, desestimulado pelo insucesso, sacudiu os ombros dizendo para si mesmo: e ainda dizem que existem pérolas no mar... como são loucos os que acreditam nisso...

Como você pode ver, Rosi, esse tolo homem imaginava que seria suficiente chegar à beira da praia para que as pérolas pulassem sobre ele, como se fossem atraídas pelo magnetismo de sua ambição.

E como nada encontrou ali, na facilidade sem esforço, preferiu desistir e negar que as pérolas existissem, em vez de ir buscar aonde, realmente, se encontravam bem guardadas.

Assim também é a maioria das pessoas. Escutam falar das verdades do Espírito, mas desejam encontrá-las na superficialidade de rituais religiosos, de cultos exteriores, de promessas mentirosas e interesseiras.

Quando nada conseguem de seus empenhos infantis, recusam-se a imaginar que a riqueza esteja acondicionada mais profundamente e, deixando o local, saem em busca de novas aventuras negando existir a pérola preciosa.

Tudo o que diga respeito à questão do Espírito exige esforço de aprendizado, minha irmã.

Por isso é que a maioria não gosta e não encontra as pérolas que Jesus nos prometera.

Impressionada com a conversa tão lúcida quanto fácil, lógica quanto fraternal, Rosi respondeu:

– Cláudia, tudo o que você me diz faz muito sentido à minha alma. Precisaria conhecer mais sobre esse assunto, mas sinto que aqui não é o ambiente nem este é o momento adequado.

Vendo o interesse da filha e sentindo que ela também aprenderia muita coisa, Leonor aproveitou a deixa e disparou:

– Isso mesmo, minha amiga. Você não gostaria de nos visitar em nossa casinha e, tomando um café ou comendo um bolinho, nos ensinar mais sobre essas coisas tão importantes para nosso crescimento?

Cláudia fora colhida de surpresa pelo convite espontâneo. Sentindo-a titubear, Rosimeire confirmou:

– Era isso mesmo que eu ia pedir a você, Cláudia. Diante de nossa dificuldade com a saúde de mamãe e da ignorância a respeito de como tratarmos as coisas da vida, ficaríamos muito felizes se você nos visitasse, falando-nos dessas coisas de forma mais clara e com mais liberdade, coisa que aqui não poderemos fazer.

A conversa havia seguido, espontânea, na direção construtiva do aprendizado e, por isso, Cláudia sentia que deveria aceder ao convite, como forma de amparar as duas despreparadas irmãs com mais informações sobre as coisas da alma, sobretudo porque ambas demonstravam a boa vontade para a compreensão das leis espirituais.

Na verdade, tudo isto era o produto da intervenção amiga dos companheiros invisíveis que assessoravam o tratamento de Leonor e que, agora, continuavam a envolver Cláudia com as boas intuições indispensáveis para a transformação de seu amanhã.

– Se vocês insistem tanto, acho que não poderei recusar. Além do mais, dona Leonor, a senhora me parece uma pessoa que sabe fazer uns bolos irrecusáveis.

– Isso é verdade, minha filha.

– Bem, podemos combinar o encontro para o próximo fim de semana? – perguntou Rosimeire, sugerindo que fosse no próximo sábado, dia em que Cláudia, provavelmente, não teria tantos compromissos.

– Será excelente – respondeu a enfermeira. – Nesse dia estarei de folga do trabalho e não tenho nenhum compromisso na instituição. Ali pelas 16 horas está bom para vocês?

– Perfeito para nós – respondeu Rosi.

– Poderei levar alguns livros para que se aprofundem em tais assuntos? Eles são um presente meu, em retribuição ao carinho, ao café com bolo e à simpatia de vocês duas.

Emocionadas com a atenção de Cláudia, ambas sorriram em aprovação, ressaltando que estariam esperando com muita ansiedade por aquele primeiro encontro.

Nessa ocasião, Cláudia poderia também explicar melhor o mecanismo de funcionamento da instituição benemerente em que servia como voluntária e da possibilidade de Leonor ser amparada pelos médicos que lá trabalhavam.

Até o sábado, teria tempo de se informar melhor acerca da existência de vagas e da possibilidade de encaminhar o caso Leonor através da referida instituição.

Jerônimo, Adelino e Cristiano estavam exultantes com o resultado do atendimento médico e de enfermagem que, como eles desejavam, ajudaria Leonor e Rosi a compreenderem os motivos do sofrimento, as necessidades de transformação, as leis do Universo que amparam sempre e a forma pela qual todos nós poderemos interferir em nossos destinos, não mais pelas lágrimas, pelo desespero, pelas lamúrias ou pelas revoltas.

Estariam juntos no dia do encontro e, certamente, poderiam inspirar Cláudia a falar sobre a relação existente entre a doença e a necessidade de transformação do Espírito que está vinculado ao corpo carnal.

Assim, apesar de Leonor carregar o câncer na área da mama, o tratamento do câncer espiritual que motivara a sua eclosão física já estava em pleno vapor, revigorando as esperanças daquelas duas mulheres e abrindo espaço em suas mentes para a compreensão dos fatores indispensáveis ao sucesso em qualquer tipo de terapêutica médica no mundo, se houver o desejo do encarnado em melhorar definitivamente de qualquer enfermidade.

Fatores que têm relação direta com a transformação interior, com a implantação de bons sentimentos e com a modificação do horizonte que se divisa, rumando para novos objetivos, tudo isso sob a compreensão de que tudo aquilo que Deus cria é indestrutível. Assim, ainda que o corpo possa vir a ser destruído por um acidente, pela passagem do tempo ou por uma enfermidade qualquer, a vida continuará sempre exuberante e gloriosa, atestando os atributos Daquele que a insuflara em cada filho. Um Deus Exuberante, Indestrutível e Glorioso que nos criou para a Vida Eterna. Não seria um tumor sanguinolento que a destruiria.

24

O ENCONTRO REDENTOR

A chegada do final de semana foi aguardada com muita ansiedade por mãe e filha, sobretudo porque Cláudia seria a primeira visitante em muitos meses, para não dizer em alguns anos, já que com as saídas de Clodoaldo e Rosimeire, somente Oliveira por lá aparecia de quando em vez.

Além do mais, o momento delicado por que estavam passando tornava muito especial a presença da enfermeira cuja experiência nos casos como o de Leonor era muito rica e alentadora.

No horário combinado, eis que se faz ouvir o chamamento à porta da casa simples do bairro afastado onde residiam.

No interior, tudo já estava arrumado. Ambas tinham-se esmerado ao máximo para que Cláudia se sentisse confortável e bem-vinda. O cheiro agradável do bolo ao forno dava o toque especial de família reunida à atmosfera da casinha.

Cláudia estava muito contente em poder ajudar àquelas duas irmãs em infortúnio.

Junto dela, Jerônimo a mantinha sob sua influência direta, enquanto Cristiano se acercaria de Leonor, e Adelino supervisionaria o raciocínio de Rosimeire, para que todas as suas dúvidas e anseios pudessem encontrar amparo nas palavras da jovem que as visitava.

— Seja bem-vinda, Cláudia! A casa é modesta, mas é inteiramente sua... – falou a moça ao abrir a porta da frente e estender a mão à visitante.

– Obrigada, Rosimeire, para mim também é um prazer estar aqui com vocês.

– Entre, entre... mamãe está ansiosa para abraçá-la, vamos...

Na pequena, mas aconchegante cozinha, Leonor dava a última olhada no forno para certificar-se de que tudo estava bem com o bolo.

– Olá, dona Leonor, como vai a senhora? – a pergunta carinhosa e em tom de alegria fez com que a enferma se visse, naturalmente, concitada a sorrir e corresponder ao carinho da visitante.

– Oi, minha filha... como é bom ouvir a sua voz. Venha, vamos nos sentar na sala para conversarmos mais acomodadas. Temos muitas coisas para esclarecer.

Levando a visitante para o cômodo anexo, onde pequeno sofá e uma poltrona davam o conforto necessário para que as três pudessem se entender com tranquilidade, a conversa começou com a pergunta de Cláudia:

– Como passou a senhora depois do exame desta semana?

– Tudo está bem, apesar de algumas pequenas dores no local da coleta do material. Mas acredito que isso é natural pela perfuração que precisaram fazer. No entanto, pelo que tenho observado, não há nenhum sinal de inflamação localizada.

– Isso é muito bom, dona Leonor. Em breve teremos o resultado do exame e, então, os caminhos ficarão mais claros para todos.

O assunto começava a tocar os pontos mais delicados de suas necessidades.

– Cláudia, isso é o que nos está deixando preocupadas – disse a senhora. Quais são as nossas possíveis hipóteses, depois deste exame?

Sentindo sua necessidade de maiores esclarecimentos sobre a doença, a enfermeira procurou ser o mais simples e pedagógica possível:

– Primeiramente, dona Leonor, vamos ver se o resultado é positivo ou negativo para o câncer. Se for negativo, o nódulo da sua mama não passará de um corpo estranho muito comum nas mamas de muitas mulheres. Cistos de gordura, corpos calcificados ou coisas parecidas. Assim, poderemos avaliar melhor a necessidade ou a urgência de removê-los porque, muitas vezes, inofensivos, essa remoção não é nem necessária nem aconselhável.

– Quer dizer, então, que se o negócio não for maligno, ele pode ficar aqui dentro sem que a gente necessite extraí-lo?

– Sim, dona Leonor. Se não se tratar de tumoração com características cancerígenas, os riscos de complicações são reduzidos drasticamente, de forma que, às vezes, a critério dos médicos responsáveis, preferem que o cisto aí permaneça mantendo uma vigilância periódica para o acompanhar seu estado geral. Entretanto há médicos cuja formação acadêmica ou suas técnicas no combate a esses problemas os fazem optar sempre pela extração do corpúsculo indesejado.

Alegam que é melhor retirar logo do que ficar correndo riscos desnecessários. No entanto, estou acostumada a atender inúmeras mulheres que, monitoradas periodicamente, mantêm sob controle todos os padrões de hormônios, todos os sinais vitais, em sucessivos exames, nada apontando para a existência de riscos para a sua saúde.

Nada disso era conhecido por elas.

Por falta de tais informações, Leonor ficara muito abatida, entendendo, agora, como tudo isso havia sido nocivo para a sua emoção.

Rosimeire também não possuía informações mais qualificadas a respeito dos problemas enfrentados pela mãezinha, ainda que, como mulher, estivesse atenta às inúmeras notícias sobre esta circunstância tão perniciosa na vida das pessoas de seu sexo.

Entendida a primeira parte das explicações, Rosimeire continuou, perguntando:

– Mas, Cláudia, e se o resultado for positivo? Quais serão as próximas etapas?

– Bem, Rosi, se a biópsia apontar que o nódulo é, realmente, composto de células cancerígenas, a técnica mais adotada e de maior confiabilidade para o combate, dependendo das especificações de cada caso, é a extração cirúrgica parcial ou total, removendo-se, nestes casos, os linfonodos que se encontrem na região, responsáveis pela irrigação linfática de glândulas. Isso porque, segundo mostram os estudos, existem células doentes que podem ir se alojar nas estruturas linfáticas dos gânglios, fazendo com que, por precaução, tais componentes do sistema linfático ligados à mama acometida também sejam sacrificados. No entanto, nem sempre se faz necessária a extração completa da mama ou dos linfonodos correspondentes. Há casos em que uma retirada parcial do tecido tumoral e de algumas partes adjacentes para evitar o risco de contaminação das regiões sadias é suficiente.

– Mas e a hora de cair o cabelo... é aí que a gente começa a ficar careca? – perguntou Leonor, passando as mãos na cabeça.

Sorrindo com a preocupação da enferma, Cláudia observava o estigma que muito assombra as pessoas, vinculadas com a imagem exterior que as possa tornar mais vulneráveis aos olhares dos que as circundam, curiosos.

Naturalmente que a mutilação de um seio corresponde a um grande trauma para muitas mulheres, trauma este, no entanto, que é compensado pela própria medicina com a realização de cirurgias corretivas, restauradoras, reconstrutivas, plásticas, cujas técnicas avançadas são capazes de corrigir tais modificações morfológicas.

Além do mais, a existência de próteses que venham a corrigir esteticamente a inexistência de uma das mamas sob o tecido das roupas, permite que as pessoas não percebam a sua inexistência no corpo da pessoa que foi submetida ao procedimento cirúrgico.

No entanto, a falta de cabelos, a perda da aparência natural, a necessidade de usar perucas caras e, às vezes, incapazes de propiciar uma boa aparência física, continuam a ser espectros fantasmagóricos que acompanham o paciente de tal enfermidade, fazendo-o sofrer, às vezes, mais do que a própria doença.

– Bem, dona Leonor – respondeu Cláudia, sorrindo –, até aqui ainda não aconteceu nenhuma queda de cabelo. Isso só se dá, normalmente, depois que o procedimento cirúrgico da extração total ou parcial é sucedido da medicação química – a chamada quimioterapia – que, em alguns casos produz este resultado, dependendo sempre da intensidade da carga do remédio e, também, do estado emocional do paciente.

– Quer dizer que existem casos em que pessoas ficam doentes como eu e, com tudo isso, cirurgia, quimioterapia, passam por tudo e não ficam carecas?

– Sim, dona Leonor. Tais casos não são nada raros de ser encontrados.

Eu mesmo conheço muita gente que não precisou de nada disso. Nem de peruca, nem de lenço na cabeça, nem de ficar presa dentro de casa para fugir dos olhares curiosos.

Cláudia tocava num ponto muito importante para os sentimentos de Leonor.

– Ah! Minha filha, é tão ruim a gente virar objeto de observação dos outros, como se fôssemos um ser raro, alguém estigmatizado por uma peste. Gente se afasta de nós, tiram crianças do caminho por causa da passagem de alguém amaldiçoado... tudo isso, eu fico pensando porque, em muitas vezes, eu mesma agi dessa maneira quando via pessoas com essas características.

Certamente que não fazia isso por maldade, mas ao contrário, procurava preservar os menores, meus filhos, do contato com pessoas com a aparência de doentes para que eles não viessem a pegar a coisa ruim.

Agora que aprendi que isso não se transmite dessa maneira, fico pensando quanto mal eu mesma produzi no coração dos que já estavam sofrendo, sem qualquer disfarce ou cuidado em não machucá-los.

Mesmo a minha amiga Jurandira, quando lá estive nas raras visitas que lhe fiz, escutava de sua boca essas histórias, e certa vez vi uma irmã sua retirando da beirada da cama o próprio filho, dizendo-lhe: Sai daí, sai daí, menino, é perigoso ficar muito perto!... e com um rápido puxão, retirou o sobrinho que queria se aproximar da tia doente.

Observando a emoção e a falta de base lógica para tais temores, Cláudia procurou dar-lhe uma nova visão das coisas.

– Sabe, dona Leonor, todas essas coisas nos acontecem não para nos destruir, mas para nos melhorar. Todos trazemos defeitos ou fraquezas que precisaremos corrigir de uma forma ou de outra. Por isso, nos surpreendemos tanto ao perceber que o câncer físico não corresponde à mais difícil das doenças que nos podem ferir. Existem coisas dentro de nós, em vaidades, orgulhos, rancores, invejas ou defeitos inúmeros, que são mais corrosivos, mais tóxicos, mais nefastos do que um pobre tumorzinho. Quando entendemos esse chamamento à razão, à necessidade de aprendizado e de transformação, passamos a ver os benefícios que as dores nos trazem ao nos fazerem ver as coisas da vida por outro prisma.

Ora, que importa perder alguns fios de cabelo se, na luta contra a doença que nos poderia tirar a vida física, saímos vitoriosos e exterminamos nosso adversário? Depois o cabelo cresce novamente e nossa figura se recompõe.

Além disso, todas as fases da enfermidade nos ajudarão a ter uma visão relativa e diferente de tudo o que nos cerca, transformando grandes problemas em coisas verdadeiramente sem importância.

Quantas mulheres perdem a paz íntima porque veem uma pequena camada de poeira sobre a mesa da sala, fazendo, então, que suas horas se transformem em longos martírios de reprimendas às empregadas, aos serviçais que deveriam ter limpado os móveis, aos filhos descuidados. Quantas se orgulham de possuir um corpo exuberante, usando sua estrutura física como uma arma de sedução ou de provocação, visando a queda dos incautos que por elas se deixarem apaixonar ou seduzir. E no momento em que os seios são ameaçados, em que elas não mais serão as esfuziantes bonecas infladas, em que não se candidatarem mais aos galanteios sexuais de homens imaturos, tal conceito equivocado que fazem de si mesmas precisará dar lugar a um outro tipo de abordagem a respeito do que, realmente, cada uma delas é.

É natural que isso as faça sofrer. Mas se trata de um sofrimento que as desperta para uma realidade mais elevada e duradoura. O corpo que serve de roupa para a alma jamais deve ser mais importante ou essencial do que o Espírito. Dessa forma, dona Leonor, a mutilação da área física se apresenta como um freio para a necessária mudança de conceitos, de reformulação moral, de alerta para a leviandade. E a perda dos cabelos acaba sendo uma nova maneira para fustigar o orgulho da beleza, o alimento da vaidade, atestando, para cada uma que a suporta, a necessidade de repensar os próprios conceitos, colocando um fator relativizante em tudo o que, antes, era uma vaidade absoluta e escravizante.

Na instituição onde trabalho, temos muitos casos como este. Pessoas que chegam em desespero e que, depois de começarem a receber auxílio espiritual, passam a dar um outro rumo à sua vida.

Interessadas na aprendizagem sobre tais temas, Rosimeire aproveitou a deixa e perguntou:

— Isso mesmo, Cláudia. Outro dia, na clínica, você nos estava falando de coisas importantes, sobre Deus e sua bondade, sobre as leis do Universo e a necessidade de conhecê-las para que saibamos como nos conduzir. Tudo isso tem a ver com este amadurecimento que você menciona agora?

— Claro, Rosimeire. Sem ele, não faria nenhum sentido suportar dores que nos levassem ao fim. Se não nos melhorássemos com as coisas boas e as ruins, a Terra seria um grande matadouro, uma imensa fábrica de carcaças, e o Criador não seria muito diferente daquele que constrói campos de extermínio, nos quais obriga seus filhos a trabalhar de sol a sol, de conquistar o necessário para viver, de criar afetos aos quais se agarre para, em determinado momento, usando de uma vastíssima forma de matar, reduzisse todos a pó.

— É, isso nunca tinha passado pela minha cabeça.

— Sim, Rosimeire. A maioria de nós não gosta ou não tem o hábito de pensar.

Como uma mulher aferrada aos conceitos volúveis da vida poderia aceitar abdicar de tudo o que ela julga tão certo, tão indispensável, tão agradável ao seu estilo de viver, se não fosse obrigada a encarar a vida pela janela da enfermidade que dilacera os seus tolos princípios?

Não encontrando mais qualquer recurso para manter essa farsa da beleza indestrutível, é obrigada a buscar novas formas de viver, meditando na transitoriedade das coisas, sentindo-se mais vulnerável às ocorrências degeneradoras do corpo, observando que, de uma hora para outra, toda a base de seu mundinho de fantasias vai deixar de existir, que perderá os afetos que tem, se é que construiu algum durante o caminho de encantamentoególatra que escolheu trilhar.

Tudo isso é fator de reforma que se impõe pelas circunstâncias.

Quantas vezes essa mesma pessoa não escutou de algum amigo, de algum parente que a alertava, o chamamento sobre a necessidade de modificar a abordagem que dava à vida? Quantos não a aconselharam a mudar o teor de suas preocupações, a esquecer o mal que lhe tenham feito, a trabalhar no bem ajudando os que sofriam, a ser solidária com a necessidade alheia, empenhando um pouco de seus recursos na melhoria de outras vidas?

Quantos milhões de mulheres não se desgastam todos os dias no esforço da manutenção da beleza artificial? Seja nas cirurgias plásticas que a vaidade solicita, seja nos cremes, nos tratamentos, nas ações cosméticas da aparência, nas roupas, nos modismos? Já pensou, Rosimeire, quantos milhões vão para o ralo da inutilidade diariamente?

E não me refiro aos casos em que a estética natural, a manutenção da higiene e da boa aparência são consideradas expressões naturais e bem-vindas da autoestima.

Certamente que Deus não criou a beleza para que ela fosse relegada a desprezível situação de algo sem valor, interditando às pessoas a possibilidade de buscá-la ou mesmo de preservá-la.

No entanto, as próprias pessoas passaram a cultuar o exterior de seus corpos como se estes amontoados de carne fossem verdadeiros deuses, ao mesmo tempo em que os meios de comunicação fazem muitas mulheres viverem baseadas em estereótipos que devem ser impostos, imitados, seguidos cegamente, como maneira de copiar aquilo que alguns manipuladores dizem ser a beleza ideal.

Tudo isto acontece pelo despreparo espiritual, pelo adormecimento da pessoa em relação à sua própria essência. E neste caso, posso lhe afirmar sem qualquer medo de equívoco: Somente o recurso drástico da dor que nós produzimos em nós mesmos nos facilita esse despertamento.

Vocês não imaginam quantos casos de câncer já foram atendidos em nossa instituição espírita e, com o entendimento de seu mecanismo, com os recursos da fluidoterapia, da ação dos médicos invisíveis através de tratamentos magnéticos sem qualquer intervenção mecânica, perfuração ou corte físico, encontraram uma solução que a medicina humana reputava impossível de ocorrer?

Quantos estavam condenados às últimas horas no corpo, mas que, recorrendo a essa busca de entendimento, a essa modificação verdadeira de rumos, ainda que estimulada em seu início pelo receio do desconhecido, pelo medo do sofrimento, acabaram escolhendo uma terapêutica que tratasse da raiz do câncer e não de suas expressões periféricas e acabaram durando mais tempo do que alguns homens sadios?

Rompendo o silêncio reverente com que escutavam a palavra lúcida de Cláudia, Leonor indagou, perplexa:

— Como assim, Cláudia? Existem casos de pessoas que são curadas com essa mudança de pensamentos, com a ação de rezas? Eu sempre achei que isso era coisa de folclore, de lenda, ou de mentira bem contada para atrair mais gente para esse negócio de "Espiritismo".

— Posso lhe dizer, dona Leonor, que o fato de existirem oportunistas em todas as religiões cristãs não transformou Jesus em uma mentira. E se falarmos acerca do Divino Mestre, dentre as inúmeras coisas lindas que Ele fez, estão as inumeráveis curas físicas, sem que necessitasse de qualquer tipo de instrumento para atuar em favor dos mais desajustados ou perturbados na carne.

A mesma coisa acontece em todas as religiões da Terra, caminhos de aprendizagem ou de despertamento que nos educam a respeito das grandes possibilidades da alma, ao contato com as forças superiores do Espírito.

Quando o doente vitimado por qualquer enfermidade entende que a doença não é a manifestação da vontade do Criador, mas ao contrário, o reflexo das equivocadas experiências da ignorante criatura, ele, o doente, passa a compreender que foi do que já fez um dia que decorreram os efeitos nocivos no presente. E se isso é assim, do que ele fizer hoje, decorrerão os dias melhores no futuro.

Desse jeito, as consequências suportadas são fatores positivos na conscientização dos deveres de agora, em relação aos frutos do amanhã.

Se não aprendêssemos com os nossos erros, jamais deixaríamos de realizá-los, uma vez que tudo o que nós procuramos fazer está ligado, diretamente, à sensação de bem-estar que todos buscamos. Bem-estar no vício, no abuso do garfo, nos excessos do sexo, na volúpia da mentira, no prazer da usura, na satisfação propiciada pela vingança, na vitória com a destruição do adversário, na conquista do que pertence a outros, no sucesso dos empreendimentos egoísticos, na capacidade de iludir ou de ser cobiçado pela ilusão dos demais, no gosto bom de causarmos inveja em nossos vizinhos. Tudo isso, em nosso mundo emocional, corresponde a boas sensações que produzem sofrimentos a nós ou a alguém. E se isso não chegasse a nos fustigar em nós mesmos um dia, certamente que continuaríamos, indefinidamente, a agir sempre da mesma maneira, pouco nos importando com esclarecimentos, com aulas de boa conduta, com conceitos de correção ou de conveniência. Enquanto não recebêssemos em nós tudo o que fizemos os outros passarem, não nos conscientizaríamos de que aquele comportamento que adotamos era, realmente, inadequado.

E nesse campo, a Doutrina Espírita tem um grande legado de lições esclarecedoras a nos oferecer.

Quando nos ensina que Deus não deseja o nosso sofrimento, mas ao contrário, o nosso despertamento, nos anuncia a chegada da grande alvorada da Esperança. Além do mais, nos fala de que tudo o que nos está acontecendo é a expressão da Justiça a entregar aos autores, aos semeadores, o exato teor daquilo que fizeram ou semearam, a fim de que avaliem o grau de insanidade, de loucura, de insensatez a que se permitiram chegar.

No entanto, a doutrina de Amor que o Espiritismo representa nos dá a ideia de que é a Misericórdia que governa a Justiça, ensinando que, quando o culpado dá sinais verdadeiros de arrependimento, quando seus esforços pessoais demonstram a modificação de seus rumos, quando as atitudes perversas de outrem dão lugar a atos generosos de reparação, de reconstrução dos erros cometidos, os piores efeitos do mal praticado outrora podem ser atenuados a fim de que o interessado repare o equívoco pelo trabalho no Bem e não pela lágrima de desespero.

Que coisa mais bela do que essa pode existir, na qual a Bondade prefere ver o filho equivocado trabalhando do que vê-lo cair sob o peso de chicotes, envolvido pelas grades do sofrimento vingativo?

Por isso, dona Leonor, lá em nossa instituição, fazemos um acompanhamento de casos clínicos e da ação magnética que sobre eles é projetada, nos tratamentos espirituais e, para surpresa dos mais céticos, muitos já são os casos de reversão da enfermidade, de inexplicáveis transformações de tumores malignos em corpos calcificados e sem vida no interior dos tecidos antes acometidos pela voracidade destruidora da doença.

Desaparecimento de nódulos suspeitos, supressão de lesões internas, reorganização de tecidos, fechamento de feridas, atenuação de dores, tudo isto são efeitos diariamente observados nos inúmeros sofredores que se disponham a entender os mecanismos da Lei do Universo.

Surpresas com tais informações que, aos seus pensamentos, poderiam parecer inacreditáveis se não fossem oriundas da boca da própria enfermeira, Leonor perguntou:

– Mas o que é preciso fazer para que a gente possa sarar desse jeito, minha filha? Basta ir até lá e se submeter a tal tratamento?

– Não, dona Leonor.

– Tem que pagar? Nesse caso, custa muito caro?

– Não, querida, Jesus é de graça e o atendimento magnético do passe, tanto quanto os serviços gerais que uma casa espírita presta ao público são absolutamente gratuitos.

– Mas, então, como é que a gente consegue essas melhoras ou curas que você explicou?

Acalmando o coração ansioso de ambas as ouvintes, Cláudia retomou a fala, serenamente:

– Todos dizem que querem sarar, principalmente quando a dor chega perto.

Nesse sentido, vamos nos lembrar da epopeia do velho Noé, aquele ancião que as escrituras antigas dizem ter construído um grande navio. Quando ele foi escolhido para receber as revelações preparatórias diante de um evento futuro e desconhecido, poucos poderiam acreditar naquilo que lhe havia sido revelado. E assim acontece com todas as pessoas, em geral.

Quando conselhos apontam no rumo da modificação de seus hábitos como formas salutares de melhoria, a maioria prefere continuar aferrada aos antigos modos de ser.

Noé, entretanto, acolhendo o chamamento, passou a edificar a grande arca. Se imaginarmos quão difícil é, hoje construir um navio de madeira, poderemos multiplicar a dificuldade para os tempos de Noé.

Entretanto, as revelações superiores lhe deram as dimensões exatas que o navio deveria ter e o tempo de que necessitaria para realizar a façanha.

Noé não se perdeu em indagações, questionamentos, em congressos de avaliação sobre a necessidade, conveniência ou oportunidade de ser construído o tal navio.

Colocou mãos à obra.

Todos os demais, com raríssimas exceções, zombavam do pobre homem que, apesar das ironias, das gozações, continuava o trabalho.

E a Arca foi tomando forma, ao mesmo tempo em que o velhinho falava da aproximação da grande catástrofe, ocasião em que eram aumentadas as piadas sobre ele e suas previsões.

Não havia mar por perto, rio ou curso de água que justificasse tal vaticínio absurdo.

Todos estavam bem em suas rotinas e, por isso, ninguém aceitou espontaneamente participar do esforço do ancião.

Quando terminou, ao mesmo tempo em que os bichos aceitaram entrar pacificamente no navio, os humanos racionais reforçavam suas hostilidades e suas ironias.

Foi quando a Voz Superior ordenou que Noé entrasse na arca com sua família, deixando bem claro como ele deveria proceder:

– Entra, fecha a arca e não abre mais a porta, uma vez que todos os que vierem bater, depois que a inundação começar, não serão convertidos sinceros. Serão, apenas, pessoas com medo de morrer.

E assim fez o construtor. Quando a chuva começou, os gozadores se viram surpreendidos pela sua duração e, quando as águas começaram a subir, a Arca era a única coisa segura que possuíam. Nessa hora, todos os levianos, preguiçosos, intrigueiros, caluniadores de Noé correram a pedir abrigo na embarcação que estava, a estas alturas, devidamente lacrada.

E não se abriu para receber mais ninguém, pois os que suplicavam a ajuda, naquele momento de crise, não se haviam habilitado a merecê-la. Eram os mesquinhos oportunistas que, no momento da dor, não queriam colher os frutos de suas próprias escolhas.

Assim também, dona Leonor, acontece com todos nós. Poderemos nos acercar de Deus nas horas de desastres, mas para que, realmente, nos tornemos merecedores dos recursos gratuitos da Divindade, necessitamos nos harmonizar com ela através das atitudes positivas.

Indispensável realizar a construção do navio seguro dentro de nós mesmos, obedecendo ao chamamento que nos abriu a alma para a existência de uma nova realidade.

Todos passaremos por tempestades ou dilúvios materiais ou morais em nossas vidas.

Vamos aproveitar os momentos de bonança e construir a arca segura da compreensão das coisas, que nos faça flutuar na hora da inundação, protegendo-nos dos desastres aos quais estaríamos expostos e que nos fariam afogar no medo, na revolta ou na dor.

Por isso é que não basta à pessoa, pura e simplesmente, buscar entrar na Arca na hora do dilúvio, como a maioria procura fazer, não por ter-se transformado realmente, mas por estar com medo.

Se entrassem dessa forma, passada a tragédia voltariam a ser os mesmos de antes, gozadores, irresponsáveis, levianos de todos os tempos.

É bom que procuremos a ajuda, mas sem as ilusões do imediatismo, que o façamos com a seriedade dos que se dispõem a modificar seu caminho, superar suas quedas, corrigir seus erros, abrir-se para a fonte Superior de Bênçãos, carregando o vaso íntimo limpo de nossas próprias mazelas.

O tratamento médico mais competente não conseguirá extirpar os cânceres que carregamos em nossa alma ou consciência. A única forma de tratar a doença de forma definitiva, é matando-a na origem.

Assim, qualquer pessoa pode ir ao Centro Espírita ou a qualquer Igreja que esteja aberta no mundo, de acordo com a fé que adote. No entanto, se ela pode entrar em qualquer Igreja, deve perguntar-se o quanto ela própria já permitiu que Jesus entre dentro dela.

Nossas doenças, em última análise, são a expressão da ausência do exercício de Deus em nós. Para que voltemos à saúde, é indispensável que retomemos nossa natureza celeste com os atributos do Criador que pulsam em nosso ser, de forma a nos abastecermos de suas grandezas e tornarmos remédio todo o arsenal de dádivas que Dele são oriundas.

O tratamento espiritual só é realmente eficaz naqueles que,

entendendo essa necessidade, não adiam a própria reforma, a própria transformação.

Nestes casos, dona Leonor, acontecem verdadeiros milagres, porquanto a bondade divina se vale das nossas boas intenções para aproveitar o tempo de que dispomos nesta encarnação, convertendo-o de horas de sofrimento no leito da dor, em horas de trabalho no seio da vida.

E se Deus sabe atender às necessidades dos delinquentes que se acham encarcerados por suas próprias culpas e delitos, como não saberá ser generoso com os filhos que deixam a condição de doentes e se erigem à de enfermeiros dos doentes, apesar das próprias enfermidades?

A nossa instituição não cobra nada de ninguém que a ela assista para receber esse tratamento. No entanto, para que os efeitos desejados sejam obtidos é indispensável que a pessoa se conscientize de que ela é a origem do mal, ainda que não o identifique na vida presente. E se sabe que tal sementeira inferior está cravada em tempos pregressos, em outras vidas que ela mesma vivera, agora é chamada à honra de poder consertar o mal através da prática do Bem.

Quando o doente deixa a condição de vítima, passando à de agente da própria recuperação, tudo se transforma.

É indispensável que saia de si mesmo, que se permita uma outra rotina de pensamentos e sentimentos, que se empenhe em fazer todo o Bem que pode, em amparar os aflitos do mundo por todos os meios e formas.

Isso mobiliza recursos celestiais colocando a pessoa em contato com as mencionadas Fontes Superiores de Bênçãos, nas quais passa a beber a linfa da bondade que transforma em remédio para si mesma em virtude da tarefa de estendê-la a outros infelizes.

Naturalmente é necessário incorporar os conceitos espirituais ao modo de entender a vida porque, se não o fazemos, somos pedintes oportunistas, solicitantes de ocasião, mendigos da última hora para os quais estará sempre interditada a entrada definitiva na arca da salvação pessoal.

Por isso, será necessário ler, escutar palestras, submeter-se aos tratamentos com rigor, fé e esperança, e servir ao Amor Sublime onde estivermos, na certeza de que o melhor está sendo providenciado para nós.

Ouvindo as lúcidas palavras de Cláudia, neste ponto quase que incorporada pelo Espírito Jerônimo, Rosimeire, curiosa, indagou:

– Mas, Cláudia, eu já vi muita gente ir em centro espírita buscar esse tipo de ajuda e, apesar de ter feito tudo isso que você aconselhou, a pessoa morreu do mesmo jeito e da mesma doença que tinha antes.

– Sim, Rosimeire, é verdade. Isso acontece várias vezes, mas quando entendemos os mecanismos da Lei do Universo, passamos a compreender que o grande tesouro que Deus nos oferece não é a vida de carne e osso, como todos nós imaginamos, equivocadamente.

A vida é estuante sempre, mais cheia de belezas inebriantes na dimensão espiritual do que na superfície quente e abafada, conflituosa e desesperante da Terra dos homens insensatos.

Assim, a morte não é a condenação ou a punição para quem não se acercou de Deus nem é o prêmio que merece receber o bonzinho que se tenha tornado espírita ou que tenha ido receber tratamento espiritual.

Todos continuaremos vivendo nas dimensões espirituais da vida. A diferença, no entanto, é que os que, em tempo, não quiseram trabalhar a favor de si mesmos, carregarão na alma as raízes da ignorância que modelaram cânceres físicos, a repercutirem novamente nos futuros corpos produzindo novas enfermidades, enquanto que os que passaram a entender de maneira lúcida a verdadeira responsabilidade de viver, já começaram o trabalho da própria modificação agora, antes mesmo de que o corpo carnal tenha sido conduzido à sepultura. Nós não somos capazes de imaginar quantos benefícios possa ter recebido o enfermo que, nos últimos períodos de sua trajetória na Terra, acercou-se das realidades do Espírito e se deixou por elas tocar com sinceridade, iniciando o esforço de transformação verdadeiro.

Quantos passarão a compreender os mecanismos da morte não mais como poderosas engrenagens destruidoras, mas como pontes que dão acesso a novos patamares de crescimento? Quantos não encontraram, por fim, o sentido que tanto buscavam para as indagações da alma, asserenando o interior nas horas da grande viagem? Quantos não aprenderam o valor da oração verdadeira e sincera e, felizes quase, puderam constatar a chegada dos antigos amigos e parentes que o antecederam na tumba e que a ele se apresentam para acompanhá-lo no regresso à Casa do Pai?

A transformação do Espírito, Rosimeire, acontece não apenas quando o corpo se recupera, glorioso e quase por milagre. Geralmente, cada um tem necessidades e compromissos específicos, de tal sorte que, se não será possível que todos tenham o corpo curado, todos se beneficiarão com forças para o Espírito, indispensáveis para a continuidade da vida que os aguarda, inexorável.

Por isso é que tal modificação, às vezes, é maior para a alma que parte para a Vida Verdadeira do que para aquela que consegue a cura completa e continua a pertencer ao número dos que permanecem expostos às tentações tão conhecidas e perigosas.

De qualquer forma, minha amiga, todos os que se acerquem de Deus e compreendam com clareza suas leis, sentirão uma paz indescritível, seja para enfrentarem as lutas na manutenção da vida física, seja para entenderem as belezas que os esperam no despertamento da vida da alma.

Poderá haver maior consolação do que essa?

Cláudia falava com suavidade e convicção, sem fanatismos, o que acabou por impressionar e iluminar a mente de ambas que, quase deslumbradas pela chuva de esperanças, se haviam esquecido até mesmo do bolo pronto que esfriava no forno.

– Puxa, Cláudia, quanta coisa linda... Jamais eu havia suposto que existissem tais portas abertas à nossa disposição.

– Sim, dona Leonor, a ignorância continua sendo o nosso maior câncer. No entanto, Deus nos procura ensinar por todos os caminhos. Eu trouxe, como prometi, alguns livros básicos para a compreensão de tais problemas e para o consolo de seus Espíritos.

– Puxa, obrigada pela lembrança. Como fazemos pra te pagar?

– Lendo-os – respondeu, a enfermeira, sorrindo.

– Só isso já é suficiente para quitar-lhe o valor?

– Isso é o começo, meninas. Eles já estão pagos por Deus que, oferecendo o melhor de seu afeto como Pai, dá de graça tudo o que tem.

Agora, é preciso que façamos a nossa parte também.

Se desejarem conhecer a nossa instituição, terei muita alegria em encaminhá-las aos tratamentos magnéticos gratuitos que lá se realizam. E isso em nada vai conflitar com o atendimento clínico que estão recebendo.

Dentro de um dos livros, deixei escrito meu telefone e os horários dos trabalhos espirituais que poderão ajudar dona Leonor e você, Rosi.

Quando desejarem, me telefonem e terei satisfação em acompanhá-las até o local. Enquanto isso, colocarei o nome de vocês para as nossas orações à distância. Elas ajudarão o fortalecimento geral, isso se não se importarem que o façamos.

Felizes e emocionadas, receberam os livros das mãos de Cláudia que, para quebrar o momento de gratidão que as duas não sabiam como expressar, indagou:

— Mas vocês não haviam dito que havia um bolinho esperando por nós aqui, hoje?

Como que voltando daquele ambiente de sonhos, dona Leonor bateu a mão na cabeça, dizendo:

— Puxa vida, ainda bem que eu desliguei o forno antes da conversa, porque, senão, teríamos de ir à padaria buscar um bolo pronto. Vamos, Cláudia, vamos que ele já deve estar no ponto para ser devorado...

E a conversa foi transferida para a cozinha, onde as três comentaram mais coisas sobre as realidades do Espírito, enquanto atendiam as exigências do corpo, saboreando um delicioso bolo.

Começava, ali, o processo de recuperação definitiva da enfermidade que poderia ser combatida pelo bisturi e pela química dos homens, mas que só poderia ser exterminada pelo Amor e pelo trabalho no Bem, o bisturi e a química de Deus.

25

"AJUDA-TE QUE O CÉU TE AJUDARÁ"

Depois daquele primeiro encontro, logo no dia seguinte Rosimeire e Leonor decidiram ir até o centro espírita onde Cláudia estaria esperando por elas.

No domingo, havia a palestra pública sobre temas do *Evangelho* e, logo depois, o passe magnético para todos os que o desejassem.

Os trabalhadores se esforçavam para atender a todos os que ali aportavam carregando o peito cheio de esperanças, buscando encaminhar cada um aos ambientes adequados, segundo as suas buscas.

Havia a evangelização infantil e juvenil, a banca de livros, a sala para orientações fraternas, tudo simples, mas bem organizado.

No lado espiritual da vida, equipes numerosas se mobilizavam em diversas atividades de auxílio, recebendo os trabalhadores invisíveis que acompanhavam os encarnados, tanto quanto as inumeráveis entidades perturbadoras, sofredoras ou alucinadas que os acompanhavam e, da mesma forma, ali encontravam atendimento amigo.

Médicos espirituais, secundados por Espíritos enfermeiros, realizavam uma averiguação prévia em todos os que se postavam no salão de palestras, enquanto se escutava música harmoniosa e se mantinha o silêncio indispensável para a melhoria do padrão íntimo dos que desejavam receber o consolo da oração e dos fluidos positivos do ambiente.

Várias entidades que perseguiam os encarnados e que não poderiam deles ser afastadas, tal o grau de ligação com que se prendiam aos vivos, eram postadas sob a vigilância de Espíritos com funções específicas de manter a ordem através de isolamento magnético, observando que a população invisível composta de entidades aflitas que chegavam à casa espírita, naquele domingo normal, era mais de dez vezes superior ao número dos vivos que lotavam o salão para escutarem a palestra.

Entre os espectadores, estavam mãe e filha, desejosas de entendimento e de forças para superar aqueles problemas. No íntimo, Leonor sentia que o exame lhe traria a notícia desagradável da existência do tumor maligno. Seu Espírito, nas inúmeras conversas com Cristiano, Jerônimo e Adelino já havia sido alertado para tal ocorrência. Entretanto, agora que as duas estavam começando a aprender sobre as causas da dor e os mecanismos adequados para lidar com ela, queriam aproveitar cada momento, sugando as informações e mantendo a atenção em todos os detalhes.

E ainda que não se pudesse conversar no ambiente, Leonor animou-se a cochichar no ouvido da filha:

– Pois veja, minha filha, e eu que dizia para todo mundo que Espiritismo era coisa do diabo... olha só onde é que eu vim parar... imagina se a Conceição nos vê aqui?

– É verdade, mãe. Nós mudamos quando precisamos de ajuda, porque nos abrimos para conhecer as coisas de forma mais séria. Agora, vamos ficar em silêncio para obedecer ao que nos pedem estes cartazes na parede, solicitando que façamos a interiorização e elevemos nossos pensamentos. Por isso, pare de pensar naquela coisa... – respondeu, dando uma risadinha.

– Sim, filha, vamos rezar.

E ambas fecharam os olhos e começaram a pedir a ajuda espiritual do jeito que sabiam.

Imediatamente, a atmosfera de ambas se tornou mais luminosa, ainda que, no caso de Leonor, manchas pardacentas na altura do peito indicassem a existência de dificuldades vibratórias que se enraizavam no corpo de carne.

Tão logo as elevadas vibrações de seus Espíritos indicaram o estado de sincera disposição de sintonizarem com o ambiente amigo que as envolvia, delas se aproximaram dois médicos e vários enfermeiros, atenciosos e amigos.

Comentando um com o outro sobre a luminosidade que se expandia das duas ali, contritas, os médicos sorriram felizes e iniciaram os exames preparatórios.

– Esta irmã está em momento de testemunho que já nos havia sido explicado por Cristiano, seu protetor.

– Sim, conhecemos seu caso e foi muito bom que Cláudia conseguisse ajudá-las a vir até aqui, sobretudo para que pudessem se beneficiar com mais informações e bons fluidos.

– A área de perispírito que corresponde às lesões físicas se encontra em processo de transformação, na transferência de miasmas pela drenagem física, com a rearmonização dos tecidos da alma.

– Será possível, Orlando, que consigamos afastar estes tristes resquícios de suas condutas erradas do passado?

– Não sei, Herculano. Vamos atendê-la com o melhor de nossas forças e deixar que o Dr. Bezerra venha avaliar pessoalmente seu estado geral, afinal, nosso devotado médico está acompanhando este caso de perto.

Realizaram então, Orlando e Herculano, as medidas profiláticas, de tonificação orgânica, de limpeza da área perispiritual em desajuste, agindo sobre os órgãos principais do corpo de carne, atenuando as pressões psíquicas decorrentes do medo, da ansiedade, da ausência de conhecimentos, produzindo em cada uma delas um alívio muito grande, uma sensação de bem-estar que há muito elas não experimentavam.

Cláudia, que as levara logo pela manhã, as acompanhava à distância, porque era trabalhadora com compromissos na transfusão de fluidos da câmara de passe.

Apesar disso, informara o companheiro encarnado, médico responsável pelo ambulatório da instituição, sobre a presença de Leonor e o possível diagnóstico acerca do câncer de mama.

Solicitou dele a autorização para levá-la à consulta no dia apropriado, recebendo-lhe a aquiescência necessária, sobretudo em função da gravidade e urgência do atendimento.

Ali, naquela instituição, a burocracia não havia-se instalado em seu trono de gelo, deixando as dores esperando pelo preenchimento de papéis, pela realização de estatísticas, pela observância de procedimentos formais, não.

Ali, as doces palavras de Jesus ainda tinham o seu peso, solicitando que todos os aflitos e sobrecarregados o buscassem para que Ele pudesse aliviá-los.

Desta forma, apesar de haver necessidade de ordem para os atendimentos lá realizados, sempre havia espaço para a quebra da regra, em função da urgência, da necessidade, da dor.

Quebrar regras também fazia parte da regra.

Leonor e Rosimeire se viram envolvidas por um estado de paz interior jamais sentido.

Suas almas eram como famintos em busca de pão, como condenados à morte em busca de clemência, como perdidos que procuram o caminho.

Os Espíritos amigos partilhavam com elas, à distância, as sensações elevadas de suas almas, aproveitando-se daqueles momentos favoráveis para lhes infundirem novas ideias em suas mentes.

Depois que foram atendidas por Orlando e Herculano que, com pequenos sinais luminosos, identificaram no perispírito de Leonor o local adequado para a primeira intervenção invisível, os dois Espíritos saíram a atender outros presentes, ocasião em que Cristiano, Jerônimo e Adelino se fizeram mais próximos de ambas.

Envolveram-nas com suas doces vibrações, transferindo-lhes a satisfação que sentiam em observá-las naquele ambiente, procurando o amparo espiritual na fé raciocinada, verdadeiro farol para as horas difíceis.

Sem entender o motivo, Leonor deu curso às lágrimas silenciosas que lhe caíam dos olhos cerrados.

Sem ruídos, sem escândalos, sem dramas, Leonor se deixava levar pela beleza daquele momento dentro de sua alma. Seu medo, sua insegurança, suas angústias parece que tinham cedido diante de forças novas. A música emocionante, nada funérea ou deprimente, mas, ao contrário, comunicando coragem, otimismo, era força espiritual sem palavras e transferia ao seu Espírito essa disposição de superar os obstáculos e seguir adiante.

Recordou-se de todas as suas lutas, de sua vida de sacrifício. Lembrou-se de seu antigo companheiro, sepultado há não muito tempo, sentindo que fora forte o suficiente para nunca depender de ninguém nas horas mais duras da vida.

Cristiano a inspirava nesses colóquios mentais, ajudando-a a entender sua capacidade e a energia positiva que deveria ser canalizada para as obras do Bem.

Rosimeire, ao seu lado, não se sentia menos tocada. Fragilizada pela circunstância do seu passado, pelo desemprego, pela humilhação suportada há poucos dias diante do arrogante ex-patrão, pelo mistério que envolvia seu nome com o do malfadado político Oliveira, pela indiferença do irmão e pelos possíveis problemas de dinheiro que surgiriam caso fosse necessária a cirurgia urgente, tudo isto tornava oprimida a sua alma.

Jerônimo a escutava na multiplicação de aflições sobre os argumentos da angústia. Não obstante, tal inclinação para a autoflagelação, a nobre entidade conectava-se com o pensamento de Rosimeire, inspirando-a em outro rumo, a fim de que, também sobre ela, as forças do Amor viessem a esculpir novas formas de ver a vida.

— Você vai conseguir superar todas as coisas, minha filha. Nós estamos trabalhando para ajudá-las e, com sua fé e força de vontade, não faltarão caminhos para que estas dificuldades se resolvam. Não se esqueça de manter-se firme, de não claudicar diante das tentações, porque esta situação também é um teste para você.

Rosimeire não escutava tais sugestões com os ouvidos físicos, mas sua mente recebia as palavras de Jerônimo como pensamentos interiores, fazendo-a meditar nas exortações de Cláudia, nos novos ensinamentos aprendidos com a conversa aberta que lhe propiciou a enfermeira.

— Se a gente recebe o que plantou, acho que eu, que estou neste caso como um apoio para minha mãe, também tenho de passar por isso, de alguma forma.

Mas o que será que eu fiz para ter de enfrentar todos estes problemas?

O risco da falta de dinheiro, da enfermidade de alguém que tanto quero, o desemprego justo nesta hora. Por que motivo estou metida nisto?

Sim, seus pensamentos identificavam a linha de ideias que Jerônimo usava para ampará-la, ao mesmo tempo em que contra-argumentava, querendo encontrar respostas para tudo.

A ação de Jerônimo ia drenando as nocivas criações mentais de Rosi, atenuando o peso magnético que ela ia acumulando sobre si mesma, potencial causador de mais dificuldades. E isso aliviava seu sentimento, parecendo que um peso lhe havia sido removido de cima.

– Mas se as coisas são assim – pensava ela –, alguém deve estar nos ajudando para colocar Cláudia em nosso caminho dessa forma. Queria ser uma mosquinha invisível para poder ver tudo isso, entender os porquês, sabendo como agir da melhor maneira.

Não tardou para que o responsável pela condução dos trabalhos solicitasse a todos que fechassem os olhos e acompanhassem a oração que seria feita, com a elevação do sentimento e do pensamento.

O trabalhador que dirigiria o processo preparatório elevou significativa prece falando ao Pai e ao Cristo sobre todas as expectativas dos aflitos no mundo e sobre todos os recursos oferecidos por Deus aos presentes para multiplicar tais bênçãos, diminuindo as dores de muitos outros.

A oração refundia os pensamentos de muitos dos presentes que, carregando pequenos problemas, ali tinham ido buscar a solução imediata, esquecendo-se de que milhões de criaturas se achavam em muito piores condições do que eles mesmos.

Pessoas esperando a morte chegar, em hospitais, sem visitas, sem demonstrações de carinho, sem poderem caminhar, sem terem esperanças de vida, almas aflitas em furnas da ignorância por séculos e séculos, todos dariam tudo para estarem ali, sentados em uma oração coletiva.

A prece ia abrindo as consciências para as infelicidades alheias, fazendo com que os presentes deixassem os estreitos limites do Eu e repensassem as próprias angústias.

Inspirado por forças superiores, o trabalhador modesto prosseguia na exortação humanista, otimista e sóbria, facilitando a ação das entidades trabalhadoras que, no plano espiritual, tratavam de aproveitar o ambiente homogêneo para, já ali, iniciarem o desligamento de Espíritos obsessores, induzindo-os ao sono ou ajudando a despertarem para si mesmos, falando com eles sobre as próprias dores e sobre a capacidade de perdoar.

Nada ali era perdido. Nenhuma fagulha de luz que se desprendesse de encarnados ou desencarnados caía no vazio. Forças eram recolhidas, matéria indispensável para cirurgias espirituais era retirada dos próprios encarnados ali presentes para que, devidamente tratadas e purificadas, pudessem retornar a eles próprios na forma de remédio reequilibrante, de cirurgias espirituais com repercussão na esfera material, entre outras coisas.

Momento sublime em que, graças à espontaneidade sincera e à palavra esclarecida e iluminada pelo idealismo, os encarnados deixavam para trás as futilidades e os pensamentos egocêntricos e se abriam para as forças superiores da Alma, no grande concerto do Amor Universal.

Terminada a oração e acesas as luzes do ambiente para torná-lo ainda mais claro e evitar a sonolência de alguns sempre predispostos ao entorpecimento nas mais diversas horas do dia, o mesmo senhor que realizara a oração convidou o irmão responsável pela exortação evangélica da manhã de domingo, tema cuja importância deveria servir de fator motivador e consolador para tantos quantos ali se apresentassem, dos dois lados da vida.

Cumpria-lhe abordar o capítulo VI de *O Evangelho Segundo o Espiritismo*, O CRISTO CONSOLADOR.

Assim que assumiu o local para o início da preleção, viu-se envolvido pelos braços fraternais e luminosos de elevada entidade responsável pela direção da instituição, cujas forças se projetavam sobre a mente do palestrante, secundando suas ideias com os recursos inspirados da intuição espiritual, construindo-se uma simbiose positiva, através da qual o encarnado oferecia os recursos da ação direta sobre a vida física, como a expressão do Verbo Transformador, enquanto o

Espírito manejava seus pensamentos no encadeamento necessário ao atendimento da maioria das necessidades dos presentes no ambiente.

Ao mesmo tempo em que isso ia se dando, no plano espiritual surgia, do Alto, um foco de luz de intensidade e beleza inusitadas, colocando o palestrante dentro de um cone de luz que lhe servia, ao mesmo tempo, de proteção e de farnel, de escudo e de combustível, como se, dos Páramos Celestiais, ao influxo da nobre entidade diretora da instituição que governava aquele esforço de esclarecimento e consolação em nome de Jesus, a resposta se fizesse imediata, traduzida em forma de farol estelar, caindo sobre o orador e o dirigente espiritual que, convertendo-o em chispas de luz na forma de palavras generosas, lúcidas e simples, as espalhava sobre toda a assembleia ali reunida.

Cada qual, então, recebia os raios de luz multiplicados aos milhares, conforme a própria capacidade de sintonia, ao grau de interesse nos ensinamentos, à necessidade de amparo e consolação que se dispunham a buscar.

Via-se, então, diversos graus de participação dos membros do conclave público no banquete de luzes ali instalado.

Os mais dispersos nada recebiam, imaginando que o que lhes interessava era o passe magnético que iriam receber ao final. Segundo seus pensamentos equivocados, teriam que aguentar o falatório para receber o que lhes importava, no raciocínio imediatista de quem procura o centro espírita como um comprador que busca o mercado de verduras.

Outros, igualmente necessitados de compaixão, se permitiam dormir mesmo com as luzes do ambiente acesas em plena manhã de domingo. Traziam em si as marcas das ligações magnéticas mantidas com entidades que, acompanhando-os em todos os lugares, tinham ficado fora da casa espírita ou haviam sido recolhidas aos ambientes isolados, sem que isso as impedisse de infundir nos inviglantes que dominavam as ideias de cansaço, de sono, de entorpecimento da concentração, com a finalidade de não se deixarem tocar pelos conceitos escutados e, com isso, de não mudarem suas ideias, não saírem do domínio delas.

No entanto, boa parte da assistência estava aberta para as palavras tocantes aos ouvidos e transmissoras de luzes ao coração e às almas presentes.

Cada um, em maior ou menor grau, recebia a força positiva que as palavras transmitiam, oriundas do magnetismo superior, da ação determinante da Entidade Diretora e do desejo sincero do expositor em fazer chegar a mensagem de forma clara, simples e fácil ao interior dos ouvintes.

Observava-se, nitidamente, a inexistência de quaisquer laivos personalistas no palestrante, resquícios de uma vaidade escravizante que costuma denunciar aos olhos dos mentores espirituais o despreparo do pregador diante das coisas que esteja dizendo.

No caso em tela, ao contrário, havia sincera adesão do sentimento do expositor porque suas experiências de vida, seu devotamento pessoal à causa dos sofredores, sua participação nos serviços sociais dentro e fora da instituição o qualificavam para ser o portador das alvissareiras palavras do Cristo.

Ao mesmo tempo, para cada pessoa que escutava, as expressões e frases vinham como que medidas no exato tamanho de suas necessidades. Cada entonação, cada variação sobre o tema, correspondia a um alerta, a um chamamento, a um esclarecimento sobre dúvidas.

Não deixara de dizer da imensa seara e da escassez de trabalhadores, relembrando o capítulo 15 do *Evangelho* canônico de João, no qual Jesus falava aos seus seguidores sobre a parábola da vinha.

Era necessário produzir frutos, era necessário abastecer-se da seiva que era oriunda dele – o Tronco da Videira – no qual todos os que se convertiam em galhos produtivos poderiam se abastecer da seiva para transformá-la em uva dadivosa.

Não mais os temores do inferno, nem os sermões de encomenda visando a doação de dinheiro, a usurpação das esperanças ou o reforço das culpas. O Tesouro Celeste tinha outras destinações, tanto quanto a riqueza do Amor do Pai não se valia das quedas dos filhos imperfeitos para tripudiar sobre elas em busca das moedas de seus cofres.

Produzir coisas boas, agir de acordo com a destinação prevista nos planos do Criador, única forma de o agricultor manter e preservar, estimular e proteger o galho que se torna útil na geração dos frutos tão necessários.

Tais exortações, em particular, penetravam os ouvidos de Leonor que, cancerosa, passara a meditar em quantos frutos estava realmente produzindo.

"Eu sou a videira verdadeira, e meu Pai é o agricultor.

Todo ramo que, estando em mim, não der fruto, ele o corta.

Todo o que dá fruto, ele o limpa para que produza mais fruto ainda."

Esta exortação do *Evangelho* de João era assaz impressionante para Leonor.

– Eu não estou dando frutos – pensava ela.

Nada tenho feito por ninguém. Nunca ajudei a meus semelhantes com a força de meus braços, a não ser uma vez ou outra, quando algum deles me caía diante da própria porta.

"Todo o ramo que não der fruto, ele o corta" – certamente isso tem a ver com meu câncer.

Cristiano a ajudava na avaliação de seus atos e na compreensão dos resultados diretos.

Com toda a clareza, o ensinamento envolvia a lei de Causa e Efeito.

Mas havia a esperança...

"TODO AQUELE QUE DÁ FRUTO, ELE O LIMPA PARA QUE PRODUZA MAIS FRUTO AINDA"...

– Sim, isso tem muita ligação com o que Cláudia nos explicou ontem, lá em casa – pensava Leonor, emocionada.

É preciso produzir frutos, para que o Senhor nos limpe a fim de que mais frutos possamos produzir.

Eu sempre acreditei em Jesus, mas nunca dei muita importância para o que Ele nos ensinou. Sempre fui às igrejas porque pensava que isso era suficiente. Os padres sempre nos ensinaram que a frequência ao ritual era o que agradaria a Deus e a Cristo. Mas, diante das palavras do Mestre, realmente, não posso me considerar alguém que tenha frutos para apresentar aos seus olhos.

Mas... e se eu começar a produzir...? Será que existe esperança para mim?

"Permanecei em mim, e eu permanecerei em vós. Como não pode o ramo produzir fruto de si mesmo, se não permanecer na videira. Assim, nem vós o podeis produzir se não permanecerdes em mim.

Eu sou a videira, vós os ramos. Quem permanece em mim e eu nele, esse dá muito fruto, porque sem mim nada podeis fazer..." prosseguia o palestrante falando da exortação do Cristo, para que todos tivessem confiança no Bem como a seiva da videira, que tinha em Jesus o tronco e em cada homem e mulher o ramo produtivo.

Mas, se a pessoa se recusasse a produzir coisas boas para os seus irmãos, afastando-se das lições de Amor ao Próximo, de doação de si mesmos, deveria enfrentar as consequências da própria degeneração.

"Se alguém não permanecer em mim, será lançado fora à semelhança do ramo e secará. E o apanham, lançam ao fogo e o queimam."

Enquanto ia seguindo o raciocínio inspirado pela ação do Dirigente que o intuía profundamente, Leonor e Rosimeire recebiam a quota que lhes cabia diante de suas necessidades de consolação e esperanças.

A chuva de luzes se intensificava sobre aqueles que demonstravam maior interesse e mais afinidade com a mensagem, abrindo a própria alma, o que demonstrava, mais uma vez, a afirmativa de Jesus quando na Terra de que, ao que já possuía, ainda mais se lhe daria, ao passo que daquele que pouco tinha, ainda o pouco se lhe tiraria.

Quanto mais havia desejo de aprender, esperança de melhorar, vontade de modificar os próprios impulsos, mais intensamente se derramavam sobre a pessoa tais energias revitalizantes.

É que o poder de atração que o encarnado produz ao se abrir para a mensagem propicia a criação de um campo magnético favorável, capaz de absorver tudo aquilo que lhes é oferecido, ao passo que, as pessoas que se comportam rotineiramente, que não se interessam e que, ali presentes, não veem o momento de voltar para casa ou de ir ao passe magnético, desperdiçam a mais preciosa dádiva daquele auxílio espiritual.

O passe magnético em si mesmo nada poderá fazer que seja tão profundo quanto a transformação essencial que a mensagem consoladora oferece aos assistentes de cerimônias religiosas, nas diversas agremiações a isso devotadas na Terra.

Por esse motivo, era tão intensa a movimentação de Espíritos no salão dedicado à palestra motivadora do despertamento espiritual e das reformas interiores inadiáveis.

Se o encarnado não se animar a realizá-las, ainda que diariamente receba passes magnéticos ao longo de toda uma vida, não logrará sair do lodaçal moral no qual se colocou por sua invigilância, por seus maus hábitos, pela sua indisciplina mental e emocional.

Sobre diversos ouvintes da aula de Esperança, a chuva de luzes e forças era intensa, não porque fossem privilegiados, mas, ao contrário, porque escolheram a melhor parte, como ensinara Jesus a Marta, queixosa porque sua irmã Maria negligenciara os serviços da cozinha, para trocá-los pela atenção aos ensinamentos do Mestre.

Todos quantos se mantinham conectados a tais ensinos abriam os canais receptivos para a torrente de benefícios que, apesar de destinados a todos, somente alguns deles aproveitavam, efetivamente.

Terminada a palestra de quase uma hora, o silêncio do ambiente era entrecortado somente por alguns soluços discretos, pelos ruídos típicos dos que se entregaram às lágrimas de arrependimento, preludiando a esperança do recomeço, na certeza de que nunca estariam abandonados, de que Jesus estaria sempre como tronco, a oferecer sua seiva para que os galhos dela se alimentassem tanto para crescer quanto para produzir frutos.

Leonor, embevecida, sentia-se renascer. Já não tinha mais medo de nenhum tumor, de nenhuma doença, de nada que viesse a lhe tirar a certeza de que deveria produzir frutos.

E se tivesse que morrer, seria melhor morrer trabalhando no Bem, como galho da árvore divina, do que morrer à míngua, sem nada fazer no cumprimento do chamamento do Divino Amigo.

Certamente que Jesus a conhecia e sabia de suas lutas. Certamente que entenderia suas necessidades e a atenderia da melhor maneira possível. No entanto, ela estava carente de frutos doces para demonstrar a sua união efetiva ao tronco. E se não produzisse nada de Bom, naturalmente que secaria, seria arrancada e atirada ao fogo para queimar como simples pedaço de madeira.

Não. Sua necessidade de renovação era emergente.

A ação luminosa de seu protetor, Cristiano, iluminava sua consciência com a exortação sincera e verdadeira de que ainda havia tempo para produzir.

Não haveria sentido em descobrir estas coisas agora, se somente lhe coubesse morrer, exterminar-se.

Haveria de lutar, fosse com a operação, com a quimioterapia ou a radioterapia ou com ambas, mas, sem dúvida, conectar-se mais intimamente à seiva da árvore da vida, a fim de que tal fluido a permeasse na direção dos frutos que oferecesse aos sofredores.

Desejou procurar Cláudia naquela mesma hora.

Queria dizer-lhe de sua nova disposição em modificar-se.

Sabia que havia muita necessidade e muito sofrimento a ser atendido.

Ela mesma só sabia cozinhar, limpar casa, fazer bolo e café.

Iria se oferecer, naquele dia mesmo, para trabalhar como servente de cozinha no ambulatório médico.

Chegaria pela manhã, não desejava receber qualquer pagamento. Queria, apenas, ficar ali, sentir essas vibrações e ser útil, fazendo um café para os doentes, limpando os banheiros públicos, se necessário. Queria usar uniforme de empregada, a fim de que todos soubessem que estava ali para atender em qualquer necessidade.

Leonor chorava de felicidade, de idealismo, de esperança, de vontade de fazer o Bem, redescobrindo esse Jesus compassivo, generoso, fraterno, que lhe estendera as mãos em todas as horas da vida, mas que, somente agora, quando ela ficara à mercê de si mesma, entendera, por fim, o que estava faltando para encontrá-lo.

Rosimeire não sabia de seus pensamentos mais secretos.

Só via sua mãe chorar como criança, enquanto esperava o passe magnético que lhe seria ministrado.

Leonor nada dizia, porque não desejava sair daquele clima de elevação que nunca, antes, havia sentido.

O passe magnético que se seguiu foi a concretização dos objetivos espirituais, alicerçando nela as determinações, atendendo às suas necessidades, concentrando os fluidos medicamentosos ao redor da área física lesada, para onde todas as chispas luminosas que seu ser havia acumulado durante a palestra haviam-se dirigido, num verdadeiro combate da luz contra a treva, das minúsculas células sadias, abastecidas pelas forças espirituais, contra as células desajustadas que se alimentavam dos miasmas de seu perispírito, comprometido com os erros de outras vidas.

Todos os recursos energéticos que Leonor conseguira guardar do banquete de bênçãos que o Verbo inspirado lhe havia propiciado momentos antes, se concentravam ao redor do tumor, arrebatando-lhe as forças negativas e produzindo um cerco do Bem contra os resquícios do Mal.

Os trabalhadores espirituais especializados na transfusão de energias da sala de passe se acercaram de Leonor, igualmente emocionados com a sua receptividade e a sua disposição em transformar-se.

Certamente que tudo isto conspiraria para que a enfermidade se transformasse em bênçãos ainda maiores.

Terminado o passe, Leonor dirigiu-se a Cláudia, discretamente, dizendo-lhe que a esperaria ao final, porque precisava muito falar com ela.

E como a enfermeira viu o estado emocionado da nova amiga, não tentou dissuadi-la de tal entendimento, aproveitando-o, antes, como uma oportunidade de amparar a candidata à reforma de si mesma.

Rosimeire, por sua vez, recebera o fortalecimento emocional do qual se fazia credora pela generosa participação no drama de sua mãezinha, sem sequer imaginar o quanto os Espíritos amigos tratavam de suas ansiedades, preservando-lhe o equilíbrio e afastando as perturbações reais ou imaginárias, ainda que não tivessem como impedir que ela passasse pelas situações difíceis daquela hora e das outras que haveriam de vir.

Ali, naquela salinha de amor, Espíritos amigos procuravam fortificá-la para os testemunhos emocionais decorrentes do assédio afetivo que Rodrigo orquestrava, à distância.

Isso porque, sabiam as generosas entidades que, depois de vários dias de tentativas, o ex-chefe de Rosimeire descobrira o seu paradeiro, conectando-se com a imobiliária que administrava o imóvel que a moça alugara na cidade.

Em alguns dias, Rodrigo, com sua mente excitada pela aventura de conquista e pela vergonha de ter-se mostrado tão inferior, ajudado pela companhia de Espíritos atrasados que o usavam para o desmedido exercício da sexualidade, viria procurá-la, visando iniciar algum tipo de romance ou de conquista.

As entidades amigas, no entanto, já fortificavam Rosimeire para tais embates, fortalecendo-a no equilíbrio das próprias emoções para as dificuldades que se projetavam em seu caminho.

Levados pela necessidade de atender Rosimeire e Leonor da melhor maneira, Jerônimo e Adelino passaram a observar de perto as atitudes de Rodrigo, um outro infeliz ser humano, perdido no cipoal das aventuras levianas e dos excessos que amolentam as fibras do caráter e favorecem a instauração de processos obsessivos. Para ajudarem as duas, não poderiam abandonar de vista o perturbado ex-patrão que, agora, se via misteriosamente encantado pela antiga e até então desinteressante funcionária.

Este é o ensinamento que se retira do Amor Verdadeiro. Para ajudar a alguém que se ame, muitas vezes será necessário que se estenda a ajuda a muitos outros que sejam indiferentes e, até mesmo, a alguns que tenham sido adversários tenazes.

Sem isso, o sentimento ainda não é o do Amor que transforma, mas sim, do amor que escraviza.

Enquanto tudo ia acontecendo com essas personagens, no âmbito das furnas as coisas estavam, realmente, ficando mais quentes do que de costume.

26

A VOLTA DA FOLIA

Quando, por fim, a aventura carnavalesca da superfície foi encerrada com o final das festividades, as entidades que tinham emergido dos círculos vibratórios inferiores deveriam tomar o caminho de volta, segundo costumava acontecer periodicamente nesta época. Para elas, aquele abismo era o seu Reino e o Maioral, o seu Rei.

Todos os Espíritos que se agregavam à coletividade alienada eram aí mantidos pela força hipnótica, pela escolha consciente do mal, pelo medo de represálias, pela falta de perspectiva ou de rumo diferente a seguir. Por isso, para a maioria, o fim da festa significava retorno imediato para a antiga moradia.

Isto acontecia dessa forma, primeiro porque estavam adestrados para retornarem aos precipícios escuros, rumo aos planos inferiores. Depois, porque seus controladores os haviam assustado com histórias atemorizantes de Espíritos que haviam permanecido na superfície e que, por isso, sem os cuidados do Maioral, tinham sido arrebanhados pela equipe do "Cordeiro", que os havia feito sofrer terrivelmente, com a finalidade de ensiná-los a nunca mais fugirem do redil.

Com tais notícias mentirosas, os auxiliares trevosos mantinham o medo instalado no coração vulnerável dos que traziam culpas no coração e que, em decorrência do tamanho dos seus erros, temiam as consequências daí derivadas, caso aceitassem se aproximar da luz.

– Nós somos todos iguais, todos defeituosos ou errados. Por isso, entre nós, convivemos com mais normalidade do que entre os que se promoveram a santos. No meio deles, as consequências de nossas atitudes serão muito piores do que aqui, onde todos sabemos que não fomos boa coisa.

Pobres dos que aceitaram a ajuda dos de cima ou que caíram em suas lábias. Hoje estão vivendo aprisionados em corpos doentes, em situações de penúria e angústias, sem braços, pernas, cegos, paralíticos...

É isto o que os do "Cordeiro" têm para oferecer a nós e aos nossos...

Tal pregação corria de boca em boca, numa adulteração maliciosa dos resultados da Lei de Causa e Efeito vigente no Universo, a conceder a todos a sementeira na mesma qualidade da semente semeada.

Assim, os pobres infelizes que haviam sido autorizados a subir a fim de se refestelarem nos prazeres e erros de toda estirpe, tão logo percebiam o final da atmosfera festiva, tratavam de procurar os locais de descida, agrupando-se ao lado de entidades que as orientavam no rumo para o regresso aos abismos.

Acontece, no entanto, que muitos Espíritos que de lá haviam emergido para os dias de folia haviam sido recolhidos por mãos amigas e encaminhados a instituições espirituais de acolhimento e socorro. E como ali permaneciam internados por longo tempo, em processo de recuperação gradual e conscientização quanto às suas próprias necessidades, jamais regressariam às furnas para desmentirem as invenções que eram contadas pelos chefes e organizadores daquele ambiente trevoso e, se o fizessem, não seriam levados a sério nem seriam aceitas as suas revelações como verdadeiras.

Tais almas buscavam novos rumos, rompendo com o controle hipnótico, com o complexo de culpa e, assim, haviam sido recolhidas por aquelas outras almas amigas que haviam organizado os postos de atendimento, os núcleos de contenção para os alucinados, os ambientes que forneciam alimento fluídico na forma de frutas, sopas perfumadas e atraentes para os que haviam acabado de subir das furnas famintos, medicando seus perispíritos e facilitando a retomada da consciência pessoal acerca de seus próprios destinos.

Havia aqueles que aceitaram os atendimentos médicos e de enfermagem para suas chagas abertas, que aceitavam receber o tratamento imaginando que era parte do programa de acolhimento para os foliões em geral.

Apesar do processo de lavagem cerebral que se usava para tentar manter a todos sob o signo do medo para, assim, dirigi-los de forma controlada, muitos conseguiram romper o cerco e se beneficiaram com as atitudes generosas que receberam, resolvendo mudar o rumo de seus passos.

Como os agentes do Bem sabiam que o Maioral e seus comparsas eram incapazes de administrar a todos e cada um de seus seguidores, prepararam os benefícios que os infelizes necessitassem e aceitassem receber, espontaneamente.

Com a descoberta de que nada daquilo que se lhes havia ensinado era verdade, mas, ao contrário, tratava-se da ação sincera e fraternal do próprio Jesus através de uma multidão de seguidores, incalculável número de maldosos integrantes da turba alucinada acabara se rendendo ao bom tratamento, aos carinhos dos que se importavam com suas dores, daqueles que se debruçavam sobre suas feridas para limpá-las, para dar-lhes alimento, para ajudá-los no que fosse necessário.

Por isso, quando do regresso aos ambientes inferiores ao término daquela edição carnavalesca regada à intensa chuva em várias partes do país, grande número dos integrantes da caravana tenebrosa abandonou o contingente, ficando na superfície, aos cuidados das entidades fraternas que os haviam convencido com gestos de carinho e sincero devotamento.

Essa numerosa deserção causou impacto negativo naqueles que coordenavam o processo de regresso.

Isso porque, todos os aliados do Maioral, seus serviçais mais próximos, eram responsáveis pelo regresso do numeroso contingente que se havia selecionado para a subida devendo, na volta, prestar contas de todos os que não se apresentassem para a descida. Candidatavam-se a rigorosas punições ou a desagradáveis perdas de privilégios aqueles que tivessem os índices de fuga mais elevados.

O Maioral não queria saber o que poderia ter acontecido. Ordenava rigorosas reprimendas a todos quantos houvessem demonstrado leviandade, desatenção ou negligência, permitindo a fuga, a deserção ou o convencimento dos seus "súditos" por parte dos agentes do Cordeiro.

Sabia o Maioral que toda a ausência era uma brecha na sua

segurança, porquanto isso influenciaria os demais, podendo despertar nos descontentes o questionamento sobre a Verdade que eles apregoavam no abismo. Se, pois, a deserção fosse muito numerosa, isso poderia desencadear uma onda de questionamento à autoridade Governante Maior, coisa que não seria admissível em nenhuma hipótese.

Drômio estava, portanto, muito preocupado com os efeitos ruins do número dos que não se haviam apresentado para o regresso.

Em vista disso, reuniu os seus escravos e servidores mais fiéis e determinou-lhes que saíssem a buscar todos os que lhes parecessem pertencentes ao grupo dos viajantes cujo regresso se impunha e que, se os encontrassem renitentes, aplicassem todos os métodos disponíveis, inclusive os da violência e da força, para fazê-los obedecer às suas ordens de regressarem aos domínios do Maioral.

Essas técnicas de intimidação seriam inúteis, agora, porque os próprios Espíritos fugitivos do mal que haviam aceitado as ofertas do Amor já se haviam retirado para lugares seguros, protegidos por linhas magnéticas que impediam o assédio das entidades perseguidoras, nos impulsos de resgate violento ou de luta para retomar o império sobre eles.

As forças elétricas que cercavam os locais onde tais Espíritos haviam sido abrigados, nos diversos lugares para isso preparados, mantinham afastadas todas as iniciativas mais ousadas de invasão.

Ainda assim, Drômio estendera severas ordens no sentido de que, caso eles não conseguissem trazer os que já lhes pertenciam, que arrebanhassem quaisquer entidades vagabundas que encontrassem, mesmo que não se achassem sob as suas influências anteriormente, uma vez que não poderia deixar de apresentar ao Maioral os seus esforços positivos nos processos de retomada dos fugitivos.

Assim, uma coisa seria noticiar ao Chefe a fuga, por exemplo, de cinco mil Espíritos no grupamento sob sua responsabilidade. Outra coisa seria noticiar ao Maioral que haviam capturado mais oito mil entidades para as hostes inferiores, sem mencionar os que haviam fugido.

As ordens de Drômio, portanto, eram de que as entidades captoras não se intimidassem em arrastar os Espíritos menos vigilantes, os que estivessem dispersos ou inconscientes, ainda que, para isso, usassem ameaças, violências, ou até mesmo promessas mirabolantes, falassem da continuidade do carnaval na região dos abismos, das facilidades na área do prazer, das orgias sexuais, das aventuras de todos os tipos que iriam continuar a experimentar, caso aceitassem vir com eles. Afinal, lá embaixo estavam as feiticeiras e suas seguidoras, para as quais seria muito fácil envolver aos novatos nas sensações extenuantes. No insucesso de outras táticas, poderiam oferecer estas sedutoras promessas como o convite para a viagem que conduziria os tolos e oportunistas aos antros inferiores, de onde teriam muito maior dificuldade de sair, na exata medida em que mais se tornassem usuários das vantagens viciosas que se lhes estariam disponíveis.

Este era, também, o motivo pelo qual o Governo Superior da Vida permitia que esse intercâmbio acontecesse, uma vez que, no anseio de ver ampliada a turba sob sua vigilância, o Maioral e seus asseclas, sem o saberem, realizavam um trabalho de limpeza vibratória da superfície, liberando os encarnados de grande quantidade de almas sugadoras de suas energias, estimuladoras de suas fraquezas, controladoras de seus vícios.

Isso ajudava sempre na atenuação dos rigores persecutórios, na diminuição da asfixia dos bons sentimentos, fatores que motivavam, inclusive, a melhoria dos padrões energéticos e, sobretudo, a preparação das almas dos encarnados para as lembranças do martírio de Jesus que se dariam, semanas depois, nas cerimônias da semana santa.

Os agentes inferiores, dessa maneira, também eram agentes profiláticos, realizadores de uma grande faxina na atmosfera depois dos desajustes emocionais produzidos pela exaltação eufórica da folia.

Drômio sabia que, para não ter que suportar a ira do Maioral, deveria investir ao máximo no processo de captura, de escravização ou de sedução dos Espíritos tolos ou ambiciosos o suficiente para acreditarem em suas promessas.

Uma vez para lá transferidos, envolvidos pela onda de prazeres pecaminosos ou de tentações embriagadoras, a maioria passaria a viver nos subterrâneos, com pouca diferença da qualidade de vida que tinham na região de cima.

Os asseclas de Drômio que, igualmente, temiam-lhe a ira, saíram com o compromisso firme de conseguirem resgatar os que haviam desistido de voltar ou de, pelo menos, arrebanhar tantas outras entidades ignorantes que pudessem ser colocadas no lugar dos fugitivos.

Além do mais, tais servos de Drômio também queriam cair nas suas graças, circunstância que lhes garantiria acesso aos ricos e cobiçados farnéis de absinto controlados pelo chefe, o que os motivava intensamente, inclusive forçando-os a uma disputa entre eles próprios para verem quem se tornava mais competente no número dos recuperados.

A captura de numerosos Espíritos para tampar o buraco dos que haviam fugido, aliás, foi coisa fácil já que, muitas das entidades arrastadas pelos soldados cumpridores das ordens estavam inconscientes, envenenadas pelos narcóticos, pela bebida, pelas drogas, alucinadas pelas energias selvagens que lhes garantia um estágio de inconsciência durante o qual poderiam ser facilmente manipuladas sem o perceberem.

Além disso, existia o grupo dos que tinham perdido a vida física exatamente em função dos excessos durante os dias festivos. Marginais que se matavam pelo controle do comércio de drogas, homens e mulheres alucinados pelo uso de entorpecentes e que, em acessos de loucura ou em virtude de problemas orgânicos, se viam reconduzidos ao mundo espiritual sem qualquer tipo de entendimento ou preparo.

Todos estes eram matéria disponível para a ação dos recrutadores de vítimas para as experiências do abismo, que eram passivamente arrastadas em função da semelhança de sintonia ou que aceitavam suas ofertas.

Desta forma, não tardou para que Drômio conseguisse neutralizar o rombo nas fileiras que tinha sob sua responsabilidade e, mais que isso, apresentar um número positivo, como se houvesse conseguido trazer mais gente do que aquela que liberara na saída.

Essa sua competência no mal era muito admirada pelo Maioral que, em virtude disso, havia depositado nele não apenas toda a sua confiança, mas, também, a responsabilidade pessoal pelos cuidados no controle, na segurança e na preparação de Oliveira, para os futuros lances na aprovação da Lei do Ventre Livre.

Drômio, assim, tinha acesso direto ao Chefe Supremo.

Assim, quando seus subordinados lhe entregaram o relatório final dos que haviam sido reconquistados ou colocados no lugar, fazendo parecer que, em verdade, o contingente que voltava era ainda maior do que o que havia subido, Drômio deu significativa gargalhada, demonstrando seu sadismo e astúcia.

– Ora, com vocês sendo tão competentes assim, um dia, ainda vou tomar conta disto tudo e vocês serão meu exército... Nunca lhes faltará absinto se continuarem fiéis a mim como têm demonstrado ser.

Orgulhosos de tão alta homenagem, os seus secretários e servidores diretos sorriram e, para gáudio de sua imaginação, foram contemplados com créditos junto ao bar que Drômio dirigia, exatamente para o desfrute da tão cobiçada bebida.

Ao chegar ao ambiente inferior, no entanto, outro duro golpe lhe estava preparado, golpe este que o vulneraria junto ao Maioral de forma muito pior do que se todos os súditos tivessem desertado sem lhe restar nenhum seguidor para o regresso.

Oliveira tinha desaparecido.

Como explicar semelhante ausência?

Enfurecido com a notícia, proibiu a qualquer de seus conhecedores de informar o Maioral sobre o assunto antes que ele próprio apurasse os fatos que redundaram na fuga.

Instalou imediatamente um sistema de busca e tortura a todos os que ali deveriam ter-se mantido em atenção e vigilância.

Ordens expressas e intimações ríspidas eram lançadas a todos os responsáveis que, durante os quatro dias, ali haviam ficado vigiando os detidos ou os que estavam sob sua guarda pessoal.

Nada sabiam acerca dos fatos.

Poucos haviam visto a ação de Eulália e Aristeu.

– Onde está o maldito Gobi a quem confiei a vigilância e que deveria manter a posição até a minha volta? – gritava, Drômio, alucinado, como um celerado em crise.

Ninguém também apresentava notícias a respeito do paradeiro do guarda Gobi, o insuspeito servidor que, pela confiança que merecia por parte de Drômio, ali havia sido por este colocado.

Foi então que as notícias começaram a chegar, dando conta de que o guarda também havia desaparecido.

– Impossível!... impossível!... – esbravejava, descontrolado.

Como é que o mais importante de nossos hóspedes é retirado daqui e o meu mais fiel servidor desaparece igualmente?

Por acaso houve algum assalto ao inferno? Estariam os representantes do Cordeiro se degenerando, a ponto de usarem nossas técnicas de ataque, como ladrões comuns esperando a saída dos donos da casa?

Temos que achar os dois ausentes e descobrir como houve essa quebra da segurança.

Ninguém ousava aproximar-se do alucinado Espírito, cuja atmosfera vibratória, já densa por natureza, degenerara de tal forma, que parecia ter-se transformado em uma grande fogueira incandescente, no meio da qual ele surgia, irascível e horripilante.

No entanto, suas ordens passaram a endereçar soldados, chefes e servidores para todos os lados, com determinações específicas e convocações diretas.

Não tardou muito para que as duas entidades feiticeiras que se revezavam na câmara de Oliveira fossem trazidas ao seu gabinete improvisado naquela caverna onde o bar se instalava.

As duas se apresentavam trêmulas e inseguras, ainda que não o temessem como outros o temiam, porquanto partilhavam com ele das orgias e dos desgastes por ele tão apreciados.

– Vocês estavam aqui quando o hóspede foi levado?

– Eu não, senhor – respondeu aquela que havia-se retirado em busca do prazer carnavalesco. – Deixei-o bem atendido aqui em seu quarto. Aliás, tão bem atendido que estava entregue ao sono dos felizes e satisfeitos.

– E você? – indagou, agressivo, dirigindo-se à outra.

– Bbe... bbeeemmmmm... meu se... se... se... senhor... – começou, gaguejando –, eu não o encontrei quando regressei de cima.

– Como assim? Uma o deixou e a outra não o encontrou? Vocês

estão pensando que eu sou alguma destas bestas humanas que sugamos até a exaustão? Pensam que sou como esses idiotas que vivem lá em cima e que caem em nossas mais bobas armadilhas?

– Não, meu senhor. Para nós isso também é um mistério.

– Então expliquem-se, antes que eu determine o que fazer com vocês.

Vendo que corriam severo risco, a que havia regressado para a continuidade da sessão de hipnose pelo sexo à qual era submetido Oliveira, procurou ser mais clara.

– Bem, meu senhor, conforme estava combinado, faríamos um rodízio entre a festa de cima e o trabalho de baixo.

– Isso eu sei, sua idiota... eu mesmo autorizei esse processo.

– Pois bem, quando voltei para cá, estava extremamente cansada e sentia necessidade de dormir, já que, lá em cima, cada vez mais a gente se abastece de coisas novas, comprimidos, drogas excitantes, emoções voluptuosas, de forma que estava muito debilitada, necessitando de alguns momentos de descanso.

– Você, cansada? A insaciável, a inesgotável, a imbatível gozadora... cansada?

– Sim, meu senhor... as festas da carne, ao mesmo tempo em que me alimentavam o prazer, cansavam-me as forças que usava para estimular o desejo dos homens e mulheres envolvidos nas orgias que compartilhava.

Além do mais, tinha muita droga, "coquetel", "bomba"... coisa de primeira, mas que davam um "barato" de segunda. Quanto mais sugava "os cara", mais ia bebendo essas coisas e ia ficando, primeiro, "ligadona" e, depois, "apagadona".

Assim, quando voltei, resolvi dormir um pouco, caindo por aí na certeza de que o seu "grande amigo guarda" estaria cuidando de tudo na nossa ausência. Caí em profundo sono.

Não sei quanto tempo dormi. Só me recordo de que, quando acordei e me dirigi ao trabalho, já refeita para a nova sessão de prazer com o convidado, deparei-me com o ambiente vazio. Estranhei o lance e procurei o guarda, inutilmente. Ele também não estava. Logo imaginei que o idiota também tinha sido vítima do mesmo ataque que sequestrou o nosso hóspede.

Saí para procurar alguma pista e não encontrei nada. Então, fiquei sabendo que vocês já estavam "baixando" e resolvi esperar para ver o que iríamos fazer.

Estes são os fatos, senhor.

Realmente, nada sei do paradeiro do otário, ou melhor, dos otários.

Um pouco menos desequilibrado, mas, ainda assim, inconformado, Drômio ameaçou:

– Estamos cercados de inimigos até mesmo em nossa própria casa. Seria de se esperar encontrar ladrões no antro dos infernos, já que aqui é lugar de gente dessa laia. No entanto, os maldosos não têm como sair daqui.

Mas sequestradores que retiram os que nos pertencem e levam nossos mais competentes seguranças, isso é coisa inusitada nestes meios.

A ausência de respostas às nossas buscas indica que Oliveira e o seu carcereiro não se encontram mais em nosso ambiente.

Falarei com o Maioral e prepararemos uma expedição de busca e recaptura, já que não aceitarei ficar com esse peso sobre minhas costas. E se isso aconteceu por aqui, é sinal de que há gente do "Cordeiro" metida nestas furnas.

Vou fazer uma devassa em cada um dos escravos, porque estou certo de que é entre eles que essa praga cristã vai novamente ser disseminada.

Não foi suficiente ter-se propagado entre os escravos e miseráveis da nossa antiga Roma. Escravos humildes, incapazes de raciocinar, de distinguir as coisas, eram suas vítimas mais fáceis.

Agora, por aqui, também devem pretender repetir a dose.

Mas não por cima de mim, novamente.

Jurei que me vingaria dos sofrimentos que suportei por causa dessa horda de falsos bonzinhos, gente torpe disfarçada de cordeiro.

Recordo-me, agora, de que encontrei uma mulher suspeita entre os que aqui ficaram, antes da viagem para cima.

Sim, isso mesmo – exclamava Drômio, como se estivesse se recordando de algo importante. – Seu olhar me causou muita apreensão. Não sabia identificar-lhe o conteúdo de pensamentos e sentimentos, porque, quantas vezes penetrava-lhe o olhar, tantas vezes me via nele refletido, sem conseguir sair desse enrosco.

Isso é magia, isso é coisa de bruxa esperta, isso é artimanha de gente do "Cordeiro".

Isso mesmo... fixei nela uma pulseira de identificação para que, mais tarde, pudesse conversar novamente e entender esse mistério insondável para mim.

Vamos ao seu encalço.

Feiticeiras, reconheço que vocês não tiveram participação direta no desaparecimento de Oliveira, mas de acordo com seus relatos, foram negligentes nos cuidados para manter o hóspede devidamente seguro. Estavam bailando lá em cima ou dormindo aqui embaixo.

Todos os guardas desta área serão punidos severamente, mas se vocês duas desejam escapar dos efeitos dolorosos de minha ira, encontrem essa escrava que marquei para que possamos estabelecer as investigações sobre a ação dos representantes do Cordeiro, imiscuídos aqui em nossos domínios.

Entendendo que, com isso, Drômio permitia que elas tivessem uma honrada saída moral para o problema no qual ele estava metido, ambas se fizeram de muito agradecidas e solícitas, deixando o ambiente para irem ao encalço da escrava que seria identificada pela pulseira diferente.

Drômio tinha meios de acessar sua localização sem necessitar da ajuda das feiticeiras degeneradas. No entanto, desejava livrar-se delas, colocando sobre seus ombros uma tarefa de busca a fim de parecer lhes atribuir um peso pelo deslize de que, ainda que indiretamente, as culpava.

Acessando através da sintonia vibratória a emissão partida da pulseira, Drômio não demorou em localizar de onde eram emitidos os seus sinais.

Imediatamente, ordenou a seus soldados fiéis que se dirigissem a um específico quadrante das cavernas e de lá trouxessem a mulher suspeita, tanto quanto qualquer outro que lhes causasse desconfiança.

Passou o tempo e as feiticeiras voltaram sem conseguirem encontrar a malfadada mulher.

– Vocês são duas incompetentes, duas velhas que se desgastaram nas jogatinas dos sentidos e não prestam pra outra coisa que não isso... – ironizava o braço direito do Maioral, com o desejo de feri-las com sua arrogância.

– Sim, meu senhor, não fomos talhadas para ser cães de guarda, farejadores de fugitivos...

Somos responsáveis pelo prazer que lhe damos e que nos impulsiona a mais prazer lhe propiciar, nobre Drômio.

No entanto, estaremos sempre dispostas a tudo fazer para mudarmos de rumo, caso seja esse o seu desejo, deixando as atribuições de distribuidoras de prazer para aceitarmos quaisquer outras que a sua sabedoria nos destinar.

A palavra astuta da feiticeira mais experiente fazia o devasso Espírito recordar que elas eram as suas queridinhas e que fora ele próprio quem assim havia definido as coisas.

Não pretendendo, entretanto, demonstrar intimidação ou submissão aos seus argumentos, Drômio respondeu:

– Por hora, estão dispensadas das tarefas que lhes cabem junto aos homens e mulheres. Passarão por um período de abstinência, vigiadas pessoalmente pelos meus homens de mais confiança. Depois decidirei o que fazer.

Ambas foram, então, conduzidas ao local designado pelo Comandante do Absinto, como Drômio era conhecido, a fim de que fossem recolhidas. O local era cercado por grades resistentes porque, nos casos específicos da abstinência do absinto, as alucinações e os gritos eram seguidos de atos de violência e de agressividade que exigiam o isolamento.

Depois disso, enquanto pensava em que estratégia adotar perante o Maioral, que não deveria tardar em busca de notícias de Oliveira, chegaram-lhe as notícias sobre o destino da mulher com a pulseira.

Dois guardas trouxeram-lhe um homem que ostentava a pulseira e lhe informam que não encontraram a referida escrava.

– Como é isso? Um inferno entregue a esta bagunça não me espanta que esteja sendo invadido pelas ridículas hostes do "Cordeiro". Como é que vocês me trazem um homem, quando eu coloquei esta pulseira em uma escrava?

– Não sabemos dizer, senhor. Fomos ao local que o senhor indicou e o que encontramos, seguindo as suas especificações, foi este idiota que trouxemos à sua presença.

– Pois bem... vamos ver o que há por trás disso tudo. Quem é você? – dirigindo-se a Aristeu, exigia dele respostas prontas e rápidas. – Vamos, responda – disse, atirando sobre ele uma pedra que tinha às mãos.

– Sou vosso servo Aristeu, meu senhor – respondeu o experiente Espírito, sem demonstrar extremo pavor de seu interrogador.

– E como me explica estar usando essa pulseira?

– Bem, senhor Drômio, encontrei-me com uma escrava que a usava e que me presenteou.

– Mas isso é impossível! Ninguém consegue retirar isso do pulso... ninguém é capaz de livrar-se disso... é uma marca que só pode ser retirada por quem conhece os mecanismos magnéticos... a não ser... que...

Escute, escravo... esta mulher estava sozinha quando lhe deu isto?

Compreendendo o raciocínio de Drômio, que já imaginava o que estava acontecendo, Aristeu contestou, atencioso e detalhista:

– Não, meu senhor. Quando me presenteou, estava na companhia do convidado.

– O quê? Aquela fingida, representante do Cordeiro, com o nosso hóspede?

— Sim, senhor. O convidado estava com ela, meio atordoado, mas escorava-se em seus braços.

— E você não achou estranho ver uma escrava sozinha com o nosso mais importante hóspede?

— Verdadeiramente achei, senhor. Mas como sou um escravo aqui, a servir sem questionar como o senhor sempre nos ensinou, deixei as coisas desse jeito e, quando muito, agradeci o presente recebido.

— Mas, e depois?

— Bem, depois ela disse que precisava sair, em cumprimento a determinações recebidas do senhor, levando o hóspede para cima, a fim de que participasse da festança. Então, amparei o homem de um lado, até a saída para os campos de fora, voltando depois para cá, já que não tenho autorização para deixar este ambiente.

— Ah! Bem que eu imaginei que se tratava de coisa dos malditos representantes desse Jesus insolente.

Esses agentes secretos que desrespeitam nossos tratados, invadindo nossos territórios debaixo do nosso nariz.

E eu que pensei que houvesse sido uma invasão numerosa, cheia de lances perigosos e arrojados, mas não. Uma só mulher, escrava ainda, foi capaz de retirar daqui o prisioneiro... quer dizer, o hóspede. Só contando com as bruxarias do Cordeiro para conseguir tal façanha.

Mas e o guarda? Ele não a acompanhava também? O que foi feito dele?

Sem revelar o que sabia quanto ao pobre e infeliz serviçal da segurança, Aristeu observou:

— Bem, senhor, quanto a esse, não posso dizer nada porque não o vi junto à senhora. Talvez esteja por aí, talvez tenha saído um pouco na direção de cima em busca de prazer, nunca se sabe...

— É... isso nós vamos apurar.

Mas agora, como você foi o último infeliz que viu a maldita sequestradora, vai me levar ao lugar onde a deixou e iremos procurar. Talvez esteja por aí, perambulando por estas paragens. Afinal, para os agentes do Cordeiro, esta escuridão nem sempre é facilmente vencida, já que estão andando em um ambiente para o qual não se encontram preparados.

Vamos, sem perda de tempo. O Maioral nem vai perceber que Oliveira saiu daqui.

Convocou os melhores Espíritos captores e, com uma pequena caravana, mais semelhante a um batalhão de perversas entidades, deixou o ambiente tenebroso em que viviam para dirigir-se às imediações dos círculos vibratórios onde os homens estagiavam em suas vidas carnais.

Levavam tochas e alguns animais horríveis cujo olfato lhes seria útil naquelas regiões.

O solo pegajoso e lodacento era sulcado por valetas e raízes sem vida que, uma vez tocadas, pareciam despertar e emitir sons, lamentos, lamúrias ou gemidos.

Nada disso interrompia a marcha dos perseguidores de Oliveira e Eulália que, a estas alturas, achavam-se acolhidos na choupana de Bóris, devidamente atendidos em suas necessidades primárias, ocultados dos olhares astutos dos seres trevosos que perambulavam por aquela área.

As relações de Drômio com os habitantes desses lugares logo lhe permitiu notícias sobre três pessoas que transitaram por ali, há não muitos dias.

No entanto, como não eram concordantes tais informações, o grupamento ora andava em um rumo, ora era endereçado para outro lado, gastando o tempo em buscas frustradas e não conseguindo qualquer sucesso no empreendimento.

Horas e mais horas foram inúteis para a descoberta do paradeiro, ainda que as notícias colhidas dessem conta da passagem de uma mulher e dois homens.

– Sim – pensava Drômio – são eles... A escrava, Oliveira e o maldito Gobi que, para cooperar tão de perto com ela, deve ter sido seduzido pela maldita.

Sem nada de concreto, o braço direito do Maioral resolveu regressar ao seu covil, preferindo ir entender-se primeiro com seu chefe, dando-lhe a notícia, do que ser flagrado fora do ambiente, como se, realmente, tivesse tido alguma culpa no ocorrido.

Determinou, então, o regresso de todos e a prisão de Aristeu para que, mais tarde, voltasse a se avistar com ele que, segundo sua maliciosa inteligência, também deveria ter algo a ver com tudo isso. Afinal, por que motivo a escrava lhe daria algum presente? Por que para ele?

Só seria possível tal intimidade entre servos se ambos estivessem combinados de alguma forma. Se não fosse isso, ela teria atirado o marcador em qualquer lugar, o que, em verdade, denunciaria mais rapidamente o sequestro pela desconexão dos polos magnéticos que marcavam o seu uso no braço do prisioneiro.

Quando Aristeu colocou a pulseira, os polos voltaram a encontrar a ligação necessária para a manutenção do circuito, não produzindo o alerta que seria acionado em caso de destruição ou retirada do marcador.

À toda evidência, Aristeu tinha muita coisa a responder e, sobretudo, muita suspeita de que pertencesse ao grupo do Cordeiro que, certamente, agia por ali.

Os dias seguintes iriam revelar a verdade sobre tais fatos.

27

DIANTE DO MAIORAL

Com o retorno dos asseclas ao antro inferior onde se ocultavam e de onde pensavam governar os processos de perseguição e aliciamento dos demais Espíritos, Drômio elaborou um plano para apresentar ao Maioral, ao mesmo tempo que ele fosse informado do desaparecimento do tão importante hóspede.

Usando sua astúcia mental a fim de que não lhe caísse sobre os ombros a responsabilidade e a culpa pela fuga, Drômio solicitou uma audiência com o Maioral, que o recebeu sem muitos preâmbulos.

– Deseja falar comigo?

– Meu senhor! Estou aqui por um motivo muito grave que exigirá uma atitude sua, enérgica e decisiva.

Olhando o serviçal de confiança com argúcia, o Maioral sinalizou para que prosseguisse:

– Bem, enquanto estávamos lá em cima, nosso território foi invadido por agentes do traiçoeiro Cordeiro e, tão sutis e espertalhões foram eles, que conseguiram surrupiar nosso hóspede, sem que ninguém se desse conta.

O olhar contido do Maioral se converteu em uma torrente de indignação.

– Como ousam invadir meus domínios? – gritou, estentórico, o Espírito que pensava governar aquelas regiões vibratórias inferiores, como se aquele fosse seu território.

Estão desrespeitando o tratado firmado há dezenas de séculos. Como aconteceu essa agressão?

Sabendo que aquele era o momento crucial diante do Maioral, Drômio esmerou-se em contar os fatos, ressaltando a malícia e a ação solerte dos infiltrados, buscando, até mesmo, inocentar os guardas e os demais envolvidos.

– Enquanto estávamos ausentes, procurando recolher novas forças nas festividades anuais, usando de estratagemas e magias ainda não compreendidas plenamente, uma representante do Cordeiro conseguiu hipnotizar o guarda responsável pela custódia de nosso hóspede, dali retirando-o e desaparecendo com ele nos campos exteriores.

– Imagino que você já tenha tentado recuperá-los, não? Tem poder suficiente para tanto, Drômio!

– Claro, meu senhor. Como seu representante nestas paragens, não deixaria de fazê-lo antes de vir à sua presença.

– E, pelo visto, nada conseguiu...!

– Conhecendo a importância de Oliveira para os seus planos na aprovação da lei do Ventre Livre, reuni todos os meus subordinados para dar uma grande busca nas cercanias, sobretudo por saber que as almas devotadas ao Cordeiro têm maior dificuldade de transitar por estes níveis carregando um de nós, que se torna um pesado fardo para ser transportado.

Quando sozinhos, os enviados do falso messias conseguem viajar com rapidez que impressiona. No entanto, tendo de carregar um dos nossos, não têm como seguir com a mesma velocidade porque estão vinculados ao peso de nossas vibrações.

Assim, obrigatoriamente, terão que arrastá-lo por entre os pântanos e charcos.

Não sei, entretanto, por onde caminharam ou de qual sortilégio se serviram porquanto, ainda que meus informantes exteriores tenham noticiado o avistamento de uma mulher e dois homens transitando pesadamente pelas regiões, o certo é que nada pudemos encontrar em função do número de soldados que me acompanhara, escasso para tamanha empreitada.

Foi uma busca de emergência, mas, em verdade, precisamos de alguns milhares de colaboradores.

Percebendo que o Maioral custava a mostrar-se sensibilizado com sua exposição, Drômio procurou enfatizar ainda mais as suas iniciativas, visando impressionar o Chefe e evitar, assim, ter de suportar o poder de sua ira.

— Não só dei buscas pessoais como também identifiquei um outro servo que teve uma relação direta com essa esperta agente infiltrada, e que me informou tê-la visto acompanhada de Oliveira. Suspeitando de suas intenções, antes de subirmos, havia fixado na escrava a nossa pulseira identificadora. No entanto, valendo-se de sortilégios que o Cordeiro deve ensinar aos seus espias, conseguiu livrar-se da mesma e transferi-la para o citado servo, que localizei quando voltamos, e que relatou esta história.

— Como assim? Você já suspeitava dela? E a maldita conseguiu escapar da pulseira identificadora?

— Nada de grave ou de suspeita ligada ao caso Oliveira, mas antes de sairmos em direção às festas da superfície, quando ainda estávamos escolhendo os que poderiam ir e os que deveriam ficar, deparei-me com estranha serva que, ao ser pesquisada internamente, muito espanto produziu em mim.

Quanto mais intentava penetrar-lhe o arquivo mental, menos o conseguia, encontrando apenas imagens de mim mesmo, estampadas ante meus olhos. Não conseguia entender como isso era possível e, assim, deixei-a marcada para que nos avistássemos novamente quando do regresso.

No entanto, assim que cheguei, já me deparei com a fuga. Nem mesmo as feiticeiras, tão experientes e temidas, foram páreo para a ação clandestina dos representantes do falso messias.

Uma delas estava na superfície, aproveitando da festa tanto quanto nós. A outra, aqui chegou tão desnorteada e desgastada, que é de se supor que, desde lá de cima já vinha sofrendo a nefasta influência dos sequazes do Cordeiro atuando sobre ela e fazendo-a desfalecer, adormecida profundamente.

O mesmo feitiço atiraram sobre o meu mais fiel guarda, que mantinha Oliveira sob rigorosa vigilância. Também acabou arrastado para fora, sem entendermos como conseguiram chegar a tanto, em tão pouco tempo.

Com a finalidade de obter maiores informações, submeti todos ao duro interrogatório e determinei sucessivas buscas, imaginando, logo, que havia alguma coisa errada e, assim, mandei que me trouxessem a serva suspeita. Em vez da perigosa sequestradora, encontrei um outro escravo, que usava a pulseira identificadora antes afixada na mencionada bruxa de Jesus.

À medida em que ia relacionando os fatos, as aparências já grotescas do Maioral tornavam-se ainda piores, deixando de relatar suas formas para não impressionar negativamente os leitores e porque tal descrição não é essencial ao objetivo desta narrativa.

Escutando a referência, o Maioral esmurrou o anteparo que tinha diante de si, gritando:

– Não mencione este nome aqui!

– Desculpe, meu senhor – respondeu Drômio, surpreso com a reação violenta de seu chefe. – É que somente agora posso perceber, ao contar-lhe tais detalhes, como se tratou de um plano perverso para invadir seus domínios e subtrair os súditos mais fiéis que nos têm servido como importantes auxiliares na Terra.

Tudo foi preparado para que, ao voltarmos, tivéssemos este problema nas mãos, coisa que, segundo eles mesmos devem ter avaliado, vai mais além do que uma simples fuga. É um precedente muito ruim para a manutenção da disciplina e da ordem...

Trovejando imprecações horripilantes, o Maioral não esperou Drômio terminar a exposição da ideia:

– Mesmo você está proibido de falar nesse nome. Conheço pessoalmente essa víbora e luto contra ela há muito tempo. Seu nome vem envolto em um manto de magia que sempre produz algum tipo de reação perigosa nos que escutam.

– Está bem, meu senhor... não mais mencionarei... – respondeu Drômio, trêmulo e nervoso.

Querendo atenuar o clima denso e perigoso, tentou continuar:

– Desejando resolver tais problemas antes de trazê-los ao seu conhecimento, interroguei o escravo que recebera o bracelete identificador e, com sua ajuda, saí ao encalço dos fugitivos, coisa que redundou infrutífera, como já disse, pela escassez de homens a meu dispor. Mantenho o escravo preso, sob a minha custódia pessoal, de forma a não lhe deixar espaço a fuga.

– Pois mande chicoteá-lo antes de qualquer sessão de interrogatório.

– Sim, meu senhor. Tomarei esta providência. No entanto, estou aqui para solicitar a sua autorização para que saiamos imediatamente em busca dos fugitivos porque, segundo calculo, não podem estar muito distantes.

– Primeiro a punição para que o escravo aceite cooperar com nossas buscas. Ninguém nos garante que não esteja escondendo alguma coisa.

Quero escutar seus gritos, seus gemidos. Deixe-o mofando nos calabouços do castigo por alguns dias porque, agora, precisaremos nos dirigir ao nosso palácio a fim de darmos seguimento à questão principal de nossas lutas. Não podemos perder a oportunidade que está diante de nós, visando a aprovação final da LEI DO VENTRE LIVRE. Nossos representantes junto aos diversos partidos já aliciaram vários outros políticos para que se mantenham firmes em suas posições de apoio aos nossos interesses. Além disso, estamos arregimentando profissionais médicos para testemunharem a nosso favor, como também mobilizamos agências de propaganda para a campanha de publicidade com finalidades de influenciar a população ignorante e idiota, sempre facilmente manipulada pelos argumentos simplistas e rasos.

Portanto, compete-nos seguir para a superfície em breve, coisa que você também deverá fazer comigo, deixando a busca de Oliveira por conta de nossos exércitos, para que vasculhem todos os rincões até o nosso regresso. Se não forem encontrados, serão obrigados a se esconderem, o que dificultará seu avanço, até que voltemos e saiamos a procurá-los com nosso informante.

– Sim, meu senhor. Providenciaremos tal punição tanto para que não faça mais o que fez quanto para que se encoraje e nos conte tudo o que sabe.

✳ ✳ ✳

Drômio aceitara aplacar a ira do Maioral com o castigo sobre o pobre Aristeu para não correr o risco de ser, ele próprio, submetido a uma punição mais grave, diante da raiva do seu governante.

Apesar de tudo isso, de todas as medidas do Maioral, suas ordens, sua intimidação, seu *show* de horrores, tudo aquilo, para Drômio, era algo que já lhe causava certo enfado, já que seu Espírito não mais se deleitava com o espetáculo deprimente com o qual as autoridades inferiores pretendiam manter o domínio sobre as mentes menos desenvolvidas, aquelas que cedem ao império do medo mais do que se submetem pelo império do raciocínio.

Drômio, havia muito, carregava consigo certos questionamentos acerca do verdadeiro poderio do Maioral, coisa que, entretanto, jamais ousara comentar com qualquer um dos que ali se mantinham sob suas vistas, a não ser a alguns de seus mais fiéis ajudantes, quando dava a entender o seu desejo de assumir-lhe o posto. A ação solerte de Eulália, subtraindo Oliveira da ação direta e imediata sobre os políticos visando a intervenção sobre a sociedade dos encarnados, era outro indício da impotência e da incompetência do Maioral no comando de seu império.

O Maioral não se cansava de dizer que as hostes do Cordeiro vinham, há muito tempo, avançando sobre seus domínios na luta constante que travavam, de forma que, relegados aos porões do mundo haviam acordado, mediante o que chamava de TRATADOS, que o Governador da Luz cuidaria de todos os níveis vibratórios superiores até a superfície da Terra, mas ele, o Maioral, imperaria absoluto nos círculos inferiores, tendo a superfície como ponto de contato ou fronteira entre as duas realidades. Assim, o nível dos humanos seria o nível vibratório onde ocorreria esse combate feroz, recebendo a ação do alto luminosa, mas, igualmente, submetido à ação das trevas, que tinham o direito de ali estar sempre que os vivos os solicitassem de maneira direta ou aceitassem suas sagazes influências através de suas condutas levianas, desvairadas, agressivas, indicadoras de que os homens se conectavam com estes níveis de vibração inferiorizada.

Segundo as explicações do Maioral, isso lhes garantia a adoção de estratégicas de cooptação, espalhando perturbações através da ação intuitiva inferior, usando as brechas mentais dos encarnados que não obedeciam ao chamamento do Divino Mestre, através do Orai e Vigiai.

Todos os que se afastavam desses conselhos de Jesus ficavam abertos à ação inferiorizada, conectando-se com as forças negativas e, muitas vezes, se tornando seus instrumentos passivos, espalhando o clima de medo, de desespero, de violência, a reproduzir nos seus semelhantes o pavor do mal e a ideia de que os representantes "de baixo", seriam mais poderosos do que os agentes "do Alto".

O Maioral desenvolvera, assim, a estratégia de ataque aos que se mostrassem acessíveis através da sintonia inferior, estimulando neles todos os tipos de vícios e prazeres, instigando o cultivo dos defeitos mais sedutores, como forma de conseguir mais adeptos para a luta da retomada do controle da Terra, como era seu desejo. Precisavam aumentar o número de adeptos para, segundo imaginava, conquistar mais espaço na luta contra o Governador da Luz. Para isso, investiam na fraqueza e na ignorância dos habitantes encarnados, seus principais aliados.

Seu arsenal de armas nesse esforço se multiplicava aos milhares.

Na área dos vícios, explorava o falso prazer produzido pelo consumo de substâncias entorpecentes e gerador de riqueza fácil e criminosa, expandindo a área de influência do mal pelos desajustes produzidos na mente da juventude.

Tinha importantes representantes nas empresas de produção de alcoólicos em geral, através de cujas garrafas levava aos aflitos de todos os tempos e lugares a suposta "válvula de escape" que propiciaria a prática de outros tantos males e outras inúmeras leviandades. O mesmo acontecia com outros vícios aceitos socialmente sem maiores problemas. E quanto mais o encarnado errasse, mais e mais se aproximaria dos complexos de culpa e mais seria presa fácil da inteligência inferior, que saberia usar tais nódoas morais para explorá-los e escravizá-los.

Na devassidão, na pornografia, na nudez fácil, o Maioral também investia todos os seus esforços, facilitando a implantação, na mente invigilante dos encarnados, dos quadros de sedução e erotismo que manteriam seus pensamentos escravizados às exigências do sexo, gastando energias em excesso, trocando-as por momentos de exaltação, facilitando o afrouxamento da vontade firme na construção dos ideais superiores do Espírito.

Com isso, espalhava seus representantes em todos os níveis da sociedade e os tratava como embaixadores essenciais aos seus planos, representante de seus domínios junto aos demais que, dependendo de sua concordância, poderiam financiar, explorar, estimular, fomentar, produzir, vender e consumir ainda mais os artigos de licenciosidade, a repercutirem no desencaminhamento da humanidade.

Eram homens de poder, empresários de sucesso, governantes de grupos, povos, políticos, autoridades públicas, líderes religiosos, controladores de meios de comunicação, em todos os níveis sociais, que se transformavam em sócios ou membros do clube de devassidão e luxúria, do roubo, do furto, da traição. Não era difícil vê-los, distintos e sóbrios, em declarações moralizadoras durante o dia, celebrando em animadas festas à noite, regadas a excelente bebida e nos braços de exuberantes mulheres, os ganhos financeiros obtidos com suas atividades ilícitas.

A ambição, o orgulho, a vaidade, em uma palavra – os defeitos humanos – permitiriam que, combinados com astúcia, os homens se vissem dirigidos pelas invisíveis cordinhas dos interesses inferiores, com os quais sintonizam com muita facilidade.

Assim que regressou ao ambiente que lhe era costumeiro, Drômio ordenou que Aristeu fosse submetido a uma sessão de torturas, constituídas de látegos e chicotadas, tanto quanto por choques específicos que, certamente, muita dor lhe produziriam, facilitando o interrogatório.

Aristeu se deixou levar ao castigo sem resistência e sem demonstrar oposição.

A sua postura calma e impassível, interpretada por muitos como arrogância e altivez, incomodava a mente de Drômio que, apesar de não estar em nada identificada com as mensagens de Jesus, já tinha vencido o limite da absoluta irracionalidade e da aceitação cega e sem condições que, ali, a maioria dos súditos tinha que ostentar. Apesar de todas estas histórias de combates acirrados, o ajudante fiel questionava a capacidade do Maioral em administrar esse conflito, sobretudo depois de terem constatado a ação da luz no âmbito das próprias trevas.

Esse sentimento era reforçado, agora, quando Drômio se dirigia a Aristeu, no cumprimento das ordens do Maioral no sentido de castigar o escravo sem piedade, antes de irem à superfície.

Mantinha afivelada no semblante a máscara da indiferença, da frieza e do mal enquanto Aristeu era chicoteado sem dó, sem proferir a menor queixa. Sua coragem e inteireza moral eram admiráveis. Isso incomodava profundamente o algoz, que não deixava transparecer os seus questionamentos, conquanto essa insatisfação já começasse a lhe pesar em demasia, cansado de todo este tipo de conduta, sem entender o motivo de tal enfado.

– Pois bem, miserável traidor, recebeu a primeira dose do remédio para que se arrependa de tudo quanto fez em traição ao nosso senhor, o Maioral.

Aristeu, em silêncio, arfava e nada respondia, ainda que não demonstrasse qualquer inclinação para o medo ou para a revolta.

– E agora, vai me dizer tudo quanto sabe?

– Senhor... – respondeu Aristeu, com dificuldade –, nada posso lhe revelar que não seja pela livre deliberação de meu querer. A sua violência jamais poderá me convencer a dizer, pelo medo, aquilo que somente o Amor é capaz de demonstrar.

– Maldito seja, escravo. Suas palavras são o atestado de sua condenação. Parece que não receia o mal que lhe posso infligir?

– Somente os que não conhecem algo da Verdade podem ter medo do mal. Todos os que já tenhamos alguma noção sabemos que a única coisa que devemos recear é a consciência culpada.

A referência à consciência culposa atingira a mente de Drômio que, naturalmente, não pôde evitar o reexame de seus atos, acumulando erros sobre erros sem maiores questionamentos, evitando avaliá-los de frente.

No entanto, para não demonstrar fraqueza ante seus subordinados, Drômio ordenou mais uma sessão de tortura ali mesmo, diante de seus olhos, impressionado com a serenidade com que Aristeu recebia a carga punitiva e injusta.

A punição era algo público para que servisse de exemplo para os outros escravos e funcionários da ignorância ou do mal. Assim, ao redor se ajuntavam outros Espíritos para assistir, atônitos uns, amedrontados outros e excitados ainda boa parte deles, como se estivessem revivendo os espetáculos dos inúmeros circos da antiguidade.

No entanto, quanto mais ações agressoras lhe eram desferidas, mais e mais vinham observar a sua galhardia, suportando os látegos e choques sem qualquer demonstração de desespero ou fraqueza.

Os outros escravos começaram a se admirar de sua capacidade e, em que pese a maioria estar cega para os métodos do Maioral, boa parte dos que ali se mantinham assistindo desejava sair daquele antro, sem condições, no entanto, de encontrarem em si próprios coragem à altura de seus desejos.

A postura de Aristeu, enfrentando o terror injusto sem qualquer queixa, era uma demonstração muda de que tudo o que desejamos é possível que se converta em realidade, inclusive o desejo de liberdade e de ruptura com os antigos padrões, aceitos pela sociedade como padrões normais.

Vendo a ação positiva que seu exemplo vinha exercendo sobre os demais servos, a fim de evitar o surgimento de um motim entre eles, pela descoberta dos mecanismos da covardia, do medo, mecanismos estes que nunca dependem tanto dos que influenciam, mas, essencialmente, da aceitação dos que se deixam influenciar, Drômio determinou a interrupção dos castigos e a dispersão das testemunhas.

Ao fazê-lo, Aristeu observou que o ignorante auxiliar das regiões inferiores já estava modificado em parte. A sua preocupação com a possível repercussão daquele castigo no ânimo dos outros escravos era um atestado de que Drômio não desejava apenas impedir que Aristeu se tornasse um mártir, mas demonstrava, também, que ele estava pensando sobre a força desconhecida e o poder de transformação de que Aristeu era exemplo. Se o Bem poderia influenciar o antro da maldade, e se um dos seus mais importantes chefes identificava essa potencialidade mandando interromper a punição, era porque este Espírito já não estava tão ensandecido ou inconsequente, sabendo identificar os efeitos do Bem no coração e na mente dos que eram por ele tocados.

Isso alimentou em Aristeu a necessária disciplina mental, bloqueando qualquer conexão com as forças superiores que o ajudariam em qualquer instante, mas que, se acionadas em hora equivocada, frustrariam os planos que ele próprio desenvolvia, passo a passo.

Seria necessário tudo suportar para que mais amplas fossem as asas libertadoras da consciência culpada.

Aristeu foi levado, por ordem de Drômio, aos seus aposentos pessoais, como costumava chamar o pequeno grupo de covas interligadas que habitava. Drômio manteve Aristeu amarrado à cadeira e, apesar de estar ele extremamente esgotado, tentava um diálogo para a obtenção das informações essenciais para o fim colimado, ou seja, o resgate de Oliveira, agora sem a presença de qualquer testemunha.

– Você não entende, escravo? Sem Oliveira, tudo fica mais difícil para nossos planos. Ele nos pertence e o usaremos como importante ferramenta para obtermos a aprovação da lei que nos garante a liberdade, através do aborto sem restrições.

Esforçando-se ao máximo, Aristeu, balbuciante, respondeu:

– Não sei quais são seus planos,... mas sei que... terão de arrumar outro porque... Oliveira já não poderá mais ser utilizado.

– Como fala isso com tanta convicção?

Agora era a vez de Drômio inflamar-se com a ira que o transformava em horrenda criatura, se é que se poderia falar em piorar o que já era muito ruim.

Demonstrando humildade impressionante, Aristeu controlava-se nas dores que lhe vergastavam o corpo, a fim de responder adequadamente.

– Eles estão seguros, longe daqui, meu senhor.

– Quer dizer que você sabe onde estão, seu infeliz?

– Já lhe disse que não é o medo que governa minha vontade.

Nada revelarei do que sei enquanto for tratado como um ignorante sem vontade. Como pode ver, não haverá choque ou chicote que me fará abrir a boca. No entanto...

Vendo o silêncio do escravo, Drômio insistiu:

– No entanto... o quê? Diga, seu verme. No entanto... o quê?

– Sim, senhor... se houver de sua parte a consideração para comigo, quem sabe poderá descobrir coisas muito interessantes sobre Oliveira, sobre a nobre Eulália, e até sobre si mesmo... já que ficou intrigado ao tentar sondar-lhe o interior, não foi? Não foi isso que o fez colocar o bracelete na escrava?

Drômio percebeu o jogo onde estava metido e que, se não aceitasse fazer parte dele, não conseguiria retomar o hóspede sequestrado e, fatalmente, correria os riscos de sofrer nas mãos do Maioral muito mais do que o próprio Aristeu sofrera nas suas.

– Está bem, escravo... não o punirei mais, apesar de sua insolência. Qual é o seu nome?

– Chamo-me Aristeu.

– Está bem, Aristeu. Aqui dentro e sem testemunhas conversaremos sem imposições. No entanto, advirto-o de que, se me enganar, não escapará de minha vingança.

– Não temo nada a não ser o peso do erro em minha consciência e a dor que venha a produzir no coração de meu Mestre.

– Ah! Então confessa ser um dos emissários do Cordeiro?

– Não sou emissário a não ser da Compaixão e do Amor que nutro por um ser especial que está retido nestas profundezas, meu senhor.

– Não me venha com lorotas, Aristeu. Acredita no Cordeiro ou não?

– Sim, com todas as forças do meu ser.

– Então é o que basta. E agora, conte-me o que sabe.

– Sei onde está o prisioneiro fugitivo.

Sei que, também, o senhor está temeroso das reações do Maioral a seu respeito, o que motivou a sua ação sobre mim.

Sei que está cansado desta vida de desgastes e prazeres que nunca acabam e nunca completam plenamente.

Sei que teve receio ao se deparar com o olhar de Eulália.

E enquanto Aristeu ia dizendo tudo o que sabia, Drômio ia se impressionando com sua maneira suave e corajosa, serena e firme de dizer as coisas.

Aquele era um oponente à altura de qualquer combate travado pelas forças da treva contra as da luz.

— Você está usando de mágica para me impressionar, Aristeu.

— Não, senhor. Estou sendo sincero e verdadeiro como prometi que seria. Será que o senhor tem receio de fazer o mesmo e assumir com sinceridade o que leva dentro do coração?

— Nunca tive medo de nada – respondeu Drômio, arrogante e irado.

— Veja sua reação, senhor. Sua ira é própria dos que se escondem atrás da intimidação.

— Posso destruí-lo sob o chicote ou os raios.

— Nada me pode destruir, e o senhor também sabe disso. Sabe que por mais que lutem contra os de cima, estão com seus dias contados.

Já percebeu que tudo o que estão fazendo aqui é incapaz de impedir o avanço das luzes, e que o império que é construído sobre as bases movediças da areia dos prazeres afundará sob o peso das próprias iniquidades.

Por que fica nervoso quando o que estou lhe dizendo o senhor mesmo já percebeu há muito tempo?

Aquele escravo parecia ler seus pensamentos.

Constrangido diante de postura tão firme, Drômio procurou controlar-se para que suas atitudes não atribuíssem razão às palavras de seu prisioneiro.

— Estes argumentos fazem parte de minhas análises mais íntimas, sem que isso queira dizer que tenha chegado a alguma conclusão contrária aos meus próprios interesses.

Aqui é o meu lugar e o meu reino é servir ao Maioral.

— Desculpe, senhor, mas aqui é o lugar onde se escondem os que têm culpa acumulada na consciência, seja para que se punam como julgam merecer, seja para que se ocultem de suas vítimas, temendo-lhes o braço vingador.

Se observarmos os pensamentos de tantos que se hospedam

neste hotel dos horrores, encontraremos somente os que se deixaram arrastar pelo peso de seus equívocos, tentando entorpecer a própria consciência através da multiplicação das insanidades ou do afogamento da faculdade de pensar, no absinto dos prazeres incontáveis e alienantes.

Ao lado deles, estão os que negligenciaram suas responsabilidades, os que venderam os próprios filhos, os que mataram os pais, os que os abandonaram às agruras da vida, os que furtaram ou traíram os que confiaram neles, os que foram agressores matando suas vítimas, todos tentando se embrenhar ao máximo nestes antros para conseguirem furtar-se ao contato dos gritos de clemência, do olhar lacrimejante de tristeza dos abandonados, da dor dos esquecidos ou da sanha de vingança dos que não esqueceram o mal de que foram mártires.

Aqui encontramos o antro dos culpados sem paz e o refúgio dos que querem se ocultar dos crimes cometidos, aliando-se ao mal, aceitando a sua cartilha e defendendo-a por conveniência temporária.

Dentro de si mesmo, senhor Drômio, pode estar toda a série de crimes que sua consciência arquiva como um patrimônio nefasto ou tétrico.

No entanto, o senhor não está aqui porque este seja o seu lugar, e sim, porque escolheu aqui estar para fugir de si próprio.

Por falta de coragem para enfrentar-se, preferiu migrar para as zonas inferiores com a finalidade de apagar as nódoas da própria consciência. No entanto, o contato com Eulália fez vibrar tal campainha interior anunciando que, por mais se multiplique em ações negativas, mais cedo ou mais tarde estará diante de tudo o que fez e daquilo de que está tentando fugir em vão.

Eulália fez voltar à tona o medo do reencontro consigo mesmo pensando que ele estivesse esquecido no cipoal espinhoso da maldade, não é, meu senhor?

Quase que acuado diante de tais argumentos, Drômio reagiu:

– Não tenho que lhe dar nenhuma satisfação de meus sentimentos ou do que vai dentro de minha mente.

Você não passa de um invasor ilegal que desrespeitou nossos tratados e que aqui foi aprisionado fazendo o que não deveria fazer.

— Mas o que é pior, senhor — falou Aristeu, sem intimidar-se —, é que sem minha ajuda, não haverá como resgatar Oliveira e, então, não terão nenhuma valia todos esses séculos de devotamento à causa do Maioral, porque isso não impedirá que a ira do seu líder recaia, inclemente, sobre a sua pessoa, serviçal e obediente há tantos séculos.

Fingindo não entender ou dar importância à lucidez com que Aristeu analisava a sua precária situação, Drômio continuou:

— Sim, preciso recuperar Oliveira e, se você me ajudar a fazê-lo, garanto-lhe privilégios que nunca nenhum outro serviçal meu aqui desfrutou.

— Já lhe disse, senhor, que só temo a consciência pesada e só ambiciono a consciência limpa.

Nenhum prêmio que me ofereça me fará ceder, tanto quanto nenhuma chicotada me fez falar. No entanto, se aceitar minhas condições, poderei levá-lo até o local, sem esperar nenhuma recompensa.

Ouvindo tais afirmativas, Drômio, que jamais pensara em negociar com um escravo em seus próprios domínios, respondeu:

— Que condições são essas, insolente?

— O senhor comunicará ao Maioral que conseguiu, finalmente, encontrar o paradeiro de Oliveira e da escrava fugitiva. Que deseja que ele próprio esteja presente no momento em que o resgate aconteça a fim de testemunhar a sua fidelidade e empenho na retomada do tão importante hóspede. Assim fazendo, eu aceito levá-lo até o local onde estão abrigados.

Quando lá chegarmos, eu e o senhor entraremos para que constate que se trata da referida personagem e, então, se for de seu desejo, poderá entregá-lo pessoalmente ao Maioral que, do lado de fora, estará esperando, assegurando para o senhor os prêmios pela fidelidade ao seu líder no Mal.

Se as coisas não forem feitas dessa maneira, não o levarei até o local onde ambos estão ocultados.

Vendo que não lhe restava muita escolha, Drômio afirmou:

— Mas e se isso for mais uma das armadilhas do maldito Cordeiro?

– Ora, senhor, Ele próprio não se opôs a que o matassem, quando poderia ter feito descer os exércitos invisíveis que aniquilariam todos os viventes. No entanto, se deixou imolar santamente. Jesus não intimida. Jesus nos aceita como somos e nos ama como ele é. Além do mais, estou cumprindo a minha palavra até aqui, não é?

– Sim...

– Pois então, é aceitar ou recusar. O senhor é quem decide.

Pensando nas vantagens que conseguiria com a recaptura de Oliveira, Drômio ordenou que Aristeu fosse reconduzido à prisão, onde deveria esperar a sua decisão, isolado de todos os demais presos.

Enquanto isso, permaneceria Drômio remoendo todas as palavras ditas pelo escravo que, em verdade, mais lhe parecia ser senhor valoroso e nobre do que servo.

Apesar disso, ele próprio sabia que não havia muita alternativa se desejasse garantir sua posição naquele reduto hierarquizado pelo medo e pela violência.

Se caísse em desgraça, perderia muito mais do que a consideração do Maioral. Perderia o respeito de todos uma vez que, ali, o respeito era baseado no poder de intimidação produzido pelos superiores sobre os subordinados.

Muito parecido com o que ainda são várias estruturas de poder no seio dos homens encarnados.

28

DESDOBRAMENTOS

Depois que retornaram da viagem, Clotilde e Leandro seguiram com suas vidas, normalmente. Ele morava sozinho em um apartamento na cidade e sua irmã vivia em casa com sua mãe.

No entanto, em função da intimidade e do envolvimento emocional de ambos, muitas vezes Clotilde deixava de pernoitar em casa, dando viagens como desculpas, passeios em companhia de amigas, para passar a noite com aquele que considerava o homem de sua vida.

Seus hormônios estavam em ebulição e, ainda que soubesse que não poderia casar com Leandro, desejava viver com ele.

Leandro, por sua vez, pouco afeito às questões morais e às suas conveniências ou inconveniências, procurava manter o relacionamento com a irmã em níveis de paz que lhe garantissem a harmonia com a mulher desejável, procurando, ao mesmo tempo, manter espaço para suas aventuras de rapaz, com outras moças disponíveis e fáceis.

No entanto, a atmosfera de "amor proibido" conferia ao relacionamento que mantinha com Clotilde um tempero especial que, por mais que pensasse em ignorar, mais e mais o atraía.

Sem contarem com qualquer tipo de elevação espiritual, bem representavam os milhares ou milhões de jovens de hoje, adeptos do prazer livre, do desfrute desenfreado, do "vamos ver o que dá pra ver como é que fica".

Cada vez mais, Clotilde se emaranhava em ilusões e sonhos mirabolantes, construídos com base em um sentimento amoroso indefinível, afundando-se na emoção atribulada e no esforço de manter o seu homem, custasse o que custasse.

Com as palavras, sempre deixava Leandro pensar que estava livre para viver sua vida como desejasse.

– Sabe Lê, eu sei que você tem mulheres que o perseguem sem parar, que querem ter você a qualquer custo. Eu sei que para os homens é fácil de obter e difícil de resistir.

– Sim, Clotilde. As coisas, hoje, estão desse jeito mesmo. É uma luta muito difícil.

– Ah! Seu cínico... – dizia ela, emaranhada em seus braços – deve ser mmuuuuuuuiiiiiiiittttoo difícil essa luta, mesmo!

– Ora, Clô, não goza comigo não... – respondia Leandro, entendendo a brincadeira. – A minha sorte é ter um mulherão como você, que me preenche as horas com um carinho muito difícil de encontrar com outras mulheres.

Sabendo que o irmão era muito cortejador, Clotilde respondeu:

– Bem, Lê, somos irmãos, e sempre vai haver a oposição das pessoas quanto ao nosso relacionamento.

– Sim, Clotilde, já conversamos sobre isso.

– Por isso, quero lhe dizer – falava ela, sem sinceridade alguma no que dizia –, que eu entendo suas aventuras, entendo suas escapadas, não acho ruim que você fique com uma aqui, outra ali,... nada sério... mas que a gente sempre possa estar juntos.

– Puxa, Clô, até que, como mulher, você é mais compreensiva do que eu pensava...

– Sabe, querido, assim você será sempre meu. Experimente o que é ruim por aí a fim de voltar sempre a procurar o que é bom... – revelava-se a irmã, maliciosa.

– Sua cobrinha safada... venha aqui que quero provar mais desse seu veneno... – falou Leandro, arrastando a irmã para as aventuras da intimidade.

Os dois jovens, na verdade, não queriam pensar nas questões

superiores da existência, sobretudo nos compromissos pessoais que exigiriam deles uma postura decidida diante do envolvimento afetivo.

Para ambos, a emoção erótica, o prazer sexual, justificavam todo o cenário de excitação dentro do qual ambos viviam.

Leandro pensava em uma forma de se livrar da irmã, mas passadas as horas, como o metal atraído pelo ímã, regressava aos seus braços ou a aceitava sem reservas.

Relacionava-se com outras mulheres, mas entre ele e as amantes, sempre surgia a figura da irmã, com quem realizava todas as fantasias e chegava a alturas inimagináveis no exercício das sensações.

Clotilde, por sua vez, se mantinha fiel, ainda que ele nunca o houvesse pedido. Fazia-o porque nutria um sentimento verdadeiro de carinho e devoção ao eleito de seu coração.

Nela, o sentimento dominava, atiçando a paixão carnal. Nele, a paixão carnal predominava, confundindo-lhe o sentimento.

O grande medo de Clotilde, portanto, era o de perder o seu par para alguma maluca que fosse mais arrojada do que ela própria.

Pensara em envenená-lo e matar-se, depois, para fugir desse tormento, escolhendo seguir os mesmos passos de Romeu e Julieta, na sua interpretação canhestra do amor impossível ou não compreendido. No entanto, depois de frustrada a iniciativa, a moça apagou de sua ideia a possibilidade de viver sem ele.

Ela se tornaria uma competidora por Leandro, mesmo que soubesse que ele não poderia pertencer-lhe total ou definitivamente.

No fundo, como sempre acontece com as amantes e os amantes em geral, todos sabem que aquele relacionamento está fadado a terminar. No entanto, todos ficam tentando adiar o seu fim, valendo-se de estratagemas, planos, estratégias e armadilhas emocionais, criando amarras que o mantenham vivo, realizando chantagens, dramas, ameaças, coisas típicas de criaturas sem caráter ou maturidade suficiente para aceitarem a recomposição das coisas aos estados anteriores.

Por isso é que se desenrolam as tragédias morais, que vão de reencarnação a reencarnação produzindo os ferimentos naqueles que se entregaram ao desfrute proibido ou inadequado, desrespeitando os sentimentos alheios.

A decisão de Clotilde ao desistir do intento duplamente criminoso, ao menos, preservava-os de todos os espinhos decorrentes do delito maior representado pela violência maiúscula.

Isso atenuava o trabalho de Custódio e Márcio que, como seus Espíritos protetores, se empenhavam em cumprir suas tarefas espinhosas, buscando meios de ajudar os jovens no amadurecimento das emoções sem a produção de maiores feridas para suas almas.

– Temos tido o cuidado de agir sem invadirmos seara alheia – falava Custódio ao amigo Márcio.

No entanto, Leandro insiste em manter uma vida dissoluta e irresponsável. Tal conduta o tem exposto a muitos perigos e, ainda que tenhamos conseguido afastar o fantasma do crime que rondou o caminho dos dois, não nos permite protegê-los a contento contra os ataques de entidades trevosas que se imantam aos dois e aos seus pensamentos lascivos e depravados.

Ao seu lado, Márcio respondeu, melancólico:

– É, meu amigo, como é difícil amarmos aqueles que não se amam. Como criar alguma defesa em favor daqueles que não desejam se defender? Por isso é que não temos muita coisa a fazer por aqui, enquanto perdurar em seus pensamentos a leviandade com que vem tratando as questões da sexualidade. Se Clotilde ainda estivesse aberta para outro relacionamento, isso seria mais fácil. No entanto, aliada aos Espíritos que a sustentam na ilusão do prazer e do sonho em ter o irmão como companheiro inseparável, aceita as aventuras do rapaz sem se incomodar com suas escapadas, desde que ele retorne para seus braços. Com isso, fecham-se para ela e para nós todos os caminhos que utilizaríamos para produzir algum tipo de ruptura ou afastamento.

– Leandro – falou Custódio –, pelos mesmos motivos, se aventura com diversas moças, mas com nenhuma consegue encontrar as emoções que compartilha com a irmã.

Surpreendo-o, em pleno ato sexual com outras mulheres, visualizando Clotilde no lugar daquela que se oferece à saciedade dos prazeres. Ele mesmo já não sabe se sente prazer com qualquer uma ou se só o sente quando imagina estar com a irmã.

Também tal confusão é produzida pelo excesso de poluição mental produzida pelas emoções desajustadas e viciadas no relacionamento incestuoso, amplificadas pela ação hipnótica dos Espíritos que a ambos se agregam com o intuito de sugar-lhes as forças genésicas em jogo nos relacionamentos da sexualidade.

Enquanto conversavam, diante do casal entregue aos jogos da intimidade, foram surpreendidos pela chegada de um velho conhecido, a quem ambos se ligavam por laços de gratidão e respeito.

– Doutor Bezerra! – exclamaram os dois, quase ao mesmo tempo.

– Olá, meus filhos... passei por aqui para abraçá-los e fortalecê-los nesta árdua tarefa de amar sem condição.

– Sim, doutor, bem disse o senhor o quão árdua é a função de proteger a quem não almeja proteger-se – comentou, Custódio, olhando para o casalzinho perdido no meio das carícias.

Afastando-os do ambiente para que pudessem conversar sem atrapalharem ou serem atrapalhados, o doutor Bezerra levou-os a um passeio pelos arredores, enquanto os abastecia de novas energias.

– Sabe, filhos, as demonstrações afetivas, em quaisquer áreas, são expressões de Deus dentro de nós. Alguns já entenderam que é diamante pulsando no próprio coração e, como o Divino Mestre, sublimaram a demonstração afetiva deixando-se matar sem defesa, fecundando nossos Espíritos com tamanho exemplo de carinho por nós.

Outros há que, em patamares diferentes, estamos estagiando na construção desse Amor Incondicional, procurando amparar de forma decisiva aos que nada querem de sério com a vida. Também comigo as frustrações a que vocês se referem são o "pão nosso de cada dia". Quantos irmãos atendemos, desejando-lhes o melhor em saúde e canalizando-lhes forças de sustentação da harmonia orgânica, mas que, no fundo, estão desejando, apenas, retornar ao velho gole de cachaça, aos abusos de todos os tipos ou sonham em se manter doentes para não precisarem fazer nada de útil.

Para muitos, meus filhos, a enfermidade também é uma espécie de ocupação que lhes toma o tempo, os pensamentos, as palavras e os objetivos.

Mesmo assim, o Amor Sublime nos empurra para o caminho de tentar ajudá-los da melhor forma possível. Se não sabem aproveitar o auxílio, serão visitados pelas consequências naturais que a inconsequência de suas condutas lhes garante: a DOR.

Por esse motivo, Custódio e Márcio, não precisamos deixar de amá-los ou nos entregarmos a sofrimentos pessoais, uma vez que, seja qual for o caminho que eles escolherem, estarão se aproximando de Deus, de uma forma ou de outra.

Silenciosos e admirados, ambos os protetores do casal permaneciam embevecidos com os conceitos de um Amor diferente, nobre e firme, ao mesmo tempo em que compreensivo e doce.

– Como estava dizendo, o Amor está identificado em diversos níveis de entendimento e de prática. E se temos esse que Jesus representa e o que vocês dois estão procurando viver, defendendo com o melhor de suas forças os irmãos encarnados, também temos que reconhecer a existência de outros níveis de entendimento acerca desse sublime sentimento, como acontece com nossos dois queridos irmãos, Leandro e Clotilde.

Estão emocionados com as descobertas físicas, entregando-se ao desfrute exagerado e ao consumo de forças que precisam ser controladas adequadamente, para que não se destrambelhem seus centros emocionais.

No entanto, filhos, a atração que os prende não é fruto de um momento de aventuras físicas apenas. Está vinculada a recuadas épocas nas quais ambos já viciaram os centros de energia pelos abusos compartilhados.

Em remota existência, todos estavam reunidos em um grande processo de exploração financeira da sexualidade. Administravam vasta rede de prostituição e licenciosidade que servia aos poderosos da época. Estamos falando de séculos recuados, nos períodos em que o mundo ainda não havia mergulhado nas trevas da Idade Média, e que Roma ainda mantinha seu predomínio político sobre os outros povos, ainda que já estivesse em declínio.

Eles e o grupo de entidades afins a que pertenciam organizavam os programas de libertinagem e obtinham o dinheiro fácil através das vítimas esfomeadas que a eles se entregavam, em busca das migalhas que caíam das abastadas mesas patrícias.

A manutenção de vasta parcela de povo em misérrimas condições favorecia a existência desse tráfico sexual com o qual mulheres ambiciosas, apesar de pobres, contavam para subirem os degraus da sociedade romana. Outras mulheres, honestas, mas enlouquecidas pela fome dos filhos, submetiam-se aos programas licenciosos, vendendo o corpo de noite para criar a prole de dia.

E nossos dois irmãozinhos estavam no núcleo desse triste programa, aliciando, oferecendo pessoas como mercadorias, trapaceando com as esperanças e sonhos de outras ingênuas criaturas.

Ao mesmo tempo, ambos desfrutavam desse clima de devassidão no qual chafurdavam igualmente e, associados no vício, se permitiam festas especiais somente para eles, verdadeiros festivais orgiásticos cuja finalidade era, sempre, criar clima de excitação superlativa para que se entregassem à troca de hormônios, profundamente envolvidos pela teia que construíram, como acontece com as aranhas que, por mais que se escondam das suas vítimas, acabam sempre envolvidas pela teia que as denuncia.

Assim, a afeição que estão demonstrando agora, tanto quanto a licenciosidade que se permitem viver nos braços alheios, é fruto desse conjunto de fatores que viciaram seus sentimentos no passado. Agora, a reencarnação os aproximou novamente, na condição de irmãos consanguíneos, junto do mesmo grupo de Espíritos que fazia parte das passadas e ricas orgias ante os poderosos da época, motivo pelo qual os dois não conseguem se afastar a contento e que, entre eles, o caráter libertino afrouxa as expectativas de fidelidade, reduzindo-as a uma justaposição de corpos e a compromissos pouco profundos.

Ainda assim, filhos, estão desenvolvendo o afeto, na direção do Amor Incondicional.

Talvez estejam semeando espinhos para si próprios. No entanto, hoje já não mais administram as redes de prostituição, ainda que se prostituam de alguma forma, fazendo parte delas ou as aceitando como coisa normal.

Leandro está atraído pela irmã sem conseguir frear-se ao contato com mulher do mesmo sangue. No entanto, nesse apego trará suas próprias lições com o tempo, uma vez que encontrará o espinho e a frustração naturais para todos os que acabam sentindo atração por algo ilegal ou proibido.

Clotilde, por sua vez, começa a desenvolver o respeito e a consideração pelo seu semelhante, suportando a situação de não poder ser a estrela principal, frustrada no desejo de ser esposa do homem que ama, mas menos perigosa do que no passado, tolera-lhe as condutas infiéis sem adotar a mesma conduta leviana do irmão.

Os dois são crianças brincando à beira do precipício, o mesmo abismo que construíram outrora e que poderá sorvê-los novamente.

Graças a vocês e ao auxílio de Jerônimo, Adelino e Cristiano, meus filhos, conseguimos evitar que resvalassem novamente para o fundo do buraco.

No entanto, precisamos estar atentos a fim de que, contra todos os tipos de preconceitos ou juízos negativos, nossa conduta espelhe o melhor que possamos fazer, mesmo dentro do pior que nossos irmãos encarnados estejam fazendo.

Outrora, Custódio e Márcio, ambos agenciavam o sexo desregrado, abastecendo homens inescrupulosos com a carne fácil e virgem que aliciavam. Agora, estão devorando a própria carne, não mais comprometendo-se com a triste conduta que é a de usar seus irmãos como mercadoria e levá-los à desgraça e ao crime.

Começam a reerguer-se diante de si mesmos e, assim, entre noites de prazer e dias de culpa, semanas de felicidade em anos de angústias, receberão na carne os mesmos espinhos que, um dia, espalharam por aí.

Se, agora, vocês dois não têm muito o que fazer no sentido de ajudá-los, preparem-se porque, não tardará o dia em que estarão estafados de tanto trabalhar, com a alegria de ajudar os dois na reconstrução de si mesmos.

Passei por aqui para abraçá-los e dizer que estejam a postos, já que tudo está sob a supervisão superior e nós, representantes sinceros e incondicionais do Divino Amigo no caminho dos aflitos, deveremos estar animados e a postos para ajudar a todos no aprendizado e no crescimento.

Não se culpem de nada o que venha a acontecer e, respeitando a Vontade de Deus, cooperem para que todas as leis do Universo tenham o seu curso natural, sem violência de qualquer tipo no sentido de obstar o seu livre fluxo.

Entendendo que o momento das despedidas se aproximava, Custódio e Márcio enxugaram as discretas lágrimas que escorriam de seus olhos, emocionados com a profundidade das lições sobre o Amor Incondicional e sobre os diversos níveis de Amor que a ignorância dos homens vivencia, agradecidos.

– Lembrem-se, meus queridos, estarei sempre em conexão com seus pensamentos e sentimentos e tudo o que vocês precisarem, como aconteceu no caso da tentativa de envenenamento, comuniquem-me para que nos unamos em uma forma rápida de auxílio. Nossos dois pombinhos precisam muito desta encarnação, tanto quanto outros irmãos que a eles se ligaram desde o passado.

Vamos ajudá-los com o melhor de nossas energias. Jesus precisa muito de vocês aqui junto deles.

Bezerra abraçou os dois protetores e despediu-se, feliz e animado com o curso dos fatos.

– Puxa, Custódio, como o doutor nos conhece, não é mesmo?

– Sim, Márcio... ele nos disse que estará sempre ligado conosco, mas eu não pensei que fosse assim, tão profundamente. Parece-me que estava ouvindo tudo o que falávamos aqui, há pouco.

– Isso mesmo, meu amigo. Eu também não pensava que nosso paizinho estivesse tão vinculado às nossas tarefas como ele demonstrou estar.

– Essa constatação nos faz mais responsáveis diante dos fatos que temos de administrar.

De minha parte, entendi nesses ensinamentos que não posso me deixar influenciar pela mais leve inclinação à crítica da conduta de meu protegido. Preciso deixar que o amor, dentro de mim, seja uma força luminosa sem qualquer tipo de sombra. E, ainda que vislumbre o sofrimento como fator retificador daquele que erra, é melhor ficar feliz todo dia pela oportunidade de exercitar esse Amor Incondicional que ainda não conheço.

Acho que é por isso que estou nesta tarefa de proteção. Não creio existir outra mais adequada para a gente aprender a Amar, apesar de todos os fatores adversos que surgem contra nossos impulsos amorosos.

Não devo mais censurar Leandro por seu envolvimento com a própria irmã, mesmo que o fizesse na condição do Pai que ama o filho, lastimando-o pelas escolhas erradas. Depois que Bezerra me fez entender o que motiva esta relação incestuosa, chamada pelos homens de relação espúria ou pecaminosa, passei a compreender que eles estão saindo de um patamar muito pior para um nível menos inferiorizado de experiências. E olhando as coisas desta forma, reconheço que o relacionamento incestuoso de hoje é menos grave do que o que vivenciaram no passado.

Além do fato de que tal comportamento irá produzir tantos espinhos em suas vidas que, em troca de alguns dias de prazer voluptuoso terão de enfrentar tormentas terríveis ao longo de muitos anos. Isso os irá educar, de alguma maneira.

Como ficar triste se, de tudo o que é mal, Deus permite que tiremos algo de bom?

Concordando com o amigo, Márcio abraçou-o, feliz, e ajuntou:

– Se estamos aqui, com os dois, Custódio, nesta tarefa de protegê-los, quem sabe se nós também, no passado, não estivemos com eles envolvidos em alguns de seus festejos, de suas orgias, não é?

– É, Márcio, sabe que não tinha pensado nisso? Quem sabe não éramos os romanos abastados que comprávamos a mercadoria que eles vendiam, não é?

Afinal, se tudo tem uma explicação, não deve ser por acaso que nós dois estamos junto deles, também...

※ ※ ※

Tão logo deixou os dois companheiros que se empenhavam na

proteção dos irmãos amantes, o Dr. Bezerra de Menezes dirigiu-se à residência de Leonor.

Iria observar os progressos havidos no tratamento de seu problema de saúde.

Sua chegada ao modesto lar foi motivo de alegria por parte de Jerônimo, Adelino e Cristiano.

– Que satisfação receber tão celeste visita – falou Adelino, enquanto era abraçado pelo Médico dos Pobres.

– De celeste, meus amigos, estejam certos que só há o carinho que Jesus nos envia e que, se assim me for possível portá-lo, venho trazer para todos neste lar de trabalho e esperança.

– Melhor presente não pode haver, querido doutor! – exclamou Jerônimo, enlaçando-o, respeitosamente, como um filho cheio de saudades.

– Que bom encontrá-los aqui, hoje. Desculpe-me não ter avisado antes sobre a visita, mas como dispunha de algum tempo livre, resolvi fazer esta modesta surpresa.

E nossa querida Leonor, já se adaptou ao trabalho no centro espírita?

A pergunta de Bezerra colheu a todos de surpresa.

Afinal, depois da entrevista que tiveram na já distante semana do carnaval, nunca mais se avistaram.

Somente um Espírito de tal hierarquia espiritual poderia aliar modéstia e clarividência tão exuberantes, sem perder a humildade que o caracterizava.

Procurando conter a surpresa, Jerônimo indicou Cristiano como o mais capacitado para responder à sua pergunta:

– Bem, doutor, nossa irmã está muito feliz com a possibilidade de ser útil. Graças ao amparo superior e ao carinho de Jerônimo e Adelino, nossa doentinha encontrou forças para encarar os problemas emocionais que, muitas vezes, são mais graves do que a própria doença.

Suas únicas preocupações, agora, são de ordem financeira. Não encontra recursos para submeter-se à operação física que precisa ser urgente, mas, ainda assim, não abdicou do pensamento generoso de servir aos seus outros irmãos de sofrimento, e, assim, segue trabalhando no ambulatório da casa espírita.

A nossa irmã Cláudia está tentando ajudá-la na parte da cirurgia física, ainda sem nenhum resultado promissor, tanto quanto Rosimeire busca convencer o irmão a se fazer presente nesta hora.

Feliz com o relato do protetor de Leonor, Bezerra cumprimentou-o pelos seus esforços obstinados no sentido de fortalecer o ânimo da doente, sem se deixar abater pelos obstáculos materiais.

– Quando temos o Espírito atento para as leis do Universo, Cristiano, nunca é tão difícil resolver as pendências financeiras, desde que o encarnado não procure fazê-lo de modo desonesto ou seguindo caminhos escusos.

Se os homens entendessem o quanto trabalham os Espíritos Amigos a seu benefício, sentiriam vergonha de ter, um dia, pensado que estavam sozinhos, tanto quanto em ter cogitado em agir desonestamente para conseguir suprir suas necessidades imediatas ou remotas.

Como Leonor não se entregou ao desânimo, ainda que possua motivos mais do que plausíveis para abraçar o medo ou a tristeza, se mantém conectada com as fontes soberanas do Universo, de onde promanam as bênçãos inumeráveis.

A sua resposta positiva aos ensinamentos recebidos a capacitam decididamente para enfrentar a última etapa de sua existência carnal na condição de doadora e não na de doente.

Os anos que restam de vida física estavam reservados para o resgate de certos equívocos que macularam sua alma no passado. No entanto, dependeria dela escolher a estrada na qual iria transitar os últimos quilômetros da jornada. Pelas suas deliberações livres e conscientes, Leonor escolheu a melhor parte e, realmente, como nos ensinou Jesus, isso não lhe será tirado. Poderia aceitar a vida como enferma, vítima de cirurgias retalhadoras, de procedimentos terapêuticos agressivos, apesar de visarem a recuperação. Tinha tudo para optar por chorar desmesuradamente, apagando-se como vela que vê a luz da saúde ir se convertendo, lentamente, na escuridão triste do fim.

Entretanto, meus filhos, sua reação demonstra a convicção de seu desejo de se tornar luz para os outros. Vocês não são capazes de imaginar o que significa cada jarra de café que ela prepara e serve a outros doentes, naquele pouso de esperanças. Não há quem consiga avaliar o quanto a Justiça do Universo se contenta com o menor gesto de entrega que, nascido no coração de um enfermo grave, se endereça para consolar outros que nem estejam em tão periclitante situação.

Não nos esqueçamos de que estamos governados pelo Amor Incondicional. E quando esse Amor encontra alguém que aceite representá-lo, o elege também como seu embaixador, sustentando-o contra todos os diagnósticos agourentos, contra todos os vaticínios negativos mais abalizados, contra todas as mais respeitáveis opiniões médicas.

O Amor Incondicional vê em Leonor a serva humilde que, passando por cima de si mesma e de sua própria desdita, quis tornar-se aquela que leva o copo da Água da Vida Eterna aos que não sabem onde encontrá-la.

E o está fazendo com tanto carinho e devotamento que, para o Amor Incondicional, Leonor onde está e fazendo o que faz é tão importante, hoje, quanto o são os médicos que ali prestam sua quota de doação em favor das Esperanças dos aflitos.

Entreolhando-se, espantados, com o tamanho do otimismo e entusiasmo do visitante sublime, Cristiano ousou perguntar:

– Mas só porque faz um pouco de café e limpa os banheiros, doutor? Será que só isso já é suficiente?

– Não, meu filho, não é só por isso. É que ela está fazendo isso em detrimento de sua própria dor pessoal. Está esquecendo-se para que outros encontrem um banheiro limpo, um café quente, um sorriso que os agasalhe.

Não é o tamanho da tarefa, Cristiano, mas a devoção com que a façamos, em favor de outras criaturas.

Quanto mais nos esquecemos, mais a Misericórdia se lembra de nós. Afinal, Jesus prometeu que nunca nos deixaria órfãos e cumpre tal promessa todos os dias.

Se já aprendemos a nos abandonar por amor aos que sofrem, passamos a ser sustentados pelos Departamentos Superiores da Vida que sabem quais são as nossas necessidades e mobilizam recursos verdadeiros para que elas sejam supridas.

Se Leonor ficasse em casa, entregue aos lamentos do leito e aos acúleos da dor, estaríamos ao seu lado, igualmente, mas ela não estaria se ajudando nem se inscrevendo nas fileiras desse Departamento de Bênçãos Celestes.

Estaria expurgando o mal do passado pelo sofrimento do presente. Teria seu corpo consumido lentamente, enfrentando as dores da enfermidade e as agonias do desconhecido, que se aproximaria muito mais depressa.

Nossos recursos magnéticos, quando muito, poderiam aliviar-lhe parte dos males físicos, mas não encontrariam eco ou resposta na acústica da mente e do Espírito.

Padeceria a chamada Lei de Retorno, mas não se aproveitaria da Lei de Misericórdia.

É isso do que se esquecem muitos enfermos em diversos graus ou tipos de enfermidade no mundo.

Procurando aprofundar o ensinamento, Adelino perguntou:

– Mas isso quer dizer que Leonor não vai desencarnar da enfermidade que se instalou em seu seio?

– Não sabemos, meus filhos. O que é certo é que ela vai regressar ao nosso convívio. Mais cedo ou mais tarde, de forma natural ou acidental, seu tempo de vida física se extinguirá, com câncer ou sem câncer. Vocês não imaginam o número de cancerosos que desencarnam todos os dias vitimados por gripes, por rupturas de artérias e que nunca souberam ou desconfiaram de que eram portadores de neoplasias diversas.

Todas elas estavam contidas pela ação vibratória elevada de que eram portadores, circunscritos a ambientes orgânicos isolados e sem produzir malefícios aos sistemas gerais. No entanto, apesar disso, chegara o momento do fenecimento físico, o que acabou motivando a extinção do tônus vital pela gripe violenta, que nada teve a ver com o câncer incógnito.

Então, o que nos cabe garantir-lhe como recurso sublime, que é abundante nos Departamentos Celestes administrados pela Misericórdia, é a oportunidade de tornar-se útil, de realizar coisas dignas de uma filha de Deus, melhorando a Terra de alguma maneira.

Garantir seu tempo final de existência na vida física é abreviar inumeráveis reencarnações futuras nas quais o Espírito se candidataria a regressar ao corpo para realizar algo de bom, algo esse que já começou a fazer agora. Assim, se hoje ela já tem um corpo, ainda que enfermo, que está sendo usado para fazer o que seu Espírito precisa fazer, muitas vezes a Bondade Divina concede que se afastem ou se congelem as causas do mal para que a vida de agora já se transforme em oportunidade aproveitada no hoje, antes de ser transformada em morte física e projeto incerto a precisar novo corpo no futuro.

Na ordem do Universo, a previdência e o planejamento estão de mãos dadas com a praticidade e a economia, de forma que, se se apresenta, agora, a condição favorável, recursos inumeráveis se orquestram para que os dias de trabalho se transformem em semanas, que as semanas virem meses e que os meses se convertam em anos, até que chega o dia da viagem de volta, quando as bagagens, outrora vazias de feitos, possam transportar algum tipo de valores espirituais que tenham curso no mundo da Verdade.

Certamente que Leonor vai desencarnar. No entanto, depois que começou a trabalhar no Bem, o como e o quando está guardado no cofre de Deus. Só o Pai poderá decidir quando terá chegado o momento e de que forma isso se dará.

Procurando dar uma outra direção ao assunto, Bezerra afirmou:

– E quanto a Rosimeire, como ela está?

– Parece-nos que segue bem, apoiando a mãe em tudo o que pode e superando as próprias dificuldades com o irmão – respondeu Jerônimo, solícito.

– Sim, está sendo fator muito decisivo junto à Leonor e, com relação ao jovem Clodoaldo, tenho estado com ele e não o vejo como a fonte generosa na qual Leonor possa se dessedentar.

Estou, no entanto, preocupado com a jovem. Rosimeire está

prestes a enfrentar momento muito cruel em sua jornada evolutiva e, assim, precisamos estar atentos para não permitirmos a sua derrocada.

Um Espírito encarnado que ainda não despertou para a própria riqueza interior está se ocupando de persegui-la, iludido pelo desequilíbrio do afeto e pelas facilidades da vida.

Observando a necessidade de os amigos envolvidos na questão saberem alguns detalhes sobre o caso, Bezerra passou a narrar, resumindo a história aos pontos mais importantes:

– Para que Rosimeire conseguisse o próprio sustento na cidade grande e, ainda, ajudasse a mãe nas necessidades básicas, aproveitou-se de facilidades que a beleza lhe conferiu nesta vida e, por algumas vezes, entregou-se à prostituição sempre fácil para moças bonitas vivendo em ambientes urbanos tão vastos e impessoais. As aventuras dos primeiros tempos nunca foram conhecidas de seus parentes e, tão logo conseguiu um momento de estabilidade financeira, arrependida por tal prática, afastou-se de todos os seus clientes e suas companheiras de leviandade, voltando-se para o desejo de realizar-se profissionalmente, no crescimento cultural tão importante a todos.

Assim, obrigou-se a uma postura de discrição, como se estivesse usando verdadeiro disfarce para esconder a antiga e, para sua consciência, vergonhosa vida a qual, apesar de dolorosa, não havia durado mais do que alguns amargos meses, não tendo chegado a um ano.

Tal conduta, ainda que por tão pouco tempo, foi a expressão de fragilidades de seu Espírito, viciado também no passado nessa área da afetividade, da sexualidade, cuja fraqueza está empenhada em combater, até hoje, com todas as forças de seu nobre caráter.

Para Rosimeire, afastar-se da cidade grande foi uma forma de regressar à segurança da família na companhia da mãezinha, que nem de longe imagina o que ela fez no passado para conseguir cooperar com sua manutenção.

Defrontada pela doença materna e incapacitada de poder solucionar o problema financeiro diante das burocracias da vida material, imaginou pedir ajuda a ex-patrão com quem nunca tivera nenhuma intimidade e em quem vislumbrava, apenas, um homem digno.

Entretanto, as forças do destino cobraram o preço devido, fazendo com que o leviano indivíduo, muito bem disfarçado em homem probo, se encantasse pela antiga funcionária que, sem os rigores do uniforme que lhe ocultavam a beleza natural, despertou no lobo o desejo de conquista.

Trata-se de homem casado, mas que não mantém nenhum tipo de ligação nobre com a responsabilidade familiar.

As retidão de caráter que Rosimeire soube manter, altiva, diante do leviano o apequenaram e, ao mesmo tempo, atiçaram-lhe a curiosidade e o desejo de conquistar a cobiçada presa.

Sabendo-a firme nos propósitos e não conseguindo identificar seu paradeiro, contratou investigadores, que levantaram a vida dela e que, por fim, identificaram seu paradeiro aqui junto a Leonor.

E tão competente foram tais investigações, que Rodrigo, o dono da empresa e ex-patrão de Rosimeire, está inteirado de seu período como prostituta e, com tal conhecimento, ainda mais estimulado a colocá-la no rol das que usa como deleite para suas fantasias de conquistador.

Sua personalidade imatura se mantém estimulada por um estilo de vida que mescla a ansiedade do adolescente que sonha conquistar e o prazer satisfeito, que se transforma em frustração quando acaba, por terminarem a euforia e o clima de novidade. Essa gangorra emocional lhe cobra novas aventuras com que ocupe suas horas de inutilidade e preencha suas carências interiores.

Rodrigo, assim, prepara-se para começar a assediar Rosimeire, fazendo-a sofrer as investidas solertes que a cercarão por todos os lados. Vai se colocar à disposição de Rosimeire para ajudar no tratamento de Leonor.

Rosimeire sabe que Rodrigo não está interessado na recuperação da saúde da mãe, mas, sim, em conseguir seduzi-la como homem impetuoso e imaturo que é. Por isso vai recusar a ajuda, frustrando o lobo astuto, que se sentirá ainda mais estimulado a continuar agindo. Assim, de todas as formas ele tentará prejudicar o tratamento de Leonor para que suas carências se avolumem e a filha acabe sucumbindo às suas exigências.

Por isso, apesar de ele tentar, primeiro, acercar-se delas pelo caminho da generosidade, não conseguirá seus objetivos junto à moça. Isso fará com que, segundo seu caráter infantil e pouco acostumado às recusas ou às derrotas, depois de fazer todo o possível para dificultar a vida da ambas, passe a chantagear a nossa filha querida, ameaçando revelar seu passado de prostituta.

Por isso, meus filhos, mantenhamos abertos nossos olhos e ajudemos a todos para que não se vejam tentados a fraquejar diante dos testemunhos necessários.

Diante deste relato, todos passaram a meditar sobre as dificuldades que os encarnados criam para seus próprios Espíritos, no esforço de corrigirem seus erros e de encontrarem respaldo para suas carências.

Alertados para todos os eventos que teriam pela frente, foram convidados por Bezerra, caso dispusessem de tempo, para acompanharem-no ao atendimento que o Médico dos Pobres iria realizar no interior de alguns templos religiosos diversos daquela cidade.

Felizes pelo convite, saíram todos na direção do primeiro templo, ficando apenas Cristiano a velar pelas elevadas vibrações espirituais que passaram a envolver o ambiente onde viviam Rosimeire e Leonor.

29

O CULTO, A MISSA E A REUNIÃO ESPÍRITA

A solicitude Divina que o Médico dos Pobres representava, não excluía nenhum dos filhos do celeste banquete de tal maneira que, acompanhado dos dois amigos e pupilos agradecidos, Bezerra dirigiu-se ao atendimento das necessidades variadas, que já eram objeto de prévia seleção em alguns templos religiosos existentes naquela comunidade, independentemente das peculiaridades de cada maneira de crer.

Iniciariam a tarefa em uma igreja evangélica que se encontrava repleta tanto de encarnados quanto de Espíritos.

– Não se espantem – explicava Bezerra – com as ocorrências que presenciarão junto aos nossos queridos irmãos que professam a fé segundo os ditames do pentecostalismo. Visando uma melhor eficácia da ação espiritual sobre as suas necessidades, trabalhamos com a observação seletiva dos casos de saúde mais graves, tarefa esta realizada por Espíritos amigos abnegados que examinam as condições específicas de cada irmão com base no teor vibratório, na luminosidade de suas almas, a força radiante de seus sentimentos e no tipo de imagem que plasmam à sua volta. Assim, não é difícil a constatação rápida sobre a existência ou não dos fatores favoráveis à recepção dos recursos terapêuticos que lhes serão dispensados, em um segundo momento. Assim, depois de selecionados por uma equipe de trabalhadores invisíveis, recebem a preparação magnética dos campos físicos e perispirituais comprometidos com o tratamento fluídico, permanecendo vibratoriamente isolados até a nossa chegada quando, então, com a cooperação dos médicos capacitados para o atendimento individual, receberão o tratamento.

– Mas, neste caso, como lidar com a questão da atmosfera fluídica do ambiente? Estariam esses centros religiosos em condições de auxiliar com sua estrutura espiritual a tarefa benemérita que se busca concretizar em favor de seus fiéis? – perguntou Jerônimo.

– Realmente, meus filhos, a construção dos edifícios espirituais mais robustos demanda solo firme, com alicerces rijos e fundações profundas para que aquilo que se erguerá sobre tais bases possa ganhar a dimensão e a altura que sejam ideais. Assim também ocorre com os diversos núcleos religiosos de quaisquer denominações na Terra. Quando a congregação dos ideais da fé se acha harmonizada segundo os ditames elevados da paz e das emissões de equilíbrio, resguardadas no silêncio da meditação, no recolhimento dos sentimentos sóbrios e elevados, encontramos a base adequada à expansibilidade das dádivas no atendimento de maior amplitude e qualidade. E isso porque, quando há ambiente harmonioso, cria-se um clima positivo e aberto na alma de grande parte dos presentes, entrando a maioria numa boa sintonia e, com isso, conectando-se com a abundância disponível. A introspecção espiritual abre as portas da consciência culpada para as meditações luminosas da esperança. E então, o luminoso bisturi divino pode penetrar e realizar o trabalho amoroso sem agredir aqueles que, endurecidos, não desejam o amparo por se encontrarem fechados nos círculos viciosos das ideias fixas, da ausência de consciência pessoal sobre as próprias responsabilidades.

No entanto, meus amigos, estamos aqui em trabalho de emergência.

Nem sempre o pronto-socorro pode contar com os requintes silenciosos e favoráveis de um centro cirúrgico. No entanto, não é por isso que deixará de estancar um sangramento, aplicar medicação adequada, sustentar a vida que está em risco, ainda que no meio do tumulto próprio de um setor de atendimento de emergência em qualquer hospital da Terra. É por isso que estamos aqui. Este é o pronto-socorro de Deus, que não pede as condições ideais para tentar manter vivos e com menos dores os Seus filhos amados.

Chegava a hora de agir.

Era nítida a diferença vibratória para os que chegavam da rua. O impacto das mentes em desarmonia repercutia no plano espiritual de maneira decisiva. Para surpresa dos dois acompanhantes, esperavam pelo grupo que Bezerra dirigia, os Espíritos elevados ligados ao Evangelismo que militavam naquele templo de Deus, procurando levar consolação e auxílio aos membros da comunidade humana que buscava proteção. Antigos Pastores devotados, líderes religiosos daquela comunidade e Espíritos de evangélicos desencarnados, se postavam na porta da Igreja para abraçar o médico devotado que para lá se dirigia a fim de incorporar-se ao esforço do Bem no tratamento dos aflitos. Abraçaram-se, fraternalmente, e fizeram-se as apresentações de praxe, sem delongas maiores para não prejudicar os compromissos que os aguardavam.

Havia mais de dois mil encarnados reunidos para o culto daquele horário.

– Como representantes de Deus em toda parte – explicava o Dr. Bezerra de Menezes –, temos as tarefas vinculadas ao local onde estejam as necessidades. E quanto maior é o número de encarnados reunidos, mais dores e feridas acumuladas, esperando atendimento. Infelizmente, não poderemos contar com os recursos da harmonia mental dos presentes, circunstância que, asserenando os pensamentos e sentimentos, facilitaria a intervenção do mundo invisível a favor deles.

– No entanto – falou Jeziel, o responsável espiritual pelo templo evangélico, antigo Pastor Protestante –, a constante referência ao demônio, as inúmeras solicitações financeiras e a exploração da culpa dos que procuram asilo sob seus tetos, notadamente nestes grandes agrupamentos que atraem massas inumeráveis, induz à proliferação de pensamentos de desajuste, de ambição desmedida, de angústias ou temores, que tornam extremamente adverso o trabalho dos benfeitores maiores, desejosos de favorecer os próprios encarnados necessitados. Observem o ambiente e constatem por si mesmos – aconselhou o bondoso Espírito.

A avaliação específica não foi menos elucidativa do que as palavras de Jeziel. Ali, misturados em uma grande sopa de forças conflitantes e densas, havia de tudo, mas predominavam emissões mentais que poderiam ser claramente definidas em faixas específicas, de acordo com a coloração e a forma das imagens produzidas pelos pensamentos.

Havia aqueles nos quais predominavam os interesses pessoais, portadores de uma ansiedade especulativa. Desejavam resolver problemas imediatos ligados à questão do dinheiro.

Observava-se, igualmente, em outra faixa de vibrações, os que se identificavam pelo peso da culpa, pelos erros cometidos e pela necessidade de se livrarem de tais resquícios.

Fora estes dois grandes grupos, encontravam-se também, de maneira muito marcante, os descompromissados, os curiosos, aqueles que vão só para ver como é e para ver se conseguem obter algum favor. Estes, no entanto, se viam mergulhados num oceano de gritos, de uma encenação impressionante através de testemunhos verdadeiros ou arranjados, de repetição de advertências contra a ação solerte de Satanás. Seria necessário possuir muita autoconfiança para que não saíssem dali amedrontados ou deveras impressionados com o que escutavam.

A ação dos dirigentes encarnados e seus ajudantes, todos bem orquestrados e interconectados por aparelhos de escuta e de transmissão rápida, era extremamente eficaz para garantir a melhor arrecadação e o maior número de adeptos.

Completando o grande mosaico de motivações ali reunidas, achavam-se os indiferentes da vida, os maldosos que pretendiam tomar bens alheios, os que compareciam para se encontrarem com rapazes ou moças que lhes interessavam aos desejos, negociantes que queriam melhorar o fluxo de caixa investindo algo nas promessas materiais imediatas da religião, gente interessada no poder mundano procurando o patrocínio da fé para seus golpes e tramoias, os aproveitadores e invejosos do sucesso alheio querendo conseguir explorar a religião para ver se tinham a mesma sorte dos que invejavam, os que queriam fazer propaganda de seu estabelecimento entre os devotos do culto, criando vinculação financeira com os pastores que difundissem a sua loja para, depois, retribuírem na forma do pagamento do dízimo, etc.

No meio deste heterogêneo público, todavia, existiam os sinceros devotos da fé, aqueles que estavam abertos ao contato superior e que, acostumados com a gritaria frenética e com os diversos lances teatrais, abriam-se para a ação positiva das forças amigas.

Se isso já era caótico do ponto de vista do ambiente material, do ponto de vista do mundo invisível, a coisa era muito pior. Isso porque, o número de entidades que se aglomerava no templo era de impressionar.

Para os dois mil encarnados que, aproximadamente, ali se comprimiam, havia mais de trinta mil Espíritos desajustados, vingativos, perseguidores, viciosos, doentes, atrelados aos encarnados ou atraídos pela concentração de energia vital abundante, como formigas que procuram o açúcar e se aglomeram ao redor do doce quando o encontram.

As trocas de fluidos densos motivavam mais desajustes entre os presentes.

As constantes referências a Satanás e aos Espíritos impuros não davam espaço às alvissareiras promessas do Cristo. Para muitos Espíritos aflitos, o denso ambiente piorava-lhes as sensações, impregnando-os com as emissões mentais desajustadas dos próprios encarnados, ao mesmo tempo em que a ingestão dos fluidos vitais que os vivos ofereciam em maior abundância intensificava nas entidades as fixações mentais mais ativas que carregavam. Alimentados pelas forças vitais que sugavam dos presentes, tais Espíritos se sentiam reviver, como se voltassem a experimentar o corpo carnal novamente, com todos os seus sofrimentos, as dores antigas, as enfermidades que os haviam vitimado na última jornada física.

Assim, agarrados a muitos dos encarnados assistentes do culto, eram vistos Espíritos, cuja mente em desalinho revivia os dramas pessoais por que haviam passado, com precisão e concretude. Assim, se haviam morrido em acidentes automobilísticos, voltavam a sangrar aos borbotões pelos membros dilacerados de seu corpo espiritual. Outros que haviam morrido queimados, se transformavam em tochas vivas, agitando-se no ambiente, em desespero, circundando os encarnados aos quais se ligavam.

Outros ainda, carregando motivos de ódio e perseguição, sentiam-se ainda mais fortes e vivos, envolvendo o pescoço de suas vítimas com a força magnética negativa de seus desejos de vingança, intentando despedaçá-los, piorando a pressão psíquica e fluídica que exerciam sobre os encarnados aos quais se conectavam.

A gritaria e o horror, do lado invisível do culto, eram extremamente mais grotescos e dignos de piedade do que o que acontecia no ambiente dos vivos na carne.

Impressionados com aquela cena que não lhes era de todo desconhecida, Jerônimo ponderou:

– Mas irmão Jeziel, como deverá ser difícil para vocês atuar a benefício dos encarnados nesta atmosfera...

– Por aí, meus filhos – contestou o antigo pregador, serenamente –, imaginamos o quanto Jesus deve ter sofrido ao projetar-se de sua elevação e tomar um corpo entre os homens, aqui permanecendo por mais de trinta anos.

Aproveitando o comentário do irmão que tinha sob sua responsabilidade o encaminhamento daquele grupamento de almas, Bezerra completou:

– Esse é o motivo principal para que também estejamos aqui, hoje, trabalhando no máximo Bem que pudermos fazer. Naturalmente que nem todos poderão ser atendidos porquanto nem todos desejam, por hora, os tesouros do Céu.

Como puderam ver, boa parte está aqui visando os tesouros da Terra. Entretanto, conseguimos identificar pelo menos duzentos e cinquenta encarnados que apresentam razoáveis condições interiores para receberem a ação fluídica curadora ou aliviadora de seus males.

Nossos enfermeiros devotados, atuando com a aparelhagem específica, selecionaram os candidatos, auscultaram suas necessidades e, demarcando suas mais graves carências, prepararam o campo para que, valendo-nos dos mesmos princípios energéticos que aqui abundam, doados pelos corpos dos próprios encarnados em êxtase ou em mecânica oração, possam ser manipulados para que se convertam em melhora física, em alívio espiritual, em equilíbrio psicológico, em afastamento de perturbações invisíveis, em fortalecimento da emoção desajustada, à procura de reequilíbrio.

Desejando maiores informações, Adelino obtemperou:

– Mas duzentos e cinquenta correspondem a mais de dez por cento dos presentes. Não me parece que haja tanta gente em mínimo equilíbrio para receber o benefício, doutor.

– Sim, meu querido, é verdade. No entanto, a Misericórdia Divina nos autoriza a valer-nos do menor resquício de boa vontade que seja encontrado no interior sincero de um irmão para aproveitar a oportunidade e investir no Bem que será semeado em sua alma, para benefício de seu organismo e sua emoção.

Ainda que seja uma abertura produzida pela ação da consciência de culpa ou pelo próprio medo de Satanás, geradora do arrependimento no coração, qualquer brecha é utilizada para ajudar aquele infeliz irmão, carente e aflito por si próprio, por lhe faltar compreensão mais elevada dos mecanismos da Lei Divina.

Por isso, Adelino, em que pese o acerto de sua observação, não somos os que devemos menoscabar a ocasião, mas, ao contrário, o Amor do Pai nos impele ao dever de prodigalizarmos seus recursos a todos os que, ainda que em mínima parte, consigam receber algo de sua fonte.

Só não atendemos aos que, indiferentes e sem quaisquer ligações superiores, transformam este ambiente, que deveria ser sagrado para todos, em um balcão de negócios, não apresentando a menor inclinação para a melhoria, para o bom pensamento, para a elevação da alma. E você pôde ver quanta gente está aqui nestas condições. Estarão eles à mercê de si próprios porquanto, em que pese estarem escutando a pregação e agindo como doadores de grandes somas, estão em busca do Reino dos Homens. Eles bem espelham aqueles aos quais se refere Jesus quando nos ensina. Mateus, Capítulo VII, v. 21, 22, 23:

"Aqueles que dizem: Senhor! Senhor! Não entrarão todos no reino dos céus; mas somente entrará aquele que faz a vontade do meu Pai que está nos céus. Vários me dirão naquele dia: Senhor! Senhor! Não profetizamos em vosso nome? Não expulsamos os demônios em vosso nome e não fizemos vários milagres em vosso nome? E então eu lhes direi claramente: Retirai-vos de mim, vós que fazeis obras de iniquidade."

Andaram com o Senhor, falaram e expulsaram o "demônio" em seu nome, ouviram-lhe a pregação e os ensinamentos com os próprios ouvidos e, apesar disso, não são reconhecidos a não ser como cometedores de iniquidades, buscadores das recompensas da Terra, com as quais se contentam e graças às quais se verão banidos para outros ambientes menos luminosos e favoráveis.

Demonstrando que chegara o momento de atuar, convidou os amigos a acompanhá-lo, distribuindo tarefas.

Tanto Jerônimo quanto Adelino se puseram a postos, empregando a ação fluídica direta sobre as áreas físicas ou perispirituais dos presentes, intervindo em cada um com a destreza que lhes caracterizava a ação, valendo-se dos recursos espirituais disponíveis sobre os quais impunham o teor de forças pessoais mobilizando a vontade firme, manipulando tais massas fluídicas para a ação sobre feridas internas, tumores crescentes, obstruções arteriais ou venosas, desligamento de entidades perseguidoras, alívio de pressões neurológicas produzidas por acúmulo de culpas ou de remorsos, fortalecimento de tecidos cardíacos para prevenção de enfartos não previstos ou planejados.

Cada um dos encarnados selecionados no meio da grande turba agitada estava revestido de um halo de energias luminosas sustentado por um Espírito amigo que se encarregava daquela tarefa e era auxiliado, quando possível, pelo Espírito protetor do encarnado, favorecendo, com isso, a manutenção de um campo favorável à ação energética benéfica, atmosfera esta que permaneceria envolvendo o interessado mesmo depois que o atendimento terminasse, se ele soubesse preservá-la com o cultivo de bons pensamentos e sentimentos.

Por todo o salão, Bezerra, Jeziel, Jerônimo, Adelino e outros médicos, que se conjugavam para o sagrado exercício da medicina da alma, se espalharam atendendo com rapidez e eficiência a todos os que já tinham sido previamente identificados com a mesma atmosfera benfazeja.

Em menos de vinte e cinco minutos de trabalho bem coordenado, contando com o amparo dos Espíritos que lá trabalhavam constantemente, todos os duzentos e cinquenta encarnados tinham sido cirurgiados pelas bênçãos do Amor Divino, enquanto que os demais continuavam envolvidos pela cerimônia ruidosa.

Assim que saíram, depois de se despedirem dos dirigentes evangélicos daquela Igreja, Bezerra ponderou:

– Aqui pudemos nos defrontar com um grande grupo de encarnados que se caracteriza, em sua grande maioria, pela ligação com Deus na busca de interesses imediatos ou pelo medo do mal, representado pela figura alegórica de Satanás. Seguiremos, agora, em uma rápida visita a um templo católico, onde desempenharemos as mesmas tarefas que aqui foram realizadas, seguindo o mesmo método preparatório, ainda que a tarefa seja diferente na questão do volume.

Felizes, os dois Espíritos, que se vinculavam profundamente ao querido médico sublime, acompanharam-no a uma grande catedral existente na mesma cidade do templo evangélico que haviam acabado de deixar, em cuja entrada se repetiu a recepção por parte dos clérigos espirituais que mantinham missões elevadas junto daquele grupo de fiéis.

A atmosfera reinante era muito diferente. Silêncio, reverência, conversação discreta ajudavam a harmonizar as emissões mentais dos presentes.

No entanto, o número dos encarnados ali contrastava com a aglomeração dos irmãos evangélicos.

Apesar de ser ampla a igreja, não mais de quinhentas pessoas se apresentavam para os serviços religiosos da noite.

Não obstante existir mais facilidade para o trabalho socorrista em virtude da menor poluição fluídica da área circundante, não era mais favorável nem mais receptiva aquela atmosfera do que a outra.

Os fiéis ali se colocavam como peças desconectadas do grande ato que as esperava. Pareciam espectadores de um evento no qual não tomariam parte a não ser para aplaudir nos momentos indicados ou para falar o que lhes fosse assinalado.

Amolentadas pela repetição, as pessoas ali sentadas eram, em sua maioria, apenas e tão somente, cumpridoras da obrigação religiosa, envolvidas pelos rituais da liturgia.

A cerimônia ia pela metade.

Assumindo suas elevadas funções religiosas no altar iluminado pelas forças espirituais, o sacerdote encarnado, intensamente assistido por luminosa entidade de antigo lidador do Evangelho nas acepções do Cristianismo Primitivo, ainda que administrando as regras litúrgicas como deveria fazer, emitia vibrações de sincero devotamento, procurando falar com o coração acerca das verdades cristãs, orientando o rebanho sob sua tutela generosa.

Boa parte das pessoas presentes, no entanto, não se conectava à essência espiritual da mensagem. Podiam elas ser subdivididas em tradicionalistas, que se aferravam cegamente aos ensinamentos de seus ancestrais e que, de forma cerimoniosa, aceitavam e realizavam os passos do rito como quem estivesse seguro de que a fé fosse aquele padrão de gestos e palavras ali proferidos em repetição.

Outros tinham a mente em seus negócios comerciais e planos materiais, imaginando as melhores formas de lucrar, obtendo mais clientes e recursos para suas iniciativas lucrativas.

Outros, ainda, apesar de todo o esforço do sacerdote bem intencionado e assistido por Espíritos luminosos, escutavam-lhe as palavras, sem qualquer emoção, como quem aguardava com ansiedade a hora da saída, quando poderiam se refestelar no esperado jantar ou no programa televisivo de sua predileção. Isso sem se falar dos que ali pensavam nas mulheres e maridos alheios e dos que transformavam o ato religioso em um evento social através da ostentação das vestes.

Somente um reduzido grupo de fiéis orava como verdadeiros e devotados Soldados do Bem, católicos generosos e comprometidos com os ideais de Jesus, atuando na caridade real, servindo por amor aos sofredores da Terra. Para estes, inclusive, muitas das leviandades humanas ali representadas nas atitudes superficiais dos frequentadores de ocasião eram dignas de censura, não compactuando com esses procedimentos. Aproximadamente um quinto dos presentes era bafejado por essa nobreza da fé, sustentando com suas orações nascidas do coração o esforço do padre, que encaminhava a missa para a sua finalização, procurando infundir o sentimento de bondade e responsabilidade no coração das ovelhas de seu rebanho.

– Entenderam por que, aqui, haverá um volume menor de benefícios espirituais a serem espalhados, meus filhos?

– Sim, doutor, o frio do ambiente não favorece o calor das bênçãos divinas.

– Isso, Adelino. Infelizmente, estes irmãos cristãos católicos, com as exceções dignas de menção, transformaram o momento da oração elevada e pura a que Jesus se refere no Evangelho, na manifestação ritualística, numa cerimônia com a qual os profitentes imaginam ser cumpridores da fé.

— Os que se separam em cristãos praticantes ou cristãos não praticantes, como costumam se qualificar eles mesmos — aduziu Nicolau, o Espírito responsável pela acolhida a Bezerra e seus acompanhantes.

— Observamos que, para a maioria deles, a palavra praticante não está vinculada ao serviço imediato junto aos que sofrem, como aconselhara Jesus — explicou o ancião bondoso, elucidando a questão.
— Para a maioria, "praticante" significa assistente de culto, participante de ritual, cumpridor de deveres referentes à frequência à sua paróquia predileta. Isso tem produzido uma série de distorções dentro do seio da própria Igreja uma vez que, de uma forma ou de outra, corresponde ao afastamento real do caminho pregado por Jesus.

Esclarecendo o atendimento da noite, Bezerra aduziu:

— Assim, apesar de haver quinhentas pessoas nesta noite, das quais apenas cento e oito estão vibrando com sinceridade, só poderemos atender eficazmente a vinte e duas delas, aquelas que, apesar deste contexto superficial, conseguiram elevar-se acima do convencionalismo e sintonizaram com as forças superiores que aqui, tanto quanto no culto evangélico, supervisionam as expressões da fé através da qual os homens dizem querer se aproximar de Deus.

Para entender melhor os requisitos existentes no mundo interior dos vinte e dois que poderão ser satisfatoriamente atendidos, observemos, dentre os que se candidatam ao tratamento, três irmãos que irão receber o amparo das Forças Superiores a fim de que se fortifiquem.

São duas mulheres e um jovem.

Todos estão envolvidos pela dor. Uma descobriu que está com câncer e a outra está desesperada pela filha que, iludida pelas aventuras da juventude, envolveu-se fisicamente com um traficante de drogas que, por não aceitar a ruptura do relacionamento, ameaça o equilíbrio e a vida de todos os integrantes de sua família.

Já o rapaz, conquanto jovem ainda, está desempregado e sobrecarregado com as responsabilidades da prole que precisa criar. Por isso, solicita, quase em desespero, que Deus o ajude a encontrar trabalho. Ainda que não tenha coragem de mencionar em sua rogativa, já lhe está passando pela mente a hipótese de matar os filhos que não consegue alimentar e, em seguida, tirar a própria vida, já que também lhe faz falta a companheira, que o abandonou por não aceitar viver na penúria. Está se valendo do precário socorro de sua mãe, a avó paterna das crianças. No entanto, a senhora não dispõe de saúde adequada para ser pajem de dois meninos espertos e dinâmicos.

As rogativas dos três são tão potentes, que se tornam capazes de cortar o espaço frio deste ambiente e conectar-se aos recursos dos planos superiores, recursos que estão disponíveis para todos, mas que não são aproveitados pela maioria dos indiferentes, que a eles não se vinculam por uma fé viva e sincera.

Por isso estamos aqui.

No ambiente espiritual da catedral, ao lado dos quinhentos encarnados, agitavam-se mais de seis mil entidades espirituais participantes do ato religioso, tanto como antigos clérigos, homens abastados, que perderam o corpo carnal e não encontraram o paraíso que haviam pensado ter conquistado pelas doações materiais e ex-católicos, que perderam o corpo sem terem perdido a fé nos antigos dogmas religiosos.

Outras entidades se agregavam aos encarnados, pouco preocupadas com o culto exterior e, sim, com os planos íntimos que escutavam no pensamento dos vivos, acompanhando-os passo a passo para melhor manipulá-los.

O caleidoscópio de Espíritos em diversos níveis, todos inferiores, dava para amolecer o mais duro coração. No entanto, todos ali estavam dentro da Casa do Pai, com acesso fácil às coisas de Deus, ouvindo a palavra de Jesus, recebendo a inspiração de benfeitores sublimes aos quais, no entanto, se faziam surdos.

Observando a conduta dos encarnados para com as coisas sublimes do Espírito, Nicolau asseverou, antes que Bezerra iniciasse o atendimento dos vinte e dois, entre os quais estavam os três necessitados em súplica emocionada:

– Tarda nas consciências o entendimento do sentido real das palavras de Jesus. Ainda está carente de efeitos mais significativos a afirmativa do Divino Mestre que nos encaminha para o Amor ao próximo como a nós mesmos.

Aproximaram-se os três amigos trabalhadores do Bem, acompanhados dos Espíritos benfeitores que atuavam, pacientes e devotados, junto ao grupo dos cristãos indiferentes que ali se reuniam e, assim, usando das energias superiores e das emanadas dos próprios encarnados, puderam atender tanto às necessidades ligadas diretamente à enfermidade, quanto envolveram-nos com forças e ânimo, boa intuição e coragem, para que não se deixassem arrebatar pelo medo, pela insensatez, pelo abatimento ou pela depressão, recomendando-os, igualmente, aos cuidados dos Departamentos Espirituais responsáveis pelos atendimentos materiais que, com diligência e antecipação, já estavam a cargo das suas necessidades antes mesmo que elas fossem objeto de petições e rezas.

Terminado o atendimento e despedindo-se dos irmãos espirituais responsáveis por aquela Casa de Deus, Bezerra abraçou os dois amigos que o acompanhavam e lhes disse:

– Filhos, resta-nos atender a última instituição desta noite. Vamos ao centro espírita.

Felizes com a notícia, aceitaram a convocação que lhes significava ir visitar a própria casa.

Chegaram ao local onde, sem maiores diferenças, a população desencarnada era muito maior do que os pouco mais de oitenta vivos na carne que se sentavam no modesto salão esperando o início da reunião. O ambiente espiritual era dos melhores. Espíritos, organizados segundo suas funções, selecionavam as entidades aflitas que chegavam acompanhando os encarnados ou trazidas por equipes socorristas. Na esfera física, no entanto, apesar de haver música no ambiente, a maioria dos presentes era uma cópia pouco melhorada dos assistentes do culto católico. Aberta para receber qualquer necessitado, a casa espírita não diferia de outro templo religioso, a acolher os que entram. No entanto, mesmo entre os que se faziam frequentadores assíduos, custava penetrar em suas ideias a noção de disciplina do pensamento e a urgência da limpeza dos sentimentos.

Entre eles havia todo tipo de conflito. Alguns se queixavam mentalmente das dores materiais. Outros temiam a ação das entidades obsessoras, pedindo soluções imediatas. Outros conversavam sobre trivialidades, imaginando que estavam, apenas, esperando o início de uma reunião social.

Alguns espíritas de longa data, perdiam-se em pensamentos conflitivos, apresentando seus interesses pessoais em desacordo com as atividades que realizavam na instituição. Outros questionavam a capacidade daquele palestrante que iria lhes dirigir a mensagem na noite. Outros mais pediam a solução de problemas de dinheiro, com a conquista do emprego, da promoção, da troca da moradia por outra melhor. Havia de tudo.

Novamente, se repetia a questão da harmonia mental.

– Vejam, filhos, o problema não é de denominação religiosa. É de sinceridade de alma e disciplina de vontade. Não podemos deixar de considerar que, em realidade, a Doutrina Espírita fornece os mais claros instrumentos de compreensão das Verdades da Alma a qualquer um que as desejar. No entanto, o Cristianismo é o mesmo dos Evangélicos e dos Católicos. Assim, não estão dispensados do próprio esforço no equilíbrio emocional, nos embates morais, no quinhão do testemunho da dor física ou da decepção nas lutas do mundo. No entanto, boa parte deles acredita que, depois de aqui ter aportado, está imunizado dos males do mundo e das exigências de transformação urgente. Colocam-se, dessa forma, como candidatos às benesses divinas, sem se ocuparem com o traje nupcial. Por esse motivo, veremos aqui, nesta instituição, ainda menos espaço para a ação do Bem em favor dos seus frequentadores.

Conhecem os mecanismos mediúnicos, sabem das forças fluídicas e suas características. Por isso, deveriam estar melhor preparados na parte que lhes cabe. E com exceção de alguns trabalhadores sinceros e alertas que aqui prestam sua cooperação desinteressada, os demais que hoje se apresentam para a reunião se parecem mais aos espantalhos de milharal, aqueles bonecos que são colocados nas culturas com a finalidade de se parecerem com homens, mas que não deixam de ser, simplesmente, bonecos. Irmãos que são conhecedores da Verdade Libertadora, infelizmente, se permitem apenas a rotineira atividade na instituição espírita, imaginando que o Cristianismo Espírita é, apenas, a ação do passe magnético, a recepção de Espíritos em reuniões de desobsessão, o serviço da sopa ou da costura, esquecendo-se de que o Senhor estabeleceu, antes de qualquer trabalho, de qualquer curso que prepara o intelecto, de qualquer certame do saber, a ensinamento do "ESPÍRITAS, AMAI-VOS!"

Assim, meus filhos, se há alguma diferença entre este ambiente e os anteriores que visitamos, considerando o grau de conhecimento espiritual dos seus frequentadores, podemos dizer que, aqui, teremos menos condições de atuar porque, dotados de maiores bênçãos do entendimento, não acordaram para as próprias responsabilidades.

A direção espiritual deste centro está empenhada em fazer amadurecer o senso moral e a responsabilidade individual perante os ensinamentos do Cristo e, enquanto os próprios interessados não se dispuserem a realizar a lição que lhes foi atribuída, não poderão esperar pelas dádivas que só estão disponíveis para os servos fiéis. Aqui estaremos para o amparo de emergência a duas irmãs que estão lutando contra enfermidades variadas e que, apesar disso, têm demonstrado superior empenho no domínio das inclinações inferiores, graças ao exercício das lições aqui escutadas e conhecidas através das inúmeras leituras a que têm tido acesso.

São credoras da consideração espiritual porque têm mantido o pensamento limpo e não agasalham no sentimento qualquer tipo de nódoa mais grave, sabendo vencer as convocações do orgulho de liderança, da vaidade do intelecto, da importância do mando, do juízo negativo a respeito de seus irmãos de humanidade.

Atendamos a ambas porque, quanto aos demais, estão bem amparados pela Doutrina Consoladora, pelas forças do bem que aqui estão amplamente orquestradas para os trabalhos superiores da Esperança.

Depois de terem realizado os procedimentos adequados sobre as duas irmãs que, ungidas pela fé e pela prática, se mantinham em preces fervorosas em um recanto do salão, Bezerra conduziu os dois amigos para fora da instituição para as despedidas.

– Se posso resumir nossas experiências, comparemos a ação divina à do médico devotado:

Quando convocado a atuar nas distantes regiões desprovidas de recursos, promove todos os esforços e releva todas as limitações produzidas pela escassez de meios, pela carência de materiais e procura fazer o melhor para o maior número de pessoas, ainda que despreparadas para entenderem o que significam os cuidados da medicina.

Quando convocado a agir entre aqueles que já se acham nas proximidades dos prontos-socorros, dos centros de saúde, sabe que esses recursos facilitam o acesso dos próprios enfermos a certas práticas que os beneficiarão, independentemente do próprio médico, evitando que contraiam as enfermidades em virtude da falta de orientação. Assim, apesar de atender com todos os seus conhecimentos, sabe encaminhar para o posto de saúde aqueles que precisam mais de orientação do que de cirurgia.

Agora, quando convocado a agir dentro do centro cirúrgico, não adotará as mesmas técnicas utilizadas para o atendimento indiscriminado aos que estavam nas regiões insalubres e carentes, ou aos que podem ter seus problemas resolvidos no atendimento preventivo. O doente do centro cirúrgico deverá estar preparado para a cirurgia, higienizado, banhado, vestido adequadamente, já submetido a todos os procedimentos prévios para que a intervenção seja bem sucedida.

Por esse motivo, cada enfermo deverá relacionar-se com as forças superiores do Espírito, no padrão de suas possibilidades, abrindo-se ao máximo e não deixando de realizar a sua parte na obra do bem que o prepara para os benefícios a que se candidate. No entanto, mais se exigirá do enfermo do centro cirúrgico do que de qualquer outro.

Não basta, pois, entrar nas igrejas. É preciso deixar que Jesus, efetivamente, entre nos templos internos para que o equilíbrio se manifeste em benefício do religioso de qualquer denominação.

Para os religiosos de todos os tipos, ainda estão valendo as palavras do Divino Amigo, encontradas em Lucas, cap. XIII, v. 23 a 30 :

"Alguém lhe tendo feito esta pergunta: Senhor, haverá os que se salvam? Ele lhe respondeu: Fazei esforços para entrar pela porta estreita, porque eu vos asseguro que vários procurarão por ela entrar e não o poderão. E quando o pai de família tiver entrado e fechado a porta, e que vós estando do lado de fora, começardes a bater, dizendo: Senhor, abri-nos; ele vos responderá: Eu não sei de onde sois. Então recomeçareis a dizer: Comemos e bebemos em vossa presença e vós ensinastes em nossas praças públicas. E ele vos responderá: Eu não sei de onde sois. Retirai-vos de mim, todos vós que cometeis a iniquidade.

Será, então, que haverá prantos e ranger de dentes, quando vereis que Abraão, Isac, Jacó e todos os profetas estarão no reino de Deus e que vós outros sereis enxotados para fora. Virão do Oriente e do Ocidente, do Setentrião e do Meio-Dia, os que terão lugar no festim do Reino de Deus. Então aqueles que são os últimos serão os primeiros e aqueles que são os primeiros, serão os últimos."

Referindo-se, por fim, aos trabalhos junto das personagens que lhes ocupavam as preocupações imediatas, Bezerra arrematou:

– Continuem firmes na tarefa que lhes foi atribuída junto de Leonor e nossos outros irmãozinhos encarnados porquanto estamos ingressando na reta final de seus dramas pessoais, sem nos esquecermos de que, sobre todos nós, o planejamento superior nos guia os passos, ainda que, em um primeiro momento, não consigamos compreender os seus objetivos.

Quando se fizer indispensável, chamem-me e estarei sempre disposto a atendê-los com minhas modestas forças, a benefício de nossos tutelados.

Terminada a educativa excursão, regressaram todos aos seus núcleos de serviço, enriquecidos com a noção de que Deus jamais abandona as criaturas aflitas, não importando o rótulo religioso que apresentem, ainda que nem todos estejam dispostos a receber as bênçãos do Criador, nas forças revigorantes, nas disposições morais renovadas, na modificação de condutas, na abstenção de atitudes ou pensamentos, na transformação de si mesmos.

Infelizmente, a maioria ainda tentava o apoio do Reino de Deus para a conquista do reino dos homens.

30

O JOGO MESQUINHO

Rodrigo, como afirmara o doutor Bezerra, já se organizava para abordar Rosimeire.

Com todas as informações sobre a sua vida pessoal recolhidas pelos seus investigadores eficientes, sua mente era estimulada pela antevisão dos lances da conquista, antevendo o sucesso final tão almejado.

Com o início de seu projeto de aproximação, o homem viciado em invigilância de todos os tipos se aproximara ainda mais das entidades que o exploravam emocionalmente e que também vivenciavam a euforia juvenil daquele que já havia passado do tempo das ilusões da adolescência.

Rodrigo se sentia regressar aos períodos juvenis, quando a perspectiva do amor correspondido, das primeiras carícias e da aventura ativavam emoções desconhecidas e exuberantes, agora revividas pelo projeto que arquitetava.

Já detinha o endereço da moça, já sabia que ela havia sido uma jovem que se prostituíra na cidade grande, já tinha conhecimento do estado de saúde de sua mãe por conta das próprias palavras de Rosimeire.

Tinha certeza de que a moça deveria temer que os parentes ou conhecidos soubessem das práticas escusas de seu passado. Da mesma forma, Rodrigo era detentor de imensos recursos que lhe garantiam uma sossegada vida familiar, também lhe propiciavam condição para sustentar prazeres com outras mulheres, sem que isso levantasse qualquer suspeita no meio dos mais íntimos.

Diante desse quadro, passou a deslocar-se de sua cidade até a pequena comunidade não muito distante onde Rosimeire residia.

Nessas idas, identificou a sua moradia e, mantendo-se incógnito, observava as atividades da modesta casinha, percebendo que, em determinada hora da manhã, a mãe saía de casa e a ela só regressava lá pelo meio da tarde.

Durante esse tempo, Rosimeire permanecia na residência, só saindo para as pequenas tarefas diárias, como ir à padaria, ao supermercado, ou procurar o tão necessário trabalho remunerado.

Dentro dessa rotina, Rodrigo organizou seu plano de ataque.

Assim que a mãe de Rosimeire deixasse o lar, se apresentaria solicitando um entendimento.

Não lhe seria difícil conseguir privacidade diante do isolamento do lugar e da solidão da casa.

Assim, escolhendo o dia adequado, esperou que Rosimeire estivesse sozinha e deu início ao seu plano.

Desceu do carro e tocou a campainha.

Surpresa com uma visita já pela manhã, Rosimeire ficou ainda mais perplexa quando constatou que ali estava seu antigo chefe.

Para impressionar a moça, Rodrigo estava muito bem arrumado, sem luxo, mas com muito estilo e bom gosto, do tipo que atrairia qualquer mulher. Não sendo mais um menino, já que andava pela casa dos quarenta, Rodrigo mantinha-se em forma, e a sua estatura ajudava nas aventuras de Don Juan que empreendia, costumeiramente infalíveis.

– Bom dia, Rosimeire – falou ele, pretendendo ser simpático.

– Seu Rodrigo... o senhor por aqui? O que aconteceu? – perguntou ela, desconfiada com aquela presença inusual.

– Gostaria de conversar um pouco com você.

Sentindo a presença firme e marcante dos Espíritos amigos que a ajudavam, principalmente de Gabriela, a entidade protetora que retomara a tarefa de guardiã a partir do momento em que Rosimeire abdicou da vida leviana que havia escolhido, respondeu de forma direta:

– Não posso recebê-lo aqui em casa porque estou sozinha e

não seria adequada a sua presença sem que minha mãe estivesse conosco.

Esse foi o primeiro obstáculo com o qual Rodrigo não contava.

Experiente, porém, manejou o raciocínio rápido e disse, escondendo a contrariedade:

– Claro, certamente. Afinal, o que as pessoas não irão dizer de uma jovem que, sozinha, recebe um homem dentro da própria casa, em plena luz do dia, não é mesmo? No entanto, preciso falar com você sobre a sua mãe e acho que não seria adequado tratarmos desse assunto aqui, desse jeito. Que tal se nos dirigirmos a alguma padaria ou restaurante e tomarmos um café enquanto conversamos?

– Mas sobre o que o senhor deseja falar?

– Ora, Rosimeire, eu fui muito injusto com você quando nos encontramos pela última vez e isso não me sai da cabeça. Além do mais, o delicado estado de saúde de sua mãe necessita de ação rápida. É sobre isso que gostaria de conversar.

Pensando na genitora e em sua angústia interior, à espera do amparo financeiro de algum lado, Rosimeire ponderou que, realmente, Rodrigo poderia estar sendo a resposta às suas orações. Afinal, já o havia descartado, nada mais esperando de sua parte. Se ele se dera ao trabalho de encontrá-la tão longe do trabalho é porque, de alguma forma, aquele deveria ser um sinal favorável.

– Bem... – disse ela um pouco relutante – se é por isso, espere um instante que vou me trocar e já venho.

– Estarei esperando aqui no carro.

Rosimeire voltou para dentro de casa. Rodrigo foi para o veículo novinho que estava estacionado no outro lado da rua enquanto que Conceição, a vizinha bisbilhoteira, voltava para seu caderninho de anotações:

– Bem que eu imaginava que a "virtuosa", por fim, ia assumir como a boa safada que sempre foi. E soube escolher muito bem, a bandidinha! Que belo mancebo está esperando por ela.

Isso é hereditário mesmo... A mãe recebia o figurão em casa e a filha foi pelo mesmo caminho... Enquanto a velhota, agora, deu para trabalhar todos os dias, a filha voltou à profissão mais velha do mundo.

Ao menos, tem bom gosto, sabendo escolher seus amantes...

E por aí ia escrevendo Conceição, destilando a sua malícia em frases entrecortadas de comentários preconceituosos e indecentes.

Não demorou muito e Rosimeire, melhor vestida, deixou a casinha e ingressou no veículo que a esperava.

Rodrigo estava esfuziante e precisava se controlar para não estragar seu plano logo de cara.

Isso porque, quando ficou sabendo que Rosimeire já havia sido prostituta de luxo, pôs-se a criar cenários e mais cenários, com as possibilidades de envolvimento físico que sua mente imaginativa lhe permitia.

Conhecendo seu passado, supunha que, no fundo, Rosimeire continuava uma experiente mulher de programa, que continuava sendo igual. Em seus pensamentos, isso facilitaria o caminho para a intimidade, como era do seu desejo masculino e que as entidades levianas que o acompanhavam tanto desejavam também.

Rosimeire, no entanto, se mantinha na defensiva, sem permitir qualquer demonstração de alegria ou de familiaridade com seu ex-patrão.

– Bem, Rosimeire, eu não conheço nada por aqui. O que você sugere?

– Há uma boa lanchonete no bairro vizinho, onde poderemos conversar com mais tranquilidade.

– Vá me indicando o caminho para que possamos chegar até lá.

Não demorou para estacionarem diante de confortável estabelecimento que servia os moradores com o fornecimento de pães e congêneres enquanto que, ao lado, mantinha área reservada para os que desejassem fazer as refeições ali mesmo.

Sentaram-se e, depois de consultar o cardápio, Rodrigo pediu que lhes servissem o melhor e mais completo café que ofereciam. Desejava impressionar pela fartura.

– Bem, senhor Rodrigo, não temos a manhã toda – falou ela, secamente.

– Sim, Rosimeire, entendo sua pressa. No entanto, gostaria que soubesse que, antes de entrarmos no assunto de sua mãe, estou aqui para me desculpar formalmente pelo modo como a tratei naquele dia, lá na empresa. Infelizmente, a gente vai perdendo a sensibilidade depois que passa a enfrentar todo tipo de ameaça, de chantagem, de interesse escondido atrás das mais inocentes conversas ou pessoas.

– Compreendo, senhor Rodrigo.

– Quando o nosso trabalho passa a depender da cooperação de outras pessoas mais influentes, entramos nessa roda-viva de trocar favores, de oferecer benefícios para receber facilidades e tudo isso vai colocando a gente em situação de atenção, uma vez que há muitos interesses envolvidos.

Por causa disso, vamos imaginando que todos os que vêm até nós desejam nos extorquir de alguma maneira, o que faz com que percamos a sensibilidade para as coisas importantes e verdadeiras.

Apesar disso, minha conduta não tem justificativa. Só depois que você saiu, arrastando a sua dignidade ferida, é que me dei conta do quão indiferente e mesquinho havia sido.

A conversa de Rodrigo era bastante convincente, e sua aparente sinceridade poderia comover. No entanto, ajudada pelas vibrações de Gabriela, o Espírito amigo que se conectava aos seus pensamentos, Rosimeire não se sentia emocionada ou convencida.

Pretendendo chegar ao centro da questão, afirmou, taxativa:

– Tudo bem, senhor Rodrigo, está desculpado pela grosseria. Agora, não deve ter sido somente por isso que o senhor conseguiu meu endereço e chegou até aqui, porque eu imagino que muitas pessoas devem ter sido feridas pela sua franqueza e estou segura de que, para a maioria delas, o senhor não se deu ao trabalho de sequer telefonar para desculpar-se.

Eu não abro as portas dos cofres do governo para o repasse de verbas. Não sou secretária de nenhum importante funcionário estatal, não manipulo a agenda de ninguém que possa ajudá-lo na vitória em concorrências públicas. O senhor é uma pessoa importante, um homem de respeito e consideração no meio onde vive, alguém que detém um grande patrimônio e que, em nenhum momento, precisaria se importar com uma ex-auxiliar de escritório.

Sentindo que Rosimeire não era uma pessoa fácil como as outras mulheres que estava acostumado a explorar sexualmente, Rodrigo se sentiu ainda mais estimulado a vencer tamanha barreira, como um desafio maior que se lhe apresentasse ao talento de conquistador, acostumado às pequenas batalhas junto a mocinhas disponíveis.

Rosimeire era de outro material. Se não tivesse cautela, diplomacia e persistência poderia ser vencido por sua firmeza.

Mobilizando sua estratégia mental, ajudado pelos Espíritos maliciosos que o secretariavam, respondeu, pausadamente:

– Sabe, Rosimeire, nada é pior para alguém como eu do que não poder confiar em ninguém. Todas as pessoas me bajulam, me elogiam por terem interesses escusos, por desejarem algum favor de minha parte. Ninguém tem a coragem de me falar de forma direta, pois todos temem perder alguma coisa ou não conseguir de mim o que desejam.

Vivo cercado por uma falsa atmosfera de cordialidade que, em realidade, é a expressão da falsidade humana a adornar aquele que é cobiçado pelos seus interesses não declarados.

Inúmeras mulheres exuberantes criam situações para estarem na minha presença com a finalidade de me seduzirem com roupas inadequadas, o que me levou a adotar uma postura distante e rigorosa, mesmo com relação aos próprios funcionários. Tanto assim que, naquele dia, e eu não preciso esconder isso de você, não me recordava de onde a conhecia. Mantenho um isolamento em relação até aos meus próprios empregados, para que não exista nenhum risco de invasão de meus negócios por meus adversários.

Meus concorrentes estão sempre procurando plantar espiões dentro de meu escritório usando mulheres bonitas na condição de secretárias, de pessoas que venham a se envolver comigo ou, até mesmo, como simples copeiras que observem as rotinas internas do escritório, repassando tais informações aos que as manipulam à distância.

Então, quando você se manteve altiva diante de minhas indiscrições, quando me colocou no devido lugar, sem medo de minha reação, quando não quis demonstrar, sequer, a condescendência natural que se oferece aos mais importantes ou poderosos relevando suas improbridades como coisa natural, pude observar a sua autenticidade. E isso faz falta no mundo em que vivo.

Tudo o que Rodrigo estava dizendo correspondia à mais absoluta verdade. Ele tinha plena consciência do tipo de vida fútil e leviana que vivia. Sabia dos meandros do interesse, dos jogos emocionais a que estava sujeito, das artimanhas dos adversários que não cessavam os ataques, invejando-lhe a posição de realce.

No entanto, este discurso não tinha outra motivação do que a de preparar terreno para o que esperava com ansiedade: possuir fisicamente a moça altiva, dobrando-lhe o caráter firme através da conquista amorosa.

Rosimeire escutava, vacilando interiormente entre o desejo de acreditar nele e uma certa frieza que sentia brotar do íntimo de seu ser.

Chegava mesmo a se questionar se não estava sendo muito dura com o homem que tinha à sua frente.

No entanto, Gabriela seguia sua ação magnética, repelindo os dardos fluídicos inferiores que partiam de Rodrigo e se endereçavam à atmosfera vibratória da jovem.

Isso porque o processo de sedução não envolvia apenas o jogo cênico de perfumes, roupas, lugares e palavras. Era uma estrutura complexa que exigia controle do pensamento, invasão vibratória, cerco magnético nas defesas morais da vítima, fixação de imagens em seu subconsciente, atuação nos centros da emoção com sobrecarga de ilusão, edificação de uma teia magnética que, ao se implantar sobre a vítima graças à sua concordância, facilitaria a manutenção do controle mental à distância.

Esse processo era muito mais complexo do que o encarnado poderia imaginar e, usando como arma de ataque as palavras e as emoções fingidas de Rodrigo, muito experiente e astuto nesse ramo de sedução, era governado e dirigido pelas entidades invisíveis que o assessoravam, todas elas igualmente sequiosas da obtenção dos ganhos fluídicos que aufeririam com a sucção das forças de Rosimeire nos ápices do prazer ou fora deles.

Gabriela, por sua vez, era a responsável por sustentar o escudo de energias positivas de Rosimeire devidamente ativado de forma que a nuvem escura que se originava em Rodrigo e seus asseclas não lograva envolver a jovem. Por isso é que seus sentimentos mais secretos não se deixavam emocionar pelas descrições verbais feitas, até ali, pelo ex-patrão, ainda que seu cérebro compreendesse seus motivos e encontrasse neles lógica suficiente para desculpar-lhe as atitudes tresloucadas.

O cérebro de Rosimeire compreendia os motivos de seu ex-patrão, mas sem entender bem o porquê, seu coração não era atingido por seu campo magnético, que resvalava no escudo vibratório da moça e voltava para o emissor, em ondas desagradáveis de insatisfação e inconformismo.

Rodrigo optara pela estratégia de se fazer de indefeso, de coitado, de frágil, na ideia de que toda mulher segura de si, firme em suas convicções como Rosi lhe parecia ser, não resistiria à figura da fragilidade masculina, essa fragilidade que parece surgir tímida e reveladora, debaixo de um caráter másculo e dominante como o dele.

No jogo da sedução, ele sabia que com mulheres dominantes, em geral, a melhor ou única estratégia possível era a de se apresentar vulnerável, o que estimulava sua opoente a adotá-lo como menino fraco que precisava do colo de uma mulher mais forte. Algo semelhante ao predador se fazer vulnerável para se parecer com a presa, estimulando o golpe do oponente para, com isso, chegar aos seus objetivos. Era isso o que estava tentando fazer e era exatamente isso o que Gabriela estava ajudando Rosimeire a não aceitar.

– Então, senhor Rodrigo, por falta de gente verdadeira ao seu lado, o senhor se deu ao trabalho de vir até aqui?

Rosimeire, obviamente, não estava correspondendo ao seu teatro emocional, o que não impediu que o homem astuto continuasse:

– Por isso também, Rosimeire. Encontrar uma pessoa que não seja pau-mandado de meus adversários e que tenha demonstrado confiar em mim, apesar de não ter-me tratado como um deus vivo, é identificar um tesouro no cipoal dos interesse inferiores. Isso me animou a procurá-la, em primeiro lugar, para me penitenciar pela desconsideração indesculpável e, em seguida, para dizer-lhe do quanto tais valores são expressões da nobreza de seu caráter, atualmente tão pouco avaliados no mundo em que vivemos.

E sendo isso tão raro no mundo que me cerca, não poderia deixar de reconhecer que se trata de algo que merece uma atenção diferente da que se dá a qualquer outro tipo de pessoa.

Desse forma, ponderei as dificuldades que você me revelou, em relação à sua mãe, e me vi na obrigação de lhe oferecer minha ajuda. Afinal, tenho muita gente conhecida que poderá abrir as portas para atender sua mãezinha com muita competência.

Rodrigo chegara, por fim, ao momento crucial de sua estratégia.

Estava lançando a isca mais poderosa de seu plano.

Desejava encantar a moça com o oferecimento daquilo que atenderia às suas necessidades, mas de outra forma, a prenderia em sua teia de interesses ocultos.

Agindo de forma premeditada, seu intento era o de ajudar Rosimeire naquilo que lhe fosse mais importante para conquistar sua gratidão e reafirmar-se como um homem de bem e não, apenas, como um homem de bens, como ela havia jogado em sua cara na conversa do escritório.

Conseguindo demonstrar desprendimento e solidariedade, contava que isso abrisse caminhos para o relacionamento mais íntimo com a moça agradecida.

Rosimeire recebeu a preocupação de Rodrigo com íntima simpatia. Se até aquele momento ela se mantinha fria e de pé atrás, quando o assunto tocou a doença de sua mãe, vieram-lhe à mente todas as dificuldades vivenciadas até ali, a indiferença do irmão, a falta de recursos decorrentes do desemprego, as esperanças da genitora em realizar uma cirurgia que a poupasse da dor de uma morte lenta e dolorosa. Tudo isso passou, rápido, pela sua tela mental, fazendo-a pensar que Rodrigo, realmente, poderia ser a ajuda de que tanto necessitavam.

Uma vez tocado o assunto central de suas preocupações e angústias, Rosimeire se fez menos distante e respondeu:

– Sabe, senhor Rodrigo, tanto quanto o senhor enfrenta os desafios que acabou de relatar, nós, menos poderosos, menos ricos, menos influentes, também passamos pelos apuros que nos desafiam as fibras do caráter. Realmente, estamos vivendo um momento desses e que, apesar de doloroso, nos permitiu realizar uma coisa que nenhuma outra circunstância feliz nos facultou. Graças à doença de minha mãe, pude me acercar dela e receber-lhe os carinhos de filha, quando, outrora, ela sempre manifestara indisfarçável preferência pelo meu irmão.

Agora somos mais amigas e, apesar de continuar muito ligada a Clodoaldo, meu irmão, dele está recebendo a indiferença, certamente nascida da distância e do tempo de afastamento pela frieza que a distância causa nos corações que não se encontram. Ele é o único membro de nossa família que poderia nos ajudar, mas dentro de seus compromissos e planos, não encontrou espaço para amparar a própria mãe.

Assim, eu sou tudo o que ela tem e, apesar de não desejar que ela se afaste de meu irmão por saber o quanto ele é importante para seu afeto, me alegro ao senti-la mais próxima de mim, me pedindo ajuda ou opinião, importando-se comigo como nunca antes o fizera.

Estamos lutando juntas para solucionar esses problemas e, se um dia, ousei ir procurar sua ajuda num momento de desespero, agora posso afirmar-lhe que já encontramos auxílio para sua dificuldade de saúde. Ela está tão bem, que arrumou um trabalho voluntário onde ocupa seu tempo e se sente feliz.

Com relação ao atendimento cirúrgico, entretanto, esse ainda está pendendo de solução.

Seu oferecimento nos é muito significativo, mas, por mim mesma, não posso responder nada sem antes consultar mamãe.

De alguma sorte aliviado pela perspectiva, Rodrigo sorriu feliz e respondeu, desejando demonstrar compreensão:

– Certamente, Rosimeire. Sua mãe deve ser a primeira a ser ouvida em relação a tal oferta. No entanto, não deixe de lhe ponderar que não é sempre que Deus coloca em nosso caminho uma oportunidade como essa.

– Claro, senhor Rodrigo, sabemos disso e estamos muito gratas pela sua gentileza – falou a moça, sentindo a ponta de irritação na frase proferida pelo ex-patrão, como uma espécie de autorreconhecimento acerca da generosidade que estendia na direção dos "pobres".
– Assim que tiver uma resposta, procurarei comunicá-la ao senhor.

– Isso, Rosimeire, você ainda tem o telefone da empresa, não?

– Sim, possuo.

– Mas eu vou lhe dar o meu cartão onde está o número de meu telefone celular, através do qual você me encontra onde eu estiver. Se não puder atender, deixe um recado que eu retornarei a ligação.

— Está bem, senhor Rodrigo, agradeço muito a sua atenção conosco.

— Ora, Rosimeire, é o mínimo que posso fazer para corrigir o equívoco grotesco que cometi a seu respeito.

— O senhor não me deve nada, já encerramos esse assunto.

— Você é muito generosa. Espero que sua mãe compreenda minhas intenções e aceite o tratamento.

Rodrigo não sabia mais o que dizer, depois que a moça adiou a resposta à sua oferta estratégica.

O café já tinha sido consumido e chegava a hora de regressar para casa.

Rosimeire, apesar de menos fria, mantinha-se atenta, para não demonstrar qualquer atitude que viesse a ser interpretada como intimidade.

Entraram no carro novamente e voltaram para a casa. Ao chegarem, Rodrigo desejava aproveitar o ensejo para diminuir a distância entre eles. Assim, falou como quem brinca:

— Bem, Rosimeire, agora que pudemos nos entender melhor, acho que podemos nos despedir sem que você precise me chamar novamente de senhor Rodrigo, não? Com isso você me faz sentir mais velho do que sou, realmente.

Sentindo que sua intenção era a de facilitar o acercamento, através da intuição segura de Gabriela, Rosimeire respondeu, para desconcerto do ex-patrão:

— Sabe o que é, senhor Rodrigo, eu aprendi com minha mãe a tratar dessa forma os homens mais velhos, sobretudo aqueles que já são casados e constituíram família. Não porque sejam idosos, mas porque merecem o respeito de chefes de família. É só por isso.

Incomodado com a referência ao compromisso conjugal que ele insistia em desrespeitar reiteradamente, Rodrigo engoliu o gracejo e, estendendo a mão, retribuiu o cumprimento formal que Rosimeire lhe oferecia, respeitosamente, evitando com isso a troca dos tradicionais beijinhos, tão costumeiros e inocentes entre os amigos e os que se querem bem.

Desceu do carro e entrou sem olhar para trás.

E enquanto deixava o local, sem saber se deveria estar feliz ou contrariado, Rodrigo falava consigo mesmo:

— Pois esta prostitutinha está se fazendo de mais difícil do que muita mulher famosa que já se entregou, fácil, aos meus encantos.

É mais astuta do que eu pensava, a safada.

Isso só melhora a emoção. Ela ainda vai cair na minha rede.

Ora, me lembrar da minha esposa... que esperteza... essa menina sabe fugir dos apertos...

Por via das dúvidas, com mulher desse tipo devemos estar sempre precavidos. Vou providenciar o "plano B". Já mandei averiguar quem é o dono da casa onde elas vivem. Por uma quantia pequena, acho que poderei comprá-la, mesmo que seja para colocar no nome de algum laranja. Assim, tanto fica mais fácil manipular essa vontade de ferro quanto aproveitar o prazer de dobrá-la, consumindo seu corpo em noitadas de prazer...

Eu terei o que outros homens já tiveram... Rosimeire... custe o que custar, mocinha.

Por fim, Oliveirinha me deixou alguma coisa de bom, sem me pedir nada em troca...

Acelerou o carro, envolvido pelos sentimentos lascivos que compartilhava com as entidades inferiores que o acompanhavam. Iria tornar-se dono da casa, pretendendo ser dono da moça.

✲✲✲

Enquanto isso, no interior da modesta vivenda, Rosimeire se perdia nos sentimentos contraditórios de aceitar a oferta e de recusá-la, para não ficar na dependência de um homem tão perigoso como Rodrigo.

Retomando a calma, longe da presença desagradável que a mantinha na defensiva, sem as pressões e ataques fluídicos que a presença do quarentão lhe propiciava, Rosi retornou à atmosfera vibratória familiar, na qual as forças amigas abasteciam seus pensamentos tutelando suas ideias e fortalecendo suas decisões.

Gabriela, com já se disse, tinha a tarefa de proteger sua alma de tais ataques masculinos, sobretudo agora que retomava essa função depois de um bom tempo afastada de Rosimeire. Esse afastamento foi decorrência das escolhas infelizes que a moça se permitira fazer, quando, apesar de todo o empenho de sua amiga e protetora, que buscava inspirá-la a não se prostituir, entregara-se a tais comportamentos no período de sua estadia na cidade distante. Tendo os seus conselhos insistentemente repudiados e desprezados, entregou-a às aventuras para que o seu amargor a educasse. Isso costuma acontecer sempre quando os chamados protetores não conseguem contar com a participação dos protegidos na sua própria defesa.

Quando isso ocorre, os Espíritos com tarefas de amparar os encarnados tendem a deixá-los entregues a si mesmos, a fim de que aprendam através das próprias quedas a retomar o caminho correto. Quando acordam e se dispõem a se retificar, seus amigos invisíveis assumem novamente a antiga tarefa de forma mais eficiente.

No momento em que Rosimeire optou por embrenhar-se no caminho fácil do acumular recursos por outros meios além do trabalho sério, o mundo espiritual amigo, representado por Gabriela, fez de tudo para demovê-la, através de conselhos, sonhos e inspirações, sem violentar-lhe a vontade. No entanto, nada afastou da jovem a ideia de ganhar facilmente o sustento, produzindo-se, assim, o distanciamento entre protetora e protegida.

Agora que, ferida pelas experiências difíceis que encontrou no comércio do próprio corpo e pelo desemprego a que fora relegada, ao preferir regressar para casa em vez de continuar no mesmo rumo de desajustes desastrosos, demonstrou vontade firme em deixar os caminhos escolhidos. Com isso, Gabriela se aproximara gradualmente de sua jovem tutelada, afinizando-se novamente, para a continuidade dos projetos de evolução espiritual.

Agora, sob a generosa influência da entidade amiga, Rosimeire voltara à clareza de raciocínio, meditando com serenidade sobre aquele encontro e observando melhor tudo o que ali se passara. Tudo parecia muito estranho. Como Rodrigo a encontrara? Precisou realizar muitas diligências porquanto ela própria, tendo trabalhado na área administrativa, sabia que eles não possuíam o endereço de sua mãe nem poderiam supor que ela estaria morando em outra cidade, a não ser que fossem escavar informações a seu respeito. Necessitariam, dessa forma, investigar a antiga locadora, conseguir acesso ao cadastro de sua locação e, somente à força de algum tipo de corrupção, obter o seu paradeiro, já que havia deixado seu novo endereço somente nos documentos de rescisão do contrato locatício, para alguma emergência ou correspondência que precisasse ser-lhe encaminhada.

Mais ninguém sabia que havia voltado para a antiga cidade, na companhia da mãe.

Para descobrir todos esses detalhes, fizera-se necessário um procedimento de investigação – pensava ela consigo mesma.

Mas o que desejava Rodrigo com tal empreendimento?

Ela havia amadurecido muito graças às experiências dolorosas que a prostituição lhe propiciara. Não tinha mais a inocência dos antigos tempos. Havia adquirido a capacidade de ler nas entrelinhas, de ver o que estava por detrás das aparências.

Isso a ajudou a não se encantar demasiadamente com as propostas de Rodrigo, sobretudo depois que, com mais tempo e cautela, passou a meditar sobre sua postura, seu terno bem talhado, seu perfume, suas palavras medidas para produzirem nela a compaixão.

Todos eram indícios que se somavam para produzir o quadro que ela conhecia muito bem: o do lobo vestindo pele de cordeiro.

Recordava-se das atitudes do ex-chefe na empresa, de seus "ataques de nervos", do teatro que realizava quando das reuniões com pessoas importantes, e das pilhérias que fazia, mais tarde, com as gozações e ironias que lançava pelas costas daqueles que, minutos antes, elogiara e enaltecera perante todos os presentes.

Rodrigo era um artista de primeira, cujo talento havia-se desenvolvido nesse meio onde a dissimulação era e é uma forma de viver, onde as aparências contam muitos pontos e onde os mais inocentes e cândidos são capazes de vender a própria mãe a prestações.

Agora lhe parecia muito estranho que se apresentasse daquela forma, a não ser que tivesse outros interesses.

Quando Rosimeire chegou a esta altura do raciocínio, sentiu um calafrio percorrer-lhe a espinha.

– Será que ele sabe do que eu já fiz no passado? Será que sua investigação a meu respeito lhe revelou minha vida escusa e, agora, estimulado por isso, vem até mim para sondar a disposição em ceder ao seu assédio?

Tudo é muito lógico se olhado por esse prisma.

É mais típico do homem corrupto e devasso acercar-se para se aproveitar de minhas debilidades descobertas do que, certamente, para ajudar uma mulher doente que ele nunca viu na vida.

Bem que esse papinho de solidão num mundo de interesseiros estava me parecendo estranho. É mais lógico que ele esteja querendo me usar, valendo-se de minha gratidão pela ajuda que oferece à mamãe do que, realmente, por pretender fazer-lhe o bem desinteressadamente.

Mas... por outro lado... será que não serei eu que estou prejulgando suas boas intenções? Será que não estarei pensando mal em prejuízo de minha mãe, privando-a de alguma coisa boa que Rodrigo pudesse lhe proporcionar?

E novamente a compaixão pela dor da genitora se interpunha entre sua decisão negativa à oferta do ex-chefe e seus anseios de filha preocupada com os sofrimentos da mãezinha.

O esforço do mundo espiritual, no entanto, era o de ajudá-la a não regressar à prostituição motivada pela falta de recursos ou do necessário para superarem a tão cruel prova material. Esse era o momento de teste para o qual Rosimeire deveria estar pronta para escolher por sua própria conta, com liberdade para agir, sem interferências constrangedoras.

Assim, entendendo o dilema de seu sentimento confundido pelas forças contraditórias que estavam em jogo, Gabriela procurou ajudar a moça, intuindo-a para que buscasse uma opinião externa, junto a uma pessoa confiável, sugerindo-lhe que consultasse a enfermeira Cláudia que, certamente, a orientaria na solução de tão intrincada questão.

Com isso, poderia ter uma outra opinião que a ajudaria na escolha do caminho, sem ser algo que a obrigasse a agir, comprometendo sua liberdade de decisão.

A sugestão da ideia caiu em sua mente como algo que aliviasse suas tensões imediatas.

– Boa ideia, Rosimeire – falou ela consigo mesma. – Vamos

conversar com Cláudia. Ela sempre tem um bom conselho e saberá entender meu sofrimento íntimo. Ainda que eu precise lhe contar um pouco sobre meu passado, estou certa de que ela saberá me escutar com respeito e procurará me ajudar da melhor forma. Afinal, foi ela quem nos acolheu na hora mais difícil de nossas vidas.

Isso mesmo... vou ligar para ela agora!

Buscou o telefone e, depois de algum tempo, já tinha conseguido marcar um horário no dia seguinte para conversarem, sem que Leonor o suspeitasse.

Aproveitaria e acompanharia a mãe até o ambulatório onde trabalhava como voluntária e se encontraria com Cláudia lá, quando conversariam em alguma salinha isolada, enquanto a mãe cumpria suas tarefas com o devotamento que estava marcando sua ação junto aos outros doentes.

Assim, tudo ficou acertado para a próxima manhã.

Na casa ao lado, no entanto, Conceição continuava destilando seu veneno, agora marcando o horário da chegada da moça.

– Hum... duas horas de farra, heim, Rosimeire?

Quanta coisa dá para fazer em duas horas, não é? Ainda mais com um bonitão daqueles... deve ter sido uma jornada e tanto... Como eu gostaria de ser uma mosquinha pra estar lá e ver tudo... – escrevia, excitada pelas ideias maliciosas, sem se dar conta de que o câncer físico começava a manifestar-se através de sinais dolorosos no ventre e uma secreção diferente, a indicar a existência de algum problema.

No entanto, Conceição estava muito preocupada com a vida dos outros para, realmente, observar o que estava acontecendo no próprio cosmo orgânico.

As células desajustadas pelo campo inferior produzido pelos pensamentos degenerados e pelos baixos sentimentos da mulher eram alimentadas e se multiplicavam desordenadamente, lançando raízes na direção dos órgãos circundantes, que não tinham forças suficientes para repeli-las, já que a desarmonização de Conceição obliterava a defesa natural do corpo contra a ação invasiva da doença.

Conceição estava se matando a si própria, enquanto se ocupava da vida alheia.

Em breve iria descobrir isso.

31

CORAGEM E DECISÃO, DOENÇA E DESCOBERTA

No dia seguinte, como haviam combinado, mãe e filha se dirigiram ao ambulatório localizado na casa espírita, onde Rosimeire se entrevistaria com a enfermeira Cláudia, naquela manhã trabalhando como voluntária no atendimento dos que procuravam o local.

Assim que se apresentou o momento adequado, recolheram-se a um ambiente isolado e, então, Rosimeire relatou-lhe todas as suas angústias, falando da oferta recebida por parte de Rodrigo e de seus temores. Não desejava ficar a dever favor a uma pessoa que a havia tratado daquela maneira, quando o visitara na sede da empresa. Ao mesmo tempo, não gostaria de privar a mãezinha da oportunidade que poderia estar em suas mãos, ajudando-a através do oferecimento daquele senhor.

Cláudia a escutou com paciência e atenção, em busca do melhor modo de conciliar as coisas.

Assim, a princípio, sem conhecer os detalhes da prostituição de Rosimeire, julgou que, talvez, as atitudes do ex-patrão pudessem ser decorrência de sua boa vontade, realmente arrependido pelos maus modos com que a brindou na mencionada entrevista.

Vendo que a boa amiga não conhecia todos os ângulos da história, Rosimeire se encheu de coragem e acrescentou:

– Sabe, Cláudia, você tem-se mostrado tão fraterna conosco, que não poderia deixar de me abrir totalmente, por confiar em sua discrição.

— Ora, Rosi, estamos sob a fiscalização divina, que é a soberana testemunha de nossas intenções. Assim, o que conversarmos aqui pertence apenas a Deus.

— É por isso que preciso lhe dizer quais são os mais profundos temores que carrego. Quando deixei minha casa, motivada por vários fatores, entre os quais a passagem dos anos e a necessidade de encontrar trabalho, dirigi-me à cidade grande com a oferta de um emprego no qual ganharia dinheiro para sobreviver. No entanto, o trabalho não fora, assim, tão promissor, e os recursos não me alcançavam para garantir nem meus gastos pessoais, menos ainda para ajudar minha mãe. Então, orientada por uma pessoa que se dizia minha amiga, aceitei submeter-me a alguns encontros clandestinos, trabalhando como... moça... de...

— Entendo, Rosimeire – disse Cláudia, procurando evitar que a amiga sofresse mais com a revelação.

— Então, Cláudia, durante alguns meses tive que, quer dizer, procurei esse caminho para conseguir a manutenção pessoal. Sei que não deveria ter feito isso, agora que compreendo os desafios que nos chegam, graças à leitura dos livros que você nos tem emprestado. Depois que consegui o trabalho na empresa de propaganda, deixei essa vida de sofrimentos e rasguei todos os telefones e endereços, proibindo o porteiro de meu prédio de informar a quem quer que fosse que eu me encontrava morando ali.

Mas o erro já estava feito e não tinha, como não tenho agora, condições para modificar o passado.

No entanto, pela maneira de como Rodrigo me encontrou, algo me diz que ele obteve as informações sobre meu paradeiro, ao mesmo tempo em que pôde, também, ao buscar tais referências, ter descoberto minha vida escusa.

Com isso, tenho medo de que seu interesse em ajudar mamãe esteja, na verdade, vinculado ao desejo de envolver-me através da gratidão por seu amparo e que venha a me custar uma atitude mais dura em relação aos seus interesses, uma vez que não tenho a menor intenção de usar meu corpo para conseguir qualquer favor da vida ou das pessoas.

Aquela moça leviana não existe mais dentro de mim, pelo menos é o meu desejo de que não esteja mais lá. No entanto, na cabeça dos homens acostumados com as aventuras sexuais, jamais lhes ocorre a possibilidade de alguma mulher se regenerar. Sempre seremos moças fáceis à espera de suas carteiras recheadas.

Então, Cláudia, receio que qualquer aceitação de minha parte corresponda a esse sinal de condescendência, autorizando-lhe supor que, como credor de nossa gratidão, possa pleitear ou esperar de mim as coisas que a cobiça masculina costuma ansiar de uma mulher. Estamos sem recursos porque o que nos restou, depois de pagos os exames particulares, está se esgotando rapidamente. Preciso arrumar um trabalho, urgentemente, sobretudo agora que mamãe está sendo útil aqui, no ambulatório. No entanto, não tenho qualificação profissional que me garanta bom rendimento. Só tenho a experiência de auxiliar de escritório e algum conhecimento de inglês, mas, mesmo assim, muito básico.

Nesse dilema é que a procuro, uma vez que isso está ligado aos problemas de minha mãe. Devo correr o risco e aceitar o tratamento por ele oferecido para favorecer a quem amo ou devo recusá-lo com base em um temor pessoal que carrego?

Não preciso dizer que minha mãe desconhece estes detalhes de minha vida. Então, como ela não sabe de nada até aqui, nem da oferta de Rodrigo, estou dividindo com você a minha angústia em busca de uma melhor decisão.

Compreendendo a dor íntima de Rosimeire que, a esta altura, já não continha mais as lágrimas duramente represadas durante todo o relato, Cláudia segurou suas mãos como forma de solidarizar-se neste momento de decisão difícil e, num relance, imaginou como deveria sofrer o coração daquela filha devotada que, diante das próprias fraquezas, lutava para não voltar a errar nem se expor à tentação.

No entanto, tinha que decidir sobre coisas sérias e, no centro de tais escolhas, estava o quadro de saúde de sua mãe.

Vendo que Rosimeire esperava muito uma palavra de conforto e de esclarecimento sobre esse dilema, Cláudia respondeu, tomando O EVANGELHO SEGUNDO O ESPIRITISMO que se encontrava à mesa do pequeno consultório que usavam como confessionário.

– Sabe, Rosi, sempre que estou em dificuldades como a sua, oro a Deus e peço que me inspire na abertura do *Evangelho* para que, através do esclarecimento superior, eu mesma me posicione.

— Sim, você já nos ensinou a fazer isso. Mas tão forte foi a minha angústia, que preferi procurá-la, esquecendo-me de recorrer ao *Evangelho*.

— Vamos fazer isso agora, então, minha irmã. Faremos uma oração sincera e pediremos a Deus que nos ajude através da mão luminosa de Jesus, orientando-nos o pensamento.

— Isso, vamos fazer juntas. Eu acredito muito em seus méritos, Cláudia, porque, de mim mesma, assumo que sou uma pecadora.

— Não diga isso, Rosimeire. Jesus sempre esteve muito próximo de todos nós, os pecadores do mundo em todas as áreas da vida. É para nós que ele fala.

Tomando o *Evangelho*, colocou-o nas mãos da moça que, de olhos fechados, repetia as palavras de Cláudia, pausadamente:

— Jesus querido... – começou a orar, a enfermeira.

— Jesus querido... – repetiu a jovem.

— Você sabe de nossas angústias e conhece nossos desafios

— Você sabe de nossas angústias e conhece nossos desafios...

— Por isso, nós que somos tão ignorantes e imaturos, recorremos à Sua sabedoria e compaixão para que uma luz nos chegue à consciência. Já erramos muito, querido Amigo. Não queremos voltar ao amargor do equívoco de onde recolhemos os detritos de nossos erros para transformá-los em adubo para nossas raízes. Ajude-nos para que encontremos o caminho adequado, estendendo nossas rogativas para Leonor, enferma da carne que se recupera trabalhando em favor dos outros aflitos e de Rodrigo, enfermo moral que está perdido no cipoal dos sentimentos contraditórios. Ilumine Rosimeire para que seus olhos possam ler a resposta que nos envia, através de algum amigo espiritual que nos escute. Que assim seja.

Terminada a rápida oração, sincera e pura, Rosimeire tangeu as páginas do livro, acariciando o volume entre as duas mãos e, em súplica profunda, abriu-o ao acaso, deixando que Cláudia se incumbisse da leitura.

Lá estava a resposta imediata do plano espiritual, dirigida pelas mãos amigas de Gabriela e Jerônimo que, com Adelino e Cristiano, também tinham acompanhado mãe e filha até aquele local de caridade espontânea.

O texto era curto, mas não dava margem à dupla interpretação:

Capítulo XVI - Não se pode servir a Deus e a Mamon

"Ninguém pode servir a dois senhores; porque, ou odiará a um e amará ao outro, ou se afeiçoará a um e desprezará o outro. Não podeis servir, ao mesmo tempo, a Deus e a Mamon". (São Lucas, capítulo XVI, V. 13)

A revelação contida nestas três linhas, em consonância com a motivação principal da conversa, fez os olhos de Rosimeire se abrirem de espanto.

– Nossa, Cláudia, não sabia que as coisas aconteciam tão rapidamente desse jeito.

– Sim, Rosi, nunca esperamos que Jesus esteja tão perto de nós nos escutando e nos orientando, não é? Mas estamos cercados de amigos por todos os lados, basta que nos conectemos aos seus pensamentos e intuições.

– Não se pode servir a dois senhores... Cláudia...

– Sim... o que você acha da orientação?

– Bem... se eu tinha algum receio, agora já não tenho mais nenhum. Se deixei o caminho do mundo para trás, não devo temer as coisas que tiver de enfrentar pela frente. Não devo misturar minhas necessidades com a permissividade do mundo. Não posso ser cristã durante o dia e prostituta novamente, durante a noite, ainda que o faça por gratidão a qualquer um que nos ajude.

Escutando a lúcida interpretação de Rosimeire, agora com a voz firme de quem havia conseguido compreender o caminho, Cláudia respondeu:

– Também eu entendo esta mensagem dessa mesma forma que você me explica. Se estamos conseguindo o tratamento espiritual, se nossos esforços no bem correspondem aos ensinamentos que Jesus nos solicitou um dia, precisamos ter coragem para abdicar das coisas que o mundo oferece porquanto se as coisas de Deus são sempre gratuitas, as coisas dos homens sempre têm um preço.

Não importa que não seja o da oferta do corpo. Pode ser a gratidão, a dependência moral, a dívida pendente, a admiração esperada, tudo isso corresponde a um tipo de pagamento que o mundo, através das pessoas que se atrelam aos bens da matéria, sempre cobra dos que se beneficiam dessas concessões.

Raros são aqueles que, vivendo na Terra, conseguem fazer as coisas sem nada esperar dos beneficiados.

Por isso, Rosi, sua maneira de entender a mensagem do Evangelho é coincidente com a minha.

É preciso romper todas as amarras se quisermos vencer o passado.

Sentindo-se reforçada em suas convicções, Rosimeire perguntou:

– Mas você acha que, com essa recusa, minha mãe vai encontrar ajuda em outra parte? É isso o que tenho tentado conseguir para ela.

– Quando nós decidimos alguma coisa, Rosi, precisamos estar confiantes no que escolhemos e nos entregarmos ao caminho eleito, não olhando mais para trás.

Muitas pessoas sofrem constantemente porque não têm coragem para escolher com profundidade ou maturidade e, assim, jamais são livres para seguir a rota que definiram como a melhor.

Sobre isso, Jesus já dizia: Todo aquele que, colocando a mão na charrua – uma espécie de arado – olha para trás, não está apto para o reino de Deus. Se vamos escolher o caminho, sigamos adiante e abdiquemos de tudo quanto ficou na estrada que deixamos. Não nos lastimemos por ter escolhido e aprendamos, Rosi, que todas as escolhas envolvem perdas e ganhos.

Quando escolhemos Jesus e sua estrada, estamos mais perto dos ganhos espirituais, ainda que isso acarrete alguma perda material.

Se sua mãezinha não puder contar com a ajuda dos homens, deveremos buscar tudo fazer para nos abrigarmos à sombra da bondade divina.

Deus faz chover sobre todos os telhados e fornece água abundante em toda a natureza, sem exigir nenhum pagamento. O homem explora o rio, coloca um cano, transporta a água para as casas, coloca um medidor de consumo e cobra dinheiro pelo fornecimento. Se o homem é capaz de cortar a água de quem não pode pagar, sem qualquer piedade por sua desdita, Deus jamais vai deixar de enviar a chuva que mantém cheios os rios, ainda que nós não observemos seus ensinamentos de bondade para com os próprios semelhantes.

Esta é a grande diferença entre os dois caminhos.

Se dona Leonor tiver de desencarnar desse mal, com cirurgia ou sem cirurgia física isso irá ocorrer, mais cedo ou mais tarde. Agora, Rosi, se lhe for concedida uma moratória ou se ela não precisar desencarnar do câncer, esteja certa de que Deus não deixará de enviar-lhe a chuva de suas bênçãos, ainda que os homens continuem a cortar a água, a fechar os centros cirúrgicos aos que não pagam pelos honorários médicos e hospitalares.

Diante das palavras de consolo que Cláudia, repetindo as intuições de Jerônimo, lhe infundia na acústica da mente, Rosimeire voltou a chorar em silêncio, desta vez um pranto de emoção e de força, de otimismo e de coragem, sentindo-se livre das mazelas do passado e não mais disponível para que os mesmos erros a emaranhassem na vasta rede de arrependimento posterior.

– Você foi o bálsamo de que eu tanto precisava, Cláudia. Obrigada.

– Jesus foi esse bálsamo, minha irmã. Nós estaremos juntas sempre, diante das lutas de cada dia. E o exemplo do Divino Mestre é aquele que sua mãezinha está seguindo, empenhando as forças do próprio ser, sem que ninguém que aqui esteja procurando ajuda saiba que está ingerindo um café que foi feito por uma cancerosa em luta contra a própria doença. Talvez, Rosimeire, Leonor sare mais rapidamente do câncer verdadeiro, o da indiferença, o do egoísmo, o da fragilidade pessoal, do que nós duas consigamos nos curar de uma gripe. Confiemos no Médico dos Médicos. Nunca perdemos por nos entregarmos a ele, através do trabalho digno e da fé em Deus.

Abraçaram-se diante das despedidas que se aproximavam.

Rosimeire procurou a mãezinha, fortificada e orgulhosa graças ao exemplo de coragem que Leonor lhe transmitia, para dela despedir-se também, guardando consigo a admiração pelo seu esforço:

– Sim – pensava a filha –, minha mãe está lutando contra sua doença. A mim me cabe enfrentar a minha e não vacilar no testemunho.

Enquanto voltava para casa, Gabriela a abraçava, "orgulhosa" da pupila, envolvendo-a num clima de tanta paz e alegria, que Rosimeire voltara a permitir que as lágrimas escorressem enquanto sorria de felicidade.

Jesus a escutara, bons amigos a sustentariam, nunca faltaria nada, Jesus havia multiplicado os pães e os peixes e alimentado, com eles, a multidão dos famintos.

Estes pensamentos iam sendo irradiados do Espírito protetor que, de forma elevada e luminosa, carregava Rosimeire em seus braços como se tivesse o condão de fazê-la flutuar.

E entre os inúmeros conselhos que lhe fazia chegar à mente através da sintonia clara que se estabelecera entre ambas, Gabriela lhe dizia:

– Seria melhor não telefonar. Não dê nenhuma resposta, Rosimeire. Deixe que o nosso irmão fique à espera, sem que receba a comunicação tão aguardada.

O tempo será nosso aliado enquanto que a ansiedade o forçará a demonstrar quem realmente é, para que você entenda que fez a escolha correta.

Captando as palavras sem sons que Gabriela lhe endereçava, Rosimeire, como alguém que pensa consigo mesma, monologava interiormente, sem imaginar que estava conversando com o próprio Espírito protetor:

– Realmente, acho que o melhor é não dar resposta a Rodrigo.

Vou deixá-lo sem saber o que decidimos. Quem sabe, se não lhe telefono, acaba nos esquecendo. De outra forma, se insistir muito é porque carrega no seu íntimo mais do que a simples boa vontade.

Ao chegar em casa, guardou o telefone do rapaz e, em preces de gratidão, deu início ao trabalho doméstico, preparando o lar para a chegada da mãezinha e pedindo a Deus que a ajudasse a conseguir algum trabalho.

***

Estava dedicada à arrumação da modesta casinha quando ouviu alguns gritos vindos da vizinhança, gritos que a chamavam com angústia.

Parou de fazer a sua atividade e dirigiu-se à janela para confirmar o que ouvira.

– Rosimeire, socorro, me ajude... – gritava uma mulher das redondezas.

– Minha nossa, o que será que está acontecendo? Parece que é Conceição que está gritando...

– Rosimeire, me acuda, por favor, sou eu, Conceição!

Tocada pelo desespero que essa invocação lhe traduzia, Rosimeire abandonou o trabalho de casa e correu até a moradia da maledicente vizinha, encontrando-a no chão, quase sem forças para colocar-se de pé.

– Mas o que aconteceu, Conceição?

– Veja, Rosi, estou sangrando muito... – disse a mulher, em desespero e palidez. – Chame uma ambulância, por favor...

Correndo ao telefone, Rosimeire chamou o serviço médico de urgência, especificando o que acontecia com a paciente.

Enquanto explicava que parecia ser um sangramento nas partes íntimas, Rosimeire recebia instruções para ajudar Conceição na diminuição da hemorragia, a fim de lhe preservar a vida física enquanto os servidores da saúde se deslocavam até a sua casa.

Com isso, conseguiu diminuir o sangramento da pobre mulher até que os técnicos da saúde chegassem e assumissem o posto.

Conceição estava muito debilitada e como não tinha ninguém por ela, nenhum parente conhecido da vizinhança, foi Rosimeire quem teve de ajudá-la a ser conduzida até o hospital para a internação de emergência.

Atendendo à sua súplica desesperada, a filha de Leonor abriu gavetas à procura de documentos e de recursos para abastecer a pequena bolsa que deveria acompanhar a paciente grave até o hospital.

Conceição, logo a seguir, entrava em um quadro de confusão mental, produzido pela escassez de sangue, prejudicando a irrigação cerebral. Os médicos e enfermeiros realizaram as manobras para a estabilização dos sinais vitais, infundindo-lhe sangue e derivados para garantir-lhe o funcionamento, mesmo precário, dos sistemas principais.

Rosimeire, carregando os documentos e os pertences pessoais de Conceição, ingressou na ambulância e seguiu com a doente.

A internação foi rápida, em face de seu quadro grave, sendo encaminhada diretamente para a UTI.

Ali seriam avaliados os seus problemas físicos e, estancada a hemorragia, promover-se-iam os exames gerais que acabariam por diagnosticar o câncer uterino, estendido aos demais órgãos vizinhos, tumorações estas que, agressivas como a língua e o pensamento da própria dona, acabaram por se degenerar em uma ruptura de vasos.

Depois de apresentar os documentos e deixar seu telefone pessoal para qualquer necessidade da paciente, Rosimeire voltou para casa, carregando o que não pôde ficar no local da internação e, a partir desse dia, responsabilizando-se pela moradia da enferma.

Ao chegar, horas depois, foi à residência de Conceição com a finalidade de colocar uma ordem naquela bagunça produzida pelo desespero da mulher que se esvaía em sangue.

Mobilizou panos e baldes, limpou ladrilhos e móveis, afastou mesas, organizou objetos, tudo para evitar que o odor acre do sangue coagulado empesteasse o local de modo insuportável.

Precisava encontrar algum telefone de familiares de Conceição para que avisasse o que se passava com ela. Ninguém tinha notícia de algum parente próximo, mas isso, necessariamente, não queria dizer que não existisse algum.

Por isso, Rosimeire passou a pesquisar nas agendas próximas ao telefone, onde não encontrou nenhuma referência pessoal, já que entre os números existentes, a maioria estava riscada como não mais habilitado.

O único que lhe restava era o celular de um nome masculino, aquele que, tendo um dia se envolvido amorosamente com a mulher, mantinha-se sob seu controle por temer que ela lhe destruísse o casamento como sempre prometera fazer. Rosimeire, no entanto, não sabia de nada disso.

Não lhe ocorrendo outra ideia, passou a mão no telefone e discou para o celular.

A voz masculina atendeu, rispidamente:

– Olha, Conceição, já lhe disse que amanhã levo o dinheiro. Pare de me atormentar um pouco, mulher. Estou trabalhando e não posso ficar sendo ameaçado por você...

– Alô... seu Moreira?

– Quem é que "tá" falando aí? Não é a Conceição?

– Não, senhor. Desculpe ligar, mas sou a vizinha dela. Só encontrei o seu telefone na agenda e imaginei que o senhor pudesse nos ajudar, dona Conceição está internada em estado grave... sofreu uma hemorragia...

Enquanto falava, procurando ser o mais clara e rápida possível, Rosimeire escutou uma gargalhada de alegria do outro lado do telefone.

– Graças a Deus... eu sonhava com essa notícia há muitos anos... você não sabe o favor que está me fazendo, moça.

Espantada com a reação do homem do outro lado, Rosimeire respondeu:

– Sim, senhor Moreira, não há de quê. Mas não pensei que o senhor fosse ficar tão contente com uma notícia tão grave...

– Mas é grave mesmo? Você acha que ela corre risco de vida? Conte para mim com detalhes...

E então, Rosimeire passou a relatar tudo o que presenciara, de forma a tentar demonstrar ao homem que o caso de Conceição era deveras delicado e não se sabia se conseguiria recuperar-se.

– Puxa vida, moça, você não imagina o peso que essa notícia tira de minhas costas. Espero que a próxima seja a comunicação do local do enterro dessa bruxa desgraçada.

– Como assim? – respondeu Rosimeire, espantada.

— Sim, quero saber quando ela morrer para que possa dar uma grande festa em homenagem à limpeza que foi feita na face da Terra. Essa mulher era uma víbora em forma de gente. Há muitos anos me explora... Graças a Deus, por fim, estou livre. Por favor, prometa que me avisa quando ela morrer.

Sem saber o que dizer, Rosimeire, entre abobalhada e indignada, respondeu:

— Eu lhe prometo sim, senhor Moreira. Mas o senhor pode me dizer se sabe de algum parente dela?

— Felizmente não conheço nenhum deles e, sinceramente, se conhecesse não te contaria, para que eles não se vejam incomodados por essa odienta criatura, que nunca ajudou ninguém e que, agora, não tem o direito de atrapalhar os que estão sossegados em seus cantos.

Vendo que não teria mais nenhuma informação, Rosimeire se despediu com educação e desligou o telefone.

Só lhe restava, agora, investigar em gavetas, armários, cômodas para ver se encontrava algum endereço ou telefone.

Foi, então, que a moça se deparou com um conjunto muito interessante e incriminador.

Pilhas de revistas e vídeos pornográficos, apetrechos de igual utilização, roupas especiais para as mesmas finalidades, numa verdadeira loja de leviandades, arquivadas em seus guarda-roupas.

Depois da primeira surpresa, Rosimeire se deparou com o conjunto de cadernos que estavam metodicamente enumerados e arquivados em uma prateleira fechada, além de outros que, mais recentes, aguardavam a catalogação definitiva dentro de algumas gavetas da sala principal.

Ao abri-los, passou a ler, com espanto, os comentários sobre a vida de todos os vizinhos, ao mesmo tempo em que se inteirava dos diálogos que Conceição e Moreira levavam ao telefone, com os comentários da mulher a respeito de sua ligação clandestina com o pobre infeliz que se deixara, um dia, levar pelo contato íntimo com aquela víbora em forma de mulher.

A leitura do material ocupou o seu tempo, depois da faxina que limpara o sangue espalhado pelos arredores.

Entretida com tão detalhado noticiário, permeado de lances maliciosos e comentários grotescos, foi com maior surpresa que Rosimeire encontrou referências a ela mesma, no encontro do dia anterior, grafadas ainda com a tinta fresca das emoções da véspera, sempre trazendo o julgamento mesquinho da visão deturpada com que Conceição media o mundo ao seu redor.

– Minha nossa senhora, o que é isso? Aqui estão os pormenores da vida de toda a vizinhança!!!

Meu Deus do Céu, como esta mulher poderia fazer isso e parecer amistosa para muitos?

Os pensamentos se sucediam de forma incontrolável, mesclando a surpresa à indignação, à medida que as linhas revelavam os pormenores da vida conjugal de vários moradores da redondeza, suas brigas durante a madrugada, as supostas noitadas de prazer dos casais, os casos amorosos, os namoricos dos meninos, os comentários sobre os corpos das meninas, tudo isso escrito com as tintas pervertidas de seu Espírito viciado e recalcado nas questões da sexualidade.

Rosimeire, agora, não poderia deixar de conhecer o teor dos comentários de Conceição a respeito da vida de sua mãe, dela própria e dos que, ao longo dos anos que ali se mantinham, fizeram parte de suas rotinas.

Carregando alguns dos cadernos consigo, a moça deixou tudo arrumado, trancou a porta e voltou para casa antes que Leonor chegasse do trabalho voluntário.

Intrigada com tudo aquilo, Rosimeire esforçou-se para não transparecer qualquer indício de indignação, já que não desejava contaminar a mãe com os comentários indecentes da vizinha.

No entanto, a madrugada lhe prometia novas e mais candentes surpresas.

32

AGITAÇÃO NOS ABISMOS E NO PARLAMENTO

Conforme havia comunicado a Drômio, o Maioral organizara a expedição através da qual supervisionaria as inúmeras atividades de seus serviçais junto aos diversos meios de influência, sobretudo para infundir convicções nas autoridades responsáveis por decidir os destinos da coletividade, facilitando a implantação dos instrumentais mais adequados à defesa dos servos do reino inferior, sempre submetidos às contingências da gravidez indesejada, que os retirava do domínio do Grande Líder por largo tempo.

Com a possibilidade da destruição ilimitada da vida no ventre materno, a qualquer tempo se conseguiria recambiar os agentes trevosos, permitindo-se, assim, a multiplicação das oportunidades de exploração do prazer com os menores prejuízos em termos de baixas em suas fileiras.

A caravana muito imponente e grotesca aportara junto aos jardins do Congresso Nacional onde as câmaras legislativas operavam num verdadeiro frenesi, se fosse dado ao leitor vislumbrar as inúmeras influências espirituais que, ali, estavam em jogo.

* * *

Ainda que a intenção dos construtores da capital federal fosse simbolizar, no âmbito legislativo, as duas casas produtoras dos regramentos como dois pratos com seus bojos voltados, um para cima – representando o poder do povo – e outro para baixo – expressando a igualdade dos diversos estados membros na representação de seus direitos – tal simbolismo se adaptaria perfeitamente à ideia da ação dos planos superiores e o impulso mesquinho dos níveis inferiores. Algo muito similar ao esforço dos Espíritos Dirigentes da Nação, contrastando com as forças negativas que se orquestravam dos níveis inferiores, para atuarem sobre os representantes do povo.

Assim, o Congresso Nacional poderia ser visto como a zona limítrofe entre a luz proveniente do Alto e a escuridão que se imiscuía pelos seus corredores, através das inúmeras salas e escritórios, gabinetes e auditórios, buscando a mistura de interesses menores com interesses maiores.

Nesse contexto, as forças trevosas contavam com as ambições generalizadas da maioria dos eleitos, a ação amesquinhadora das forças inferiores de suas políticas em defesa dos interesses de grupos econômicos poderosos, da manutenção dos privilégios e zonas de influência, na criação de carreirismos políticos através da nomeação de pessoas desqualificadas, mas fiéis aos ditames estabelecidos.

Ao mesmo tempo, ao lado disso, encontravam-se com o aberto, mas, bem disfarçado comércio do corpo bem delineado, uma das mais antigas formas de influência política baseada na corrupção dos sentidos, na venalidade do caráter, no desejo facilitado pela proximidade com o poder, na inexistência de escrúpulos ou princípios morais para a obtenção das vantagens a qualquer preço.

Tudo o que se poderia imaginar de inferior, fosse nas construções espirituais quanto na ação dos próprios homens e mulheres ali misturados, se reunia a beneficiar a ação negativa das interferências trevosas, sobretudo quando se colocava em questão coisas tão importantes para a manutenção de seus privilégios.

Ao lado desse contexto amplo e predominante, encontrava-se pequeno núcleo de homens e mulheres, funcionários e agentes públicos fiéis à consciência, capacitados para o respeitável trabalho de agir em nome da coletividade. Representantes do povo que não haviam aceitado vender a própria consciência pelo preço vil do interesse compartilhado, da prostituição do toma lá dá cá, serviam de ponto de referência para as Esperanças Espirituais Superiores, lutando para se manterem como alicerce na defesa da cidadania, satisfeitos com sua remuneração, sem o interesse em ampliar seus ganhos desmesuradamente, capacitados para o exercício do difícil ministério de defender a Verdade diante dos interesseiros, dos negociantes, dos espoliadores, todos estes muito bem disfarçados de "Impolutos Servidores da Justiça, da Lei e do Bem-estar Públicos".

A começar dos Espíritos idealistas que estiveram ligados às aspirações de liberdade dos áureos tempos das perseguições da Coroa Portuguesa, encontravam-se entre os líderes espirituais da Nação Brasileira, as almas íntegras de Tiradentes, José Bonifácio, Pedro I, Pedro II, Rui Barbosa, Getúlio Vargas, Castro Alves, Rio Branco, vários dos membros da Inconfidência Mineira, religiosos abnegados de todas as correntes existentes, inúmeros desaparecidos políticos nas perseguições da ditadura, expoentes militares de todas as épocas que não se haviam mesclado com a corrupção ou o abuso do poder sobre os opositores, além de artistas nacionalistas de todas as áreas, todos reunidos como fonte de ideais para a transformação do país em crescimento. Todos preocupados com uma evolução que não deveria ser apenas em riqueza material, mas, ao mesmo tempo, com a eclosão de valores mais nobres, na amplificação dos programas de educação e formação da juventude, na defesa dos valores da pedagogia séria, da pacificação dos corações aflitos através da multiplicação dos postos de trabalho, da melhor distribuição dos proventos e rendas, da garantia de oportunidades para todos.

Assim, facilmente se constatava o contraste entre as luzes volumosas que eram derramadas sobre os encarnados naquele palácio das leis. Apesar de incidirem sobre todos, eram assimiladas, apenas, por uma pequena quantidade de homens e mulheres seriamente empenhados no cumprimento de seus deveres, num grande contraste com a quantidade de sombras em que transitava o elevado número de funcionários e autoridades alimentadas e abastecidas pelas forças negativas, com elas conectadas por meio de teias fluídicas a denunciarem a posição espiritual de cada um deles.

Em realidade, ao observador mais afastado, a presença desse contingente de pessoas e entidades inferiores reunido naquela estrutura administrativa e governamental da Nação, surgiria aos seus olhos como um quisto escuro, uma espécie de tumoração pulsante no impressionante e imponente caminho de Luz que descia do Alto e banhava a Instituição Congressual como se, em um vasto, alvo e iluminado lençol, que se originava no mais profundo confim do firmamento e caía sobre a Terra, uma nódoa escura insistisse em desnaturar-lhe a brancura. Assim se parecia esse grupo de interesses inferiores, no amplo manto de proteção que sobre todos os ambientes administrativos de um povo é derramado dos Planos Espirituais Superiores.

A simples visualização do tônus fluídico ao redor de cada pessoa que ali trabalhava demonstrava a que grupo ela estava vinculada.

Da mesma forma, os agentes do mundo inferior sempre tentavam comprometer os servidores fiéis com armadilhas, seduções, negociatas, facilitando com isso que trocassem de lado ou perdessem a força simbolizada pela liberdade de consciência e independência de opinião.

Poder-se-ia dizer que aqueles que ali exerciam suas atividades diariamente eram dignos de compaixão, sobretudo se fossem avaliados pelo entrechoque das forças a que estavam submetidos, no contraste entre os interesses corporativos e as necessidades dos cidadãos. No entanto, ao anoitecer o frenesi diminuía e, com o encerramento das sessões, a maioria dos homens públicos retornava às suas rotinas, preparando-se para o descanso noturno e, certamente, para o encontro com o representante das furnas inferiores.

※ ※ ※

O Maioral imediatamente assumiu seu posto de honra nas dimensões espirituais daquele palácio, de onde dirigiria as reuniões de trabalho, organizando a ação de seus representantes junto aos representantes do povo.

Essas reuniões corriqueiras repetiam-se várias vezes ao ano, ou quando se fizessem necessárias.

Toda a cerimônia formal e exagerada era exigida pelo Maioral, antes da abertura dos trabalhos.

Não havia discursos entre os numerosos membros.

Todos os que mantinham seus compromissos com o grupo "de baixo", como era chamado pelos seus membros, compareciam diante do Maioral para a explanação do andamento das estratégias. Enquanto não chegava a hora da sessão plenária, quando se faria indispensável a presença dos encarnados desdobrados por força do sono físico, os mais importantes Espíritos inferiores que ali trabalhavam para o Maioral dele se acercavam para prestar contas de suas ações influenciadoras.

Anunciados por um bedel, apresentavam-se, um a um, já com a ficha de tarefas que lhes havia sido destinada colocada diante dos olhares do superior que os fiscalizava.

– Ministro das Orgias, como estão os trabalhos de sedução?

– Tudo vai muito bem, meu senhor. Recentemente conseguimos importante sucesso no descrédito lançado sobre um dos mais importantes representantes deste colégio. Sua reputação muito sofreu com o escândalo e, se não iria ser vitimado pelos inumeráveis desmandos e suspeitas que pesavam sobre ele, acabou caindo depois do escândalo estampado na imprensa, levantado exatamente por uma de nossas representantes no processo de sedução.

Estamos trabalhando, ainda, outras "iscas", com aparência de inocentes que, no momento adequado, poderão ser usadas para comprometer outros que parecem ser altares de dignidade...

Observando o relatório com seus próprios olhos, o Maioral sorriu com malícia e afirmou:

– Este departamento sempre foi muito rentável para nossos projetos. Homens e mulheres devem ser requisitados, abastecidos de recursos e vantagens, emoções e desejos para que se misturem aos nossos protegidos e aos nossos opositores. Tome cuidado, no entanto, para não prejudicar os que são do nosso time. Eles podem ter acesso às nossas "iscas" para que se saciem à vontade. Precisamos fazer o descrédito cair sobre esta casa de leis para que, com a popularidade em baixa, seus representantes tenham que adotar postura visando reconquistar o respeito e a consideração dos eleitores, fazendo-lhes a vontade.

Quanto mais desmoralizados estiverem os membros deste parlamento, mais fácil será manipulá-los na aprovação dos projetos que nos sejam de interesse direto. Geralmente, tendem sempre para as medidas que agradem aos populares. Assim, os populares podem ser mais facilmente manipulados a fim de lhes direcionar as decisões importantes. É o que buscaremos fazer neste debate sobre a lei do Ventre Livre.

Fortaleceremos a opinião dos leigos, inflamando-os através de campanhas publicitárias bem elaboradas que possam confundir suas mentes, valendo-nos de estatísticas mentirosas, de reportagens sensacionalistas, de notícias trágicas, como fizemos com a questão da defesa da produção de armamentos.

Além do mais, os próprios representantes do povo vivem de cabelo em pé com a possibilidade de se verem surpreendidos pela gravidez de suas amantes. Alguns preferem recorrer ao aborto do que ao preservativo. Com a aprovação da lei, terão o argumento facilitado, a fim de que não sejam chantageados pelas caçadoras de oportunidades.

– Hahahahahahah! – gargalhou o Maioral. – Como é fácil manipular esses idiotas...

Logo a seguir, depois da aprovação do relatório do representante das orgias, foi a vez do representante dos lobistas, aqueles que fazem pressão junto às autoridades para favorecerem seus interesses.

– Bem, majestade – falou o responsável pela exposição –, nossos métodos continuam sendo muito eficazes. Se não fosse aquele incompetente que acabou flagrado embolsando pouco dinheiro, ainda estaríamos mais fortalecidos. No entanto, considerando o seu intento de desmoralização coletiva para a obtenção da aprovação da lei do Ventre Livre, mesmo aquela crise nas fileiras dos nossos cooperadores acabou por beneficiar seus projetos futuros.

Quanto ao mais, apesar da fiscalização cerrada empreendida por parte da imprensa, temos conseguido agir de forma a garantir que nossos interesses sejam financiados, espalhando a propina sob diversas formas, facilitando o comércio escuso e a economia subterrânea, a sustentar as indústrias da droga, da prostituição e do luxo com as quais manipulamos outros setores da sociedade que acabam repercutindo sobre os que fazem as leis.

Não acredito que sejam necessárias mudanças neste encaminhamento, salvo no que diga respeito ao esforço de melhorarmos a perseguição sobre os setores da imprensa que nos têm causado maiores problemas.

Ouvindo-lhe as explicações, o supremo representante da Ignorância naquele ambiente sorriu e observou:

– Nesta área, também temos os nossos ministros. Temos procurado controlar os meios de comunicação, criando dificuldades para a concessão de novas emissoras de rádio ou de vídeodifusão, além de mantermos sob cerrada fiscalização as grandes corporações da mídia, para que se ocupem, primordialmente, da difusão de coisas inúteis, próprias da ansiedade do povo, mantendo as notícias canalizadas para assuntos sem importância, que alienem a vontade, gerem o medo, a distração e manipulem o público segundo nossos interesses.

Os que se mostrarem rebeldes à nossa orientação, receberão o devido corretivo.

E assim, vieram o Ministro da Corrupção, o Ministro das Negociações Políticas, o Ministro dos Interesses Compartilhados, o Ministro das Concorrências, o Ministro-Chefe da "Caixinha", de forma que, de setor em setor, foram sendo prestadas as contas, através dos relatórios sucintos que deveriam corresponder aos elementos já de prévio conhecimento do Maioral.

Por fim, chegou a vez do Ministro da Propaganda, responsável pelo relatório das atividades empenhadas na influenciação da opinião pública sobre, entre outros planos, a aprovação do aborto sem maiores restrições.

– Nossos esforços têm sido constantes – relatou o seu responsável –, mas temos enfrentado sistemática oposição dos setores religiosos mais atrelados às forças do Cordeiro. Nossos médicos e cientistas têm procurado levar a discussão para o campo das demonstrações práticas, mas a ação emocional dos representantes das igrejas nos têm prejudicado um pouco o progresso, como seria de desejar.

Observando o expositor com o olhar coruscante, o Maioral indagou:

– Já começaram a campanha de difamação contra o clero?

– Sim... temos mantido íntima ligação com o Chefe das Orgias e já conseguimos excelentes resultados com a propalação de notícias comprometedoras, ainda que mentirosas, sobre a ação suspeita de membros da Igreja Católica. Depoimentos conseguidos à custa de extorsão ou pagamento chegaram à mídia, de onde foram espalhados pelos quatro cantos. Notícias de escândalos sexuais de outros países igualmente têm sido muito divulgadas por aqui, tanto quanto a vergonhosa prisão de certos líderes de diversos grupos religiosos, flagrados em atitude ilícita e recolhidos às prisões, abasteceram o noticiário de forma a ajudar o povo a descrer em seus conselhos.

– E os nossos adeptos fiéis, esses que estão misturados no íntimo dessas igrejas do mentiroso Cordeiro? Não estão nos ajudando?

– Sim... alguns nos têm feito o favor de não defender com tanta veemência os princípios contrários aos nossos interesses. Outros nos têm servido como exemplo para que o povo desacredite dos representantes do Cordeiro na Terra. O mais interessante, é que boa parte dos religiosos mais novos está muito propensa a abraçar a nossa causa, aceitando sem muitas oposições os mesmos argumentos que as agências de publicidade começam a usar para forçar a opinião pública. Estamos pretendendo repetir aqui a mesma estratégia que já deu certo nos Estados Unidos na década de sessenta, quando o Maioral de lá arquitetou suas forças e logrou convencer os cidadãos do perigo de viverem sem a aprovação do aborto tanto quanto dos benefícios que surgiriam com a extinção das clínicas clandestinas e dos abortos feitos sem a assistência médica. Para isso, faremos como eles fizeram, exagerando o número dos abortos ilegais para infundir na mente das pessoas a gravidade do assunto, amplificando ao máximo o quadro de dor e tragédia que precisa ser corrigido. Lá nos Estados Unidos, os encarregados de criar a opinião pública multiplicavam por dez ou por cem todos os números para impressionar os leigos. Assim, a mentira repetida pelos demais meios de comunicação foi plantando na mente das pessoas que se tratava de um caso extremamente grave a ser resolvido pela adoção da lei, tornando válido o procedimento e facilitando, assim, a sua multiplicação.

Precisamos criar o exagero e o medo, a impressionar os incautos. Nossos representantes da época do nazismo já descobriram esta técnica. Dentre toda a comunidade que se deseja dirigir, a terça parte de seus habitantes não costuma acreditar nas notícias da imprensa nem se deixar arrastar pelos números apresentados. No entanto, a segunda terça parte é extremamente volúvel, acreditando em tudo o que escuta e passando a defender tais ideias. A última terça parte é composta daqueles que, sem opinião formada, acreditam no barulho que a segunda terça parte realiza e se deixa influenciar por sua movimentada ação, incorporando-se ao seu lado para os efeitos de pressionar as autoridades.

Assim, se agirmos adequadamente, poderemos contar com pelo menos dois terços do apoio dos leigos, o que é mais do que suficiente para conseguirmos nossos intentos.

Olhando com profundidade e penetração para o responsável pelas agências de propaganda, indagou:

– Com quantas agências contamos?

– Até agora, senhor, não temos muitas agindo de forma aberta. No entanto, temos tido muita penetração em duas delas, principalmente naquela que se mantinha em estreito laço com o falecido deputado Oliveira. Nela é que depositamos nossos maiores esforços para a criação de uma estratégia que vise a difusão de nossos objetivos, fazendo as pessoas acreditarem que isso será bom e que estarão defendendo a vida ao permitirem que as mulheres não sejam vítimas de procedimentos perigosos, artesanais ou amadores. Estabeleceremos o direito da mulher em dirigir o próprio corpo, contaremos com a revolta das feministas, que sempre se orquestram bem nessas horas de conflito com os homens e, com isso, levando a discussão para o campo do extremismo, conseguiremos trazer para o nosso lado os que ainda não se definiram contrários aos procedimentos que nos concedam o Ventre Livre.

Satisfeito com o empenho, considerou, por fim, o Maioral:

– Quero um cerco muito atento ao redor das agências que estão disponíveis para nossos esforços. Abasteçam-nas de recursos, facilitem para que prosperem com a chegada de novos aliados e clientes, ajudem com a influenciação sobre os nossos empresários associados para que as sustentem com o aporte de dinheiro em campanhas paralelas. Ao lado delas, precisarão estar os defensores do direito das mulheres, das minorias, das mulheres violentadas, da comunidade médica que vê nessa lei uma forma de diminuir as consequências nefastas dos abortos ilegais, dos insatisfeitos com a religião tradicional, dos rebeldes à ação do Cordeiro, de todos os que ganhem com essa medida, aumentando-lhes a clientela e melhorando-lhes a bolsa mensal.

Já imaginou se os médicos passarem a receber do governo e dos particulares pelo procedimento abortivo indiscriminado?

Como é que não haverão de defender essa ideia, ainda que tenham feito o juramento de defesa da vida?

Basta lhes incutir na mente que é o melhor modo de preservar a saúde da mulher que, com ou sem o médico, vai fazer o aborto por conta própria.

Não existe melhor argumento do que o da possibilidade de engordar os próprios ganhos.

Terminado o primeiro momento do encontro, restava aguardar a segunda etapa, quando o Maioral, reunido com seu cortejo de entidades grosseiras, se estabeleceria no centro do auditório principal do Congresso Nacional para que, durante a madrugada, pudesse dirigir-se aos representantes do povo que se encontravam em sintonia com seus objetivos, retirados de seus corpos por ocasião do sono físico, tanto quanto das demais autoridades e ajudantes que os assessoravam, a fim de estabelecer o reforço hipnótico, com a renovação das ordens e o estabelecimento das prioridades.

Não tardaria mais do que algumas horas para que a reunião de todos os inumeráveis ajudantes do Maioral acontecesse no ambiente espiritual que se desdobrava no mundo invisível, na atmosfera daquele imenso salão onde as questões importantes da nação eram votadas.

As galerias haviam sido abertas para todos os seus seguidores, exceção feita para significativa parcela do espaço, resguardado por linhas de força para as entidades superiores que ali se postariam, como assistentes tolerados do certame promovido pelos Espíritos trevosos.

Linhas de luz delimitavam os dois ambientes, na proporção de quatro partes para os representantes do Maioral, encarnados ou desencarnados, e a última parte para os agentes do Bem, ali admitidos apenas como observadores silenciosos.

No ambiente isolado destinado aos agentes da Luz estariam também os parlamentares que, em Espírito, aceitassem continuar seguindo pelos mesmos caminhos retos estabelecidos pelas forças espirituais governantes da nação.

Não é preciso reforçar que, acima de todas as tramoias humanas e reuniões de Espíritos trevosos, nobres entidades tutelares, prepostos de Jesus a serviço da organização dos destinos nacionais, dirigiam todos os eventos, permitindo que tal encontro acontecesse em respeito ao livre-arbítrio de homens e almas, tanto quanto para favorecer que, em todos os setores da vida, as criaturas aprendessem através da responsabilidade pelos seus atos.

Assim, não seria de se estranhar que, durante o repouso corporal, vários parlamentares que, à luz do dia eram vistos como defensores de virtudes e valores elevados, durante a noite fossem contados entre os simpatizantes do Maioral, defensores de suas causas e cooperadores com suas estratégias.

Além deles, amontoavam-se as entidades femininas e masculinas responsáveis pela corrupção de seus ideais, sedutoras e pertinazes, especializadas na arte do envolvimento sexual, exacerbando as emoções dos homens e mulheres ali presentes, acostumados a beber no cálice das facilidades e prazeres.

Chegada a hora do início dos trabalhos, Drômio foi colocado à direita do Maioral, que desejava fazer dele o seu representante junto à causa do Ventre Livre.

Soada a campainha para o silêncio reinar visando o início do discurso, o Maioral fez ouvir sua trovejante voz.

– Nobres representantes do povo. Venho saudá-los pessoalmente, em função do excelente trabalho que estão desenvolvendo, dentro da estratégia de dividir para dominar.

Já entenderam que é necessário manter o povo em disfarçada ignorância, para que não seja por sua pressão que tenhamos de modificar o rumo de nossos projetos. Povo culto e esclarecido exige de seus representantes mais e mais direitos, limitando para nós os recursos dos cofres abarrotados e dando-nos muito mais trabalho.

Temos de perpetuar nossos conchavos e manter nossos domínios regionais. Do mesmo modo que cada um de vocês tem a sua zona de influências eleitorais, buscamos defender nossos direitos junto aos que nos invadiram o território, aqui representados por aqueles ali que se posicionam atrás das luzes, fatalmente pelo medo de se colocarem frente a frente conosco.

A referência irônica fez levantar uma onda de apupos e vaias direcionadas à região luminosa que não poderia ser invadida pelas forças escuras.

Retomando o controle da palavra, o Maioral prosseguiu:

– Temos nossos planos e não importa que os falsos representantes da bondade mentirosa estejam presentes. Ninguém conseguirá nos impedir de realizá-los. Esta Terra é nossa, é de nossos projetos, de nossos prazeres, de nossas lutas milenares. Nossos ancestrais a conquistaram pela força, pela fogueira, pelo gesto heroico que espalhou seu sangue misturando-o com a poeira do solo. Não será um bando de fantoches que irá nos tirar o berço, única garantia para a continuidade de nossa dinastia. Em todo o mundo, neste momento, inúmeros representantes nossos estão empenhados em manter nossos direitos, coibindo o avanço dessas víboras luminosas que não sabem respeitar os tratados estabelecidos. Aqui não será diferente. Venceremos em todos os setores, de forma tão rotunda, que não lhes restará outra opção do que abandonar este território aos nossos desejos e irem procurar outro planeta para pregarem esse amontoado de asneiras com que querem comandar as massas ignorantes. Precisamos nos unir contra esses bandidos que nos querem assaltar a moradia, privar-nos do pão e nos aprisionar em corpos físicos para que não possamos mais lutar. São tão medrosos, que se valem de ações solertes para sequestrar nossos representantes, nossos amigos, nossos mais importantes cooperadores, com a finalidade de nos privar da força com a qual os combatemos.

Isso é demonstração de sua fraqueza.

Agora, com ou sem aliados, nós nos temos e somos maioria neste palácio. Dominaremos as intenções da nação através de toda série de recursos e estratégias indispensáveis para manter os abastecedores de votos ao nosso lado. Vocês são nossos soldados nesta hora. Nossa luta está lançada e nossos esforços não devem sofrer com a perda de entusiasmo. Estou apresentando a vocês o meu representante direto, aquele que me representará aqui, informando-me pessoalmente de tudo quanto estiver acontecendo e resolvendo as pendências, decidindo o rumo de nossas estratégias. Trata-se do Vice-Maioral – Drômio – aquele que, em breve, estará aqui trazendo o nosso velho amigo Oliveira para colocá-lo nesta luta direta, fazendo com que todos vocês sejam felicitados pela volta do grande amigo e lutador.

A menção de Oliveira fez boa parte dos presentes se excitar, como se estivessem se lembrando de um ícone, um símbolo por eles cultuado com carinho e quase veneração, além do temor criado no íntimo de algumas entidades em função da maneira agressiva de condução que marcara a vida do antigo político.

– Oliveira..., Oliveira..., Oliveira... queremos Oliveira...

– Sim – vociferou o Maioral –, todos queremos Oliveira, e Drômio será o responsável por trazê-lo até aqui. É por isso que foi elevado ao posto de Vice-Maioral.

Sentindo o peso daquela promoção de última hora, Drômio pôde compreender que o Maioral desejava pressioná-lo ainda mais para a solução do caso do político desaparecido, coisa que, se não ocorresse, poderia produzir-lhe profundos contratempos, o que lhe aumentava a responsabilidade perante a solução do desaparecimento.

– DRÔMIO... DRÔMIO... DRÔMIO... gritaram, em coro, os presentes, febricitados pela tão exuberante manifestação coletiva que se autoalimentava de euforia.

Vendo o efeito de suas palavras, o Maioral encerrou o conclave, dizendo:

– Estejam a postos, exército da Verdade. Sobre vocês pesa o próprio destino, o futuro de facilidades e gozos que, segundo as regras do mentiroso Cordeiro, garantiria para cada um de nós o resgate de nossos atos em corpos doentes ou disformes.

Será esse o destino que vocês sonham para si mesmos?

Renascer doente ou mendigo, leproso ou aleijado?

Depois de ter estado aqui, no centro do poder, aceitariam regressar como habitantes de uma asquerosa favela?

Pois é isso que vai acontecer se vocês não aprovarem essa lei do Ventre Livre. Ela é a garantia de que, depois de regressarem para cá, possam continuar a desfrutar de todas as facilidades que conquistaram. Não se esqueçam disso. Aprovar a lei é uma questão de sobrevivência de nosso mundo de grandezas, facilidades, luxos, prazeres e gozos. Essa é a nossa mais importante função nesta hora. Não a negligenciem. Estaremos observando cada um e garantindo a cada soldado que defenda esse importante objetivo todos os prêmios cobiçados, os bens da Terra que nos pertencem e que nenhum representante do Cordeiro vai nos retirar.

Vamos à guerra e não nos contentemos com o empate. SÓ A VITÓRIA NOS INTERESSA.

O discurso finalizava com a voz do Maioral estrondeando por todos os cantos do auditório, fazendo tremer as fibras dos mais impressionáveis e advertindo os tíbios de que não caberia espaço em seus pensamentos para uma conduta que não fosse a da defesa da mencionada lei que favorecesse a extinção da vida física no âmago do útero.

Em realidade, era o velho mundo lutando para sobreviver à nova ordem, ao avanço da Verdade e da Luz.

A reunião foi encerrada e os mais ardorosos defensores romperam em aplausos e gritos, respondendo à convocação do Maioral, que mais se assemelhava a um discurso proferido no campo de batalha, antes das guerras convencionais da humanidade.

O Maioral e seu cortejo continuariam no ambiente, concedendo audiências privadas aos mais importantes representantes dos encarnados, retirados do corpo físico durante o sono e cooperando com suas vibrações densas para a vigilância sobre o andamento dos trabalhos. Agora era o momento de cerrar fileiras, e o Maioral não desejava perder o espaço junto aos seus aliados.

Assim, por mais de um mês, permaneceu transitando entre os diversos postos administrativos do poder, agindo e determinando atitudes junto aos que se fizessem sintonizados com suas influências, não importando em que órgão público ou privado estivessem.

Somente depois de ter engatilhado todos os recursos para a grande batalha, é que determinou o regresso às furnas, onde pensava exercer o controle do império que restava àquele tipo de Espírito ainda tão primitivo.

Somente, então, é que Drômio poderia dar seguimento ao resgate de Oliveira.

33

AS AÇÕES DO BEM E OS VERDADEIROS OBJETIVOS DO MAL

Ao regressarem ao antro inferior onde mantinham suas principais redes de influência, o Maioral dispensou Drômio de quaisquer outras funções que não fossem aquelas para as quais havia sido nomeado na imponente reunião espiritual realizada no Congresso Nacional. Deveria dedicar-se à organização de todos os detalhes, estudar as estratégias, fiscalizar os agentes opressores, espalhar processos de obsessão quando se fizessem necessários, determinar a implantação de corpúsculos ovoides na atmosfera perispiritual e física dos adversários, avaliar as horas e mais horas de filmagens e informações coletadas por seus funcionários, que registravam todos os eventos que ocorriam na vida dos parlamentares e autoridades que se opunham aos planos do Maioral. Como base nesses filmes e gravações, observavam fraquezas de caráter, brechas na consciência e caminhos para explorar tais fragilidades. Departamentos de estudo e planejamento se empenhavam para melhor aproveitar as facilidades que os próprios encarnados lhes conferissem, favorecendo-lhes a queda moral como instrumento de dominação, fornecendo-lhes as ferramentas com as quais eles próprios acabariam por se comprometer.

Tais entidades precisavam das licenciosidades de caráter aliadas à invigilância dos vivos para, longe de se imporem a eles, ajudá-los a concretizar seus próprios objetivos negativos, aqueles que faziam parte de seus sonhos secretos, de suas cogitações pecaminosas ocultas.

Era um trabalho estafante e muito complexo, no qual Drômio era auxiliado por um verdadeiro exército de ajudantes especialistas, almas perfeitamente condicionadas aos processos de perseguição, Espíritos que, na Terra, haviam exercido funções de destaque, geralmente no mesmo ambiente de influências políticas em que lhes cumpria, agora, atuar.

Antigos comparsas, dirigentes partidários, membros de grupos importantes e famílias mafiosas congregavam-se como o *staff* do Vice-Maioral, adotando os procedimentos indispensáveis à coordenação de tão vasta tarefa.

Era nesse contexto que a figura de Oliveira se faria tão importante, uma vez que, tendo sido experiente manejador dos interesses conflitantes, o velho político tinha grande capacidade de organizar e uma visão muito arguta para avaliar o futuro, antecipando as ações e compreendendo o mecanismo da vida política como um organismo vivo.

Há pessoas com esse faro desenvolvido para a antevisão dos efeitos e do rumo que melhor se deva adotar para a concretização de suas intenções.

Dentre todos os Espíritos planejadores, Oliveira seria aquele que mais facilmente teria condições de atuar na determinação de influências, na sintonia com as autoridades encarnadas, na aproximação de antigos companheiros para agir sobre suas consciências comprometidas com ele.

Os Espíritos de ex-políticos que ali militavam ansiavam por tê-lo entre os seus principais líderes, numa demonstração muito clara da imensa influência que ele exerceria no ambiente de onde fora retirado havia pouco tempo.

Drômio, então, precisava conciliar tais responsabilidades organizativas com as da retomada do resgate de Oliveira.

As inúmeras patrulhas despachadas pelo Maioral para fiscalizarem todos os caminhos dos Campos Inferiores nada conseguiram encontrar, ao longo do tempo em que se mobilizaram. Apenas os velhos Espíritos jornadeiros do abismo, perdidos na ignorância, infelizes escravos da culpa em busca de novos horizontes, somente eles eram retidos pelas milícias, impedidos de seguir no caminho que os levasse aos níveis mais altos, aos planos menos densos.

Dessa forma, o trio fugitivo deveria estar oculto em alguma parte e, com a ajuda de Aristeu, Drômio haveria de resgatar todos eles e dar seguimento aos planos de intervenção política com a cooperação de Oliveira.

Enquanto isso acontecia naquela dimensão inferiorizada pela ignorância, no ambiente físico onde se movimentavam os interesses políticos que produziam as leis pelos embates entre os encarnados, o exército de agentes do Maioral se desdobrava para atuar sobre os seus sócios físicos, os representantes de seus interesses, reforçando suas intuições negativas, aclarando seus pensamentos sobre os métodos a utilizar, concentrando suas energias na transformação das opiniões.

Para irritação deles, entretanto, tais iniciativas encontravam sempre algumas barreiras que as vulneravam ou diminuíam o seu impacto.

Isso porque, da mesma forma que tais entidades perversas se organizavam para atingir os seus intentos, os Espíritos Superiores mantinham também seus núcleos avançados de ação sobre os representantes do povo.

Vibrando em outra dimensão fluídica, lastreada na força do Amor e no caráter sublime da oração, tais representantes agiam fora das vistas dos Espíritos inferiores, que mais pareciam espectros grudados nos vivos, sugando-lhes as energias, atuando sobre eles como polvos envolvendo suas presas.

Era deprimente observar o número de representantes do povo transitando pelos corredores afivelando ao campo magnético essas entidades perturbadas que se lhes justapunham, por sua aceitação e conivência.

No entanto, ao lado destes, igualmente era alvissareira a visão dos vários Espíritos Sábios, nobres entidades devotadas à causa pública que, outrora, foram responsáveis pelas construções da civilização no de ela possui de mais nobre, perambulando por todas as partes naquele palácio legislativo.

Os representantes do Povo, eleitos para o exercício de um mandato, portanto, seguiam assessorados por filósofos gregos, por representantes de escolas do pensamento ocidental e oriental, por nobres senadores romanos, cartagineses, por sacerdotes druidas, eminências budistas, protestantes, católicas, muçulmanas, judias, espíritas, além de antigos conselheiros de nobres, magistrados proeminentes, todos já unidos pelos Princípios Universais e empenhados em exercer a função de iluminadores de consciência, ainda que tivessem de compartilhar o ambiente mental do encarnado com a ação nefasta das entidades inferiores.

Era assim que a Sabedoria do Universo, levando em consideração as superlativas responsabilidades de qualquer representante do Povo, procurava auxiliar a todos e cada um deles, não importando qual fosse o seu partido, a sua inclinação política, as suas condutas morais, os seus defeitos como pessoa ou como membro de um parlamento.

O Bem os cercava vinte e quatro horas por dia, ainda que eles se recusassem a aceitar seus conselhos pela mesma quantidade de horas.

A ação pacífica e constante das nobres entidades era como que uma custódia permanente para que, ao menor sinal de arrependimento, à mais singela modificação de atitude mental, ante a eclosão da menor semente de idealismo ou de emoção, pudessem ajustar-se ao campo magnético favorável e estimular a sua transformação, melhorando-lhe ainda mais essas disposições e, com carinho e firmeza, auxiliar o encarnado a desvencilhar-se da opressão fluídica inferior que persistia em agir sobre ele.

Além disso, não bastando a companhia constante de tais luminares da espiritualidade, em cada corredor congressual havia um posto de vigia e de atendimento fluídico, mantido pelas entidades generosas para socorrer os perturbadores, fossem os encarnados em desequilíbrio físico, mental ou espiritual, fossem os Espíritos que os acompanhavam, muitos dos quais acabavam sendo amparados por estes postos de saúde que se multiplicavam por todo o labirinto de corredores e salas, organizados de forma criteriosa e metódica, em setores específicos, demonstrando a coordenação sábia dos diversos núcleos.

Outro fator muito importante para a harmonização do ambiente era o concurso das diversas entidades religiosas que se mantinham em vigília, tanto para ajudar os parlamentares com a influência salutar das intuições do Bem, quanto para se revezarem nas celebrações singelas e palestras ou conversas que eram oferecidas ao público desencarnado, em intervalos regulares e sob diversas roupagens, com a finalidade de atrair Espíritos que, mesmo desejando prejudicar ou influenciar negativamente os trabalhos daquela instituição, resolvessem escutar algum serviço religioso, alguma pregação, alguma cerimônia que, um dia, lhes houvesse sido familiar na Terra.

Várias entidades perturbadoras, que ali faziam plantão, eram assim pelas suas fraquezas mas, também, pela ação hipnótica de Espíritos mais viris na ação mental, coisa que poderia ser revertida pela assistência do infeliz a uma dessas reuniões espirituais que, apesar de guardar certa similaridade às que os homens realizavam na superfície do planeta, estavam despojadas de todo o convencionalismo, de todas as fórmulas fantasiosas, traduzidas na linguagem dos sentimentos, realizadas por Espíritos que irradiavam as energias da Verdade veiculadas através da palavra de Esperança e Consolação.

Nessas "cerimônias religiosas" – expressão usada apenas para servir de comparativo na mente dos leitores –, o ingresso era livre e não havia como os agentes do Maioral impedirem o acesso de qualquer Espírito que o desejasse.

Aliás, vários de seus seguidores já haviam sido recolhidos por mãos luminosas ao abdicarem dos processos de perseguição, depois de terem recuperado o sentimento, a emoção e a lucidez ao contato com as pregações inspiradas e os antigos hábitos da oração.

A volta às lembranças do passado na área da religião, conduzida sem os interesses escusos e sem a jactância de seus pseudorrepresentação, reconduzia a consciência de inúmeras entidades à fonte límpida das esperanças. A rememoração de tais cultos abria espaço para a sintonia singela com as antigas divindades importantes na fé de cada pessoa e, dessa maneira, amigos invisíveis, tutores de longa data e, às vezes, os próprios parentes mais chegados se faziam visíveis para conversarem com o ente querido que despertava para a própria realidade.

Ao lado deles, equipes de médicos e enfermeiros atendiam com recursos magnéticos na liberação de tecidos fluídicos, que se agregavam à tessitura do perispírito dos infelizes, como se estivessem retirando pragas invasoras que se enraizavam na alma.

Com essa liberação, facultada pela sintonia renovada de tais Espíritos, a equipe de atendimento médico que trabalhava em conjunto com os representantes religiosos recolhia os novos pacientes, geralmente adormecidos ou desnorteados, e os encaminhava ao hospital espiritual que se erguia nas proximidades do vasto edifício congressual, amplo complexo de amparo espiritual superior, aberto para o amparo aos milhares de homens e mulheres que tivessem a disposição para modificar seu caráter.

Da mesma forma que o salão principal fora utilizado, em sua dimensão vibratória, para a reunião conduzida pelo Maioral, as lideranças luminosas se valiam dele para a realização de conclaves elevados, convidando todos os Espíritos e encarnados desdobrados que o desejassem, a fim de realizar cursos de transformação pessoal, visando o cumprimento das elevadas obrigações parlamentares, aconselhando nos problemas mais intrincados, ajudando-os com o intercâmbio entre as esferas mais elevadas e o plano dos homens por meio da comunicação de Espíritos Sublimes que aceitavam descer ao ambiente físico e estender o seu leque de conhecimentos e infundir noções de elevação.

O Congresso, portanto, não era um lugar onde somente os maus tinham ação garantida.

Qualquer encarnado, ainda que mal intencionado, mal assessorado, mal acompanhado que, tendo responsabilidades públicas, resolvesse questionar as suas decisões, demonstrasse a mais tênue modificação de inclinações, apontasse para o arrependimento, para a culpa, para o questionamento moral de seus próprios atos, era imediatamente conectado pelas forças do Bem que o acompanhavam de perto, com a finalidade de aproveitar tal circunstância favorável, para reforçar-lhe o propósito transformador, fator esse que acabaria redundando em benefícios para milhões de habitantes.

As próprias entidades inferiores, muitas vezes, não compreendiam como suas iniciativas eram frustradas, porque, a maioria delas tinha dificuldade de visualizar tais Espíritos elevados, em face da diferença de vibrações.

Apenas as entidades que tinham a função de garantir a ordem espiritual naquele cenáculo de leis, além dos médicos e dos que celebravam os atos religiosos públicos naquela manjedoura de Esperanças – como o Congresso Nacional era visto pela Espiritualidade Superior – se faziam visíveis para que desempenhassem suas funções adequadamente.

Em todos os pontos do edifício, Espíritos Vigilantes exerciam um controle rigoroso para garantir que os perseguidores dos encarnados e, também, os agentes do Maioral se mantivessem dentro de certo padrão de atitudes, desestimulando as ações que viessem a transformar aquele ambiente em um local incompatível com as elevadas funções para as quais fora concebido.

As entidades amigas que o desejassem também podiam se tornar visíveis aos Espíritos inferiores, densificando a própria forma para atender a certos imperativos de suas tarefas, ou mesmo para que fossem vistos pelos obsessores dos encarnados, com quem precisariam dialogar diretamente.

Fora estes, cuja tarefa tinha um caráter de benefício coletivo, destinada decisivamente aos Espíritos necessitados, todos os demais, que estavam defendendo os valores da civilização junto dos parlamentares, mantinham-se invisíveis para os Espíritos de nível inferior, maneira mais fácil de amparar os encarnados e os próprios perseguidores espirituais.

Ao avaliar-se a atmosfera vibratória naquela casa destinada à elaboração dos diplomas legais de um Povo, identificava-se, claramente, a existência de uma verdadeira batalha, na qual os seres primitivos empenhavam suas armas para preservar o domínio sobre os vivos, valendo-se da exploração de seus defeitos e vícios, enquanto que, os seres espirituais responsáveis pela evolução dos povos se desdobravam para desenvolver nos homens e mulheres o senso de responsabilidade pública, o sentimento de compaixão diante das necessidades sociais, a sabedoria na escolha de rumos que edificassem o caráter e os valores humanos, garantindo a educação, saúde, o trabalho e o lazer, dentre outras necessidades coletivas e individuais, afastando-os de suas fraquezas pela insuflação de princípios de Bondade em seus Espíritos.

Dependeria, essencialmente, dos próprios indivíduos a afiliação a um ou a outro grupo de influências, sem imposição dos Bons Espíritos que, além de ajudarem os encarnados, se ocupavam com o amparo aos próprios Espíritos inferiorizados na ignorância e no mal.

E em todos os níveis de administração, em todos os setores da ação política, fossem eles no executivo, no legislativo ou no judiciário e, não importando o fato de serem de âmbito municipal, estadual, regional ou federal, a ação das entidades inferiores e o auxílio dos Espíritos Elevados se fazia sentir com idênticas características, ainda que com as peculiaridades próprias de cada esfera de influências e de poder.

Todas estas influências eram a maneira pela qual a Lei do Universo garantia a cada um o direito à liberdade de ação, respeitando nos seres a possibilidade de expressão de suas ideias, de intercâmbio de seus pensamentos, de atuação sobre os demais. No entanto, cada qual seguia se comprometendo positiva ou negativamente com as próprias escolhas, uma vez que, todos os que tinham conquistado os lauréis do pensamento, do raciocínio e da inteligência eram capazes de distinguir quais os melhores caminhos e agir de acordo com seus interesses ou princípios.

Por isso, nem os Espíritos inferiores podiam manipular os vivos a ponto de atuarem no lugar deles, nem os Espíritos sublimes tinham a pretensão de obrigar os encarnados a agirem segundo os desejos superiores ou as reais necessidades do Povo.

Esse jogo de forças mantinha em equilíbrio a balança da responsabilidade pessoal de cada representante público, de forma que seriam livres demonstrando, com isso, quais os valores principais que carregavam dentro de si mesmos, pelos quais seriam avaliados e julgados pelo Soberano Tribunal da consciência.

Não obstante essa liberdade de exercício nas decisões coletivas, a Espiritualidade Superior dispunha, como dispõe, de inúmeros instrumentos para a manutenção do rumo necessário, quando se faça imprescindível atuar na retomada da rota, a despeito das forças conflitantes.

Da mesma maneira que já foi explicado sobre a ação da tempestade para a atuação arrefecedora dos ânimos, manejada pelas forças superiores com tal finalidade, também está sob a direção superior o destino de cada povo, ainda que, em alguns casos, as escolhas dos habitantes daquele aglomerado, vinculadas à raiva, ao rancor infindáveis, os obriguem a receber o reflexo de suas condutas na gama variada de sofrimentos que semearam, única forma de despertarem para a Verdade do Bem.

Tanto quanto os indivíduos, os povos também têm roteiros evolutivos assinalados por seus compromissos cármicos, coletivamente assumidos, a lhes pesar no processo de crescimento e a exigir a quitação adequada, na forma de serviços prestados ao orbe como um todo ou na expunção de tais nódoas através de sofrimentos, também coletivamente suportados.

Os Diretores Espirituais de cada povo são, portanto, o reflexo da emanação superior do Divino Mestre que, ao fim de contas, se encarrega de dirigir a grande nau terrena tanto quanto se responsabiliza por cada marinheiro que, dentro do navio Terra, pode estar ajudando o comandante com os menores serviços ou estar empenhado em abrir um buraco no casco para que a embarcação afunde.

É por tal motivo que as casas governamentais, tanto quanto os hospitais, as igrejas e as instituições que congregam coletividades são tão envolvidas por forças sublimes, notadamente quando mantenham o caráter elevado dos ideais que trazem em seus fundamentos.

Agora, quando estes núcleos degeneram em antros de negociatas, em comércios espúrios, em trocas de favores, em bases para a infelicidade de muitos, as forças sublimes atuam para apartar da vinha aqueles galhos que nada mais produzam.

No tempo adequado, são retirados e jogados no fogo para que queimem, limpando o vinhedo dos galhos inúteis para que, aqueles que estão trabalhando, produzam mais com a seiva que lhes chega.

Relembrando a Soberania de tal liderança espiritual sobre os interesses dos homens, encontramos a palavra do evangelista Marcos, em seu Capítulo 11, versículos 15 a 19 :

"E foram para Jerusalém. Entrando ele no templo, passou a expulsar os que ali vendiam e compravam; derrubou as mesas dos cambistas e as cadeiras dos que vendiam pombas. Não permitia que alguém conduzisse qualquer utensílio pelo templo; também ensinava e dizia:

Não está estrito: A minha casa será chamada casa de oração, para todas as nações? Vós, porém, a tendes transformado em um covil de salteadores.

E os principais sacerdotes e escribas ouviam estas coisas e procuravam um modo de lhe tirar a vida; pois temiam, porque toda a multidão se maravilhava de sua doutrina.

E vindo a tarde, saíram da cidade."

Entender a ação do Bem sobre sua vida, seja no particularismo de cada lar, seja na estrutura geral de um povo, pode ajudar o ser humano a compreender que a única coisa que vai desaparecer para sempre, a única que tem a sua morte garantida e os seus dias contados, é a própria Maldade, porque ela deixa de existir quando as pessoas se conscientizam de que não há interesses materiais ou bens físicos que durem mais do que a transitória e tênue organização da matéria.

Somente os bens da alma são indestrutíveis e aqueles que os cultivarem com sabedoria, serão comparados aos homens que edificaram sua casa sobre a rocha, que suportou a ação da chuva, das tormentas, dos agentes da natureza e não se arruinou.

Aqueles que, ao contrário, se deixaram levar pela sedução do poder, pelos interesses mesquinhos, pela falsa noção de virtude, pelo orgulho de tudo saberem e de se arvorarem nos juízes iníquos, estes estarão construindo sua casa sobre a areia, sem bases sólidas na visão espiritual e na importância da experiência evolutiva que a reencarnação favorece.

Assim, apegados aos bens da vida carnal, acabarão confundidos quando tiverem de herdar um amontoado de vermes famintos devorando-lhes os tecidos ou a carcaça fria de uma caveira, estampando no rosto o riso sarcástico que endereça ao tolo que perdeu seu tempo e sua vida física nas lutas materiais, imaginando que isso fosse tudo o que existia de mais importante e verdadeiro.

* * *

A importância da vida carnal, para o mundo espiritual, equivale à importância da escola para o ignorante.

No nível de evolução primitivo em que se acha o ser humano, recém-liberto dos patamares da animalidade irracional, a vida carnal é o estágio mais favorável para a eclosão da consciência, tanto pelo discernimento do certo e do errado, quanto pela possibilidade de avaliação constante de seu amadurecimento verdadeiro, motivado pela possibilidade de agir sem a recordação de seus antigos equívocos, melhorando-se realmente ou mantendo-se nos mesmos padrões primitivos.

Além disso, renascer significa retomar os projetos evolutivos interrompidos, dando continuidade aos edifícios da própria elevação, corrigindo os desvios inadequados e semeando novas relações para a perpetuação da obra.

Através do renascimento corporal, o Espírito volta ao convívio daqueles com quem já se afinou, aprofundando os laços do afeto, da mesma maneira que precisa corrigir os desajustes com aqueles a quem feriu, reparar os males espalhados por entre suas vítimas, devolver os bens aos que foram espoliados, tudo isso permitindo que cada um se corrija e se desculpe a si mesmo.

As estruturas espirituais garantiram, portanto, o recurso mais sublime para a desobstrução dos infernos, repletos de culpados eternos, segundo as antigas concepções dogmáticas.

Não mais prisões como calabouços sombrios. O útero da mãe passou a ser o alvará de soltura para os aflitos, o altar para os santos, o bálsamo medicamentoso para os machucados, o pão para os famintos, a luz para os cegos, a escola para os ignorantes, a rota segura para os perdidos da estrada, a esperança para os que se condenavam, sucumbindo ao peso das próprias culpas.

A reencarnação e o calor da maternidade se ergueram ao longo de todos os milhares de anos passados como a sagrada maneira de o Amor de Deus se fazer sentir ao Espírito abatido, recomeçando a jornada interrompida anteriormente e marcada pelos equívocos da ignorância.

Por isso ser tão importante que se lhe deem garantias para o contínuo reciclar de corpos, através dos quais Espíritos superiores transitam pela Terra, ampliando os mecanismos de reforma das instituições e acelerando a transformação da ignorância.

Este é também o fator que vem motivando a grande luta dos representantes da treva espiritual, tristes filhos de Deus temporariamente inconscientes de seus nobres destinos, procurando meios para obstar a chegada de tais entidades mais elevadas, como se pudessem, com isso, barrar o progresso a que está fadada a humanidade.

Seus empenhos atuais na aprovação de leis que favorecem o procedimento abortivo indiscriminado em todos os povos da Terra correspondem ao esforço desesperado de lutar contra o progresso espiritual da comunidade, uma vez que seus representantes inferiores poderão estar mais livres para agir, independentemente das amarras carnais que os tirariam de circulação por vários anos, tanto quanto, com o aborto legalizado, garantiriam uma maior probabilidade para conseguirem influir sobre os seres menos preparados, fazendo-os provar excessivamente o cálice do prazer, sem os entraves da responsabilidade que a procriação representa.

Ao espalharem essa ideia permissiva como legítima, estariam contando com mais uma arma no arsenal do convencimento dos imaturos, que procurariam o recurso abortivo com a justificativa de que não é crime, de que a lei autoriza e de que, assim, não estão cometendo nenhuma infração.

O que ocorre ao ser humano, no entanto, é que a prática de tal agressão intrauterina produz efeitos que ele desconhece em sua complexidade, mesmo que o aborto, tendo sido praticado à sombra da lei, tenha contado com as melhores condições de higiene, com o amparo de médicos competentes e de familiares carinhosos.

Trata-se de uma nódoa que a própria mulher sabe que inseriu em sua consciência e, diante das leis do universo, cada equívoco precisa ser reparado de maneira completa.

Ao se conseguir a aprovação legal para a prática indiscriminada do aborto, as forças inferiores da vida visam garantir que isso facilite às pessoas a utilização fácil de seu mecanismo destruidor, sabendo que isso as irá prender aos complexos de culpa da consciência infratora, tornando-as facilmente manipuláveis a partir desse ponto fraco, favorecendo a multiplicação dos males mentais, espirituais e físicos.

Todo complexo de culpa é um câncer no Espírito, que se multiplica através dos desajustes celulares por ele estimulados no organismo físico, seja na presente encarnação, seja em encarnações futuras.

E esse padrão de atitude, ferindo a vida de outros seres em processo de reencarnação, significa a ação nociva que não ataca apenas a carne de um organismo administrado pela mulher que escolheu abortar. Lesa outro ser, um Espírito que, muitas vezes, lhe foi um credor em outras vidas, que hoje volta como filho muitas vezes para receber aquilo que lhe fora negado ou tirado. Como conseguir reparar o erro quando, antes de se ver amado pela mulher que o abandonara um dia, volta a ter o corpo expelido, sem direito de gritar ou pedir socorro?

Uma série de traumas morais e perseguições espirituais que isso desencadeia é muito grande, que só podem ser reparados quando os que se envolveram com ele colhem os resultados dolorosos de sua prática, quando a entidade reencarnante que foi lesada perdoa o ato criminoso que a vitimou e quando todos os que o fizeram se empenham pela dedicação firme e determinada no caminho oposto, através da ajuda às crianças abandonadas, sem pais que as amparem na vida material e que se veem desamparadas do amor materno ou paterno.

Tratando do assunto de forma muito direta, o Espírito André Luiz ensina em sua obra **EVOLUÇÃO EM DOIS MUNDOS,** no capítulo 14 (segunda parte), preciosas lições que valem a pena serem transcritas aqui para a meditação do leitor, sobre o ABORTO CRIMINOSO, a partir da seguinte pergunta:

"Reconhecendo-se que os crimes do aborto provocado criminosamente surgem, em esmagadora maioria, nas classes mais responsáveis da comunidade terrestre, como identificar o trabalho expiatório que lhes diz respeito, se passam quase totalmente despercebidos da justiça humana?

Resposta – Temos no Plano Terrestre cada povo com o seu código penal apropriado à evolução em que se encontra; mas, considerando o Universo em sua totalidade como Reino Divino, vamos encontrar o Bem do Criador para todas as criaturas, como Lei Básica, cujas transgressões deliberadas são corrigidas no próprio infrator, com o objetivo natural de conseguir-se, em cada círculo de trabalho no Campo Cósmico, o máximo de equilíbrio com o respeito máximo aos direitos alheios, dentro da mínima quota de pena.

Atendendo-se, no entanto, a que a Justiça Perfeita se eleva, indefectível, sobre o Perfeito Amor, no hausto de Deus "em que nos movemos e existimos", toda reparação, perante a Lei Básica a que nos reportamos, se realiza em termos de vida eterna e não segundo a vida fragmentária que conhecemos na encarnação humana, porquanto, uma existência pode estar repleta de acertos e desacertos, méritos e deméritos e a Misericórdia do Senhor preceitua, não que o delinquente seja flagelado, com extensão indiscriminada de dor expiatória, o que seria volúpia de castigar nos tribunais do destino, invariavelmente regidos pela Equidade Soberana, mas sim que o mal seja suprimido de suas vítimas, com a possível redução do sofrimento.

Desse modo, segundo o princípio universal do Direito

Cósmico a expressar-se, claro, no ensinamento de Jesus que manda conferir "a cada um de acordo com as próprias obras", arquivamos em nós as raízes do mal que acalentamos, para extirpá-las à custa do esforço próprio, em companhia daqueles que se nos afinem à faixa de culpa, com os quais, perante a Justiça Eterna, os nossos débitos jazem associados.

À face de semelhantes fundamentos, certa romagem na carne, entremeada de créditos e dívidas, pode terminar com aparências de regularidade irrepreensível para a alma que desencarna, sob o apreço dos que lhe comungam a experiência, seguindo-se de outra em que essa mesma criatura assuma a empreitada do resgate próprio, suportando nos ombros as consequências das culpas contraídas diante de Deus e de si mesma, a fim de reabilitar-se ante a Harmonia Divina, caminhando, assim, transitoriamente, ao lado de Espíritos incursos em regeneração da mesma espécie.

É dessa forma que a mulher e o homem, acumpliciados nas ocorrências do aborto delituoso, mas principalmente a mulher, cujo grau de responsabilidade nas faltas dessa natureza é muito maior, à frente da vida que ela prometeu honrar com nobreza, na maternidade sublime, desajustam as energias psicossomáticas, com mais penetrante desequilíbrio no centro genésico, implantando nos tecidos da própria alma a sementeira de males que frutescerão, mais tarde, em regime de produção a tempo certo.

Isso ocorre não somente porque o remorso se lhes entranhe no ser, à feição de víbora magnética, mas também porque assimilam, inevitavelmente, as vibrações de angústia e desespero e, por vezes, de revolta e vingança dos Espíritos que a Lei lhes reservara para filhos do próprio sangue, na obra de restauração do destino.

No homem, o resultado dessas ações aparece, quase sempre, em existência imediata àquela na qual se envolveu em compromissos desse jaez, na forma de moléstias testiculares, disendocrinias diversas, distúrbios mentais, com evidente obsessão por parte de forças invisíveis emanadas de entidades retardatárias que ainda encontram dificuldade para exculpar-lhes a deserção.

Nas mulheres, as derivações surgem extremamente mais graves. O aborto provocado, sem necessidade terapêutica, revela-se matematicamente seguido por choques traumáticos no corpo espiritual, tantas vezes quantas se repetir o delito de lesa-maternidade, mergulhando as mulheres que o perpetram em angústias indefiníveis, além da morte, de vez que, por mais extensas se lhes façam as gratificações e os obséquios dos Espíritos Amigos e Benfeitores que lhes recordam as qualidades elogiáveis, mais se sentem diminuídas moralmente em si mesmas, com o centro genésico desordenado e infeliz, assim como alguém indebitamente admitido num festim brilhante, carregando uma chaga que a todo instante se denuncia.

Dessarte, ressurgem na vida física, externando gradativamente, na tessitura celular de que se revestem, a disfunção que podemos nomear como sendo a miopraxia do centro genésico atonizado, padecendo, logo que reconduzidas ao curso da maternidade terrestre, as toxemias da gestação. Dilapidado o equilíbrio do centro referido, as células ciliadas, mucíparas e intercalares não dispõem da força precisa na mucosa tubária para a condução do óvulo na trajetória endossalpingeana, nem para alimentá-lo no impulso da migração por deficiência hormonal do ovário, determinando não apenas os fenômenos da prenhez ectópica ou localização heterotópica do ovo, mas também certas síndromes hemorrágicas de suma importância, decorrentes da nidação do ovo fora do endométrio ortotópico, ainda mesmo quando já esteja acomodado na concha uterina, trazendo habitualmente os embaraços da placentação baixa ou a placenta prévia hemorragípara que constituem, na parturição, verdadeiro suplício para as mulheres portadoras do órgão germinal em desajuste.

Enquadradas na arritmia do centro genésico, outras alterações orgânicas aparecem, flagelando a vida feminina, como sejam o descolamento da placenta eutópica, por hiperatividade histolítica da vilosidade corial; a hipocinesia uterina, favorecendo a germicultura do estreptococo ou do gonococo, depois das crises endometríticas puerperais; a salpingite tuberculosa; a degeneração cística do cório; a salpingooforite, em que o edema e o exsudato fibrinoso provocam a aderência das pregas da mucosa tubária, preparando campo propício às grandes inflamações anexiais, em que o ovário e a trompa experimentam a formação de tumores purulentos que os identificam no mesmo processo de desagregação; as síndromes circulatórias da gravidez aparentemente normal, quando a mulher, no pretérito, viciou também o centro cardíaco em consequência do aborto calculado e seguido por disritmia das forças psicossomáticas que regulam o eixo elétrico do coração, ressentindo-se, como resultado, na nova encarnação e em pleno surto de gravidez, da miopraxia do aparelho cardiovascular, com aumento da carga plasmática na corrente sanguínea, por deficiência do orçamento hormonal, daí resultando graves problemas da cardiopatia consequente.

Temos ainda a considerar que a mulher sintonizada com os deveres da maternidade na primeira ou, às vezes, até na segunda gestação, quando descamba para o aborto criminoso, na geração dos filhos posteriores, inocula automaticamente no centro genésico e no centro esplênico do corpo espiritual as causas sutis de desequilíbrio recôndito, a se lhe evidenciarem, na existência próxima, pela vasta acumulação do antígeno que lhe imporá as divergências sanguíneas com que asfixia, gradativamente, através da hemólise, o rebento de amor que alberga carinhosamente no próprio seio, a partir da segunda ou terceira gestação, porque as enfermidades do corpo humano, como reflexos das depressões profundas da alma, ocorrem dentro de justos períodos etários.

Além dos sintomas que abordamos em sintética digressão na etiopatogenia das moléstias do órgão genital da mulher, surpreenderemos largo capítulo a ponderar no campo nervoso, à face da hiperexcitação do centro cerebral, com inquietantes modificações da personalidade, a raiarem, muitas vezes, no martirológio da obsessão, devendo-se ainda salientar o caráter doloroso dos efeitos espirituais do aborto criminoso, para os ginecologistas e obstetras delinquentes."

Às que já se valeram do aborto voluntário e sentem a necessidade de reparar o erro, o desejo de reparar o mal cometido, não titubeiem em iniciar o processo de reerguimento de si mesmas através do amparo aos que sofrem.

É isso que André Luiz assevera, ao final do mesmo capítulo, novamente através do mecanismo de perguntas e respostas:

"Para melhorar a própria situação, que deve fazer a mulher que se reconhece, na atualidade, com dívidas no aborto provocado, antecipando-se, desde agora, no trabalho da sua própria melhoria moral, antes que a próxima existência lhe imponha as aflições regenerativas?

Resposta – *Sabemos que é possível renovar o destino todos os dias.*

Quem ontem abandonou os próprios filhos pode, hoje, afeiçoar-se aos filhos alheios, necessitados de carinho e abnegação.

O próprio Evangelho do Senhor, na palavra do Apóstolo Pedro, adverte-nos quanto à necessidade de cultivarmos ardente caridade uns para com os outros, porque a caridade cobre a multidão de nossos males." (I Pedro, 4:8)

※ ※ ※

Garantindo a legalização do aborto indiscriminado, o Maioral estava empenhado em espalhar o fermento do sofrimento no âmago dos seres que, precisando resgatar os males em corpos enfermiços no futuro, garantiriam a proliferação das dores, e o império dos aflitos continuaria a rechear-se de súditos da desdita, desarvorados e tristes, renovados nos processos de perseguição e ódio, alimento que abastece as entranhas da mal que não consegue sobreviver onde esteja instalada a compaixão, o perdão e a fé em Deus.

Assim, o verdadeiro desejo do astuto dirigente trevoso, o Maioral, era, não apenas garantir a liberdade do ventre para os seus asseclas, como, também, propiciar que mais dores e angústias vitimassem os homens e mulheres insensatos, arrastando-os para os efeitos dos sofrimentos que espalharam. Lutava para garantir o abastecimento de seu reino com mais e mais seres culpados, seus futuros súditos. Por isso era tão intensa a sua movimentação.

E por isso, querido Leitor, é tão importante a mobilização que se faça contra a disseminação de tal equívoco coletivo.

34

BENDITO CÂNCER

Depois que deixou Conceição no hospital, entregue ao atendimento emergencial que seu caso demandava, Rosimeire regressou à casa da enferma que, como já foi dito, estava totalmente desarrumada e suja, em decorrência da hemorragia inesperada de sua proprietária.

Depois de realizada a limpeza, Rosimeire encontrou os cadernos de anotação que Conceição mantinha, rigorosamente, com todas as notícias e interpretações da vida da vizinhança.

Surpreendida com tal quantidade de minúcias e com a ausência da escritora, presa à UTI, Rosimeire levou consigo vários deles e, durante a noite, procedeu, estarrecida, à leitura daquele verdadeiro jornal de improprieades, julgamentos sumários, maledicência declarada e confissão de maldades por parte da infeliz idealizadora.

Cada página trazia, além da data e horário das anotações, todo o contexto revelador tanto dos fatos quanto das opiniões que a própria Conceição emitia sobre o assunto.

Ninguém ali vivia sem ter sido observado e catalogado nos malfadados caderninhos da bisbilhoteira mulher.

Ao lado desses relatos, surgia a face verdadeira daquela que se mantinha isolada da comunidade desejando sempre passar a imagem de virtuosa solteirona, obediente aos princípios religiosos, ainda que Conceição não lhe suportasse estereótipo de beata ou fanática, tão ao gosto das novelas que via na televisão.

Sua aparência, diante dos moradores limítrofes, era a de uma mulher séria, sem os trejeitos dessas criaturas caricatas que vivem com a *Bíblia* debaixo do braço ou com lencinhos na cabeça, sapatos fechados, olhar duro e censura nos lábios.

Conceição sabia agir de forma que, ao mesmo tempo em que era devassa e libertina no interior de sua casa, parecia uma mulher razoavelmente recatada quando saía à rua, o que lhe garantia certa consideração da vizinhança.

No entanto, apesar desses cuidados, sua língua sempre estava a meter-se nos assuntos coletivos, nas conversas de muro a muro, fazendo comentários e pedindo explicações sobre certas ocorrências que em nada lhe diziam respeito.

– Onde está Mariazinha? – escrevia Conceição em seu caderno, relatando o diálogo que tivera com a mãe da adolescente que, repentinamente, havia desaparecido do bairro.

– Foi viajar, Conceição – respondeu-lhe a mãe da menina, incomodada com o interrogatório.

– Mas em plena semana de provas de sua escola? Isso lá é época de passear, Luciana? Você, como mãe, deveria estar atenta às obrigações dessa garota.

– Minha filha sabe muito bem das suas obrigações, Conceição. Se foi é porque podia ir – tentava desconversar, buscando, por todos os meios, evitar uma discussão com tão perigosa vizinha.

– Ah... bem que dá pra perceber como ela sabe das suas obrigações. Outro dia estava nos agarros com o namorado, ali na esquina, no escurinho... certamente que estava cumprindo com suas obrigações femininas nos braços do seu eleito...

E "cumpria tão bem" suas obrigações, Luciana, que não se assuste se, logo, logo, lhe surgir o resultado de tais deveres tão bem cumpridos, a chorar como um alucinado pedindo o colinho da avó.

– Ah! Conceição, você só fala desse assunto. Deixe os jovens se divertirem um pouco... até parece que você não teve essa idade, mulher!

– No meu tempo, Luciana, isso não se chamava diversão... era conhecido por pouca vergonha...

– Pra você ver como está ficando velha, mulher... agora dá licença que tenho que pôr o feijão para cozinhar...

E depois desse diálogo, vinha toda a sorte de comentários da escritora sobre a sua suspeita a respeito do desaparecimento de Mariazinha.

— Certamente a sirigaita está se ocultando para que ninguém lhe veja a barriga crescer.

Sua avó mora em cidade distante, deve ter-se refugiado na casa da velha ou, o que é pior, pode ter ido para a cidade grande mandar tirar o incômodo que lhe cresce no ventre. Assim, fica fora uns dias e, quando volta, ninguém sabe o que aconteceu.

É... – escrevia como se estivesse pensando consigo mesma – esta segunda hipótese é mais vantajosa do que a primeira, afinal, se vai pra casa da avó, tem de ficar fora por muitos meses e, quando voltar, vai ter de trazer a "encomenda". A não ser que doe a criança pra outros criarem. Se tira o filho indesejado, volta logo sem o problema nem deixa o problema para outros criarem.

Eu bem sei o que é isso. Sorte nossa que existem meios pra se fazer esse "alívio de carga". Pelo menos Mariazinha vai poder andar por aí sem ser considerada uma perdida. Mas ninguém me engana. Aí tem coisa, jacaré...

E a escrita seguia para outro tema, deixando a novela "Mariazinha" em aberto, esperando pelos próximos lances quando do regresso da jovem ou quando conseguisse mais notícias através de outras fontes.

Atônita, Rosimeire leu a descrição da conversa que tiveram naquele dia em que chegara de táxi, cheia de caixas, ocasião em que Conceição oferecera ajuda para conseguir se meter nos detalhes da vida alheia.

E os comentários enrubesceram a leitora:

— Aí está a prostitutinha de volta à casa da mãe.

Ou está grávida ou foi abandonada pelos amantes da cidade grande, ou está fugindo de alguém porque, para voltar à velha moradia, só por alguma desgraça grande. Mas a devassa fez de tudo pra se esconder de minhas perguntas. Não é que Rosimeire continua muito atraente? Que corpão a mulher mantém... deve ser à custa de muita academia... qualquer dia vou perguntar pra ela se já colocou silicone...

Afinal, deve estar sendo sustentada por gente que tem muito dinheiro. A começar do deputado Oliveirinha... o safado amante de sua mãe...

Ao ler as últimas frases, Rosimeire estremeceu.

– Como poderia ser isso? Novamente esse maldito nome me cruza o caminho? Mas que coisa estranha é essa? Nunca ouvi mamãe falar nada sobre esse homem. Como é que essa maldita fofoqueira desclassificada coloca esse infeliz político aqui, ainda mais dizendo que é amante de mamãe?

Sem desejar ferir o coração materno, desde a primeira referência que ouvira no escritório de Rodrigo, Rosimeire guardara tais notícias como meros mal-entendidos, confusões naturais entre pessoas e nomes, próprias de um escritório de publicidade muito movimentado, onde vários políticos e autoridades se misturavam em ações na área da divulgação a mesclar amigos e inimigos nos mesmos corredores, ambiente propício para gerar confusões como aquela.

No entanto, agora, a coisa era diferente.

Por que Conceição escrevia o nome do falecido e temido homem público entre suas anotações? Certamente porque ela sabia de algo a mais ou havia presenciado alguma coisa que confirmasse esse encontro.

Mas como atribuir a condição de amante do político à sua mãe?

Apesar de fofoqueira, Conceição era minuciosa e não desprezava os detalhes.

Não inventava coisas quando descrevia as cenas. Suas ideias e suposições criativas apareciam quando comentava os fatos, mas, na descrição da cena, a coisa era muito fiel. Na sua interpretação, Conceição exagerava, fazia previsões funestas, interpretava segundo sua maldade própria, inventava hipóteses as mais esdrúxulas. No entanto, quando transcrevia o que havia visto ou escutado, era dotada de uma exatidão muito grande, porque não se aventurava pelos caminhos do maravilhoso.

Falava do que estava vendo, sem aumentar ou supor coisas que não tinha, realmente, visualizado.

Se via um homem trazendo uma mulher até as proximidades

do bairro, escrevia que fulana de tal, casada, estava na companhia de um desconhecido, em atitude suspeita porque não lhe parecia ser o marido quem a acompanhava.

Se ela conseguia ver melhor, afirmava que não era o marido.

Se identificasse o acompanhante, escrevia-lhe o nome ou os detalhes que revestiam a sua identidade, tais como a profissão, o lugar onde era visto, como, por exemplo, o Zé da padaria, o Luiz jornaleiro, o Antônio do bar, ou então, o "homem" da mercearia, o entregador de leite.

Assim, se havia mencionado o nome do deputado, era porque Oliveira havia estado ali naquela casinha, tão distante de Brasília, onde exercia seu mandato. No entanto, apesar de distante da capital do país, a cidade onde viviam não era muito longe da capital do Estado para onde Oliveira deveria voltar de vez em quando, para o encontro com seus correligionários políticos que lhe administravam a base eleitoral.

Mas daí afirmar que eram amantes, para tal seriam necessárias maiores investigações.

Por outro lado, Rosimeire não desejava causar maior infelicidade ao coração agoniado e esperançoso da mãe que, sofrendo da doença difícil, estava às voltas com a falta de recursos para conseguir a cirurgia recomendada.

Crivá-la de perguntas naquele momento, seria pressioná-la em hora imprópria, sobretudo porque, se fosse verdade que ambos haviam sido amantes, Oliveira já estava morto e nada mais poderia ser feito.

Seria apenas uma forma de trazer à tona algo que não existia mais. No entanto, se Oliveira fosse amante de Leonor, fazia sentido a conversa de Rodrigo, ao revelar-lhe que o emprego na agência de publicidade havia sido conseguido graças à influência do político.

Tal afirmativa passaria a ter lógica porque, se realmente houvesse sido o amante de sua mãe, seria fácil, para ele, conseguir uma colocação para a filha, distante havia alguns anos na cidade grande, lutando, de trabalho em trabalho, para manter sua vida e poder enviar recursos à genitora distante.

Mas, por outro lado, não fazia sentido que a mãe, sendo amante de tão influente, importante quanto rico homem público, estivesse relegada à condição de pobreza. A sua carência material, em verdade, era um atestado acerca da impossibilidade de ambos terem sido tão íntimos, sobretudo porque as mulheres que se submetem a tal circunstância e os homens que aceitam este tipo de relacionamento, deles desejam tirar alguma vantagem material, algum tipo de favor para melhorar suas vidas. Ninguém se submete a ser usada sem que desejem retirar alguma vantagem material, direta ou indireta.

Certamente, a mãe nunca pedira dinheiro ao político. A casa que ocupava havia vários anos, apesar de alugada, sempre tivera o aluguel pago em dia pelo esforço da mãe, primeiramente como doméstica e, mais tarde como costureira, ocupação que lhe conferia recursos pessoais para ir vivendo, recebendo alguma eventual ajuda dos filhos.

Tudo parecia muito estranho aos seus olhos que, confundidos com as afirmativas de Conceição, tinham lido coisas que, apesar de não serem invenções, não combinavam com a própria realidade.

No entanto, agora, nada poderia fazer. Conceição estava no hospital e sua mãe, enferma, depois que chegara do trabalho e, tão logo ingerira a refeição leve que a filha lhe havia preparado, dirigiu-se ao leito para descansar para o dia seguinte.

Com o exercício físico que o trabalho lhe propiciava, Leonor chegava exausta, mas feliz, não tendo muito tempo nem para as longas conversas com a filha nem para ficar pensando sobre o próprio problema.

Assim, sua madrugada fora povoada de pensamentos contraditórios e, com isso, Rosimeire não pregou o olho, vendo clarear o dia.

Levantou-se, ajeitou o café e, sabendo dos hábitos madrugadores de sua mãe, deixou tudo pronto para que quando ela chegasse à mesa, nada estivesse faltando.

– Bom dia, minha filha – disse Leonor, beijando-lhe o rosto. – Dormiu bem?

– Bom dia, mãe! Dormi razoavelmente... rolei um pouco na cama, mas acabei adormecendo lá pelas três horas.

— Puxa, filha, você dormiu pouco. O que aconteceu? Parece estar preocupada com alguma coisa.

Sem desejar revelar o verdadeiro motivo, Rosimeire desconversou, entrando no assunto da doença de Conceição.

— Sabe, mãe, a senhora chegou tão cansada ontem, que nem deu tempo de lhe contar.

— Contar o quê, Rosi? Com o meu trabalho, a gente não está tendo oportunidade de colocar os assuntos em dia mesmo, não é?

— É mãe... e por falar em trabalho, a senhora não acha que ele pode estar desgastando muito o seu organismo? Esse cansaço que a senhora sente, essa necessidade de dormir, não será fruto de muito desgaste?

— Ah! filha, pode ser que minha velha carcaça esteja enferrujada, mas esteja certa de que nada teria me dado maior alegria do que aquilo que, agora, estou fazendo por mim mesma. Além do mais, Rosi, minhas tarefas por lá são muito leves. Faço café, lavo a louça, ajeito o banheiro, ajudo os pacientes, converso com eles enquanto sirvo água. Quanta dor, Rosi! Quanto desespero e medo eu vejo estampados nos olhos daquelas pessoas. Por ali passam vários enfermos como eu, alguns muito debilitados. Outro dia, chegou um moço ferido por uma facada, que precisou ficar internado para a cirurgia de emergência.

Apesar de eu trabalhar no setor do ambulatório, tem muito atendimento que é feito através de internação, atendimento cirúrgico, gente com ferimento de bala, criança com queimadura, braço quebrado, mordida por bicho, mulher espancada pelo marido bêbado, gente drogada em crise, pessoa com depressão e tristeza... meu Deus, que mundo é este que eu nunca pensei que existisse.

Entendendo que a mãe desejava continuar falando sobre sua experiência, Rosimeire não a interrompeu.

Apenas comentou, rapidamente:

— Mas ver tanta gente doente não pode trazer mais sofrimento para a senhora?

— No começo, pensei isso também, Rosi. Mas me lembrei da palestra que ouvi naquele dia, lá no centro espírita. O ramo que não produz fruto é impróprio para continuar preso à vinha. Então passei a conversar com os doentes, perguntando a eles o que é que faziam de suas vidas.

Sem mencionar os bêbados, os drogados, os inúteis que, deliberadamente, gastavam a saúde e o dinheiro em se destruírem, debrucei-me com mais interesse sobre os cancerosos, os depressivos, os abatidos por doenças crônicas. Então, com algum carinho espontâneo, conseguia acercar-me deles e, sedentos que estavam de afeto, abriam-se contando todos os seus dilemas.

Descobri, então, Rosi, que a maioria deles não fazia nada de importante por ninguém. Levavam suas vidinhas, acomodados entre a mesa e a televisão, sem entenderem o preceito contido no Evangelho. Eles estavam ali como ramos inúteis, galhos que iam secando por não se terem vinculado à fonte da seiva. As palavras do moço na palestra vieram-me à mente com clareza. Eu também vivia daquela forma, minha filha. Nada fazia de importante para ninguém. É verdade que não fazia o mal, não prejudicava as pessoas, não era pedra de tropeço para os outros. No entanto, a Terra se esforçava para me sustentar todos os dias e, em verdade, eu nada lhe dava em troca. Era uma roedora de seus recursos, consumidora dos bens da vida e não os multiplicava de forma alguma.

Então percebi o que Jesus queria dizer para aquela gente simples de seu tempo e para nós, aprendizes da vida.

A maioria dos que não se ligam à vinha através da produção de coisas boas ocupa um espaço, sem nada fazer de importante que justifique a sua manutenção naquele local.

Pense numa coisa, filha: Se você possui um funcionário que, contratado para exercer funções específicas, não se esforça e nada produz, qual o destino que você lhe dá? Apesar de ser um empregado que não falta ao serviço, que é pontual na chegada e na saída, sua estada no trabalho não redunda em nenhuma produtividade ou, então, sua eficiência é tão baixa que ele está, apenas, ocupando o espaço físico de algum outro empregado que, em seu lugar, produziria mais eficientemente.

O que faria você com esse infeliz?

Entendendo o desejo de sua mãe, acerca da resposta esperada, Rosimeire contestou:

– Eu mandava embora...

– Pois então, filha. É isso mesmo... Os que não trabalham acabam recebendo esse mesmo tipo de consequência. A vida os expulsa e não os abastece com a seiva da vinha, não porque não goste deles, mas porque eles não estão dispostos a produzir os frutos que justifiquem a sua ligação com o tronco.

Então, Rosi, passei a entender a sabedoria dos ensinamentos de Jesus e, ao aplicá-los sobre mim mesma, estou procurando unir-me novamente ao corpo principal da vinha, através da maneira interessada com que venho tentando ajudar outros aflitos.

Nenhum deles sabe que eu tenho câncer. Nem imaginam que estou ali como uma voluntária para servi-los com o melhor de meus sentimentos. Pensam, quando me veem de uniforme, que sou uma mulher contratada da instituição para os serviços gerais e que estou trabalhando à espera do salário que receberei no final do mês.

Somente nesse trabalho, Rosi, é que descobri a verdade sobre mim própria. Tenho sido uma mulher carente de boas obras, de frutos doces para outros aproveitarem e, sendo assim, já não me espanta mais que tenha aparecido esse tipo de problema em meu corpo. Afinal, o dono da empresa tem que demitir os inúteis, os funcionários relapsos e ineficientes de alguma forma.

E como carregamos um monte de problemas guardados em nossas almas, muita coisa que deveria ter sido jogada fora como a mágoa, o ressentimento, o desencanto, a inveja, afastamo-nos da seiva divina e, sem sermos abastecidos pela linfa da bondade, do idealismo, da elevação de sentimentos, ficamos remoendo esse veneno que nós próprios produzimos e que nos serve de alimento tóxico por anos a fio.

Por isso, em vez de produzir os frutos de Deus no caminho dos meus irmãos, acabei produzindo espinhos meus no meu próprio caminho.

Sustentados pela seiva da vinha que Jesus representa, produzimos Amor.

Sustentados pela seiva de nós mesmos, produzimos tumor.

Assim, minha filha, trabalhar naquele lugar tem sido a coisa mais importante para meu Espírito. Agora, abençoo o cansaço que me prostra o corpo, mas que me faz revivescer, sentindo que a seiva da esperança e da alegria de trabalhar começa a correr, quem sabe pela primeira vez desta forma, em minhas veias espirituais, no esforço de produzir os frutos do Amor.

Outro dia, Rosi, uma senhorinha muito simples voltou ao ambulatório só pra me levar meia dúzia de tangerinas que ela havia colhido no quintal de sua casa, como uma forma de agradecer o carinho que eu lhe havia demonstrado.

Ela tinha vomitado na própria roupa e, vendo seu estado triste, uma velhinha tão pobre, corri para todos os lados, falei com as bondosas mulheres que cuidam do bazar que lá existe e consegui arrumar-lhe uma vestimenta limpa. A senhora não queria aceitar porque não tinha dinheiro para "comprar roupa nova". Veja, filha, ela pensava que aquilo fosse roupa nova, mas, em verdade, era roupa de segunda mão. Disse que era um presente do hospital para ela e que não precisaria devolver nunca mais. A velhinha chorou abraçada comigo. Sabe o que ela me disse?

Emocionada com a emoção de sua mãezinha, Rosi acenou negativamente com a cabeça.

– Ela me falou que já havia perdido as contas de quantos anos fazia que não recebia um presente de ninguém. Começou a querer beijar as minhas mãos. Eu fiquei constrangida e não deixei. Ajudei-a a se trocar e a velhinha foi embora muito feliz.

Dois dias depois, ela voltou ao hospital e me procurou novamente.

Assustei-me ao vê-la por ali, de novo, e perguntei se ela tinha piorado.

Sorrindo, estendeu um saquinho com as frutas, dizendo que tinha tomado dois ônibus desde a sua casa somente para ir me levar o presente. Não tinha ido lá para ver o médico. Tinha voltado por minha causa. Desculpou-se por ser pouca coisa, mas não conseguia subir na árvore para pegar mais. Abraçou-me, agradeceu pelo vestido que eu lhe havia arrumado e despediu-se, dizendo que precisava voltar logo para não chegar tarde em casa.

Sem esforço em conter as próprias lágrimas, Leonor chorava de emoção ao se lembrar da anciã que a procurara por Amor.

– Veja, filha, é uma pobre mulher doente. E apesar disso, tem sentimentos, sente falta de carinho e, recebendo afeto, produz carinho também.

– Sim... mãe – falou a filha, igualmente emocionada. – A senhora tem razão em estar realizando esta linda tarefa.

– Puxa, Rosi, obrigada por me entender. Sei que você se preocupa comigo e com minha saúde. Mas as pessoas que estão lá são tão carentes, que eu não gostaria de deixar de ajudá-las, mesmo que fosse somente com uma xícara de café.

Posso lhe dizer, filha, que graças a esse trabalho, eu nasci de novo.

Sinto que estou sendo útil, que posso fazer alguém feliz, que minha vida tem algum sentido.

No dia em que essa senhora me deu o saquinho com tangerinas, sabe o que eu fiz, minha filha?

Vendo a emoção profunda que a mãe lhe demonstrava, naquela conversa tão franca e verdadeira, Rosi respondeu:

– Ah, mãe, a senhora deve ter orado pedindo pela saúde da velhinha.

– Claro que eu sempre peço a Deus por todos, mas não foi isso que eu fiz, não.

– Então, a senhora deve ter pensado em fazer uma roupa para ela, aqui em casa.

– Também não, filha.

– Então o que foi que a senhora fez, mãe?

– Pela primeira vez, Rosi – falava Leonor, quase sufocada pelas lágrimas derramadas aos borbotões –, pela... pri... primeira... vez... na minha vida,... e... eeu... agradeci a Deus... ppp... pelo câncer... que me fazia descobrir todas essas coisas,... sentir essas emoções... começar a produzir frutos...

Sem aguentar a própria emoção, Rosimeire acercou-se de Leonor quase desfeita em lágrimas e soluços e, com ela nos braços, misturou às da mãe as suas lágrimas de prostituta arrependida, de mulher com um passado escuso, de ansiedade e medo em ser descoberta, de todas as agruras guardadas dentro do coração, de filha sem pai e que, também, graças ao câncer de sua genitora, redescobrira o coração da própria mãe.

E pensando em tudo o que significava aquele diálogo para suas próprias experiências, Rosimeire exclamou:

– Sim, mãe, a senhora tem razão. Eu também preciso agradecer por todas as bênçãos que encontrei ao voltar para casa, ao seu lado. Por anos a fio eu sonhei com esse dia e não sabia quando é que ele ia chegar.

Sempre sonhei em estar nos seus braços, em aconchegar-me junto ao seu colo generoso, mas Clodoaldo sempre estava nele antes de mim.

Agora que estamos sozinhas, reunidas pelo infortúnio, também preciso agradecer a Deus por ter-me reconduzido até aqui, uma cancerosa cuidando da outra.

Sem entender o que Rosimeire queria dizer, Leonor fez uma expressão interrogativa e perguntou:

– O que você está me dizendo, Rosi? Vai me dizer que também você está...

– Não, mãezinha. Meu câncer até hoje não foi diagnosticado como aconteceu com o seu. E se você pode ser curada com uma cirurgia que extirpe o tumor, o meu câncer precisa ser colocado para fora por mim mesma.

Sentindo que aquele era o momento de confissões profundas de parte a parte, Leonor aproximou sua cadeira da cadeira da filha, para que esta pudesse acomodar sua cabeça em seu ombro, num gesto de carinho que, raras vezes, outrora, tivera para com ela.

– Sabe, mãe, eu também tenho um câncer muito doloroso para mim.

– Fale, filha, nada do que você me disser será capaz de abalar o meu amor por você.

– Meu câncer está guardado na consciência aonde os bisturis

não chegam. Por vários anos estive vivendo longe de casa, em busca de estudo e trabalho. Passei por vários empregos que não eram capazes de me manter satisfatoriamente porque, além de minhas despesas, sempre desejei colaborar com a senhora. No entanto, iludida por minhas próprias ambições, enveredei-me pelo caminho errado...

Vendo a dor da confissão a bloquear a garganta da filha, Leonor enlaçou-a ainda mais para que ela sentisse seu carinho pessoal, naquela hora tão importante e grave de seu destino.

– Sabe, mãe, a gente se ilude com a juventude, com a beleza, com a facilidade, com as amizades, com as seduções de um ambiente novo e, quando se dá conta, está enterrada até a raiz do cabelo.

Apesar de tudo o que aprendi aqui, com a senhora, minha leviandade me levou a procurar na troca do sexo pelo dinheiro, a maneira de atalhar o caminho no rumo da estabilidade que tanto buscava.

Sim, mãe, por vários meses, eu me prostituí aceitando programas com homens bonitos e ricos, a maioria deles casado e chefe de família, que buscavam aventuras rápidas para o desfrute de um carinho físico mais ousado do que aquele que não conseguiam ter com suas esposas. Outros me desejavam apenas como passatempo, para se sentirem viris, para demonstrarem sua potência física.

Tantos frustrados, querendo encontrar carinho nas mãos de uma desconhecida. Isso sem falar nos que me pagavam pelas horas, apenas para que pudessem conversar com alguma pessoa que os escutasse e compreendesse, sem julgá-los. Vários não me tocavam. Apenas queriam minha companhia nos quartos de motéis para falarem de si mesmos, para chorar como crianças procurando mães que os abraçassem com ternura.

Ah! Mãe... essa velhinha que a senhora encontrou é muito parecida com tantos homens que conheci, ressentidos de não serem importantes para ninguém há muitos anos e que precisavam procurar, na pessoa de uma prostituta de luxo, a atenção que não encontravam dentro de seus próprios relacionamentos lícitos.

Mas esse fato não me fez menos indecente, nem menos errada, nem menos indigna de tudo aquilo que a senhora me ensinou.

Rosimeire precisava de uma imensa força moral para levar adiante a confissão espontânea e verdadeira.

Sua mãe, apesar de sofrer com as revelações, já não mais chorava por si mesma e pela decepção diante do comportamento irrefletido da filha. Suas lágrimas, agora, eram de compaixão pela dor acumulada no íntimo daquela alma que velava pela sua saúde com tanto devotamento. Não era mais a mãe infeliz pela vergonha que a filha lhe causava. Era a irmã aflita pela dor da companheira de desdita.

Sem interromper suas carícias nos cabelos da filha, num esforço de demonstrar-lhe carinho verdadeiro, Leonor mantinha o silêncio para que a filha não perdesse o fio da meada.

– E o que é pior, mãe, é que eu já nem mais precisava de dinheiro porque, depois de algum tempo, a gente fica com a vida equilibrada. Os meses se passaram e, num desses encontros, me apaixonei por um rapaz muito bonito, apesar de casado.

Ele me procurara porque estava em crise com a esposa, moça leviana e embonecada pelos caprichos da vida e que, apesar de todo o empenho dele, não queria lhe dar filhos.

Nós nos encontramos várias vezes, e a química de nossos corpos nos atraía para mais e mais envolvimentos. Apaixonei-me por ele a tal ponto, que passei a recusar os convites que partiam de outros. Passei a esperar cada dia e, ainda que recebesse seu pagamento, sonhava pelo dia em que nem ele se lembrasse de abrir a carteira para me pagar, nem eu aceitasse receber-lhe o dinheiro por algo que já fazia por amor, por paixão. E tão intenso foi nosso envolvimento que, sonhando em tê-lo para mim, supus que, se lhe desse o tão querido filho, isso seria capaz de acabar com sua ligação com a esposa.

Negligenciei os cuidados com o anticoncepcional para que, de caso pensado, criasse as condições de lhe dar o tão esperado herdeiro de seu nome. Entre o final do efeito do remédio, a repetição dos relacionamentos físicos, a concepção e o início da gravidez positivada pelos exames, correram quase dois meses.

Nesse tempo, entretanto, percebi que acontecia um afastamento natural entre nós.

Esperava-lhe o telefonema que nunca chegava. Procurava por ele e não o encontrava disponível. Afinal, sempre me vira como aventura sexual, ainda que nos entendêssemos bem. Jamais se declarou para mim, jamais disse que me amava, que me queria como sua esposa.

Sempre me aceitou e me tratou como um homem trata uma agradável prostituta com quem cultiva certa intimidade pela multiplicação dos encontros.

Era eu quem me apaixonara por ele e não o contrário.

Certamente que, em sua cabeça, não passava a hipótese de me querer como esposa. Então, carregando seu filho no ventre, com o exame laboratorial atestando a gravidez, liguei para ele a fim de marcar um encontro onde, para facilitar que aceitasse me ver, lhe disse que não precisaria me pagar nada, que o sexo seria um presente meu, para matar as saudades.

E esse foi o último dia que lhe falei.

Na própria ligação, disse que seria impossível estar comigo novamente. Que a sua esposa havia engravidado e que ele seria pai, dentro de alguns meses, realizando o sonho de tanto tempo.

Diante desse novo cenário, agradecia o meu carinho, os momentos felizes que havia passado ao meu lado, mas pedia que eu o esquecesse, que não mais o procurasse com a liberdade daquela hora.

Iria modificar o número do telefone celular para que os antigos contatos femininos não o encontrassem, dando-me a entender que eu não era a única mulher com quem ele se relacionava.

Um telefonema, mãe. Um simples telefonema arruinou meus sonhos.

Idiota que eu fui. Meu ventre estava carregando o fruto daquele a quem tanto amara, mas que, naquele momento, se transformou no centro de meu ódio.

Odiei-o, mãe. Com todas as forças de meu sentimento, converti o afeto espontâneo em ódio deliberado. E para não ter que me penitenciar por anos e anos de um afeto não correspondido, na figura de um filho que deixara de ser arma de conquista para se tornar instrumento de punição para mim mesma, resolvi interromper a gravidez procurando uma clínica clandestina, fácil de se encontrar nas grandes cidades, ainda mais naquelas onde o poder político mantém tais centros cirúrgicos como casas de faxina, como lavanderias morais, a limpar corpos dos resquícios de suas leviandades.

O procedimento foi rápido e sem dores físicas.

Recuperei-me, mas, a partir de então, já não era mais a mesma mulher.

Carregava em minha alma o câncer do afeto frustrado, da prostituta condenada a nunca ser feliz ao lado de um homem com quem pudesse constituir família, sentimento esse agravado pelo fato de livrar-me das marcas que esse afeto do coração poderia produzir nas minhas carnes de mulher.

Com isso, decidi deixar aquela vida de devassidão e aventuras e afastei-me das pessoas com quem convivia levianamente.

Por fim, empreguei-me numa agência de publicidade, no singelo cargo de auxiliar de administração, para ali me esconder do passado. Não desejava mais a ribalta da exuberância física, nem chamar a atenção pela beleza provocativa que atrai os homens e é o objetivo de tantas mulheres.

Agora, queria apagar-me no meio dos papéis, dos clipes, das máquinas de escrever e computadores, como simples e feiosa funcionária indisponível para quaisquer aventuras afetivas.

Nunca mais me aproximei de nenhum homem nem permiti que nenhum deles me encontrasse disponível e, desde o aborto, carrego a consciência flagelada pela dor de ter usado meu corpo como instrumento de conquista e, depois, livrado-me da inocente criança que se formava, como se ela fosse culpada pelos meus próprios equívocos.

Não queria olhar para meu filho e imaginar onde estaria o pai, como deveria estar feliz nos braços de outra, correndo pelos parques carregando o filho legítimo nos ombros. E o que dizer para o meu rebento quando perguntasse onde estava o seu genitor? O que falar para o pequeno quando seus amiguinhos o questionassem sobre o próprio pai?

Lembrei-me da senhora, sofrendo para nos criar, sem o apoio de um companheiro, e tudo isso me levou a distanciar-me da lucidez e da compaixão, procurando o caminho mais fácil da fuga do dever. E agora, mãe, esse tumor moral caminha comigo para onde eu vou.

Não encontrava nenhuma oportunidade de me desculpar e tinha que carregar comigo esse peso no coração, temendo que qualquer pessoa me descobrisse ou me apontasse como sendo a vadia de outras épocas.

Temia cruzar com os antigos amantes em corredores de lojas ao mesmo tempo em que tinha receio de que algum deles me abordasse convidando para um novo programa, sem saber que já havia abandonado esse caminho de aventuras.

Certamente que nenhum deles acreditaria que uma prostituta possa retomar o rumo de uma vida reta, arrependendo-se. Mais fácil supor que estejam mentindo para descartar o pretendente, o que significaria dupla humilhação para ele.

Para a maioria dos homens, uma vadia sempre será uma vadia, não importa o quanto tenha modificado sua trajetória.

Entre o desespero íntimo e a necessidade de parecer uma mulher normal, acabei sendo demitida do último emprego, sem entender os verdadeiros motivos. Recolhi-me em minha moradia e lá estava quando a senhora me telefonou, nos primeiros dias da enfermidade. Aquilo pareceu ser uma resposta às minhas preces.

Parece que alguém que me amava estava me conduzindo ao recomeço.

Voltar para casa, estar junto da senhora, compartilhar novamente as antigas emoções da infância, esquecer das malícias e artimanhas da fêmea e regressar ao clima da pureza do passado. Era tudo isso o que eu tanto precisava.

Para não preocupá-la, inventei a história das férias e vim para cá, enquanto não se positivava o diagnóstico.

Quando vi que, com o resultado da biópsia, a doença era mais do que uma suspeita, voltei à cidade e entreguei o apartamento definitivamente, trazendo minhas coisas pessoais a fim de estar ao seu lado e recomeçar minha vida.

Rosimeire era uma criança em pranto, agora deitada no colo de sua mãe que, do mesmo modo que ela, orvalhava seus cabelos enquanto que os alisava como fazia quando ela era pequena. Duas almas afinizadas pela convivência, pela dor moral, se reencontravam agora, uma necessitando da outra mais do que ambas podiam supor.

E sem conseguir continuar, a filha calou-se, aceitando o silêncio como o ponto final possível para aquele desabafo confissão.

Leonor permaneceu por longo tempo naquele clima de respeito e, entendendo que o coração da filha ansiava por escutar-lhe alguma palavra de carinho, falou-lhe, compungidamente:

— Como me orgulho de você, Rosimeire. Como posso morrer em paz, a partir de hoje, quando reencontrei seu coração que eu não soube conquistar como mãe indiferente que fui.

Sua palavra franca de mulher me faz sentir o quanto estamos ligadas pelos laços do carinho real.

E longe de recriminar-lhe a prostituição ou o aborto, quero que saiba como admiro sua coragem em encarar tudo isso e se revelar como filha que confia em mim, alguém que sempre vai amá-la.

Ambas carregamos conosco esses tumores, que precisamos expungir pelo esforço de nossa renovação.

Gostaria que fôssemos ao centro espírita assim que a gente puder, escutar a palavra inspirada do Evangelho de Jesus e receber o passe magnético. Algo me diz no coração de mãe que isso será muito importante para nós duas, Rosi. Jesus nos convidou para que o buscássemos e nos entregássemos a ele, porque ele nos aliviaria. Que seu jugo era suave e seu fardo era leve.

Todos os seres humanos são demasiadamente exigentes, rudes e pesados uns sobre os outros, mas o Celeste Amigo é generoso e sábio, amparando nossas fraquezas e nos reerguendo sempre.

Vamos juntas em busca do pão para nossas almas, já que eu também tenho cânceres ocultos que se revelaram através destes tumores na carne. Também preciso contar coisas a você, a fim de que estejamos mais unidas do que agora já nos unimos.

Você vai comigo, minha filha?

A pergunta carinhosa e as palavras de afeto recebidas da mãe foram o sol a renascer em seu horizonte de vergonha e dúvida, medo e ansiedade.

Rosimeire abraçou-se à mãe e, tentando conter a emoção, aquela mulher se colocava como a menina inexperiente, deixando-se conduzir pela mãezinha sábia:

— Mãe, eu vou com você para onde você for. Bendito seja o nosso câncer que os uniu para sempre... mãe!

Ao que Leonor respondeu:

— Bendito seja, minha filha.

35

RELEMBRANDO

Enquanto isso ocorria com as personagens encarnadas, na pequena choupana nos campos inferiores, Eulália e Bóris se empenhavam na manutenção do esconderijo.

Em razão de seu estado de quase nenhuma lucidez, despreparado para enfrentar as realidades de Espírito, Oliveira era um verdadeiro zumbi.

Sua mente em desalinho não era capaz de emitir pensamentos lúcidos e coordenar ideias mais dilatadas.

Desde a vida material, enveredou pelos caminhos da insensatez, viciando o centro do pensamento com a sua utilização quase que exclusivamente voltada para o mal, para a astúcia, para as coisas inferiores da vida.

Seu perispírito exsudava matéria semelhante ao pus, que lhe brotava dos poros como suor diferente.

Além do mais, absorvendo substâncias tão perniciosas quanto aquelas que lhe eram ministradas pelos que cuidavam de sua estada nas grutas do Maioral, Oliveira periclitou ainda mais na exaustão de suas energias, sugadas pelas feiticeiras que o mantinham sob constante controle, preparando-o para os objetivos do Maioral, nos seus planos de aprovação da Legislação Abortiva.

O propósito de tal técnica era despersonalizar Oliveira, a fim de que ele fosse o agente frio e sem pruridos morais a serviço das forças negativas que o teleguiariam de objetivo em objetivo, usando das suas emanações sexuais sedutoras e envolventes para ingressar com maior facilidade no campo pessoal de inúmeros parlamentares vivos que também se mantivessem sintonizados com esta ordem de sensações.

Acoplando-se a eles, Oliveira invadiria suas mentes com as imagens que nele estavam sendo plantadas e reforçadas pelas entidades exploradoras do sexo, como se fossem pequenos chips, que facilitariam o controle de suas tendências por aqueles que coordenariam o ataque aos homens e mulheres responsáveis pela aprovação ou encaminhamento do fatídico projeto.

Essa influência através de Oliveira seria mais fácil em decorrência dos longos laços de convivência e pela tradição parlamentar muito admirada por seus pares. Oliveira era um nome importante no cenário das negociações, sabendo manipular os cordões que moviam a máquina congressual, na sua estrutura de influências e trocas.

Deputado por largos anos, sabia interferir no psiquismo de seus pares. E se outrora fazia com a divisão de favores materiais, a concessão de vantagens, a negociação de interesses compartilhados, agora poderia acercar-se diretamente ao campo vibratório de cada um que sintonizasse com seu campo fluídico, manejando as forças invisíveis da alma para identificar o verdadeiro interesse de cada integrante partidário, não pela legenda de seu partido, mas sim pelo padrão de vibrações que registraria, emitido pelo sentimento e pensamento do parlamentar sob sua influência.

Assim, as energias de Oliveira estavam muito deturpadas, muito presas às regiões inferiores, o que tornava impossível qualquer acesso aos planos mais elevados do que aquele em que estavam estagiando.

Mesmo o soldado Gobi, que fora libertado por Aristeu em decorrência de ter falhado no posto de sentinela, acabara sendo auxiliado com mais facilidade pelas entidades amigas em instituição socorrista existente pouco acima daqueles abismos. No entanto, nem aí conseguiria o pobre Oliveira albergar-se.

Eulália, sabedora dessa circunstância, era sua enfermeira, cuidando de sua higiene rudimentar, na limpeza de seus excrementos, já que na sua fase de inconsciência, Oliveira se parecia a uma criança descontrolada, além do fato de precisar expelir os tóxicos que havia recebido, quando no cativeiro.

Com a pouca água que Bóris conseguia nos arredores, a mãezinha tentava fazer o que podia para envolver o filho em um estado físico menos grotesco, mesmo que ficasse claro que nem ele próprio sabia das péssimas condições em que se encontrava.

Bóris era o único que conseguia sair do pequeno abrigo.

Prevendo os momentos difíceis que iria enfrentar e, entendendo o conselho do seu adorado chefe, o ermitão espiritual com tarefas de atender aos aflitos que lhe eram trazidos por Aristeu cercou o pequeno abrigo com mais e mais galhos ressequidos, recobrindo-os de lodo do solo, a fim de confundi-lo com a própria natureza circunvizinha. A penumbra se incumbiria da ajudar na perfeita camuflagem.

Além do mais, a Bóris competia obter alimento que suprisse as necessidades de seus hóspedes, fazendo com que aquele tempo de exílio fosse o menos doloroso para eles.

Sabia que não existia muito recurso naquele tosco casebre, mas garantia que todas as suas energias seriam empregadas na manutenção de seus novos amigos.

Afinal, para Bóris, a presença dos visitantes era um fato extremamente importante, tirando-o da monotonia que a solidão naquelas paragens lhe impunha, entre um atendimento e outro.

Plantas espirituais com teor elevado de energia eram providenciadas por Bóris em suas excursões exteriores, a locais menos inóspitos, de onde trazia o material necessário para a manutenção dos níveis de força aceitáveis para ambos.

Eulália, apesar de afeiçoada aos trabalhos espirituais mais penosos da crosta terrestre, conseguia manter-se sob duras disciplinas nos níveis inferiores, com vistas a recuperar o filho amado, entregando-lhe a maior parte do alimento, pouco reservando para si mesma.

Por isso, suas energias iam sendo consumidas mais rapidamente, já que somente a alimentação rudimentar lhe serviria de reposição energética.

Não poderia fazê-lo nem mesmo pela oração porque, naqueles inóspitos abismos, a prece corresponderia ao último recurso do trabalhador devotado uma vez que, acionadas as usinas da fé, o fator iluminativo seria igualmente detonado, acabando com o anonimato do agente do Bem e fazendo com que os maus ainda mais se armassem contra os agentes da Bondade. E como Oliveira não a poderia seguir para mais alto, de nada lhe serviria subir e deixar a preciosa carga para trás a fim de que fosse retomada pelos antigos sicários.

Em virtude dessas dificuldades, Eulália também não recorria às usinas de força espiritual por via da oração direta.

Deveria, portanto, manter-se por si só, com o pouco que o devotado Bóris lhes fornecesse, sem recorrer às fontes superiores da vida, a não ser que nada mais houvesse a ser feito.

Nos meses que se seguiram desde a saída dos antros dominados pelo Maioral e por Drômio, Eulália e Oliveira se submeteram a longo processo de disciplina de mente e pensamento – no caso dela – e de abstinência forçada e liberação de miasmas internos, no caso dele.

Então é que se pôde entender o entranhado Amor que Eulália tinha por seu filho, agora recolocado em seus braços como o adulto enlouquecido, carente de afeto materno e de remédio eficaz para a retomada de sua evolução.

As vibrações elevadas da oração que Eulália não podia emitir de viva voz eram exprimidas na forma cuidadosa com que ela suportava a incômoda posição de faxineira de seus dejetos, de limpadora de suas necessidades básicas, de alimentadora de sua fome. Aquilo era uma prece viva do Amor em favor do ser amado.

Assim, com o decurso do tempo, as reações do alienado se faziam menos conturbadas. Cada vômito, cada suor álgido, cada emanação tóxica de Oliveira era um passo na liberação de suas mazelas morais longamente acumuladas, a permitir-lhe a reconquista gradual de alguma lucidez, de algum equilíbrio no exercício do próprio raciocínio, mesmo que precariamente.

Bóris se encantava com o devotamento daquela heroína, silenciosa e branda, servindo de ponte luminosa entre a desdita de um irmão abatido por sua própria culpa e a vigorosa jornada do futuro que o aguardava para a conquista do respeito por si próprio.

Eulália não fazia nada que não correspondesse à expressão desse sentimento verdadeiro, como a pessoa que já não mais se preocupa em fazer o Bem no lugar de fazer o Mal. Ela já praticava o Bem sem notar. Além do mais, não se pode esquecer que, com as sucessivas patrulhas ordenadas pelo Maioral nas redondezas de seus domínios inferiores, a notícia de que o infeliz homem público havia desencarnado correu como pólvora por todos os cantos, produzindo um grande movimento no seio dos próprios infelizes, muitos dos quais estavam esperando por esse regresso para poderem promover importante acerto de contas.

Como, em vida, havia sido um homem que a muitos prejudicara, fora do corpo e longe da proteção do Maioral, Oliveira estava vulnerável a todo tipo de ataque das hordas de inimigos que havia granjeado e que, por sua culpa direta ou por modos indiretos, sofreram muito ou tiveram sua vida ceifada. Esse ódio permaneceu guardado nas almas pouco elevadas, incapazes de perdoar as ofensas como forma de se livrarem do mal. Desejosos de acertar as coisas pelo velho mecanismo do olho por olho, patrulhas de entidades inferiores se esforçavam em competir com os asseclas do Maioral para encontrar Oliveira antes do que o malfadado dirigente da região, com a finalidade específica de exercerem sobre ele todo o peso da vingança.

Daí ser ainda mais importante que todos ficassem incógnitos, sem chamarem muito a atenção, incluindo nisso o próprio Bóris.

O que o protegia era o seu tamanho avantajado e a sua aparência pouco amistosa, fazendo com que ninguém tivesse muito interesse em abordá-lo ou fosse capaz de suspeitar que, por detrás daquela aparência pouco harmoniosa, estivesse um Espírito devotado ao Bem, ainda que com pouco entendimento.

No entanto, a precariedade do atendimento que se podia oferecer a Oliveira, impunha que uma solução rápida fosse dada ao seu caso.

Aristeu estaria ausente boa parte do tempo, isso já era conhecido de Bóris e de Eulália. Sabiam eles que o mentor amigo passava por dificuldades, mas ainda que impedido de agir, mantê-los-ia sob sua proteção. Havia muita gratidão na alma dos dois moradores lúcidos daquela tapera em relação ao mentor humilde e sábio, que os amparara como o benfeitor maior no antro da perversidade.

Não tardaria, porém, para que todos reencontrassem Aristeu, acompanhado da turba ensandecida e do próprio Drômio, em pessoa.

※ ※ ※

Usando de sua influência pessoal nas relações de poder que nutria com várias autoridades, não foi difícil a Rodrigo conseguir impor sua vontade sobre a do proprietário do imóvel que Leonor ocupava havia um bom tempo, naquela rua que se lhe havia tornado familiar.

Apesar de Rosimeire não lhe ter mandado notícias, o que só fizera aumentar a ansiedade e o desejo de conseguir tão cobiçada presa, Rodrigo, através de interposta pessoa, convenceu o proprietário a lhe vender por vantajoso valor o imóvel.

Em face das leis vigentes, necessitou-se emitir documento para que a inquilina exercitasse o direito de adquiri-lo antes de que fosse vendido a terceiro.

Por causa disso, uma semana depois do encontro entre ambos, Rosimeire se surpreendeu ao receber correspondência pouco comum, necessitando, inclusive, firmar junto ao carteiro, o respectivo comprovante de recebimento do tal envelope timbrado. Sem saber do que se tratava, e apesar de estar endereçado a Leonor, resolveu abrir para que sua mãe não ficasse à mercê de notícias impactantes, mesmo sabendo que isso não era o procedimento correto.

E o teor do documento, realmente, justificara a antecipação de Rosimeire.

Tratava-se de uma carta notificação informando que o proprietário iria vender o imóvel por uma quantia bastante avantajada e que, como moradora há muitos anos, o bem estava lhe sendo oferecido pelo mesmo valor da mencionada oferta, podendo exercer o direito de preferência, manifestando a sua intenção de comprar a casa. Caso isso não acontecesse em trinta dias, o seu silêncio seria interpretado como desinteresse, autorizando-se a venda do imóvel àquele que fizera a oferta motivadora da notificação.

Rosimeire sentiu um calafrio percorrer-lhe a espinha de alto a baixo.

– Meu Deus do céu... já não nos faltam problemas, e agora, ainda mais este...! O proprietário quer vender a casa. Que ironia do destino: depois de tantos anos, mamãe é escolhida como a que tem preferência na aquisição. Certamente essa "sorte" nos chega no pior momento de nosso azar. Quase que está nos faltando o dinheiro pra comida, mamãe não tem como fazer a operação de que tanto necessita e, agora, mais essa...

Entendendo que a notificação abria caminho para a transferência de propriedade e, em decorrência, a impossibilidade de continuarem morando naquele mesmo local, Rosimeire guardou o papel para que, apesar de algo muito grave, pensasse um pouco antes de tomar alguma atitude.

Teria um prazo razoável para escolher o melhor momento para comentar com sua mãe.

No entanto, a declaração da carta fizera pesar em Rosimeire a dor por serem tão pobres.

Num relance, recordou-se dos tempos em que o dinheiro lhe corria mais fácil pelos vãos dos dedos, saindo de uma cama e entrando em outra, luxuosas e confortáveis, ganhando facilmente tudo quanto precisava para viver.

Era verdade que a dor da mãezinha e seus objetivos de retidão haviam-se constituído em fatores muito firmes em seus novos projetos de vida.

Ainda assim, por instantes, Rosimeire imaginou-se novamente fazendo concessões temporárias para a aquisição de recursos que permitissem uma melhoria do tratamento de Leonor e acabassem com o novo problema da moradia.

Aí estava, para Rosimeire, o testemunho a que se referira o querido Bezerra de Menezes quando alertara os amigos espirituais que cuidavam de todos eles.

Jerônimo, Adelino, Cristiano e Gabriela acompanhavam com interesse os desdobramentos do caso de Leonor e da filha, ajudando-as na sustentação de suas forças, mantendo o equilíbrio de suas almas na hora difícil das confissões de seus equívocos, amparando-as para que tivessem o indispensável valor, a inquebrantável fibra de caráter para se manterem no melhor caminho a trilhar, ainda que fosse o mais espinhoso.

Apesar disso, não podiam interferir no livre-arbítrio de ambas, precisando esperar na observação paciente o desenrolar dos fatos, testemunhos que cabiam a ambas na demonstração do aprendizado real das leis do Universo.

Se Rosimeire não fosse testada em todas essas coisas, na hora difícil da dor e da carência material, como é que conseguiria convencer-se de que, efetivamente, já não era mais psicologicamente prostituta?

Não era mais somente o fato de não dormir com outros homens ou mulheres. Era a questão de não mais cogitar de tais práticas para resolver suas dificuldades da maneira mais fácil.

Dela dependia curar-se plenamente de tais inclinações. E se, apesar de seu arrependimento referente aos atos do pretérito, surgissem desafios reais dolorosos, ferindo pessoas de sua mais pura afetividade, somente aí é que ela aquilataria a sua efetiva transformação moral, sustentando-se firme no propósito de não mais ceder às facilidades levianas. Neste momento, nenhum Espírito amigo poderia interferir através de intuições ou influenciações, já que cada um precisará testemunhar suas escolhas, firmando as experiências que decidiu aceitar e as consequências delas advindas.

No recôndito de sua alma, Rosimeire carregava a viciação sexual já experimentada em outras vidas como um vinco de seu caráter, o que motivou a sua anuência à primeira experiência na prostituição. E se isso não lhe produziu muita satisfação à época, lhe rendera muito dinheiro, recurso que correspondia a uma fonte de prazer facilitadora de sua vida. E isso foi assim até o ápice frustrante da decepção afetiva e do aborto.

Dentro de suas lutas morais precisaria, agora, enfrentar os mesmos fatores adversos para ver que rumo tomaria.

Na hora amarga da dor, enquanto meditava no passado, Rosimeire fez passar pelo seu pensamento todas as experiências da sexualidade nas quais ela se punha como mercadoria, meditando longamente se aquele caminho seria adequado para uma nova solução rápida, entregando-se fisicamente a Rodrigo, agora por uma causa justa.

— Seria por pouco tempo e, com isso, estaríamos livres de tais problemas. Sei de clientes que não me recusariam e que pagariam bem por uma noite de aventuras.

No entanto, a simples lembrança de tal possibilidade fazia com que se arrepiasse de medo.

Rosimeire recordava-se, simultaneamente, da conversa com Cláudia, da confissão no colo de sua mãe, das palavras escutadas na palestra da instituição espírita e das orientações lidas nos livros que a enfermeira amiga lhe havia dado.

Como estar à altura de tantas bênçãos, escolhendo o caminho do erro novamente? Não seria atirar no lixo todos os princípios compreendidos e comprometer-se, agora mais profundamente, com os equívocos?

Não escutara a afirmativa de que Jesus nos pedia que fôssemos a Ele para que sua solicitude nos amparasse nas horas difíceis?

As meditações serenas, apesar de angustiadas, faziam-na superar o medo do desafio, imaginando que o Divino Mestre haveria de encontrar uma forma de ajudá-las para vencerem tais problemas.

– Não... – falou ela para si mesma –, eu matei definitivamente a prostituta que já fui. Ela não vai reviver. Ela está morta. Nem que eu tenha de pedir esmolas na rua, nem que precise ir morar com minha mãe debaixo da ponte, nem que tenha de viver em pardieiros, não mais me entregarei por dinheiro a quem quer que seja.

Mamãe saberá entender minha decisão e, como vamos ao Centro no domingo, esperarei para falar com ela sobre este assunto depois.

Longe dali, Rodrigo antevia as possibilidades de sedução favorecidas pelo bom andamento do negócio da compra do imóvel.

Depois que recebesse a notificação, certamente que Rosimeire iria pensar melhor em sua oferta, sopesando mais a sua situação financeira difícil e, com base nela, facilitaria as coisas para um possível reencontro.

Rodrigo, entretanto, não sabia que Rosimeire já não era mais como as mulheres que ele estava acostumado a corromper com o peso de seu ouro e de sua influência.

Sobre o infeliz empresário, entretanto, também estavam as pesadas cargas negativas que Drômio manipulava e que serviam aos interesses dos grupos que o Maioral dirigia, já que era ele, Rodrigo, o proprietário de uma das mais importantes agências aliadas no esforço de convencimento coletivo, através de campanhas subliminares de defesa do aborto indiscriminado.

Rodrigo sofria as manipulações hipnóticas, dominado em suas fraquezas sexuais por essas entidades que, valendo-se do ponto fraco de cada um, exploravam suas tendências aventureiras e desafiadoras, das quais os próprios Espíritos obsessores tiravam partido.

Drômio não o acompanhava pessoalmente, mas sabendo de seu profundo comprometimento com as forças políticas que eram mestres na arte de corromper para atingir seus objetivos, destacara importante contingente de ajudantes, entre os quais uma das famosas feiticeiras de Oliveira para estar ao lado de Rodrigo, instigando-o no exercício frenético de suas tendências.

A astúcia e o prazer da conquista mantinham-no ligado aos interesses inferiores que o Maioral tão bem representava.

Em seu íntimo, Rodrigo também desejava partilhar das vantagens que o aborto propiciaria ao sexo sem preservativos e sem complicadores.

Seria mais fácil empurrar para os abortos as mulheres levianas que se vissem grávidas ou que, deliberadamente, engravidassem para se valerem do velho golpe. Assim, não precisaria pagar pensões alimentícias para criar seres que ele próprio nunca desejara gerar.

As próprias mulheres que escolhessem vida libertina poderiam recorrer a tal prática de maneira livre e sem empecilhos, em vez de se submeter a procedimentos clandestinos.

Seriam atendidas pelo serviço público de saúde, no qual os médicos que lá trabalhassem estariam legitimados a praticar o aborto, amparados pela lei que se esperava aprovar no Congresso.

Tudo isso ajudava a manter Rodrigo sob cerco cerrado e proteção especial das entidades trevosas, satisfeito no dinheiro e no sexo para que, no desenvolvimento de suas estratégias, o Maioral pudesse contar com o seu talento e sua influência junto às autoridades e aos leigos.

E Clodoaldo? O que seria dele, que não se manifestava a não ser através de telefonemas?

Estava encantado com a noiva abastada, filha de gente bem de vida e que não lhe conhecia a vergonhosa vida de filho sem pai. Com o final da Universidade atingira o *status* que lhe conferiria o tão esperado diploma de engenharia.

Segundo seus pensamentos, Rosimeire estava cuidando bem da mãe e seria capaz de fazer frente aos seus gastos. A indiferença do filho em relação às duas tinha uma razão de ser. Apesar de Rosimeire não saber, Clodoaldo conhecia a vida pregressa de sua irmã, envolvida sexualmente com um de seus amigos pessoais, que lhe relatava as emocionantes aventuras que tinha em sua companhia, no esforço de tentar arrastá-lo para um encontro a três, sem saber que a tão experiente prostituta tinha seu sangue nas veias.

Tendo a sua curiosidade despertada para aquele nome, aquelas dimensões físicas, as características gerais, Clodoaldo pediu ao amigo que lhe fornecesse o telefone de tão encantadora beldade que, sem de nada suspeitar, lhe passou o número.

Reunindo coragem, Clodoaldo ligou com a desculpa de agendar um encontro qualquer, mas, em realidade, desejando identificar a moça. Foi atendido pela secretária eletrônica e, ali, identificou a voz de Rosimeire.

Não havia dúvida:

A própria irmã era garota de programa... uma vergonha a mais que precisava ser escondida da futura família em que iria ingressar.

Gente boa, de riqueza e tradição.

***

Na capital, Márcio e Custódio seguiam de perto a dupla de amantes Leandro e Clotilde.

Ele, enrolando-se cada vez mais nas sensações prazerosas e proibidas, motivo suficiente para a continuidade do relacionamento. Ao mesmo tempo, Clotilde ia se apaixonando cada dia mais pelo irmão consanguíneo, tolerando-lhe as escapadas para garantir-se como a melhor em seu desejo.

Por mais que Custódio e Márcio se esforçassem, como Espíritos protetores devotados, o casal se mantinha preso um ao outro, arrastando-se de aventuras em aventuras e, como já se disse, viciando o centro do prazer com o peso da culpa de um relacionamento incestuoso.

Leandro procurava não ver em Clotilde uma irmã, dizendo para si mesmo:

– Ela é um furacão de mulher, meu Deus. Não consigo encontrar outra que seja tão quente e atraente. Ela é carne... só isso... é carne que eu adoro... não sei ficar mais de uma semana sem tê-la em meus braços...

O mesmo mecanismo de sempre: entidades negativas se

dedicavam a "protegê-lo", estimulando seu desejo porque, a cada encontro, deliciavam-se com o sexo proibido, quase que se incorporando fisicamente ao casal para a prática da intimidade física.

Tanto Leandro quanto Clotilde eram instrumentos usados por tais Espíritos devassos, que mais e mais os envolviam, aproveitando-se da ideia de "proibido" e esfogueando-se mais ainda.

A hipnose emocional sucedia à hipnose sexual.

Cada encontro regado a prazer era um nó a mais na corda dos compromissos dos dois, amarrando inúmeros outros Espíritos, tanto do passado comum quanto do presente, viciosos e cultivadores das sensações.

Custódio e Márcio pouco podiam fazer, já que não havia ambiente favorável para qualquer interferência do bom senso.

Leandro queria a irmã como um macho enceguecido deseja a fêmea, ao passo que Clotilde se esmerava nas artimanhas femininas para lhe corresponder ao desejo cada vez mais incontrolável, dando-lhe a ideia de que o dominava mais e mais, aprisionando-o em seus carinhos e garantindo sua presença ao seu lado por muito tempo.

A família não era obstáculo ao relacionamento, já que não fora construída em bases morais firmes, ficando cada um à mercê de seus desejos.

Escândalos sexuais haviam ferido a harmonia do lar inúmeras vezes, fazendo com que os seus pais, ao longo dos anos, não tivessem mais nenhuma força em se opor às escolhas dos filhos, por lhes faltar estofo moral para exemplificar condutas corretas.

Os pais haviam decidido viver juntos para manterem as aparências, num relacionamento aberto que deixava que cada um deles fizesse, fora de casa, o que bem entendesse.

Que tudo fosse feito com muita discrição era o que importava.

Dessa maneira, tanto seus pais não lhes criavam problemas quanto os outros irmãos também não o faziam, até mesmo porque cada um deles havia escolhido um caminho de devassidão próprio, não tendo, igualmente, moral suficiente para apontar o dedo na direção da reputação alheia.

Leandro e Clotilde mantinham as aparências de irmãos normais, comparecendo às reuniões da família sem esboçarem qualquer tipo de atitude que mostrasse suas ligações. Eram vistos como irmãos muito chegados, somente isso.

Leandro, inclusive, aparecia nessas reuniões com outras moças, dessas que se vendem como objetos de beleza para o encantamento masculino, meras acompanhantes para impressionar a plateia, o que ajudava a disfarçar o seu insaciável desejo por Clotilde.

E entre as aventuras que mais prendiam o rapaz à irmã estava aquela que transformava a acompanhante paga em comparsa para orgias variadas, com a participação de Clotilde para agradar o desejo de Leandro.

Clotilde pensava que quanto mais fizesse a vontade do seu homem, mais conseguiria mantê-lo sob seu controle, garantindo a própria felicidade através do domínio sutil que ela, através do sexo, exercia sobre ele.

Observando tudo isso de forma caridosa e fraternal, dava para se ter uma ideia da difícil tarefa que Custódio e Márcio tinham pela frente, na proteção dos dois descabeçados, apesar de já serem possuidores do discernimento dos adultos.

Relembrando os conselhos de Bezerra, Custódio e Márcio se ausentavam nos momentos de intimidade variada que o casal ou seus convidados mantinham, regressando mais tarde, depois que, refeitos das emoções e dos excessos no álcool, pudessem sentir um pouco a influência dos amigos invisíveis a lhes falar, compassivos, à consciência lúcida.

Somente aí é que Custódio e Márcio tinham alguma influência positiva capaz de ser sentida por eles.

Este período, no entanto, durava pouco tempo, uma vez que, depois de algumas horas de descanso, Clotilde e Leandro voltavam a sentir falta das sensações que estavam impregnadas em seus centros emocionais.

36

MISERICÓRDIA X JUSTIÇA

Em reunião espiritual realizada certa noite nas proximidades da superfície da Terra, o doutor Bezerra de Menezes se dirigia aos presentes procurando explicar-lhes sobre os momentos importantes que se desenrolavam nos destinos humanos, alertando e fortalecendo a todos para que não esmorecessem nem se deixassem envolver no panorama que se anunciava no horizonte dos homens.

Entidades de todos os segmentos religiosos ali se congregavam sob a sua augusta influência, reconhecidos de sua importância na estruturação das estratégias do Bem, como lídimo representante dos ideais do Evangelho no caminho da humanidade, dentro do roteiro da elevação do Espírito.

Ao lado deles, atentos e reverentes, também estavam os representantes da ciência, das atividades culturais e artísticas, dos movimentos coletivos, da ação política, das tarefas sociais e profissionais, Espíritos que, de alguma maneira, sempre exerceram importante influência sobre os destinos humanos.

O vasto auditório espiritual se mantinha muito compenetrado das palavras do Médico dos Pobres, como ficara conhecido entre os homens graças à sua atitude benemerente diante dos que sofriam.

– Estamos vivenciando horas difíceis e cruciais para a definição dos rumos de cada indivíduo. Não obstante, são momentos inesquecíveis para o despertamento da humanidade, tanto quanto para o crescimento do Bem.

Não é estranha para nenhum de nós a notícia de que a fase de transição entre o mundo velho e a nova ordem já se iniciou. Urge, entretanto, considerarmos que todos os fatores de transformação estão submetidos a determinada dinâmica própria, respeitados os critérios superiores na implantação dos conceitos elevados do Espírito na maior parcela possível da humanidade, em todos os quadrantes da Terra.

Em relação aos caminhos que os homens têm escolhido para sua jornada, é natural que estejam muito vinculados aos valores materiais.

Não nos compete, entretanto, lutar contra os encarnados na faina de ajudá-los. Nossos adversários não são nem Espíritos nem homens. Em todos encontramos resquícios de inferioridade, representados pelos defeitos que ainda se enraízam em nosso íntimo, herança de longínquas fases do despertamento moral. Considerando-se que a nova etapa evolutiva, em termos de evolução do Espírito, será caracterizada não pela predominância de culturas nem de línguas, ou de tecnologias, mas sim, de sentimentos, compete-nos ajudá-los nesse despertamento, valendo-nos de todos os recursos que propiciem uma conscientização de sua nova etapa.

Iludidos pela errônea impressão de que tudo pode continuar para sempre do modo como está, os homens têm negligenciado a necessidade da própria mudança íntima, arrastados pela corrida exterior que já foi analisada em todos os quadrantes, por inúmeros discursos e filosofias.

Não nos esqueçamos, todavia, de que não há mais tempo para se adiarem tais transformações.

Entendendo que a Misericórdia sempre esteve a confortar os indivíduos para que, através do alívio de suas cargas, por fim, compreendessem os mecanismos da Compaixão Divina, a grande maioria dos seres humanos ainda não se decidiu em combater em si mesmo os germes da inferioridade. Ao contrário, puseram-se na condição dos antigos soberanos da Terra, titulares de todos os direitos, poderosos e arrogantes, capazes de desprezar os sofredores famintos e miseráveis enquanto se repletavam de vísceras bem cozidas no ambiente das orgias desmedidas.

Como as construções divinas estão submetidas à Soberania das leis, teremos de enfrentar os efeitos de tudo o que tenhamos semeado.

A Sabedoria, entretanto, sempre abundante em paciência, relegava ao futuro certas cobranças e acertos, dando aos homens a oportunidade de se reformarem por bem, antes de terem de sofrer o peso de seus erros mais graves.

Carregamos em nós os princípios positivos ou negativos que definem nossa atual posição na ordem evolutiva, manifestada pelos fluidos que emitimos, reflexo exato do que somos.

Os mecanismos da Misericórdia a serviço do Bem, dentro desse contexto, agiam para compensar o ator humano, sintonizado com a ignorância de onde está emergindo, mas da qual a maioria ainda não se libertou.

Nas determinações iniludíveis do Universo não há espaço para a burla irresponsável, porquanto entregar, indefinidamente, o comando dos destinos terrenos a criaturas que ainda não são capacitadas para se comandarem a si mesmas é malbaratar as concessões celestes.

Assim, aproximamo-nos do momento em que não será mais concedido à humanidade os indefiníveis adiamentos da colheita dos efeitos de suas atitudes. Por isso, guardadas as peculiaridades de povos, nações, grupos civilizatórios, etnias, gradualmente estará sendo substituída a Misericórdia pela Justiça, na aferição de seus destinos, na intervenção direta para que se atenuem os efeitos danosos das ações humanas.

Assumindo o seu papel na ordem cósmica ligada à evolução de todo um orbe, a Justiça coordenará com precisão as consequências que deverão recair sobre todos aqueles que, sob o compassivo aconselhamento da paciente Misericórdia, não souberam valorizá-la nem aproveitaram os diversos adiamentos concedidos.

A assistência, respeitosa e atenta, mantinha-se vibrando com as revelações que Bezerra endereçava, captando-lhes o tônus vibratório com a antena sublime de verdadeiro Apóstolo do Divino Mestre. Depois de breve pausa, continuou, sereno e calmo:

– Não imaginemos, porém, que a Bondade desistiu dos destinos humanos nem que não haverá, na ordem do Universo, recursos para atendimentos específicos, caso a caso.

Quando se menciona a alteração de etapa, isso não quer dizer que a Terra estará entregue novamente à barbárie, onde os maus governavam como outrora.

Entretanto, não nos é estranha a afirmativa do Mestre de que viera ao mundo para lançar fogo sobre a Terra e que o que mais desejava era que ele se acendesse. Nesse esforço de seleção, deveremos nos empenhar na sustentação dos devotados servidores do Bem, daqueles que demonstrarem estar preparados para aceitar as novas regras da compaixão, fugindo do imediatismo, da superficialidade, da mentira, da insinceridade, do interesse pessoal.

Quando estivermos administrando as bênçãos sublimes, não deveremos perder de vista que estamos em plena passagem do governo direto da Misericórdia para a Justiça, transição que obedecerá o ciclo de crescimento espiritual indicado pela Consciência do Universo para o progresso de todas as criaturas, de acordo com sua sintonia, segundo seus sentimentos, segundo suas obras.

Lembremo-nos do velho Noé, fiel seguidor das ordens superiores, construindo sua arca com todos os esforços e poucos recursos.

Um só homem foi incumbido pela Misericórdia para obter a salvação para todos quantos a desejassem, fossem animais irracionais, fossem racionais.

Os homens inconsequentes não aceitaram oferecer-lhe a ajuda de que necessitava para diminuir o esforço de construção e, ainda assim, o velho profeta seguiu fazendo o barco salvador, ainda que a ninguém parecesse lógico que, naquele lugar ermo e agreste pudesse ocorrer alguma inundação. Levianos e imaturos, tomaram Noé à conta de um excêntrico, de um maluco.

A Misericórdia, entretanto, continuava cuidando de todos dando ao ancião necessária capacidade física para seguir com a construção.

Encerrada em tempo a grande obra, ordenou a Misericórdia que todos fossem chamados, incluindo os que o ironizavam. Somente seus parentes, filhos, noras e netos, além dos animais irracionais, aceitaram ingressar pacificamente. Estavam sintonizados com as forças da Misericórdia.

Depois de tudo preparado, a Compaixão mandou que se fechasse a porta, lacrando-a e não mais abrindo.

A partir daí, as coisas correriam por conta da Justiça.

E quando a enchente se delineou, iniludível, os animais racionais correram para pedir abrigo no grande barco. Súplicas e mais súplicas, desesperos e lágrimas não bastaram para que a Justiça autorizasse a abertura da arca.

Todos haviam tido tempo para participar da modificação de seus destinos. Uns, todavia, estavam muito ocupados com seus afazeres, outros contando seus bens, outros, gozando seus prazeres, outros furtando seu semelhante com a desculpa de sua astúcia, outros seduziam usando seus corpos como armas, outros se perdiam na frente dos espelhos, outros gastavam sua vida entre os vícios variados, outros faziam da fé um instrumento de negócio, outros exploravam a violência, outros contavam as moedas que juntavam sem contarem as lágrimas dos que eram ludibriados.

Essa é a imagem do hoje. A arca está tendo as suas portas fechadas e a Misericórdia que, até agora, através de inúmeros caminhos, atendeu com compaixão cada sofredor, fosse ele merecedor ou não das bênçãos que ofertava, lentamente está entregando o comando às mãos igualmente sábias da Justiça.

Que os homens não se queixem de não terem sido devidamente avisados. Em todos os quadrantes, chamamentos à mudança de atitudes mentais e emocionais. Rogativas religiosas, comunidades científicas, entidades internacionais, apelos coletivos, tudo isto está sendo o derradeiro alerta ao homem insensato e frio.

Doravante, multiplicar-se-ão os problemas, as doenças, as epidemias, as violências, as ocorrências físicas em todos os quadrantes da Terra como os efeitos da enchente que depura.

E se os acontecimentos já observados são preocupantes, eles não são nada diante dos que os homens poderão provocar se não houver a modificação verdadeira de seu modo de sentir e pensar.

Não será mais possível recorrer às religiões formalistas, aos caminhos ritualísticos, aos mercados da fé para se alterarem as coisas.

Fechada a porta, os que estiverem fora do critério vibratório adequado estarão vulneráveis aos efeitos nocivos de tudo quanto esteja previsto para aqueles que desejaram o caminho da indiferença ou do mal.

As forças inferiores em profusão no âmbito vibratório servirão de fermento para os Espíritos que com elas se unam nesse relacionamento mental ou sentimental, alimentando seus desequilíbrios fisiológicos, estimulando a proliferação das vidas microscópicas devoradoras da vida inferior guardada no armazém mental da insanidade, desenvolvendo um sem número de desajustes biológicos, cuja etiologia será variada, mas que terá raiz na mesma causa.

Cânceres se multiplicarão com maior rapidez em todos os povos, atingindo todas as classes sociais, obedecendo ao grau de ligação essencial de cada um com as forças inferiorizadas. Manipuladores do mercado, agiotas da esperança, cobradores inveterados, atravessadores de todos os tipos, agentes da desarmonia coletiva, multiplicadores de angústias, semeadores de mentiras, calúnias, injúrias, rebeldes e violentos, todos os que se alimentarem de tais vibrações serão abastecidos com a desarmonia e terão a desarmonização de seus corpos e Espíritos como consequência natural.

Os Espíritos que exercem a função de proteger os vivos estarão empenhados em iluminar suas consciências, evitando a queda, mas não poderão mobilizar recursos para adiar a eclosão de problemas que foram livremente buscados pelos encarnados sob sua tutela. Quando estiverem abatidos, angustiados, caberá a tais entidades amigas ampará-los para que não se desesperem, para que não se entreguem a revoltas maiores, para que não se atrapalhem procurando mais desajustes em suicídios ou atitudes de rebeldia.

Quando o ser humano passar a enxergar os efeitos diretamente sobre si próprio, poderá entender que suas loucuras garantirão para ele mesmo a amarga corrigenda.

As religiões continuarão a exercer seu luminoso papel de motivadoras de transformações internas, de fortalecedoras de ideais no Bem. No entanto, todas aquelas que se acomodaram nos caminhos do interesse material bem remunerado ou na alienação das consciências pelo ritualismo superficial, precisarão modificar suas rotinas para que não se vejam esvaziadas ou acusadas de incompetência consoladora, tornando-se corresponsáveis pelas desditas de seus fiéis.

O tempo que se aproxima garantirá a solução individual de cada conta pendente, não mais por ter pertencido ao corpo de fiéis de tal ou qual igreja ou agremiação religiosa, ter doado este ou aquele valor ou bem para a caridade, ter sido reconhecido como benfeitor por toda a coletividade.

Agora, estamos ingressando no tempo da responsabilidade individual, da vigilância de cada um sobre suas vibrações.

Muitas religiões não serão capazes de dar esperanças ou explicar as motivações superiores neste complexo momento em que parecerão multiplicarem-se as injustiças.

Somente quem entende que a morte não é o fim encontrará consolação para as horas desafiadoras.

A ciência será chamada a solucionar, explicar ou desvendar inúmeros problemas, tanto na área da geologia, da astronomia quanto da saúde, uma vez que a humanidade ingressará em um período de aumento de surtos e doenças desconhecidas, para as quais o melhor escudo será, realmente, a modificação de sentimentos, pensamentos e atitudes.

Guardando grande tropismo pelos níveis vibratórios inferiores, as colônias de bactérias, vírus e outros agentes patológicos se instalarão com maior voracidade nos indivíduos que estejam mais abastecidos de energias degradadas.

E uma vez instaurado o processo patológico, dele o indivíduo não conseguirá se liberar mediante algumas rezas de encomenda, por força de uma fé improvisada ou por atitudes de falsa submissão ou arrependimento amedrontado.

Fechada a porta da arca, não adiantará mais se tornar santo.

Nosso Celeste Amigo já nos alertara sobre todos estes fatos, com quase dois milênios de antecedência:

"FAZEI ESFORÇOS PARA ENTRAR PELA PORTA ESTREITA, PORQUE EU VOS ASSEGURO QUE VÁRIOS PROCURARÃO POR ELA ENTRAR E NÃO O PODERÃO. E QUANDO O PAI DE FAMÍLIA TIVER ENTRADO E FECHADO A PORTA, E QUE VÓS ESTANDO DO LADO DE FORA, COMEÇARDES A BATER DIZENDO: SENHOR, ABRI-NOS, ELE VOS RESPONDERÁ: EU NÃO SEI DE ONDE SOIS." (O Evangelho de Lucas imortalizou o alerta em seu capítulo XII.)

Caminhando para o final de sua fala, Bezerra lançou o olhar para toda a galeria que o ouvia, emocionada, como grandes combatentes que compreendiam a importância daquela reunião, sobretudo por sentir em seus corações a grandeza da coragem para a luta de transformação que, nesse aspecto, se estenderia para os próximos séculos.

Seu semblante, iluminado pela luz que provinha de seu interior como uma estrela a serviço do Bem da Humanidade, ofuscava todas as manifestações luminosas do ambiente, não como a manifestação de uma superioridade, mas, ao contrário, como a expressão da inspiração superior que, provinda dos excelsos níveis crísticos, chegava a todos os ouvintes.

Todos entendiam que, naquele momento, o Kardec Brasileiro era o Emissário das Verdades Superiores, fio condutor de revelações importantes para nortear todos os envolvidos nas lutas do Bem, a fim de que se mantivessem unidos sob os objetivos Daquele que, estando no comando supremo dos rumos evolutivos da Terra, exultava de alegria por aproximar-se o dia do grande incêndio, aquele no qual o Joio seria queimado, em que se separariam as ovelhas dos bodes e que transformaria todas as coisas pela oportunidade de modificação de cada interior.

– Como podem notar, estamos na fase inicial desse processo, durante o qual os efeitos do mal, tanto quanto os do bem, atingirão os seus cultivadores de forma mais plena e rápida.

Com esse recurso derradeiro, a Misericórdia busca, por fim, ofertar aos insensatos o argumento que lhes faltava para o despertamento da consciência. Doentes, quem sabe, aceitem as disciplinas que os equilibrem, abandonando excessos. Abatidos, talvez abram o pensamento para as verdadeiras leis espirituais. Decepcionados ou frustrados pelas derrotas da vida, se voltem para outras dimensões indestrutíveis e eternas, onde descubram a si mesmos e se pacifiquem.

Durante toda esta fase, nossa função é a de estimular as mudanças sinceras, a de ajudar a que se dobrem diante das próprias necessidades e se conduzam novamente pelo caminho do Bem real, da Fé indestrutível, do Amor incondicional endereçado a tudo o que os cerque.

Não deverá haver nenhuma pressão contra os que não o desejem.

Como Noés, trabalhemos preparando a grande Nau da Salvação, avisando a todos que a enchente está chegando. Os que aceitarem nossas palavras deverão ser amparados para que consigam, por fim, ingressar na Arca por suas próprias forças, atitudes e exemplos.

Os que não aceitarem, escarnecendo de nossas preocupações e conselhos, deverão ser deixados em paz porquanto não estamos aqui como a tempestade. Esta haverá de chegar na hora certa.

Da mesma forma, tal trabalho está sendo realizado também nos diversos níveis espirituais, em suas diferentes esferas vibratórias, o que nos exigirá trabalho redobrado porque teremos de amparar a muitos infelizes que se acham dominados por inteligências despóticas.

Deus não se descuida de nenhum de seus filhos, não importa onde estejam. No entanto, chegou a hora de cada um deles aprender a atender-se a si mesmo, aceitando o convite da Bondade Praticada como salva-vidas adequado ou, pelo menos, aprendendo a nadar por conta própria antes que o pior lhes aconteça.

Apesar de tudo, espalhemos a Alegria por onde passarmos porquanto tais medidas saneadoras garantirão ao homem o alívio de suas dores, tanto quanto a cirurgia radical e de emergência pode sanear o quadro de enfermidade, garantindo a retomada da saúde mais cedo do que se esperaria.

Não é este o momento do fim.

É a Bendita Hora da Renovação.

Alegrai-vos, filhos da Esperança! O Senhor que vos sustenta vos envia às ovelhas perdidas de outrora, nesta Jerusalém multiplicada por toda parte, para que, vitimadas por si mesmas, aceitem, por fim, a tutela do Amor daquele que disse:

"VINDE A MIM TODOS VÓS QUE ESTAIS AFLITOS E SOBRECARREGADOS QUE EU VOS ALIVIAREI"

Com tais palavras de ânimo, Bezerra deu por encerrada a preleção importante e, ato contínuo, passou a conversar com os diversos irmãos espirituais que lá se encontravam, representando os inúmeros caminhos do Bem sob suas responsabilidades, coordenando ações, ativando setores de luta, empenhando-se na criação de novas frentes de atendimento.

Inumeráveis foram os grupos que procuraram as palavras

generosas do Apóstolo da humildade, ainda que fosse apenas para agradecer-lhe as exortações recebidas de mais Alto.

A todos, Bezerra tinha uma referência positiva e, com sua proverbial bondade, sabia encontrar, em cada um de seus irmãos, um atributo positivo a enaltecer, fortalecendo a disposição para a luta que vinha pela frente.

Chegando a vez de Jerônimo, Adelino e Cristiano, entre outros, Bezerra sorriu e lhes disse:

– Filhos, se lhes for possível, esperem um pouco mais porque preciso me entender pessoalmente com vocês. Os fatos estão amadurecendo e, dentro de tudo isto que aqui pudemos sentir, é necessário que nos combinemos adequadamente.

Colocando-se ao lado, juntaram-se a um grupo que também esperava por algumas orientações particulares do doutor dos aflitos.

※※※

Enquanto isso, na Terra, Conceição estava entregue a si mesma no hospital que a recolhera, entre as inúmeras necessitadas de atendimento emergencial.

Ainda que tivesse recursos que lhe garantissem o amparo de convênio médico respeitável, seu quadro era assaz delicado.

O câncer já havia tomado proporções agigantadas, envolvendo, além do útero, vários órgãos circunvizinhos, além de ter estendido suas raízes para outras partes do corpo não detectadas pelos médicos.

Conceição não sobreviveria por muito tempo, apesar de ter sido submetida a cirurgia emergencial para a interrupção do quadro hemorrágico e de terem sido feitas as prescrições para os procedimentos da quimioterapia.

Na sala de recuperação, não havia ninguém que pudesse lhe dar informações detalhadas quando conseguiu recobrar a consciência.

Começaria, agora, o longo trabalho de restauração do Juízo nessa pobre mulher que perdera a vida estragando as vidas alheias nos jogos da sedução, na indústria da calúnia e nas condutas destrutivas da sexualidade obsessiva.

Em verdade, para ela, não estava programada nenhuma eclosão cancerígena na presente encarnação. Apesar disso, por força de desajustes do centro genésico trazidos de outras existências, sobretudo com as marcas de diversos abortos realizados em várias delas, Conceição estaria submetida ao regime de solidão que a Misericórdia lhe havia imposto, para buscar a solução de tal vazio no afeto aproximando-se dos filhos sem mãe, dedicando-se às crianças que dela necessitassem, além do trabalho voluntário junto a instituições de abrigo e atenção ao menor.

Segundo seus caprichosos modos de ser, escolheu, entretanto, outro caminho.

Em vez de ser mãe dos filhos alheios, preferiu ser fêmea, alimentando as ansiedades de mulher mal amada com a excitação mental obtida através de leituras e imagens provocantes, desajustadoras de sua psique, recalcando a sua solidão e reforçando os seus desejos físicos, levando-a pela sinuosa estrada da sedução, através da qual fisgaria algum invigilante e tolo, prendendo tal pessoa nas suas teias habilmente traçadas.

Com tão preocupante passado, alimentando-se de tão nocivo cardápio, Conceição não conseguira manter o equilíbrio necessário para a realização de seu projeto de vida. Se tivesse se esforçado como havia prometido, mantendo-se fiel ao compromisso, depois de algum tempo conseguiria atrair a atenção de algum bom companheiro para sanar-lhe parte das carências da emoção e do corpo. Praticando o Bem, levantaria a seu favor todas as leis do Universo que sabem proteger os que a elas se submetem, conhecendo as necessidades de todos os filhos e tudo fazendo para lhes abastecer dos melhores recursos. Assim, se houvesse tratado de agir em outro setor da existência, amigos invisíveis lhe teriam advogado a causa e cooperado com suas lutas para facilitar o encontro de alguém que a alimentasse no afeto, sem lhe tirar do caminho.

No entanto, procurando a facilidade como conselheira e a excitação como inspiração, acabou encontrando a doença como consequência.

Sem a proteção das entidades amigas, passou a administrar a própria vida, sem as sábias intuições da entidade protetora que se ausentara havia algum tempo.

Desde então, contando apenas consigo própria e sem conseguir neutralizar a atmosfera causticante que criava com pensamentos, sentimentos e atitudes, restava-lhe assimilar esses vapores espirituais corrosivos e destruidores. Assim, os mecanismos da Justiça obrigaram-na a colher aquilo que houvera semeado, aproveitando a presente encarnação, então, não como um procedimento educativo pelo esforço, mas como um estágio corretivo pelo sofrimento.

Ao voltar da cirurgia e retomar a consciência na ala destinada à recuperação, precisou esperar muito tempo até que alguém se dispusesse a lhe dar atenção.

Agitava-se constantemente. Sua sintonia, fragilizada pela debilidade orgânica, favorecia que seus olhos captassem os dois ambientes da vida, tanto o dos vivos quanto o dos chamados mortos.

Várias entidades apavorantes que a acompanhavam há vários anos mantinham-se ali como suas únicas visitantes.

Conceição não entendia o que lhe havia acontecido nem onde estava. Não sabia dizer se havia morrido nem se se encontrava ainda pertencendo ao número dos vivos na carne.

As imagens horríveis que lhe apareciam, gozadoras, lhe infundiam extremo pavor.

Suas ideias se perdiam em cogitações e ela tentava fechar os olhos, sem conseguir deixar de ver tais perseguidores.

Alguns se referiam a fatos muito antigos dos quais ela não tinha nenhuma lembrança. Outros exigiam seus esclarecimentos sobre as calúnias por ela espalhadas, se queixando dos prejuízos que sofreram. Muitos queriam aproveitar-se de suas forças físicas para a continuidade das excitações sexuais nas quais tais Espíritos tomavam parte em sua casa, durante os momentos de excitação a que se entregava, pensando que ninguém a estava vigilando.

Tais quadros eram apavorantes para a sua alma, desacostumada a pensamentos mais espiritualizados.

Assim, somente depois de muito sofrimento é que ela se lembrou de rezar.

Recordou-se de que fazia muito tempo que deixara de assistir às missas de sua paróquia, principalmente depois que o velho pároco havia morrido e, em seu lugar, outro mais jovem fora colocado, com novos hábitos e uma certa leviandade nos modos.

Tentara tantas vezes ter um companheiro, mas sempre se via trocada por outras mulheres.

Não lhe ocorria, nunca, que o problema era a sua maldade interior, seus jogos de sedução e domínio e, não poucas vezes, usou de calúnias para acusar rapazes inocentes de terem semeado filhos em seu ventre, obrigando-a a abortar logo a seguir. Conceição semeara muitas discórdias nas vidas alheias com as teias mentirosas que espalhara, sobretudo se valendo da confiança pessoal que algumas pessoas lhe depositavam.

Agora, recebia a solidão como demonstrativo de sua semeadura.

Moreira, o único que permanecera como sua vítima, pedia a Deus para que ela morresse logo, incapaz de querer bem à mulher que só o perseguia, visando dominar sua vontade ou chantagear sua emoção.

Somente depois de muito sofrer com as visões que a confundiam, fazendo acordar a culpa interior pelo medo de ter de enfrentar os efeitos de tantos anos de mentira e devassidão, é que a melhoria dos estágios da consciência barrou, em parte, aquele contato visual horripilante. Apesar de não mais facilmente visíveis, tais Espíritos se faziam plantonistas no Centro de Recuperação junto ao leito da cancerosa.

Alguns se atiravam aos frascos de soro onde estavam medicamentos, contaminando seus conteúdos com os venenosos fluidos de ódio que carregavam contra ela. Dois dias depois da internação é que Conceição ficou sabendo que seu quadro era muito grave.

Com a presença do médico que havia sido responsável pela cirurgia de emergência e, na falta de qualquer parente ou amigo que pudesse lhe servir de apoio, este lhe fez ver, ainda que com certa delicadeza, a gravidade de seu estado.

Conceição empalidecera repentinamente ao ser informada de que estava sob o domínio do câncer.

Ela, que sempre pretendera controlar a vida dos outros, agora seria monitorada pelos tumores que cresciam dentro de seu organismo, descontroladamente.

Na solidão de um quarto hospitalar para onde havia sido

transferida depois que seu quadro se estabilizou, Conceição não sabia o que fazer, nem o que pensar, nem a quem recorrer.

Pensou em Moreira e, assim que uma enfermeira apareceu, pediu-lhe, com uma humildade nunca experimentada, que fizesse o favor de comunicar-lhe seu estado, pelo telefone cujo número guardava de cabeça.

A funcionária, de boa vontade, assumiu a tarefa de se conectar com o homem.

No entanto, logo depois, regressava para afirmar à doente que aquele número não correspondia ao do mencionado senhor.

– Claro que é... – respondeu a doente, confusa.

– Bem, eu posso tentar novamente, mas pelo que ouvi do outro lado, uma voz masculina disse que não havia nenhum Moreira naquele número.

– Por favor, enfermeira, ligue novamente, porque essa é a única pessoa que me conhece e que poderá me ajudar com alguma coisa nesta hora. Não tenho parentes vivos, não tenho amigos, a não ser este homem. Veja... ele é casado e, por isso, pode ser que não desejasse se comprometer ao receber uma chamada estranha.

Sim... isso deve ter sido o fator que criou este mal-entendido.

Se você telefonar em sua empresa, falando com a secretária, pergunte se o senhor Moreira está. Então, poderá saber, realmente, que ele existe e poderá falar-lhe pessoalmente, explicando o que está acontecendo. Ele deve chegar na empresa dentro de uma hora.

Entendendo-se dessa maneira, a enfermeira ficou de renovar a ligação no tempo previsto.

Conceição, entretanto, lutava contra as dores da cirurgia.

Além disso, as ideias negativas encontravam vasto campo dentro de seus pensamentos. Quanto tempo deveria durar sua existência? Como seria sua vida a partir dali?

Somente Moreira poderia ajudá-la, realmente.

Mas, hora e meia depois, a resposta da enfermeira foi tão dolorosa quanto o câncer.

— Dona Conceição, telefonei para a empresa do Sr. Moreira e, realmente, como a senhora falou, ele estava lá. Por fim, me atendeu a chamada.

— Sim... graças à Deus... eu sabia que ele atenderia. E então? Falou para ele do meu caso? Contou que estou doente aqui no hospital?

— Sim... – disse a enfermeira, constrangida, não desejando ser clara, para não ferir ainda mais a doente.

— Mas então, e ele? Falou a que horas vem?

— Não, senhora. Ele foi muito grosseiro e disse coisas que nem valem a pena a gente repetir...

— Não é possível... ele sempre foi educado... Deve ter sido um engano, pode ter sido outra pessoa que atendeu... Você pode tentar ligar novamente...

— Não acredito, dona Conceição. Pelo que falou, parece que conhece bem a senhora, pois deu detalhes de sua aparência, o seu nome completo, etc. etc.

— Mas, então, o que foi que ele falou? Pode repetir... por favor.

— Bem... primeiramente ele me pediu que contasse como a senhora estava, aparentando interesse pelo caso. Depois que expliquei que se tratava de um caso delicado de câncer, como a senhora me pediu que lhe dissesse, novamente solicitou-me que confirmasse a gravidade do quadro. Entendendo que ele pretendia estar ciente de que a coisa era séria, voltei a ser mais específica, relatando-lhe com detalhes tudo o que aconteceu. Imaginei que, a partir daí, ele solicitasse o endereço do hospital, o número do quarto e perguntasse pelo horário de visita, mas, não foi isso que ele fez.

— Mas o que ele fez, então?

— Bem... dona Conceição... desculpe-me... mas é a senhora quem está insistindo pra saber...

— Sim... eu estou querendo saber... – disse ela, ansiosa.

— Olha, ele pediu que... nós só telefonássemos para ele novamente, no dia em que a senhora tivesse morrido, para lhe dar essa boa notícia. E que o fizéssemos somente depois que o atestado de óbito estivesse assinado, para que não houvesse risco de engano.

Aquilo era o fim de suas esperanças.

Conceição não sabia como externar seu ódio em relação ao homem que ela explorara por vários anos. Quando ela estava sadia, mantinha seu controle sobre o infeliz com as ameaças de lhe destruir a reputação e acabar com a paz doméstica. Para que isso não acontecesse, obrigava-o a relacionar-se fisicamente com ela de vez em quando, ao mesmo tempo em que deveria sustentá-la, pagando pelo seu silêncio uma contribuição mensal.

Todavia, agora, ela não podia fazer mais nada. Não conseguiria ligar para ninguém, não poderia inventar nenhuma mentira sobre ele, nem destruir sua harmonia familiar. Ele, no entanto, que esperasse o troco, porque assim que ela saísse do hospital, ele iria ver o que era bom.

Era a velha e vingativa cancerosa na alma, acostumada a viver em sintonia com o mal, pensando em como se vingar daqueles aos quais ela nunca fizera nada para conquistar, fosse como homem, como companheiro ou como amigo.

Mesmo que Conceição pudesse se submeter a novas cirurgias, a quimioterapia ou radioterapia, não conseguiria se curar do câncer real que estava inoculado em sua alma: o Câncer da Maldade.

A Justiça já se apresentava com a sentença que ela própria lavrara, impedindo que sua experiência dolorosa pudesse ser revertida em favor da atenuação de suas dores.

A Misericórdia havia cuidado dela por vários anos, sem que ela houvesse se dado conta disso.

Agora, as coisas seriam diferentes.

37

O REENCONTRO

Responsabilizado pelo trabalho junto aos encarnados na liderança dos projetos de interferência visando a aprovação da Lei do Ventre Livre, cabia a Drômio, então, conseguir demonstrar a sua eficiência que justificasse a confiança do Maioral que o guindara ao posto de Vice-Maioral, notoriedade que lhe conferia ainda mais autoridade e poder perante os súditos da ignorância.

Tão logo organizou os diversos campos de atuação sobre os encarnados, voltou-se para o resgate de Oliveira, importante personagem na estratégia das trevas na atuação sobre os parlamentares.

Certamente que a ação e a larga experiência do mencionado político seria importante arma nas mãos de Drômio, principalmente pela afinidade de Oliveira com boa parte dos políticos que haviam sido seus contemporâneos e cúmplices.

Durante o repouso físico dos parlamentares, seus Espíritos se entenderiam de maneira mais direta, retomando as antigas alianças e cobrando pelos favores que ele, Oliveira, havia prodigalizado a vários deles, no apoio de suas iniciativas políticas e na ascensão de suas carreiras. Apoio dado, apoio cobrado.

Apressado para resolver tal pendência, determinou que Aristeu fosse trazido à sua presença. Desde a última conversação entre ambos, o prisioneiro não mais fora interrogado, mas como Drômio logo perceberia, continuava firme em suas convicções.

— Chegou a hora de você me levar até nosso hóspede.

— Bem, senhor, a hora só será chegada se as condições estipuladas estiverem atendidas.

Fazendo-se de desentendida, a perversa entidade, agora mais arrogante do que antes, exclamou:

– Não faço tratos com escravos.

– Não há problema, senhor. Sem tratos, sem prisioneiro... ou melhor, "hóspede" – respondeu Aristeu.

Com o intuito de intimidação, Drômio vociferou, erguendo os braços para parecer mais ameaçador, esfogueando seus olhos com forma de chamas, que fariam tremer quaisquer dos pobres súditos ali aprisionados.

– Como ousa me desafiar, insolente escravo? Eu sou o Vice-Maioral, promovido pelos méritos e pelo compromisso em solucionar esta pendência com a recaptura de nosso mais importante hóspede.

– Parabéns, senhor. Sua importância aumenta na medida em que também devem ter crescido a responsabilidade sobre seus ombros e o medo de ser considerado incompetente para atender às tarefas que lhe cabem. Também deve ter percebido que tal medida só teve o caráter de atrelá-lo mais intensamente a esta estrutura frustrante sobre a qual sua alma já vem dando sinais de cansaço.

As palavras de Aristeu eram verdadeiros estiletes no Espírito orgulhoso de Drômio.

– Você sabe que posso estipular os piores castigos para você?

– Claro que sei, senhor Drômio. No entanto, também sei que o senhor precisa muito de minha ajuda para chegar até onde está o fugitivo, ainda mais que, depois de sua ida à superfície para as reuniões onde sua promoção foi anunciada, nenhuma patrulha conseguiu encontrar o rastro dos que se foram.

Mordendo os lábios para não atacá-lo a dentadas, Drômio, ensandecido, controlou-se por reconhecer que o escravo estava com a razão.

– Já lhe disse antes e, agora, renovo a oferta, de que sua ajuda garantirá recompensas muito grandes para sua estada aqui, podendo, inclusive, ser considerado como meu braço direito, meu ajudante direto, com poderes sobre todos os demais moradores.

– Inicialmente, não os chamaria de moradores. São prisioneiros e escravos hipnotizados por suas técnicas perversas que, se tivessem alguma opção, se mudariam de casa ou sairiam correndo para se libertarem de todos os chamados "chefes".

Em segundo lugar, nunca é demais recordar-lhe que não estou aqui esperando vantagens, pagamentos ou promoções para que me torne imperador dos miseráveis que não têm escolha de nada.

Os homens só são livres quando podem exercitar sua faculdade de escolha e se mantenham ao lado dos amigos que elegeram com sua própria vontade.

Estou aqui por devotar-me a quem amo, como acontece com todos aqueles que, entendendo as dores ocultas nestas grutas tenebrosas, sabem identificar a predominância do Amor independentemente do tempo e das circunstâncias que envolvam o ser amado.

A palavra de Aristeu feria profundamente o equilíbrio de Drômio, cuja fisionomia se tornara tão funesta e assustadora, que não a iremos descrever neste momento, porque este não é um livro de terror para tirar o sono dos leitores.

– O Amor é uma invenção dos adeptos do Cordeiro para ludibriar os seus seguidores. Todos os que nele acreditam, aceitando estas balelas, se deixam conduzir como impotentes e covardes ao suplício.

Aproveitando a argumentação do Vice-Maioral, Aristeu perguntou:

– Mas se isso é verdade, os que aceitam o Cordeiro são ludibriados por uma situação que lhes causa esperança, que os abastece de alegrias, que os mantém fortes nos desafios.

E qual é a situação dos que se deixam arrastar para as realidades que vocês alegam ser a expressão da verdade real? Os que estão aqui, porventura, encontram a felicidade tão longamente sonhada? Entre os mecanismos de vingança e a fábrica de angústias, algum de vocês, porventura, conseguiu encontrar a tão sonhada felicidade ou a satisfação plena e pacífica que os mais singelos trabalhadores do Bem são incansáveis em relatar?

Drômio estava enfurecido. No entanto, se continha, porque precisava da cooperação de Aristeu.

– Mesmo entre os que aqui são vistos e temidos como governantes, chefes, responsáveis, coordenadores, autoridades, a maioria está perdida no cipoal das próprias desgraças, não sabendo dizer quando foi a última vez que puderam se considerar felizes.

Qual é a vantagem de que dispõem os adeptos do Maioral em relação aos adeptos do Cordeiro?

Pressionado pela lógica irrefutável, Drômio respondeu:

– Pelo menos aqui não somos hipócritas falando de felicidades e encaminhando nossos adeptos para renascimentos intermináveis, no sofrimento constante e multiplicado.

– Sofrimento este, no entanto, que é fruto da escolha de cada um, respondeu Aristeu.

– Não importa do que seja fruto. Se existe alguma força que se diga generosa, ela não poderia permitir a dor dos seus súditos.

Além do mais, os que chegam são informados de que, aqui, estão pelo peso de suas culpas. A grande maioria vem de religiões que lhes ensinaram pouca coisa que servisse para ser usada em vida e aplicada depois da morte física. Assim, lhes mostramos que não fizeram o que haviam prometido. Cada um não está enganado por anjinho vestido com pena de galinha e de fala mansa, para, logo depois, apontar-lhe a necessidade de vestir-se novamente de caveira e retomar as mesmas dolorosas angústias.

Ao contrário, nós estamos promovendo todas as medidas para defender os nossos desse injusto encarceramento na carne, de onde só conseguiriam sair décadas mais tarde.

Mas não vou ficar perdendo meu tempo com você.

Observava Aristeu, que o Vice-Maioral temia a força dos argumentos porque não lhe eram mais estranhos ou novidade. Então, demonstrando humildade, abaixou a cabeça, dizendo:

– Seria muito bom perdermos mais tempo discutindo as questões de filosofia. No entanto, tenho de dar andamento às buscas de Oliveira e da maldita mulher feiticeira que o levou daqui.

– Sim, senhor, nós sempre teremos tempo para amadurecer as coisas da alma – respondeu Aristeu.

Vendo que precisaria da cooperação do escravo, Drômio lhe informou:

— Programarei nossa excursão até os campos inferiores, para a qual convidarei nosso Maioral, conforme você havia solicitado.

— Sim. Somente poderei cooperar se o Maioral estiver presente no instante da libertação do hóspede.

A opinião segura de Aristeu mantinha Drômio muito intrigado. Aquele escravo não era como os outros. Sabia conversar, sabia argumentar e tinha um poder de análise e de síntese invejáveis. Certamente, era um espião plantado pelo Cordeiro para que as atividades inferiores estivessem sob vigilância.

— Amanhã estaremos no campo, acompanhados por uma guarnição de nossos melhores captores e soldados. Assim que estivermos no rumo e que as nossas certezas se fizerem concretas, enviarei um de nossos mensageiros para relatar ao Maioral a nossa posição para, se aceitar o convite, apresentar-se lá na mesma festa de resgate que será encenada com a sua participação.

Não posso esperar que o Maioral se coloque conosco, como um cachorro farejador, gastando tanto de suas horas preciosas, já que me cabe apresentar-lhe a situação definida em concreto, para que esteja conosco apenas na hora do resgate efetivo.

Você me levará até o local e, assim que constatarmos a veracidade de suas informações, mandarei chamá-lo para que venha testemunhar o meu sucesso na recaptura do hóspede.

Os ajustes do Vice-Maioral eram adequados para aquilo que Aristeu esperava.

Observando o silêncio do escravo, Drômio arrematou:

— Pois bem, Aristeu. Amanhã estaremos a caminho...

— Está bem, senhor. No entanto, sem o Maioral para testemunhar a recuperação de Oliveira, nada será realizado nem o senhor chegará até o nosso irmão.

Ao gesto brusco e autoritário, dois brutamontes arrastaram Aristeu de volta à sua cela, na qual aguardaria até o momento determinado, passando em revista tudo o que já lhe havia acontecido ao longo de tanto tempo naqueles ambientes infelizes.

O transcurso cronológico não era medido pelo claro ou pelo escuro, uma vez que não havia qualquer referência luminosa para demonstrar a variação periódica. No entanto, havia relógios complexos que serviam para a referida mensuração precisa, sobretudo para a ativação das perseguições que estavam vinculadas aos horários e rotinas dos próprios encarnados.

As zonas inferiores necessitavam conhecer os horários dos vivos que procuravam influenciar, com a finalidade de atuarem dentro dos panoramas vividos pelos de carne.

Soada a hora da investida final, guardas de Drômio foram até sua cela a fim de arrebatá-lo em direção do vasto contingente de vigilantes e soldados que estavam envolvidos nesse processo de busca e resgate.

Aristeu chegara praticamente empurrado pelos guardas que, como todos os de caráter menor, inferior e mesquinho, nutriam a inveja infeliz daqueles que estejam próximos dos personagens importantes ou ocupando lugares destacados.

Em verdade, Aristeu era a figura central de todo o deslocamento dos soldados sob o controle de Drômio.

Apesar de discreto e sem qualquer pose, o escravo era objeto dos dardos mentais de todos quantos o miravam, ora com a inveja dos despeitados, ora com a curiosidade dos que queriam só ver aonde aquilo tudo os iria levar.

O caminho foi longo, cheio de passagens estreitas e escuras, nas quais o grande contingente de elementos convocados para acompanhar o Vice-Maioral precisava afunilar-se, quase que em fila simples, a única forma de seguir adiante.

As indicações de Aristeu eram seguidas à risca e, à frente, de espaço a espaço, guardas encarregados de visualização do território iam e vinham, transportando tochas bruxuleantes, orientando o prosseguimento da jornada.

Drômio era visto sobre um carro que o amparava no deslocamento, dando-lhe a imponência necessária à sua condição de Vice-

-Maioral. Todos os demais, seguindo por caminhos tão desfavoráveis, precisavam caminhar.

No mesmo veículo do Vice-Maioral, Aristeu vinha muito próximo de seu algoz para que mais claramente indicasse o rumo.

Estava preso a correntes poderosas, já que Drômio temia que ele aproveitasse a excursão para deixar o cativeiro.

Aliás, as condições exteriores, em termos de penumbra, brumas atmosféricas e lugares ermos, eram propícias para fugas, mesmo dentre aqueles que faziam parte do exército que acompanhava o Vice-Maioral.

Aquele nível vibratório, entretanto, não era tão opressivo quanto o das covas profundas de onde haviam saído. A escuridão do lugar era decorrência da ação mental negativa, natural da massa dos pensamentos de que era composta aquela esfera vibratória inferior. A jornada já durava horas quando, por indicação de Aristeu, todos pararam.

Estavam próximos do local e Drômio se agitava.

Queria constatar a realidade das afirmativas de seu guia escravo.

– Vamos, rápido. Temos de nos acautelar contra quaisquer fugas. Esses agentes do Cordeiro são astutos como as cobras.

Temos de cercar o lugar. Onde está, definitivamente, o esconderijo, escravo?

Aristeu sabia da pressa do Vice-Maioral, notadamente por imaginar que, no fundo, seu desejo era o de invadir o lugar para prender as vítimas. Conhecendo-o desde longa data, Aristeu tinha a convicção de que ele trapacearia, rompendo as tratativas anteriores e apoderando-se de Oliveira, exibindo-o como troféu.

Sem desejar desafiá-lo diante do grande batalhão que o acompanhava, Aristeu lhe disse:

– Bem, Senhor, tudo aqui é muito parecido, mas a escuridão me impede de ter certeza do local. Preciso andar pelos arredores para me certificar com exatidão.

Com medo de ser feito de idiota diante de seus homens, Drômio protestou:

– Mas nada impede que você desapareça e nos deixe aqui, feitos de idiotas. Acha que eu vou ser motivo de chacota diante dos meus subordinados, à sua custa?

– Não, absolutamente, meu senhor. Necessito encontrar o local exato nesta vasta planície. Se o senhor desejar, venha comigo e traga uns dois mais, com as tochas, para que tenhamos o caminho iluminado. Quando tiver certeza, eu aponto o local e o senhor manda chamar o Maioral, como combinamos.

Parecendo-lhe plausível a solução apontada pelo escravo, Drômio selecionou dois de seus mais próximos auxiliares para que, caminhando junto deles, ajudassem o escravo na identificação do local do esconderijo.

Assim, desceram do veículo de transporte que, diga-se de passagem, era puxado por vários escravos, e caminharam na planície pegajosa e escorregadia.

Quando já estavam afastados várias centenas de metros do grande contingente que esperava a sua volta, Aristeu disse ao seu superior:

– Pelo que me parece, estamos muito próximos. Deixe os dois homens aqui e vamos juntos até as cercanias do esconderijo para que a luz não assuste os procurados.

Não vendo qualquer motivo para temer a ação do escravo, Drômio ordenou aos seus dois acompanhantes:

– Fiquem aqui a postos e, a qualquer chamamento meu, atendam imediatamente – exclamou Drômio, autoritário.

Seguindo Aristeu muito de perto, desconfiando de seus menores gestos, andaram mais algumas dezenas de metros até que, diante de um panorama dificilmente identificável, entre galhos retorcidos, pedras espalhadas, Aristeu parou e disse:

– Acho que é aqui.

– Como assim, "acho"? Você disse que sabia onde eles estavam. Tem de me levar até o local onde se escondem.

– Sim, eu sei, mas é que nestes tempos que passaram, tudo ficou um pouco diferente. Espere um pouco. Vamos ver se é aqui mesmo.

E dando alguns passos adiante, fez pequeno ruído com os lábios, uma espécie de silvo breve, como uma senha.

Não tardou muito para que um ruído se fizesse escutar em sentido contrário.

Novamente, Aristeu assobiou uma espécie de contrassenha confirmatória e, então, surgiu à frente de ambos aquele homenzarrão. Ali estava Bóris.

– Olá, Bóris, sou eu, Aristeu.

– Olá, meu senhor. Estava com saudades. O "homem" veio?

– Sim, um deles está aqui, mas estamos esperando o outro chegar.

Com a finalidade de dar a Drômio a certeza de que Oliveira se encontrava ali, bem guardado, Aristeu perguntou:

– Nosso amigo Oliveira está bem?

– Sim, está bem tratado. Pelo menos não se queixa de nada. Ainda não sabe onde está nem quem ele é, mas está calmo.

Voltando-se para o seu acompanhante, acenou com a cabeça e disse:

– É aqui mesmo, meu senhor. Podemos chamar o Maioral.

– Não entendo por que você está tão interessado em trazer até aqui o nosso comandante superior. Nada me garante que Oliveira mesmo esteja aqui. Apenas vi esse brutamontes respondendo às suas perguntas. Entretanto, antes de chamar nosso Chefe, devo me certificar de que é mesmo Oliveira que está aí, pessoalmente.

Entendendo o desejo de Drômio, que não queria correr riscos de nenhuma espécie, Aristeu convidou-o a entrar.

– Senhor, não me parece perigoso adentrarmos no pequeno esconderijo. Vamos até lá para nos certificarmos da exatidão das informações.

– Sim, o melhor é verificar pessoalmente. Vamos os dois dar uma rápida investigada no lugar.

Ambos, então, sob o olhar atento de Bóris, caminharam até a entrada do pequeno barraco oculto entre a galharia seca e as pedras acumuladas no lado de fora. Lá dentro, encontraram o que era de se esperar.

Luz modesta, como uma lamparina acesa numa espécie de resina, quebrava a total escuridão.

– Por aqui, Senhor – falava Aristeu.

Depois da pequena entrada, uma divisória dava acesso a um ambiente que servia de quarto a Eulália e Oliveira.

Ambos estavam visivelmente desgastados, ainda que Eulália demonstrasse lucidez e equilíbrio, mantidos pelo clima de renúncia amorosa que somente as mães sabem viver em relação aos seus filhos.

– Sim... aí está a escrava... a perigosa seguidora do Cordeiro, a mulher que me desafiou a autoridade e que subtraiu a preciosa propriedade dos domínios do Maioral.

A voz de Drômio se erguera, como acontece com Espíritos atrasados que, visando mostrar poder com o qual intimidem, passam dos argumentos aos gritos.

Ao lado dela, Oliveira se mantinha inconsciente, presa fácil do primitivismo de Drômio, acostumado durante tantos séculos a atuar afastado da Luz Superior.

– Eu não vou chamar Maioral coisa nenhuma. Este homem nos pertence e esta mulher é uma prisioneira, uma espiã, uma invasora que afrontou nossas leis e precisa ser punida.

Drômio, então, sinalizou que iria agir por conta própria, acostumado a atuar sempre dessa maneira em seus domínios inferiores. Não entendia, entretanto, que existiam outras forças que se colocavam acima das suas, dominadas de mais alto e que, diferentemente da violência, sabiam defender sem atacar.

Quando Drômio se inclinava para agarrar Oliveira, violentamente, Aristeu se interpôs no caminho, buscando proteger o pobre Espírito inconsciente.

– Saia da minha frente, seu verme insignificante.

– Não, meu senhor. Não estamos mais em seus domínios e aqui a sua força não prevalece.

E a um gesto rápido, comandando magneticamente dispositivos ali instalados para tais emergências, foram ligadas as baterias de defesa magnéticas até então inoperantes. Luzes intensas surgiram dentro do pequeno abrigo e, nas zonas exteriores formaram verdadeiro casulo impenetrável de forças.

Cego pelo poder luminoso que lhe chegara de inopino, Drômio gritou, aflito:

— Apaguem as luzes, mágicos do Cordeiro maldito! Apaguem!

— As luzes são o nosso destino, meu filho — falou Aristeu, generosamente.

— As luzes são nossa desdita, isso sim, escravo. Quero sair daqui. Vamos chamar o Maioral como você havia falado.

Aquela era a tentativa de Drômio de safar-se do ambiente.

Agora, entretanto, não poderia mais sair. As linhas de força estavam acionadas para que ele ali permanecesse.

— Você não poderá mais sair daqui, até que o Maioral retorne.

— Estou preso? E esse Cordeiro fala de liberdade prendendo os que não o seguem? Fala de amor usando de armadilhas? Cria normas de perdão das ofensas e de amor aos inimigos, mas envia espiões para as furnas a fim de torpedear nossas regras e raptar nossos servos?

Havia, finalmente, chegado a hora do entendimento real. Aristeu, então, encaminhou Drômio para um pequeno canto do quarto a fim de fazê-lo sentar-se.

— Chega a hora, meu filho, em que todos os véus precisam ser removidos para que nossa consciência seja iluminada pelo entendimento da Verdade.

Apesar de extremamente raivoso, Drômio se mantinha silencioso e não esboçava maior reação em decorrência da sua temporária cegueira e pela ação magnética das energias que ali se desencadearam de surpresa.

— Eu não quero saber de nenhuma verdade. A minha verdade é a caverna, é a escuridão e é o mal. Eu sou um agente do mal e não aceito a intervenção de vocês em meus domínios.

— Sim, meu filho, nós entendemos. No entanto, chega a hora de todos encontrarem novos rumos e de subir em direção de novas verdades.

– Eu não sou este, e esta não é a minha hora. Há longos anos eu e seu Deus rompemos relações. Ele fica com a parte dele e eu escolhi o reino que mais me agradava. Não existe a liberdade? Estou exercendo-a como bem a desejo, acreditando que o seu Deus não a retirou das leis com as quais diz dirigir o Universo, não?

Sentindo a revolta no âmago da alma daquele Espírito infeliz, Aristeu cercou-o de mais carinho ainda, ao afirmar:

– Todos nós estamos debaixo de tais regras, meu filho. Não nos compete duvidar delas. Mas ao lado da liberdade que você tão bem conhece e usa para se defender, sabe que existe a contrapartida da responsabilidade. Pela liberdade, fazemos o que queremos, mas pela responsabilidade, temos de colher o fruto de nossos atos, pessoalmente.

– E estar aqui nesta furna maldita já não é suficiente consequência? Eu escolhi ficar aqui e pago o preço de aqui me manter, entre a escória da vida, no ambiente pestilento, em contato com seres horríveis, na mais absoluta solidão. Solidão, escravo. Solidão que nada é capaz de superar e vencer. Esta é a carga pesada que tenho de carregar e, se Deus é Deus mesmo, sabe que não é pouca. Não basta isso como pagamento por minhas escolhas?

Esse seu Deus está ficando muito avarento. É um agiota cobrando mais e mais lágrimas, mais e mais feridas, mais e mais dores para se sentir satisfeito, então!

Sua voz se fez mais elevada e seus comentários foram emoldurados por uma gargalhada diabólica e sinistra. Longe de se abater com suas ironias, Aristeu, com calma, respondeu:

– Não, Drômio. Ele não deseja o nosso sofrimento. Todos temos liberdade em relação à nossa vida pessoal. Mas em relação às demais criaturas, não podemos atuar sobre elas, induzindo-as ao mal, ajudando-as a sofrer indefinidamente.

Nossas atitudes são livres até o momento em que tenham de ser coibidas pela força da Lei Universal, que garante às pessoas os mesmos direitos que outorgam a você mesmo.

Com o raciocínio bastante acurado, Drômio contra-argumentou:

– Eles são os que mais nos chamam. O que você fala de invasão de espaço, de indução ao mal, não passa de aceitação do convite que nos fazem, a nos pedirem mais aventuras, mais emoções, maiores forças para a continuidade dos desatinos.

Observando-os de nossa parte, não saberia dizer se nós somos os demônios que eles cultivam em suas crenças ou se, em verdade, eles são os nossos satanases, que não nos libertam das imperfeições nem dos vícios, a nos exigir a presença, invocando-nos a companhia constantemente.

– Nem uma coisa nem outra, meu filho. Todos os que sintonizam na mesma faixa vibratória, se encontram como sócios, como demônios da tradição religiosa, como santos das concepções antigas, como irmãos na mesma trajetória. Não há melhores nem piores entre os que se igualam. O que acontece, entretanto, é que há limites para a duração de toda a insanidade.

Drômio começava a parecer cansado. Sua mente, apesar de estar muito ativa nas argumentações que por largos séculos desenvolvera e usara para contradizer os fatos superiores do Espírito, sentia-se cada vez mais em descompasso com as realidades íntimas da própria alma. Era, na verdade, mais um capturado na própria armadilha. Acostumado com aquelas regras e sem imaginar outra solução para as próprias loucuras e maldades já praticadas, a elas se amoldava sem mais questioná-las.

– Não há solução para mim, escravo. O céu é muito limpo para receber empestados como nós. Não temos o direito de contaminar o paraíso com o que somos e com o que fizemos.

Conhecemos as leis que vocês defendem e, diante delas, sabemos que não podemos ser acolhidos nos planos superiores. Nossas vibrações são muito baixas e a casca grossa não nos deixará voar.

Imbuído de tolerância e ternura indescritíveis, Aristeu disse:

– Todas as leis de Deus contemplam espaços específicos para os filhos nas diversas situações. Assim, meu filho, nada é impossível na ordem da vida. O mais importante é o seu desejo de se modificar.

– Mas justo agora que fui promovido a Vice-Maioral?

– E você acredita que um dia conseguirá ocupar o posto de seu Chefe? Crê, realmente, que ele se aposentará, abrindo caminho pra você? Acha, porventura, que existe organização e respeito nas furnas onde vivem, justamente no local onde o que mais impera é a trapaça e a enganação?

Ora, meu filho, não imaginava que sua boa fé fosse tão grande a ponto de ter essa expectativa. Isso só reforça a certeza de que, por fim, a hora de sua libertação chegou.

Drômio já não mais respondia com tanta rispidez.

– Meus planos são de tirá-lo à força. Tenho muitos aliados que também desejam isso.

– Não imagina que o Maioral já saiba disso? Não lhe ocorre que tenha procedido à sua nomeação para acalmar suas pretensões e mantê-lo sob férrea vigilância? Da mesma maneira que aumenta o prestígio, aumenta-se o risco de cair em desgraça em decorrência de qualquer insucesso.

Realmente, os argumentos de Aristeu eram muito poderosos para que a sua mente inteligente lhes negasse coerência.

– Vamos... Drômio, já se foram mais de dez séculos nesta vida. Vai desejar continuar nesse amontoado de insatisfações por mais quanto tempo? Nunca pensou na saudade dos que o amam e nunca se esqueceram de você?

Tocado pela palavra de Aristeu, o Vice-Maioral reagiu imediatamente, ainda que se sentisse abalado pelas forças luminosas que o envolviam.

– Eu não tenho ninguém que se incomode comigo.

– Todos, na criação, temos muitos que se incomodam conosco, a começar pelo Pai.

– Parece, então, que em relação a mim esse seu Deus se equivocou...

– Não, meu filho. Parece, apenas, que você se esqueceu.

– Nenhuma lembrança existe em meu ser que me faça acreditar que seja importante para alguém.

– Isso é fruto da hipnose do mal e dos efeitos do absinto em sua alma. Logo você estará livre de tudo isso, recuperando todo o passado. No entanto, acho que não será difícil para suas lembranças serem retomadas.

— Como assim?

— Acostumado a investigar o íntimo dos culpados, você não se estarreceu ao se encontrar nos olhos de Eulália, nossa escrava diligente? Não se lembra?

— Sim... é verdade. Deixei-a marcada para investigá-la quando voltasse da superfície.

— Mas ela me entregou a pulseira...

— É verdade. Ela tinha alguma coisa estranha. Intrigante.

— Nunca pensou mais profundamente no motivo que teria produzido tal constatação?

— Pensei muito, mas não cheguei a nenhuma conclusão.

Estendendo a mão sobre a cabeça do pobre Espírito, Aristeu passou a doar-lhe energias, centralizando-as sobre a mente com a finalidade de ajudá-lo a recobrar alguma coisa das lembranças do passado.

Confundido com a abertura das portas do inconsciente, Drômio começava a recordar, observando imagens que lhe brotavam do íntimo, confusas a princípio, tornando-se mais claras a cada instante.

— Estou vendo. Um vilarejo distante. Somos pobres. . Meu nome é Hibraim. Tenho um machado nas mãos. Uso para cortar lenha. Está frio. Minha casa é muito simples, feita de pedra. Eu a fiz. Estava vivendo minha aventura mais preciosa. Isso... Estava vivendo meu sonho.

— Sim... – respondeu Aristeu, comovendo-se.

— Lá dentro está o motivo de meu sonho. Betsabá está grávida. É minha esposa adorada. Lutei para lhe dar aquela casinha, única maneira de poder tê-la como minha esposa, de acordo com nossos costumes. Está esperando nosso primeiro filho.

Drômio se enchia de emoção ao rever as cenas de seu passado secular.

As agonias do afeto longamente reprimido se faziam visíveis nos esgares de dor que sua expressão demonstrava.

— Agora é noite. Está nevando lá fora e a madeira que cortei queima no fogo crepitante. Estamos abraçados no leito, depois de um dia de longos sacrifícios.

Dormimos juntos, aquecidos pela esperança de nosso futuro generoso.

Levanto cedo, preciso sair para longe, em viagem rápida na busca de mais alimentos. Betsabá está impossibilitada de viajar. Frio e gravidez impedem que me acompanhe.

Não será nada demorado. Fazíamos sempre isso. Quero levá-la até a casa de meu pai para que me aguarde, mas ela se queixa de ter de se levantar cedo demais, num frio cortante.

Ela é o motivo de minha existência.

Quando volto, encontro-a com o filho nos braços e o ar de cansaço estampado no rosto. Fizera o parto sozinha. Desespero-me diante de seu estado.

Tudo está bem. Felizes, nos entregamos ao convívio com o bebê, que recebe o nome de meu pai. Agora, nossa vida é plena de alegrias. No entanto, espreita-nos a desgraça. Maldito parente, renegado no afeto de Betsabá, não suporta a nossa felicidade.

Geroboão trama contra nossa família e... oh!... desgraçado... cerca-nos o lar, auxiliado por bandidos contratados, amarra-me a um tronco, violentam Betsabá diante de meus olhos desesperados. Não... não... não façam isso!!!!! Meus gritos loucos não impedem que espetem meu filho vivo, colocando-o sobre uma fogueira, onde vai queimando aos poucos, entre gritos e choros.

Ódio... ódio e mais ódio... é tudo o que sinto.

Usada por todos os homens, Betsabá teve a sorte de ser morta para não precisar se arrastar por uma vida de misérias, como fora a minha desde então.

Os gritos de dor, lancinantes e cruéis, faziam Drômio girar sobre si mesmo, contorcendo-se ao sabor dos mais difíceis ângulos da cena que revivia.

Seus poros expeliam gosma escura, como se sua alma estivesse se livrando de séculos de impurezas.

Suas lágrimas, a princípio escassas, jorravam em torrente incontrolável.

– Fiquei vivo para me transformar em um espectro. Jurei destruir o infeliz. Saí ao seu encalço e, durante décadas, fui destruindo tudo o que tivesse a sua marca. Ateei fogo aos seus celeiros, queimei seus campos, estuprei suas filhas, raptando-as para satisfazer minha sede de vingança. No entanto, nada disso me bastava.

Vendo minha infelicidade, meu velho pai Jacob se acercou com a mão generosa que só os pais sabem ter em relação aos filhos. Acolheu-me, cuidou de mim e, à custa de seu carinho – agora vejo – me refiz de tamanhas loucuras. No entanto, jamais voltei a ser o mesmo.

O ódio me havia consumido e o maldito parente ainda seguia vivo, sabendo que eu o perseguiria por onde andasse.

Era uma criatura terrível, astuta, maliciosa, verdadeiro réptil.

Deixei os cuidados do pai generoso e, com a desculpa de ir para outras paragens tentar a vida em lugar distante, voltei ao encalço do cruel adversário.

De alguma maneira, o tempo que nos fizera inimigos ferrenhos, também nos aproximara na admiração recíproca com que manejávamos o Mal.

Armadilhas, emboscadas, envenenamentos, tudo era caminho que tentávamos para nos destruir.

Por fim, encontramo-nos pela última vez.

Meu velho pai era a única coisa que me restava na vida. Sabendo do meu amor por ele, aproveitou-se de minha saída e, investindo contra nosso lar, vingou-se nele, tirou-lhe a vida física depois de muitos martírios e pregou seu corpo na porta da casa para que eu tivesse a horrenda visão de sua dor.

Quando cheguei, assustado com a notícia que corria de vilarejo em vilarejo, encontrei-lhe o corpo hirto e o sangue ainda por secar.

Ele havia sido morto porque eu não desistira da vingança.

E, agora, é que não mais desistiria.

Jurei descer aos infernos, me tornar um ajudante do demônio, mas, por fim, me vingaria dele.

Semeando inimigos por onde passava, acabou morto por outras mãos que não as minhas. Apesar disso, não satisfeito com o seu desaparecimento do mundo dos vivos, prometi que o encontraria para o último desforço, ainda que fosse no reino dos mortos.

Desde minha morte, então, não tenho feito outra coisa.

Minha vida está fixada no objetivo de destruí-lo para sempre.

A angústia fizera Aristeu interromper o processo da lembrança do passado, a fim de que, com a ajuda de Bóris, pudessem ampará-lo e providenciar a higienização de seu corpo, quase desfalecido depois de tanto esforço.

As medidas logo fizeram o efeito desejado, e Drômio passou a respirar com mais calma, entregando-se ao sono reparador.

Parecia uma alma assustada, recuperando a lembrança de si mesmo, entendendo os sofrimentos longamente acumulados, dos quais fizera o alicerce de seu ódio, a base sólida para suas atitudes de vingança. No entanto, se alimentou com tamanha volúpia com tais venenos que, com o passar do tempo, foi perdendo contato com o seu sentido de desforra originário. Havia-se tornado um déspota por mais de dez séculos, sem se lembrar de ter, por fim, conseguido se vingar de Geroboão, como era de seu desejo.

Não sabia por que chegara até aquele lugar inferior nem por que se permitira agir com a maldade reiterada contra todos os homens. Alguma coisa havia ocorrido que o fizera migrar da vingança pessoal para a vingança coletiva.

Logo mais ele iria entender os verdadeiros motivos.

38

APROXIMANDO-SE DA LUTA DERRADEIRA

Quando os dois soldados de confiança de Drômio que aguardavam do lado de fora viram a eclosão das intensas luzes, tanto no interior quanto no exterior da pequena choupana, logo imaginaram que as coisas não andariam muito bem para os lados do chefe.

Temendo serem todos vítimas de uma armadilha urdida pelos seguidores do Cordeiro, amedrontados e sem o apoio do superior cujo destino ignoravam, resolveram sair em busca da ajuda dos seus companheiros que haviam ficado mais afastados.

Sem seu principal líder, a direção do grande agrupamento de entidades ignorantes e selvagens estava a cargo de um dos seus homens de confiança que, não pretendendo fazer nada de errado, resolvera enviar, com urgência, um contingente até os domínios do Maioral a fim de dar-lhe ciência do ocorrido e esperar as suas deliberações pessoais, já que aqueles fatos envolviam ninguém menos do que o Vice-Maioral.

Enquanto tais medidas iam sendo adotadas do lado de fora, no interior da choupana, os membros daquele pequeno conclave de esperança e resgate seguiam calmos, confiados agora à ação das entidades superiores, que se faziam sentir através das ligações luminosas que chegavam de mais alto, ativadas pela modificação dos padrões vibratórios propiciados pela irradiação brilhante ali estabelecida.

Depois que o primeiro atendimento foi dado a Drômio, Aristeu diminuiu a intensidade das luzes internas a fim de que elas não fossem motivo de irritabilidade tanto para o novo hóspede quanto para o antigo morador, o irmão enfermo Oliveira.

Já Eulália, a companheira devotada até o limite do sacrifício, parecia ter ganhado vida nova com a assimilação das forças luminosas depois de tanto tempo envolta pela escuridão e pelas vibrações inferiores.

A trabalhadora do Bem, ali destacada como anjo guardião do pesado fardo que trazia em seus braços, tinha sido submetida a longo processo de preparação prévia para a descida aos antros inferiores, com a finalidade específica do amparo ao filho de outras eras.

Havia, assim, recebido o treinamento adequado para encontrar recursos dentro de si mesma e para a manutenção do equilíbrio mesmo diante de entidades tão feias quanto perversas, sem se deixar abater.

Tratava-se de um processo de fortalecimento espiritual para o enfrentamento daquela tarefa para a qual somente com a abnegação completa e o equilíbrio poderiam atingir os objetivos, aliados aos laços de afetividade indestrutíveis que a uniam ao pobre Espírito resgatado.

Por tais motivos, se fez necessário o amortecimento de suas lembranças mais remotas, relacionadas aos demais integrantes daquele resgate, para que seus sentimentos não a confundissem e para que não se criassem dificuldades desnecessárias à concretização do principal objetivo, sobretudo porque os planos superiores eram mais vastos do que a própria Eulália poderia supor.

Sentindo a premência do resgate daquele que por várias vidas tivera sob suas vistas, ora como filho carnal, ora como protegido de sua alma, Eulália deveria envidar todos os esforços para que Oliveira fosse retirado daquele estado de hipnose viciante. Por isso, sua determinação deveria ser de tal monta, que tudo o que havia sido programado e organizado nos níveis superiores, durante a preparação de seu mergulho nas trevas, fosse cumprido para que o restante da ação espiritual mais ampla também pudesse ser logrado. Oliveira deveria ser resgatado para o tratamento psíquico que o ajudasse a superar os defeitos que o marcaram ao longo das últimas seis reencarnações manietando-o aos difíceis mecanismos de resgate, ao mesmo tempo em que se conseguiria furtá-lo da influência inferior do Maioral e seus asseclas, que tinham no ex-deputado importante representante de seus interesses escusos, no seio do poder político.

Dessa forma, os planejadores espirituais haviam enfocado nas lembranças de Eulália o carinho maternal e a sua força espiritual na resistência inquebrantável para que, nos difíceis trabalhos de resgate, nada viesse a lhe dificultar a consecução da missão estabelecida.

Passados longos minutos, durante os quais Drômio recebia os cuidados de Aristeu através da sustentação de energias, lentamente transmitidas de um ao outro, para que não ocorresse nenhum choque brusco que prejudicasse a lucidez necessária para a continuidade dos esforços de todos, o Vice-Maioral recomeçava a mover-se, como acontece com alguém que volta de um longo período de sono conturbado.

Deixando-o sob os cuidados temporários de Bóris, Aristeu aproximou-se de Eulália, que velava o repouso de Oliveira, e lhe disse, cordialmente:

– Filha, temos que ajudar nosso Oliveira a recuperar a lucidez a fim de que esta hora delicada de sua evolução possa representar o rompimento dos liames que o prendem ao mal por tantos séculos. Naturalmente que isso não o livrará dos reajustes necessários, nem das consequências decorrentes do entendimento dos próprios equívocos. A partir de seu despertamento, verá que multidões de vingadores o buscam para perseguir a alma invigilante, sugando-lhe as forças e no esforço do revide próprio da ignorância. No entanto, isso será importante para aprender sobre as próprias escolhas.

Acenando positivamente, Eulália, que sustentava a cabeça de Oliveira sobre seu colo maternal, elevou seu pensamento ao Pai enquanto Aristeu impunha suas mãos sobre o cérebro de Oliveira, em uma delicada operação magnética cuja finalidade era a de expurgar os densos resíduos mentais acumulados, como alguém que retira grossa cobertura de piche de delicados circuitos eletrônicos.

O procedimento durou vários minutos durante os quais o amor de Eulália servira de apoio fundamental para a intromissão generosa de Aristeu nos recessos da mente de Oliveira, como uma criança confiante que se entrega ao médico para os exames necessários.

Terminada a operação fluídica, observou-se que Oliveira, tal como acontecia a Drômio, recuperava a consciência lentamente, apresentando-se mais ágil no pensamento e na expressão das próprias ideias.

Não tardou muito para que os dois abrissem os olhos para a realidade.

Drômio, sem ter perdido a lucidez, despertava dos processos que o haviam envolvido em uma grande névoa hipnotizante, confundido com as novas experiências, ainda muito preso aos conceitos inferiores, apesar de já mais calmo diante das lembranças vivenciadas sobre si mesmo.

Por outro lado, Oliveira arregalava os olhos, sem entender onde estava.

Não se recordava de ninguém ao seu lado, mantendo como última lembrança consciente aquela ligada aos momentos finais de seu corpo no ataúde sendo fechado, antes de o cortejo funerário transitar pelas vias de acesso de sua cidade rumando para o cemitério.

Não se recordava de nada, nem mesmo de Eulália, a quem não conseguia identificar em sua memória de Espírito. Sentia ser uma pessoa querida e que já deveria ter existido alguma ligação entre ambos, mas só. O mais surpreendente, entretanto, fora o seu desespero ao deparar-se com a figura de Drômio bem diante de seus olhos.

A aparência desfigurada impunha medo a qualquer um que não tivesse o Amor Verdadeiro como escudo. Drômio havia sido um dos muitos que haviam manipulado Oliveira nos inúmeros embates políticos, usando sua inteligência, valendo-se de sua astúcia, ajudando-o nas soluções drásticas que pediam a morte de pessoas para a remoção de obstáculos aos seus planos.

Drômio, apesar de mais lúcido, continuava exteriorizando a sua horrenda forma vibratória, decorrência de tantos séculos de desajustes, de tal maneira graves, que necessitariam de atendimentos específicos para que conseguisse um mínimo de reequilíbrio.

Observando o terror produzido pelo antigo comparsa, Aristeu falou a Oliveira, usando, ao mesmo tempo, de carinho e de energia.

– Veja, meu filho, como são os sócios da insensatez. Agora que seus olhos espirituais podem fixar a figura dos antigos companheiros, sua alma está tomada de medos e arrepios. No entanto, por várias décadas vocês dois estiveram unidos nos diversos procedimentos de perseguição, na modificação dos destinos ao sabor de seus caprichos violentos. Ainda que você e ele tenham sido, no passado, vítimas da violência, acabaram se deixando envenenar pelo ódio que os tornou, realmente, agentes do mesmo Mal nas mãos do qual tanto haviam padecido. Injustiçados pelas ações mesquinhas de outros mais ignorantes, poderiam ter relegado tais lágrimas aos devidos ajustes de contas, correção de trajetória ou aprendizado através da dor.

Não obstante, aliaram-se aos trágicos sentimentos de rebeldia que os afastou de Deus, permitindo-se, então, a sintonia com os mesmos algozes de ontem. Atrelados aos sentimentos que os uniam, estiveram rolando por séculos, como verdadeiros zumbis manipulados pela inteligência, que encontrou sintonia dentro de seus ódios acumulados.

Drômio escutava sem conseguir articular palavra, por lhe faltarem forças, ainda que não houvesse sido privado da lucidez de pensamento.

Oliveira, entretanto, que já estava ali havia mais tempo, sob os cuidados de Eulália, sentia-se mais disposto ao diálogo. Apesar de amedrontado com tudo o que estava vendo, voltou-se para os velhos mecanismos desculpistas, fugindo de si próprio:

– Eu procurei meu pai. A fogueira me queimou aos poucos e, assim que consegui sair daquele inferno, corri para seus braços. Mas ele não me escutava..., apesar dos meus gritos de dor e pedidos de socorro. Supliquei que saísse do poste e me salvasse, mas ele estava lá, alucinado e surdo.

Vendo que Oliveira já estava mais lúcido para a análise de suas próprias equivocações, Aristeu deixou que ele externasse suas emoções brotadas da mente que recordava. Quando o silêncio se fez, Aristeu continuou:

– Sim, meu filho, naquela existência, você fora vítima de uma grave injustiça, resgatando anteriores desajustes cometidos contra irmãos em época mais antiga. Acumulados os débitos em sua conta, a etapa evolutiva daquela existência era marcada pelo doloroso resgate para a recomposição da harmonia de seu Espírito, que se sentia culpado e moralmente endividado. Entretanto, afeiçoado à vingança, assim que sua tenra existência foi ceifada, seu Espírito se acercou do pai desesperado, para exigir-lhe a tomada de atitudes no campo do revide, da perseguição, unindo as correntes mentais dele às suas próprias e, dessa maneira, passando a atuar através dele nas perseguições do causador de tamanha infelicidade.

Não obstante, a dor não havia sido apenas sua. Sua mãezinha também tinha fenecido depois de tantos sofrimentos e violências, suportadas com resignação e sem outro pensamento que não o da súplica a Deus por você e por seu paizinho a quem ela tanto amava.

Em razão de tais escolhas, você e ele trilharam estrada oposta aos caminhos dela, colocando-se, cada um, na estrutura vibratória que lhe era própria.

Quando o causador de seus sofrimentos, Geroboão, voltou ao mundo espiritual em decorrência da própria morte, a sua violência e primitivismo eram tamanhos, que nem você nem seu pai se animaram a enfrentá-lo, apesar do ódio crescente.

Como os semelhantes se atraem, Geroboão, o invejoso parente que havia sido repelido por Betsabá em favor de seu pai, Hibraim, continuou a persegui-lo, nutrindo o mesmo ódio que dele recebia.

Depois de várias décadas, graças aos esforços de Betsabá, foi promovida a sua reencarnação a fim de que você, Oliveira, se desvinculasse de Hibraim e parasse de empurrá-lo para o campo do ódio incontrolável.

No entanto, a perseguição de Geroboão se fazia mais intensa, agora atrelada à ideia de manipulação do antigo inimigo. Nada seria mais prazeroso do que obrigar a sua vítima a servi-lo de maneira cega e submissa.

Com o passar dos séculos, Hibraim se alimentava do ódio que acumulava dia a dia, até que, por fim, encontrou outra entidade que dizia odiar Geroboão tanto quanto ele próprio e que o convidava para atuarem juntos, no sentido de unirem forças para atacar o algoz insensível do passado, vingando-se total e completamente.

Hibraim, alimentado pelo ódio e pelas promessas de apoio que recebia daquela entidade que lhe compreendia a sede de vingança, aceitou incorporar-se ao seu séquito, como o interessado serviçal que espera o momento de encontrar o algoz para vingar-se dele de maneira rotunda.

Seriam os agentes da Justiça Verdadeira, aquela que vinha dos antros inferiores para a superfície, trazendo os baixos sentimentos dos homens e atingindo, dessa forma, a leviandade, a hipocrisia e o crime com os dardos vingadores da dor, da tristeza, do abatimento, disso tudo usufruindo como quem bebe o sangue quente de suas vítimas, com a desculpa de matar a própria sede.

O tempo passou e com ele perdeu-se no passado a lembrança da dor originária que fundamentara o primeiro impulso vingador, restando, apenas, o compromisso de vocês dois com o Mal, atuando sob a pressão psíquica de entidades inferiores às quais ambos se permitiram ligar pelos laços mais tristes e comprometedores.

Algumas vezes você, Oliveira, recebeu a bênção do renascimento, ocasião em que era capaz de sentir o afeto direto ou indireto daquela que o agasalhara como mãe na triste experiência que acabamos de relembrar.

Não obstante o sacrifício amoroso, você sempre se deixou arrastar pelos baixos sentimentos, negligenciando os deveres morais que devem ser atendidos por todos os seres que compõem a ordem divina na criação e que não poderão se manter para sempre nas estradas da inferioridade.

Na última existência, levado pelas buscas de grandeza e pelo patrocínio constante dos seus conselheiros espirituais trevosos, você galgou, com a permissão Divina, postos elevados na ordem pública, no governo de comunidades e na possibilidade de influenciar as decisões políticas com vistas a beneficiar o povo. No entanto, sua conduta novamente inclinou-se para a vivência dos velhos vícios, repetindo as antigas práticas embasadas na vingança bem calculada, na criação de clãs de sustentação econômica, elaborando vasta rede de corrupção que se protegia a si mesma, para manter no topo a sua figura aparentemente virtuosa.

No entanto, Oliveira, sempre chega o dia da prestação de contas e, sopesando tudo o que se realizou em todos estes períodos, as boas obras escasseiam a seu benefício se comparadas às tristes atitudes que você patrocinou no caminho da humanidade.

Aqui não estão mais valendo nem os seus títulos, nem as suas posses, nem as suas forças influentes. Sua figura não difere muito da que Drômio exibe perante seus olhos assustados.

Para que Oliveira entendesse o que desejava dizer, tanto quanto para que acordasse para a própria realidade, fez surgir diante de seus olhares estupefatos uma tela de matéria fluídica refletora, na qual Oliveira pôde se mirar de frente, identificando, então, o grotesco estado em que se apresentava. Agora, o deputado não sabia de quem mais tinha medo ou asco: se de Drômio ou dele próprio.

Angustiado, suplicou a compaixão de Aristeu que, não pretendendo outra coisa que não a retomada de sua consciência sobre a própria realidade, afirmou, sereno e enérgico:

– Seu pedido de clemência é escutado pelas forças superiores da vida que nos governam, Oliveira, apesar de você, raramente, ter-se permitido usar da clemência para vários dos que fez desaparecer nos manguezais, nas locas infectas, nos crimes indecifráveis de seus asseclas. No entanto, meu filho, não se esqueça de que não será possível fugir de suas vítimas, que estarão procurando por você aonde se apresentar. Aqui, nesta região inferior, foi necessário protegê-lo dos magotes de entidades atrasadas que exigem terem-no sob suas garras e solicitam suas explicações ou indenizações compensatórias por todos os prejuízos que sofreram em vida, graças à sua intervenção.

Grupos caminham pelos abismos gritando-lhe o nome e, como se você fosse um criminoso estampado nos filmes de cinema, sua fotografia e os dizeres de busca se multiplicam por estes rincões, afixados em árvores ou portas, muros ou colunas, exortando a qualquer Espírito que tiver notícias de seu paradeiro que o indique, candidatando-se, desse modo, a certas recompensas por aqui muito apreciadas.

Apavorado com a constatação de seu estado de desajuste e pelas notícias de perseguição que se orquestravam contra ele naquelas paragens, Oliveira perdeu-se nos soluços de angústia, recorrendo ao amparo calmante de Eulália que, silenciosa, ainda não se houvera dado a conhecer ou não fora identificada pelo pobre infeliz como a sua antiga mãe.

Drômio, agora acordado, começava a entender a teia de erros e dores que tecera como pérfida aranha que, por mais que desejasse levar seu veneno aos culpados, não deixara de ser, apenas, uma aranha peçonhenta, um inseto horrível espalhando suas armadilhas no caminho dos outros.

Recuperara parte da memória para entendimento dos principais fatores motivadores de seu ódio. Seu filho estava diante dele próprio. Oliveira, em realidade, era a mesma criança que ardera sobre as crepitantes chamas daquele triste dia em que a violência marcara o seu destino e que seu ódio acumulado resolvera macular o seu longo futuro. Ambos se identificaram na volúpia da vingança, vagando por séculos, jungidos aos mesmos desejos de revidar o mal.

Agora, Drômio não sabia o que fazer diante do antigo filho, tão asselvajado quanto ele próprio, quase uma cópia exata da sua patente inferioridade. Não estava preparado para pedir desculpas nem conseguiria neutralizar, repentinamente, tantos séculos de ação negativa sobre o próprio filho. Haviam perdido a consciência plena, massacrados pela sintonia com o ódio, além de serem manipulados pelas inteligências às quais se aliaram desde longa data e à qual serviam sem questionar.

Drômio sonhava com a chance de encontrar Geroboão para o desforço final e, enquanto isso não acontecia, aproveitava para ir afiando as armas e as ferramentas da vingança através da prática da crueldade e do mal contra todos os que o Maioral lhe apontava.

O Chefe Supremo sabia de sua sede vingadora e, com prazer sádico, o estimulava a manter tal objetivo bem acalentado em seus sonhos mais intensos.

Acolhido pelo Maioral em seus domínios, Drômio se sentira amparado pela força do mais vil dentre todos os Espíritos conhecidos naquelas paragens.

Entendendo as vantagens de ser servidor de confiança daquele que poderia auxiliá-lo na construção dos passos para o desforço final contra Geroboão, há séculos se uniram em uma espécie de aliança infeliz, compartilhando os desajustes e as orgias que passaram a fazer parte de sua taça de angústias, disfarçada de prazeres recompensadores.

Ao contato com o Maioral, Drômio aprofundara-se nas armas do erotismo inferior, esquecendo-se do Amor de Betsabá e atirando-se ao desfrute de todas as sensações que tais práticas lhe produziam, numa forma de desafogo afetivo e exercício da perversidade para o seu emprego como estilete agressor na hora necessária.

Passou a ser usuário constante de absinto, a famigerada beberagem que fazia parte do arsenal de controle de todos os que eram aprisionados naquelas furnas, desfrutando de seus potenciais estimulantes, sem se dar conta do alto grau de viciação e dependência que ela produzia em todos os seus usuários.

Enaltecido pelos cargos com os quais fora contemplado por determinação do Maioral, a ele se unira com a pretensão de não decepcioná-lo, correspondendo à confiança sobre ele depositada e ajudando-o nas suas realizações pessoais, nos esforços de coordenação negativa visando a luta contra as forças da Luz e do Cordeiro. Gradualmente, assumiu como sua a luta contra a Verdade Cristã, bandeira levantada há muito pelo Maioral, nela empenhando o melhor de seus piores esforços.

E os séculos se passaram sem que, por fim, conseguisse levar a termo vingança contra Geroboão, o seu mais terrível algoz. Apesar disso, quanto mais importante se fazia na organização do Maioral, mais mantinha seus servos patrulhando os abismos, em constante busca nas cercanias umbralinas na tentativa de identificar as pistas de seu paradeiro possível.

Amolecido, agora, pelas recompensas dos sentidos ao descobrir as facilidades na vampirização dos encarnados, aproveitando-se dos acepipes suculentos que os desajustes morais dos "de cima" lhes possibilitavam, seu ímpeto na perseguição ao adversário havia arrefecido, ainda que seu desejo de vingar-se continuasse a motivá-lo. Em sã consciência, não sabia dizer se era vítima do ódio contra o antigo perseguidor ou se era vítima de suas próprias fraquezas, agora perfeitamente alimentadas e abastecidas pelas facilidades da chamada "porta larga".

As horas, no entanto, passavam e, enquanto Drômio meditava sobre tudo aquilo, sem emitir qualquer palavra, lá fora, as coisas se alteravam significativamente.

A guarnição que se dirigia aos domínios do Maioral lhe comunicara o estado de coisas, contando-lhe como a choupana fora encontrada, como se fizera explosiva a luz dela proveniente e como, desde então, Drômio não conseguira mais sair de seu interior.

O Maioral, escutando o relatório, enfureceu-se contra aquilo que considerava um ataque sórdido das forças do Cordeiro aos seus domínios e aos seus servos mais fiéis.

– Não pensem, estes malditos, que eu irei entregar meus súditos mais importantes aos seus sortilégios baratos sem lutar para resgatá-los. Reúnam meus homens para partirmos agora. Quero arrombar esse esconderijo ridículo que os agentes secretos do Cordeiro pensam que podem manter em meus domínios. Estamos obedecendo ao tratado que fizemos. Eles não podem desrespeitar nossos acordos. Se o infringiram, pagarão muito caro pela ofensa.

Vamos, não há tempo a perder.

Empenhando sua mente e vontade poderosas na modelagem de sua forma mais horripilante, parecia que se trajava para a guerra, com os apetrechos mais agressivos, armas de combate e instrumentos de suplício. Seus seguidores, aos quais chamava de "seu exército", igualmente municiados para a batalha, se puseram em marcha segundo suas ordens, na direção que lhes apontava a pequena guarnição, agora incorporada ao contingente principal.

À frente seguia o Maioral, antecedido de pequeno grupamento cuja finalidade era amedrontar todos os que encontrassem pela frente e observar se não havia qualquer armadilha esperando por eles, ao longo do caminho, já que supunham que o Cordeiro se utilizasse dos mesmos estratagemas que eram comuns em suas pérfidas rotinas.

Depois de uma boa jornada, surgiram, ruidosos, aos olhares de seus comparsas ali acampados nas proximidades do modesto casebre. Aos seus olhos, mesmo de longe, a pequena choupana era um foco de luz, fosse pela que jorrava dela própria, fosse em decorrência das emissões provenientes vindas do Alto.

O olhar dos soldados trevosos refletia o brilho daquela força silenciosa e tão difícil de ser combatida.

Os próprios súditos do Maioral guardavam no íntimo um respeito estranho por aquela manifestação.

Por fim, uniram-se os dois grupamentos, e o responsável pela guarnição de Drômio entregou ao Maioral o relatório de tudo quanto havia sucedido desde a chegada àquelas paragens até o momento em que decidiu enviar seus mensageiros para comunicar-lhe os fatos, estranhos, que ali seguiam inalterados, com a fonte luminosa ficando mais e mais intensa a cada instante.

A figura horrenda do chefe dos Espíritos inferiores era difícil de ser encarada pelos seus companheiros.

Todos tinham terrível pavor de se acercarem dele, sobretudo em horas de acesso de ódio, quando sua forma de degenerava ao extremo, numa mistura de imagens dos diabos tradicionais com asas de morcego ou dragão, numa combinação intimidadora para qualquer Espírito que não tivesse o escudo do Amor como a Soberana arma do Equilíbrio.

Esse recurso ideoplástico era usado para demonstrar sua ascendência no mal sobre todos os demais. Não que, realmente, se tratasse de Satanás em pessoa, como um ser maligno criado por Deus para viver eternamente fazendo o mal. No entanto, na mente vacilante e vulnerável de seus subordinados, era mais fácil fugir do Demônio do que arriscar-se para ver se se tratava do diabo em pessoa.

Trombetas e tambores encheram o ambiente sinistro de sons sibilantes, como se fossem toques ameaçadores, anunciando que o Chefe de todos estava próximo.

No interior da pequena choupana, Aristeu e Eulália sabiam que o momento mais importante de suas jornadas em planos inferiores havia chegado.

Mantinham-se em oração sincera, sem quaisquer outras armas que não fossem a compaixão, a boa vontade e a fé em Deus.

A luta final iria começar.

39

O ENCONTRO DO MAIORAL, GEROBOÃO, E CAIFÁS

Urros e vozerio agressivo acompanhavam a marcha dos alucinados Espíritos, da mesma forma que, chegando às proximidades da pequena habitação, a agitação tornou-se ainda maior, com a união dos dois grupamentos de entidades.

Imediatamente, o responsável que sucedera Drômio na direção do agrupamento acercou-se do Maioral, controlando o próprio temor uma vez que sabia como eram violentas as reações do grande chefe diante de notícias desagradáveis.

Não obstante, muniu-se de forças para colocar o líder trevoso a par dos fatos.

– Mas onde está o Vice-Maioral? – esbravejou a entidade agressivamente.

– Está detido no interior daquele casebre, meu senhor!

– E vocês, seus covardes, incompetentes, mandam me chamar lá embaixo para vir até aqui a fim de resgatar nosso companheiro, em vez de irem até ali e fazerem-no por si mesmos?

Desconcertado com a referência direta, o Espírito no comando respondeu:

– Bem... meu senhor... segundo suas próprias exortações, deveríamos evitar o contato com os perigosos sortilégios da turma do Cordeiro. Afinal, foi justamente isso que aprisionou nosso Vice-Chefe lá dentro.

Para agirmos, então, preferimos levar ao seu conhecimento tais fatos e esperar suas ordens. Não nos falta coragem para adotar qualquer atitude, meu senhor, na defesa de seu território. No entanto, sem nosso líder, preferimos escutar as suas sábias orientações antes de atuarmos.

A resposta serena e enaltecedora, apesar de nervosa, acalmou por alguns instantes o Maioral que, recordando-se de suas próprias palavras, reconheceu terem partido dele mesmo as instruções para tal cautela, todas as vezes em que seus súditos estivessem diante de ameaças como aquelas.

– Não importam tais detalhes agora. Precisamos agir rápido.

Quero que todos os homens cerquem aquele casebre. Eu mesmo irei resolver esse problema de meu jeito. Quando soarem as trombetas, todos devem atacar ao mesmo tempo, porque somos em muito maior número e isso haverá de sobrepujar a luz.

Organizando o desconjuntado exército, os chefes subalternos foram dispondo os homens e transmitindo as ordens do Maioral, fazendo com que um grande círculo com alguns milhares de Espíritos se modelasse ao redor do pequeno ambiente iluminado.

A luz que envolvia o abrigo de Aristeu, Bóris, Eulália, Oliveira e, agora, Drômio era, como já se disse, fruto das baterias de defesa magnética além das luzes oriundas das regiões superiores que a reforçavam.

À medida que ia se adensando o cerco, mais e mais intensa ia ficando a luz.

Tão forte que, por mais que os chefes obrigassem seus soldados a se acercarem do foco, mais difícil ia sendo a cada um deles manter as posições.

Quando estavam, mais ou menos a uma distância de cinquenta metros do objetivo, não conseguiam mais caminhar adiante, tão intensa se fazia a barreira energética.

Sem entender tal circunstância, os chefes dos grupamentos se esforçavam em empurrar os batalhões invasores ao máximo, para que a distância fosse sendo diminuída com a finalidade de conseguirem criar ambiente negativo favorável à ação do Maioral, no esforço de neutralizar a energia positiva.

Entretanto, apesar de serem empurrados, os que se encontravam nas primeiras linhas iam sendo espremidos contra as invisíveis barreiras e, quando eram expostos diretamente à luz intensa, começavam a cair como mosquitos.

O choque fluídico que acontecia naquele instante era de tal magnitude, que a reação atordoante os fazia perder a consciência, como se uma grande força os tivesse penetrado e alterado suas resistências mais secretas.

O número de entidades nessa situação começou a crescer, e o murmúrio dos que vinham atrás fez com que os chefes parassem de empurrar o batalhão, a fim de que não acabassem, todos eles, envolvidos pelo estranho fenômeno.

Soou a trombeta ordenando a interrupção do avanço que, num raio de cinquenta metros, envolvia o casebre, sem conseguir acercar-se mais.

Todos olharam para o Maioral, esperando suas ordens.

Evidentemente contrariado, ordenou que seus escravos o carregassem sobre seu trono até o limite mais próximo do círculo.

Sustentando ao máximo o desconfortável contato com a força luminosa protetora, esta experiente entidade ordenou que todos os seus seguidores começassem os procedimentos intimidatórios costumeiros.

Iniciaram, então, os gritos ameaçadores, as batidas de paus e pedras, os urros violentos, gerando uma atmosfera extremamente densificada, impregnada pelo teor de suas emissões mentais, manipulada pela força de comando que o Maioral exercia.

Ao mesmo tempo em que seus seguidores se aqueciam para a luta direta, modelava sua própria aparência de maneira a avolumar seus horrendos contornos.

Os diversos componentes de seu exército eram Espíritos longamente vitimados pelos processos hipnóticos, escravizados às suas próprias culpas e, com esse peso no interior, aceitavam tal domínio por achá-lo merecido.

Assim, o grosso do contingente de ataque era formado por esse tipo de Espírito, aos quais o Maioral e seus ajudantes diretos dominavam através dos complexos de culpa, reforçando os efeitos do medo nas mentes frágeis e, com isso, assumindo o controle de suas escolhas com a instalação de eletrodos e linhas de força através das quais comandavam seus pensamentos, suas atitudes, como se fossem robôs teleguiados.

Não se encontravam unidos por um ideal comum, como costuma ser com os exércitos de todos os tempos, na expressão de homens que se apoiam para a defesa de um objetivo no qual todos acreditam.

Era mais um grande caldo onde o medo os mantinha aglutinados numa sopa de horrores, culpas e temores.

A horda bárbara exibia um espetáculo digno de fazer tremer o solo ao redor, como se o mesmo fosse feito de rocha e não de energias degeneradas. Os que estavam no limite interno do círculo, renteando com a luz intensa, tentavam trazer para fora os que havia caído inconscientes no interior, usando varas, pedaços de galhos, porretes ou quaisquer outras coisas que servisse para tal.

Depois de longos minutos de gritaria, digna de assustar o mais experiente trabalhador dos abismos, o Maioral entendeu que não conseguiria qualquer sucesso somente com aquele procedimento.

Ordenou a interrupção do barulho, o que levou longos minutos para que se conseguisse, tal a balbúrdia ali estabelecida.

Com o silêncio estabelecido, o grande líder se fez ouvir, com a voz estrondeante que o caracterizava:

– Bandidos do Cordeiro, como ousam invadir meus domínios? Nossos tratados, milenarmente estabelecidos, impedem que venham até aqui para sequestrar meus súditos. Ordeno que apareçam e me devolvam o que me pertence!

A última frase do Maioral foi acompanhada de uma saraivada de impropérios, de gritaria alucinada por parte dos integrantes de sua turba.

Nada aconteceu, entretanto.

– Vocês não sairão daqui enquanto não nos entendermos. Desejamos nossos dois companheiros que vocês nos tomaram usando seus costumeiros sortilégios. São ladrões enviados por seu líder? Muito me admira que o seu Cristo esteja tão desesperado a fim de valer-se de tais estratégias para aqui penetrar. Como sempre, o mesmo covarde a enviar seus empregadinhos e esconder-se por trás de frases bonitas.

O desafio que lançava o Maioral na direção da pequena cabana parecia ser respondido pelas forças superiores, que redobravam o poder luminoso através daquele foco de energias concentradas.

Chegara a hora dos entendimentos derradeiros.

Sem que os Espíritos inferiores pudessem vislumbrar, em função da intensidade da luz, dentro daquele farol estavam um sem número de Espíritos missionários, entrelaçados como em um grande cordão que vinha das dimensões superiores, passando pela superfície da Terra e penetrando o subsolo, na direção da vasta planície inferior onde se localizava aquele grande contingente de infelizes e culpados, hipnotizados e escravizados à ignorância.

Sintonizado com as ocorrências exteriores e com a inspiração que vinha de mais Alto, Aristeu centralizava as atenções do pequeno grupo que o rodeava, confiante.

Sabendo que chegara o momento decisivo, convocou seus amigos para que todos se unissem e se apresentassem no exterior, deixando aquele abrigo seguro.

Fato interessante, entretanto, era o que se observava fora dos limites exteriores do grande elo circular que envolvia a choupana com a concentração dos escravos do Maioral.

Visualizado desde muito longe, o raio que incidia sobre aquele local, acendendo a luz em plena escuridão, era um cântico de esperanças para todos aqueles que, perambulando por aqueles vales escuros há anos, séculos ou até mesmo milênios, traziam no coração o sincero desejo de modificar suas vidas. Apesar de sua consciência de erros e desajustes, muitos sabiam que a luz significava esperança de recomeço, estrada que os levaria a novos rumos. Afinal, de trevas estavam cheios, perdidos havia muitas décadas ou séculos, uma verdadeira eternidade naqueles labirintos escuros e nada consoladores.

Muitos que não se achavam sob a dominação direta do Maioral começaram a caminhar na direção do foco luminoso, arrastando-se pelo solo lodacento, clamando por compaixão, empurrando-se e sendo apoiado por outros que queriam a mesma coisa.

Eram almas carregadas de compromissos, despojadas de merecimentos, almas que se haviam apartado de Deus por escolha própria, mas que, agora, cansadas e abatidas, marcadas pelo estigma de um sofrimento que parecia sem fim, desejavam deixar aquela região em busca de outras paragens, convencidos, finalmente, de que qualquer coisa seria melhor do que aquilo que estavam vivendo.

De todos os lados começaram a surgir, enfileirados, contingentes de Espíritos desajustados, atraídos pela intensa luminosidade, que raramente era vista naqueles ambientes.

Não tardou muito para que outro exército de seres ansiosos se acercasse da retaguarda do grande círculo de escravos e súditos do Maioral, forçando a passagem. Em verdade, parecia um exército envolvendo outro, tendo a modesta choupana como centro.

Os que chegavam não temiam os seus iguais que ali se aliavam ao líder trevoso. Queriam, isso sim, chegar ao centro, aproximando-se da luz.

Os comandantes subalternos passaram a estalar seus chicotes contra os infelizes, procurando afastá-los, o que conseguiram por algum tempo, enquanto não era muito grande o número dos candidatos às novas jornadas.

No entanto, a situação seria incontrolável em pouco tempo, com a chegada ininterrupta de Espíritos cada vez mais desesperados, aumentando a pressão.

– Atirem nos vagabundos... não os deixem passar – ordenou o Maioral, desejando intimidar os recém-chegados e manter a coesão de seus súditos.

Ele sabia que não deveria romper os liames de pavor que os unia sob seu comando. Se muitos quisessem passar em direção à luz, boa parte de seus escravos se veria estimulada nessa mesma tentativa.

Assim, quando Aristeu e seus amigos saíram da choupana, o Maioral fez soarem as trombetas novamente, criando novo clímax para manter a atenção de todos.

A gritaria eufórica voltou a encher os ouvidos e demonstrava um falso cântico de vitória.

– Bem-vindos, nojentos espiões do Cordeiro. Devolvam o que é meu – ordenava o Maioral, não desejando transparecer que não tinha interesse em penetrar no foco luminoso.

Vendo que todos se mantinham em silêncio, com Aristeu vindo à frente, o Maioral voltou à carga:

– Venha para fora, Vice-Maioral. Traga nosso hóspede, porque precisamos dar continuidade aos planos já traçados junto dos humanos idiotas. Pelo que vejo, nada o está impedindo de caminhar até nós e partirmos daqui. Não nos obrigue a lutar com estes miseráveis, porque facilmente os despedaçaríamos. Não queremos violência. Queremos apenas o que nos pertence e, por isso, estamos aqui para amparar aos nossos amigos.

Caminhando lentamente até a borda, mantendo uma distância de dez metros da posição do Maioral, Aristeu respondeu-lhe, serenamente:

– Querido irmão, todos temos nossa hora. No reino do Senhor, todos somos livres e não estamos obrigados a nada.

– Caaaaaallleee-se – gritou o Maioral, estentoricamente. – Seu verme miserável, pau mandado desse Cordeiro mentiroso e covarde. Não converso com insetos. Traga-me meus homens... é tudo o que tenho a ordenar.

– Drômio e Oliveira são livres para fazerem o que desejarem. Chame-os você mesmo.

Desafiado por aquele homenzinho frágil, o Maioral sentiu-se ainda mais provocado e, como se fosse possível ao horrendo tornar-se ainda mais feio, envileceu-se e esbravejou:

– Drômio, Oliveira, venham para fora! Eu o ordeno!

Protegidos pela camada de luz que neutralizava todos os dardos magnéticos que o Maioral tentava fazer penetrar nesse isolamento, Drômio e Oliveira não podiam mais ser manipulados por forças externas, tendo sido libertados das hipnoses estabelecidas e estando plenamente capacitados para adoção de atitudes segundo seus próprios desejos.

Entendendo que precisava escolher segundo a liberdade de consciência, sem dizer nenhuma palavra, Drômio ajoelhou no solo onde estava, desejando demonstrar que, dali, não sairia.

Oliveira, que estava sob a proteção de Eulália, amedrontado por tudo aquilo que claramente visualizava por primeira vez, seguiu os gestos de Drômio, no que foi acompanhado por sua protetora e por Bóris, que se mantinham juntos de todos eles.

A conduta dos integrantes daquele grupo era uma afronta ao poder intimidador do Maioral que, se não fizesse nada, acabaria por perder o controle da situação.

Seus súditos pareciam impacientes. Por que ele não atacava? Por que não entrava lá e os retirava à força?

O Maioral estava premido por essas ansiedades da turba que o seguia, na expectativa de que demonstrasse o poder que sempre havia alardeado e com o qual intimidava a todos os que o seguiam.

Aristeu, vendo que seus amigos estavam reunidos no centro do núcleo de forças, a ele regressou e, da mesma forma, postou-se de joelhos.

Vendo que não lhe restava outra alternativa, o Maioral ordenou que seus soldados o carregassem adiante.

– Eu vou entrar aí, seus covardes de uma figa e vou arrastá-los com minhas próprias mãos. Vamos, homens, vamos em frente...

Um arrepio percorreu toda a multidão que, confiante em seu líder, iria constatar todo o seu poderio em ação.

Os robustos Espíritos que sustentavam o seu trono não titubearam. Começaram a caminhar na direção da luz.

O choque vibratório, no entanto, foi intenso. O Maioral parecia suportar as descargas magnéticas. No entanto, com os primeiros metros vencidos nessa caminhada, os carregadores não suportaram mais o peso do trono e, como se houvessem combinado, dobraram os joelhos e arriaram a carga por lhes faltarem as forças para prosseguir. Não poderiam mais. Estavam prostrados.

A queda do trono no meio do foco luminoso fez com que o líder trevoso saltasse para evitar o tombo vexatório.

– Miseráveis, frouxos, não prestam para nada!... – gritava a entidade, enfurecida, dirigindo-se aos que o haviam carregado até aquele momento.

Os súditos que estavam do lado de fora começaram a gritar de euforia, ao verem que o Maioral estava no interior sem ter sido atingido pelos efeitos da luz.

Sua figura, que se fizera grande na aparência, desde o início desse resgate, com a finalidade de intimidar os oponentes, agora parecia uma montanha de horror, banhada pela luz intensa.

Sentindo-se inexplicavelmente livre da ação do magnetismo imperante naquele círculo, relembrando os terríveis guerreiros do passado, bateu contra o peito os seus dois cascos, acompanhando de estranho urro animalesco e partiu na direção dos cinco.

Caminhou vários metros sem oposição alguma. Enquanto isso, os participantes daquele evento inusitado, por estarem entregues à confiança em Deus, nada faziam. Drômio, sob a influência de Aristeu e Oliveira, sob a proteção de Eulália, estavam firmes, embora naturalmente amedrontados.

Bóris sustentava os dois egressos da dimensão inferior, doando-lhe suas forças para atenuar-lhes o temor.

Quando lhe faltavam apenas dez metros para atingir a região onde estavam os Espíritos ajoelhados, o Maioral sentiu o impacto invisível que o impedia de seguir adiante.

Sabendo que' estava sendo observado por todos os seus súditos, disfarçou a dificuldade encenando uma parada estratégica:

– Vamos, vim até aqui para resgatá-los. Venham até mim, meus amigos. Eu cuidei de vocês por longos séculos. Agora, façam a sua parte.

Seu ódio era visível. Suas imprecações eram vociferações animalescas.

No entanto, nada modificava a postura daqueles que tinha diante de seus olhos.

– Covardes, miseráveis, traidores, vermes que se venderam ao Cordeiro fugitivo, ao mais vergonhoso de todos os filhos desse Deus que vocês defendem. Não entendem que isso é uma fraude? Que quem não foi capaz de se salvar não pode prometer salvação a ninguém? Seus idiotas, não estão vendo que estamos aqui, com um exército poderoso ao redor de vocês e que não há ninguém mais para salvá-los? Aceitem a minha oferta e venham comigo. Deixarei os demais partirem para onde queiram, mas vocês dois me pertencem. Não esperem por esse Salvador de fantasias, de mentiras. É outro covarde... é outro covarde... é outro covarde...

Ao ouvir as palavras poderosas do Maioral repetindo a frase, a turba que o assistia com orgulho passou a gritar a mesma coisa, referindo-se a Jesus:

– É outro covarde... é outro covarde... é outro covarde...

Enquanto o coral grotesco fazia estremecer o ar com o estribilho repetido, uma névoa começara a descer por entre os raios intensos da luz.

Como uma suave neblina, ia se reunindo diante dos cinco ajoelhados. O Maioral aproveitava esta explosão eufórica de seus seguidores para estimulá-los, agitando seus braços para que continuassem a gritar, fitando-os com seus olhos em brasa, como se fosse um touro alado, sustentado apenas sobre as patas traseiras.

No entanto, ao começarem a ver o que se passava no centro da luz, lentamente o silêncio foi se fazendo pesado, sem que os presentes dessem mais tanta atenção ao seu líder. A região neblinosa começava a se intensificar e tomar a forma humana.

Observando o silêncio de seu exército e que todos tinham os seus rostos voltados para o centro do círculo, o Maioral para lá também dirigiu o olhar para ver o que acontecia.

Quando identificou a forma alva, como uma nuvem translúcida que se adensava, retomou a carga, dirigindo-se para a região onde o estranho fenômeno acontecia.

– Vamos, que venha mais um covarde vestidinho de branco... vamos... estamos aqui prontos para enfrentá-lo...

Sabendo que se tratava de algum emissário da superfície, esforçava-se para se manter na vantagem moral que a exaltação negativa lhe havia garantido até aquele momento.

No entanto, a forma começou a ficar mais nítida.

Como se estivesse vestindo roupas celestiais, construídas por fios roubados da luz das estrelas, surgia diante dos olhos atônitos de todos os presentes, a figura generosa de Adolfo Bezerra de Menezes.

Sua forma, sustentada por milhares de entidades que se congregavam em oração naquele túnel de luz, era a expressão estelar em forma de gente.

Assim que se materializou suficientemente para os níveis onde se desenrolavam os fatos, dirigiu-se ao Maioral, com bondade e respeito:

– Prezado senhor, aqui estamos atendendo aos seus chamamentos.

Aquela voz doce e firme, amistosa e cheia de estranho poder, incidiu sobre o Maioral, qual cântico de Esperanças sobre o vale dos aflitos. Escutando-a, a perversa entidade tentou desconversar, dizendo:

– Não sei quem você é, nem quero saber. Chamei os responsáveis por este desrespeito aos meus domínios. Nossos tratados têm de ser obedecidos. Desde longos milênios foi acertado que vocês reinariam lá em cima e nós ficaríamos aqui embaixo. Estão invadindo meus domínios e roubando meus servos. Isso é uma afronta ao meu poder. Esperava acertar-me com o seu chefe, mas, como vejo, acovardou-se mais uma vez e mandou outro empregado.

Para poder tirar maior proveito de suas palavras, emitiu sonora e irônica gargalhada, acompanhado, agora, por modestas expressões de apoio vindas de seus seguidores.

Serenamente, Bezerra respondeu:

– Meu irmão, todos nós nos encontramos diante de ocasiões importantes em nossos destinos. Esta é a sua. Aproveite-a.

– Não tenho irmãos... tenho servos e escravos... – respondeu, irascível, desejando atirar-se sobre o venerável Espírito que o atendia. – Estou reivindicando o poder sobre o que me pertence. Estes homens são meus. Vocês estão invadindo meus domínios e sequestrando minha propriedade.

– Não, meu irmão. Estes nossos amigos são propriedade deles próprios e do Pai que os criou, tanto quanto a você.

– Não conheço esse ser a quem se refere e que tenha tido tal poder de me criar.

– Claro que conhece. Apenas tem medo de admitir a sua existência porque isso afetaria toda a base de sua pregação. No entanto, o olhar compassivo do Criador também se dirige a você, buscando ajudá-lo a superar seus equívocos e seguir em outra direção.

O Maioral lutava para manter-se firme diante de seus súditos, que o observavam naquele embate.

Dando alguns passos na direção dos cinco que estavam ali, genuflexos, Bezerra continuou:

– Não lhe parece bastante, meu irmão, todo o mal que você já lhes fez?

– Eu os protejo... eu os protejo das forças maléficas do Cordeiro enganador.

– Não, você não deseja que eles despertem para si mesmos. Há quase mil anos você os mantém cativos de sua perversidade.

Acercando-se de Drômio, Bezerra tocou-lhe a fronte e, com a capacidade que lhe era característica, começou a transferir-lhe forças para que sua antiga forma fosse retomada.

Num átimo, Drômio relembrou da antiga reencarnação como Hibraim e começou a transformar-se naquele pobre homem.

Sob o olhar atônito do Maioral e de todos os que se apertavam para acompanhar aquele espetáculo emocionante do encontro da Verdade com a Mentira, da Luz com a Treva, Bezerra continuou relatando:

– Sim, este é o pobre moço que, por inveja da felicidade, você perseguiu durante a vida inteira e, depois de perdido o corpo, passou a assediá-lo até conseguir transformá-lo em seu súdito, para evitar que o buscasse para a vingança.

Deixando o pobre Hibraim liberto de todos os liames hipnóticos que pudessem ainda empalidecer-lhe as lembranças, dirigiu-se a Oliveira.

– Agora, Geroboão, aqui está o filho pequeno que você assou vivo sobre a fogueira. Passou a ser seu ajudante porque se deixou hipnotizar pelo ódio e foi usado por você como o próprio pai.

Sem saber como parar aquelas revelações, o Maioral caminhava de um lado para outro, como touro bravio, raspando os cascos sobre o lodo.

– É mentira... isso são truques e magias do Cordeiro covarde que, em vez de vir aqui pessoalmente, mandou um mago velho para nos iludir. Drômio, não creia nesse homem... ele está tentando confundir sua mente. Nós somos velhos amigos, você é meu Vice, meu representante junto dos homens... lembre-se... temos de defender a lei do Ventre Livre pela qual você é responsável...

Drômio/Hibraim, agora, parecia não mais escutar-lhe as palavras, imerso na lembrança de todos os fatos ocorridos há praticamente mil anos.

– Vamos acabar logo com isso. Entregue-me o que me pertence e podem ir embora... – vociferava, materializando uma espécie de fumaça que soltava pelas narinas.

Observando suas atitudes agressivas, Bezerra manteve-se sereno, alertando-o:

– Tenha calma, meu irmão, nossa conversa ainda não terminou. Vamos agora para esta filha aqui, ajoelhada. Ela é Betsabá, a mulher que você amou com instinto selvagem e que o preteriu em favor de Hibraim. Amor alucinado o seu, meu filho, mas ainda assim, um tipo de Amor.

Impondo-lhe as mãos sobre a fronte, a heroica trabalhadora, que tivera sua memória remota obliterada para que pudesse se manter com maior segurança na espinhosa tarefa, viu reviver com clareza todas as cenas do passado, retomando a antiga figura de mulher bela em trajes de camponesa.

Observando-a, transfigurada diante dos olhos, o Maioral soltou um grito lancinante de dor.

– Nãããããããoooooooooooooooo!... não pode ser verdade... isso é uma mágica...

Vendo que o Maioral estava lutando contra os fatos, Bezerra continuou as revelações.

– Sim, meu irmão! Eis aí a mulher de quem você abusou e fez abusarem até que morresse, com a justificativa de que se não pertencesse a você, não pertenceria a mais ninguém. Veja, ela está viva e continua tão bela quanto antes.

– Eu vos odeio, velho bruxo, odeio a vossa frieza ao revelar meu passado e colocar-me diante daqueles que estavam muito bem sob meus cuidados.

– Não importa, meu irmão. Eu guardo você em meu coração. Todavia, é necessário reencontrar-se com o último de seus atos.

Acercou-se de Aristeu e, com um leve toque, auxiliado pela lucidez desse nobre Espírito, induziu-o a assumir as aparências do velho Jacob.

– Pai!!!!!!!!!!!!!!! – gritou Hibraim, em desespero – é você,... meu pai.

A cena era deveras comovente. Aquele ser, aturdido pelas grades da ignorância e do ódio, agora prostrava-se no lodo, tentando rastejar até o local em que Aristeu/Jacob se encontrava ajoelhado.

– Pai... meu pai... eu o prendi... eu mandei castigá-lo... eu mesmo o maltratei... – soluçava, em dor de arrependimento profundo, aquele que deixara de ser Drômio para reencontrar-se consigo mesmo e com o seu próprio passado. Como pude ser tão mau? Pai, você foi o único que me ajudou e, por causa do seu sofrimento, eu jurei me vingar daquele que o havia matado e pregado na porta da pobre casinha.

Jacob, o mesmo Aristeu que estagiava nos umbrais há vários anos para tentar resgatar o filho, afagou-lhe os cabelos sujos de lama, enquanto se mantinha em equilíbrio para não atrapalhar os desígnios superiores para aquela hora.

– Pai, eu não sou digno de ser seu filho nem você é merecedor do filho Demônio no qual eu me transformei... – gritou Hibraim, vencido e entregue diante de seus carinhos.

O Maioral não aceitava aquelas revelações. Cada palavra de Bezerra ecoava na multidão, emudecida diante daqueles fenômenos singulares.

Vendo que não tinha mais como negar os fatos diante de suas quatro vítimas, Bezerra dirigiu-se a ele de forma mais direta:

– Geroboão, aqui está o seu passado. Reconcilie-se consigo mesmo, meu irmão.

Tentando, em desespero, liberar-se do envolvimento emocional que o estava sufocando, gritou, alucinado:

– Bruxo maldito, inventor de mentiras, você tem essa coragem porque está atrás desta cortina de magia que me impede de entrar para justiçá-lo, como é meu direito fazer em meus domínios.

Sorrindo paternalmente, Bezerra não disse nenhuma palavra.

Começou a caminhar na direção do pobre Espírito.

– Meu filho, os amantes da verdade não precisam se esconder de ninguém. Você é uma estrela de Deus, e todos nós estamos felizes por podermos estar junto a você neste dia.

Bezerra ia caminhando lentamente, saindo do círculo de proteção ao qual o Maioral não tinha acesso direto.

Este ato corajoso fez recuar o touro bravio para os limites mais próximos de seus soldados, procurando estabelecer um plano de emergência para atacar os emissários da luz.

– Homens, aproveitemos o momento em que o velhote está deixando o círculo de defesa. Ao meu comando, ataquemos com todas as forças...

Vendo que Bezerra caminhava para a periferia do círculo luminoso, área em que lhe pareceria mais fácil desfechar um ataque, o Maioral esperou o momento que julgava adequado e ordenou:

– É agora! Ao ataque... – gritou ele, saindo em disparada na direção do velho médico, que cerrara os olhos e parecera entrar em contato com outras dimensões.

Geroboão galopava como se fosse um bicho em uma tourada para espetar o desafiador que tinha a ousadia de defrontá-lo. Os soldados, que se haviam esquecido dos efeitos da barreira luminosa, igualmente começaram a avançar.

E, a cada passo que davam, estimulados pela violência de seu chefe, transformado em animal de assalto, iam sentindo um estranho torpor que os invadia, sem violência nem agressão, induzindo-os ao adormecimento, como acontecera com os outros.

Entretanto, em reação de supremo desespero, o Maioral/Geroboão investia contra Bezerra, sabendo que o mesmo estava exposto à sua ira.

Quanto mais se aproximava, mais se sentia fortalecido pela sensação de vitória sobre o representante do Cordeiro.

Entretanto, antes que chegasse a atingir o generoso e confiante apóstolo, um raio luminoso de safirina beleza partiu o foco principal e se interpôs entre o animal espumante e o servo fiel.

Um facho sublime e delicado, mas poderoso e impressionante,

como se fosse feito de delicados diamantes pendurados no nada, a refletirem a luz que já dominava aquelas paragens.

A estupefação dos milhares de Espíritos foi imensa.

– Deus está vindo aqui... É Deus... É Deus... vamos fugir... seremos presos e julgados por nossos crimes... – gritavam muitos, afugentados pela exuberante manifestação da bondade, nos ambientes mais densos da ignorância.

O tumulto se estabeleceu entre vários, ao mesmo tempo em que os que se haviam aglomerado ao redor do grande exército, desejosos de obterem algum tipo de ajuda, dificultavam-lhe a fuga, porque queriam acercar-se do núcleo onde os eventos ocorriam.

Afugentado pela interferência da luz que lhe ofuscou o ataque, fazendo-o refugar, Geroboão tomou distância segura da incidência luminosa.

Levantou-se nas duas patas, novamente, e trovejou:

– Covardes, novamente querem invadir meus domínios valendo-se de mágicas... enfrentem-me, malditos representantes do Cordeiro!

Antes que suas palavras deixassem de ecoar pela vastidão da planície, um grande burburinho surgiu da garganta de todos.

As trevas não sabiam o que fazer diante daquele fenômeno singular.

Como se o facho de luz fosse uma escada dotada de suaves degraus, passo a passo começara a surgir, saindo do centro luminoso daquele túnel vertical, a augusta figura do Cordeiro de Deus.

Suave e inesquecível perfume invadiu todo o ambiente e cânticos gloriosos se faziam escutar por todas as partes.

Uma atmosfera feérica, misturando o encantamento e o medo, o pavor e o arrependimento, tomou conta daquele ambiente.

Grandes contingentes de aflitos abandonaram os postos e recuaram, desesperados, para as tocas e buracos mais próximos.

Milhares de outros, entretanto, prostravam-se no solo, umedecendo-lhe as entranhas com as lágrimas, segundo a crença antiga de cada devoto.

Alguns se batiam, tentando rasgar a própria carne. Outros se ajoelhavam, colando o rosto no solo em sinal de respeito.

Os próprios representantes do Maioral, agora sem saberem o que fazer, tentavam organizar os seus subordinados em vão. A maioria, perdida, sem rumo, recuava rapidamente, dando espaço aos andarilhos daquela vastidão sem dono, a fim de que se acercassem um pouco mais.

Quando o Divino Mestre se postou na superfície, parecendo flutuar sobre ela, Bezerra também já estava ajoelhado, com os olhos orvalhados de pranto emocionado, divisando o melhor Amigo de suas lembranças.

— Não há servo fiel que não esteja sob as graças do Pai. A todos aqueles que renunciarem à própria defesa, o Pai os defenderá em nome do Bem.

Dirigindo-se a Geroboão, Jesus lhe sorriu, humildemente, apesar de identificar-lhe o pavor:

— Sacerdote, todos somos convocados para a Seara de Deus no tempo justo. Bendito seja o teu dia. No Reino do Pai não há violência e tua alma é livre para escolher tanto quanto será forte o suficiente para suportar as escolhas feitas.

Acossado em um canto distante do círculo luminoso, Geroboão parecia confundido com o que estava vendo e sentindo.

— Você é o Cordeiro covarde, em pessoa? – gritou, trêmulo.

— Sou Jesus, teu irmão! – respondeu, amistosamente.

— Está em meus domínios... – ousou falar a perversa entidade, agora em um tom menos ameaçador.

— Os domínios do Pai pertencem a todos os seus filhos. Tanto me pertence o inferno que tu julgas administrar, quanto te pertence o Céu ao qual um dia chegarás por teus próprios esforços.

— Mas só vou quando quiser.

— Teu tempo te pertence, tanto quanto a evolução é uma determinação de Deus sobre todas as criaturas.

— Tenho muito a fazer aqui embaixo, como já o fazia na Jerusalém do nosso tempo. Represento o representante desse Deus no julgamento dos culpados. Fiscalizo as oferendas nos templos, organizo as coletas em nome dele, administro as punições aos pecadores e velo pela exatidão das escrituras!

– Caifás, pobre do Juiz que se torna o carrasco!

– Como naquela época, alguém tem de fazer isso!

– Se é necessário que venha o escândalo, ai daquele por quem o escândalo chega!

– Palavras confusas para enganar os ignorantes e crédulos.

– Verbo que fala à inteligência, para alertar a consciência sobre as próprias responsabilidades.

– Não fico mais aqui. Não irá me pegar com suas mágicas. Pena que não tenho mais uma cruz disponível nem um frouxo governador para condená-lo.

– A liberdade é um dom divino, Caifás, porque os atos de cada um irão ao seu encontro aonde ele estiver. Não te esqueças de que o Amor de Deus não te abandonou. Foste, antes, tu mesmo que o deixaste. Essa é a cruz dolorosa que haverás de carregar até o próprio calvário.

Afastando-se meio apressado e meio frustrado, Geroboão/Caifás gritou, de longe:

– Temos o reino dos homens, com suas moedas, suas mulheres, seu poder e seus vícios. Não queremos o Reino de Deus. Vamos lutar pela lei do Ventre Livre e por todas as leis que sejam iníquas, que façam a justiça pender a favor dos que nós protegemos. Deus está muito ocupado com outras coisas mais importantes do que fazer as regras nestas paragens. Vamos, súditos das trevas, vamos defender os limites do nosso reino. Encontraremos outros servos fiéis, porque estes aqui, foram os traidores de nossos objetivos.

Ao seu redor, poucos se aglomeravam, confundidos entre as demonstrações de força e fraqueza. No entanto, para a maioria que seguira antes para os buracos, a presença de Jesus era a expressão da verdadeira esperança em suas vidas.

Assim que Geroboão se afastou do ambiente, magotes de Espíritos generosos, que davam sustentação ao processo de defesa dos heróis daquele embate, se projetaram no círculo luminoso.

Ao comando do Divino Mestre, foram atendidos todos os que estavam sob a influência da sonolência para que, assim que despertados, lhes fosse restituído o direito de escolha, facultando-lhes a volta às furnas ou permitindo que se engajassem em processos de terapia espiritual, envolvendo o renascimento rápido em corpos carnais para verem restabelecidas as linhas da harmonia espiritual, através da drenagem dos desajustes magnéticos existentes na maioria dos que ali se ajuntavam havia muitos séculos.

As multidões interessadas na luz se acercavam, fosse para receberem algum alimento, para serem amparadas com remédios ou para escutarem os conselhos dos Espíritos amigos que os recebiam e orientavam. Caravanas luminescentes de entidades de todos os rincões espirituais ligados à evolução das dimensões inferiores se faziam presentes, inclusive os Espíritos Jerônimo, Adelino e Cristiano, acompanhados de todos os protetores das personagens desta história, comprometidos igualmente com a melhoria das vibrações da humanidade.

Jesus cercou-se de Bezerra e, com seus braços luminosos, levantou-o do solo para depositar um beijo em sua fronte generosa.

A emoção tocava a alma dos presentes porquanto, aproveitando a epopeia de Aristeu no salvamento de seu filho, de Eulália para amparar seu antigo menino, sem o saberem, todos estavam entrelaçados ao sentimento de Jesus para que Caifás, o antigo sacerdote da lei mosaica, orgulhoso, altivo e rebelde, fosse reconduzido ao redil do Amor.

– Senhor, mais uma vez, falhamos na tarefa – exclamou Bezerra, assumindo a responsabilidade pelo insucesso na tentativa de arrebanhar este Espírito tão empedernido.

Sorrindo carinhosamente, Jesus afagou-lhe os cabelos e disse:

– Querido irmão, o Amor, às vezes, pode ser comparado à gota de orvalho. É pequenino, mas penetrante. Caifás está melhorando. Entrevejo, em seu coração, brechas pequenas por onde o rocio do Bem vai penetrar e ajudá-lo a pensar em tudo o que viveu neste dia. Logo mais, daqui a alguns séculos, talvez, esteja aceitando nossas mãos estendidas. Deus tem paciência. Continuemos na Obra.

E assim, as caravanas salvacionistas aproveitavam aquele momento para deslocar todos os que aceitavam de bom grado as medidas de amparo, sobretudo para encaminhá-los à preparação para o renascimento expiatório, no orbe terreno ou em outro plano físico que lhes correspondesse à evolução precária, única medida que poderia reajustá-los de maneira mais pronta ao equilíbrio mental e emocional de que careciam. Para muitos, corpos enfermos ajudariam nas terapêuticas necessárias. Para outros, deformidades e misérias seriam indispensáveis. Outros ainda precisariam responder positivamente aos tratamentos reencarnatórios em corpos de pouca durabilidade, como verdadeiros drenos benéficos para suas misérias espirituais.

Ao mesmo destino estavam endereçados nossos dois resgatados.

Tanto Drômio quanto Oliveira precisariam de renascimentos dolorosos para o reajuste da consciência culpada.

Além do mais, por terem reunido um grande número Espíritos perseguidores que, por sua vez, desejavam vingança, indispensável seria isolá-los em corpos disformes, para que servissem de disfarce protetor contra os processos de perseguição decorrentes de suas próprias atitudes.

Por isso, seria indispensável prepará-los para tais experiências, adequando-os aos novos princípios e informando-lhes sobre as leis espirituais para que tivessem paciência e resignação no cumprimento das expiações libertadoras, capazes de, em algumas décadas, reajustarem erros de muitos séculos.

Levados para instituições espirituais localizadas nos ambientes inferiores, ali receberiam a preparação adequada para o futuro e rápido renascimento.

Indispensável, no entanto, preparar seus novos corpos para suportarem tão pesados fardos e servir de tão benéficos instrumentos de libertação e reajuste espiritual.

40

CADA QUAL EM SUAS BUSCAS

Como já era de se esperar, Rodrigo empenhou-se ao máximo em conseguir tudo o que desejava, aumentando a pressão sobre a pobre Rosimeire e sua mãezinha aflita, com os fins escusos que já se conhece.

Todavia, o tempo passava, e a moça cobiçada pelo seu sentimento inferior não se manifestava, como havia prometido fazer, em resposta às suas ofertas.

Isso fustigava ainda mais o sentimento masculino preterido por aquela que ele julgava ser uma mulher leviana e vulgar.

Não aceitava a condição de recusado por uma mulher da vida, uma prostituta qualquer a quem ele próprio havia dado a "honra" de sua atenção pessoal.

Por esse motivo, com a demora de Rosimeire, Rodrigo esforçou-se ainda mais na execução de seu plano maldoso e cruel. Depois de saber da notificação para a desocupação do imóvel em trinta dias, esperou mais uma semana pelo telefonema da sua presa cobiçada. Tal espera se eternizou prenunciando que a segunda semana, a se iniciar em breve, transcorreria, igualmente, em silêncio.

Esse modo de ser, a transpirar uma dignidade que Rodrigo não julgava compatível com a personalidade de uma prostituta, o exasperava terrivelmente, se considerarmos seu caráter devasso e sexualmente desajustado, ligando-o ainda mais à presa desejada.

Sabendo que não conseguiria nada ao permanecer à espera da resposta, Rodrigo resolvera agir de maneira mais direta.

Instruído por seus detetives sobre as rotinas da moça, ficou sabendo que Rosimeire, algumas vezes na semana, acompanhava a mãe até o trabalho no hospital espírita onde ela servia como voluntária.

Então, resolveu construir um acaso.

Iria permanecer próximo do hospital para, na chegada da moça, encontrar-se com ela fora do perímetro de seu lar, favorecendo desse modo um entendimento mais longo e, quem sabe, a possibilidade de levá-la, mais facilmente, até um motel.

Assessorado por entidades sexualmente desequilibradas, Rodrigo não se permitia descanso até que seus desejos masculinos fossem atendidos em todos os seus caprichos. Manipulado como um verdadeiro boneco pelas ações intuitivas das tais Espíritos que o sugavam fluidicamente, deles recebia todo tipo de estímulo e sensação para manter aceso o interesse pela filha de Leonor.

Muitas vezes, em momentos de descanso, perguntava-se por que tanto interesse por uma moça específica, quando havia tantas outras, fáceis, desejando ser consumidas como se fossem um frasco de refrigerante. Além do mais, sua vida de casado lhe garantia a companhia de uma mulher que mantinha a sua aparente dignidade familiar, com os filhos que permaneciam sob os seus cuidados.

No entanto, as respostas a tais perguntas sempre eram favoráveis aos seus desejos físicos, ressaltando a qualidade moral da pretendida, a sua dificuldade em ceder aos seus desejos, a humilhação suportada no encontro do escritório, a descoberta do passado leviano da jovem. Sua imaginação vagava, antecipando os momentos da intimidade, imaginando a maciez da pele, seus experientes carinhos de mulher esfogueada, a fragilidade material de Rosimeire sucumbindo ao seu poder materialmente superior. Isso tudo eram fatores que o mantinham ainda mais ligado ao desfecho positivo tão aguardado.

– Ela vai ser minha... isso vai... – pensava ele consigo mesmo, na expressão do estimulante desafio para os que identificam a própria virilidade com a sua condição de ser humano do sexo masculino, esquecendo-se de que ser macho não significa ser Homem.

E os Espíritos inferiores que o assediavam o estimulavam em coro, dizendo:

– Sim, ela vai ser sua, ela vai ser sua e será nossa também... nossa também...

Assim, a emoção do suspense alimentava a sua cobiça e, voltando a ser o adolescente conquistador, excitava-se com a execução de seu plano.

Naquela sexta-feira, iria aproximar-se de sua presa, como o lobo faminto que se diverte avaliando a sua vítima, sem que ela tivesse noção do perigo que a espreitava.

✻ ✻ ✻

A rotina de Leonor e Rosimeire não sofria modificações de monta.

Todas as manhãs, com raras exceções, ambas se dirigiam ao hospital onde a mãe trabalhava como voluntária, na companhia da enfermeira Cláudia, indo Rosimeire, logo depois, em busca do emprego.

Naquela sexta-feira, entretanto, quebrando a rotina diária, Rosi iria dirigir-se ao hospital onde a vizinha estava internada. Visitaria Conceição, em seu curso de amadurecimento pela colheita do sofrimento produzido por sua conduta leviana nesta vida, regada ao pensamento e sentimento inferiores, afastados de qualquer conduta no Bem.

Assim, previamente combinadas, Rosimeire deixaria a mãezinha no local de trabalho e se dirigiria de ônibus até o outro hospital, levando algumas frutas para a infeliz cancerosa.

Não sabia ela que, a poucos passos dali, de dentro de seu veículo luxuoso e de vidros escuros, Rodrigo a vigiava, ansioso para poder colocar-se no seu caminho como o benfeitor amigo para, logo depois, conseguir o que os leitores já sabem.

E com o despejo iminente, não seria benfeitor apenas por ajudar uma velha cancerosa a ser operada, mas, sobretudo, por amparar-lhe as necessidades da moradia.

Depois de conseguir os lucros tão esperados, descartaria a jovem, como roupa usada, como sempre o fizera com tantas mulheres iguais.

Os tempos atuais favoreciam esse tipo de trocas superficiais, no qual tanto as mulheres não desejavam muitos compromissos emocionais quanto os homens só queriam a satisfação de seus desejos, sem pesos no relacionamento.

No entanto, foi com muita surpresa que Rodrigo viu Rosimeire despedindo-se de Leonor na porta do local e ingressando em um ônibus que a levaria até o outro destino.

O ex-chefe não perderia a oportunidade de segui-la.

Vendo-a entrando no transporte coletivo com uma sacola na mão, não podia imaginar-lhe o destino. Desceu rápido e procurou acercar-se para pedir maiores informações. Conseguiu avistar-se com Leonor que, sem suspeitar de nada e diante da informação de que ele havia sido o seu ex-patrão, logo imaginou que alguma nova proposta de emprego poderia estar surgindo no caminho da filha. Indicou-lhe, assim, o destino de Rosimeire, dando o endereço do hospital onde Conceição estava internada.

Rodrigo acelerou o veículo, dirigindo-se para lá, chegando até mesmo antes do transporte coletivo.

Quando o ônibus acercou-se do hospital, Rosi deu o sinal e saltou no ponto correspondente.

Rodrigo estava intrigado, desejando saber quem seria a pessoa que Rosimeire estaria visitando.

Sua curiosidade foi aumentando e sua ansiedade também.

Com o carro estacionado nas proximidades, verificou que Rosimeire entrara no estabelecimento hospitalar e, para ter mais tempo, resolveu esperar sua saída para abordá-la devidamente.

Dentro do carro estaria protegido dos olhares curiosos, realizando as suas rotineiras ações de corrupção via telefone, enquanto aguardava pela moça cobiçada.

No interior do hospital, Rosimeire era encaminhada ao quarto onde Conceição se mantinha a duras penas.

O quarto para onde fora transferida não garantia à mulher maior privacidade.

Sua estrutura física estava extremamente abalada, fosse pela própria enfermidade que já tinha se ampliado para além dos limites uterinos, fosse pela solidão à qual estava condenada por suas próprias atitudes.

A única pessoa que se havia dirigido até o hospital em mais de uma semana de internação era a própria Rosimeire.

O diagnóstico médico não pudera ser mais aterrorizador.

Sem ter nenhum parente a quem revelá-lo, o cirurgião precisou dar a notícia desagradável à própria enferma.

Ao ver Rosimeire diante de seus olhos, Conceição começou a chorar.

– Ah! Rosimeire, eu vou morrer... eu vou morrer...

Assustada com as palavras diretas, ditas logo de início, antes mesmo das saudações naturais, a visitante procurou acalmá-la.

– Ora, dona Conceição, não fale assim. A senhora ainda é jovem. A medicina está muito avançada e os remédios são muito eficazes.

– Isso seria verdade, Rosi, se o próprio médico não tivesse me falado sobre meu estado geral.

– Como assim?

– É que o doutor que me operou informou que precisaria de alguém da família para relatar o panorama da doença que me atacou. E como eu lhe disse que não tinha ninguém, acabou me dizendo que não tenho muito tempo de vida e que, se houver alguma coisa que tenha de fazer, que o faça logo, porque não há como me garantir mais do que algumas semanas de vida neste corpo.

Assustada com a notícia trágica fornecida pela própria doente, Rosimeire se sentiu indignada com a frieza do médico.

– Mas ele não poderia ter falado assim com a senhora, dona Conceição. Isso é desumanidade.

Ouvindo a palavra da moça, a doente respondeu:

– Eu estou cercada de desumanidade, Rosi. As enfermeiras não me tratam bem, ninguém vem me visitar e o único "amigo" que eu tinha, Moreira, falou que só quer saber de mim quando eu morrer.

Lembrando-se da conversa que ela própria tivera com o mesmo homem, Rosimeire evitou confirmar o teor do entendimento que mantivera com o ex-amante, coincidente com a informação que a enfermeira havia-lhe passado.

– A única pessoa que se condoeu de meu estado é você, Rosi.

– Ora, dona Conceição, isso não é nada. Mamãe e eu trouxemos para a senhora algumas frutas e bolachas para que não lhe faltem reforços na alimentação. Nem sempre a comida de hospital é saborosa, não é?

– É verdade, Rosi. E aqui há tanta gente se espremendo e estas preguiçosas enfermeiras atendem a todos com uma má vontade... você nem imagina.

– Ora, dona Conceição, elas fazem o melhor que podem. Todas estas são as pessoas que a ajudarão ao máximo.

– Que nada, minha amiga, elas são umas folgadas. Às vezes, a gente aperta a campainha e elas demoram, demoram e demoram. Aí, quando chegam, não gostam que a gente reclame.

Imagine que uma delas me disse que isso aqui não era hotel e que ela era um enfermeira e não uma camareira. Que desaforo. Se esqueceu que sou eu quem pago o seu salário? Onde já se viu uma coisa dessas? Desaforenta. Eu vou fazer uma reclamação ao hospital. Já gravei o nome dessa fulaninha e pedi que ela não me atendesse mais aqui. Vou morrer, é verdade. No entanto, antes de ir para o caixão, vou deixar essa metidinha com uma marca em seu prontuário. Aliás, você bem que podia me trazer um caderninho e uma caneta para que eu escrevesse algumas coisas para não me esquecer.

Ao falar em caderninho e caneta, Conceição se lembrou dos inúmeros cadernos de fuxicos que mantinha guardado em sua casa, falando de toda a vizinhança e da própria Rosimeire.

Ficou vermelha por um instante e, tentando preparar terreno para o que todos os vizinhos desconheciam, mas que, fatalmente, poderiam vir a descobrir, olhou para Rosimeire e pediu:

– Sabe, Rosimeire, em minha casa eu tenho muito papel inútil, muita coisa velha, revista, caderno nas gavetas, coisa que uma solitária como eu vai ajuntando por distração, para passar o tempo.

– Sim, dona Conceição, entendo perfeitamente – disse a visita, tentando disfarçar a descoberta que já havia feito.

– Então, minha filha, quando você voltar para casa, por favor, coloque tudo dentro de um ou mais sacos de lixo e jogue fora. Nada daquilo é importante e, se possível, agora que não vou poder voltar para casa, gostaria que você fizesse isso para que as pessoas não comecem a bisbilhotar em minhas coisas.

Entendendo que a bisbilhoteira-mor não gostaria que os outros fizessem o mesmo com a sua vida, descobrindo quão mesquinha, fofoqueira, caluniadora ela havia sido em vida, Rosimeire respondeu:

– Fique sossegada, dona Conceição. Eu farei uma limpeza em sua casa e jogarei fora tudo o que não presta.

– Obrigada, Rosi. Melhor seria queimar tudo, mas como isso vai dar muito trabalho, ponha no lixo mesmo que já é suficiente. Os cadernos e revistas terão um destino adequado.

Numa irresistível provocação a tanta indecência guardada ou escrita, Rosimeire perguntou, fazendo-se de inocente:

– Mas a senhora não acharia bom guardar alguma coisa para o caso de algum parente aparecer, desejando conhecer melhor a sua vida, obter detalhes de suas experiências? A gente nunca sabe o dia de amanhã...

Sem esperar que Rosimeire terminasse a frase, a doente respondeu:

– Não, não... não é preciso nada disso. Melhor que ninguém saiba da minha vida e se lembrem de mim como me conheceram: uma mulher séria, que nunca se meteu na vida dos outros, que não fazia mal a ninguém e não desejava que ninguém se metesse em sua vida. Isso é o que eu quero que as pessoas se lembrem, quando pensarem em mim.

– Entendo... – respondeu Rosimeire, pensando em como as criaturas humanas gostam de viver na hipocrisia e acabam tão dependentes das aparências, até mesmo na hora da morte.

Dando um outro rumo ao assunto a fim de que Conceição não suspeitasse que ela, Rosimeire, já lhe conhecia o caráter indecente e promíscuo, perguntou:

– A senhora está sentindo alguma dor?

– Ah! Rosi, acho que só não estou sentindo mais dores por causa destes remédios que estão aqui na minha veia. O médico disse que o câncer já ocupou todo o útero e se espalhou pelo intestino e mais alguns órgãos. Tão comprometido estavam eles, que o cirurgião se recusou a retirar os tumores, dizendo que, se o fizesse, aceleraria a minha morte.

Quando começou a contar esses detalhes, seus olhos se encheram de lágrimas e a voz se fez mais frágil e trêmula.

Rosimeire também foi tomada pela compaixão.

Acercou-se da paciente com mais carinho e, apesar de saber o quão leviana ela era, esqueceu-se de suas maldades e vilanias para, agora, compreender o ser humano que ali estava, aflito e amedrontado, recebendo a solidão como pagamento por todo o seu descaso e indiferença para com os outros.

Passou a alisar o cabelo de Conceição, como se fosse uma filha diante da dor de uma irmã.

Nesse momento, lembrou-se de Leonor, sua mãe. Ela também tinha câncer e estava trabalhando em favor dos outros.

Quem sabe Conceição não estaria sendo a antevisão dos fatos que aguardavam a própria mãe?.

Como ser mesquinha com uma mulher que, agora, era apenas a vítima de suas próprias maldades?

– Calma, dona Conceição, calma. Eu estarei aqui para visitá-la todos os dias. Trarei tudo o que a senhora precisar. Não se preocupe com nada.

– Puxa, Rosimeire, obrigado por seu carinho. Eu nunca pensei que iria precisar de alguém, menos ainda de você a quem, há tanto tempo, não via...

Ao ouvir aquilo, Rosimeire soube entender o verdadeiro significado daquelas palavras, sobretudo por já ter lido os cadernos nos quais ela própria era achincalhada, era qualificada como a filha prostituta, a que saiu de casa para ir viver de expedientes fáceis e rentáveis, a vendedora de favores do sexo. Então, procurando tirar algo bom dessa lembrança, a moça respondeu:

– É, dona Conceição, a vida nos ensina sempre que um dia nós precisaremos uns dos outros, sobretudo daqueles que humilhamos, que não quisemos bem, que prejudicamos de uma forma ou de outra.

– É, Rosimeire, esse é um dos ensinamentos mais sábios que a doença nos oferece – falou Conceição, resignada.

Apesar de toda a maldade da cancerosa que tinha sob seus olhos, isso não impediu que Rosimeire atribuísse razão a tudo o que ela havia escrito a seu respeito, uma vez que sua conduta promíscua ali suposta era a expressão da Verdade por ela vivida.

Sim... ela própria havia saído de casa e se vendido sexualmente para ganhar a vida de maneira menos dura e, também, ajudar a mãe que ficara sozinha.

Por que iria achar ruim que a vizinha, acostumada a identificar as maldades e as perversidades tomando por base as próprias misérias íntimas, houvesse intuído a verdade?

Não haveria de se ofender quando a malevolência alheia mais não fazia do que reconhecer os fatos como eles, realmente, haviam sido.

Conceição, nesse momento, lhe fazia um favor muito importante. Estava ajudando-a a vencer o orgulho, a noção de falsa superioridade moral, a de reputação ferida pelos comentários lidos nos cadernos de fuxicos.

Que reputação poderia se manter inabalável quando a própria interessada nada fizera para preservá-la?

Havia aprendido com os livros espíritas que lera, que o pior inimigo, aquele que precisa ser definitivamente vencido, é o pernicioso Orgulho, que empurra as pessoas para um patamar de superioridade baseada na aparência ilusória, no faz de conta, na mentira bem contada.

Ao se lembrar de tudo isso, recordou-se do bem-estar que poderia produzir em Conceição a leitura de alguma obra espírita que a ajudasse na compreensão dos fenômenos da morte, o que estaria esperando a todos os que passavam de um lado para outro da vida, como seriam nossas expectativas quando nosso Espírito entendesse o que lhe ocorreria nos momentos da transição.

Lembrou-se de Cláudia, a enfermeira amiga e, então, ousou perguntar:

– Dona Conceição, a senhora não gostaria de ler para passar o tempo?

– Ler? Claro, sempre gostei muito de ler. Mas eu não tenho nada para me distrair aqui.

– Sim, é verdade. Mas eu posso lhe trazer uns livros muito bons. A senhora não gostaria de ler alguma coisa sobre a Esperança, sobre a capacidade de superarmos nossos problemas, de vencermos nossas lutas?

— Ora, Rosi, claro que sim. Eu gostaria muito de aprender essas coisas, porque tudo está ficando muito preto para meu lado, como você está vendo.

A fim de que Conceição tivesse maior entendimento do consolo que ela e sua mãe estavam encontrando nos ensinamentos espirituais, visando sensibilizá-la para as coisas importantes da vida da alma, Rosimeire contou-lhe:

— A senhora não sabe, mas nós estamos sendo despejadas de nossa casinha e, ainda por cima, minha mãe também está com câncer.

Chocada com a notícia, Conceição procurou sentar-se melhor no leito e, acostumada a bisbilhotar a vida alheia sem trégua, respondeu:

— Bem que eu desconfiava de alguma coisa, Rosimeire. Todos os dias de manhã ela saía de casa e só voltava à tardinha. Nunca ela fez isso. Eu pensava em perguntar, mas como você sabe, não costumo me meter na vida dos outros...

— É, dona Conceição, vamos ficar sem moradia, e minha mãe está doente também. É um câncer no seio e ela não tem como operar porque não temos a cobertura do seguro médico, em fase de carência. Mas ela está muito feliz, porque está trabalhando.

— Trabalhando? Nem quando era mais jovem ela podia se dar a esse luxo!

— Sim, trabalhando com muito gosto.

— Mas você acha que nesse emprego ela vai ganhar o suficiente para conseguir uma nova casa e para fazer a cirurgia sem usar o convênio? Olha que o hospital não é barato!

— Não, dona Conceição. Mamãe está trabalhando de graça.

— O quê? Está doente, não tem dinheiro pra operar e está trabalhando de graça? Então o câncer deve ser na cabeça, Rosimeire. Pra cima de mim não, jacaré...! Endoidou de vez?

Essa Conceição não se emendava nunca, mesmo mais morta do que viva.

— Nada disso. Ela está muito feliz por se sentir útil no atendimento aos que sofrem. Está trabalhando em um outro hospital.

– Mas ela nunca foi enfermeira, pelo que me consta!

– Ela está trabalhando como copeira e faxineira do hospital.

– Meu Deus, que degeneração... – comentou baixinho a doente, como se desejasse que mais ninguém ouvisse seu comentário pejorativo.

– Acontece que lá nós conhecemos uma moça que nos explicou muitas coisas sobre nossos sofrimentos e nos permitiu conhecer os ensinamentos espíritas.

– Cruz credo, macumba, no fim da vida? Deus me livre!

– Não, dona Conceição. Não é macumba como a maioria pensa quando se escuta falar de Espiritismo. É um conjunto de ensinamentos, com livros que explicam muitas coisas, inclusive sobre a doença que você está enfrentando também. Além disso, nos explicam para onde vamos depois que morremos, o que acontece conosco, quais são as nossas futuras condições no mundo espiritual.

– Mas não tem esse negócio de bater bumbo, de acender vela e fazer despacho? Olha que eu mesma conheci muita gente que sempre fez isso.

Ela própria, ao ouvir tal notícia, se recordara de inúmeras visitas que fizera a ambientes que se diziam espíritas, em busca da realização de negócios com as forças inferiores, para a obtenção de favores mundanos, pagando altos valores para a sua realização.

Entendendo o equívoco no qual Conceição, como acontece com muitas pessoas que não conhecem, nem na superfície, o que é o Espiritismo Cristão, seus princípios de Amor ao Próximo, de sobrevivência e comunicabilidade entre os dois mundos, de responsabilidade pessoal e intransferível pelos atos praticados, Rosimeire procurou explicar:

– Não, dona Conceição. Isso tudo aí não é Espiritismo. Isso é prática do mediunismo, ou seja, pessoas que se relacionam com os Espíritos sem atenderem a princípios elevados através de suas práticas nobres. Apenas falam com os Espíritos como os antigos povos sempre o fizeram, até mesmo para justificar sacrifícios animais ou humanos, coisa que a Doutrina Espírita, tanto quanto a Doutrina Cristã da qual ela faz parte, demonstra ser contrária.

– Mas, então, o que é esse negócio?

– É uma doutrina que nos explica os porquês da vida e nos

prepara para seguirmos nossa evolução, através de muitas vidas. É um curso de sobrevivência muito útil a todos nós.

– E pelo jeito, principalmente para os que vão "bater com as dez", não é? – perguntou Conceição, vestindo a carapuça.

Sorrindo meio sem jeito, Rosimeire falou:

– Bem, eu não queria dizer isso, mas colocando-me na condição de quem vai também bater com as dez, isso é a mais pura verdade. Quando entendemos as principais leis que dirigem nossos destinos, podemos nos preparar melhor para as coisas que nos esperam do lado de lá da vida.

– Mas eu sempre pensei que a gente morria e tudo acabava. Sabe, eu ia às igrejas, escutava padres, fazia promessas, ia aos cultos para ouvir os pastores, dava minhas moedinhas pra me livrar dos diabos, ia aonde me falavam pra ir e, se você não se ofender, já cheguei a ir até em terreiro de macumba pra acompanhar uma amiga. No entanto, não acredito em nada disso. Pra mim, morreu acabou. Até porque, a vida é tão difícil que, se acontecer de a gente continuar a viver do outro lado, vai ser uma desgraça pra muita gente, você não acha?

O raciocínio de Conceição começava a dar mostras da lógica de quem começa a se colocar na berlinda, pensando sobre seus atos da vida presente.

Inspirada pelos Espíritos que a acompanhavam, já que Rosimeire não estava sozinha naquele encontro, a visitante respondeu:

– Nós nos defrontaremos com tudo o que fizemos na Terra, tanto de bom quanto de mal.

– Mas isso é uma desgraça na vida da gente, Rosimeire. Você já vive um longo tempo fazendo as coisas boas e a vida lhe dá um câncer que come em vida. Imagine se, depois que você se livra do corpo doente, chega do outro lado e tem que ser responsável pelos erros que cometeu? De que nos valeu o câncer então?

– Isso mesmo, Dona Conceição. A Doutrina Espírita explica que a doença é efeito de nossos erros, sempre atenuada pelo Amor do Criador, que não permite que soframos tudo o que precisamos de uma única vez.

Isso seria demais para nossas forças. No entanto, quando acontecem estes problemas como o que está ocorrendo com a senhora e com mamãe, nossa resposta resignada diante da doença nos ajuda a corrigir os desajustes, nos ampara no descobrimento de nossas culpas, na vivência de nosso remorso e nos processos de melhoria de nossas doenças da alma.

Sabendo que a consciência de Conceição estava lúcida, recordando-se do mal que praticara ao longo de toda a sua vida, Gabriela, o Espírito protetor de Rosimeire, Jerônimo e Adelino a usavam para amparar aquele ser humano infeliz e invigilante, para que aproveitasse os derradeiros meses na carne a fim de se preparar para o futuro.

– Sempre que nós aceitamos sem reclamações e sem revoltas as dores do corpo, nosso Espírito começa a se retemperar e modificar seus impulsos, recebendo, assim, mais ajuda e maiores bênçãos para seu resgate.

Isso porque, Conceição, existem dores que são escolhas nossas como provas desafiadoras, e dores que são consequências de nossos desatinos, como expiações necessárias pelos erros que, deliberadamente, cometemos no passado.

Ouvindo a palavra direta e clara, esclarecedora e amiga, Conceição comentou:

– Mas sofrer é uma desgraça, Rosimeire! Ninguém vai sair por aí felicitando todo mundo e pulando de alegria quando descobre que tem um tumor crescendo dentro da barriga.

– Claro que não, dona Conceição. Mas geralmente é nisso que a gente diferencia os que estão sofrendo em função de missões que escolheram livremente e os que estão recebendo o peso do mal praticado que pensavam que jamais os iria atingir.

– Como assim?

– Os que pediram provas como a sua, uma doença incurável ou de difícil tratamento, como o câncer ou outras dificuldades, quando tais enfermidades se apresentam, enfrentam os problemas de maneira calma, serena e confiante, tentando ajudar os outros, superando seus próprios limites, sendo fraternos com outros aflitos, numa palavra, sendo exemplos diante da adversidade.

– E os outros?

– Bem, os que padecem a dor como expiação de suas culpas, se portam como meninos contrariados, como rapazes que se frustraram em suas aventuras. Como aqueles que pretenderam se atirar de paraquedas para gozarem dos prazeres da vida e acabaram paralíticos, revoltados contra Deus, como se Deus os tivesse obrigado a pular do avião.

– Sei...

– Então, quando a gente aprende a aceitar as coisas ruins, mesmo que a gente lute contra elas usando as ferramentas da medicina e dos remédios, estamos aprendendo a ser menos rebeldes, corrigindo nossas insanidades, meditando nos motivos que nos levaram a ir procurar aventuras irresponsáveis. E em vez de pormos as culpas em Deus, entenderemos que nos expusemos a riscos por nossa própria vontade e acabaremos colhendo os frutos de nossos próprios equívocos.

– Quer dizer, então, que eu sei que vou morrer em algumas semanas e não posso nem ficar brava com Deus por isso estar me acontecendo?

– Claro que pode, se desejar continuar igual ao que sempre foi. Perderá a dor que gerou em seus próprios passos e se candidatará a novas e futuras enfermidades, quando voltar a viver em outros corpos. Mas...

– Mas...

– Bem, se entender que o leito de hospital é uma bênção para o arrependimento das inúmeras faltas que todos cometemos, que através da aflição irremediável que colhemos de nossos atos do passado estamos reparando nossos destinos e nos preparando para futuros melhores, com menos rebeldia, menos agressividade, menos malícia, menos vícios, já começamos a dar os primeiros passos para uma transformação moral muito importante.

Conceição ouvia tudo com muita atenção, lutando contra si mesma para não se entregar como uma derrotada diante de alguém que ela julgava tão inferior.

No entanto, as palavras doces de Rosimeire enchiam sua alma. Nunca conversara com ninguém sobre aqueles assuntos. Já não havia mais esperança para seu caso. Sabendo que a esperava o caldeirão de Satanás pelos atos mesquinhos de sua jornada, naturalmente que lhe surgia como uma Esperança a notícia de que poderia existir algo diferente do diabo, o que já era uma fonte de consolação.

— Você quer dizer que, então, que se a gente tiver paciência e sofrer sem reclamar contra Deus, isso será melhor para nosso Espírito endividado?

— Sim, é isso que o Espiritismo nos ensina. Nossas atitudes mentais começam a transformar nossas inclinações inferiores e, diante de Deus, não existe arrependimento que seja ignorado, Conceição.

— Mas você acha que Deus leva em conta qualquer pessoa que se arrependa? Por mais baixa que ela tenha sido?

— Não, Conceição. Não só as leva em conta, mas, acima disso, as trata de forma ainda mais especial, se o arrependimento for sincero.

Então, Conceição começou a chorar. Um choro sereno, algo que fazia com que as lágrimas caíssem sem alarde, como se, depois de tanto tempo enfiada no lodo e na lama da vida, alguma coisa começasse a limpar seu Espírito, alguma luz brotasse em seu céu escuro, indicando o caminho a seguir.

Para as duas, infelizmente, o horário de visita chegava ao final.

Antes das despedidas, porém, Conceição segurou as mãos de Rosimeire e lhe disse:

— Você não sabe o bem que me fez. Prometa que vai voltar, por favor. Traga-me os livros que você puder. Eu juro que vou ler. Sempre busquei uma forma de agir diferente do que fui. Agora não tenho mais como mudar o que fiz. Só que a consciência me chama a este acerto de contas que sempre temi. Por favor, prometa para mim que você vai voltar, Rosimeire.

Entendendo a dor íntima que feria aquela pobre vítima de si mesma, Rosimeire agradecia a Deus a oportunidade de fazer o bem a alguém tão infeliz. Então, emocionada com a debilidade da doente, que já não guardava mais a pose e a altivez de antes, a moça respondeu:

— Pode estar tranquila, que todos os dias estarei aqui para conversarmos um pouco mais. Enquanto isso, vou deixar aqui umas mensagens que tenho na minha bolsa. Amanhã trarei alguns livros.

Acercou-se e beijou a testa da enferma que, emocionada, não sabia como corresponder a tal gentileza e carinho, há muito tempo esquecidos pelo seu Espírito frio e mesquinho.

Rosimeire saiu, rápida, para não criar dificuldades para a enfermagem.

Lá fora, procuraria o ônibus que a levaria de volta à casa.

Rodrigo, entretanto, a esperava, ansioso.

Parado em um ângulo mais afastado de onde lhe era possível vislumbrar o *hall* de entrada do hospital, o lobo, à espreita, não tirava os olhos do movimento ali existente. Não havia quem entrasse ou saísse que não fosse observado por ele. Impaciente, sabia que aquela era a única saída que Rosimeire poderia usar para deixar o local e, nessa ocasião, ser-lhe-ia mais fácil abordá-la.

Assim que a moça apontou no saguão principal, Rodrigo colocou-se a postos:

– Rosimeire, Rosimeire... – falou ele, exasperado, num misto de ansiedade e euforia.

Surpreendida com o chamado familiar, não imaginara que se tratava de Rodrigo ali, ao seu encalço.

– Senhor Rodrigo, mas o que o senhor está fazendo aqui? – perguntou Rosimeire, assustada, procurando manter a distância que o tratamento protocolar impunha naturalmente.

Sem ter pensado em como começar a conversa, Rodrigo titubeou, tomado pela emoção que, a custo, conseguia controlar e respondeu:

– Bem, Rosimeire, você ficou de me telefonar e o estado de saúde de sua mãe me preocupa. Assim, como não recebi qualquer ligação sua, imaginei que algo mais grave pudesse ter ocorrido e resolvi vir pessoalmente para ver como estavam as coisas.

– Mas como é que o senhor me encontrou aqui, neste hospital?

Um pouco desconcertado, tentou explicar-se, improvisando uma justificativa a fim de não precisar revelar que a estava seguindo há muito tempo.

– Sabe, como eu não havia encontrado ninguém em sua casa, resolvi ir até a instituição na qual sua mãe está trabalhando e lá me informei de seu paradeiro.

– Ah!... Sim, porque mamãe é a única pessoa que sabia que eu estava aqui.

Desejando estar mais a sós com a moça, convidou Rosimeire para irem a um outro local a fim de conversarem mais comodamente.

Não pretendendo ficar muito tempo na companhia do

interlocutor, cujo estado vibratório lhe transmitia uma sensação desagradável, Rosimeire tentou escusar-se, dizendo:

— Sabe, senhor Rodrigo, é que eu tenho um pouco de pressa para chegar em casa, pois tenho muito trabalho me esperando.

— Ótimo, então, se não podemos comer alguma coisa, aceite uma carona e no caminho conversamos.

Sem ter outro remédio, concordou com o convite e, atendendo à gentileza, ingressou no veículo luxuoso.

Rodrigo sabia que não poderia perder muito tempo com preliminares, uma vez que tudo dependeria daquele encontro.

— Já me informei que sua mãe encontra-se na mesma condição – disse ele, passando a impressão de que havia mesmo conversado com ela.

— Bem, parece que seu caso está estável e, ainda que o câncer esteja diagnosticado, não conseguimos realizar a cirurgia como é de sua necessidade, mas as coisas estão bem encaminhadas.

— Mas você não me telefonou, não me deu resposta.

— Desculpe, senhor Rodrigo, é que não desejava incomodá-lo com nossos problemas e, além do mais, conheço sua rotina de trabalho, sempre muito assoberbado com os negócios e campanhas publicitárias.

— Mas já lhe havia dito o quão importante é o caso de vocês para mim. Faço questão de me colocar à disposição de suas necessidades. Nada me custará encaminhar o caso a conhecidos que possam atender sua emergência.

Tentando se manter simpático, Rodrigo dirigia com muita lentidão, sem compromisso para chegar ao destino com a rapidez desejada por Rosimeire.

Até esse momento, a moça procurava apresentar-se cordial e sincera, sem se deixar arrastar pelas demonstrações de gratidão excessivas, para não ser confundida com uma lebre de fácil abate.

— Não sabemos como lhe corresponder a tal gentileza, doutor Rodrigo, mas eu e mamãe estamos sendo muito bem atendidas na instituição em que ela trabalha e, assim, não vimos necessidade de incomodá-lo.

Aliás, além de tudo, estivemos envolvidas em um novo problema que, certamente, não sendo de sua alçada, nos tomou o pouco tempo que nos restava.

Procurando demonstrar seu interesse, Rodrigo estacionou o carro em agradável sombra e, diante da nova afirmativa de Rosimeire, indagou, demonstrando interesse:

– Novo problema? O que pode ser mais grave que a enfermidade de sua mãezinha?

No fundo, Rodrigo já sabia do que se tratava, uma vez que era ele próprio quem estava produzindo aquela nova situação de desespero.

– Bem – respondeu ela, sem protestar pela interrupção da marcha do veículo, notadamente por estar precisando contar seus problemas para alguém, já que a própria mãe ainda não o conhecia –, dizem que quando a desgraça chega, vem sempre bem acompanhada.

– Fale, Rosimeire, não me esconda nada... – insistiu ele.

– Sabe, doutor Rodrigo, é que a nossa casinha, pelo que parece, vai ser ou foi vendida e, com isso, o novo dono pode nos colocar na rua.

Fazendo ares de espanto, Rodrigo resmungou:

– Não é possível, isso não pode estar acontecendo, Rosimeire.

– Sim, mas é isso mesmo. Já me informei por aí e, desse modo, logo logo iremos ter problemas aumentados.

E ao falar assim, Rosimeire começou a derramar discretas lágrimas, sem conseguir disfarçar as dores que lhe iam na alma.

O coração de Rodrigo sofreu um grande aperto, mas ao mesmo tempo, a vulnerabilidade emocional de Rosimeire aguçara-lhe ainda mais o desejo.

Queria secar-lhe as lágrimas com os próprios beijos, aproveitar-se daquela fraqueza e fazê-la se sentir segura em seus braços.

Providenciou um lenço e entregou-o, com falsa delicadeza, à passageira.

Ao mesmo tempo em que se ia inflamando de emoções indecorosas, sentia que as lágrimas de Rosimeire não combinavam com os seus propósitos devassos.

– Mas que golpe duro esse, Rosimeire. E sua mãe?

– Bem, não tive coragem de lhe revelar tais fatos e, assim, estou procurando outro caminho para resolver isso.

Estava pronto o cenário para o benfeitor improvisado. Assim, Rodrigo contou-lhe que tinha um amigo naquela cidade que tinha muitas casas de aluguel e que ele próprio iria procurá-lo para que isso fosse providenciado, correndo por conta dele as despesas iniciais até que elas tivessem condições de pagar os aluguéis.

Rosimeire se sentiu confortada com a promessa e, assim, suas lágrimas deram lugar a um sorriso discreto, que mesclava gratidão com vergonha.

– Puxa, doutor Rodrigo, eu nem sei o que lhe dizer.

– Só diga que concorda, Rosimeire. Isso me fará muito feliz e, conhecendo você, sei que faria a mesma coisa se estivesse no meu lugar.

– Obrigada, doutor. Nossa situação é muito delicada para que eu repreenda o seu oferecimento generoso. Esteja certo, no entanto, que iremos ressarci-lo de tudo o que gastar nesse empenho.

– Gostaria de voltar a encontrar-me com você, daqui a dois dias, para lhe relatar como estão as coisas.

Combinados para novo reencontro, Rodrigo controlou seus impulsos masculinos e retomou o trajeto para que, daí a dois dias, pudesse ter o prazer de rever aquela que lhe dominava o pensamento e o desejo sexual.

De uma certa forma, Rodrigo desfrutava com aquela incerteza, como se ingerisse um licor saboroso, gole a gole, com o devido cuidado para não consumir toda a garrafa de uma só vez, com a mestria dos sádicos, que apreciam mais os preparativos da conquista do que a própria conquista em si, porque sabem que quando ela acontece, está acabada a atmosfera de incerteza ou ansiedade, jogo e estratégia.

Deixou-a na porta de casa e, pela primeira vez, Rosimeire olhou para ele com um olhar amistoso, quase de intimidade e gratidão.

41

VENCENDO A PROSTITUIÇÃO

Apesar de ter prometido que procuraria pela moça em dois dias, Rodrigo deixou passar o tempo para poder avaliar o interesse dela em procurá-lo.

Correram-se os dias sem que ele se manifestasse.

Confiando em sua aparente generosidade, alimentando as esperanças de solução para os problemas familiares, no quinto dia Rosimeire telefonou para o escritório de Rodrigo a fim de obter alguma informação sobre a promessa de nova moradia.

– Doutor Rodrigo, uma pessoa na linha 3 deseja lhe falar. Diz chamar-se Rosimeire e que o senhor a conhece por já ter sido funcionária aqui – falou a secretária, através do interfone.

Esfregando as mãos com satisfação, Rodrigo pediu que avisasse que já iria atendê-la.

Passados rápidos instantes, foi-lhe transferida a ligação.

– Alô,... pois não? – disse ele, querendo se fazer de desentendido.

– Alô, doutor Rodrigo, bom dia... sou eu, Rosimeire, a filha de Leonor...

– Olá, Rosimeire, tudo bem?

– Tudo bem. Desculpe telefonar-lhe, mas é que o senhor havia dito que em dois dias me ligaria para falarmos sobre a casa de seu amigo. Como já se passaram cinco dias, resolvi chamá-lo para saber se há alguma novidade sobre o assunto.

– Olha, Rosimeire, falei com ele sim, depois de ter tido

dificuldades para encontrá-lo, o que me fez demorar um pouco para obter a resposta.

— Ah! Que bom! E há possibilidade de arrumarmos alguma casa?

— Creio que sim, mas precisaria que você viesse até aqui, para poder apresentá-la pessoalmente e, assim, permitir que tratem do assunto. Quando você pode estar aqui?

Não podendo perder a oportunidade e como as cidades não eram muito distantes, respondeu:

— Bem, doutor Rodrigo, preciso arrumar algumas coisas aqui para minha mãe, mas posso ir quando o senhor disser que devo.

— Vamos fazer o seguinte: Podemos marcar para amanhã, lá pelas quinze horas?

— Não dá para ser mais cedo, porque tenho que voltar para casa? – perguntou Rosimeire, imaginando que poderia ficar muito tarde para viajar.

— É que meu amigo é muito ocupado e só vai estar livre amanhã nesse horário. Não se preocupe com o problema do horário. Precisamos resolver a questão da moradia. Se ficar muito tarde, eu me responsabilizo por hospedá-la aqui, em algum hotel, até que, no dia seguinte, você regresse para casa.

Sem outra alternativa, Rosimeire concordou, marcando para o dia seguinte o seu encontro.

Terminada a conversa, Rodrigo ligou para um amigo íntimo, companheiro de aventuras sexuais e cúmplice de suas fantasias, contando-lhe o caso e informando-o de que necessitaria de sua ajuda para montarem a farsa perfeita. Juliano seria o falso proprietário do imóvel na cidade de Rosimeire e que, atendendo aos esforços de Rodrigo, por fim, acabaria aceitando alugar o imóvel para a jovem.

Mentira bem urdida visando gerar no Espírito da moça a gratidão para levá-la a se entregar fisicamente. Tudo acertado, detalhes orquestrados, faltava, agora, esperar a chegada da presa cobiçada.

No dia seguinte, Rosimeire cumpria a palavra e, no horário marcado, estava no antigo local de trabalho.

No plano espiritual, acompanhavam a moça, além de seu Espírito protetor, Gabriela, os amigos espirituais Adelino e Jerônimo, todos vigilantes, por já conhecerem os planos de Rodrigo desde os seus primeiros passos.

Apesar de nada disso ser segredo para os Espíritos amigos, estavam atentos ao lado da moça para fortalecer seus bons propósitos, sem interferir nas decisões de sua vontade, ajudando-a em alguma emergência na hora de seu testemunho.

Era hora de verem se, realmente, suas decisões de abandonar a prostituição contavam com a convicção de sua vontade firme.

Juliano, como combinado com Rodrigo, chegara atrasado ao encontro. Conforme o combinado, dificultaria ao máximo a aceitação do negócio a fim de que Rodrigo tivesse espaço para demonstrar seu empenho em vencer sua resistência.

– Não, Rodrigo, acho que não devo alugar esse imóvel novamente, porque o último inquilino me deu muito trabalho. Não pagou corretamente e quase destruiu o imóvel. Somente agora é que terminei de reformá-lo e estava pensando em vendê-lo.

– Sim, Juliano – respondeu Rodrigo, continuando a farsa e demonstrando que ambos já eram muito experientes nesse jogo –, mas é um caso diferente. Rosimeire vive com sua mãe. Elas estão à beira do despejo.

– Eu sei, Rodrigo, mas muita gente está na mesma situação que elas. E se estão sendo despejadas é por algum motivo. Quem sabe não é por falta de pagamento?

– Não, senhor Juliano – interveio Rosimeire, esforçando-se para manter a calma –, me parece que a casa foi vendida e, mais cedo ou mais tarde, vamos ser despejadas, conforme fomos notificadas pelo cartório, informando o desejo do novo proprietário.

– Mas isso não é tudo, Juliano – falou o amigo, advogando a causa da moça. As duas estão passando por momentos difíceis. A mãe de Rosimeire está com câncer e, diante desse quadro, nem está sabendo que poderá perder a única pousada que tem.

– Que tristeza! Sinto muito, Rosimeire – respondeu o falso proprietário.

Demonstrando frieza irritante, Juliano continuou:

– Apesar disso, as coisas não se modificam. Aliás, se tornam piores, uma vez que, como você há de convir, Rodrigo, alguém que está nessas condições dificilmente terá como arcar com um gasto mensal de aluguel. Preciso pensar no meu lado também. Senão, isso não é um contrato, é uma ação beneficente.

Admirando a astúcia do amigo, Rodrigo deu-lhe uma piscada de olho a fim de que ele não fosse tão intransigente.

– Sabe, Juliano, eu entendo a sua posição e sei que amigos são amigos, mas negócios são outra coisa. No entanto, Rosimeire e sua mãe estão fragilizadas e eu gostaria que tivessem, pelo menos, sossego para enfrentar a doença sem maiores pesos ou sofrimentos. Assim, se você concordar, eu assumo a responsabilidade de fiador do contrato para que, em caso de não pagamento, você não fique desguarnecido.

Rosimeire assistia àquela falsa disputa, sem poder imaginar que tudo era um teatro bem armado. Para ela, a casa de Juliano era a saída para suas ansiedades, ao mesmo tempo em que a defesa de Rodrigo se interpunha entre a sua necessidade e a intransigência do dono para salvá-las da agonia maior.

A conversa arrastava-se e a noite começava a chegar.

Certamente Rosimeire não poderia mais voltar para casa. Os ônibus que ligavam as duas cidades não tinham linhas disponíveis depois das vinte horas.

Por fim, depois de muita conversa, Juliano se deu por vencido, dizendo:

– Bem, Rosimeire, diante dos argumentos de Rodrigo, eu me disponho a alugar a casa para você e sua mãe. No entanto, só aceito fazê-lo por causa do compromisso dele em respaldar qualquer problema que surja. Não é que não confio em você, mas me desculpe a franqueza, estou cansado de ser enganado por inquilinos. Eu sei que você não é desonesta, mas, no começo, todos parecem ser muito bons. Depois é que as coisas mudam.

Sentindo-se aliviada com a notícia, Rosimeire agradeceu a concessão e reconheceu que a devia ao empenho de seu ex-patrão.

– Gostaria, se possível, senhor Juliano, de poder ter acesso à casa para dar uma olhada e ver como vamos acomodar as coisas.

Preparado para tal questão, o falso proprietário respondeu, sem titubear:

— Bem, como já lhe disse, a casa estava em reformas e estamos terminando de dar os últimos retoques. Você vai ter a sorte de entrar em uma casa praticamente nova. Enquanto arrumamos os detalhes da papelada, vou pedir ao engenheiro responsável que apresse a limpeza e deixe tudo organizado. Assim, dentro de mais alguns dias, poderei levá-la até o local, no Bairro Santo Antônio, para mostrar as suas novas instalações.

Parecendo-lhe algo lógico, Rosimeire concordou e agradeceu, passando a combinar o futuro acerto do contrato de locação.

Terminada a conversa, Juliano despediu-se, alegando outro compromisso que o esperava e, acompanhado por Rodrigo, foram até o elevador para as despedidas enquanto Rosimeire esperava no interior do escritório.

— Você é um artista, cara – falou Rodrigo.

— Ainda bem que você reconhece meus talentos.

— Fico lhe devendo mais esta, meu amigo.

— Bem, dá pra me pagar logo?

— O que você quer?

— Se a moça for "quente", quem sabe a gente não possa compartilhar... afinal, ela é um pedação de mulher...

— Tudo bem... mas terá que ser logo, antes que ela descubra a nossa mentirinha.

— Sim, você testa o material e a gente adia a "assinatura do contrato" até que eu o confira também.

Abraçaram-se, mesquinhos e indecentes.

Rosimeire estava aliviada, sem imaginar o que a esperava.

— Bem, por fim, este salafrário aceitou o que eu queria – falou Rodrigo, querendo parecer indignado com a posição resistente de Juliano.

— Ah! Doutor Rodrigo, apesar da dureza dele, graças a Deus,

tudo acabou bem. E se não fosse o senhor insistir, acho que teria perdido a viagem.

Lembrando-se do horário, acrescentou:

– Por falar em perder a viagem, eu acho que perdi o último ônibus.

– Não se preocupe com isso, Rosi – falou Rodrigo, procurando ser um pouco mais íntimo. Nós vamos comer alguma coisa porque, pelo que eu sinto, você deve estar com tanta fome quanto a minha e, depois, vou levá-la a um hotel confortável para que passe a noite. Amanhã cedo poderá retornar para casa.

– Agradeço-lhe a atenção, mas o senhor já fez muito por mim. Pode me deixar no hotel porque a sua esposa deve estar esperando para o jantar e eu não quero atrapalhar mais do que já o estou fazendo.

Percebendo os escrúpulos da moça, Rodrigo aproveitou para dizer:

– Ah! Rosimeire, quem me dera tivesse mesmo uma esposa me esperando. Não sei o que é isso há alguns anos.

Surpresa com a informação e diante da mudança do semblante de Rodrigo, agora fingindo sofrimento e infelicidade afetiva, Rosimeire interessou-se pelo seu estado, dizendo:

– Mas sempre achei que o senhor fosse feliz no casamento.

– A vida da gente é uma verdadeira encenação. Dou a ela a estabilidade que toda mulher costuma desejar de um marido rico e ela se mantém como uma boneca para todos pensarem que somos um casal feliz. No entanto, minha esposa se desinteressou de mim, mantendo vários casos extraconjugais para saciar o seu desejo de novidades. Apesar de tudo, não nos separamos para que, no meio de aparências onde vivemos, não prejudiquemos os interesses comerciais que nos envolvem num emaranhado de influências e amizades.

A encenação de Rodrigo era perfeita.

Seu olhar se fez triste e seus olhos pareciam mareados, cortando o coração da moça que o fitava, agora, imaginando o mar de angústias que se escondia por trás daquele homem materialmente bem sucedido e de aparência segura, como costumava dar-se a conhecer a todos os que o conheciam em suas rotinas de trabalho.

— Por isso, Rosimeire, ter alguém agradável para compartilhar o jantar comigo é um desses raros momentos de prazer que não desfruto há um bom tempo.

— Tudo bem, doutor Rodrigo, se o senhor quer ir comer algo, terei muito prazer em acompanhá-lo.

— Concordo! No entanto, imponho uma condição.

— Qual? Perguntou ela, curiosa.

— Que pare de me chamar de doutor ou de senhor, a não ser que esteja querendo dizer que sou um velho.

Compreendendo a solicitação, Rosimeire respondeu:

— É que, como já lhe expliquei uma vez, uso este tratamento normalmente com as pessoas que admiro e respeito. Mas se isso o incomoda, tudo bem, passarei a chamá-lo de Rodrigo, está bem?

— Ufa... graças a Deus! Vamos, então.

Saíram e Rodrigo levou-a a um restaurante agradável e discreto, a fim de que o luxo a que estava acostumado não agredisse a simplicidade da moça. Além do mais, desejava propiciar-lhe uma noite feliz e não massacrá-la com uma demonstração de poderio.

Rosimeire, por sua vez, estava lúcida o suficiente para não se encantar como uma adolescente pelo rapaz que procurava impressioná-la.

No entanto, em seus mais íntimos pensamentos, uma simpatia natural começava a brotar em favor de Rodrigo, a considerar verdadeira a sua história.

Entendendo a inclinação da moça, Gabriela envolveu-a com recursos energéticos para melhorar-lhe a intuição e transmitiu pensamentos firmes, fazendo brotar de seus arquivos mais profundos as lembranças de quantos homens haviam mantido relações sexuais com ela usando essa mesma tática ou contando histórias muito semelhantes.

Rosimeire havia-se esquecido de tais detalhes, e a lembrança aparentemente espontânea de tais cenários a fizera tremer por dentro.

Imediatamente relembrou do amor frustrado que tivera, do rapaz casado, da gravidez interrompida, e um amargor subiu-lhe do coração ao pensamento.

Rodrigo lhe parecia um bom homem, no entanto, relembrou que, em sua condição feminina, a maioria dos homens a procurava como uma boa companhia para uma noite de prazer e nada mais.

– Sim, Rosimeire, não se esqueça de que o seu passado – sussurrava Gabriela aos seus ouvidos espirituais – lhe conferiu experiências para iluminar o seu presente. Administre a sua carência com a lucidez de quem já conheceu as amarguras da vida e não se encanta mais com as mesmas historinhas.

Num átimo, Rosimeire se recompôs emocionalmente, retomando o perfeito domínio de seu sentimento e voltando a olhar Rodrigo como um homem comprometido em busca de uma potencial aventura.

Tudo se encaixava perfeitamente com o padrão de sempre. Homem comprometido, rico e influente em busca de aventura nova. Moça bonita, disponível e necessitada, precisando de ajuda.

O jantar seguia, agradável, entre conversa leve e alimento saboroso.

Rodrigo ofereceu-lhe um vinho especial, mas alerta aos possíveis efeitos da bebida, resolveu recusar a oferta, permanecendo no inocente suco de frutas.

No entanto, com a lembrança proveniente de suas próprias experiências frustradas do passado, Rosimeire passou a desejar sair logo daquele local e dirigir-se ao hotel, a fim de dormir e regressar para casa logo ao amanhecer.

Rodrigo, repentinamente, parecia-se com grande parte dos homens que a haviam usado no passado, ainda que nada de indecoroso tivesse lhe proposto até aquele momento.

Acelerou ao máximo o consumo do que restava e, alegando cansaço, pediu a Rodrigo que a levasse ao hotel.

Sem criar embaraço, o ex-patrão preparava o bote final, como a cobra espreitando a presa.

Dirigiu-se com a moça para confortável hotel, no qual solicitou um quarto agradável. Providenciados os registros respectivos, pegou a chave e, alegando o desejo de ver as acomodações para certificar-se de que estavam ao gosto da hóspede, subiu com ela até o quarto.

Seus modos continuavam cordiais e educados de tal maneira, que Rosimeire interpretou aquilo como um zelo especial, mas próprio do cavalheirismo.

Chegando ao local, Rodrigo abriu a porta e, antes de Rosimeire, entrou no quarto para observar as instalações, apesar de a moça ter-lhe demonstrado a desnecessidade de tais preocupações. Ela aceitaria qualquer acomodação onde pudesse tomar um banho e dormir.

Rodrigo chamou-a para ver se tudo estava de acordo com o seu desejo.

Assim que entrou, ele, discretamente, fechou a porta.

– Sim, Rodrigo, está tudo bem. Isso é muito mais do que eu estava esperando – falou Rosi.

– Está do seu agrado, então?

– Sim. Eu lhe agradeço por tudo. Graças a você, pude resolver o problema de nossa moradia, ter um jantar agradável e, agora, um quarto muito confortável.

Aproximando-se da moça que procurava ser-lhe cordial e simpática, grata e reconhecida, Rodrigo tomou-lhe a mão, olhou-a nos olhos e lhe disse:

– Rosi, nada disso é importante para mim. Só o seu bem-estar justifica a minha preocupação.

Beijou-lhe a mão, num gesto pouco usual entre eles, como quem busca confessar-se intimamente.

– Sabe, Rosi, há muito tempo que sua presença passou a fazer parte de meus pensamentos constantes. Talvez pela carência, pela falta de um afeto verdadeiro por parte da minha esposa, pelos compromissos profissionais estéreis e desérticos, vinha vivendo como um morto vivo. No entanto, desde aquele dia em que você esteve em meu escritório pela primeira vez, passei a me sentir induzido a buscá-la. Uma força incontrolável me atrai para você e, desde aquele dia, durmo e acordo dominado pelo seu magnetismo especial. Não consigo mais me ver sem a sua presença. Desculpe-me o desabafo. No entanto, não gostaria que pensasse que o que fiz foi para conseguir algo de você. Quero o seu bem independentemente do que você tenha para me dar.

Novamente Rosimeire se lembrava do mesmo discurso, escutado da boca de tantos e tantos homens levianos que desejavam imprimir a marca da inocência em suas atitudes de corrupção emocional, falando de virtudes e sentimentos nobres quando, em verdade, desejavam despi-la e possuí-la com volúpia animal.

Tentando retirar a mão que se encontrava presa entre as de Rodrigo, Rosimeire sabia que não poderia ser violenta nem aparentar indignação, porque isso seria pior ainda no esforço de afastar o declarado pretendente.

– Rodrigo, seu sentimento muito me honra, mas, realmente, não posso corresponder-lhe no mesmo nível. Sua solicitude nos salvou de uma situação muito difícil e eu sou-lhe eternamente grata pela generosidade e consideração. No entanto, o afeto a que você se refere não pode ser retribuído de minha parte, sobretudo em respeito ao seu compromisso matrimonial.

– Mas esse casamento é uma farsa, já lhe disse – contestou ele, incomodado com a oposição de Rosimeire, quase em tom de súplica.

– Isso não impede, entretanto, Rodrigo, que eu mantenha a mesma posição de respeito, que é um dever de qualquer pessoa que se pretenda correta.

Vendo que Rosimeire não lhe facilitaria a ação, Rodrigo voltou à carga, procurando explorar o lado da compaixão:

– Você tem ideia do que seja viver uma vida de solidão no meio de tantas pessoas que invejam a falsa felicidade? Poderia você imaginar o vazio que carrego no peito, que me escraviza há tantos anos? Sem afeto, sem o alimento do carinho, venho definhando no meio de agendas lotadas e compromissos profissionais, num ambiente onde mulheres exuberantes lançam suas armadilhas num jogo de seios e pernas, corpos e transparências, querendo meu dinheiro sem oferecer o que me faz falta, ou seja, o sentimento verdadeiro, a atenção sincera. Pensam que quero sua carne, suas curvas, seus hormônios. Em você encontrei decência, dignidade, correção, aliadas à beleza e graça. Como não insistir em aproximar-me de algo tão raro no mundo em que me vejo obrigado a viver?

Rosimeire mantinha-se atenta às palavras de Rodrigo que, procurando envolvê-la com sua encenação dramática, conseguia, inclusive, derrubar algumas lágrimas para demonstrar sua sinceridade.

Entretanto, Rosimeire resistia. Determinada a levar até o final a oposição ao pretendente, procurava ser educada e respeitosa, para evitar a violência muito comum a esse tipo de homem apaixonado, quando não consegue lograr o seu intento.

– Entendo a sua carência, Rodrigo, e lastimo que sua vida tenha se transformado nisso que acaba de descrever. No entanto, é importante que não se esqueça de que ninguém o obrigou a viver dessa maneira. O seu mundo é aquele ao qual você se adaptou e de onde tira as suas vantagens. Quando desejar modificá-lo, poderá fazê-lo desde que aceite pagar o preço para isso.

– Você não sabe o que está falando, Rosi. Depois que a gente se mete em um problema, não tem mais como sair dele. E encontrá-la, para mim, foi a coisa mais importante que aconteceu nesse mundo velho e sujo em que vivo. Talvez consiga modificar as coisas se puder contar com a sua cooperação, o seu afeto, a sua companhia.

– Infelizmente, Rodrigo, não poderei ajudá-lo nesse sentido. Apesar de você ser uma pessoa muito agradável, não posso corresponder ao seu interesse.

Desacostumado a ser contrariado, Rodrigo ia se irritando com a postura firme de Rosimeire.

Com os braços estendidos e lamentos de menino choroso, procurava abraçar a moça à força.

– Por favor, Rosimeire, não destrua meus mais sinceros sentimentos. Dê-me uma chance. Por favor, aceite meu abraço, meu carinho. Estou desesperado por alguém que volte a me fazer sentir alegria por estar vivo e tenho certeza de que só você poderá me abastecer com tal felicidade.

Sem ser grosseira, Rosimeire procurava se afastar do homem que, excitado com esse jogo, ia ficando cada vez mais exaltado e arrojado, no intuito de conquistar o objeto de seu desejo.

Os hormônios sexuais ativados pelo instinto animal não dominado conferiam a Rodrigo a impulsividade dos bichos, aliada à intuição das entidades inferiores que o dominavam, tanto quanto à ideia de que todas as mulheres dizem não, não, não, até que terminam dizendo sim. Por isso tudo, Rodrigo não desistia do assédio.

– Rodrigo, calma, vamos conversar – tentava falar Rosimeire, com um tom amistoso. – Você é um cavalheiro e não será capaz de obrigar uma mulher a agir contra a sua vontade. Quando diz que sente algo por mim, se tais sentimentos forem verdadeiros, eles não poderão me violentar, obrigando-me a aceitá-lo.

– É que você não me conhece e está me repudiando sem me dar uma chance. Você não tem ideia da intensidade de meus desejos.

Rodrigo começava a perder o controle. Não imaginava que uma mulher pudesse se opor de forma tão firme às suas investidas. Acostumado a possuir qualquer doidivanas aventureira, dessas tão comuns nos dias atuais, a se multiplicarem em *shoppings*, boates, festas de embalo, Rodrigo não conseguia trabalhar seus impulsos de adolescente inseguro nos casos de recusa ou de oposição da sua pretendente. Sua mente se fixara na ideia de que ele estava fazendo um grande favor à sua escolhida, homenageando-a com o fato de tê-la elegido como o foco de sua atenção.

Acostumado a viver entre as prostitutas de seu meio social, não estava preparado para aceitar o jogo com uma que não se comportasse pelo mesmo padrão baixo das demais.

Com seus braços fortes, partiu para cima de Rosimeire, com o desejo à flor da pele.

– Venha aqui, Rosi, não me humilhe assim... – falava, entre sussurros e palavras obscenas.

Envolvida pelas entidades amigas que a fortaleciam diretamente para a repulsa indispensável, Rosimeire se vira transportada à condição de uma leoa ameaçada.

Suas forças se decuplicaram, seus músculos se retesaram e sua mente recebia o influxo vigoroso de todos os Espíritos que a amparavam, ao mesmo tempo em que entravam em profundas orações para beneficiar a jovem, nos testemunhos de honradez com os quais limparia a sua consciência dos erros cometidos. Tais vibrações procuravam, também, favorecer Rodrigo com importante lição, ensinando-o a ser menos leviano, menos impulsivo, menos infantil.

As entidades inferiores que o manipulavam passaram a sentir a modificação fluídica do ambiente, no entrechoque das forças luminosas que se acendiam ao redor e os miasmas pestilentos que desferiam na direção do boneco que manipulavam a seu bel-prazer.

Rosimeire, assim, repelia com firmeza as investidas do ex-chefe, fazendo menção, inclusive, de defender-se usando pesada cadeira que estava ao seu alcance em caso de agressão.

Observando que não conseguiria mais a sonhada presa através das táticas até então usadas, Rodrigo desceu ao lodaçal da chantagem.

— Você me recusa, Rosimeire, como se fosse uma mulher de caráter. Mas pensa que eu não sei do seu passado? Acha que sou menos do que os homens com quem você se deitou por dinheiro? Eu posso te pagar também, sua vadia... se é isso o que te atrai, eis aqui... veja, quanto dinheiro na minha carteira... vamos, estou pagando pela sua hora.

Rosimeire chorava em silêncio. Seu passado surgia, cobrando-a cruelmente pelos erros cometidos. Ali estava um homem desesperado como tantos que ela conheceu na intimidade, vítimas de suas ilusões, de suas escolhas frustradas, de seus traumas afetivos, carentes e crianças, escondidos sob os títulos universitários, sob os designativos profissionais, sob togas, ternos, fardas ou roupas luxuosas e que a procuravam para se sentirem amados, para se sentirem desejados, para voltarem a se sentir vivos. Eram espectros ambulantes, fantasmas em forma de gente. Eram mortos que sonhavam em viver novamente, buscando os braços de uma prostituta para sentirem recuperar essa chama vital por alguns instantes. Rodrigo não passava de mais um entre os seus inumeráveis clientes do passado. No entanto, havia chegado em uma hora errada. Ela já não mais se permitiria uma concessão dessas, nem mesmo que isso lhe custasse a casa onde moravam, nem mesmo que isso correspondesse ao sacrifício da própria mãezinha. Arrumariam dinheiro de outra forma que não mais através do comércio da carne. Nem a título de gratidão ela se entregaria a qualquer homem, sem que o afeto e o amor sincero estivessem presentes.

Não tinha raiva de Rodrigo. Ao mesmo tempo em que sentia compaixão por ele, uma sensação de satisfação orgulhosa lhe enchia a alma.

Por fim, havia resistido a tudo.

Naquele dia, ali, naquele quarto confortável de hotel, recomeçava a escrever seu caráter, matando os seus piores fantasmas interiores. Não era mais uma prostituta, ainda que os homens levianos que haviam pago pelo seu "tempo" continuassem a vê-la como a mulher fácil de outras épocas.

Suas lágrimas silenciosas e sua força moral naquele ambiente, aliadas à ação vibratória dos Espíritos amigos que a sustentavam na resistência feroz contra a tentação que a convidava a ser fácil novamente, ao menos pela última vez, mudaram a atmosfera daquele quarto.

As entidades inferiores não resistiram ao faiscar potente das luzes que passaram a envolver os dois encarnados. Com o afastamento de seus cúmplices, Rodrigo, aos poucos, foi caindo em si da leviandade que estava cometendo.

Orgulhoso e ferido, olhou para Rosimeire com desprezo, atirou-lhe algumas notas graúdas, como a lhe dizer que eram para lhe pagar pelo serviço e, arrogante, falou antes de sair:

– Você vai se arrepender por ser tão ingrata.

– Jamais vou me arrepender por ter sido honesta com você!

– Vagabundas nunca são honestas. São mulheres de rua... por isso, você merece voltar para a rua – respondeu ele, de modo grosseiro, batendo a porta.

Assim que saiu, Rosimeire correu para trancá-la a fim de permanecer em segurança.

Telefonou para a portaria solicitando que localizassem um táxi e averiguassem o preço do transporte até a sua cidade.

Observando que o dinheiro jogado por Rodrigo era suficiente para pagar o quarto e o transporte de regresso, Rosimeire deixou as dependências do hotel e rumou para seu destino junto de sua mãezinha, onde iria dormir em segurança ao lado de quem a amava de verdade.

Pelo caminho, reconstruía seus planos, antevendo que havia perdido a casa que Juliano se comprometera a alugar-lhe.

Apesar de todas as dificuldades que surgiriam, iria vivê-las uma de cada vez, com fé em Deus e confiança nos Espíritos amigos que, certamente, a haviam ajudado naquele doloroso transe que acabara de enfrentar.

A satisfação de recuperar o respeito próprio valia qualquer preço, mesmo que fosse o despejo.

Ao seu lado, no táxi, além dos já mencionados Espíritos amigos que a envolviam em vibrações de alegria e confiança, ia o próprio Bezerra de Menezes, que a acarinhava com o orgulho de um pai diante de uma filha vitoriosa.

A luz que havia envolvido aquele quarto de hotel na hora decisiva do embate moral de Rosimeire era a que o venerável Médico dos Pobres, mesmo à distância, projetava sobre todos naquele ambiente, para fortalecer a filha querida, amparar o agressor irresponsável e iluminar as consciências depravadas das entidades que o influenciavam em tão maus comportamentos.

– Confie em Deus, filha querida, tudo estará resolvido. Seja forte e firme em suas decisões porque, do lado de cá, estamos atentos às suas necessidades – sussurrou, paternalmente, o adorável velhinho, antes de partir para outras atividades.

※ ※ ※

– Providenciem o despejo o mais depressa possível. Quero que ingressem imediatamente com a medida judicial e que as tirem de lá, o quanto antes.

Essas eram as ordens que Rodrigo emitia pelo telefone ao seu corpo de advogados responsáveis por legalizar as realizações mais escabrosas que trazia em mente, em todos os setores de influência por onde transitava. Acostumados aos meandros jurídicos e contando com a ajuda de alguns funcionários corruptos que recebiam pagamento mensal do próprio escritório de publicidade de Rodrigo, seus processos caminhavam com rapidez invejável, e as decisões favoráveis não tardavam.

Sabia que dentro de poucos meses teria o prazer de ver Rosimeire e sua mãe colocadas no olho da rua.

42

DEFININDO NOVOS RUMOS

Assim que chegou em casa, Rosimeire procurou disfarçar a aflição interior para que isso não acrescentasse nenhuma nova preocupação no coração da mãe enferma.

Desde a primeira visita que fizera a Conceição, Rosimeire e Leonor se revezavam à cabeceira da infeliz criatura, todos os dias. Ambas sabiam que Conceição estava em situação crítica, mas, ainda assim, a compreensão das causas do sofrimento transformava os corações das vizinhas em uma fonte de bondade, levando esperanças mesmo aos que não conseguiam cultivar nenhuma dentro do coração.

Além disso, aproveitaram a folga da enfermeira Cláudia e conseguiram que ela visitasse o hospital em sua companhia a fim de que levasse a Conceição os fluidos magnéticos que o passe pode transfundir.

Todos os dias, Leonor ou Rosimeire e, quando possível, as duas lá estavam, implantando no coração de Conceição alguma réstia de luz.

Da mesma forma, no mundo espiritual, o panorama se havia modificado. Isso porque, desde a internação de Conceição, o Espírito amigo que tinha a função de protegê-la foi autorizado a retornar à sua companhia, de forma que, mesmo no período final de sua existência, ela encontrasse algum tipo de consolação espiritual, ainda que fosse para suportar a dor física.

Como todos sabem, a pobre mulher nada fizera de bom para elevar-se a condições vibratórias favoráveis. Além do mais, a fila de cobradores espirituais era bastante grande, todos aguardando o seu regresso à vida verdadeira para o acerto de contas, circunstâncias estas que não poderiam ser impedidas pela presença dos Espíritos amigos. Não obstante, o momento especial por que Conceição estava passando era uma experiência única para a sua consciência e, assim, a enferma se encontraria mais desperta para a assimilação dos conselhos espirituais que viessem a iluminar sua mente e seu coração.

Aproveitando-se da presença física de Leonor, Cláudia e Rosimeire, seu protetor Rafael se fazia sentir novamente, amparando a enferma para que tudo o que escutasse nas conversas entabuladas com as suas únicas amigas ficasse gravado no mais profundo de sua consciência.

Os passes magnéticos a beneficiavam significativamente, diminuindo-lhe a angústia, acalmando-lhe os centros nervosos e, de alguma maneira, atenuando-lhe a dor física, como se fosse brando anestésico a propiciar o sono reconfortante.

Todos os dias, desde a primeira visita, Conceição esperava pela chegada daquelas que trariam o calor humano que ela nunca soubera entregar aos que a rodeavam.

Uma semana foi suficiente para que a doente apresentasse uma reação de alento interior, apesar de ver doer ainda mais a consciência, obrigando-a a colocar-se na posição de quem precisa desabafar antes da morte, confessar-se em todos os seus crimes, pedir desculpas. Certamente que a maioria de suas vítimas não estaria ali para escutá-la enquanto que a outra parte já se encontrava do outro lado da vida, ansiosa para agarrá-la pelo pescoço e infligir-lhe os prejuízos e ferimentos de que se viram vitimados em vida pela calúnia, mentira e intriga dela.

Rosimeire esteve impossibilitada de ir ao hospital naqueles dois dias em que precisou resolver a questão da moradia. No entanto, no dia seguinte, depois dos incidentes no quarto do hotel, lá estava ela, logo pela manhã.

– Olá, dona Conceição. Tudo bem?

– Olá, Rosimeire. Vou indo para o fim... – falou, melancólica.

– Ora, não pense assim. A gente já aprendeu que não existe fim.

Somos indestrutíveis. Além do mais, a senhora está sob o tratamento médico e, dessa forma, precisa ter bons pensamentos para que a terapia seja ajudada e os efeitos positivos não tardem.

— Eu sei que você tem razão, mas o que quero dizer é que sinto que não tenho muito tempo. Dentro de mim mesma, minha consciência está pesada e ela é muito pior do que qualquer doença de meu corpo.

— É sempre muito bom a gente procurar aliviar esse peso interno, dona Conceição. Se eu puder ser útil para alguma coisa, conte comigo!

Havia muita sinceridade no tom de voz de Rosimeire. Afinal, ela acabara de chegar de uma experiência muito ruim, na qual o seu passado a agredira através de Rodrigo. Para a moça, Conceição não deixava de ser uma Rosimeire também, uma mulher da vida que, por força da doença, se vira desnudada e trazida à realidade do julgamento de si mesma.

Por pior que a doente tivesse sido, Rosimeire não mais a mirava como uma mulher mesquinha, depravada, astuta e perigosa. Agora, ali, transformada em um trapo de gente, Conceição não passava de uma infeliz, com medo de tudo o que havia feito e com a certeza de que não teria mais tempo para corrigir todo o mal que semeara.

— Antes que eu lhe conte algo para diminuir minha dor, gostaria que você me dissesse como foi o seu encontro de ontem. Leonor me falou que você viajou para resolver um problema com o seu antigo patrão. Ele lhe deu o emprego novamente?

— Ah, dona Conceição, essa é uma longa história. No entanto, posso dizer que não retomei meu emprego, nem tenho como fazer isso em lugar muito distante porque, como a senhora sabe, mamãe também está com câncer e, dentro de mais alguns dias, nós seremos despejadas de verdade. Então, precisarei encontrar outra casa para a gente morar, ao mesmo tempo em que necessito conseguir trabalho rapidamente, para que não dependamos apenas do pouco que nos resta.

Emocionada com o relato, Rosimeire deixou escorrer uma lágrima do canto dos olhos que, rapidamente, secou para que Conceição não visse seu estado.

No entanto, a enferma sabia das dores daquelas suas duas amigas.

— Vamos ao que interessa, dona Conceição. Eu não vim até aqui para falar de mim. Estou pronta para ajudá-la no que for necessário.

— Ah! Minha filha, para que isso fosse possível, você precisaria me devolver trinta anos de minha vida. Isso é o que é necessário. Desde quando era jovem, minha vida foi um desenrolar de perversidade e devassidão. Você mesma deve ter visto, lá em casa, as provas materiais de minhas loucuras...

Conceição começava a revelar seus mais particulares segredos, suas condutas desonrosas, suas artimanhas para conseguir homens e estragar matrimônios. Sua volúpia em demonstrar às outras mulheres que era ela a mais cobiçada, a mais sedutora, a mais atraente.

Para se fazer muito interessante, desenvolvera toda a sorte de recursos e jogos sempre tão prazerosos à personalidade masculina. Nesse sentido, arquivava as conquistas e os relatos sobre seus feitos em pastas e cadernos, descrevendo suas emoções, suas orgias e as sensações que oferecera aos que lhe caíam nas redes.

Conquistados os ingênuos que acreditavam nas suas falsas palavras de amor e mordiam a isca voluptuosa do prazer que ela oferecia com audácia e astúcia, logo eram descartados, substituídos por novas vítimas, na sucessão perversa de aventuras de conquista e satisfação da vitória, logo renovadas por outras e mais outras.

Estudara livros e manuais para entender a vulnerabilidade masculina e como fazer para dela extrair o melhor, visando o sádico prazer de ter os homens sob o seu domínio. Consultara videntes, realizara trabalhos de magia, oferecera dinheiro a entidades inferiores, embrenhara-se em feitiços variados através dos quais atacava aquelas que lhe faziam oposição, que dificultavam seus planos, arrastando para a arena da disputa mundana e destroçando a paz e a felicidade das mulheres despreparadas ou daquelas que não tinham veneno suficiente para se oporem aos seus métodos.

No meio dessa luta, havia sempre um homem carente, desses que se pensam senhores de si, capazes de vencer o mundo das disputas econômicas e profissionais, de ditar ordens para centenas de empregados, de fazer planos para governar seus subordinados, mas, em realidade, incapazes de dar ordens a si mesmos ou de obedecer sua própria disciplina. Um sem número de vezes, Conceição foi a mulher dos sonhos de muitos que, ao longo de suas vidas haviam-se transformado em consumidores de carne humana na máquina insana do sexo superficial. Cansados das rotinas afetivas dentro de seus lares, premidos pela monotonia dos relacionamentos físicos esfriados pelo descuido com que tratavam os sentimentos, muitos homens se sentiam vazios de aventura mental, em seu psiquismo específico.

Desta forma, Conceição conhecia a euforia que ia brotando no âmago de homens maduros ou não, ao se defrontarem com uma mulher atraente e capacitada para o jogo da sedução.

E as táticas iam se sucedendo. Ora a da mulher frágil e vulnerável que busca o braço firme, enaltecendo homens com elogios e palavras estimulantes, ora a da mulher segura, inatingível, desprezando homens, que viam em sua aparente indiferença um novo desafio, estimulando-lhes o apetite e a voracidade.

Conceição contava tudo, sem esconder qualquer conduta ou atitude.

Ao mesmo tempo, ia pontuando as falas com referências aos objetos que tinha dentro de casa, às fantasias, aos vídeos, aos rituais de sedução que aprendera, revelando-se aos ouvidos atônitos de Rosimeire em toda a sua perversidade e luxúria, sempre tão buscada por vários homens e mulheres.

Enquanto ia contando, certamente que Conceição se desfazia em pranto de vergonha.

No entanto, aquilo parecia que lhe favorecia a melhora interna. Quanto mais vomitava as confissões tenebrosas, mais se sentia limpando por dentro o que sempre estivera apodrecido. Assim, quase que com mórbido prazer é que Conceição ia desfiando o rosário de suas imundícies morais, contando mesmo as mais mesquinhas ideias que tivera a respeito de Leonor – a quem chamava de a velha prostituta – e dela própria, Rosimeire – a quem chamava a prostituta nova.

– Se você procurar nos meus cadernos, vai encontrar tudo isso, Rosimeire. Eu sou esta coisa horrível que estou dizendo. Não posso morrer sem ser honesta ao menos uma vez na minha vida.

– Calma, dona Conceição. A senhora está muito emocionada. Vamos devagar.

– É que não tenho muito tempo, filha. E a sua paciência está sendo uma bênção para mim. E como você ficou com a chave de casa, gostaria de reforçar-lhe o pedido para que destrua tudo aquilo que juntei ao longo de tantos anos. Não porque não deseje que os outros saibam quem eu realmente fui e sou, ainda que, nestes últimos dias, as conversas que tivemos, os livros que pude ler, me tenham feito entender certas coisas que, antes, não conhecia.

Se lhe peço para jogar aquilo fora, é porque ninguém aprenderá nada de bom com as coisas que eu fiz, que escrevi ou que guardei. Tudo aquilo é um amontoado de lixo. Roupas, acessórios, filmes, revistas, cadernos de anotação, tudo, Rosimeire, tudo isso precisa ser destruído. Prometa-me que vai fazê-lo.

– Claro, dona Conceição. Eu prometo que o farei. Como a senhora me pedir, será feito.

A conversa se alargou por mais algum tempo até que chegou a hora de voltar para casa.

Rosimeire despediu-se da enferma que, nessa altura, além de estar menos infeliz, procurou as mãos da moça e as trouxe até os lábios para beijar, apesar de a visitante tentar impedir que o fizesse.

O gesto de gratidão humilde da doente emocionara a todos os que ali se achavam, testemunhando a confissão amargurada.

Não apenas Rosimeire chegava às lágrimas. Rafael, o Espírito protetor que retomava a tarefa da qual havia sido dispensado alguns anos antes, Jerônimo, Adelino e Gabriela igualmente e, por concessão especial dos administradores espirituais do hospital, um grupo de Espíritos inferiores, suas vítimas do passado, entidades que não lhe guardavam tanto ódio, também foram autorizados a permanecer no interior do quarto, escutando as confissões sinceras da cancerosa, obtendo, com isso, algo daquilo que o desejo de vingança tanto busca, ou seja, a satisfação do ódio pela observação do sofrimento do algoz.

Ainda que isso fosse a expressão mesquinha da justiça inferior, a participação controlada de tais Espíritos no clima de dor, arrependimento e doença que envolvia Conceição satisfazia, em muitos, a sanha vingativa, aceitando afastarem-se dela para sempre, por se considerarem vingados. Outros, menos duros, passavam a ter compaixão pela desditosa enferma, alterando o padrão vibratório de seus sentimentos mais profundos e, por sua própria vontade, procurando novas estradas espirituais, afastando-se dali.

Outros ainda, ao ouvirem seus relatos, recordavam-se dos próprios erros pessoais e, colocados em contato com as próprias mazelas, descobriam que não eram moralmente aptos a julgá-la ou vingarem-se. A palavra franca de Conceição, dessa forma, não lhe servia apenas como uma limpeza interior. Ajudava-a a amparar os próprios algozes que, de uma forma ou de outra, já iam sendo tratados antes que ela deixasse o corpo carnal, diminuindo o número dos cobradores que se debruçaria sobre seus despojos carnais a gritarem por vingança, aquela que a ignorância dá o nome de Justiça.

Rosimeire, emocionada com o ósculo em suas mãos, acercou-se mais e, com os cuidados necessários, abraçou o dorso ossudo da doente, depositando-lhe um beijo na face molhada pelas lágrimas e, com muita emoção, disse-lhe ao ouvido:

– O que importa, dona Conceição, é que, para Deus, nunca fomos prostitutas. Somos suas filhas amadas. Vamos fazer uma oração de gratidão ao Amor de Deus?

– Isso será uma bênção muito importante, Rosimeire. Você faz isso para mim, minha filha?

E de mãos dadas, Rosimeire elevou ao Criador e ao Divino Mestre uma prece muito emocionada, lavada nas lágrimas do coração desditoso e arrependido daquelas duas mulheres, que se reencontravam no palco da dor física e moral para os novos voos da evolução do Espírito imortal.

O pobre quarto de hospital havia sido transformado em um santuário luminoso e agradável, atraindo muitos outros Espíritos amigos para o seu interior, onde recebiam as dádivas vibratórias que se acumulavam desde que ele fora transformado em centro de forças positivas pela oração das amigas que visitavam a doente todos os dias e pelo desejo de todos em aprender sobre as coisas do mundo espiritual.

※ ※ ※

No plano invisível, os destinos dos recolhidos nas furnas ia seguindo de acordo com aquilo que haviam edificado em suas jornadas de crescimento, indicando para eles as medidas mais importantes, no sentido da retomada do equilíbrio geral, longamente prejudicado por séculos de desajustes e desmandos mentais.

Assim, Drômio havia sido asilado na mesma instituição espiritual que já cuidava de Gobi, seu soldado de sua confiança.

Oliveira estava sob os cuidados de Eulália, sua mãezinha de outras vidas, abrigado em outro setor da mesma instituição socorrista, todos aguardando o prosseguimento de suas existências, já que não poderiam adiar o retorno à carne para os indispensáveis reajustes físicos e morais inadiáveis, em benefício deles próprios.

* * *

Enquanto isso, o Maioral/Caifás mergulhara nas furnas que pensava governar, estabelecendo um agravamento na estratégia de pressão sobre os homens que ele influenciava, com vistas à aceleração dos mecanismos de convencimento visando a aprovação daquela que ele chamava Lei do Ventre Livre, mas que, em verdade, não passava da legalização da insanidade e da violência, com a supressão das oportunidades de reajustamento dos Espíritos necessitados para os quais, ainda que sob o signo da dor física, a reencarnação surgiria como remédio que os reconduziria à saúde necessária, ainda que amargo.

O encontro com aquele Jesus que, milênios antes, sob seus auspícios, ele próprio enviara para o sacrifício, despertara em seu interior um sentido de urgência e um medo muito grande, ao observar que o Divino Mestre ainda se dirigia a ele com uma Bondade pouco compreensível e que lhe era extremamente sedutora.

Reagindo contra isso, apoiando-se nos velhos conceitos farisaicos que se julgavam superiores a tudo no mundo, iludido pela promessa de que os descendentes de Abraão seriam os dominadores de toda a Terra, o Maioral se julgava o guardião dos antigos conceitos e valores, empenhando-se na destruição daquela mensagem que Jesus representava e contra a qual lutara no passado por temer-lhe os efeitos superiores, bem como a destruição do mundo ilusório de riquezas e poderes, orgulho e vaidade que Caifás, desde aquele tempo, defendia cegamente.

Redobrara a visita aos corredores por onde transitavam os políticos, os funcionários, investindo sua astúcia na produção de circunstâncias favoráveis, contabilizando as oportunidades de corrupção, lançando discussões secundárias para usá-las como cortina de fumaça a fim de que, distraindo as pessoas com questões menores, defendesse o que lhe era mais importante defender: o aborto.

Com a aprovação da lei que o permitia de maneira indiscriminada, seria mais fácil resgatar seus asseclas, produzir provações sombrias nas consciências das pessoas, facilitar a multiplicação do sexo irresponsável e, o que lhe parecia muito importante também, dificultaria o regresso de entidades luminosas para a implantação da mensagem do Amor, ainda que, em tais casos, elas pudessem contar com a proteção dos emissários do Cordeiro que, de uma forma ou de outra, sempre conseguiam neutralizar suas investidas.

No entanto, mesmo no caso de tais renascimentos protegidos pelos agentes do Cordeiro, Caifás contava com a invigilância dos homens e mulheres, sempre vulneráveis e medrosos, receptivos às ideias inferiores, o que lhe facilitaria semear-lhes a incerteza, o temor do desconhecido, para gerar neles a possibilidade do aborto como alívio para tais tensões, frustrando-se, desse modo, os planos das entidades superiores. Mesmo que isso não fosse conseguido, os pensamentos negativos que a facilidade do aborto imprimiria na mente materna poderiam produzir preocupações violentas naqueles que voltavam ao mundo, traumatizando-os no equilíbrio e na segurança de que necessitariam para o desempenho de suas funções.

Nessa sua luta insana, contaria com os Rodrigos, Julianos, e todos os que, com ele sintonizados, estivessem na defesa da leviandade, das concessões dos sentidos, nas torpezas do prazer, capazes de investir todas as suas forças na proteção dos ideais inferiores, crucificando a virtude e tudo o que a espelhasse.

Assim, para o Maioral/Caifás a obtenção da medida legal que concederia o aborto em quaisquer circunstâncias seria uma outra forma de crucificar aquele Cristo que ele ainda odiava, mesmo tendo se passado quase dois mil anos do drama do Calvário. Já estivera em terras francesas, procurando dificultar a implantação do Consolador através da criação de todos os embaraços possíveis. Agora, migrara para a América do Sul, para a qual se transplantara a força renovadora do Cristianismo Primitivo. Aqui lutaria suas últimas batalhas para tentar crucificar Jesus novamente, através daqueles que se levantassem como seus representantes, apoiadores de Sua causa com vistas à modificação do panorama da vida pela eclosão e implantação do Consolador Prometido.

Em virtude de o Consolador Prometido, em terras brasileiras, estar enraizado, procurando influenciar milhares de pessoas através das práticas espíritas e do entendimento espiritual da vida, era aqui que Caifás continuaria a sua hedionda luta para a crucificação das esperanças, não lhe sendo possível voltar a crucificar o próprio Messias.

※※※

Custódio e Márcio permaneciam no esforço de conduzir os pensamentos de Clotilde e Leandro para outros patamares afetivos, mas, infelizmente, ambos se afundavam mais e mais em emoções inferiores, enredados um no outro como planta que se enraíza na terra para a alimentação indispensável e que devolve as próprias folhas, flores e frutos como nutrientes para fertilizar o solo onde cresce.

Eram como marido e mulher, amantes ousados, participantes de certames coletivos do prazer envolvendo outros parceiros, mas sempre atraídos um para o outro, inexoravelmente.

Os Espíritos protetores ali presentes, no entanto, não arredavam pé de tal função, seguindo as orientações do amorável Bezerra de Menezes que, periodicamente, os visitava, abençoando o trabalho ingente de proteger quem não quer ser protegido, ao mesmo tempo em que estendia suas mãos generosas sobre os dois irmãos que se mantinham em perigosa relação incestuosa, sem mostras de solução.

※※※

Depois da última visita, somente Leonor voltou ao hospital para acompanhar Conceição, já que Rosimeire passou a procurar uma nova moradia, com maior empenho ainda. Desejavam anteceder-se à ordem de despejo que, como ela sabia, mais cedo ou mais tarde lhes tocaria atender.

No entanto, os domingos eram importantes para o reencontro

de ambas com as mensagens espirituais obtidas na casa espírita que frequentavam e nos passes magnéticos que recebiam.

Leonor continuava o trabalho no ambulatório, e a sua transformação no bem granjeara-lhe simpatias tanto entre os encarnados que ela procurava atender com desvelo e carinho, quanto no mundo espiritual, que via o seu esforço em compartilhar a dor de seus semelhantes, sobretudo com relação à vizinha hospitalizada, a quem ela própria atendia como se fosse a melhor amiga.

Passara a ser uma distribuidora de saúde espiritual, ainda que não tivesse dinheiro para pagar a cirurgia indispensável nem contasse com os benefícios do plano de saúde a fim de resolver esse problema.

Naquele domingo, a emoção da mensagem espiritual, brotada da garganta do palestrante, intuído por luminosa entidade, era toda destinada à coragem diante do testemunho.

"Todo aquele que tendo a mão na charrua e olha para trás não está apto para o reino de Deus" era o tema da exortação evangélica.

Era preciso seguir adiante, não importava o que havia acontecido no passado.

A mensagem era inspirada por nobre entidade que buscando nas necessidades da assistência encarnada e desencarnada, tocava os principais pontos a serem elucidados, fornecendo-lhes ideias nobres, ânimo firme, confiança em Deus e em si mesmas.

Leonor pensava em seu passado com Oliveira, nos erros que havia cometido ao afastar dos filhos a verdade. Fizera isso por egoísmo, para não correr o risco de ficar sem os filhos, ao mesmo tempo em que, com o passar dos anos, vislumbrara na medida isoladora uma forma de preservar os dois da perigosa vida de facilidades que o dinheiro de Oliveira lhes propiciaria.

No entanto, agora, estava diante de si mesma, com a mão na charrua do trabalho no bem, preparando-se para a morte através da ação decidida no amor aos semelhantes.

Que lhe importava o passado? Seus erros seriam contabilizados ao lado de seus acertos. E se o passado não podia mais ser corrigido, o presente de lutas no Bem seria o seu atestado de transformação que modelaria o seu futuro, gerando um novo destino para seus passos.

A consciência de Leonor estava desperta para as novas etapas da evolução que ela aceitara com liberdade de escolha e amor no coração.

Não temia mais a morte, Ao contrário, agora, tinha pressa em Bem viver, para que as suas ações se erigissem em significativo conjunto de créditos que viessem a amortizar os débitos de sua consciência, mais amadurecida.

Enquanto as palavras finais da palestra lhe caíam como um hino de esperanças e forças, seus pensamentos se dirigiam aos mentores espirituais daquela instituição que a ajudara a compreender os porquês da existência, a lhes agradecer com humildade e reverência a possibilidade de estar atuando no conserto dos próprios erros. Lembrou-se de Clodoaldo, o filho afastado que sempre desejara saber mais do próprio pai, mas que, por sua omissão, jamais fora informado da Verdade. Isso fazia dela uma culpada e seu desejo mais sincero era o de que o filho a perdoasse por suas faltas.

Rosimeire também meditava sobre as palavras escutadas como alguém que já tinha entendido a necessidade de superação de si mesma e que, dedicada ao novo rumo, nada mais do passado seria importante ou tornaria pesado o trabalho no presente.

Desculpar-se-ia pelos desajustes morais, tornando-se uma melhor criatura, ajudando os abatidos e, quem sabe, quando surgisse a oportunidade, constituindo uma família que fosse o atestado vivo de sua transformação.

Encaminhadas ao passe magnético, dele saíram renovadas e leves.

Parecia que a mensagem escutada lhes havia aberto o Espírito para as forças luminosas que se ocupavam de todos os presentes naquela manhã.

Empenhadas nas atitudes que modelam o futuro, ambas haviam entendido, através da bendita mensagem do Evangelho, que a VIDA ERA PARA A FRENTE. Não importava o que já tivesse lhes acontecido, cada um no mundo era chamado a viver no sentido positivo das construções nobres, mesmo que já houvesse estado a serviço das piores causas.

43

ESCULPINDO O PRÓPRIO DESTINO

Algum tempo depois, a modesta casinha de Leonor emprestava seu ambiente para uma reunião espiritual de significativa importância ao destino de todos os que vinham vivendo o drama da vida, consertando os erros do passado ao mesmo tempo em que edificavam, com suas atitudes de hoje os roteiros do futuro, naquilo que os homens convencionaram designar de destino.

Envolvidas por uma atmosfera de intensa luminosidade, Leonor e Rosimeire davam início ao Evangelho no Lar, singela oração em família graças à qual ambas se ligavam à espiritualidade, além das naturais atividades benemerentes que realizavam no dia a dia e da assistência ao centro espírita para as palestras e passes magnéticos.

Como de costume, todos os domingos à noite, a pequena casa se transformava em celeiro de bênçãos, envolvendo os dois lados da vida para a troca de energias e inspirações, ensinamentos e boas intuições.

Além das duas encarnadas, o ambiente se repletava de entidades amigas: Gabriela, protetora de Rosimeire, Cristiano, guardião de Leonor, Jerônimo e Adelino, enviados dos planos espirituais superiores para a sustentação das lutas de ambas, além de Rafael, a entidade protetora de Conceição.

Havia já uma semana que a infeliz vizinha retornara ao mundo espiritual para o decisivo acerto de contas, vitimada pela tumoração que construíra por si mesma, e alimentada pelas coisas ruins que o leitor já sabe.

Suas últimas semanas no corpo carnal, entretanto, haviam-lhe propiciado auspicioso entendimento, sobretudo pelo carinho de

Rosimeire e Leonor que lhe apresentaram a consoladora mensagem da Doutrina Espírita, preparando-a para o retorno à Vida Verdadeira, além de ajudarem no alívio de suas dores, tanto através do passe magnético quanto pela possibilidade do desafogo da consciência culpada, obtido pela confissão de seus males íntimos.

Sua entrada no mundo espiritual fora marcada pelo desajuste de uma vida inteira, assessorada pelas entidades inferiores com quem havia se mantido em sintonia profunda pelos pensamentos de baixo teor vibratório. Ao lado deles, o cortejo de Espíritos vingativos se apresentava buscando escravizá-la aos seus impulsos agressivos.

No entanto, desde que se viu deslocada para o mundo espiritual, antes mesmo da morte do corpo de carne, Conceição passara a compreender melhor os mecanismos que Leonor e Rosimeire lhe haviam ensinado, sobretudo a importância da oração, da fé em Deus com a confiança nas soberanas forças positivas e, assim, apesar de não ter conseguido fugir das responsabilidades acumuladas por décadas de erros e desajustes, Conceição carregava as primeiras noções de como proteger-se, coisa que precisaria desenvolver ao contato de tantos perseguidores que a procurariam nos ambientes inferiores onde estagiaria por causa de suas imantações mentais.

Rafael continuaria a ampará-la pelo tempo necessário ao esgotamento da matéria mental pútrida que se acumulara, uma vez que o arrependimento de última hora, ainda que melhor do que o não arrependimento, constitui apenas o primeiro passo da longa caminhada visando o crescimento da alma e a compreensão dos laços infelizes que se cria quando a pessoa se permite os deslizes e erros, vícios e prazeres, excessos e desgastes ao longo de sua vida, sem nada fazer para modificar tais efeitos.

A presença do Espírito protetor nos ambientes inferiores por onde deveria estagiar por alguns anos representaria importante concessão da Soberana Justiça com a finalidade de protegê-la contra o assédio mais cruel de Espíritos asselvajados, tanto quanto a de velar pela infeliz criatura em seus momentos de abatimento moral, infundindo-lhe ânimo, dando-lhe a coragem necessária para que não desistisse de suas lutas, para que se visse inspirada a buscar a oração e a fé em Deus na transformação de suas próprias inclinações inferiores.

O pouco Bem que havia feito durante sua existência havia sido transformado em autorização para que o Espírito Amigo a mantivesse sob vigilância adequada, até o instante em que chegasse a hora de seu traslado a alguma instituição espiritual onde iria ser acolhida para os tratamentos adequados e a retomada do caminho evolutivo.

* * *

Enquanto Rosimeire e Leonor arrumavam a mesa, colocando a jarra de água para a energização costumeira, buscando o livro amigo em cujas páginas beberiam as orientações do mundo espiritual, o ambiente da pequena família se fizera mais irradiante com a chegada do querido Médico dos Pobres, Dr. Adolfo Bezerra de Menezes, que vinha acompanhado de Custódio e Márcio, as entidades amigas e protetoras de Clotilde e Leandro, os irmãos de amantes, de quem o leitor certamente se lembrará, além de Aristeu e Eulália, os heróis do abismo. Jerônimo e Adelino os abraçaram, saudosos, já que estiveram reunidos a pedido do próprio Bezerra quando da missão salvacionista empreendida para se evitar o duplo crime que Clotilde engendrara, no sentimento doentio e descontrolado que carregava na alma, então.

Após as apresentações de praxe, fraternas e espontâneas o suficiente para integrar Custódio e Márcio ao ambiente amigo já existente entre os Espíritos envolvidos naquele caso tão complexo e delicado, Bezerra tomou a palavra, dizendo:

– Queridos filhos de meu coração, com que alegria estamos aqui hoje para colocarmos um ponto final nesta longa jornada de edificação de nossas almas.

Graças ao trabalho devotado e amigo de cada um de vocês, nossos mais belos anseios se viram transformados em realidade exuberante e consoladora.

Temos visto quão imaturos os homens têm sido na edificação do próprio futuro. No entanto, a Justiça Divina nada despreza e não desperdiça nenhuma oportunidade de transformação. Ainda que se trate de delituosa conduta comprometendo seu agente nos espinhosos resgates de amanhã, a força do Amor possui meios para atuar em benefício dos que caem, não só por conceder a oportunidade do sofrimento como bom conselheiro para os futuros comportamentos, mas, também, por lhes estender a mão amiga, para que saibam que nunca estiveram abandonados pela Solicitude Divina.

Vocês sabem que nossas doenças são manifestações de nossos equívocos, produzidas em nossa alma muito antes de serem patenteadas em nossos organismos carnais. Sejam oriundas do longínquo passado ou plasmadas em nosso agora de desatinos, o desajuste celular sempre será a expressão direta do desajuste espiritual.

E se a lei de causa e efeito se articula para entregar a cada um o que lhe pertença, tal consequência se estabelece nos dois sentidos da vida. Apesar de estarmos muito acostumados a interpretar a causalidade pelo prisma negativo, interpretando as dores como frutos amargos do passado de erros, não podemos nos esquecer que a causalidade também é lei no sentido positivo, entregando a todos os que fizerem o bem a oportunidade de recolher o bem como fruto doce.

Seu planejamento espiritual para esta vida contemplava o testemunho final da enfermidade cruel, depuradora de suas culpas remotas semeadas em condutas irrefletidas na área da sexualidade feminina. No entanto, se a alma é livre para construir seus espinhos, não perde a mesma liberdade para retificar seus passos e retomar a trajetória de crescimento, esculpindo o próprio destino.

Assim, empobrecida, abandonada, injustiçada pelas forças materiais que impediram o acesso à cirurgia salvadora por motivos burocráticos e desumanos, Leonor não abandonou a estrada da paciência, da perseverança no Bem, do empenho em favor de outros aflitos.

Antiga rebelde, transformou-se em dócil cordeiro ao mesmo tempo em que, esquecida de si própria, passou a dedicar-se aos sofredores desconhecidos que buscam o atendimento na instituição de saúde à qual ela se incorporou com a boa vontade das almas caridosas.

Como modesta empregada, esqueceu-se no atendimento dos menos preparados para o testemunho, dando-lhes sempre uma palavra de carinho, limpando o ambiente para que se sentissem acolhidos com respeito e atenção.

Não lhe sendo suficiente a expressão de tais tarefas no bem, buscou amparar a infeliz irmãzinha que, ao longo de tantos anos, lhe caluniara a existência.

Apesar de não ser do conhecimento de muitos de vocês, Leonor foi fustigada por Conceição através de notícias caluniosas e agressivas que esta espalhava a seu respeito, inconformada com as atenções que o nosso Oliveira lhe dirigia.

Leonor, paciente como sempre, não levava tais atitudes a sério, preferindo desculpar a infeliz vizinha que, ansiando por uma confrontação, mais frustrada ia ficando com a placidez da vítima.

Apesar de ter todos os motivos para deixar Conceição morrer à míngua, Leonor se transformou em benfeitora da própria adversária, levando-lhe o carinho às portas da morte física, sem nódoa ou ranço do rancor, ajudando-a a se libertar da ignorância, favorecendo a eclosão do arrependimento por tudo quanto fizera de mal em relação a ela.

Somados a isso, os comportamentos de uma vida de sacrifício, de solidão, de ingentes esforços na criação dos filhos, a Misericórdia Superior, atenta às necessidades das criaturas, autorizou que Leonor fosse curada de seu câncer, sem a intervenção da medicina humana, em homenagem à sua efetiva transformação moral. Por isso, queridos filhos, estamos aqui como representantes dessa causalidade no Bem, autorizados a abraçar nossa irmã Leonor, neste singelo ambiente de seu lar, no qual poderemos limpar sua matéria perispiritual dos últimos remanescentes de seus desajustes pretéritos, aliviando-lhe a carga de dor pelos dias que lhe faltem viver na Terra.

A emoção tomava conta de todos os presentes. A informação de Bezerra era o coroamento de uma luta contra a pobreza de recursos através das armas da humildade e da aceitação.

Leonor não se revoltara contra o governo, contra as companhias de seguro de saúde, contra os médicos indiferentes, contra o filho ausente, contra a própria doença.

Entendendo o seu compromisso consigo mesma, adotou a postura de quem luta usando as melhores armas disponíveis ao seu alcance, preferindo entregar a Deus aquilo que não lhe era possível realizar.

E essa entrega se materializou na doação do que restava de sua vida, de seu tempo disponível, de sua energia remanescente no serviço aos seus irmãos infelizes.

Quantas vezes Leonor não visualizara uma cancerosa chegando ao ambulatório espírita, em frangalhos, carregada por parentes, descarnada e abatida, pensando consigo mesma: Ai, Jesus, atende esta pobrezinha. Dá-lhe forças para não desanimar. Eu também sou uma cancerosa, Senhor, mas esta irmã está precisando muito mais do que eu. Por favor, ajude-a.

Leonor continha as lágrimas e partia para a cozinha a fim de preparar um chazinho que reconfortasse a pobre doente e seus acompanhantes.

Enquanto isso, no ambiente da casa, Rosimeire dava início ao Evangelho no Lar, com a oração espontânea na qual, entre os pedidos de sempre, incluíra a vibração por Conceição, recém-desencarnada.

Terminada a oração, Bezerra acercou-se de Leonor, que deveria abrir e ler *O Evangelho Segundo o Espiritismo*.

Sob a inspiração do venerável médico espiritual, Leonor levou os olhos a um dos parágrafos do capítulo XI do mencionado livro, no qual leu:

"Os efeitos da lei de amor são o aperfeiçoamento moral da raça humana e a felicidade durante a vida terrestre. Os mais rebeldes e os mais viciosos deverão se reformar quando virem os benefícios produzidos por esta prática. Não façais aos outros o que não quereríeis que vos fosse feito, mas fazei-lhes, ao contrário, todo o bem que está em vosso poder fazer-lhes.

Não creiais na esterilidade e no endurecimento do coração humano; ele cede, a seu malgrado, ao amor verdadeiro; é um ímã ao qual não pode resistir, e o contato desse amor vivifica e fecunda os germes dessa virtude que está nos vossos corações em estado latente. A Terra, morada de prova e de exílio, será então purificada por esse fogo sagrado, e verá praticar a caridade, a humildade, a paciência, o devotamento, a abnegação, a resignação, o sacrifício, virtudes todas filhas do amor."

Sua voz límpida estava tocada de emoção diante da leitura tão clara e dos conselhos tão importantes para o futuro de toda a humanidade. Enquanto Leonor tecia modestos comentários sobre o tema, Bezerra colocava sua destra sobre a fronte da enferma, elevando-se em oração silenciosa ao Pai e ao Divino Mestre em favor da cancerosa sem amparo.

Um safirino raio de Luz, em resposta às suas rogativas, penetrou-lhe a mente espiritual em um jorro exuberante de energias e, através de suas mãos, foi conduzido até o núcleo canceroso que estava localizado na região do seio de Leonor, área física esta que já se encontrava circundada de forças positivas em decorrência dos esforços vibratórios da própria doente e dos Espíritos amigos que a tratavam naqueles meses com os recursos espirituais, visando conter o avanço ou o alastramento da enfermidade.

Agora, fulminada pela força penetrante daquela sublime manifestação do Amor Superior, a massa disforme de carne fora isolada totalmente das matrizes perispirituais que lhe serviam de molde, perdendo, dessa forma, as linhas que lhe serviriam de estruturação, cauterizando-se todas as vênulas, capilares ou vasos que abastecessem aquela cidadela celular desajustada, impondo-se-lhe um regime de escassez absoluta, de desgoverno completo e, por consequência, de fenecimento irreversível.

Qual bisturi divino, a luz penetrante reequilibrara tanto os centros espirituais de Leonor quanto tratara da realidade física já estabelecida, organizando os processos para que a tumoração regredisse, transformando-se em amontoado de tecidos semifossilizados e sem qualquer periculosidade.

No exato instante em que tal procedimento estava sendo realizado, Leonor se vira envolta em uma grande e indescritível emoção. A leitura do *Evangelho* a levara a recordar-se de tantas pessoas aflitas cuja dor havia encontrado um pouco de amparo nas palavras sinceras que lhe saíam da boca, do café saboroso ou do chá quente que servia aos que ali esperavam a sua vez de atendimento.

Lembrara-se também de Oliveira, de Conceição, de seu filho distante, do carinho de Rosimeire, sua verdadeira amiga nas horas difíceis e, sem saber que estava sendo curada espiritualmente naquele instante, Leonor comentou, entre lágrimas que tentava, em vão, conter:

— Sabe, Rosi, pensando no *Evangelho*, eu me recordo dos infelizes que vão até a clínica onde trabalho. Penso neles desejando que fiquem curados antes de mim mesma, porque eles não conhecem as coisas elevadas que nós pudemos conhecer. Eles não encontram consolo, só o medo de morrer. E, mesmo não sendo capaz de fazer nada para eles, minha filha, eu gostaria tanto que eles sarassem. São rapazes, moças, algumas vezes até mesmo crianças, isso sem falar nos idosos que lá chegam entre dores e aflições. Tenho vontade de lhes dizer, em altos brados: Vejam, eu também sou cancerosa... não tenham medo... vocês podem fazer o bem para outras pessoas... entreguem-se ao tratamento dos homens e ao Amor de Deus, através das coisas elevadas... não desanimem, não desistam... nós fazemos o nosso próprio destino...

Secando as lágrimas, continuou, sob o olhar emocionado da filha:

– Mas eu não posso fazer isso. Então, eu me acerco deles desejando amá-los como se eles fossem meus filhos, Rosi. E isso é tudo o que eu posso fazer, infelizmente.

Quisera eu ter começado a fazer isso muito tempo antes, minha filha. Agora, o que me resta é esperar a morte chegar, tentando ajudar os outros a viver o tempo que lhes resta de uma forma melhor.

Levando o assunto para outro lado, Rosimeire afirmou:

– Ainda há muita vida para a senhora aproveitar na prática do Bem, mãe. Veja a nossa pobre Conceição. Mais nova do que a senhora, aparentemente mais saudável e mais feliz e, agora, já do outro lado da vida.

Enquanto conversavam, Bezerra terminava a intervenção, na qual fora auxiliado por todos os presentes, que doavam energias amorosas em favor da doente e se sentiam partícipes de um dos mais lindos milagres da vida: a conversão da doença em saúde.

Aproximando-se de seus companheiros, ficaram escutando a conversa das duas amigas, à mesa:

– Temos de ter forças, filha, porque nossas lutas só estão começando, é verdade. Se nós não encontramos, junto aos homens, uma porta que nos permita o tratamento, estejamos certas de que Deus é generoso, a tratar de todos os seus filhos.

Jerônimo respondeu, sorrindo:

– Já curou-a, Leonor.

Lembrando-se do problema da casa, da qual necessitariam sair o mais cedo que fosse possível, Rosimeire acrescentou:

– E isso também há de acontecer com a nossa casinha, não é, mãe?

– Sim, Rosi. Deus não iria deixar a gente sem um teto. Até uma tartaruga tem onde morar, não é mesmo? Você acha que nós iríamos ser esquecidas por Deus, minha filha? É verdade que não estaremos esperando por mansões, por casas luxuosas. Afinal, a gente não tem como pagar. No entanto, em algum lugar mesmo distante daqui, haverá um ranchinho que nos servirá de abrigo e alguma alma generosa que nos aceite como inquilinas. Devemos continuar procurando, isso sim, sem esmorecer.

Sorrindo do comentário bem humorado, Bezerra afirmou para surpresa de todos:

– Já arrumou uma casa também, Leonor.

Espantado com a notícia, Cristiano, o protetor da ex-cancerosa, exclamou:

– Como assim, doutor? Tenho acompanhado o caso de Leonor e não há nenhuma previsão de solução imediata para o caso...

Observando que Rafael esboçava um leve sorriso, Bezerra assinalou para que o antigo protetor de Conceição respondesse à pergunta de Cristiano.

– Sabe o que acontece, meus irmãos, é muito simples. Sob a proteção de Bezerra aqui presente, que a amparava mesmo de longe, Conceição encontrou o caminho da esperança no fim da vida. Tantas décadas buscando emoções inferiores acabaram vencidas pela doença e pela força desse Amor que o *Evangelho* nos ensina. Assim, envergonhada pelo mal que fizera durante tantos anos a tantas pessoas, sobretudo às duas mulheres que eram as suas únicas amigas na hora extrema, Conceição conseguiu, por intermédio de enfermeiras bondosas que a atendiam no hospital, que um tabelião da cidade comparecesse junto dela para recolher a expressão de sua última vontade lavrada na lucidez de suas últimas forças, na presença das testemunhas necessárias. E dentro de sua nova forma de entender a vida, Conceição deixou, em testamento, tanto a casa que havia habitado nos anos na Terra, quanto os polpudos recursos que amontoara em conta bancária, para Leonor e Rosimeire, sem lhes revelar nada de seu ato generoso, realizado às portas da morte. Sendo mulher sem parentes próximos, sem descendentes ou ascendentes que pudessem reclamar a herança por direito, ela era livre para entregar a totalidade de seus bens a quem desejasse. Assim, num gesto de gratidão e numa tentativa de reparar o mal praticado durante tantos anos, em breve Leonor e Rosimeire serão surpreendidas pela visita do tabelião que lhes certificará acerca das últimas vontades da vizinha, passando-lhes às mãos, a posse da casa onde poderão residir e de pequena fortuna que Conceição guardava, avaramente, e que não lhe havia servido para nada durante a vida.

Todos estavam imensamente surpreendidos pelas medidas generosas, admirando ainda mais os efeitos da bondade desprendida que as duas pobres mulheres haviam empenhado em espalhar por onde passavam.

Enquanto conversavam sobre os últimos lances da Misericórdia nos destinos daqueles que sabem construir seu futuro, alguém, ali, indagou sobre o andamento do processo reencarnatório dos Espíritos inferiorizados no mal que haviam sido recolhidos no ambiente escuro dominado pelo Maioral.

– Sim, eles também não estão esquecidos – respondeu Bezerra, acenando para Custódio a fim de que ele, tanto quanto Márcio, esclarecesse os fatos.

– Bem... secundados pela atenção do doutor Bezerra, que se interessa pelos destinos de nossos tutelados desde longa data, mantivemos a vigilância inútil sobre Clotilde e Leandro que, apesar de todos os nossos esforços, recusaram-se a alterar a rotina de encontros incestuosos, nas ligações sexuais que plasmaram em vidas passadas e que não estão sendo capazes de romper na presente existência. Assim, apesar de serem surdos aos nossos conselhos, amparados pelos ensinamentos de nosso generoso tutor espiritual aqui presente, permanecemos no encalço dos nossos dois amigos encarnados que, afundando em aventuras e emoções, por fim acabarão defrontados por significativo evento.

Sem saberem em qual momento isso se deu, já que as orgias a que se expuseram não lhes permitirá detalhar como aconteceu, o certo é que Clotilde carrega no ventre, sem que o suspeite, o fruto amargo de suas aventuras com Leandro a materializar-se, lentamente, em dois corpos carregados de malformações decorrentes da identidade cromossômica natural em trocas sexuais entre parentes próximos. Serão gêmeos a crescerem nas entranhas da mulher invigilante que colhe, assim, os efeitos de suas escolhas, ao mesmo tempo em que oferece oportunidade para o renascimento de nossos infelizes irmãos Drômio e Gobi, seu homem de confiança, albergados em instituição espiritual que lhes garantiu a oportunidade reencarnatória, sob os auspícios de Bezerra. Foi somente quando tudo aconteceu que eu e Márcio compreendemos os motivos que levavam nosso tutor a se ocupar dos destinos desses dois irmãos que se usavam até à exaustão das próprias forças. Isso nos educou o Espírito no entendimento de que uma força superior e sábia governa todas as coisas.

Nova surpresa fazia crescer a admiração daqueles Espíritos em relação à Sapiência Divina que, com muita antecedência, sabia usar as desgraças de todos para transformar a dor em oportunidade de crescimento.

– E se Clotilde escolher abortar? – perguntou Rafael, desejando entender os mais profundos efeitos de tal medida.

– Bem – respondeu Bezerra –, esta é uma opção que está ao alcance de qualquer um que exerça o livre-arbítrio de maneira equivocada. No entanto, acreditamos que ela não se inclinará para tal escolha porque, apaixonada pelo irmão como se encontra, preferirá usar as duas crianças para mantê-lo ligado a ela como um compromisso, como sempre tentaram fazer as mulheres que sonham em ter sob seu domínio o homem de seus sonhos.

E ainda que Leandro não aceite reconhecer a responsabilidade pela paternidade, não terá como negar o resultado dos exames científicos que hoje atestam a procedência do material genético, ao mesmo tempo em que, pai e mãe, se verão obrigados a uma nova postura diante da realidade da gravidez e do nascimento defeituoso que, com uma boa dose de chance, interpretarão como punição de Deus pelos seus atos obscenos. Carregando na consciência a culpa pelo relacionamento incestuoso, inclinar-se-ão para as conclusões dessa ordem quando desejarem entender o porquê de tão infaustos acontecimentos em suas vidas pessoais.

Agora, restava-lhes entender o encaminhamento de Oliveira, igualmente albergado na instituição espiritual, esperando o momento do renascimento expiatório.

– Imagino que, diante do renascimento de nossos dois irmãozinhos, estejam curiosos para saber do destino de nosso Oliveira – afirmou Bezerra por entender, com proficiência, a natureza curiosa do ser humano.

– Sim, doutor, estamos esperando as novidades a respeito do caso Oliveira – respondeu Gabriela, interessada.

– Essa notícia não vai tardar a chegar, segundo estou informado.

Enquanto se mantinham em conversação fraterna, acompanhando o final do Evangelho no Lar que as duas mulheres realizavam, foram todos atraídos pelo ruído do telefone, que tocou logo após as vinte e uma horas.

Rosimeire tratou de atender.

– Alô..

– Oi, Clodô... tudo bem? Há quanto tempo, meu irmão! Estamos com saudades. Como você está?

– ...

– Ah! Que bom! A mãe está bem. Ainda não operou, mas parece que está mais forte, um pouco mais confiante.

– ...

– E você, Clodô, quando é que vai aparecer por aqui?

– ...

– O quê? Que surpresa boa!

E tirando o fone da boca, gritou para Leonor, dizendo:

– Mãe, mãe, o Clodô vai casar. Ligou pra dizer que tudo está pronto.

Colhida pela surpresa, Leonor veio rápido, esquecendo-se de toda a indiferença do filho a respeito de sua doença.

– Oi, meu filho... tudo bem?

– ...

– Sim, que bom... mas você nunca trouxe a moça para nos apresentar... nem sabemos como ela é... mas se é a sua felicidade, a gente também fica muito contente. Quando vai ser?

– ...

– Mas já, assim, tão depressa?

– ...

– Avó? Meu Deus, Clodoaldo, você fica tanto tempo sem mandar notícias... mas quando manda, capricha, hein?

– ...

Imitando a filha, Leonor comunicou-lhe, entre confusa e bem humorada:

– Rosimeire, você vai ser titia!

– Mãe, não acredito! – respondeu Rosimeire, eufórica. Deixa eu falar, mãe, deixa eu falar com ele...

– Que negócio é esse, meu irmão? Vai ser pai? Mas como as coisas andam depressa com você, heim? Pelo menos a mãe é uma boa moça?

– ...

– Sei, filha de gente importante... gente fina... sei... você capricha mesmo, seu malandro...

– ...

– Está grávida de quanto tempo?

– ...

– Dois meses.. sei... está no começo... é... é melhor casar logo antes de ter de levar uma barriguda para o altar, vestida de branco...

– ...

– E a família dela, está de acordo? Vão dar apoio para o casório?

– ...

– Sim... não diga...

– ...

– Sei...

– ...

– Sei... nossa, que gente importante...

E enquanto ia conversando com o irmão, o rosto de Rosimeire ia ficando pálido, sua feição começava a se modificar, inexplicavelmente.

– Sei... olha... quando der, venha logo para que a gente possa conversar. A mãe precisa muito falar com você...

– ...

– Eu sei que você deve estar muito atribulado... mas é muito importante que você venha... depois a mãe lhe telefona porque, agora, ela entrou no banho...

— ...

— Está bem... a gente se fala...

Rosimeire tentava disfarçar na voz a agitação que lhe ia na alma.

Sem entender o que se passava, Leonor esperou a filha desligar para se informar do porquê daquele fim tão inusitado para a conversa.

— Mãe... a senhora faça o favor de se sentar um pouco.

— Mas eu estou bem, Rosimeire. Clodoaldo está feliz e a gente vai ter uma criança em nosso meio.

— Sim, mãe, mas a senhora nem imagina com quem é que ele vai se casar.

— É, eu não a conheço, mas Clodoaldo falou que era uma boa moça.

— Pode ser uma boa moça, mãe, mas ela é a filha mais nova...

— Filha caçula... e o que tem isso, Rosimeire?

— É, mãe, mas ela é a filha mais nova do deputado Oliveira...

Tomada de surpreendente amargor, Leonor colocou a mão na cabeça e só pôde dizer:

— Ai, meu Deus...

✳ ✳ ✳

No ambiente espiritual, no entanto, Bezerra esclarecia a todos os que estiveram envolvidos nesse processo de resgate e elevação coletiva:

— Agora começa o caminho expiatório para Oliveira, pai indigno que não soube valorizar o compromisso familiar e que, apesar disso, encontra no ambiente dos próprios filhos o corpo de que necessitará para resgatar seus desmandos.

Precisará estar isolado no corpo deformado para ocultar-se de seus adversários numerosos, padecendo os efeitos da consanguinidade dos seus pais, que transformará sua existência material em um tormento incessante, pelas inúmeras dificuldades que terá de carregar no vaso orgânico desajustado. Se os políticos soubessem o que está esperando por eles, no caso dos corruptos, devassos, aproveitadores e indecentes – provavelmente procurariam outra carreira profissional menos perigosa do que essa.

Oliveira correrá o risco de ser abandonado pelos pais, e isso contará como provação acrescida aos efeitos de suas próprias atitudes, quando abandonara a primeira família.

Estará submetido ao regime de privações que fizera passar tantos de seus infelizes irmãos de humanidade, submetidos às suas decisões iníquas, aos seus decretos e deliberações partidaristas, a tudo quanto produziu dor no Espírito individual e coletivo.

Se tudo seguir pelos caminhos naturais e os encarnados se mantiverem previsíveis como sempre são, as dores agudas dessa "coincidência" farão com que Leonor se candidate a ser a avó que recolhe o neto indesejado, para evitar que ele seja assassinado no ventre materno, assumindo, assim, a responsabilidade por ter ocultado de Clodoaldo a paternidade de Oliveira, o que gerou todo este problema surpreendente.

Rosimeire, a prostituta redimida, encontrará, no sobrinho abandonado, a oportunidade de se redimir do aborto realizado no passado de ilusões.

Tudo isso motivará nas duas o carinho redobrado para com aquele que, sem o saberem, é o companheiro que as abandonara e o pai que as renegara à pobreza.

Leonor regressará mais cedo à vida espiritual, mas Rosimeire assumirá a condição de mãe do próprio sobrinho, salvando Oliveira de uma morte prematura nas lâminas agressivas de aparelhos dilacerantes e, com isso, garantindo que todos tenham um destino menos doloroso, usando o passado de erros como o fértil adubo das lutas do presente, na construção do próprio destino em busca da felicidade. Isso fará com que ela também se libere da eclosão da enfermidade carnal, expurgando o erro cometido no ontem infeliz através da vontade espontânea de amar um ser desprotegido e enfermiço. A doença que carregaria em seu corpo será substituída pelos sacrifícios amorosos que fizer ao carregar o filho alheio nos braços, cuidando de suas necessidades básicas enquanto ele estiver vivo na carne. Por isso, a Sabedoria do Universo lhe concedeu a segurança da nova moradia e o anteparo de recursos materiais que lhe foram deixados por outra devedora moral, para que, com tais apoios, ela não se ressentisse do necessário para realizar, no Bem, o aprendizado reparador e renovador que haveria de realizar na doença.

Buscando afiançar a natureza profunda da responsabilidade de viver, Bezerra afirmou, indicando o término daquele encontro tão especial para todos:

– É por isso, meus filhos, que é tão nefasto para os homens o caminho que corta a vida no nascedouro, negando aos mais infelizes e desditosos o caminho da própria regeneração.

Daí a nossa luta para a conscientização das pessoas acerca das imensas desvantagens da legalização do aborto, como uma solução que, em verdade, se transforma em novo e mais grave problema. Novos cânceres proliferarão na consciência de homens e mulheres que, de forma leviana, desrespeitarem a responsabilidade de viver e de proteger a vida.

Nosso desejo maior, longe de invadir a esfera de decisão dos encarnados, é o de iluminar seus raciocínios através do entendimento das leis imortais do Espírito, evitando que se vejam emaranhados nas consequências desastrosas de condutas que pareçam respeitar as liberdades quando, realmente, promovem a defesa da leviandade e aceleram a contaminação mental com os fatores inflamatórios da culpa e do remorso.

Tudo o que se fizer, no sentido honesto da defesa da vida, do esclarecimento lúcido e pacífico a respeito dos malefícios decorrentes de todo o tipo de violência, sobretudo da violência contra quem não tem como se defender, será serviço prestado à Divina Misericórdia, no sentido de auxiliar o Amor a combater o sofrimento sem precisar recorrer às ferramentas da Dor e da Doença. Não propugnamos a eclosão de movimentos violentos, agressivos ou passionais para a demonstração da impropriedade de tais medidas para o equilíbrio coletivo. Solicitamos de todos os sinceramente convictos de tal impropriedade, que não se mantenham omissos no esforço de convencimento pacífico, de orientação fraterna, de defesa dos postulados do Espírito, mobilizando sua voz, seu exemplo, sua pena, sua vida intelectual e moral para oferecê-los à causa da Vida para, respeitando os que divergem das orientações espirituais, sem hostilizar os que não pensam de igual forma, demonstrarem o valor supremo da existência.

Ao fazer isso, não nos esqueçamos, por fim, de que poderemos estar defendendo, na verdade, a nossa própria oportunidade de regresso ao mundo, em futuras existências.

Por isso é que, fazendo dessa luta uma plataforma civilizadora no presente, estaremos, certamente, edificando o nosso futuro como crianças que tenham a garantia de nascer no novo mundo. Hoje, em todos os sentidos, estaremos ESCULPINDO O PRÓPRIO DESTINO.

✳ ✳ ✳

Admirados pelo trabalho de Bezerra, a envolver tantas vidas em suas tramas e emaranhados, conciliando necessidades, compreendendo tendências inferiores, defeitos morais, fraquezas de caráter e necessidade de evolução, antes que todos se despedissem para novas e construtivas experiências de aprendizado, Jerônimo acercou-se do Médico dos Pobres e, muito reverente, perguntou-lhe:

— Amorável paizinho, e o que será do Maioral, tão empenhado em empurrar as almas invigilantes para o despenhadeiro do desequilíbrio, na defesa da causa do Aborto indiscriminado?

Afagando a cabeça do compungido cooperador naquele tão importante caso, Bezerra respondeu-lhe, com os olhos brilhantes de emoção:

— Desde o dia da crucificação, Jesus está se ocupando de Caifás, meu filho. Seu Espírito já dá mostras de cansaço. Não tardará para que ele entenda que é necessário transformar-se, um dia.

Não nos preocupemos, Jerônimo. Jesus, ainda hoje, está cuidando dele pessoalmente. E, para que se torne um Espírito adulto, ele também precisará nascer de novo, voltando a envergar um corpo de criança.

✳ ✳ ✳

Abraçaram-se todos em despedidas.

Lá fora, a noite escura estava pontilhada de estrelas, simbolizando que sempre, ao lado das culpas humanas, haveria o brilho das esperanças divinas.

Misericórdia quero, não o sacrifício.

Brilhe vossa luz!

Muita paz!

Lúcius

Campinas, 12 de maio de 2008 – DIA DAS MÃES

Retrato de Mãe

Maria Dolores

Depois de muito tempo,
Sobre os quadros sombrios do calvário,
Judas, cego no Além, errava. Solitário...

Era triste a paisagem
O céu era nevoento..

Cansado de remorso e sofrimento,
sentara-se a chorar...
Nisso, nobre mulher de planos superiores,
Nimbada de celestes esplendores,
Que ele não conseguia divisar,
Chega e afaga a cabeça do infeliz.
Em seguida, num tom de carinho profundo,
Quase que, em oração, ela lhe diz:
– Meu filho, por que choras?

Acaso, não sabeis? – replica o interpelado,
Claramente agressivo,
Sou um morto e estou vivo.
Matei-me e novamente estou de pé,
Sem consolo, sem lar, sem amor e sem fé...
Não ouviste falar em Judas, o traidor?
Sou eu que aniquilei a vida do senhor...

*A principio, julguei
Poder fazê-lo rei,
Mas apenas lhe impus
Sacrifício, martírio, sangue e cruz,
E em flagelo e aflição
Eis que a minha vida agora se reduz...
Afastai-vos de mim,
Deixai-me padecer neste inferno sem fim...
Nada me pergunteis, retirai-vos senhora,
Nada sabeis da mágoa que me agita,
Nunca penetrareis minha dor infinita...
O assunto que lastimo é unicamente meu...*

*No entanto, a dama calma respondeu:
-Meu filho, sei que sofres, sei que lutas,
Sei a dor que te causa o remorso que escutas,
Venho apenas falar-te
Que Deus é sempre amor em toda parte...
E acrescentou serena:
– A Bondade do Céu jamais condena;
Venho por mãe a ti, buscando um filho amado
Sofre com paciência a dor e a prova;
Terás em breve, uma existência nova...
Não te sintas sozinho ou desprezado.*

*Judas interrompeu-a e bradou rude e pasmo:
– Mãe? Não me venhais aqui com mentira e sarcasmo.
Depois de me enforcar num galho de figueira,
Para acordar na dor,
Sem mais poder fugir à vida verdadeira,
Fui procurar consolo e força de viver
Ao pé da pobre mãe que me forjara o ser!...
Ela me viu chorando e escutou meus lamentos,
Mas teve medo de meus sofrimentos.
Expulsou-me a esconjuros,
Chamou-me monstro, por sinal,
Disse que eu era
Unicamente o Espírito do mal;
Intimou-me a terrível retrocesso,*

Mandando que apressasse o meu regresso
Para a zona infernal, de onde, por certo, eu vinha...
Ah! detesto lembrar a horrível mãe que eu tinha...
Não me faleis de mães, não me faleis de amor...
Sou apenas um monstro sofredor..

– Inda assim – disse a dama docemente-
Por mais que me recuses, não me altero;
Amo-te, filho meu, amo-te e quero
Ver-te de novo, a vida
Maravilhosamente revestida
De paz e luz, de fé e elevação...
Virás comigo à Terra,
Perderás, pouco a pouco, o ânimo violento,
Terás o coração
Nas águas de bendito esquecimento.
Numa nova existência de esperança.
Levar-te-ei comigo
A remansoso abrigo,
Dar-te-ei outra mãe! Pensa e descansa!...

E Judas, nesse instante,
Como quem olvidasse a própria dor gigante
Ou como quem se desagarra
De pesadelo atroz,
Perguntou ;– quem sois vós?
Que me falais assim, sabendo-me traidor?
Sois divina Mulher, irradiando amor
Ou anjo celestial de quem pressinto a luz?!...

No entanto, ela a fitá-lo, frente a frente,
Respondeu simplesmente:
– Meu filho, eu sou Maria, sou a mãe de Jesus.

(Do livro *Momentos de Ouro*, Francisco Cândido Xavier e Espíritos Diversos, Editora GEEM)

IDE | Conhecimento e educação espírita

No ano de 1963, Francisco Cândido Xavier ofereceu a um grupo de voluntários o entusiasmo e a tarefa de fundarem um periódico para divulgação do Espiritismo. Nascia, então, o Instituto de Difusão Espírita - IDE, cujos nome e sigla foram também sugeridos por ele.

Assim, com a ajuda de muitas pessoas e da espiritualidade, o Instituto de Difusão Espírita se tornou uma entidade de utilidade pública, assistencial e sem fins lucrativos, fiel à sua finalidade de divulgar a Doutrina Espírita, por meio de livros, estudos e auxílio (material e espiritual).

Tendo como foco principal as obras básicas de Allan Kardec, a preços populares, a IDE Editora possui cerca de 300 títulos, muitos psicografados por Chico Xavier, divulgando-os em todo o Brasil e em várias partes do mundo.

Além da editora, o Instituto de Difusão Espírita também se desenvolveu em outras frentes de trabalho, tanto voltadas à assistência e promoção social, como o acolhimento de pessoas em situação de rua (albergue), alimentação às famílias em momento de vulnerabilidade social, quanto aos trabalhos de evangelização infantil, mocidade espírita, artes, cursos doutrinários e assistência espiritual.

Ao adquirir um livro da IDE Editora, além de conhecer a Doutrina Espírita e aplicá-la em seu desenvolvimento espiritual, o leitor também estará colaborando com a divulgação do Evangelho do Cristo e com os trabalhos assistenciais do Instituto de Difusão Espírita.

www.idelivraria.com.br

idelivraria.com.br

Pratique o "Evangelho no Lar"

Aponte a câmera do celular e faça download do roteiro do **Evangelho no lar**

Ide editora é nome fantasia do Instituto de Difusão Espírita, entidade sem fins lucrativos.

◯ ideeditora   f ide.editora   ☁ ideeditora

◀◀ DISTRIBUIÇÃO EXCLUSIVA ▶▶

📍
Av. Porto Ferreira, 1031 | Parque Iracema
CEP 15809-020 | Catanduva-SP
📞 17 3531.4444   ⓒ 17 99777.7413

◯ boanovaed
▶ boanovaeditora
f boanovaed
🌐 www.boanova.net
✉ boanova@boanova.net

Fale pelo whatsapp

Acesse nossa loja